基本史料でよむ

# 日本仏教全史

大角修 編著

角川選書
669

基本史料でよむ日本仏教全史　もくじ

第三章　鎌倉時代――195



第四章　室町・安土桃山時代――319

第六章　近現代――423



DTP　地人館

## 凡例

*本書に掲載した史料は出典一覧に記した書籍から引用した。それぞれ番号を付して出典を示した。

*漢詩・偈頌《げじゅ》の訓読は出典の書籍を参考に新たに読み下した。

*史料の文は原則として新字・旧かなとし、出典のルビの有無にかかわらず、新かなで新たに入れた。ただし、カタカナのルビは出典の書籍のままとした。

*史料の改行は出典の書籍の通りではない。また、／印で出典の改行を示した場合もある。

*現代語訳は原文の語句を意訳し、適宜、説明を補足した。

*語釈・語注は現代語訳の文中に番号を付して掲載した。

*南北朝時代は北朝の元号をもちい、適宜、南朝の元号を（　）内に付記した。

# はじめに――日本の歴史と仏教

宗教はどの国でも伝統と文化の源泉である。日本では「自分は宗教なんかと関係ない」という人も多いのだが、お寺も神社も、盆・正月などの行事・祭礼もない社会が考えられるだろうか。日本では仏教が神仏習合して庶民の生活文化にも浸透し、歴史を動かす大きなパワーにもなった。ところが、その史料があまり整理されていない。日本史一般の史料集は小学生向きから研究者用まで各種編まれているのに、それに類する仏教の史料集がない。そこに不便を感じていたことが、本書を編む動機になった。

また、日本仏教史などの本は著者の論述が主で、史料はその論述に沿って断片的に引用されている。しかし、言葉は文脈の中で意味をもつのだから、短い引用では意味がよくわからない。少なくとも文脈がわかる程度には長く引用する必要がある。そこで本書は、なるべく長く引用して現代語訳と語注を付し、その史料を読むことを主眼として編集した。その史料の成立や時代背景の説明は簡潔にしたが、史料が時代を語り、日本史の読み物としても楽しむことができる。

本書では、思想・教義に偏ることなく、和歌や漢詩、物語、演劇などの文芸から民俗・風習に関わるものまで幅広く取り上げた。それが書名を『日本仏教全史』とした理由である。その文献は膨大だが、紙面には制約があるので、日本の仏教史をたどるうえでの基本となるもの、世相をよく表しているものを選んだ。

六世紀半ばの仏教伝来から千数百年の歩みをながめると、仏教は多様に変化して、社会に浸透してきたことがわかる。それに対して、明治時代にヨーロッパのインド学を経由してインドの古語のパーリ語やサンスクリットで書かれた経典の研究が始まると、それと日本の伝統仏教との大きな違いに衝撃をうけることになった。そのため、日本の仏教は本当の仏教ではないという論が、とりわけ一般の読者を対象とした本や雑誌によく見られる。しかし、いわゆる原始仏典に記されていることだけが本当の仏教だとしたら、阿弥陀如来も観音菩薩も地蔵菩薩も消えてしまうことになる。キリスト教でいえば、聖母マリアの信仰もクリスマスの祭りも消える。

およそ二千五百年前の釈迦の時代に出発した仏教はアジアの各地で多様に変化しながら発達した。日本では伝来の当初から漢訳経典が用いられてきたので、その原典とみられるサンスクリット経典が発見されてからも、葬儀や法事で読まれるのは漢訳経典であり、それに代わるものはない。

「弥陀《みだ》の誓《ちかい》ぞたのもしき、十悪五逆《じゅうあくごぎゃく》の人なれど、一《ひと》たび御名《みな》を称《とな》ふれば、来迎引接《らいごういんじょう》疑《うたが》はず」

この歌は平安時代末期の今様集『梁塵秘抄《りょうじんひしょう》』（巻第二）にある。当時の庶民的な流行歌である。「十悪五逆」「来迎引接」などは漢訳経典の言葉で、文字の読めない民衆にも歌や法話を通して浸透し、世間、人間、縁などの日常語にもなった。その意味で漢訳経典も史料として重要なものだが、本書では法華経、無量寿経などの一節を引用するにとどめた。経典については本書の姉妹編『日本仏教の基本経典』（角川選書、二〇二〇年）をご参照いただければ幸いである。

なお、本書は山折哲雄先生との共編著『日本仏教史入門―基礎史料で読む』（角川選書、二〇〇九年）を増補・改訂したものである。

二〇二三年　秋　　　大角　修

# 第一章　飛鳥・奈良時代

釈迦の時代から千年が過ぎた。各地の王や商人にブッダが信奉されるなかで、ブッダは世の父であり、神々をも従える偉大な帝王であると語られるようになった。六世紀半ばに日本に伝来したのは、そうした仏教であり、国を安らぎ、世の災いを除く鎮護国家の法として奉じられた。東大寺大仏はその象徴である。その建立には多くの民衆が加わった。人心をひきつける大きな力を仏教が生み出したのである。それは今日の産業でいうソフトパワーであり、文化パワーというべきものであった。東大寺は今も大きな文化パワーをもち、国の内外から多くの人が訪れている。

写真――東大寺大仏殿　著者撮影

# 1　仏教公伝

**欽明天皇十三年**　インドの釈迦《しやか》の時代からおよそ千年が過ぎたころ、仏教が日本に伝えられた。次は仏教公伝を記す『日本書紀』欽明《きんめい》天皇十三年（五五二）の条である。この年のことは皇子の死去を伝える一文からはじまり、風雲急を告げる朝鮮半島での劣勢を記しておわる。

**日本書紀**（巻第十九／欽明天皇十三年「仏教公伝」）出典1

十三年の夏《なつ》四月《うづき》に、箭田珠勝大兄皇子《やたのたまかつのおおえのみこ》薨《みう》せぬ。

五月《さつき》の戊辰《つちのえたつ》の朔《ついたち》乙亥《きのといのひ》に、百済《くだら》・加羅《から》・安羅《あら》、中部《ちゆうほう》徳率《とくそち》木刕今敦《もくらくらこんとん》・河内部《こうちべの》阿斯比多《あしひた》等《ら》を遣《まだ》して奏《もう》して曰《もう》さく、「高麗《こま》と新羅《しらき》と、通和《かよ》ひて勢《いきおい》を幷《あわ》せて、臣《やつかれ》が国《くに》と任那《みまな》とを滅《ほろぼ》さむことを謀《はか》る。故《かれ》、謹《つつし》みて救《すくい》の兵《いくさ》を求請《う》けて、先《ま》づ不意《おもいのほか》を攻《せ》めむ。軍《いくさ》の多少《おおさすくなさ》は、天皇《すめらみこと》の勅《みことのり》の随《まま》に」とまうす。

詔《みことのり》して曰《のたま》はく、「今《いま》、百済《くだら》の王《こきし》・安羅《あら》の王《こきし》・加羅《から》の王《こきし》、日本府《やまとのみこともち》の臣等《まえつきみたち》と、倶《とも》に使《つかい》を遣《まだ》して奏《もう》せる状《かたち》は聞《きこしめ》しぬ。亦《また》任那《みまな》と共《とも》に、心《こころ》を幷《あわ》せ力《ちから》を一《もはら》にすべし。猶尚《なお》し茲《かく》の若《ごと》くせば、必《かなら》ず上天《あめ》の擁《いだ》き護《まぼ》る福《いきおい》を蒙《こうぶ》り、亦《また》可畏《かしこ》き天皇《すめらみこと》の霊《みたまのふゆ》に頼《よ》らむ」とのたまふ。

[訳]　十三年夏四月、長《このかみ》の皇子《みこ》の箭田珠勝大兄皇子《やたのたまかつのおおえのみこ》がみまかった。

五月八日、百済《くだら》と任那《みまな》[1]の加羅《から》・安羅《あら》が、中部《ちゆうほう》の職にして徳率《とくそち》の位[2]にある木刕《もくら》今敦《こんとん》・河内部阿斯比多《かわちべのあしひた》等《ら》を遣《つか》わし、このように奏上した。「高句麗《こうくり》と新羅《しらき》が共謀して我が百済《くだら》と任那《みまな》を滅そうとしております。それゆえ謹んで援軍を請《こ》い、こちらから奇襲をかけようと思います。兵の数は天皇の御心のままに」

天皇は、このように詔を下した。「今、百済の王・安羅《あら》の王・加羅《から》の王が日本府の臣らとともに使者を遣《よこ》して奏したことのようすはわかった。任那の日本府と共に心をあわせ、力を一つにせよ。そうすれば、かならず天の勢いに護《まも》られ、畏《おそ》れ多い天皇の威霊に助けられよう」と。

1 **任那**＝朝鮮半島の南端。加羅・加耶ともいう。大和政権の日本府があったという。

2 **中部・徳率**＝中部百済の官制の五部の一つ。徳率は同じく百済の官位の一つ。

冬十月《ふゆかんなづき》に、百済《くだら》の聖明王《せいめいおう》、更《また》の名《な》は聖王《せいおう》。西部《せいほう》姫氏《きし》達率《だちそち》怒唎斯致契《ぬりしちけい》等《ら》を遣《まだ》して、釈迦仏《しやかほとけ》の金銅像《かねのみかた》一軀《ひとはしら》・幡蓋《はたきぬがさ》若干《そこら》・経論《きようろん》若干巻《そこらまのまき》を献《たてまつ》る。別《こと》に表《ふみ》して、流通《ひとにあまねわ》し礼拝《みずからおが》む功徳《のりのわざ》を讃《ほ》めて云《もう》さく、「是《こ》の法《みのり》は諸《もろもろ》の法《のり》の中《なか》に、最《もと》も殊勝《すぐ》れています。解《さと》り難《がた》く入《い》り難《がた》し。周公《しゆうこう》・孔子《こうし》も、尚《なお》し知《し》りたまふこと能《あた》はず。此《こ》の法《みのり》は能《よ》く量《はかり》も無《な》く辺《かぎり》も無《な》き、福徳果報《いきおいむくい》を生《な》し、乃至《すなわ》ち無上《すぐ》れたる菩提《ぼだい》を成弁《な》す。譬《たと》へば人《ひと》の、随意宝《こころのままなるたから》を懐《いだ》きて、用《す》べき所《ところ》に逐《したが》ひて、尽《ことごとく》に情《こころ》の依《まま》なるが如《ごと》く、此《こ》の妙法《たえなるのり》の宝《たから》も然《しか》なり。祈《いの》り願《ねが》ふこと情《こころ》の依《まま》にして、乏《とも》しき所無《ところな》し。且夫《かつそ》れ遠《とお》くは天竺《てんじく》より、爰《ここ》に三韓《みつのからくに》に洎《いた》るまでに、教《みのり》に依《したが》ひ奉《う》け持《たも》ちて、尊《とうと》び敬《うやま》はずといふこと無《な》し。是《これ》に由《よ》りて、百済《くだら》の王臣《こきしやつかれ》明《めい》、謹《つつし》みて陪臣《はべるまえつきみ》怒唎斯致契《ぬりしちけい》を遣《まだ》して、帝国《みかど》に伝《つた》へ奉《たてまつ》りて、畿内《うちつくに》に流通《あまねわ》さむ。仏《ほとけ》の、我《わ》が法《ほう》は東《ひんがし》に流《つたわ》らむ、と記《のたま》へるを果《はた》すなり」とまうす。

[訳] 冬十月に百済《くだら》の聖明王《せいめいおう》（またの名は聖王《せいおう》）が西部《さいほう》の職にある姫氏《きし》の達率《だちそち》の位[3]の怒唎斯致契《ぬりしちけい》らを遣《つか》わし、釈迦仏の金銅像一体といくらかの幡蓋《ばんがい》[4]、経論数巻を献上した。

これとは別に文をたてまつり、仏法を広め、仏を礼拝する功徳《くどく》を讃えていう。「この法は、[5]多くの法のなかでもっとも勝れています。きわめて深遠で、出会うのも難しい法です。昔の周の賢王も孔子も知ることはできなかったものです。この法は広大無辺であり、福徳果報《ふくとくかほう》を生じて無上の安息をもたらします。

たとえば人が随意宝《ずいいほう》（どんな願いでもかなえる如意宝珠《にょいほうじゅ》）をもっていれば意のままに願いがかなうように、この妙法の宝も同じです。祈り願うことは意のままであり、欠けるところはありません。なおかつ遠くは天竺《てんじく》（インド）より、ここ百済・高句麗・新羅の三韓にいたるまで、この教えに帰依《きえ》しています。このため、百済の王にして帝《みかど》の臣であるわたくし明《めい》は、謹《つつし》んで臣下の怒唎斯致契《ぬりしちけい》を遣《つか》わし、帝《みかど》の国に仏法をお伝えしてお国に広め、仏が〈我が法は東に伝わる〉[6]と予言されたことを果たします」と。

3 **西部・達率の位**＝西部は百済の官制の五部の一つ。達率は同じく百済の官位の一つ。4 **幡蓋**＝仏像のまわりにたらす幡《はた》（幢幡《どうばん》）、頭上の飾り（天蓋《てんがい》）など、仏像の荘厳具《しょうごんぐ》をいう。5 **この法は**＝以下は『金光明経』などからの引用が多く、岩波文庫『日本書紀』は語注で「明らかに書紀編者の修飾」とする。同経が漢訳されたのは七〇三年だから、仏教公伝のころよりずっと時代が下がるとしている。6 **我が法は東に伝わる**＝岩波文庫『日本書紀』の注記に大般若経難聞功徳品に「釈迦如来は自分が入滅して五百年後に仏法は東北方に広まると告げた」とあるというが、それだけではない。中国では時に仏教が弾圧され、いつしか東海の日本こそ仏法有縁《ぶっぽううえん》の地だといわれるようになった。

是《こ》の日《ひ》に、天皇《すめらみこと》、聞《きこしめ》し已《おわ》りて、歓喜《よろこ》び踊躍《ほどはし》りたまひて、使者《つかい》に詔《みことのり》して云《のたま》はく、「朕《われ》、昔《むかし》より来《このかた》、未《いま》だ曾《かつ》て是《かく》の如《ごと》く微妙《くわ》しき法《のり》を聞《き》くこと得《え》ず。然《しか》れども朕《われ》、自《みずか》ら決《さだ》むまじ」とのたまふ。乃《すなわ》ち群臣《まえつきみたち》に歴問《となめと》ひて曰《のたま》はく、「西　蕃《にしのとなりのくに》の献《たてまつ》れる仏《ほとけ》の相貌《かお》端厳《きらぎら》し。全《もは》ら未《いま》だ曾《かつ》て有《あら》ず。礼《いやま》ふべきや不《いな》や」とのたまふ。蘇我大臣稲目宿禰《そがのおおおみいなめのすくね》奏《もう》して曰《もう》さく、「西　蕃《にしのとなりのくに》の諸国《くにぐに》、一《もはら》に皆礼《みないやま》ふ。豊秋日本《とよあきづやまと》、豈独《あにひと》り背《そむ》かむや」とまうす。物部大連尾輿《もののべのおおむらじおこし》・中臣連鎌子《なかとみのむらじかまこ》、同《おな》じく奏《もう》して曰《もう》さく、「我《わ》が国家《みかど》の、天下《あめのした》に王《きみ》とましますは、恒《つね》に天地社稷《あまつやしろくにつやしろ》の百八十神《ももあまりやそかみ》を以《も》て、春夏秋冬《はるなつあきふゆ》、祭拝《まつ》りたまふことを事《わざ》とす。方《まさ》に今改《いまあらた》めて蕃　神《あたしくにのかみ》を拝《おが》みたまはば、恐《おそ》らくは国神《くにつかみ》の怒《いかり》を致《いた》したまはむ」とまうす。

天皇曰《すめらみことのたま》はく、「情願《ねが》ふ人稲目宿禰《ひといなめのすくね》に付《さず》けて、試《こころみ》に礼《いやま》ひ拝《おが》ましむべし」とのたまふ。大臣《おおおみ》、**跪**《ひざまず》きて受《う》けたまはりて忻悦《よろこ》ぶ。小墾田《おはりだ》の家《いえ》に安置《ま》せまつる。懃《ねんごろ》に、世《よ》を出《い》づる業《わざ》を脩《おさ》めて因《よすが》とす。

向原《むくはら》の家《いえ》を浄《きよ》め捨《はら》ひて寺《てら》とす。

後《のち》に、国《くに》に疫気《えやみ》行《おこ》りて、民《おおみたから》夭《あからしまに》残《しぬること》を致《いた》す。久《ひさ》にして愈《いよいよ》多《おお》し。治《おさ》め療《いや》すこと能《あた》はず。物部大連尾輿《もののべのおおむらじおこし》・中臣連鎌子《なかとみのむらじかまこ》、同《おな》じく奏《もう》して曰《もう》さく、「昔日臣《いんさきやつかれ》が計《はかりこと》を須《もち》ゐたまはずして、斯《こ》の病死《やみしに》を致《いた》す。今遠《いまとお》からずして復《かえ》らば、必《かなら》ず当《まさ》に慶《よろこび》有《あ》るべし。早《はや》く投《な》げ棄《す》てて、懃《ねんごろ》に後《のち》の福《さいわい》を求《もと》めたまへ」とまうす。

天皇《すめらみこと》曰《のたま》はく、「奏《もう》す依《まま》に」とのたまふ。有司《つかさ》、乃《すなわ》ち仏像《ほとけのみかた》を以《も》て、難波《なにわ》の堀江《ほりえ》に流《なが》し棄《す》つ。復火《またひ》を伽藍《てら》に縦《つ》く。焼《や》き燼《つ》きて更余《またあまり》無《な》し。是《ここ》に、天《あめ》に風雲《かぜくも》無《な》くして、忽《たちまち》に大殿《おおとの》に災《ひのわざわい》あり。

是歳《ことし》、百済《くだら》、漢城《かんじょう》と平壌《へいじょう》とを棄《す》つ。新羅《しらき》、此《これ》に因《よ》りて、漢城《かんじょう》に入《い》り居《お》り。今《いま》の新羅《しらき》の牛頭方《ごずほう》・尼弥方《にみほう》なり。地《ところ》の名《な》、未《いま》だ詳《つばひらか》ならず。

［訳］この日、天皇は奏上を聞きおわって歓喜し踊躍《ゆやく》し、使者に詔を告げて、「朕《ちん》は昔から今まで、このような奥深く優れた教えを聞いたことがない。しかし朕、自らは決めないでおこう」とのたまい、群臣の一人ひとりに問うて、「西の国（百済）が献じてきた仏の姿は美しい。まったく、いまだかつてない端麗さである。これを拝むべきかどうか」といわれた。

蘇我大臣稲目宿禰《そがのおおみいなめのすくね》は、このように奏上した。「百済より西の国々は皆、仏法に帰依《きえ》しております。日本だけ、そうしないことができましょうか」と。

物部大連尾輿《もののべのおおむらじおこし》・中臣連鎌子《なかとみのむらじかまこ》は同じく奏上していった。「我が国の天下の王にましますす天皇は昔から天地の社《やしろ》の百八十《ももあまりやそ》の神々を春夏秋冬にまつり、拝みたまうことを恒《つね》とされてきました。今ことさらに外国の神を拝みたまわば、恐ろしくも我が国の神々の怒りをよびましょう」と。

天皇は、このようにいわれた。「願っている稲目宿禰《いなめのすくね》に仏像をさずけて、ためしに敬い拝ませてみよう」と。

蘇我大臣《そがのおおおみ》はひざまずいて仏像を授かり、喜んで小墾田《おわりだ》7の自邸に安置した。世を出《い》づる解脱《げだつ》の道を修するよすがとすべく、仏像を向原《むくはら》8に移し、家を祓《はら》い清めて寺にした。

そののち、国に疫病がはやり、多くの民が若くたちまちに死んだ。疫病は長くはびこり、死者の数はふえるいっぽうで、治すことはできなかった。

物部大連尾輿《もののべのおおむらじおこし》・中臣連鎌子《なかとみのむらじかまこ》は奏上していった。「前に臣《おみ》らが申し上げたことをないがしろにされたから、この死病がおこったのです。今からでも速やかに元に戻されるなら、かならず吉事があるでしょう。早く仏像を投げ捨てて神々をねんごろにまつり、これからの慶福をお求めください」と。

天皇はいわれた。「そのようにいたせ」と。

物部《もののべ》・中臣《なかとみ》らはすぐに仏像を難波《なにわ》の堀江《ほりえ》9に流し捨てた。また、向原の寺に火をつけ、建物をことごとく焼きつくした。すると空に雷雲もないのに大殿《おおとの》10に火災があった。

この年、百済は漢城《かんじょう》と平壌《へいじょう》11を失った。新羅は、これによって漢城を支配することになった。今の新羅の牛頭方《ごずほう》と尼弥方《にみほう》12であるが、その地の名はいまだ明らかではない。

7 **小墾田**＝飛鳥（奈良県明日香村）の地名。 8 **向原**＝飛鳥の地名。蘇我稲目が向原の家を寺とし、これが日本最初の寺院といわれる。のちに豊浦宮の地に移って豊浦寺とも称し、さらに蘇我馬子が大伽藍を整えて元興寺（飛鳥寺）となる。 9 **難波の堀江**＝欽明天皇の皇居。大和磯城《やまとしき》の大殿。 10 **大殿**＝欽明天皇の皇居。大和磯城《やまとしき》の大殿。 11 **漢城と平壌**＝漢城は百済の古都で現在の京畿道広州。平壌は高句麗の都の平壌ではなく現在のソウル。 12 **牛頭方と尼弥方**＝欽明天皇十五年十二月、日本軍が百済軍と共に新羅に攻め入った。この戦いで聖明王が捕らえられて戦死し、任那諸国も新羅に奪われてしまった。その後、七世紀半ばに百済は勢力を回復するが、六六〇年、唐と連合した新羅に攻められて百済は滅亡した。このときも日本は援軍を送り、百済復興軍とともに戦いに挑んだが、六六三年、白村江《はくそんこう》で新羅・唐の連合軍に敗れる。以後、日本は完全に朝鮮半島から手を引き、かつての根拠地と思われる牛頭方と尼弥方の地名も変わってわからなくなった。

『日本書紀』は最初の国家の正史で、養老《ようろう》四年（七二〇）の完成。天皇の威勢が絶大であるかのようなのは天皇中心の正史の意図による。仏教公伝の年次は『元興寺伽藍縁起《がんごうじがらんえんぎ》』（七四七年）などによって欽明天皇の戊午《ぼご》の年（五三八年）ともされるが、いずれにせよ六世紀の中ごろである。そのころは継体《けいたい》・安閑《あんかん》・宣化《せんか》・欽明の四朝にわたる争乱期だったうえ、仏教公伝をめぐって崇仏派の蘇我氏と排仏派の物部・中臣氏がはげしく対立したのだった。この日本に伝来した仏教は当初から国家仏教であり、公伝とは「王から王へ伝えられた」ことを意味する。

**仏の国土**　仏教・キリスト教・イスラームの世界宗教には、その形に大きな共通点がある。王権によって塔や聖堂がつくられ、諸民族・諸部族の神々を超える象徴が生まれたことだ。仏教の歴史では紀元前三世紀にインドのほぼ全域を統一したアショーカ王（マウリヤ朝第三代）が「法による統治」を宣じる法勅《ほうちよく》を刻んだ石柱やストゥーパを各地に造ったことが大規模な仏塔建立《ぶつとうこんりゆう》運動の最初である。

ストゥーパは釈迦の遺骨を納めた塚にはじまり、日本の五重塔や墓地の石塔など、あらゆる仏塔の起源になった。アショーカ王時代の建造に始まるサーンチーの大塔をはじめ、紀元後数世紀にかけて造立されたストゥーパの遺跡がインドの各地にある。インドの寺院はストゥーパか堂内にストゥーパをまつる祠堂（チャイトヤ）を中心に僧院（ビハーラ）がつくられていたが、なかには数百人の僧が暮らしたと推定される大きな寺院跡もある。そうした寺院では釈迦の降誕や成道《じようどう》を祝って年に何度も大きな法会が営まれたはずである。そのようすは塔門に刻まれたレリーフや経典の記述から想像できる。塔の前にはブッダの幡《ばん》（垂れ旗）が並び立ち、花々が散らされ、楽士たちが弦《げん》や鼓《こ》を鳴らし、ブッダの物語を演じる仮面劇が奉納され、僧たちが唱和する偈頌《げじゆ》の声がひびいて、七宝に輝く仏の国（仏国《ぶつこく》土《ど》）の荘厳《しようごん》を現出させただろう。緊那羅《きんなら》・摩睺羅迦《まごらが》らの天の楽士が歌い、曼荼羅華《まんだらけ》・曼珠沙華《まんじゆしやげ》などの天界の花々が舞い散って仏をたたえる記述が経典に頻出するのは、この法会のありさまを語るものと考えられる。

仏教は国や家からの出離を本義とするが、アショーカ王の時代をへて、ブッダのもとで世は安穏であるとされるようになった。とくに紀元前後ごろから成立してくる大乗経典は強く王権を反映し、仏は神霊界をも従える帝王であり、世の父として語られる。とりわけ顕著なのは法華経《ほけきょう》・金光明経《こんこうみょうきょう》・仁王経《にんのうきょう》などの鎮護国家の経典群と、阿弥陀《あみだ》仏の国＝極楽をたたえる浄土経典群である。

**仏教東漸**　中国への仏教伝来は紀元一世紀ごろからである。その経路のシルクロードの交易都市の王や太守《たいしゅ》たちは仏教を奉じて寺院や塔を建立し、初期の経典の漢訳は敦煌《とんこう》出身の竺法護《じくほうご》（二三九～三一六年）、クチャ出身の鳩摩羅什《くまらじゅう》（三四四～四一三年ごろ）ら、西域出身の訳経僧《やくきょうそう》たちによっておこなわれた。

中国では仏教は胡族《こぞく》（辺境の異民族）の信仰だった。仏教が広まるのは容易ではなかった。しかし、五胡十六国の分裂時代（四～五世紀）になると、匈奴《きょうど》・鮮卑《せんぴ》など、五胡と総称される外来民族が漢民族を支配する国々が生まれた。その五胡諸国の王たちは、同じく外来の仏教に宥和《ゆうわ》的で、中華文明圏での国家仏教への道を開いた。雲岡石窟《うんこうせっくつ》寺院群の大規模な仏教遺跡をのこした北魏《ほくぎ》も鮮卑の拓跋《たくばつ》部族が建てた国だが、皇帝は仏の化身として君臨した。この中国で仏教は忠・孝の思想と習合し、いわゆる四恩（父母・衆生・国王・三宝《さんぼう》の恩）が強く説かれた。

古代朝鮮半島の史書『三国史記』によれば、高句麗《こうくり》・新羅《しらぎ》・百済《くだら》のうち、いちばん北の高句麗の王は三七二年に五胡十六国の前秦《ぜんしん》の王から仏像等を下賜《かし》された。いっぽう、半島西南部の百済は海を越えて中国南部の東晋《とうしん》に朝貢《ちょうこう》し、三八四年に仏教を公伝された。仏教を奉じることは、それぞれの同盟関係のしるしであった。

半島東南部の新羅は、高句麗・百済に対抗するためか仏教の導入はおそく、仏教を公認したのは五二八年、日本への仏教公伝のすこし前のことだった。これが『日本書紀』欽明天皇十三年に「遠くは天竺より、ここ三韓にいたるまで、この教えに帰依《きえ》していない国はない」という状況である。ところが、そのころは氏族がそれぞれ氏神《うじがみ》や山川の神をまつり、大王《おおきみ》（天皇）の神＝『古事記』『日本書紀』の天孫神話のもとに統合されていく過程にあった。氏族社会の神々を超え、国家によって寺院が造営されるようになるのは、聖徳太子《しょうとくたいし》のころである。

## 2　聖徳太子の登場

**憲法十七条**　蘇我《そが》氏と物部《もののべ》氏の対立は、尾輿《おこし》の子の物部守屋《もりや》、稲目《いなめ》の子の蘇我馬子《うまこ》のとき、雌雄を決する戦いになった。用明《ようめい》天皇二年（五八七）、蘇我氏は軍勢を集めて河内《かわち》の物部氏の本拠を攻め、物部氏をほろぼした。この戦いには聖徳太子（用明天皇の皇子／五七四～六二二年）も蘇我氏の側で参戦し、戦勝を謝して四天王寺を建立したという。叔母の推古天皇の即位（五九三年）とともに摂政《せっしょう》になり、翌年、「三宝《さんぽう》を興《おこ》し隆《さか》えしむ」という「三宝興隆の詔《さんぽうこうりゅうのみことのり》」を宣じた。

この詔によって諸氏がそれぞれ「君親《きみおや》の恩《みめぐみ》のために競ひて仏舎《ほとけのおおとの》をつくり」、それを「寺《てら》」とよんだという（『日本書紀』推古天皇二年二月一日）。蘇我氏は私邸にはじまる飛鳥寺《あすかでら》を大規模に改築し、推古天皇四年に七堂伽藍《がらん》の大寺院を完成させた。地名から「飛鳥寺」というが、日本で最初に仏法を興した寺という意味で「法興寺《ほうこうじ》」とも「元興寺《がんごうじ》」ともいう。その大伽藍は古墳に代わって氏族の権威を表し、蘇我宗家《そうか》（本家）は稲目・馬子・蝦夷《えみし》の三代にわたって大臣《おおおみ》の地位を独占した。

その蘇我氏と聖徳太子は強い血縁関係がある。しかし推古天皇九年（六〇一）、太子は蘇我氏の本拠地である飛鳥からはなれた斑鳩《いかるが》（奈良県斑鳩町）に皇子宮《みこのみや》をつくりはじめた。そして、身分にとらわれずに人材を登用する冠位《かんい》十二階を制定。また、憲法十七条を布告した。

憲法十七条は『日本書紀』推古天皇十二年（六〇四）の条にある。その年正月、「始めて冠位《こうぶりのくらい》を諸臣《まえつきみたち》に賜《たま》ふ」という一文に続いて、その年の記述は、ほぼ憲法各条の列記だけで終わる。それは冠位制定の精神を説いて官吏の心得を示す教書であり、全体的には儒教の影響が強いが、普遍の人倫は仏教に求められている。そのことを示す第二条と第十条をあげる。

## 日本書紀（推古天皇十二年「憲法十七条」）出典1

（第二条）二《ふたつ》に曰《い》はく、篤《あつ》く三宝《さんぼう》を敬《いやま》へ。三宝《さんぼう》とは仏《ほとけ》・法《のり》・僧《ほうし》なり。則《すなわ》ち四生《よつのうまれ》の終《おわりの》帰《よりどころ》、万《よろず》の国《くに》の極宗《きわめのむね》なり。何《いずれ》の世《よ》、何《いずれ》の人《ひと》か、是《こ》の法《みのり》を貴《とうと》びずあらむ。人《ひと》、尤《はなはだ》悪《あ》しきもの鮮《すくな》し。能《よ》く教《おし》ふるをもて従《したが》ふ。其《そ》れ三宝《さんぼう》に帰《よ》りまつらずは、何《なに》を以《も》てか枉《まが》れるを直《ただ》さむ。

（第十条）十《とお》に曰《い》はく、忿《こころのいかり》を絶《た》ち瞋《おもえりのいかり》を棄《す》てて、人《ひと》の違《たが》ふことを怒《いか》らざれ。人皆心《ひとみなこころ》有《あ》り、心各《こころおのおの》執《と》れること有《あ》り。彼是《かれよみ》すれば我《われ》は非《あしみ》す。我是《われよみ》すれば彼《かれ》は非《あしみ》す。我必《われかなら》ず聖《ひじり》に非《あら》ず。彼必《かれかなら》ず愚《おろか》に非《あら》ず。共《とも》に是《これ》凡夫《ただひと》ならくのみ。是《よ》く非《あし》き理《ことわり》、詎《たれ》か能《よ》く定《さだ》むべけむ。相共《あいとも》に賢《かしこ》く愚《おろか》なること、鐶《みみかね》の端《はし》无《な》きが如《ごと》し。是《ここ》を以《も》て彼人《かれひと》瞋《いか》ると雖《いうと》も、還《かえ》りて我《わ》が失《あやまち》を恐《おそ》れよ。我独《われひと》り得《え》たりと雖《いうと》も、衆《もろもろ》に従《したが》ひて同《おな》じく挙《おこな》へ。

［訳］（第二条）第二にいう。あつく三宝を敬え。三宝とは仏と教え、僧[1]である。仏法は四生《ししょう》[2]が最後に頼る万国の究極のよりどころである。どんな世、どんな人でも、この教えを貴ぶ。人には、ほんとうに悪い者は少ない。よく教えれば従うものである。仏法に帰依《きえ》しなければ、何をもって曲がった心を正せようか。

（第十条）第十にいう。怒りの心[3]を棄《す》て、人が違うからと怒ってはいけない。人には皆、心があり、それぞれ心にしたがう。彼が是《ぜ》とすることを我は非《ひ》と思い、我が是を彼は非とする。我は必ずしも聖人ではなく、彼は必ずしも愚かではない。共に凡夫（普通の平凡な人）である。是非善悪のことわりをだれが決められよう。たがいに賢く愚かなことは耳輪の端がないのと同じである。だれかが人を怒るなら、顧みて自分の過失を恐れよ。自分ひとりの思いではなく、多くの人と同じようにせよ。

1 **僧**＝もとは修行者の集団や教団をいう「僧伽（サンガ）」の略。そこから僧侶の意に転じた。 2 **四生**＝あらゆる生物。胎生（獣など）・卵生（鳥・魚など）・湿生（蟲類）・化生《けしょう》（精霊や鬼など）をいう。 3 **怒りの心**＝瞋恚《しんに》。三つの根元的な煩悩（三毒）の一つ。他は貪欲（むさぼり）と愚痴（おろかさ）。

民族宗教の記紀神話の段階では勝つことが正義であり、何が正しくて何が悪なのか、かならずしも明確ではない。太子は民族を超えた普遍の理念として仏教をとらえ、「何を以《も》てか枉《まが》れるを直《ただ》さむ」と善悪の規範を仏教に求めている。そして第十条では人間は心に瞋恚《しんに》（怒り）という煩悩をもつ凡夫だという認識が示されている。第一条にいう「和《やわらか》なるを以《も》て貴《とうと》しとし」も儒教の『礼記《らいき》』によるだけではなく、仏教思想に裏付けられているといえよう。

**三経義疏㈠　法華義疏**　斑鳩の聖徳太子のもとには遣隋使《けんずいし》の派遣や百済《くだら》との交流によって学僧が集まり、法華経《ほけきょう》・維摩経《ゆいまぎょう》・勝鬘経《しょうまんぎょう》の三つの経典について注釈した『三経義疏《さんぎょうぎしょ》』が太子の名によって撰述された。それぞれの経典の品《ほん》（章）ごとに経文をあげて細かく解釈していく構成をとっているが、冒頭には、その経典の内容を要約し、経題の由来や意味を述べる概説をおいている。『法華義疏』の冒頭をあげる。

## 法華義疏（巻第一［総序］）出典2

夫《そ》れ妙法蓮華経《みょうほうれんげきょう》とは、蓋《けだ》し是《こ》れ摠《そう》じて万善《まんぜん》を取《と》りて、合《がっ》して一因《いちいん》と為《す》るの豊田《ぶでん》、七百《しちひゃく》の近寿《ごんじゅ》、転《てん》じて長遠《じょうおん》と成《な》るの神薬《しんやく》なり。

若《も》し釈迦如来《しゃかにょらい》の此土《このど》に応現《おうげん》したまえる大意《だいい》を論《ろん》ずれば、将《まさ》に宜《よろ》しく此《こ》の経《きょう》の教《おしえ》を演《の》べて、同帰《どうき》の妙因《みょういん》を脩《しゅ》し、莫二《まくに》の大果《だいか》を得《え》せしめんと欲《ほっ》してなり。

但《ただ》し衆生《しゅじょう》の宿殖《しゅくじき》の善《ぜん》は微《かす》かにして、神《じん》は闇《くら》く、根《こん》は鈍《にぶ》く、五濁《ごじょく》は大機《だいき》を鄣《さ》え、六弊《ろくへい》はその慧眼《えげん》を掩《お》うをもって、卒《にわ》かに一乗因果《いちじょういんが》の大理《だいり》を聞《き》くべからず。ゆえに如来《にょらい》は、時《とき》の宜《よろ》しきところに随《したが》い、初《はじめ》は鹿苑《ろくおん》に就《つ》いて三乗《さんじょう》の別疏《べっしょ》を開《ひら》いて各趣《かくしゅ》の近果《ごんか》を感《かん》ぜしめたまえり。

これより以来《このかた》、また平《ひと》しく無相《むそう》を説《と》いて同《おな》じく脩《しゅ》することを勧《すす》め、或《あるい》は中道《ちゅうどう》を明《あ》かして褒貶《ほうへん》したまえりと雖《いえど》も、猶三因別果《なおさんいんべっか》の相《そう》を明《あ》かして、物《もの》の機《き》を養育《よういく》したまえり。

是《ここ》において衆生《しゅじょう》は、年《とし》を歴《へ》、月《つき》を累《かさ》ねて、教《おしえ》を蒙《こうむ》り、脩行《しゅぎょう》して、漸々《ぜんぜん》に解《げ》を益《ま》し、王城《おうじょう》において、始《はじ》めて一《いっ》の大乗《だいじょう》の機《き》を発《おこ》すにいたり、如来出世《にょらいしゅつせ》の大意《だいい》に称会《かな》えり。

是《ここ》をもって、如来《にょらい》は、即《すなわ》ち万徳《まんどく》の厳軀《ごんく》を動《うご》かし、真金《しんこん》の妙口《みょうく》を開《ひら》き、広《ひろ》く万善同帰《まんぜんどうき》の理《り》を明《あ》かして、莫二《まくに》の大果《だいか》を得《え》せしめたまえり。

［訳］そもそも妙法蓮華経《みょうほうれんげきょう》（法華経）は万《よろず》の善業《ぜんごう》を合して一つの因とする豊田《ぶでん》[1]であり、限りある七百の近寿《ごんじゅ》[2]を転じて長遠とする神薬である。

釈迦《しゃか》如来《にょらい》が世に出現された意義・目的をいうなら、まさに、この経の教えを説いて万善同帰《まんぜんどうき》の妙因《みょういん》[3]を人々が修し、二つとない大いなる果を得させようと欲してである。

しかし、人々が前世に植えた宿善《しゅくぜん》はわずかで、心は暗く、性格は鈍《にぶ》い。五濁《ごじょく》[4]、大乗《だいじょう》の機[5]をさえぎり、六弊《ろくへい》[6]が智慧《ちえ》の眼をおおっているので、にわかに一乗因果《いちじょういんが》の大理[7]を聞いても納得できない。それゆえ如来は、時宜《じぎ》にしたがい、初めは鹿野苑《ろくやおん》[8]において三乗の教えを開き、三乗の修行者それぞれに適したさとりの境地（近果《ごんか》）を感得させた。

それ以来、如来は森羅万象《しんらばんしょう》の空《くう》なること（無相《むそう》）を説いて三乗の修行者が同じく修することを勧め、あるいは中道[9]を明かして大乗を褒《ほ》め小乗を貶《けな》されたが、なお、三因別果《さんいんべっか》[10]の相を説き示して人々の資質を養い育てられた。

それによって人々は長い歳月にわたって教えを受け、修行して、次第に理解を増し、王舎城《おうしゃじょう》[11]において、はじめて一大乗の機[12]を発《おこ》すにいたり、釈迦如来が世に出られたことの大いなる意義・目的にかなう資質を得た。

これをもって如来は、万徳を具《そな》えて厳《おごそ》かな身体を動かし、真金の御口《みくち》を開いて、広く万善同帰のことわりを明かし、莫二《まくに》の大果《だいか》を衆生に得せしめたのである。

1 **豊田**＝自身の善業（善いおこない）の結果が豊かにもたらされるところ。悲田《ひでん》・福田《ふくでん》ともいう。 2 **七百の近寿**＝首楞厳《しゅりょうごん》経《きょう》に出る照明荘厳自在王仏《しょうみょうしょうごんじざいおうぶつ》が「わが寿命は七百阿僧祇劫《あそうぎこう》」と告げたことによるという。 3 **万善同帰の妙因**＝あらゆる善業が帰一する玄妙な因。いわゆる法華一乗のこと。 4 **五濁**＝世の衰えの五つの現れ。①劫濁《こうじょく》…戦争や疫病、飢饉《ききん》がはびこる。②見濁《けんじょく》…邪悪な思想・信仰が広まる。③煩悩濁《ぼんのうじょく》…悪徳の世になる。④衆生濁《しゅじょうじょく》…人々の資質が悪化する。⑤命濁《みょうじょく》…寿命が短くなる。 5 **大乗の機**＝万物救済の大乗仏教を受けるにふさわしい資質・機会。 6 **六弊**＝大乗仏教の指針である六つの善（六《ろく》波羅蜜《はらみつ》）をさまたげる六つの悪心。①慳貪《けんどん》…欲望のとらわれ。②破戒《はかい》…戒律を破ること。③瞋恚…怒り。④懈怠《けだい》…なまけ。⑤散乱《さんらん》…散漫な心。⑥愚癡《ぐち》…おろかさ。 7 **一乗因果の大理**＝過去に示された釈尊のあらゆる教説を統合する法華一乗の教え。もともと仏教では出家専修がさとりに至る道とされ、人々は出家の聖者への礼拝を通して現世や来世の幸福を祈った。それに対して、さとりの門は広く大衆にも開かれていると主張して西暦の紀元前後頃から生まれてきたのが大乗仏教である。大乗の仏教徒は、みずからを菩薩《ぼさつ》とよび、声聞《しょうもん》や縁覚《えんがく》とよばれる旧来の正統派仏教を小乗（小さな乗り物）だと批判した。小乗の声聞・縁覚、大乗の菩薩の三つの仏道を三乗という。さらに、三乗の区別も救済の手段（方便）であり、究極的にはただ一つの無上の仏道に至ると主張する修行集団が、大乗仏教の運動のなかから現れた。かれらによって編まれたのが法華経であり、その立場を法華一乗という。 8 **鹿野苑**＝原文は「鹿苑」。釈尊が初めて説法をした初転法輪《しょてんぽうりん》の地サールナートの僧園。 9 **中道**＝偏見や執着、固定的な観念を離れたまっすぐな道。「空《くう》」と同義。 10 **三因別果の相**＝三乗の修行者にも、それぞれに安息の境地があること。 11 **王舎城**＝釈尊時代の大国マガダの王都ラージャグリハ。郊外の霊鷲山《りょうじゅせん》で法華経が説かれたという。 12 **一大乗の機**＝法華一乗にふさわしい資質。

この「総序」には法華経に説かれていることが正確に要領よくまとめられている。すなわち、法華経は万善同帰《まんぜんどうき》の妙因《みょういん》（あらゆる仏道が帰一するもの）であり、釈迦如来が世に出現したのは、この経を人々に説くためであったと、いわゆる法華一乗の立場をとる。

法華一乗においては、出家と在家の区別に本質的な意味はない。維摩経と勝鬘経も、出家をしなくてもさとりに到達できるという在家主義の色彩がさらに強い。維摩経では、維摩（維摩詰《ゆいまきつ》／ヴィマラキールティ）という在家者が、空《くう》の思想によって、釈尊の出家の高弟たちを論破していく。

**三経義疏㈡　維摩経義疏**　維摩経は維摩（維摩詰《ゆいまきつ》／ヴィマラキールティ）という在家者（浄名居士《じょうみょうこじ》ともいう）が、病をよそおって見舞いに来る者と法論を戦わせる。釈迦の高弟たちが次々に訪れるが、ことごとく、その出家の道は誤っていると指摘され、論破されてもどってくる。ついに文殊菩薩との問答で菩薩の道が明かされる。維摩詰が文殊菩薩に「如来の種子《しゅし》（仏種《ぶっしゅ》、如来の種子をうけつぐ家系）とは何か」と問い、文殊菩薩が「この身のあることが種《しゅ》であり、無明《むみょう》・有愛《うあい》（智慧が閉ざされて物事に愛着をもつこと）が種であり、貪瞋痴《とんじんち》の三毒が種であり、四顛倒《してんどう》（無常を常、苦を楽、無我を我、不浄を浄とする誤り）が種であり、五蓋《ごがい》（心をおおう欲望・怒り・疑いなど五つの煩悩）が種であり、六入《ろくにゅう》（眼・

耳・鼻・舌・身・意の六根の感覚をもつこと）が種であり、七識処《しちしきしょ》（天界など人の心が憧れる七つのところ）が種であり、八邪法《はちじゃほう》（邪見・邪思など八正道の反対）が種であり、九悩処《くのうしょ》（托鉢しても何も得られないなど釈尊の生涯に起こった九種の悩みにちなむ苦しみ）が種であり、十不善道（不殺生・不偸盗《ふちゅうとう》・不邪淫などの十善戒に反すること）が如来の種子《しゅし》である。要するに、六十二見（あらゆる邪見）および一切の煩悩が皆、仏種《ぶつしゅ》である」（拙訳『全文現代語訳　維摩経・勝鬘経』角川ソフィア文庫より）と答える。

煩悩が如来の種子であるという主張は、出家修行が唯一のさとりへの道とされた初期仏教にたいし、むしろ在家の優位を説く菩薩道すなわち大乗仏教の立場を明確にしている。

この経典の趣旨を説く『維摩経義疏』の総序をあげる。

**維摩経義疏**　［総序］　出典3

維摩詰《ゆいまきつ》とは、乃《すなわ》ち是《こ》れ已《い》登正覚《とうしょうがく》の大聖《だいしょう》なり。本《もと》を論《ろん》ずれば既《すで》に真如《しんにょ》と冥一《みょういつ》なれども、迹《しゃく》を談《だん》ずれば即《すなわ》ち万品《まんぼん》と同量《どうりょう》なり。徳《とく》は衆聖《しゅしょう》の表《ひょう》に冠《かん》し、道《どう》は有心《うしん》の境《きょう》を絶《ぜっ》す。事《じ》は無為《むい》を以《も》って事《じ》と為《な》し、相《そう》は無相《むそう》を以《も》って相《そう》と為《な》す。何《なん》ぞ名相《みょうそう》の称《しょう》す可《べ》きもの有《あ》らん。国家《こくか》の事業《じぎょう》を煩《わずら》はしと為《な》す、但《ただ》し大悲《だいひ》息《や》むこと無《な》くして志《こころざ》し益物《やくもつ》に存《そん》す。形《かたち》は世俗《せぞく》の居士《こじ》に同《おな》じ、処《ところ》は毘耶《びや》の村落《そんらく》に宅《お》す。而《しか》して化縁《けえん》既《すで》に畢《つき》り、将《まさ》に妙本《みょうほん》に帰《き》せんとして身《み》に疾《やまい》有《あ》ることを現《げん》じ、仮《か》りに牀《しょう》に寝《しん》す。謂《おも》えらく、疾《やまい》に因《よ》って問《もん》いを致《いた》し、為《た》めに不思議《ふしぎ》の理《り》を開《ひら》かんと。是《ここ》を以《も》って文殊《もんじゅ》、時《とき》を知《し》り、旨《むね》を承《う》けて疾《やまい》を問《と》う。仍《よ》りて大士《だいし》の種々《しゅじゅ》の妙行《みょうぎょう》を顕《あら》はし、以《も》って新発《しんぽっ》を勧《すす》む。然《しか》れば則《すなわ》ち、疾《やまい》の体《たい》たるや、必《かなら》ず大慈悲《だいじひ》を以《も》って本《もと》と為《な》し、教《きょう》の興《おこ》るところは、抑少揚大《よくしょうようだい》を宗《しゅう》と為《な》す。

［訳］　維摩詰（ヴィマラキールティ）は、すでにさとりに達した偉大な聖者であった。その本地《ほんじ》（元の姿）

はすでに仏の真理の深みにあり、応迹《おうじゃく》（人々の性格に応じて現す姿）は万量である。徳は多くの聖者たちの上にあり、ゆく道は人々の思慮・分別の境を超絶している。おこないは無為《むい》（何も為《な》さざること）をもっておこないとし、姿・形は無相《むそう》（何の形ももたないこと）をもって姿としている。どうしてその名や姿を言い表すことができようか。

維摩詰は、国や家の事柄を煩《わずら》わしいこととしているが、大慈の思いは休むことなく、志は人々に仏の恵みをもたらすところにある。居士《こじ》（在俗の文士）と同じ姿で毘耶離《びやり》（ヴァイシャーリー）の村落にある家に暮らした。そして、縁あって教化すべき人々はすでに導きおえたので、本《もと》の真如の本源に戻ろうとするとき、身体に仮に病《やまい》をあらわして寝床にふせった。見舞いに来る者があれば、その者のために「不《ふ》思議《しぎ》の理《り》」の法門を開こうと思ったのである。

ここに文殊菩薩は、その時を知り、釈迦牟尼世尊《しゃかむにせそん》の要請を承《う》けて病の維摩詰を見舞った。それによって偉大な維摩居士の種々の不思議なおこないを顕わし、それによって新しく発心《ほっしん》することを勧める。すなわち、病の身を示すのは、必ず大慈悲を本来の趣旨とし、教えは抑少揚大《よくしょうようだい》（小乗を抑《おさ》え大乗を宣揚すること）を宗《むね》して興る。

## 【コラム】維摩経十喩の和歌

維摩経の「方便品第二」にある「この身は聚沫《じゅまつ》（泡《あわ》のかたまり）の如《ごと》し」以下、泡、炎、芭蕉、幻、夢、影、響《こだま》、浮雲《ふうん》、電《いなずま》の譬喩《ひゆ》（たとえ）を維摩経の十喩《じゅうゆ》という。同様の譬喩は「弟子品第三」「観衆生品第七」「菩薩行品第十一」でも説かれる。

維摩経の十喩は平安時代には和歌にも詠まれるようになった。

「風吹けばまづやぶれぬる草の葉に　よそふるからに袖《そで》ぞつゆけき」

これは平安中期の公卿《くぎょう》＝藤原公任《ふじわらのきんとう》（九六六〜一〇四一年）の歌で、『後拾遺和歌集《ごしゅういわかしゅう》』に「維摩経十喩の中に、此《し》身芭蕉《しんばしょう》の如しといふ心を」という詞書《ことばがき》がある。公任は芭蕉の喩《たと》えの心を「風が吹けば破れる草の葉に我が身をなぞらえると袖が涙で湿る」と詠んだ。

「夢や夢うつつや夢と分かぬかな　いかなる世にか覚《さ》めんとすらん」

やはり平安中期の赤染衛門《あかぞめえもん》（生没年不詳）の歌で、『新古今和歌集』に「維摩経十喩の中に此《し》身如《しんによ》夢《む》といへる心を」という詞書がある。赤染衛門は十喩のなかの「この身は夢の如し」という喩《たと》えに寄せて、「夢か現《うつつ》か、現か夢かわからない。この夢が覚めるとき、わたしはいったい、どんな世にいるのでしょうか」と詠んだのだった。これらの歌は維摩経十喩の「此身芭蕉」や「此身如夢」が四字熟語のように親しまれていたことを表している。

赤染衛門は和泉式部《いずみしきぶ》らとならぶ平安中期の代表的な女流歌人である。恋の歌が多いのだが、当時の歌人は仏教に関心をよせるのが普通のことだった。うつりゆくものに「あわれ」を感じる感性も仏教によって育まれた。

なお、密教の根本経典の大日経《だいにちきょう》にも十喩がある。幻、陽炎、夢、影、乾闥婆城《けんだつばじょう》（蜃気楼《しんきろう》）、響、水月（水面の月）、浮泡、虚空華《こくうげ》（空中の花）、旋火輪《せんかりん》（先に火をつけた棒を回すときに見える火の輪）の十である。

## 【コラム】居士と上人　遁世者の仏法

鎌倉時代の鴨長明《かものちょうめい》の随筆『方丈記《ほうじょうき》』に「すみかは則ち浄名居士《じょうみょうこじ》のあとをけがせりといへども、たもつ所はわづかに周梨槃特《しゅりはんどく》が行《ぎょう》にだに及ばず」とある。

浄名居士は維摩居士のこと、周梨槃特はチューダパンタカという釈迦の弟子である。鴨長明は「住まいは維摩居士の質素な方丈のようにしているが、修行は釈尊の弟子のなかでもっとも愚かな人だったという周梨槃特にも及ばない」と自分を嘆いている。

鴨長明は下鴨《しもがも》神社の正禰宜《しょうねぎ》（神職の長）の子に生まれたが、十八歳のころに父が急逝し、継ぐはずだった地位を同族に奪われた。当時、下鴨神社は諸国に荘園をもつ大神社である。その後継争いに敗れた長明は五十歳のころに出家して大原《おおはら》に隠棲。さらに五十五歳で日野《ひの》（京都市伏見区）に庵《いおり》を建てて暮らすようになった。そして建暦《けんりゃく》二年（一二一二）、還暦を前に思うところを記すということで、僧名の蓮胤《れんいん》の名で書いたのが『方丈記』である。

「方丈」は一丈（約三メートル）四方の建物の意で、質素な庵をいう。ところが、維摩経のヴィマラキールティ（維摩詰《ゆいまきつ》）は商都ヴァイシャーリーの大富豪で、漢訳経典では「長者」とよばれる。その邸宅はヴァイシャーリーの国王・大臣・富裕な居士・婆羅門《ばらもん》等、および多くの王子ならびに官吏など数千人が皆、維摩詰を見舞いに行くことができるほど広大なイメージで語られている。

そのような「長者」は法華経では仏のこととして登場し、大乗経典を特色づける設定となっている。古代の寺院が各地の王や富商をはじめ、多くの人々の寄進によって建立・維持されたところから発展したブッダ観であろう。ところが、聖徳太子の『維摩経義疏』では、維摩詰の住まいは「方丈」と記され、質素な庵に転換している。維摩詰は中国で隠者のイメージで語られ、そのイメージが飛鳥時代の『維摩経義疏』に入り、さらに鎌倉時代の『方丈記』にも受け継がれている。

また、漢訳経典では維摩詰は「居士」とも「上人《しょうにん》」ともよばれている。居士は中国で学問を修めていながら官に出仕せずに市井《しせい》にいる人をいう。中国では隠士《いんし》ともいい、隠遁者をさす。居士にあたる経典の原語グリハパティは家長の意であるが、在家の信徒の意味で、戒名にもつけられる。

維摩経にある「上人」は、平安時代には遁世僧《とんせいそう》の呼称として広くつかわれるようになった。平安中期には阿弥陀聖《あみだひじり》の空也《くうや》上人、書写山《しょしゃざん》の性空《しょうくう》上人、融通念仏宗開祖の良忍《りょうにん》上人、新義真言宗開祖の覚鑁《かくばん》上人などが著名であるが、平安末期から鎌倉時代の末法の世には、歌人の西行《さいぎょう》上人、東大寺大仏再建の大勧進職の重源《ちょうげん》上人、浄土宗開祖の法然《ほうねん》上人（黒谷《くろだに》上人）、栂尾《とがのお》の明恵《みょうえ》上人、笠置寺《かさぎでら》の解脱《げだつ》房貞慶《ぼうじょうけい》上人、真言律宗の叡尊《えいぞん》上人、さらには鎌倉新仏教の開祖である親鸞《しんらん》上人（聖人《しょうにん》）、日蓮上人（聖人《しょうにん》）、一遍《いっぺん》上人などがあらわれた。鎌倉時代の仏教の新潮流は、在家の維摩居士につながる上人の系譜から生まれたといえる。

ところで、遁世僧といっても、比叡山や東大寺などの大寺院から完全に離れていたわけではないし、世俗から逃れて隠遁した世捨て人だったわけでもない。

僧の遁世は僧正・僧都といった僧階の序列の外に出ることで、そのまま比叡山や高野山などの山内にとどまっていたり、寺院の荘園などに別所《べっしょ》とよばれる遁世僧の集落をつくったりした。そこから村や町に出て、護符配りや祈禱《きとう》、説法などをおこない、多くの信徒をもつ「上人」もあらわれた。また、高野山の聖《ひじり》、比叡山の麓《ふもと》の大原の聖など、半僧半俗の遊行聖《ゆぎょうひじり》も多くあらわれて各地の霊場や神仏への信仰を広めた。かれらは本山の権威をいただくことで民衆の信心を獲得できたのであり、本山と民衆をつなぐ役割をした。

なお、「上人号」は現在、浄土宗・日蓮宗などで僧の正式の称号となっている。岩本裕『日本佛教語辞典』（平凡社）によれば、応長《おうちょう》元年（一三一一）に後伏見《ごふしみ》上皇が金蓮寺《こんれんじ》の真観《しんかん》（時宗の僧）に上人号を下賜《かし》したのが最初という。

**三経義疏㈢　勝鬘経義疏**　勝鬘経では、勝鬘（シュリーマーラー）という王妃が釈尊から未来に仏になれるという予言を与えられる。さとりには到達できないとされた女性でも、だれにでも仏の性質は備わっているからだという。次に『勝鬘経義疏』の総序をあげる。

## 勝鬘経義疏 ［総序］ 出典3

夫《そ》れ勝鬘《しょうまん》は、本《もと》は是《こ》れ不可思議《ふかしぎ》なり。何《なん》ぞ知《し》らん、如来《にょらい》の分身《ぶんしん》、或《あるい》は是《こ》れ法雲《ほううん》の大士《だいじ》なりといふことを。但《ただ》し、遠《とお》く踰闍《ゆじゃ》の機宜《きぎ》を照《て》らし、女質《にょしつ》を以《も》つて化《け》を為《な》す。所以《ゆえ》に、初《はじ》めには則《すなわ》ち舎衛国《しゃえこく》の王《おう》のもとに生《うま》れて孝養《こうよう》の道《みち》を尽《つく》し、中《なか》ごろは則《すなわ》ち阿踰闍《あゆじゃ》の友称夫人《うしょうぶにん》と為《な》りて三従《さんじゅう》の礼《れい》を顕《あら》はし、終《おわ》りには則《すなわ》ち釈迦《しゃか》に影響《ようごう》して共《とも》に摩訶衍《まかえん》の道《みち》を弘《ひろ》む。其《そ》の所演《しょえん》を論《ろん》ずれば、則《すなわ》ち十四を以《も》つて体《たい》と為《な》し、其《そ》の大意《たいい》を談《だん》ずれば、非近是遠《ひごんぜおん》を宗《しゅう》と為《な》す。所以《ゆえ》に如来《にょらい》は、説《と》く毎《ごと》に諸仏《しょぶつ》に同《おな》じと讃《ほ》め、発言《ほつごん》すれば、則《すなわ》ち為《た》めに述成《じゅつじょう》したまふ。

［訳］そもそも勝鬘夫人《しょうまんぶにん》（王妃シュリーマーラー）の本《もと》の姿は不可思議な聖者である。どうして知られようか、勝鬘夫人は如来の分身か、大乗の求法者《ぐほうしゃ》にして究極の法雲地《ほううんじ》の菩薩（真理の雨をそそがれる菩薩）であるということを。ただ、この世では阿踰闍《あゆじゃ》（アヨーディヤー国）の人々の性格に照らし、人々を導くため、女性の身を現したのである。

この世の勝鬘は初めは舎衛城《しゃえじょう》（コーサラ国の王都シュラーヴァスティ）の王のみもとに生まれて父母に孝養の道を尽くし、成人して阿踰闍《あゆじゃ》の友称《うしょう》（アヨーディヤー国のヤショーミトラ王）の王妃になって三従の礼（親と夫と子に従うこと）につとめ、ついに世に現れた如来の姿をとる釈迦牟尼世尊《しゃかむにせそん》と共に摩訶衍《まかえん》（マハーヤーナ＝大乗仏教）の道を広めた。その所説である勝鬘経は十四章（と流通説《るずうせつ》）からなる。その大意を述べれば、非近是遠《ひごんぜおん》（卑近な小乗ではなく深遠な大乗の教えを明かすこと）を宗《むね》とする。ゆえに世尊は「勝鬘の語ることは諸仏の言葉と同じである」と常に称讃され、加えて世尊の教えを説かれている。

勝鬘経「如来蔵章第七《にょらいぞう》」および「法身章第八《ほっしん》」で王妃シュリーマーラーは、釈迦如来に「如来蔵は、無量の煩悩蔵《ぼんのうぞう》（人々の心をつつんでいる無数の煩悩）に纏《まと》われています。如来の法身《ほっしん》（如来の真実の身体で、万物の存在をあからめる光のようなものとされる）もまた無量の煩悩蔵に纏われています。それでも如来蔵があることに疑惑をもたない人は、法身が無量の煩悩蔵から現れ出ることにも疑惑をもたないでしょう」と告げる。

如来蔵は「タターガタ・ガルバ」の漢訳で、如来の本性、さとりの種が胎児の状態でおさめられている胎のことをいう。それは出家も在家も男女の区別もなく、誰の心にもある。

**「三経義疏」の在家主義**　日本最初の経典解釈書である「三経義疏」は、いずれも在家主義の強い経典に関するものだった。

その撰述者の聖徳太子は、やがて「日本の釈迦」と仰がれるが、釈迦が王子の身分も妻子も捨てて出家したと伝えられるように出家専修の道を説いたのにたいし、「三経義疏」には在家の優位が説かれ、聖徳太子は生涯、在俗の人であった。

**太子の薨去**　推古天皇二十九年（六二一）十二月、聖徳太子の生母の穴穂部間人《あなほべのはしひと》太后が崩じ、翌三十年正月、太子と膳《かしわで》の后《きさき》も病に臥《ふ》した。他のきさきや王子、諸臣らは病気平癒を祈るために太子と等身大の釈迦如来像の造立を発願《ほつがん》したが、同年二月、后と太子が崩去した。太子は四十九歳だった。

あくる推古天皇三十一年三月、かねて発願の釈迦三尊像を造りおえたという。法隆寺金堂に現存する釈迦三尊像がそれで、この間の事情が光背の銘に記されている。

## 法隆寺金堂釈迦三尊像光背銘　出典4

法興元《ほうこうのはじめの》三十一年、歳《ほし》は辛巳《かのとみ》に次《やど》る十二月、鬼前太后《きぜんたいこう》崩《ほう》ず。明年正月《みようねんしようがつ》二十二日、上宮法皇《じようぐうほうおう》、病《やまい》に枕《まくら》して悆《こころよ》から弗《ず》。干食王后《かんじきおうこう》、仍《よ》りて以《もっ》て労疾《ろうしつ》、並《なら》びて床《しよう》に著《つ》く。時《とき》に王后《おうこう》・王子《おうじ》等《ら》、及諸臣《またしよしん》と、深《ふか》く愁毒《しゆうどく》を懐《いだ》き、共《とも》に相発願《あいほつがん》すらく。「仰《あや》ぎて三宝《さんぼう》に依《よ》り、当《まさ》に釈尊《しやくそん》の尺寸王身《しやくすんおうしん》なるを造《つく》るべし。此《こ》の願力《がんりき》を蒙《こうむ》り、病《やまい》を転《てん》じて寿《とし》を延《の》べ、世《せ》間《けん》に安住《あんじゆう》せむことを。若《も》し是《こ》れ定業《じようごう》にして、以《もっ》て世《よ》に背《そむ》かば、往《い》きて浄土《じようど》に登《のぼ》り、早《はや》く妙果《みようか》に昇《のぼ》らむことを」と。

二月二十一日癸酉《みずのととり》、王后即世《おうこうそくせい》す。翌日法皇登遐《よくじつほうおうとうか》す。癸未年《みずのとひつじのとし》三月中、願《がん》の如《ごと》く、敬《いやま》いて釈迦《しやか》の尊像《そんぞう》幷《あわ》せて侠侍及《きようじおよ》び荘厳具《しようごんぐ》を造《つく》り竟《おわ》んぬ。斯《こ》の微福《びふく》に乗《じよう》じ、道《どう》を信《しん》ずる知識《ちしき》、現在安穏《げんざいあんのん》に、生《しよう》を出《い》でて死《し》に入《い》らば、三主《さんしゆ》に随《したが》い奉《たてまつ》り、三宝《さんぼう》を紹隆《しようりゆう》し、遂《つい》に彼岸《ひがん》を共《とも》にし、普遍《ふへん》の六道法界《ろくどうほうかい》の含識《がんしき》、苦縁《くえん》を脱《だつ》するを得《え》、同《とも》に菩提《ぼだい》に趣《おもむ》かむことを。司馬鞍首止《しばのくらのおびとと》利《り》仏師《ぶつし》をして造《つく》ら使《し》む。

［訳］法興の元《はじめ》[1]より三十一年、辛巳《かのとみ》の次の年の十二月に太子の母の鬼前太后《きぜんたいこう》[2]が崩じた。翌年正月二十二日、上宮法皇《じようぐうほうおう》（聖徳太子）は病に臥《ふ》し容体はよくなかった。太子のきさきの干食王后《かんじき》[3]も疲れ、病にかかって床についた。

そのとき、太子の王后・王子ら、および諸臣は深く悲しんで、共に発願した。「仏を仰いで三宝に頼り、釈尊の大きさを太子の身と同じに造る。その願力により病を延命に転じて世に安住できることを。もし定めにて太子が世を去るなら、往きて浄土に登り、早く妙果（修行の結果のさとり）に昇ることを」と。

二月二十一日に王后が世を去り、翌日、法皇（太子）も逝かれた。そこで六二三年三月中に、かねての願により、敬うべき釈迦の尊像と俠侍《きょうじ》[4]および荘厳具《しょうごんぐ》（仏像の飾り）を造りおえた。この微福に乗じて、道を信ずる知識[5]の者らの現世《げんぜ》安穏《あんのん》を祈り、生を出《い》でて死に入らば、先に往った三主[6]に随《したが》い奉って三宝を盛んにし、ついには彼岸《ひがん》（さとりの岸辺）を共にし、あまねく六道の法界[7]をめぐる含識[8]が苦の縁を脱するを得て同じく菩提（さとり）に趣くことを願う。

鞍作鳥仏師《くらつくりとりぶっし》[9]をして、この尊像を造らせた。

1 **法興**＝崇峻天皇四年（五九一）を元年とする私年号か。 2 **鬼前太后**＝穴穂部間人太后のこと。『聖徳太子事典』は「鬼前」を固有名詞とする。 3 **干食王后**＝干食は「食をとらない」の意か。『聖徳太子事典』は固有名詞と解し、膳菩《かしわでのほき》岐《き》々美娘女《みのいらつめ》かとする。 4 **俠侍**＝脇侍。釈迦三尊では中央に釈迦如来、左右に文殊菩薩と普賢菩薩をおく。 5 **知識**＝善知《ち》識《しき》（仏道の指導者・同信者）の略。このばあいは仏像を造るための布施者の意。 6 **三主**＝太子の母の穴穂部間人太后・聖徳太子・太子妃の三霊。 7 **六道の法界**＝生死流転の六つの世界。地獄・餓鬼・畜生・阿修羅・人間・天上の六界をいう。 8 **含識**＝意識をもつ者の意。 9 **鞍作鳥仏師**＝司馬鞍首止利仏師。鞍作氏は馬具などを製造した氏族。鳥（止利）は渡来系技術者の司馬達等の孫で仏師として知られる。

この銘は亡き人の追善供養《ついぜんくよう》のために仏像を造り、その功徳《くどく》によって現世の安穏と後生善処《ごしょうぜんしょ》（死後は浄土に転生すること）を願う祈願文である。この「釈迦三尊像光背銘」は、今日、法事などでの読経《どきょう》の最後に唱える回向文《えこうもん》に通じる内容をもっており、追善回向という考え方が日本仏教の出発点にあったことを示している。そして太子の霊が昇ったであろう浄土のようすを刺繡《ししゅう》で描いたのが、きさきの一人の橘大郎女《たちばなのおおいらつめ》が造った「天寿国繡帳」（奈良・中宮寺蔵）である。

## 天寿国繡帳銘　出典4

多至波奈《たちばな》大女郎《おおいらつめ》、悲哀嘆息《ひあいたんそく》、天皇《すめらみこと》の前《みまえ》に畏《かしこ》み白《もう》して曰《いわ》く「之《これ》を啓《もう》すは恐《おそ》れありと雖《いえど》も、懐《おも》う心止《こころと》め難《がた》し。我《わ》が大王《おおきみ》と母王《ははきみ》と、期《ご》するが如《ごと》く従遊《じゅうゆう》す。痛酷比无《つうこくたぐいな》し。我大王《わがおおきみの》告る所《ところ》、世間《せけん》は虚仮《こけ》、唯仏《ただほとけ》のみ是《こ》れ真《しん》なりと。其《そ》の法《ほう》を玩味《がんみ》するに、謂《おも》えらく、我《わ》が大王《おおきみ》は応《まさ》に天寿国《てんじゅこく》の中《なか》に生《う》まれてあるべし。而《しか》れども彼《か》の国《くに》の形《かたち》は、眼《め》に見叵《みがた》き所《ところ》なり。悕《ねが》わくは、図像《ずぞう》に因《よ》りて、大王《おおきみ》の往生《おうじょう》の状《さま》を観《み》む」と。

［訳］（太子薨去《こうきょ》のあと）橘大郎女《たちばなのおおいらつめ》は悲哀し嘆いて、推古天皇に願い出た。「こうしたことを申しあげるのは恐れ多いことでございますが、大王《おおきみ》（太子）を懐《おも》う心をとどめることができません。我が大王と母《はは》王《きみ》が相次いで崩去されましたことは痛酷たぐいがございません。大王が生前に語られていた〈世間は虚《こ》仮《け》、唯《ただ》仏のみ是《こ》れ真なり〉という教えを深く思えば、おそらく大王は天寿国に生まれておられるでしょう。しかし、その国は眼に見えません。願わくば図像によって、大王が往生された国のようすを観たいと存じます」と。

この橘大郎女の願いを聞いて推古天皇は刺繡のとばり二張を造らせた。生前に太子は「世間は虚仮《け》、唯《ただ》仏のみ是《こ》れ真なり（世《せ》間《けん》虚《こ》仮《け》　唯《ゆい》仏《ぶつ》是《ぜ》真《しん》）」と語っていた。そのことを考えれば、太子は天寿国に往生したにちがいないという。

「天寿国」という言葉は仏典にはないのだが、言葉の意味は「天上のめでたい国」ということだから、地下か山中あたりにあるという古来の死者たちの国に対するものだろう。仏教は死後の世界に「天寿国」とか「浄土」「仏刹《ぶっせつ》（仏の国）」という新しいイメージを与えたのだった。

# 3　神々の都の仏事

## 大化改新と仏法興隆の詔

皇極《こうぎょく》天皇四年（六四五）六月、蘇我蝦夷《そがのえみし》・入鹿《いるか》父子が中大兄《なかのおおえの》皇子（のち天智《てんじ》天皇）と中臣鎌子《なかとみのかまこ》（のち藤原鎌足《ふじわらのかまたり》）によって討たれた。同月、孝徳天皇が即位して「大化」と建元、いわゆる大化改新《たいかのかいしん》がはじまる。その八月、「仏法興隆の詔《みことのり》」が下された。先の「三宝興隆の詔」では氏族ごとに仏を祀《まつ》れと布告したが、天皇が国家として仏教を奉じることを宣じた。

**日本書紀**（大化元年八月八日「仏法興隆の詔」）出典1

癸卯《みずのとうのひ》に、使《つかい》を大寺《おおでら》に遣《つかわ》して、僧尼《ほうしあま》を喚《め》し聚《つど》へて、詔《みことのり》して曰《のたま》はく、「磯城嶋宮御宇天皇《しきしまのみやにあめのしたしらしめししすめらみこと》の十三年の中《ころおい》に、百済《くだら》の明王《めいおう》、仏法《ほとけののり》を我《わ》が大倭《みかど》に伝《つた》え奉《たてまつ》る。是《こ》の時《とき》に、群臣《まえつきみたち》、倶《とも》に伝《つた》へまく欲《ほっ》せず。而《しか》るを蘇我稲目宿禰《そがのいなめのすくね》、独《ひと》り其《そ》の法《のり》を信《う》けたり。天皇《すめらみこと》、乃《すなわ》ち稲目宿禰《いなめのすくね》に詔《みことのり》して、其《そ》の法《のり》を奉《あが》めしむ。訳語田宮御宇天皇《おさたのみやにあめのしたしらしめししすめらみこと》の世《みよ》に蘇我馬子宿禰《そがのうまこのすくね》、追《お》ひて考父《かぞ》の風《のり》を遵《とうと》びて、猶《なお》能仁《ほとけ》の教《みのり》を重《あが》む。而《しこう》して余臣《あたしまえつきみ》は信《う》けず。此《こ》の典幾《のりほとほど》に亡《ほろ》びなむとす。天皇《すめらみこと》、馬子宿禰《うまこのすくね》に詔《みことのり》して、其《そ》の法《のり》を奉《あが》めしむ。小墾田宮御宇天皇《おさたのみやにあめのしたしらしめししすめらみこと》の世《みよ》に、馬子宿禰《うまこのすくね》、天皇《すめらみこと》の奉為《おおみため》に、丈六《じょうろく》の繡像《ぬいもののみかた》・丈六《じょうろく》の銅像《あかがねのみかた》を造《つく》る。仏教《ほとけのみのり》を顕《あらわ》し揚《あ》げて、僧尼《ほうしあま》を恭《つつし》み敬《いやま》ふ。朕《われ》、更《さら》に復《また》、正教《みのり》を崇《かた》ち、大《おお》きなる猷《のり》を光《てら》し啓《ひら》かむことを思《おも》ふ。故《かれ》、沙門《のりのし》狛大法師《こまのだいほうし》・福亮《ふくりょう》・恵雲《えうん》・常安《じょうあん》・霊雲《りょううん》・恵至《えし》。寺主《てらしゅ》僧旻《そうみん》・道登《どうとう》・恵隣《えりん》・恵妙《えみよう》を以《も》て、十師《とたりののりのし》にす。別《こと》に恵妙法師《えみようほうし》を以《も》て、百済寺《くだらのてら》の寺主《てらしゅ》にす。此《こ》の十師等《とたりののりのしたち》、能《よ》く衆《もろもろ》の僧《ほうし》を教《おし》へ導《みちび》きて、釈教《ほとけのみのり》を修行《おこな》ふこと、要《かなら》ず法《のり》の如《ごと》くならしめよ。凡《おおよ》そ天皇《すめらみこと》より伴造《とものみやつこ》に至《いた》るまでに、造《つく》る所《ところ》の寺《てら》、営《つく》ること能《あた》はずは、朕皆助《われみなたす》け作《つく》らむ。

今寺司等《いまてらのつかさたち》と寺主《てらしゅ》とを拝《め》さむ。諸《もろもろ》の寺《てら》を巡《めぐ》り行《ゆ》きて、僧尼《ほうしあま》・奴《おのこやつこ》婢《めのこやつこ》・田《た》畝《はたけ》の実《むざね》を験《かんが》へて、尽《ことごとく》に顕《あきら》め奏《もう》せ」とのたまふ。即《すなわ》ち来目臣《くめのおみ》 名《な》を闕《もら》せり。三輪色夫君《みわのしこぶのきみ》・額田部連甥《ぬかたべのむらじおい》を以《も》て、法頭《ほうず》にす。

［訳］八月八日に使《つかい》を大寺[1]に派遣し、僧尼を集めて詔《みことのり》を宣じた。「欽明《きんめい》天皇十三年の中ごろ、百済《くだら》の聖明王が仏法を我が朝に伝え奉った。このとき、群臣ともに仏法が伝わることを欲しなかった。しかし、蘇我稲目《そがのいなめ》だけは仏法を信奉した。欽明天皇は稲目に詔して仏法を奉じさせた。敏達《びだつ》天皇の世（五七二〜五八五年）に蘇我馬子《うまこ》が、かつての父の行いを尊び、いっそう仏の教えを尊重した。しかし、他の臣は受け容《い》れず、仏法はだんだん亡《ほろ》びかかった。敏達天皇は馬子に詔して仏法を奉じさせた。推古天皇の世（五九二〜六二八年）に馬子は天皇のために丈六の繡《ぬいもの》と銅《あかがね》の仏像二体[2]を造り、仏教を顕揚して僧尼を敬った。私（孝徳天皇）はさらに教えを崇《あが》め、大いなる道を明らめ啓《ひら》くことを願う。それゆえ、沙門[3]狛大法師《こまのだいほうし》・福《ふく》亮《りょう》・恵雲《えうん》・常安《じょうあん》・霊雲《りょううん》・恵至《えし》。寺主[4]僧旻《そうみん》・道登《どうとう》・恵隣《えりん》・恵妙《えみょう》を十師《とたりののりのし》[5]にする。ことに恵妙法師を百済寺《くだらのてら》[6]の寺主にする。この十師らは僧たちをよく教え導いて、釈尊の教えを修行すること、必ず教えのとおりにさせよ。およそ天皇から伴造《とものみやつこ》[7]に至るまで寺を建てよ。もし造ることができないなら、私がみなを助けて造ろう。今の寺司《てらのつかさ》[8]たちと寺主に接見する。寺々を巡行するので、僧尼・奴婢《ぬひ》・田畑の収穫量を調べて、すべて明らかに報告せよ」と宣じられた。すなわち来目臣《くめのおみ》（名は不明）三輪色夫君《みわのしこぶのきみ》・額田部連甥《ぬかたべのむらじおい》を、法頭《ほうず》（僧尼を監督する役職）に任じた。

1 **大寺** ＝飛鳥寺《あすかでら》または百済寺。 2 **丈六の繡と銅の仏像二体** ＝丈六は一丈六尺（約四・八五メートル）。『日本書紀』推古天皇十三年四月一日の条に「天皇は皇太子（聖徳太子）・大臣（蘇我馬子）および諸王・諸臣に詔して共に誓願を立て、初めて銅・繡の丈六の仏像各一体を造った」とある。 3 **沙門** ＝出家者のこと。 4 **寺主** ＝寺を代表する僧。 5 **十師** ＝中国で十大《じゅうだい》徳《とこ》という十人の高僧によって僧尼を統制した仕組みに学んだ僧官。 6 **百済寺** ＝もとは推古天皇二十五年に聖徳太子が建立したという。舒明《じょめい》天皇が飛鳥の百済川のそばに移して百済大寺とよばれた。その後、官寺としての規模の大きさから大官大寺とよばれ、大安寺ともいう。 7 **伴造** ＝朝廷に仕えた伴《とも》（職能集団）の統率者。 8 **寺司** ＝寺を管理する俗官。

この詔は、滅ぼした蘇我氏の崇仏を歴代天皇の意を体したものとして肯定したうえで、今後は天皇みずから仏教を奉じると宣じる。そして官の僧尼を統率するために十師を任命したのだった。

**神々の都の建設**　天智天皇十年（六七一）十二月、大化改新をすすめた天智天皇（中大兄皇子）が崩じた。翌年、弟の大海人《おおあま》皇子と子の大友皇子とのあいだで皇位継承をめぐる争いがあり、その年の干支から「壬申の乱」と呼ばれる内乱がおこった。その結果、大海人皇子が天武天皇になるが、この戦いで蘇我氏は傍系にいたるまで排除され、飛鳥時代最大の氏族が滅んだ。他の氏族の力も弱まって天皇が実権をにぎって天皇中心の律令国家の建設がすすみ、天武天皇十年（六八一）、律令の編纂《へんさん》を開始した。これが持統天皇三年（六八九）に完成する「飛鳥浄御原律令《あすかきよみはらりつりよう》」で、のちの「大宝律令《たいほう》」のもとになる。天地のはじめと皇統の神性を告げる『古事記』『日本書紀』の編纂もはじまった（完成は『古事記』が七一二年、『日本書紀』が七二〇年）。そしてもうひとつの大事業が、天皇の霊威を天下に知らしめる都の建設だった。『万葉集』に「壬申の乱が平定されたあとの歌二首」がある。

大君は神にしませば赤駒の匍匐《はらば》ふ田居を都と成しつ　（巻十九・四二六〇）出典5
大君は神にしませば水鳥のすだく水沼《みぬま》を都と成しつ　（同・四二六一）

飛鳥浄御原宮か藤原京造営のころの歌である。天皇は神であるから、泥深い田んぼや沼地を都にされるという。天武天皇は中国皇帝の都城に匹敵する恒久の都の建設をめざした。それが藤原京（奈良県橿原市《かしはら》）で、天武帝の崩御後、后だった持統天皇が持統天皇八年（六九四）に遷都した。

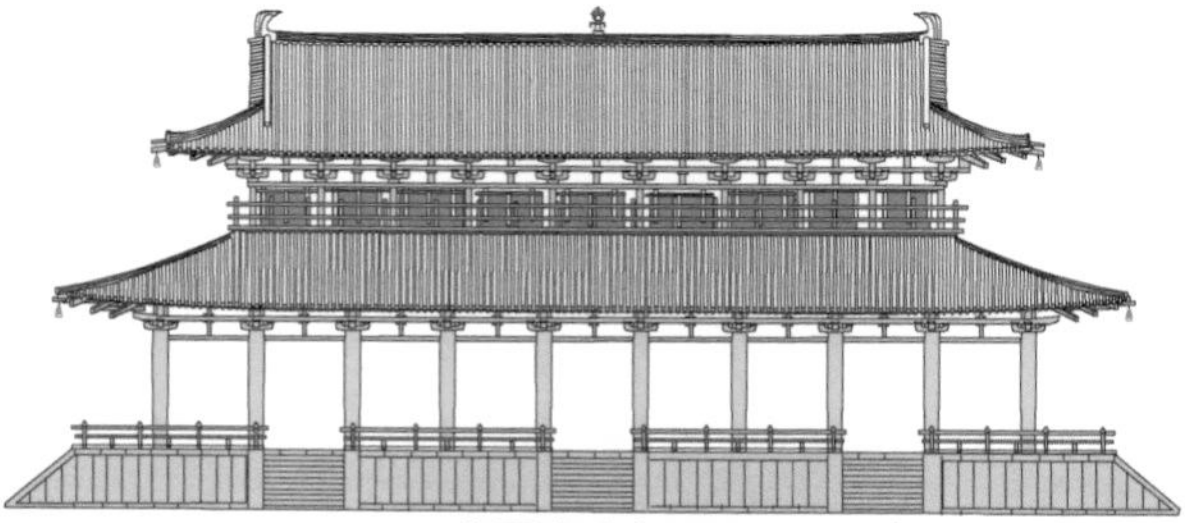

藤原宮大極殿

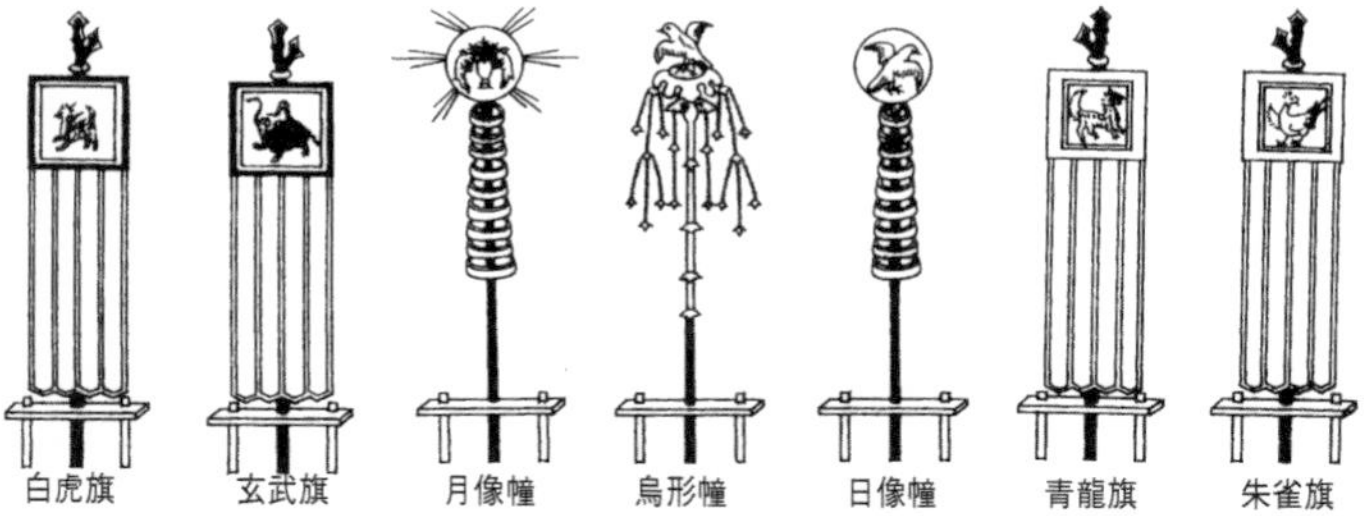


朝賀の幢

藤原京の内裏（藤原宮）は大和三山と条坊の中央に位置し、中国神話の四神に守護される都だった。毎年の朝賀の儀でも内裏の大極殿《だいごくでん》の前には神武東征のときの八咫烏《やたのからす》を中心に四神の幢《はた》が立て並べられたのである。したがって仏教はまだ国家の祭りの核心にまでは入りこんでいなかったが、大官大寺の金堂は大極殿に匹敵する規模でそびえ、仏事は盛んに営まれた。天武天皇の代からの仏教に関するおもな動きを『日本書紀』からひろいだして列記する。

▼天武天皇二年（六七三）十二月、高《たけ》市大寺《ちのおおでら》を造る司《つかさ》を任じる百済大寺《くだらのおおでら》を高市に移築し、高市大寺（のちの大官大寺《だいかんだいじ》）とする。▼同四年四月、僧尼二千四百人余を招いて斎会《さいえ》。▼同九年四月、諸寺の食封の所有を三十年間とする。十一月、皇后不予（病）のために薬師寺を建立し僧百人を度す。▼同十二年三月、僧正《そうじょう》・

僧都《そうず》・律師《りつし》を任じる（僧尼と寺を管理する僧官＝三綱《さんごう》の始まり）。▼同十四年三月、諸国の家（官衙《かんが》）ごとに仏舎《ほとけのおおとの》を作って仏像と経を置き、礼拝供養せよと命じる。▼同十五年（朱鳥元年）五月、天皇不予、川原《かわら》寺《でら》で薬師経を読誦《どくじゅ》させる。七月、宮中で悔《け》過《か》（懺悔《さんげ》滅罪の法会＝懺法《せんぼう》）。諸王・諸臣ら、天皇のために観音像を造り、大官大寺で観音経を説く。八月、僧尼百人を度し、宮中に百観音を安置して観音経を読誦させる。九月、親王以下諸臣を川原寺に集めて祈るが天皇崩御。南庭に殯宮《もがりのみや》をつくり、僧尼も発哭《みねたてまつ》（哀悼の叫び）をする。十二月、天武天皇の追善のために大官大寺・飛鳥寺など五大寺で無遮大会《かぎりなきおがみ》（天皇を施主とする法会）。▼持統天皇元年（六八七）九月、都の寺々で国忌の斎会。▼同四年七月、七寺の安居《あんご》僧三千三百六十三人に糸や布を施す。▼同八年五月、金光明経百部を諸国に送り、毎年正月上玄の日に読誦させることにする。▼同十年十二月、金光明経を読誦させるために毎年大晦日に浄行者十人を得度（年分度者の始まり）。▼同十一年八月、文武天皇に譲位。
『日本書紀』は持統天皇紀で終わり、文武天皇からは第二の正史『続日本紀《しょくにほんぎ》』の時代になる。

**僧尼の統制**　文武天皇五年（七〇一）三月、「大宝」と建元。翌年二月にかけて大宝律令が宣布された。それは律（罰則を定めた刑法）六巻・令（役所の仕事や税などを定めた法令）十一巻の法典だった。そのなかに僧尼令《そうにりょう》があり、大宝元年六月一日、大安寺《だいあんじ》に僧たちをあつめて宣じられた。そのころ僧尼の数は非常な多数に達した。持統天皇四年に七寺の沙門三千三百六十三人に施したという記事によれば、都の大寺には一か寺平均五百人近い僧が住んでいたことになる。今日の各宗大本山クラスでも遠く及ばない。この多数の僧尼のありかたを定めたのが二十七条の僧尼令である。

## 僧尼令　出典6

1〔観玄象条〕凡《およ》そ僧尼《そうに》、上《かむ》づかた玄象《げんぞう》を観《み》、仮《いつわ》つて災祥《さいしょう》を説《と》き、語《こと》国家《こくけ》に及《およ》び、百姓《ひやくしよう》を妖惑《ようわく》し、并《あわ》せて兵書《ひようじよ》を習《なら》ひ読《よ》み、人《ひと》を殺《ころ》し、姧《けん》し、盗《とう》し、及《およ》び詐《いつわ》りて聖道得《しようどうえ》たりと称《しよう》せらば、並《ならび》に法律《ほうりち》に依《よ》りて、官《かん》司《じ》に付《さず》けて、罪科《つみおお》せよ。　2〔卜相吉凶条〕略

3〔自還俗条〕凡《およ》そ僧尼《そうに》自《みずか》ら還俗《げんぞく》せらば、三綱《さんごう》其《そ》の貫属録《かんぞくろく》せよ。京《きよう》は僧綱《そうごう》に経《ふ》れよ。自余《じよ》は国司《こくし》に経《ふ》れよ。並《ならび》に省《しよう》に申《もう》して除《のぞ》き付《つ》けよ。若《も》し三綱《さんごう》及《およ》び師主《ししゆ》、隠《かく》して申《もう》さずして、卅日《さんじゆうにち》以上《いじよう》ならば、五十日苦《く》使《し》。六十日以上《いじよう》ならば、百日苦使《くし》。

4〔三宝物条〕略　5〔非寺院条〕略　6〔取童子条〕略　7〔飲酒条〕略　8〔有事可論条〕略

9〔作音楽条〕略　10〔聴着木蘭条〕略　11〔停婦女条〕略　12〔不得輙入尼寺条〕略

13〔禅行条〕凡《およ》そ僧尼《そうに》、禅行修道《ぜんぎようしゆどう》有《あ》りて、意《こころ》に寂《しずか》に静《しずか》ならむことを楽《ねが》ひ、俗《ぞく》に交《まじわ》らずして、山居《せんきよ》を求《もと》めて服餌《ぶくにい》せむと欲《ねが》はば、三綱連署《さんごうれんじよ》せよ。在京《ざいきよう》は、僧綱《そうごう》、玄蕃《げんばん》に経《ふ》れよ。在外《ざいがい》は、三綱《さんごう》、国郡《こくぐん》に経《ふ》れよ。実《じち》を勘《かんが》へて並《ならび》に録《ろく》して官《かん》に申《もう》して、判《ことわ》りて下《くだ》せ。山居《せんきよ》の隷《つ》けらむ所《ところ》の国郡《こくぐん》、毎《つね》に在《あ》る山《やま》知《し》れ。別《こと》に他所《たしよ》に向《むか》ふること得《え》じ。

14〔任僧綱条〕略　15〔修営条〕略　16〔方便条〕略　17〔有私事条〕略　18〔不得私蓄条〕略

19〔遇三位已上条〕略　20〔身死条〕略　21〔准格律条〕略

22〔私度条〕凡《およ》そ私度《しど》及《およ》び冒名《むみよう》して相《あ》ひ代《かわ》れること有《あ》らむ、并《あわ》せて已《すで》に還俗《げんぞく》を判《ことわ》れるを、仍《なお》し法服《ほうぶく》被《つ》けたらば、律《りつ》に依《よ》りて科断《かだん》せよ。師主《ししゆ》、三綱《さんごう》及《およ》び同房《どうぼう》の人《ひと》、情《こころ》を知《し》れらば各《おのおの》還俗《げんぞく》せよ。同房《どうぼう》に非《あら》ずと雖《いえど》も、情《こころ》を知《し》りて容止《ようし》して、一宿以上経《いつしゆくいじようへ》たらば、皆百日苦使《みなひやくにちくし》。即《すなわ》ち僧尼《そうに》情《こころ》を知《し》りて、浮逃《ふじよう》の人《ひと》を居止《こし》して、一《いつし》宿以上経《ゆくいじようへ》たらば、亦百日苦使《またひやくにちくし》。本罪《ほんざい》重《おも》くは、律《りつ》に依《よ》りて論《ろん》せよ。

23〔教化条〕凡《およ》そ僧尼等《そうにら》、俗人《ぞくにん》をして其《そ》の経像《きようぞう》を付《さず》けて、門《もん》を歴《へ》て教化《きようけ》せしめたらば、百日苦使《ひやくにちくし》。其《そ》れ

## 出家から受戒までの手続き

図は奈良時代の戒壇創設以後のもの。

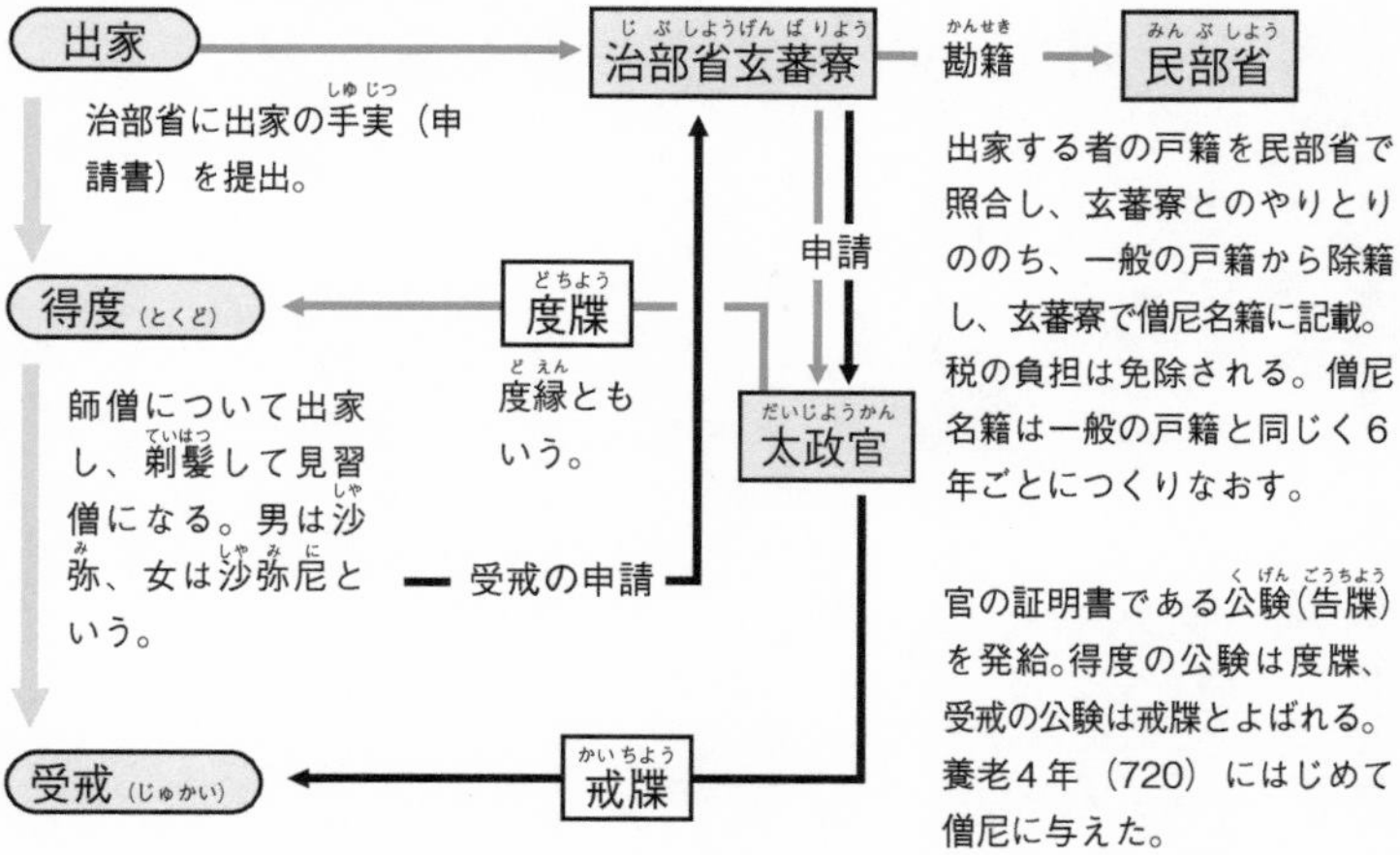


得度2～3年後、受戒して正式に僧尼となる。僧は沙門《しゃもん》または比丘《びく》、尼は比丘尼《びくに》という。

## 寺院と僧尼の管理制度

都（中央）と諸国（地方）で異なる。

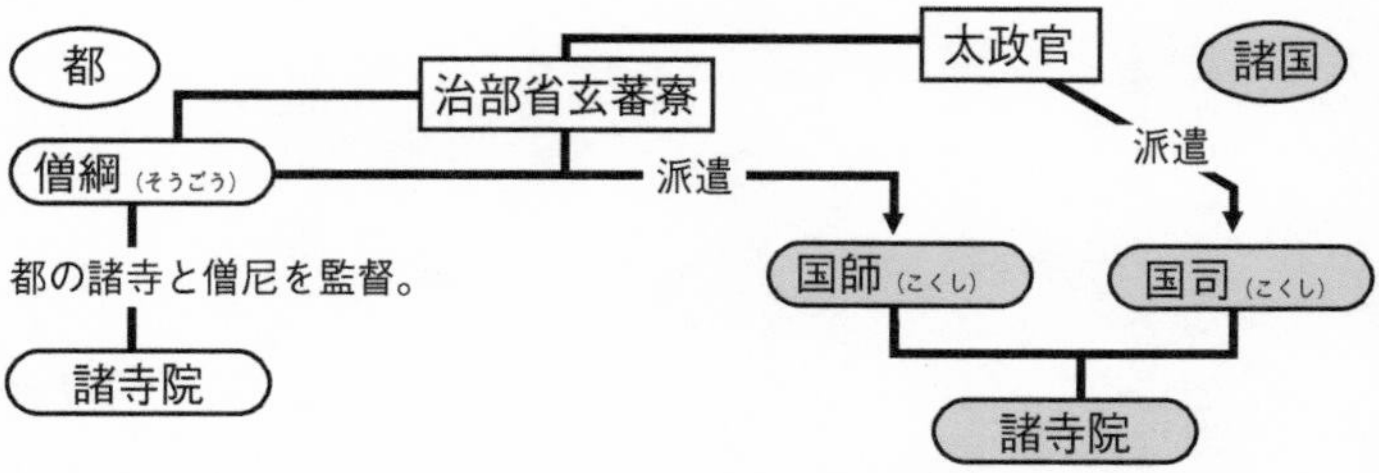


各寺院に三綱《さんごう》（上座《じょうざ》、寺主《じしゅ》、都維那《ついな》）の3役をおき、僧尼の日常生活や還俗・死亡に関することを管理した。

国師（のちに講師《こうじ》、読師《とくじ》）が国司とともに統括。国分寺の僧の定員は20人、国分尼寺は10人を定員とした。

俗人《ぞくにん》は律《りつ》に依《よ》りて論《ろん》せよ。　24〔出家条〕略　25〔外国寺条〕略　26〔布施条〕略　27〔焚身捨身条〕略

［訳］ 1〔観玄象条〕僧尼が天文現象を観て偽りの災禍や吉祥を説いて国家（天皇）[1]のことを語り、人民を惑わし、兵書に親しみ、人を殺し、性交し、盗み、また、さとりを開いたと偽るならば、律により俗人として役所にあずけて罪を科す。　2〔卜相吉凶条〕[2]

3〔自還俗条〕僧尼が自ら還俗《げんぞく》するときは三綱《さんごう》[3]が貫属《かんぞく》（出家前の本籍）に記録せよ。都の者は僧綱《そうごう》[4]に届け、地方の者は国司[5]に届けよ。また治部省《じぶしょう》[6]に届けて僧尼名籍から除け。三綱および師主《ししゅ》（師僧）が隠して三十日以上たてば五十日の苦使《くし》[7]、六十日以上なら百日の苦使を科す。

4〔三宝物条〕[8]　5〔非寺院条〕[9]　6〔取童子条〕[10]　7〔飲酒条〕[11]　8〔有事可論条〕[12]

9〔作音楽条〕[13]　10〔聴着木蘭条〕[14]　11〔停婦女条〕[15]　12〔不得輙入尼寺条〕[16]

13〔禅行条〕僧尼に禅定《ぜんじょう》[17]の修道者があって寂静《じゃくじょう》（さとり）を願う意志があり、俗に交わらず寺院を離れて山居[18]を志し、服餌《ぶくにい》（仙薬を服すること）を欲するなら、三綱は連署し、京にあっては僧綱・玄蕃寮《げんばりょう》に報告せよ。京以外では、三綱は国司・郡司に報告せよ。それぞれ真偽を検討し記録して太政官《だいじょうかん》に申告し、判定を仰いで裁可せよ。山居の修行者がいる国・郡の官衙《かんが》は、常に所在する山を把握し、修行者は他の場所に行ってはならない。

14〔任僧綱条〕[19]　15〔修営条〕[20]　16〔方便条〕[21]　17〔有私事条〕[22]　18〔不得私蓄条〕[23]

19〔遇三位已上条〕[24]　20〔身死条〕[25]　21〔准格律条〕[26]

22〔私度条〕私度および他人の名をかたって官度を受けたばあい、また還俗の判決を受けているのに法服を着用した者は律によって処罰せよ。師主（師僧）、三綱および同房の人も、事情を知っていたならば、それぞれ還俗とする。同房でなくても、事情を知っていながらかくまって一宿以上なら、皆、百日の苦使を科す。僧尼が、事情を知っていながら浮逃の人をとどめて一宿以上なら、これも百日の苦使。この

罪は重いので世俗の律の刑法に準じて論じよ。

23〔教化条〕僧尼らが俗人に経巻や仏像を授け、門ごとに訪ねて教化したならば、百日の苦使を科す。

僧尼の従者の俗人は、律によって処置せよ。

24〔出家条〕[27] 25〔外国寺条〕[28] 26〔布施条〕[29] 27〔焚身《ふんしん》捨身条〕[30]

1 **人を殺し、性交し、盗み、また、さとりを開いたと偽る**＝仏教の戒律に定められた比丘の四つの重罪＝四波羅夷《はらい》（殺・淫・盗・妄）にあたる。これを犯せば、戒律でもっとも重い処分だった教団からの追放となった。 2 **卜相吉凶条**＝僧尼が吉凶を占い、魔除けや巫術《ふじゅつ》で病気治しをするなら、皆、還俗させる。ただし、仏法の咒《しゅ》によって病を救うのは禁じない。 3 **三綱**＝寺院ごとにおかれ、その寺院を管理する役職。 4 **僧綱**＝都全体の僧尼を統轄する役職。 5 **国司**＝国ごとの役所。長官は中央から派遣する。 6 **治部省**＝太政官の下の八省の一つ。官吏の戸籍、冠婚葬祭などを担当した役所。玄蕃《げんば》寮と雅楽《うた》寮の二寮があった。 7 **苦使**＝苦使は僧尼だけに科せられた刑罰で、その内容は第十五条にあるように寺の雑役だった。 8 **三宝物条**＝僧尼が三宝物（寺の物品）を役人に贈ったり徒党を組んで騒乱をおこしてはならない。 9 **非寺院条**＝僧尼が寺の僧院に住まず、別に道場を立てて民衆を教化してみだりに罪福を説き、また、上位の僧に暴行するなら、皆、還俗とする。午前中に鉢を持って行乞《ぎょうこつ》せよ。食物以外の衣服など他の物を乞うてはならない。 10 **取童子条**＝僧は童子を従者にすることを許す。 11 **飲酒条**＝僧尼の飲酒、肉や五辛《ごしん》を食すと三十日の苦使。 12 **有事可論条**＝僧尼がみだりに陳情・請願するなら五十日苦使。もし官家・僧綱の裁決が不公平で申し論ずべきことがあるときは、この限りではない。 13 **作音楽条**＝僧尼が音楽、双六《すごろく》などの賭けごとをしたら百日苦使。ただし、碁・琴は禁じない。 14 **聴着木蘭条**＝僧尼は木蘭《もくらん》（柿渋色）、青碧《しょうびゃく》（青）、皂《ぞう》（黒）、黄《おう》、壊色《えしき》等の色の衣の着用を許す。ほかの色、および高級な布は着用してはならない。 15 **停婦女条**　僧房に女を、尼房に男を泊めてはならない。 16 **不得輙入尼寺条**＝僧は安易に尼寺に入ってはならない。尼は安易に僧寺に入ってはならない。 17 **禅定**＝心を調えて思索すること。ただし、僧尼令にいう禅行は山林修行を意味する。また、日本の古代には病気治しなどを行う呪術僧を「禅師」といった。 18 **山居**＝山林修行のこと。山林に踏み込んで修行する者は通常の力を超えた異能を手にするとされた。その能力は官僧にも期待されたので、僧尼に山居の許可を与えたが、居所を常に把握するなどの統制を役所に命じた。ちなみに、修験道《しゅげんどう》の開祖とされる役行者《えんのぎょうじゃ》（役小角《えんのおづぬ》）が妖術で人民を惑わしたという廉《かど》で伊豆大島に流されたのは、僧尼令布告の二年前の文武天皇三年のことだった。 19 **任僧綱条**＝僧綱（都の僧尼を管理する役職）は律師以上の者で出家も在家も尊び仰ぎ、仏法を堅持する人を任用せよ。推挙する徒衆は皆、連署して太政官に提出せよ。みだりに無徳の人を推挙することがあれば、百日の苦使。**20 修営条**＝僧尼が苦使にあたる罪を犯したときは経巻や仏具などの功徳の修営（仏像の荘厳、経巻の書写、梵鐘づくりなど、功徳のあるものに関わる作業）、仏殿の修理（壁ぬりなどの補修）、清掃などの労役を科す。**21 方便条**＝僧尼が、いつわって方便をなし、自分の度縁《どえん》（出家の許可証）をゆずって俗人に法名を与えたときは還俗させ、律によって罪を科す。**22 有私事条**＝僧尼が私事の訴訟で官司（役所）に来るときは俗人の身なりで参じよ。**23 不得私蓄条**＝僧尼が田畑・宅地・財物を私有し、また売買・出挙《すいこ》（稲や財物の貸し付け）をしてはならない。**24 遇三位已上条**＝僧尼は道路で三位以上の貴族に出会ったときは隠れよ。五位以上なら馬を下りておさえ、揖《ゆう》（両手を胸の前で組む中国の敬礼法）の礼をして貴族が通り過ぎるのを待て。徒歩のときは隠れよ。**25 身死条**＝僧尼らの死亡は三綱が月ごとに国司に報告せよ。国司は年ごとに朝《ちょう》集使《じゅうし》（毎年上京する使い）に文書を持たせて太政官に申告せよ。**26 准格律条**＝僧尼が俗法の罪を犯したとき、徒《ず》（懲役刑）一年以上にあたるばあいは還俗させよ。**27 出家条**＝家人、奴婢等が出家した後に罪を犯して還俗、または自ら還俗したときは旧主に戻し、元の身分にする。**28 外国寺条**＝僧尼が百日苦使の罪を犯し、それが三度になれば、居所を改めて外国《げこく》（畿内以外の諸国）の寺に配属する。したがって、畿内の寺に配入することはできない。**29 布施条**＝斎会には、奴婢、牛馬などの財物および兵器を布施してはならない。**30 焚身捨身条**＝僧尼は、焚身・捨身をしてはならない。もし違反すれば、その人を律によって処罰せよ。

飛鳥・奈良時代には出家者を僧尼とよび、国分寺が僧寺と尼寺を一対として建立されたように、男女は対等にあつかわれていた。

官僧という概念はかならずしも明確ではないが、前掲の図の手続きをへて出家得度した者、すなわち官度の僧尼を官僧、その手続きをとらずに出家した者が私度僧と呼び分けられる。官僧が住む寺院は、都では僧綱のもとに各寺に三綱が置かれて運営と所属の僧尼の管理にあたった。三綱の職名は上《じょう》座《ざ》・寺主《じしゅ》・都維那《ついな》をいうのが普通だが、天武天皇十二年（六八三）に僧正《そうじょう》や僧都《そうず》・律師《りっし》を任じ、三綱の制度が確立した。その後、平安時代には別当《べっとう》が寺院経営の最高職に置かれた。

### 【コラム】神祇官と神祇令

律令の官制では八省をたばねる最高官庁の太政官とならんで、天神地祇《てんじんちぎ》（神祇＝天と地の神々）をまつる国家の神事を司《つかさど》る神祇官がおかれた。その神祇官の職務を定めた神祇令《じんぎりょう》が大宝律令にある。

神祇令は二十条からなる。第一条に「凡《およ》そ天神地祇《てんじんちぎ》は、神祇官、皆、常の法（この神祇令）に依《よ》りて祭れ」と述べ、春の祈年祭、秋の神嘗祭《かんなめさい》（新嘗祭《にいなめさい》）などの季節ごとの宮中の神事のほか、「常の祀《まつり》（宮中祭祀）の外《ほか》に諸社に五位以上の者を卜《ぼく》（占い）で選んで幣帛《へいはく》（供物）をささげること。ただし、伊勢の神の宮は常の祀と同じにすること」（第十七条）。践祚《せんそ》（譲位）の日には中臣《なかとみ》が天神《てんじん》（高天原《たかまがはら》の神々）の寿詞《よごと》を奏し、忌部《いむべ》が神璽《しんじ》の鏡をたてまつること」（第十三条）。六月、十二月の大祓《おおはらえ》（祓い清めの神事）には中臣が御祓麻《おおぬさ》（幣《ぬさ》）をたてまつり、祓詞《はらえごと》を宣べること」（第十八条）などが定められている。

中臣氏と忌部氏は、いわゆる天孫《てんそん》系氏族（始祖が天照大神の孫ニニギの降臨とともに高天原から地に下ったと伝える氏族）である。記紀神話に天照大神が天の岩戸に隠れたとき、高天原の神々は岩戸の前でにぎやかな祭りをおこなったという物語がある。そのとき、祝詞をとなえた天児屋命《あめのこやねのみこと》が中臣氏の祖、御幣《みてぐら》を振った布刀玉命《ふとたまのみこと》が忌部氏の祖だといい、中臣氏と忌部氏は古来、宮中の神事をになった。中臣氏からは鎌足が天智《てんじ》天皇から藤原の姓を賜って藤原氏が生まれて大きな政治権力をもつが、神事の面は中臣氏がにないつづけた。

**火葬の始まり**　大宝二年（七〇二）十二月二十二日、持統太上天皇が崩じ、天下は諒闇《りょうあん》（一年間の服喪）に入った。『続日本紀』によれば、同月二十五日、四大寺で斎《とき》を設ける。同二十九日、西殿《せいでん》（藤原宮の西部の区画）の殯宮《もがりのみや》に遺体を安置。同三十日、大祓《おおはらえ》（大晦日《おおみそか》の神事）をとりやめる。大宝三年二月十一日、三十三か寺で四十九日の斎を設ける。四月二日、殯宮で百か日の斎会《さいえ》。十二月十七日、太上天皇に誄《しのびごと》を奏上し、飛鳥の岡で火葬。同二十六日、天武天皇が眠る大内山陵《おおうちのみささぎ》に遺骨をおさめた。

ほぼ一年後に遺骸が荼毘《だび》に付されたのだが、これが天皇の火葬の初例である。この大きな葬制の変革に先立ち、僧道昭《どうしょう》（六二九～七〇〇年）の卒伝に日本最初の火葬の記事がある。

**続日本紀**（文武天皇四年三月十日「道昭卒伝」）出典7

三月己未《ちのとひつじ》、道照和尚《どうしょうわじょう》物化《みまか》りぬ。（中略）初《はじ》め孝徳天皇《こうとくてんのう》の白雉《はくち》四年。使《つかい》に随《したが》ひて唐《もろこし》に入《い》る。適《たまたま》、玄奘《げんじょう》三蔵《さんぞう》に遇《あ》ひて、師《し》として業《わざ》を受《う》く。（中略）和尚《わじょう》、教《おしえ》を奉《う》けて、始《はじ》めて禅定《ぜんじょう》を習《なら》ふ。（中略）元興寺《がんごうじ》の東南《たつみ》の隅《すみ》に、別《こと》に禅院《ぜんいん》を建《た》てて住《す》めり。（中略）後《のち》に天下《あめのした》を周《めぐ》り遊《あそ》びて、路《みち》の傍《かたわら》に井《い》を穿《うが》ち、諸《もろもろ》の津済《わたり》の処《ところ》に、船《ふね》を儲《もう》け橋《はし》を造《つく》りぬ。（中略）和尚周《わじょうめぐ》り遊《あそ》ぶこと凡《およ》そ十有余載《とせあまり》。勅請《ちょくせい》有《あ》りて、還《かえ》りて、禅《ぜん》院《いん》に還《かえ》り住《す》む。坐禅《ざぜん》故《もと》の如《ごと》し。或《ある》は三日《みっか》に一《ひと》たび起《お》き、或《ある》は七日《なのか》に一《ひと》たび起《お》く。儵忽《たちまち》にして香《かぐわ》しき気《け》、房《ぼう》より出《い》づ。諸《もろもろの》弟子《でし》、驚《おどろ》き怪《あやし》び、就《つ》きて和尚《わじょう》に謁《まみ》ゆるに、縄床《じょうしょう》に端坐《たんざ》して、気息《いき》有《あ》ること無《な》し。時《とき》に七十《ななと》有二《あまりにとせ》。弟子《でし》ら、遺《のこ》せる教《おしえ》を奉《う》けて、粟原《あわはら》に火葬《かそう》せり。天下《あめのした》の火葬此《かそうこれ》より始《はじ》まれり。世《よ》に伝《つた》へて云《い》はく、「火葬《かそう》し畢《おわ》りて、親族《うがら》と弟子《でし》と相争《あいあらそ》ひて、和尚《わじょう》の骨《ほね》を取《と》りて斂《おさ》めむと欲《す》るに、飄風《つむじ》忽《たちまち》に起《おこ》りて、灰骨《はいほね》を吹《ふ》き颺《あ》げて、終《つい》にその処《ところ》を知《し》らず。時《とき》の人異《ひとあやし》ぶ」といへり。

［訳］三月十日、道照（道昭）和尚が卒した。（中略／河内国に生まれ、戒行に欠けることはなかった）初め孝徳天皇の白雉《はくち》四年（六五三）、遣唐使に従って唐に入った。たまたま玄奘《げんじょう》三蔵[1]に会い、師として修行法を授けられた。（中略）和尚、教えを受けて初めて禅定[2]を習った。（中略／遣唐使とともに帰国）[3]元興寺《がんごうじ》の東南の隅に別に禅院を建てて住した。（中略）後に天下を遊行して路傍に井戸を掘り、多くの渡し場に船を置いたり橋をかけたりした。[4]（中略）遊行しておよそ十余年のとき、天皇の勅[5]があって禅院に帰還し

た。もとのように坐禅し、三日に一度、あるいは七日に一度立つだけだった。にわかに香気が房から漂ってきたので弟子たちが驚き不思議に思って和尚を見ると、縄床《じょうしょう》（椅子）に端坐して息絶えていた。時に七十二歳である。弟子たちは遺教に従って粟原（奈良県桜井市粟原《おおばら》）で火葬した。天下の火葬はこれより始まった。世に伝えていうには、「火葬が終わって親族と弟子が争って和尚の骨を拾おうとすると、にわかに飄風《つむじかぜ》が起こり灰も骨も吹き上げて行方はわからなくなってしまった。時の人は不思議がった」と。

1 **玄奘三蔵**＝インドに旅して経典を持ち帰り、皇帝から三蔵の称号を与えられ、長安で訳経にあたった僧（六〇〇～六六四年）。玄奘訳の『成唯識論』を教義の根本とするのが法相宗で、道昭は日本の法相宗の祖とされる。卒伝中略の部分には玄奘が西域から持ち帰って治病に霊験のある鍋を与えられたといった話が記されている。 2 **禅定**＝禅定は釈尊時代から行われた精神統一の修行法だが、坐禅をもっぱらにする禅宗は後の宋代に発展した。 3 **遣唐使とともに帰国**＝道昭の帰国は斉明天皇六年（六六〇）。竜王が玄奘の鍋を奪おうとして船を止めたという話が卒伝の中略部分にある。 4 **井戸を掘り～橋をかけたりした**＝このような事業は功徳のある仏事として行われた。官僧が民間で仏事をなすことは僧尼令が禁じるものだが、それを無視できない事情もあったと考えられる。のちの行基は道昭に学んだともいう。 5 **天皇の勅**＝天武天皇八年（六七九）に「僧尼は常に寺内に住んで三宝を護持せよ」という詔が宣じられた。それに類する勅であろう。

道昭卒伝は『続日本紀』の同時期の記事のなかでは異例に文が長い。また、『続日本紀』には白い亀や白鹿がみつかったといった奇瑞《きずい》は多く記されているが、寺院や僧にまつわる霊験譚《たん》はあまりみられない。霊験譚がさかんに語られるのは平安時代になってからである。道昭の異例の霊験譚は、土葬だった天皇の葬祭を火葬に転じる大きな変化の前段階として必要だったのだろう。

## 【コラム】『万葉集』の挽歌と仏教

『万葉集』は飛鳥・奈良時代の歌、約四千五百首を全二十巻に収めた現存最古の歌集である。そのなかに亡き人をしのぶ挽歌《ばんか》が多くある。

「北山《きたやま》にたなびく雲の青雲の星離れ行《ゆ》き月を離れて」（巻二―一六一）　出典5　以下同じ

この歌は「天武天皇が崩じたときに太上天皇が作られた歌」と題する。持統天皇が夫の天武天皇が崩じたときに詠んだ歌である。亡き夫の魂が雲になって北の山にかかり、星からも月からも遠ざかっていく。「北山」は『万葉集』の原文では「向南山」とも書かれ、「きたやま」と読む。中国で天子（皇帝）は北極星のように不動で北に位置するとされたことにならい、天皇の魂も北の天にいるという。中国にならって律令国家の建設をめざした天武天皇に向けた哀悼歌で、道教の影響が強い。

「巻向《まきむく》の山辺《やまへ》とよみて行《ゆ》く水の水沫《みなあわ》のごとし世《よ》人我等《ひとわれら》は」（巻七―一二六九）

これは飛鳥時代の柿本人麻呂《かきのもとのひとまろ》の作。大和の巻向山から流れ出す川の流れを人生になぞらえ、「この世の我らの命は山辺の谷川を響《どよ》み流れいく水の泡のように儚《はかな》いものだ」という。「行く水」は去りゆくものとしてよく使われている言葉で、鎌倉時代の鴨長明《かものちょうめい》の随筆『方丈記《ほうじょうき》』の「よどみに浮《うか》ぶうたかたは、かつ消え、かつ結びて久しくとゞまりたる例《ためし》なし」の先駆となっている。

巻向山は『古事記』の神々の山である。そこは死んだ人がいくところだと考えられたようだ。また、奈良県桜井市の泊瀬《はつせ》山《やま》（のちに観音霊場の長谷《はせ》寺《でら》がつくられる初瀬山）には「隠国《こもりく》の」という枕詞がつき、人里離れたところというだけでなく、死者が行く場所としてうたわれた。

そこでは火葬もおこなわれた。柿本人麻呂は土形娘子《ひじかたのおとめ》という娘が泊瀬山で火葬されたときに「こもりくの泊瀬の山の山の際《ま》に　いさよふ雲は妹《いも》にかもあらむ」（巻三―四二八）と詠んでいる。若く死んだ娘は火葬の煙が泊瀬山にただようように去り難げであるということであろう。

古代には、『古事記』に大国主命《おおくにぬしのみこと》が地下の死者の国である根之堅洲国《ねのかたすくに》に行って美しい娘を連れ帰ってきたという話があるように生者と死者が近かったのだが、『万葉集』では生と死の断絶が深まり、死者の行方を知ることはできなくなった。「柿本朝臣人麻呂、妻が死にし後に泣血哀慟《きゆうけつあいどう》して作る歌」には「秋山の黄葉《もみち》を繁《しげ》み惑《まと》ひぬる妹《いも》を求めむ山道《やまぢ》知らずも」（巻二―二〇八）といい、亡き妻を探して山に行ったけれど、その道は知れず、散りゆく黄葉の繁みに迷ってしまったと詠んでいる。そうして生と死が断絶し、しかも人生は儚《はかな》いと認識されると、儚いからこそ愛《いと》おしいという美意識がはぐくまれた。人麻呂は「水の上に数書くごとき我が命　妹《いも》に逢はむとうけひつるかも」（巻十一―二四三三）とも詠む。「命は水面に書く数字のように儚い。だからこそ、愛しい人に会えるように神に祈って、うけひ（占い）をした」という。

「常磐《ときは》なすかくしもがもと思へども世の事なれば留《とど》みかねつも」（巻五―八〇五）

山上憶良《やまのうえのおくら》の「世間《よのなか》の住《とど》み難きことを哀《かな》しぶる歌一首幷《あわ》せて序」の長歌につづく反歌である。「序」は漢文調で「集まること易《やす》く排《はら》ふこと難《かた》きは、八大《はちだい》の辛苦《しんく》、遂《と》ぐること難く尽くること易きは百年の賞楽《しやうらく》なり（以下略）」と記されている。「いろいろな苦しみは集まりやすく除きにくい。楽しみは手に入れにくく消えてしまいやすい」という意味である。

「世間」「住」「八大の辛苦」などは仏教経典の用語である。「八大の辛苦」は、生老病死《しようろうびようし》の四苦に愛別離苦《あいべつりく》、求不得苦《ぐふとくく》などの四苦、いわゆる四苦八苦である。飛鳥・奈良時代には経典によって詩歌の語彙《ごい》も飛躍的に増加した。だからといって万葉びとが厭世《えんせい》的になったわけではないのだが、右の短歌では「いつまでも緑の常磐木《ときわぎ》のように若々しくありたいと思うけれど、この世の我らは命をとどめることはできない」と無常を詠嘆している。次は大伴旅人の妻が死んだときに山上憶良がつくったと考えられる追悼文にある詩（巻五―七九四右詩）で、平安時代に盛んになる浄土教の厭離穢土《おんりえど》・欣《ごん》求浄土《ぐじょうど》（穢《けが》れた世を厭《いと》い離れて浄土を欣《ねが》い求めよ）の思いがすでにみられる。

愛河波浪已先滅
苦海煩悩亦無結
従来厭離此穢土
本願託生彼浄刹

愛河《あいが》の波浪《はろう》已《すで》に先《ま》づ滅《き》え
苦海《くかい》の煩悩《ぼんのう》も亦《また》結ぼほるといふことなし
従来《むかしより》この穢土《えど》を厭離《えんり》せり
本願生《ほんがんしょう》をその浄刹《じょうせつ》に託《よ》せむ

意訳すれば、「愛しみあった月日は川の波のように消え／苦海（この世）の煩悩はもはや実を結ぶことはない。／この世は穢土として厭い離れたいと願われていたように／彼《か》の浄土に生まれることを仏の本願に託したい」となる。

## 4　国分寺と東大寺大仏

**聖武天皇の登場**　和銅三年（七一〇）、藤原京から平城京に遷都した。この遷都は藤原不比等《ふじわらのふひと》（鎌足の子／六五九～七二〇年）の企図によると考えられる。そのとき文武天皇は三年前に崩じ、子の首皇子《おびとのおうじ》（七〇一～七五六年）はまだ幼い上に病弱だった。異例にも母后が即位して元明天皇となり、さらに氷高内親王《ひだかないしんのう》（元正天皇）に譲位。女帝二代をへて、養老八年（神亀《じんき》元年／七二四）、首皇子が即位した。聖武天皇である。きさき（夫人《ふじん》）は不比等の女《むすめ》＝藤原光明子《ふじわらのこうみょうし》（七〇一～七六〇年）であった。

このとき藤原氏は不比等の四人の子によって南家《なんけ》・北家《ほっけ》・式家《しきけ》・京家《きょうけ》の四家が立てられていた。不比等の死後、皇親勢力が藤原四家をおさえて長屋王《ながやおう》（天武天皇の孫）が政権をになっていたが、神亀六年（天平元年／七二九）に謀反の密告によって妻子とともに自殺させられた。この長屋王の変のあと、光明子は夫人から后になった。臣下の出で初めての皇后である。しかし、皇親勢力は葛城王《かずらきおう》すなわち橘諸兄《たちばなのもろえ》（六八四〜七五七年）を中心にひきつづき政権をになった。また、朝廷では唐に留学した吉備《きびの》真備《まきび》や僧玄昉《げんぼう》が重用された。玄昉は法相宗《ほっそうしゅう》の僧として藤原氏ゆかりの興福寺に住したが、内道場《ないどうじょう》（内裏の仏堂）を創設し、宮中での仏事や看病禅師として治病と祈《き》禱《とう》にあたった。その専横に抗議して藤原式家の広嗣《ひろつぐ》が九州で反乱をおこすという事件がおこった。

　藤原広嗣の乱は天平十二年（七四〇）九月三日にはじまり、十月二十三日に広嗣が捕らえられて終わるが、聖武天皇は騎兵四百人に護衛されて十月二十九日に伊勢方面に脱出。広嗣捕縛の知らせが届いたあとも行幸をつづけて、そのまま恭仁京《くにきょう》（京都府木津川市）に遷都。さらに紫香楽宮《しがらきのみや》（滋賀県甲賀市）と難波宮《なにわのみや》（大阪市中央区）を造営し、天平十七年まで六年にわたって遷都をくりかえした。皇族・貴族・官吏らも従って居を移さねばならないので、忠誠が競われることであった。

　なお、光明皇后は藤原四家の長たちの妹であり、かつ諸兄の異父の妹でもあった。橘諸兄の母＝橘三千代が藤原不比等と再婚して産んだのが光明子である。

**国分寺建立と大仏造立**　国分寺建立の詔は、広嗣の乱の翌年、恭仁京でのことである。

**続日本紀**（天平十三年三月二十四日「国分寺建立の詔」）出典7

朕《われ》、薄徳《はくとく》を以《もち》て忝《かたじけな》くも重《おも》き任《にん》を承《う》けたまはる。政化《せいか》弘《ひろ》まらず、寤寐《ごび》に多《おお》く慙《は》づ。古《いにしえ》の明主《めいしゅ》は、皆光業《みなこうぎょう》を能《よ》くしき。国泰《くにやす》く人楽《ひとたの》しび、災《わざわい》除《のぞこ》り福《さきわい》至《いた》りき。何《いか》なる政化《せいか》を脩《おさ》めてか、能《よ》くこの道《みち》に臻《いた》らむ。

頃者《このごろ》、年穀豊《ねんこくゆた》かならず、疫癘《えきれいしき》頻りに至《いた》る。慙懼交《ざんくこもごもあつま》集りて、唯労《ただいたつ》きて己《おのれ》を罪《つみな》へり。是《これ》を以《もち》て広《ひろ》く蒼生《そうせい》の為《ため》に遍《あまね》く景福《けいふく》を求《もと》めむ。故《ゆえ》に、前年《さきのとし》に使《つかい》を馳《は》せて、天下《あめのした》の神宮《かみのみや》を増《ま》し飾《かざ》りき。去歳《こぞ》は普《あまね》く天下《あめのした》をして、釈迦牟尼仏尊像《しやかむにぶつそんぞう》の高《たか》さ一丈六尺《いちじようろくしやく》なる各一鋪《おのおのいちしき》を造《つく》らしめ、幷《あわ》せて大般若経《だいはんにやきよう》各一部《おのおのいちぶ》を写《うつ》さしめたり。

今春《このはる》より已来《このかた》、秋稼《あきのみのり》に至《いた》るまで、風雨《ふうう》順序《おりにしたが》ひ、五穀豊《ごこくゆた》かに穣《みの》らむ。此《こ》れ乃《すなわ》ち、誠《まこと》を徴《あらわ》して願《ねがい》を啓《ひら》くこと、霊貺答《れいくいようこた》ふるが如《ごと》し。載《すなわ》ち惶《おそ》り載《すなわ》ち懼《お》ぢて、自《みずか》ら寧《やす》きこと無《な》し。

[訳] 私は薄徳にして天皇という重い任をうけた。良い政《まつりごと》のひろまらないことは、寝ても覚めても多く慙《は》ずるところである。古《いにしえ》の賢帝は皆、その威光を及ぼし、国は安泰で人々は喜びに満ち、災いは去り、福は集まった。どうすれば、この賢帝の道に進むことができるのか。

このごろは毎年の稔《みの》りも豊かでなく、疫病もしきりである。身を恥じること多く、ただ己《おのれ》の罪とする。そこで広く人民のために大いなる幸いを求めようとした。そのため先年は使を派遣して国々の神社を修築[1]した。去る年には国ごとに高さ一丈六尺の釈迦牟尼仏《しやかむにぶつ》の三尊像一式[2]を造らせ、あわせて大般若経《だいはんにやきよう》[3]一部をそれぞれ書写させた。

今年は春から秋のとりいれまで天候は順調で、五穀は豊かに稔るであろう。誠をあらわして願いのかなうことは神霊のたまもののようである。それゆえにいっそう、おそれ、懼《は》じて、心が安まることはない。

1 **国々の神社を修築**＝聖武天皇は天平九年に五畿七道の神社を修築した。 2 **釈迦牟尼仏の三尊像一式**＝釈迦牟尼仏を中心に普賢《ふげん》・文殊《もんじゆ》の両菩薩を配置した仏像。天平九年三月に諸国に造らせたと『続日本紀』にいう。そのことから国分寺の本尊は釈迦如来だったと思われるが、実際には薬師如来であったとも考えられる。ちなみに奈良時代の薬師如来像は手に薬壺をもっておらず、像容からは釈迦如来と区別できない。 3 **大般若経**＝空を説く経典群で玄奘《げんじよう》訳六百巻のこと。

経《きょう》を案《かんが》ふるに云《い》はく、「若《も》し有《あ》らむ国土《こくど》に、この経王《きょうおう》を講宣《こうせん》し読誦《どくじゅ》し、恭敬供養《きょうきょうくよう》し、流通《るつう》せむときには、我《われ》ら四王《しおう》、常《つね》に来《きた》りて擁護《おうご》せむ。一切《いっさい》の災障《さいしょう》も皆《みな》消殄《しょうてん》せしめむ。憂愁《うしゅう》・疾疫《しつやく》をも亦除差《またじょさ》せしめむ。所願《しょがん》心《こころ》に遂《と》げて、恒《つね》に歓喜《かんき》を生《しょう》せしめむ」といへり。天下《あめのした》の諸国《くにぐに》をして各七重塔一区《おのおのしちじゅうのとういつく》を敬《いやま》ひ造《つく》らしめ、幷《あわ》せて金光明最勝王経《こんこうみょうさいしょうおうきょう》・妙法蓮華経一部《みょうほうれんげきょういちぶ》を写《うつ》さしむべし。朕《われ》また別《べち》に擬《はか》りて、金字《こんじ》の金光明最勝王経《こんこうみょうさいしょうおうきょう》を写《うつ》し、塔毎《とうごと》に各一部《おのおのいちぶ》を置《お》かしめむ。冀《ねが》はくは、聖《しょう》法《ほう》の盛《さかり》、天地《あめつち》と与《とも》に永《なが》く流《つたわ》り、擁護《おうご》の恩《めぐみ》、幽明《ゆうみょう》を被《かがふ》りて恒《つね》に満《み》たむことを。

［訳］金光明最勝王経《こんこうみょうさいしょうおうきょう》（金光明経[4]）にいう。「もし国に、諸経の王たるこの経を宣揚し読誦し尊重し供養し公布するときには、我ら四天王、常に来《きた》りて守護し、一切の災障《さいしょう》を皆、消滅させよう。苦悩・疾病もまた除去しよう。願いは心のままにかなって、つねに歓喜を生じさせよう」と。天下の諸国にそれぞれ七重塔一基を造立せしめ、あわせて金光明経・妙法蓮華経[5]一部を書写させよ。私はまた別に金字《こんじ》の金光明経を写し、塔ごとに各一部を納めさせよう。願わくは、聖法たる仏法の威勢盛んにして、天地のあるかぎり永く伝わり、守護の恩《めぐみ》、生死の境を超えて恒《つね》に満つることを。

4 **金光明経**＝曇無讖《どんむしん》（三八五～四三三年）訳の『金光明経』四巻、唐の義浄《ぎじょう》（六三五～七一三年）訳の『金光明最勝王経』十巻などがある。詔に引用の部分は「滅業障品《めつごうしょうぼん》」による。金光明経を読誦すれば四天王が一切の災いを除くという。 5 **妙法蓮華経**＝鳩摩羅什《くまらじゅう》訳の法華経のこと。「方便品第二」に造塔供養の功徳が説かれている。

その造塔《ぞうとう》の寺《てら》は、兼《か》ねて国華《こくか》とせむ。必《かなら》ず好《よ》き処《ところ》を択《えら》ひて、実《まこと》に久《ひさ》しく長《なが》かるべし。人《ひと》に近《ちか》くは、薫《くん》臭《しゅう》の及《およ》ぶ所《ところ》を欲《ほり》せず。人《ひと》に遠《とお》くは、衆《もろもろ》を労《わずら》はして帰集《きしゅう》することを欲《ねが》はず。国司等《こくしども》、各《おのおの》務《つと》めて厳飾《げんしょく》を存《たも》ち、兼《か》ねて潔清《けちしょう》を尽《つく》すべし。近《ちか》く諸天《しょてん》に感《かま》け、臨護《りんご》を庶幾《ねが》ふ。遐邇《かじ》に布《ふ》れ告《つ》げて朕《わ》が意《こころ》を知《し》らしめよ。また、毎国《くにごと》の僧寺《ほうしでら》に封《ふう》五十戸《こ》、水田《すいでん》一十町《ちょう》施《ほどこ》せ。尼寺《あまでら》には水田《すいでん》十町《ちょう》。僧寺《ほうしでら》は、必《かなら》ず廿僧《にじゅうほうし》有《あ》らしめよ。

その寺《てら》の名《な》は金光明四天王護国之寺《こんこうみょうしてんのうごこくのてら》とせよ。尼寺《あまでら》は一十尼《あま》。その名《な》は法華滅罪之寺《ほっけめちざいのてら》とせよ。両寺《ふたつのてら》は相去《あいさ》りて、教戒《きょうかい》を受《う》くべし。若《も》し闕《か》くること有《あ》らば、即《すなわ》ち補《おぎぬ》ひ満《み》つべし。その僧尼、毎月《つきごと》の八日《ようか》に必《かなら》ず最勝《さいしょう》王経《おうきょう》を転読《てんどく》すべし。月《つき》の半《なかば》に至《いた》る毎《ごと》に戒羯磨《かいかつま》を誦《じゅ》せよ。
毎月《つきごと》の六斎日《ろくさいにち》には、公私《こうし》ともに漁猟殺生《ぎょりょうせっしょう》すること得《え》ざれ。国司等《こくしども》、恒《つね》に検校《けんきょう》を加《くわ》ふべし。

［訳］その塔建つる寺を国の華《はな》とせよ。必ず清らかな場所を選んで建立し、長く保つようにせよ。人家に近く、薫臭《くんしゅう》のおよぶところは避けよ。人家から遠く、人々の行き来に労あるところも避けよ。国司《こくし》ら、おのおの務めて威厳を保ち、潔清に徹せよ。近く四天王ほか諸天に願って臨護《りんご》を祈る。遠きも近きも布告して我が意《こころ》を知らしめよ。

また、国ごとの僧寺《そうじ》に封《ふう》[6]五十戸、水田十町を施せ。尼寺《にじ》には水田十町を施せ。僧寺には必ず二十僧を住させよ。その寺の名は金光明四天王護国之寺《こんこうみょうしてんのうごこくのてら》とせよ。尼寺には十尼を置き、その名は法華滅罪之寺《ほっけめつざいのてら》とせよ。両寺は離れて建立し、それぞれ教戒を受けるようにせよ。もし欠けることあれば、すみやかに補って満たすようにせよ。両寺の僧尼は毎月八日に必ず金光明経を転読《てんどく》[7]せよ。月の半《なかば》には菩薩戒羯磨文《ぼさつかいかつまぶん》[8]を唱えさせよ。

月ごとの六斎日《ろくさいにち》[9]には公私をとわず漁猟殺生をしてはならない。国司ら、このこと、つねに取りしらべよ。

6 **封**＝封戸・食封《じきふ》。その税や労役の徴収をゆるすこと。 7 **転読**＝経典の題名や経文の重要部分のみを読み上げていく読経をいうが、漢訳経文の音読（真読）を意味することもある。金光明経は長めの義浄訳でも十巻だから、経文を音読したのだろう。『続日本紀』養老四年（七二〇）の条に転読・唱礼（偈頌《げじゅ》などの唱句をとなえる儀式）の音を決まりどおりにして自分勝手な節回しでとなえてはならないという記述があり、仏教儀礼が整いつつあったことを示している。 8 **菩薩戒羯磨文**＝玄奘訳の「菩薩戒羯磨文」一巻。羯磨はカルマ（祭儀の作法）の表音で、仏や菩薩の姿や働きをいう。 9 **六斎日**＝毎月八・十四・十五・二十三・二十九・三十の六日。その日に四天王の使いが地上に下って人々のおこないを調べるという。

**大仏造立**　国ごとに僧寺《そうじ》と尼寺《にじ》を一対で創建し、金光明経と法蓮経を納め、読誦せよという。それによって願われているのは五穀の豊穣や病魔の退散などであった。

次に大仏造立の詔をあげる。国分寺建立の詔の二年後のことである。

**続日本紀**（天平十五年十月「大仏造立の詔」）出典7

冬《ふゆ》十月　辛巳《かのとみのひ》、詔《みことのり》して曰《のたま》はく、「朕薄徳《われはくとく》を以《もち》て恭《いやいや》しく大位《たいい》を承《う》け、志《こころざし》兼済《けんさい》に存《そん》して勤《つと》めて人物《じんぶつ》を撫《な》づ。率土《そつと》の浜已《はますで》に仁恕《じんしょ》に霑《うるお》ふと雖《いえど》も、普天《ふてん》の下《もと》法恩《ほうおん》洽《あまね》くあらず。誠《まこと》に三宝《さんほう》の威霊《いりょう》に頼《よ》りて乾坤《けんこん》相《あ》ひ泰《ゆた》かにし、万代《ばんだい》の福業《ふくぎょう》を脩《おさ》めて動植《どうしょく》咸《ことごと》く栄《さか》えむとす。粤《ここ》に天平《てんぴょう》十五年歳癸未《ほしみずのとひつじ》に次《やど》る十月十五日を以《もち》て菩薩《ぼさち》の大願《だいがん》を発《おこ》して盧舎那仏《るしゃなぶつ》の金銅像《こんどうぞう》一軀《いちく》を造《つく》り奉《まつ》る。国《くに》の銅《あかがね》を尽《つく》して象《かたち》を鎔《い》、大山《たいさん》を削《けず》りて堂《どう》を構《かま》へ、広《ひろ》く法界《ほうかい》に及《およ》ぼして朕《わ》が知識《ちしき》とす。遂《つい》に同《おな》じく利益《りやく》を蒙《かがふ》りて共《とも》に菩提《ぼだい》を致《いた》さしめむ。夫《そ》れ、天下《あめのした》の富《とみ》を有《たも》つは朕《われ》なり。天下《あめのした》の勢《いきおい》を有《たも》つは朕《われ》なり。この富《とみ》と勢《いきおい》とを以《もち》てこの尊《とうと》き像《ぞう》を造《つく》らむ。事《こと》成《な》り易《やす》く、心《こころ》至《いた》り難《がた》し。但恐《ただおそ》るらくは、徒《ただ》に人《ひと》を労《つから》すことのみ有《あ》りて能《よ》く聖《しょう》に感《かま》くること無《な》く、或《ある》は誹謗《ひぼう》を生《おこ》して反《かえ》りて罪辜《ざいこ》に堕《おと》さむことを。是《こ》の故《ゆえ》に知識《ちしき》に預《あず》かる者《ひと》は懇《ねもころ》に至《いた》れる誠《まこと》を発《おこ》し、各《おのおの》介《おおき》なる福《さきわい》を招《まね》きて、日毎《ひごと》に三《み》たび盧《る》舎那仏《しゃなぶつ》を拝《おろが》むべし。自《みずか》ら念《おもい》を存《そん》して各《おのおの》盧舎那仏《るしゃなぶつ》を造《つく》るべし。如《も》し更《さら》に人有《ひとあ》りて一枝《ひとえだ》の草《くさ》一把《ひとすくい》の土《ひじ》を持《も》ちて像《ぞう》を助《たす》け造《つく》らむと情《こころ》に願《ねが》はば、恣《ほしきまにま》に聴《ゆる》せ。国郡等《こくぐんとう》の司《つかさ》、この事《こと》に因《よ》りて百姓《はくせい》を侵《おか》し擾《みだ》し、強《し》ひて収《おさ》め斂《あつ》めしむること莫《なか》れ。遐邇《かじ》に布《ふ》れ告《つ》げて朕《わ》が意《こころ》を知《し》らしめよ」とのたまふ。○壬午《みずのえうまのひ》、東海《とうかい》・東山《とうせん》・北陸《ほくろく》三道《さんどう》廿五国《にじゅうごこく》の今年《ことし》の調《じょう》・庸等《ようとう》の物《もの》、皆紫《みなし》香楽宮《がらきのみや》に貢《たてまつ》らしむ。○乙酉《きのととりのひ》、皇帝紫《こうていし》香楽宮《がらきのみや》に御《おわ》しまして、盧舎那《るしゃな》の仏像《ぶつぞう》を造《つく》り奉《まつ》らむが為《ため》に始《はじ》めて寺《てら》の地《ち》を開《ひら》きたまふ。是《ここ》に行基法師《ぎょうきほうし》、弟子等《でしども》を率《ひき》ゐて衆庶《もろもろ》を勧《すす》め誘《みちび》く。

[訳] 冬十月十五日に詔して告げた。私は薄徳にもかかわらず皇位を継ぎ、平等に救うことを志して人にも物にも哀れみをかけてきた。地の果てまですでに慈愛に潤っているけれど、天下に仏法の恵みはゆきわたっていない。誠に三宝の威霊によって天地が安らぎ、万代の福業《ごう》[1]を修して動物も植物も栄えるように。ここに天平十五年すなわち木星が癸未にやどる年の十月十五日に菩薩の大願[2]を発《おこ》して毘盧遮那仏[3]の金銅像一軀《く》を造る。国中の銅で像を鋳造し、大山を削って堂を建て、広く世界に及ぼして私の知識[4]とし、等しく利益《りやく》を受けて共に菩提《ぼだい》（悟りの安息）にいたらしめたい。天下の富を持つのは我である。天下の威勢を持つのも我である。この富と威勢をもって、この尊像を造ろう。しかし、形を造ることは簡単でも、その心を実現するのは難しい。恐れるのは、いたずらに人民に労苦のみあって聖なる仏を感じることがなく、かえって仏法を非難する誹謗《ぼう》[5]の罪におとすことである。この尊像造立の知識に加わる者は誠を尽くし、大きな福を招くことができるように一日三回、毘盧舎那仏を礼拝し、みずから進んで毘盧舎那仏像を造立せよ。もし一枝の草、一把の土でも運んで造像に参加したいと願う人があるなら、その願いのままに許可せよ。国や郡の官吏は、このことのために人民を苦しめ悩まし、強いて多く税を納めさせるようなことはならない。遠きも近きも布告して我が意を知らしめよ。

○十六日、東海・東山・北陸三道の二十五か国の今年の調・庸《よう》などの税物を皆、紫香楽宮に運ばせることにした。○十九日、天皇は紫香楽宮において毘盧舎那仏像を造るために寺地を開いた。このとき行基法師《ほうし》が弟子たちを率いて民衆に勧め、大仏造立に参加させた。

1 **万代の福業**＝仏像建立などの善業（善いおこない）が未来永劫《えいごう》に幸福をもたらすことを願う言葉。 2 **菩薩の大願**＝菩薩は人々の救済を願う菩薩の心。 3 **毘盧舎那仏**＝ヴァイローチャナ（光り輝く者）の表音。釈迦如来など諸仏の本体とされる。 4 **知識**＝信仰の指導者また同信者を意味する善知識《ちしき》の略。奈良時代には同信者の集団を意味した。 5 **仏法を非**

難する誹謗の罪＝父母殺しなどの五つの大罪をいう五逆罪にもまさる罪悪とされる。

翌天平十六年（七四四）十一月十三日には甲賀寺《こうかでら》で毘盧舎那の仏像の体骨柱《たいこつちゅう》（鋳造の木組みの柱）を建てるにいたる。今の建て前の祝いにあたる儀式だ。しかし、その後、紫香楽宮周辺の山で放火とみられる火事があったり、地震がつづいて世情は不安であった。天平十七年五月、天皇は紫香楽から恭仁京をへて平城京にもどり、大仏も奈良に造られることになった。天平十八年十月六日、天皇・皇后は金鍾寺《こんしゅじ》に行幸し、鋳造が始まった毘盧舎那仏の前後に一万五千七百余の油皿をならべて燃燈供養をおこなう。造像の成就を祈ったのだろう。金鍾寺は光明皇后との間に生まれた唯一の皇子でわずか二歳で夭折《ようせつ》した基王《もといおう》を弔ったところで、東大寺のもとである。

そのころから聖武天皇の健康が悪化した。東大寺の記録『東大寺要録』（平安後期）には天平十九年三月に光明皇后が聖武天皇の病気平癒を祈願して新薬師寺を建立したとある。その金堂は東大寺大仏殿と同じくらいの規模で、七体の薬師仏（七仏薬師）を安置した大寺院だった。また、聖武天皇は天平二十一年一月に行基により受戒し（『扶桑略記』）、沙弥勝満《しゃみしょうまん》と称したという。

この天平二十一年は二月に陸奥《むつ》で産出した黄金九百両が献上された。四月、聖武天皇は東大寺に行幸して建立途上の大仏の前に群臣を整列させ、「三宝の奴として仕えまつる天皇」として黄金の産出を仏に奏上。天平感宝と改元した。閏《うるう》五月、太上天皇沙弥勝満の名で祈願の詔を宣じた。

**続日本紀**（天平勝宝元年閏五月二十日「聖武天皇の詔」）出典7

癸丑《みずのとうしのひ》、詔《みことのり》したまひて、大安《だいあん》・薬師《やくし》・元興《がんごう》・興福《こうふく》・東大《とうだい》の五寺《ごじ》に各《おのおの》絁《あしぎぬ》五百疋《ごひゃくひき》、綿《わた》一千屯《いっせんとん》、布《ぬの》一千《いっせん》端《たん》、稲《いね》一十万束《いちじゅうまんそく》、墾田地《こんでんち》一百町《いちひゃくちょう》を捨《ほどこ》したまふ。(中略)因《より》て御願《ごがん》を発《ほつ》して曰《のたま》はく、「花厳経《けごんきょう》を本《もと》として、一切《いっさい》の大乗《だいじょう》・小乗《しょうじょう》の経《きょう》・律《りち》・論《ろん》、抄《しょう》・疏《しょ》・章等《しょうとう》、必《かなら》ず転読《てんどく》・講説《こうせち》し、悉《ことごと》く尽《つく》し竟《お》へしめよ。遠《とお》く日《ひ》月《つき》を限《かぎ》りて未来際《みらいさい》を窮《きわ》めむ。今故《いまゆえ》に茲《こ》の資物《しもち》を以《もち》て敬《いやま》ひて諸寺《てらでら》に捨《ほどこ》す。冀《こいねが》はくは、太上天皇沙弥勝満《だいじょうてんのうしゃみしょうまん》、諸仏《しょぶつ》擁護《おうご》して法薬薫質《ほうやくくんしつ》し、万病消除《まんびょうしょうじょ》して寿命延長《じゅみょうえんちょう》し、一切《いっさい》の所願《しょがん》皆《みな》満足《まんぞく》せしめ、法《ほう》をして久《ひさ》しく住《じゅう》せしめ、群生《ぐんしょう》を抜済《ばっさい》して、天下太平《てんげたいひょう》に、兆民快楽《ちょうみんけらく》にして、法界《ほうかい》の有情《うじょう》と共《とも》に仏道《ぶつどう》を成《じょう》せむことを」とのたまふ。

[訳] 閏《うるう》五月二十日、天皇は詔して、大安寺・薬師寺・元興寺・興福寺・東大寺の五寺にそれぞれ絁五百疋、綿一千屯、布一千端、稲十万束、墾田地一百町を施した。(中略)[1]よって御願《ごがん》を発《ほつ》して宣じられた。「華厳経[2]を本として全ての大乗・小乗仏教の経典・戒律の書・論書の三蔵、その注釈書の類《たぐい》を必ず読誦・講説して悉《ことごと》く尽くし終えさせよ。それを遠く日月の限りまで未来《みらい》の時の尽きるまで続けよう。今、ゆえにこの資物を敬って諸寺に喜捨する。願わくは、太上天皇沙弥勝満、諸仏擁護《しょぶつおうご》して法薬薫質《ほうやくくんしつ》し、万病消除して寿命延長し、一切の所願を皆満足せしめ、法をして久しく住せしめ[3]、群生《ぐんじょう》を抜済《ばっさい》(衆生済度《しゅじょうさいど》)して天下太平、兆民快楽《ちょうみんけらく》[4]にして、法界《ほうかい》の有情《うじょう》[5]と共に仏道を成《じょう》ぜんことを」とのたまう。

1 **中略**=略した部分には、五寺のほか法隆寺・弘福寺《ぐふくじ》・四天王寺・崇福寺・香山薬師寺・建興寺《こんこうじ》・法華寺に布や稲、墾田地などを施入したとある。 2 **華厳経**=毘盧舎那仏のことが説かれている経典。 3 **法をして久しく住せしめ**=原文は「令法久住《りょうぼうくじゅう》」。 4 **兆民快楽**=人々が幸福であること。 5 **法界の有情**=あらゆる生き物。有情は衆生と同じ。

**鎮護国家の仏法**　ここにある「天下太平、兆民快楽」などの語は鎮護国家の願いをあらわしている。これらの言葉は荘重な仏堂でいとなまれた吉祥悔過《きちじょうけか》(懺悔《さんげ》滅罪《めつざい》の儀式)、薬師悔過などの法会において誦《じゅ》された点が重要だ。それは理屈を超えた文化パワーを生み、五穀豊穣《ほうじょう》や病魔退散などを祈る法会が現代の寺院でもおこなわれる。個人レベルでは厄除《やくよ》けや家内安全、学業成就などの祈願に通じることである。飛鳥・奈良時代の鎮護国家の仏法は日本仏教の基層を形成し、今も生きつづけている。

**東大寺毘盧舎那仏の像容**　東大寺は正式には金光明四天王護《こんこうみょうしてんのうご》国之《こくの》寺《てら》といい、諸国国分寺の中央に位置する。その本尊の大仏すなわち毘盧舎那はヴァイローチャナ（光り輝く者）の表音である。数十巻の膨大な経典である華厳経《けごんきょう》に説かれているが、そこでは釈迦如来も毘盧舎那とよばれており、光り輝く仏という如来の称号のひとつだったのだろう。そこから、万物の深奥にある光のようなもの、十方諸仏の中心に坐す仏というイメージが発展し、その宇宙が蓮華《れんげ》蔵世《ぞうせ》界《かい》とよばれる。

東大寺大仏の像容は、梵網経《ぼんもうきょう》の記述によっている。その上巻に「釈迦牟尼仏が初めて蓮華蔵世界に現じて寂滅道場《じゃくめつどうじょう》（菩提樹下のさとりの場）の赫々天光獅《かくかくてんこうし》子《し》座《ざ》（赫々たる光を放つ堂々たる玉座）に坐したとき、仏は諸梵天王幢《しょぼんてんのうどう》を見、無量の世界は網孔《もうく》の如し」といい、下巻に「我今《われいま》盧舎那《るしゃな》、方《まさ》に蓮華台《れんげだい》に坐す、周匝《しゅうそう》せる千華《せんげ》の上に、復千《またせん》の釈迦《しゃか》を現ず。一華《げ》に百億の国あり、一国に一釈迦ましまします（中略）是《かく》の如《ごと》き千と百億とは、盧舎那を本身となす」とある。大仏が多数の花弁の蓮華座に坐し、蓮弁の一枚一枚に釈迦如来の法会を示す線刻があるのは、梵網経にそのように説かれているからである。

**大仏造立の理由と八幡大神**　天平二十一年（七四九）、聖武天皇は内裏を出て薬師寺に居を移し、七月二日、光明皇后との間に生まれた皇女＝阿倍《あべ》内親王に譲位した。孝謙《こうけん》天皇である。同日、改元して天平勝宝《てんぴょうしょうほう》となる。同年十一月十九日、宇佐の八幡大神《やはたのおおかみ》が大仏建立を助けると託宣を奉じて神職の大《おおみ》神杜女《わのもりめ》らが出発。八幡神の御幣《ごへい》を押し立てて山陽道諸国を進み、十二月に入京した。

## 続日本紀（天平勝宝元年十二月十八日「大仏造立の理由と八幡大神の東大寺詣」）出典7

戊寅《つちのえとらのひ》、五位十人《ごいじゆうにん》、散位廿人《さんいにじゆうにん》、六衛府《ろくえふ》の舎人《とねり》各廿人《おのおのにじゆうにん》を遣《つかわ》して、八幡神《やはたのかみ》を平群郡《へぐりのこおり》に迎《むか》へしむ。是《こ》の日《ひ》、京《きよう》に入《い》る。即《すなわ》ち宮《みや》の南《みなみ》の梨原宮《なしはらのみや》に新殿《にいどの》を造《つく》り、神宮《かみみや》とす。僧卌口《ほうししじゆうこう》を請《しよう》し、悔過《けか》すること七日《なのか》なり。

〇丁亥《ひのといのひ》、八幡大神《やはたのおおかみ》の禰宜尼《ねぎに》大神朝臣杜女《おおみわのあそんもりめ》〈その輿《こし》は紫色《むらさきいろ》なり。一《もは》ら乗輿《じようよ》に同《おな》じ。〉東大寺《とうだいじ》を拝《おろが》む。天皇《てんのう》・太上天皇《だいじようてんのう》・太后《たいごう》も同《おな》じく亦《また》行幸《みゆき》したまふ。是《こ》の日《ひ》、百官《ひやくかん》と諸氏《うじうじ》の人《ひと》らと咸《ことごと》く寺《てら》に会《つど》ふ。僧五千《ほうしごせん》を請《しよう》して礼仏読経《らいぶつどくきよう》せしむ。大唐《だいとう》・渤海《ぼつかい》・呉《くれ》の楽《がく》、五節田儛《ごせちのたまい》、久米儛《くめまい》を作《な》さしむ。因《より》て大神《おおかみ》に一品《いつぽん》を奉《たてまつ》る。比咩神《ひめがみ》には二品《にほん》。左大臣《さだいじん》橘宿禰諸兄《たちばなのすくねもろえ》、詔《みことのり》を奉《う》けたまはりて神《かみ》に白《もう》して曰《い》はく、「天皇《すめら》が御命《おおみこと》に坐《いま》せ、申《もう》し賜《たま》ふと申《もう》さく。去《い》にし辰年《たつのとし》河内国《かわちのくに》大県 郡《おおかたのこおり》の知識寺《ちしきじ》に坐《いま》す盧舎那仏《るしやなほとけ》を礼《おろが》み奉《まつ》りて、則《すなわ》ち朕《われ》も造《つく》り奉《まつ》らむと思《おも》へども、え為《な》さざりし間《あいだ》に、豊前国《とよくにのみちのくちの》 宇佐郡《うさのこおり》に坐《いま》す広幡《ひろはた》の八幡大神《やはたのおおかみ》に申《もう》し賜《たま》へ、勅《の》りたまはく、「神我《かみわれ》天神《あまつかみ》・地祇《くにつかみ》を率《ひき》ゐいざなひて必《かなら》ず成《な》し奉《まつ》らむ。事立《ことだ》つに有《あ》らず、銅《あかがね》の湯《ゆ》を水《みず》と成《な》し、我《わ》が身《み》を草木土《くさきつち》に交《まじ》へて障《さわ》る事無《ことな》くなさむ」と勅《の》り賜《たま》ひながら成《な》りぬれば、歓《よろこぼ》しみ貴《とうと》みなも念《おも》ひたまふる。然《しか》れば、猶止《なおや》む事《こと》を得《え》ずして、恐《かしこ》けれども、御冠献《みかがふりたてまつ》る事《こと》を恐《かしこ》みも恐《かしこ》みも申《もう》し賜《たま》はくと申《もう》す」とのたまふ。尼社女《にもりめ》に従《じゆ》四位下《よいのげ》を授《さず》く。主神《あるじつかさ》 大神朝臣田麻呂《おおみわのあそんたまろ》に外従五位下《げじゆごいのげ》。東大寺《とうだいじ》に封四千戸《ふうしせんこ》、奴百人《ぬひやくにん》、婢百人《ひひやくにん》を施《ほどこ》す。また東《とう》大寺《だいじ》を造《つく》ることに預《あずか》かりし人《ひと》に、労《ろう》に随《したが》ひて位《くらい》を叙《じよ》する差有《しなあ》り。

［訳］十八日、五位の官十人、散位[1]二十人、六衛府《ろくえふ》の舎人《とねり》[2]それぞれ二十人に八幡神を平群郡《へぐり》（奈良県北西部）に迎えさせた。その日、都に入った。すぐに平城宮の南の梨原宮に新殿を造り、神宮にした。[3] 僧四十人で七日間の悔過《けか》[4]をおこなう。

二十七日、八幡大神《やはたのおおかみ》の禰宜尼《ねぎに》[5]大神朝臣杜女《おおみわのあそんもりめ》は紫色の輿《こし》[6]に乗って東大寺に参拝した。孝謙天皇・聖武太上天皇・光明皇太后も同じく行幸された。この日、百官諸氏ことごとく東大寺に集い、五千人の僧をもって仏に礼拝《らいはい》し読経《どきょう》させた。大唐《だいとう》・渤海《ぼっかい》・呉《くれ》の楽[7]を演じ、五節田舞《ごせちのたまい》[8]、久米舞《くめまい》[9]を舞わせた。大神に一品《ほん》、比《ひ》咩神《めがみ》に二品[10]の位階を奉った。左大臣の橘 諸兄《たちばなのもろえ》が太上天皇の詔を神に告げた。

「天皇の命令につき御言葉を申し上げる。去る辰年《たつのとし》、河内国大県郡（大阪府柏原市）の知識寺に坐《ましま》す毘《び》盧《る》舎那《しゃな》仏《ぶつ》を礼拝し、すぐに私もお造りしたいと思ったけれど、それができないうちに、豊前国宇佐郡に坐す広幡の八幡大神に申し上げると、次の神託《しんたく》を下された。〈神である我は天神《あまつかみ》・地祇《くにつかみ》を率い導いて必ず建立を成し遂げるようにしよう。何ほどのことではない。銅の湯を水とし、我が身を工事の草木や土に交えて障害を除こう〉と託宣され、そのとおりになったので、喜ばしく尊く思い、その気持ちをどうしてもおさえることはできず、おそれながら御冠《みかがふり》[11]を献じることを恐《かしこ》みも恐《かしこ》みも申し上げる」と告げられた。東大寺に封《ふう》四千戸、奴《ぬ》婢《ひ》[12]禰宜尼の杜女に従四位下、神主の大神田麻呂《おおみわのたまろ》に外従五位下の位階を授ける。東大寺に封四千戸、奴婢それぞれ百人を施す。また東大寺を造ることに加わった人は、それぞれ、その労に従って位を叙した。

1 **散位**＝位階はあるが官職はない者。 2 **六衛府の舎人**＝都の六つの衛府の役人・衛士。 3 **神宮にした**＝現在の手向山八幡宮。 4 **悔過**＝懺悔《さんげ》滅罪《めつざい》を祈る法会。つまり神前で罪障消滅を祈る読経をさせたのである。神前読経は、このときが最初ではない。宇佐八幡宮では、養老四年（七二〇）、隼人《はやと》討伐に宇佐の兵も動員され、その殺生の罪の浄化を願って放生会《ほうじょうえ》がおこなわれた。また、天平十二年（七四〇）の藤原広嗣の乱のときには戦勝を祈願して神前読経がおこなわれた。すでに宇佐八幡宮には神宮寺《じんぐうじ》があり、戦勝に効があった報償として、翌年、金光明経・法華経を納めるとともに三重塔一基を造り、十人の住僧を割りあてている。 5 **禰宜尼**＝女性の神職。禰宜は序列としては神主の下、祝《はふり》の上だが、神職の総称でもある。 6 **紫色の輿**＝紫は天皇の輿の色。 7 **大唐・渤海・呉の楽**＝大唐楽は中国唐代の雅楽。渤海楽は舞楽の一種と考えられる。呉の楽は西域の舞楽で、いわゆる伎楽《ぎがく》のこと。 8 **五節田舞**＝もとは農耕祭の舞楽。 9 **久米舞**＝神武東征の神話をもとにした舞楽。 10 **大神に一品、比咩神に二品**＝宇佐八幡は地方神のひとつだったが、八幡大神・比売《ひめ》大神・神功《じんぐう》皇后の三神をまつるようになった。大神は誉田別尊《ほんだわけのみこと》で記紀神話の応神《おうじん》天皇、比売神は八幡大神のきさき、神功皇后は応神天皇の生母である。また、「品」は中国で官吏の位階に用いた語だが、日本では親王・内親王の位階（一品から四品まで）。また、神社の祭神の位階の呼び名にもなった。大神杜女・大神田麻呂の大神《おおみわ》は八幡神宮に仕えた神職の氏族名である。 11 **冠**＝頭にかぶる冠《かんむり》から転じて位階をいう。大神に一品、比咩神に二品を授けること。
12 **奴と婢**＝身分の低い使用人で、売り買いの対象にもなった。奴は男、婢は女。

ここに知識寺というのは民間の同信集団すなわち知識結《ちしきゆい》によって造られた寺である（知識は善知識の略）。天平十二年、聖武天皇は河内の民衆の寺にまつられていた毘盧舎那仏を見て大仏建立を発願したのだという。また、宇佐八幡の都上りの行列が華々しく演じられたのは、神々が大仏建立を成し遂げるという託宣を天下に知らしめる示威であり、神仏習合の始まりともいわれることである。

東大寺を造ることに加わった人に「労に随《したが》ひて位を叙する」については『続日本紀』天平十九年九月二日の条に河内の人で大初位下の河俣連人麻呂《かわまたのむらじひとまろ》という者が銭一千貫、越中の人で無位の砺波臣志留《となみのおみしる》志《し》が米三千石を盧舎那仏の知識として奉納したので両人に外従五位下の位階をさずけたというのをはじめ、同様の寄進の記事が散見される。地方豪族は律令の地方官制でも郡司として温存され、出挙《すいこ》（貸付）や墾田によって富を蓄積した。大仏造立はその富による買官に名目をあたえ、地方の資力を吸収する働きをした。

国分寺の建立も地方豪族の力にたよっていた。天平十九年十一月、聖武天皇は国分僧寺・尼寺の建立を国司に督促するとともに郡司に造寺をまかせよという。

「国の銅《あかがね》を尽して象《かたち》を鎔《い》」「広く法界に及ぼして朕《わ》が知識とし」という大仏と国分寺の建立運動は、人民を収奪したという面もあるが、それ以上に大きな経済成長があり、いわゆる天平文化を花開かせた。天平のバブルともいえる出来事だった。

**大仏開眼供養**　天平勝宝四年（七五二）、大仏開眼供養の大法会がおこなわれた。

**続日本紀**（天平勝宝四年四月九日「大仏開眼供養」）出典7

夏四月《なつうづき》乙酉《きのとのとりのひ》、盧舎那《るしやな》大仏《だいぶつ》の像《みかたな》成りて始《はじ》めて開眼《かいげん》す。是《こ》の日《ひ》、東大寺《とうだいじ》に行幸《みゆき》したまふ。天皇《すめらみこと》、親《みずか》ら文武《ぶんぶ》の百官《ひやくかん》を率《ひき》ゐて、設斎大会《せつさいだいえ》したまふ。その儀《ぎ》、一《もは》ら元日《げんにち》に同《おな》じ。五位《ごい》已上《いじよう》は礼服《らいぶく》を着《き》る。六位《ろくい》已下《いか》は当《とう》色《じき》。僧一万《ほうしいちまん》を請《こ》ふ。既《すで》にして雅楽寮《げがくりよう》と諸寺《てらでら》との種々《くさぐさ》の音楽《おんがく》、並《ならび》に咸《ことごと》く来《きた》り集《あつま》る。復《また》、王臣諸氏《おうしんしよし》の五節《ごせち》・久米《くめ》儛《まい》・楯伏《たてふし》・蹋歌《とうか》・袍袴《ほうこ》等《ら》の歌儛《かぶ》有《あ》り。東西《とうさい》より声《こえ》を発《いだ》し、庭《にわ》を分《わ》けて奏《つかえまつ》る。作《な》すことの奇《くす》しき偉《とうと》きこと、勝《あ》げて記《しる》すべからず。仏法東《ぶつほうひむかし》に帰《いた》りてより、斎会《さいえ》の儀《ぎ》、嘗《かつ》て此《かく》の如《ごと》く盛《さかり》なるは有《あ》らず。

［訳］夏四月九日、毘盧舎那大仏の像が成ったので開眼した。この日、孝謙天皇が東大寺に行幸された。天皇みずから文武百官を率いて大きな斎会《さいえ》（食を供する法会）が営まれた。その儀式はまったく元旦と同じだった。五位以上の貴族は礼服を着用し、六位以下は位階に応じて朝廷に出る衣服だった。僧一万人を招請した。それまでに雅楽寮と諸寺の種々の楽人がみな来ていた。また、皇族・諸臣諸氏の五節《ごせち》・久《く》米舞《めまい》・楯伏《たてふし》・踏歌《とうか》・袍袴《ほうこ》などの歌舞が奉納された。東西に分かれて声に歌い、庭を二分して演奏した。その奇《く》しく荘厳なことは言葉につくせない。仏法東伝より、これほど盛大な斎会の儀はかつてなかった。

『東大寺要録』では、インドから来日した僧の菩提僊那《ぼだいせんな》が持つ筆から綱を長く垂らし、聖武太上天皇と光明皇太后らが綱をにぎって大仏の眼に墨を入れたという。ところが、『続日本紀』の大仏開眼供養の記事には、聖武太上天皇の名がない。それに、大仏はまだ螺髪《らほつ》も鍍金《ときん》も未完成で、大仏殿も完成していなかった。聖武太上天皇の病状が悪く、小康を願ったが、四月八日の釈迦降誕会を過ぎても容体が変わらないため、急ぎ開眼供養をおこなったのではあるまいか。

**菩薩僧行基**　大仏建立は河内の知識寺を建立したような民衆の力を結集したものだった。その代表的な指導者が行基《ぎようき》（六六八～七四九年）である。

『続日本紀』に行基の名が出るのは養老元年（七一七）四月、私度《しど》を禁じる記事が最初である。

**続日本紀**（養老元年四月二十三日「私度僧と行基について」）出典7

壬辰《みずのえたつのひ》、詔《みことのり》して曰《のたま》はく、「（中略）方《まさ》に今《いま》、小僧行基《しようそうぎようき》、幷《あわ》せて弟子《でし》等《ども》、街衢《がいく》に零畳《りようじよう》して、妄《みだり》に罪福《ざいふく》を説《と》き、朋党《ほうとう》を合《あわ》せ構《かま》へて、指臂《しひ》を焚《や》き剝《は》ぎ、門《もん》を歴《へ》て仮説《けせち》して、強《し》ひて余《よ》の物《もの》を乞《こ》ひ、詐《いつわ》りて聖道《しようどう》と称《しよう》して、百姓《はくせい》を妖惑《ようわく》す。道俗擾乱《どうぞくじようらん》して、四民《しみん》業《ごう》を棄《す》つ。進《すす》みては釈教《しやくきよう》に違《たが》ひ、退《しりぞ》きては法令《ほうれい》を犯《おか》す。二《ふたつ》なり。僧尼《ほうしあま》は、仏道《ぶつどう》に依《よ》りて、神呪《じんしゆ》を持《じ》して溺《おぼほ》るる徒《ともがら》を救《すく》ひ、湯薬《とうやく》を施《ほどこ》して痼病《こびよう》を療《いや》すこと、令《りよう》に聴《ゆる》す。方《まさ》に今《いま》、僧尼輙《ほうしあまたやす》く病人《びようにん》の家《いえ》に向《むか》ひ、詐《いつわ》りて幻怪《げんけ》の情《こころ》を禱《いの》り、戻《もと》りて巫術《むじゆつ》を執《と》り、逆《さかしま》に吉凶《きちく》を占《うらな》ひ、耄穉《もうじ》を恐《おそ》り脅《おびやか》して、稍《やや》く求《もと》むること有《あ》らむことを致《いた》す。道俗別無《どうぞくべちな》く、終《つい》に奸乱《けんらん》を生《しよう》す。三《みつ》なり。（中略）今《いま》より以《の》後《ち》、更《さら》に然《しか》すること得《え》ざれ。村里《そんり》に布《ふ》れ告《つ》げて、勤《つと》めて禁止《きんし》を加《くわ》へよ」とのたまふ。

［訳］二十三日、詔に告げる。「（中略／このごろ、僧尼令に反してみだりに法を説く者がいる）まさに今、[1]小僧行基と弟子らがちまたに群れ散らばって、みだりに罪福を説き、徒党を組んで、[2]指臂《しひ》を焚き剝《は》ぎ、[3]家々の門を巡って説教して、強いて別の物を乞い、偽って聖道だといって人民を妖《あや》しく惑わす。出家者も俗人も騒乱して、士・農・工・商らの民が仕事を捨てている。身の前には釈迦の教えにそむき、後ろには法令を犯している。これが第二。僧尼は仏道によって神呪を持して溺れる人々を救い、湯薬を施して難病を癒《いや》すことが、[4]僧尼令に許されている。しかし今、僧尼がむやみに病人の家に行き、偽って幻怪への恐れをあおって祈禱《きとう》し、そむいて巫術《ふじゆつ》を用い、法に反して吉凶を占い、老若を恐がらせ脅かして、報酬

を求めるようになっている。出家者も俗人も別なく、ついに邪悪な乱れを生んでいる。これが第三である。（中略）今より以後、このようなことがあってはならない。村里に布告し、勤めて禁止せよ」と宣じられた。

**1 小僧**＝「つまらない僧」という意味あいの蔑称《べっしょう》。 **2 徒党を組んで**＝僧尼令第四条「三宝物条」に違反。 **3 指臂を焚き剝ぎ**＝法華経などに説かれているままに、指に灯明をともして仏を供養したり、皮をはいで経文を書写したりする苦行。僧尼令第二十七条「焚身《ふんしん》捨身条」に違反。 **4 湯薬を施して難病を癒《いや》すこと**＝僧尼令第二条「卜相吉凶条」に定める。

養老六年七月十日の太政官の奏にもいう。「近在《このごろざい》京《きょう》の僧尼、浅識軽智《せんしききょうち》を以《もつ》て罪福の因果を巧説《こうぜい》し、戒律を練《ね》らずして都裏《とり》の衆庶《しゅしょ》を詐《いつわ》り誘《あざむ》く。内聖《うちしょう》教《きょう》を黷《けが》し外皇猷《そとこうゆう》を虧《か》けり。遂《つい》に人の妻子をして剃髪《ていはつ》刻膚《こくふ》せしむ。動《やや》もすれば仏法を称して輙《たやす》く室家《しつけ》を離れしむ」と。

官の僧尼でありながら民衆に仏法を説いて出家させている。親や夫をかえりみず、経箱を背におい、托鉢《たくはつ》の鉢をもって巷《ちまた》に乞食《こつじき》し、邪説をとなえて村里の宿に群れ、乱れている。これを禁断すべしというのだが、当時、すでに優婆夷《うばい》とよばれる女性信徒が多かったことがうかがえる記事である。

禁令によって故郷の河内に追放された行基とその集団は、水路をひらいたりする活動をはじめ、在地豪族の利益とも合致して、いっそう広まった。行基の社会事業は功徳のある仏事であり、仏と縁を結ぶこと（結縁《けちえん》）であった。知識結による写経（知識経）も広まっていた時期である。行基のような化主《けしゅ》（知識を指導した僧）は、しばしば菩薩とよばれ、民衆を結集した。そして行基の集団は天平十五年（七四三）の紫香楽宮での大仏造立に参加し、天平十七年一月には行基は官僧の最高位に迎えられ、史上初めて大僧正《だいそうじょう》に任じられた。聖武天皇の大衆動員は私度僧のリーダーを官僧の頂点に立たせたのである。この行基の事績が天平勝宝元年（七四九）の薨伝《こうでん》に記されている。ちなみに死亡をあらわす語は厳密に区別された。行基は天皇・皇后公卿の死に匹敵する「薨」とされている。

## 続日本紀（天平勝宝元年二月二日「行基薨伝」）出典7

二月丁酉《きさらぎのひのととりのひ》、大僧正《だいそうじよう》行基《ぎようき》和尚《わじよう》遷化《せんげ》す。和尚《わじよう》は薬師寺《やくしじ》の僧《そう》なり。俗姓《ぞくしよう》は高志氏《こしうじ》、和泉国《いずみのくに》の人《ひと》なり。和尚《わじよう》は真粋天挺《しんすいてんじよう》にして、徳範《とくはん》夙《はや》く彰《あらわ》る。初《はじ》め出家《しゆつけ》せしとき、瑜伽唯識論《ゆがゆいしきろん》を読《よ》みし即《すなわ》ちその意《こころ》を了《さと》りぬ。既《すで》にして都鄙《とひ》を周遊《しゆうゆう》して衆生《しゆじよう》を教化《きようけ》す。道俗《どうぞく》化《おもぶけ》を慕《した》ひて追従《ついじゆ》する者《ひと》、動《やや》もすれば千《せん》を以《もち》て数《かぞ》ふ。所行《ゆ》く処《ところ》和尚《わじよう》来《きた》るを聞《き》けば、巷《ちまた》に居《お》る人《ひと》無《な》く、争《あらそ》ひ来《きた》りて礼拝《らいはい》す。器《うつわ》に随《したが》ひて誘導《ゆうどう》し、咸《みな》善《ぜん》に趣《おもぶ》かしむ。また親《みずか》ら弟子《でし》等《ども》を率《ひき》ゐて、諸《もろもろ》の要害《ぬみ》の処《ところ》に橋《はし》を造《つく》り陂《つつみ》を築《つ》く。聞見《ききみ》ることの及《およ》ぶ所《ところ》、咸《みな》来《きた》りて功《くう》を加《くわ》へ、不日《ふにち》にして成《な》る。百姓《はくせい》今《いま》に至《いた》るまでその利《り》を蒙《かがふ》れり。豊桜彦天皇《とよさくらひこのすめらみこと》甚《はなは》だ敬重《きようじゆう》したまふ。詔《みことのり》して、大僧正《だいそうじよう》の位《くらい》を授《さず》けたまひ、并《あわ》せて四百人《しひやくにん》の出家《しゆつけ》を施《ほどこ》す。和尚《わじよう》、霊異神験《りよういじんけん》、類《たぐい》に触《ふ》れて多《おお》し。時《とき》の人《ひと》号《なづ》けて行基菩薩《ぎようきぼさつ》と曰《い》ふ。留止《とどま》る処《ところ》には皆道場《みなどうじよう》を建《た》つ。その畿内《きない》には凡《おおよ》そ卌九処《しじゆうくしよ》、諸道《しよどう》にも亦住々《またところどころ》に在《あ》り。弟子《でし》相継《あいつ》ぎて皆《みな》遺法《いほう》を守《も》り、今《いま》まで往持《じゆうじ》せり。薨《こう》する時《とき》、年八十《としはちじゆう》。

［訳］二月二日、大僧正行基和尚《わじよう》が遷化《せんげ》した。和尚は薬師寺の僧[1]で、俗姓は高志《こし》氏[2]、和泉国の生まれである。和尚は純粋で天賦《てんぷ》の才あり、人々の範となる徳が幼いときから現れていた。若く出家したとき、瑜伽唯識論《ゆがゆいしきろん》[3]を読んでたちまち意をさとった。早くから都や農村に遊行《ゆぎよう》して人々を教化した。出家者も在家者も教えを求め、時に数千人も従う。行くところ和尚が来ると聞けば、巷に人はいなくなり、争い来て和尚を礼拝する。人々の性格に随《したが》って誘導し、みな仏道の善に導いた。また自ら弟子たちを率いて多くの要《かなめ》の地に橋をかけ、堤《つつみ》を築いた。それを聞き及んだ者はみな来て功《こう》[4]に加わり、日をへずに工事は終わった。人々は今も、その利益を受けている。聖武天皇は和尚をあつく敬われ、詔して大僧正の位を授けるとともに四百人の僧をつけた。和尚には霊異神験《りよういじんけん》が折にふれて多く、世の人々は行基菩薩と呼んだ。和尚が留《とど》まるところには皆、道場[5]を建てた。畿内にはおよそ四十九院、地方の諸国にもまた道場を諸所に建てた。

**弟子たちは皆、それを継いで遺法を守り、今まで往持してきた。和尚は八十歳[6]で寂した。**

**1 薬師寺の僧**　行基は私度僧だったが、大僧正に任じるにあたり、名目的に薬師寺の官僧にされたという説もある。 **2 高志氏**＝古志氏。応神天皇のとき、百済《くだら》から来朝したという王仁《わに》氏の子孫とされる。 **3 瑜伽唯識論**＝インド大乗仏教の論書『瑜伽師地論《ゆがしじろん》』と『成唯識論《じょうゆいしきろん》』のこと。ともに玄奘の漢訳で南都六宗のうち法相宗の根本聖典とされる。 **4 功**＝功徳《くどく》のある善業《ぜんごう》。架橋や溜め池づくりなど、人々に役立つおこないは仏事（仏のみわざ）に通じる善とされた。 **5 道場**＝行基と弟子たちが住んだところで、庵のような寺院だったと考えられる。『行基年譜』（行基の事績を官に報告させた文書）には、行基の知識集団は拠点の道場四十九院のほか、布施屋九か所、架橋六か所、溜め池十五か所、溝・堀十か所などをつくったという。 **6 八十歳**＝『行基年譜』『大僧正舎利瓶記』では八十二歳。

## 5　鑑真と戒壇の創設

**戒師鑑真の来朝**　鑑真《がんじん》（六八七～七六三年）は天平勝宝六年（七五四）に遣唐使船で来朝し、律宗を伝えた。『続日本紀』天平宝字七年（七六三）の鑑真の卒伝にその事績が記されている。

**続日本紀**（天平宝字七年五月六日「鑑真卒伝」）出典7

五月戊申《さつきのつちのえさるのひ》、大和上鑒真物化《だいわじょうがんじんぶつけ》す。和上《わじょう》は楊州龍興寺《ようしゅうりゅうこうじ》の大徳《だいとく》なり。博《ひろ》く経論《きょうろん》に渉《わた》り、尤《もと》も戒律《かいりつ》に精《くわ》し。江淮《こうわい》の間《あいだ》に独《ひと》り化主《けしゅ》と為《な》り。天宝二載《てんほうにさい》、留学《るがく》の僧《ほうし》栄叡《ようえい》・業行《ぎょうぎょう》ら、和上《わじょう》に白《もう》して曰《い》わく、「仏法東流《ぶっぽうとうりゅう》して、本国《わがくに》に至《いた》れり。その教《おしえ》有《あ》りと雖《いえど》も、人《ひと》の伝授《でんじゅ》する無《な》し。幸《のぞ》み願《ねが》はくは、和上東遊《わじょうとうゆう》して化《け》を興《おこ》されむことを」とまうす。辞旨《じし》懇《ねもころ》に至《いた》りて諮請《しせい》息《や》まず。乃《すなわ》ち楊州《ようしゅう》に船《ふね》を買《か》ひて海《うみ》に入《い》る。而《しか》るに中途《みちなか》にして風《かぜ》に漂《ただよ》ひて、船《ふね》打《う》ち破《や》られぬ。和上一心《わじょうひたすら》に念仏《ねんぶつ》す。人皆《ひとみな》これに頼《たの》みて死《し》ぬることを免《まぬか》る。七載《しちさい》に至《いた》りて更《さら》に復《また》、渡海《とかい》す。亦《また》、風浪《かぜなみ》に遭《あ》ひて日南《にちなん》に漂着《ひょうちゃく》しき。時《とき》に栄叡物故《ようえいぶっこ》す。和上悲《わじょうかな》しみ泣《な》きて明《めい》を失《うしな》ふ。勝宝四《しょうほうよ》年《ねん》、本国《わがくに》の使《つかい》適《たまたま》唐《もろこし》に聘《まみ》えしとき、業行《ぎょうぎょう》乃《すなわ》ち説《と》くに宿心《しゅくしん》を以《もち》てせり。遂《つい》に弟子《でし》廿四人《にじゅうよにん》と、副使《ふくし》大伴宿禰古麻呂《おおとものすくねこまろ》が船《ふね》に寄《よ》り乗《の》りて帰朝《みかどまいり》せり。東大寺《とうだいじ》に安置《お》き、供養《つかえまつ》る。時《とき》に、勅《みことのりあ》有りて、一切《いっさい》の経論《きょうろん》を校正《しらべただ》さしめたまふ。往々《しみみ》に誤《あやま》れる字《じ》あり。諸《もろもろ》の本《ふみみなおな》皆同じくして、能《よ》く正《ただ》すこと莫《な》し。和上《わじょうそら》諳に誦《ず》して多《おお》く雌黄《しおう》を下《くだ》す。また、諸《もろもろ》の薬物《くすりのもの》を以《もち》て真偽《しんぎ》を名《わ》かしむ。和上一一鼻《わじょうひとつひとつはな》を以《もち》て別《わか》つ。一《ひと》つも錯失《あやま》ること无《な》し。聖武皇帝《しょうむこうてい》、これを師《し》として戒《かい》を受《う》けたまふ。皇太后《こうたいごう》の不愈《ふよ》に及《およ》びて、進《たてまつ》れる医薬《くすり》、験有《しるしあ》り。位大僧正《くらいだいそうじょう》を授《さず》く。俄《にわか》に綱務《こうむ》煩雑《はんざつ》なるを以《もち》て、改《あらた》めて大和上《だいわじょう》の号《ごう》を授《さず》け、施《ほどこ》すに備前国《きびのみちのくちのくに》の水田《みずた》一百町《いちひやくちょう》を以《もち》てす。また、新田部親王《にいたべのみこ》の旧宅《きゅうたく》を施《ほどこ》して戒院《かいいん》とせしむ。今《いま》の招提寺是《しょうだいじこれ》なり。和上《わじょう》、預《あらかじ》め終《おわ》る日《ひ》を記《しる》し、期《ご》に至《いた》りて端坐《たんざ》して、怡然《いぜん》として遷化《せんけ》す。時《とき》に年七十有七《としななとあまりななつ》。

［訳］五月六日、大和上鑑真が寂。和上は揚州[1]龍興寺の徳高い僧である。経と論書に明るく、戒律にもっとも詳しい。江淮《こうわい》[2]に教化《きょうけ》すること第一の僧となる。天宝二年（七四三）、留学僧栄叡《ようえい》・業行《ぎょうぎょう》らは和上に告げた。「仏法は東方の我が国にも伝わりましたが、教えはあっても法を伝授する人はいません。願わくは和上が東遊し、授戒教化の法を興されますように」と。言葉を尽くし、繰り返し請う。そこで揚州で船を買って出航したが、途中で暴風のために漂流し、船は破壊された。和上は一心に念仏し、同行の人は皆、その加護により死を免れた。[3]天宝七年にまた出航したが、嵐に遭って日南《にちなん》に漂着した。[4]そのとき栄叡は死亡。和上は悲しみ泣いて失明した。[5]天平勝宝四年（七五二）、我が国の遣唐使がたまたま唐に渡った機会をとらえて業行は年来の戒師招請の願いを説いた。和上はついに弟子二十四人と遣唐副使大伴古麻呂《おおとものこまろ》の船に乗りあわせて来朝した。[6]東大寺に招き、接待をした。あるとき、勅によって一切の経典・論書の校正をしてもらった。しばしば誤字があるのは諸本みな同じだけれど、正されることはなかったのである。和上は暗誦して多く訂正をおこなった。また、いろいろな薬の真偽を判別させた。和上は一つ一つ鼻でかぎわけ、一つも誤ることはなかった。聖武天皇は和上を師として戒を受けられた。皇太后の病のときには、和上がさしあげた医薬の効き目があった。大僧正[7]の位を授ける。にわかに僧綱《そうごう》[8]の仕事が煩雑になったので、

改めて大和上の号を授け、備前国の水田百町を施す。また、新田部親王《にいたべのみこ》[9]の旧宅を施して戒院《かいいん》とする。今の唐招提寺[10]である。和上、あらかじめ臨終の日を記し、その時が来ると、端坐して喜びのようすで遷化《せんげ》された。時に七十七歳である。

**1 揚州**＝揚州。中国江蘇《こうそ》省の都城。鑑真は揚州に生まれ、同地の大雲寺で出家。洛陽や長安に律や天台を学び、揚州に帰って広く教化した。**2 江淮**＝長江《ちょうこう》と淮河《わいが》の下流域一帯。揚州がある地方。**3 加護により死を免れた**＝淡海三船《おうみのみふね》が書き残した鑑真の伝記『唐大和上東征伝』によれば、栄叡・普照は天平十四年（天宝元）に鑑真に会い、鑑真自身が渡海を決意した。翌年、誣告《ぶこく》を受けて船は没収、栄叡らは捕縛された（第一次渡航計画失敗）。天宝二年、船一隻を買い、十二月に揚州から出帆したが、嵐のため遭難し、明州（浙江省《せっこう》）に漂着（第二次計画失敗）。**4 日南に漂着した**＝日南は現在のベトナム・フエ付近。栄叡は密航の計画を進めたが、役人に知られる（第三次計画失敗）。その冬、渡海を企てるが、官に停止される（第四次計画失敗）。天宝七年六月二十七日、総勢三十五人で出帆したが、ふたたび遭難（第五次計画失敗）。**5 失明した**＝『東征伝』によれば、遭難後、一行は海南島から大陸に戻り、栄叡は端州（広東省）の龍興寺で没した。また、鑑真は炎熱が下がらず、ついに失明した。**6 来朝した**＝天平勝宝六年（七五四）に鹿児島に着き、同年、入京。**7 大僧正**＝僧官の最上位。**8 僧綱**＝都の寺院・僧尼を統括する役所。鑑真は天平勝宝八年に大僧都《だいそうず》に任じられ、僧綱の責任者となったが、天平宝字二年に解任。同時に大和上すなわち授戒の師の称号を与えられ、戒律を学ぶ僧尼の師とされる。**9 新田部親王**＝天武天皇の皇子（?～七三五年）。**10 唐招提寺**＝招提は精舎《しょうじゃ》と同じで僧院の意。よって唐招提寺の寺名は「唐の寺」という意味である。

**戒壇院の創設**　教団にかぎらず、どんな集団にも規則や習わしがある。それを受容しないと、メンバーとしてみとめられない。仏教では戒律の受容が僧や信徒になる条件である。

戒律は釈迦自身の教示にはじまるが、釈迦の滅後、部派とよばれる多くの宗派に分かれると、それぞれに戒律を伝えるようになった。そのなかでダルマグプタカ（法蔵部《ほうぞうぶ》）という上座部《じょうざぶ》系の部派に伝えられた戒律『四分律《しぶんりつ》』が中国律宗の根本とされ、鑑真によって日本に伝えられた。『四分律』は戒律の書で、四部に分けて比丘の二百五十戒、比丘尼の三百四十八戒が記されている。

毎月十五日の布薩《ふさつ》の日などの懺悔滅罪の法会で誦《じゅ》すもので、ひとつの儀礼の形をとった。見習い僧が正式の僧になるときも『四分律』を誦す。鑑真は三師七証《さんししちしょう》という十人の僧によって戒を授ける授戒会《じゅかいえ》法式《ほっしき》を伝え、それをもって具足戒《ぐそくかい》（完全な戒）とされるようになった。

『続日本紀』の「鑑真卒伝」に「聖武皇帝、これ（鑑真）を師として戒を受けたまふ」とあるように、鑑真は天平勝宝六年（七五四）に東大寺に戒壇《かいだん》（授戒の式場）を設けた。それが戒壇院になる。さらに、『東大寺要録』によれば天平宝字五年（七六一）に筑紫《つくし》観世音寺（福岡県太宰府市）、下野《しもつけ》薬師寺（栃木県下野市）にも戒壇院が建立され、授戒の体制がととのえられた。

鑑真のことは淡海三船《おうみのみふね》（奈良時代の皇族系貴族）があらわした伝記『唐大和上東征伝《とうだいわじょうとうせいでん》』によって知られるが、国家の正史である『続日本紀』には、戒壇創設という肝心の事績が記されていない。それに、前掲の天平勝宝元年（七四九）の詔にあるように、聖武天皇はすでに行基を師僧として受戒し、「沙《しゃ》弥勝満《みしょうまん》」と名乗っていた。沙弥とは沙門《しゃもん》（僧）になる前の見習い僧を意味する。鑑真による具足戒の戒壇創設以前には、一人の師僧について自誓《じせい》受戒（仏前で持戒《じかい》を誓うこと）する方法がとられていた。僧尼令にも授戒の規定はなく、適宜、おこなわれたようだ。

なお、中国では『四分律』が実践的に解釈され、作法をまとめた『四分律行事鈔』には病人の看病と葬送の作法が説かれている。平安時代に『往生要集』をあらわした源信《げんしん》は、それを参考に臨終行儀を定めた。

**梵網菩薩戒**　『続日本紀』天平十七年（七四五）九月十九日の条に「諸国で飼っている鷹・鵜を放たせた。三千八百人を度して出家せしむ」という。そのころ、不予（病）の聖武天皇の治癒を祈願して、寺々で大般若経を読誦したり薬師悔過《けか》の法会（懺法《せんぼう》）を盛んにおこなっていた。鳥を放生《ほうじょう》したり、新僧をつくったりして、その功徳により天皇の病の治癒を祈願したのだ。天平十七年の三千八百人は『続日本紀』にみえる最大の出家数で、これほど多いのはめずらしいが、千人、数百人、数十人の得度はしばしばおこなわれている。そのため、ろくに経典が読めない僧もいるなど、質の低下はいちじるしかった。そこで授戒儀礼を荘重なものにして官僧の権威を高めようとしたのだろう。前掲の「出家から受戒までの手続き」の図に示したように、僧尼は出家得度して菩薩戒を受けたうえで、さらに『四分律』による具足戒を受けた。菩薩戒は梵網経《ぼんもうきょう》に説かれている。

**梵網経**（巻の下）出典8

仏《ほとけ》、諸《もろもろ》の仏子《ぶつし》に告《つ》げて言《のたま》はく、「十重《じゆうじゆう》の波羅提木叉《はらだいもくしゃ》有《あ》り。若《も》し菩《ぼ》薩《さつ》戒《かい》を受《う》くとも此戒《このかい》を誦《じゅ》せざる者《もの》は菩《ぼ》薩《さつ》に非《あら》ず、仏種子《ぶつしゆじ》に非《あら》ず（中略）」と。仏《ほとけ》の言《のたま》はく、「仏子《ぶつし》若《もし》は自《みずか》ら殺《ころ》し、人《ひと》を教《おし》へて殺《ころ》さしめ、方便《ほうべん》して殺《ころ》し、殺《ころ》すを讃歎《さんだん》し、作《な》すを見《み》て随喜《ずいき》し、乃至《ないし》呪《じゆ》して殺《ころ》さば、殺《さつ》の因《いん》、殺《さつ》の縁《えん》、殺《さつ》の法《ほう》、殺《さつ》の業《ごう》あらん。乃至一切《ないしいっさい》の命有《いのちあ》る者《もの》をば故《ことさ》らに殺《ころ》すことを得《え》ざれ。是《こ》れ菩薩《ぼさつ》は応《まさ》に常住《じようじゆう》の慈悲心《じひしん》、孝順心《こうじゅんしん》を起《おこ》して、方《ほう》便《べん》して一切衆生《いっさいしゆじよう》を救護《くご》すべし。而《しか》るを反《かえ》つて恣《ほしいまま》なる心《こころ》、快《こころよ》き意《こころ》を以《もつ》て殺生《せっしょう》するは是《こ》れ菩薩《ぼさつ》の波羅夷罪《はらいざい》なり（後略）」。

［訳］釈迦如来は仏の弟子に告げた。「十の重い波羅提木叉《はらだいもくしゃ》がある。菩薩の戒（大乗戒）を受けても、この戒を唱えない者は菩薩ではない。仏の種子を宿す者ではない（中略）」と。釈迦如来は告げた。「仏の弟子たちよ。もし自ら殺し、人を教唆して殺させ、手立てを講じて殺し、殺すことを讃《たた》え、殺すのを見て喜び、また呪《じゅ》して殺せば、殺《さつ》の因、殺の縁、殺の法、殺の業があるであろう。一切の命あるものをことさらに殺すことなかれ。菩薩（大乗仏教徒）は常に慈悲心、孝順心をおこし、手

立てを講じて一切衆生を救わねばならない。それなのに、気ままな心や快楽の意識で殺生するのは菩薩道における波羅夷罪《はらいざい》（破門・追放）である（後略[2]）。

1 **波羅提木叉**＝プラティモークシャの表音。「戒本」と漢訳される。

2 **後略**＝第一の不殺生戒につづいて第二・不偸盗戒《ふちゅうとうかい》、第三・不邪婬戒《ふじゃいんかい》、第四・不妄語戒《ふもうごかい》、第五・不酤酒戒《ふこしゅかい》（酒の売買をしてはならない）、第六・不説四衆過戒《ふせつししゅかかい》（人々の過《あやま》ちを言い立ててはならない）、第七・不自讃毀他戒《ふじさんきたかい》（自分を褒《ほ》めて他をけなしてはならない）、第八・不慳惜加毀戒《ふけんじゃくかきかい》（もの惜しみをしてはならない）、第九・不瞋心不受悔戒《ふしんじんふじゅげかい》（怒らず、人に怒りを植えつけてはならない）、第十・不謗三宝戒《ふほうさんぼうかい》（仏・法・僧の三宝を誹《ひ》謗《ぼう》してはならない）＝みずから仏・法・僧の三宝を誹謗《ひぼう》したり、人に誹謗させたりしてはならない。もし外道悪人が一言でも仏を謗《そし》るのを聞くと、三百の鉾《ほこ》で心を刺されるように感じるであろう。まして、みずから誹謗して信心、孝順心が生じようか。悪人、邪見の人に誹謗させるようなことも菩薩の波羅夷罪である。

平安時代に最澄が梵網経によって大乗戒壇を創設して以来、十戒は各宗で重視されるが、その項目は少し異なっている。

梵網経には波羅夷罪にあたる十重戒につづいて謹慎などを科せられる四十八軽戒《きょうかい》が説かれている。それを説く梵網経は戒経の根本として重視された。

ところで戒律は厳密には守ることが不可能なもので、持戒《じかい》（戒をたもつこと）は懺悔《さんげ》と表裏一体のものであり、悔過《けか》とよばれる懺悔滅罪の儀式が吉祥天や薬師如来を本尊として盛んにおこなわれた。また、受戒には仏の加護を願う意味がある。病気がちだった聖武天皇が受戒したのも、そのためだろう。戒律に説かれているように生きようとしたわけではない。さらに、戒名には冥途の護符という意味があった。今日の葬儀でも僧が読経《どきょう》し、故人に戒名をおくる習わしの始まりである。

**葬儀の読経と戒名**　聖武太上天皇が崩じた天平勝宝八年（七五六）の暮れ、孝謙天皇が興福寺《こうふくじ》などで六十二人の僧に梵網経を読誦《どくじゅ》させた。そのときの孝謙天皇の詔をあげる。

**続日本紀**（天平勝宝八年十二月三十日「孝謙天皇の詔」）出典7

皇帝《こうてい》、敬《いやま》ひて白《もう》す。朕閔凶《われびんきょう》に遭《あ》ひしより、情荼毒《こころとどく》より深《ふか》し。宮車漸《きゅうしややや》く遠《とお》くして、号慕《ごうぼ》すれども追《お》ふこと无《な》し。（中略）聞道《きくな》らく、「菩薩戒《ぼさつかい》を有《たも》つことは梵網経《ぼんもうきょう》を本《もと》とす。功徳巍々《くどくぎぎ》として能《よ》く逝《ゆ》く者《ひと》を資《たす》く」ときく。仍《より》て六十二部《ろくじゅうにぶ》を写《うつ》して六十二国《ろくじゅうにこく》に説《と》かしめむとす。四月十五日《うづきとおかあまりいつか》より始《はじ》めて五月《さつき》二日《ふつか》に終《お》へしむ。（中略）この妙福无上《みょうふくむじょう》の威力《いりき》を以《もち》て冥路《みょうろ》の鸞輿《らんよ》を翼《たす》け、花蔵《けぞう》の宝刹《ほうさつ》に向《む》かしめむと欲《おも》ふ。

**［訳］**天皇（孝謙天皇）が敬って告げる。私は、父の喪に遭ってより悲しみは荼《と》（苦菜《にがな》）の苦痛より深い。棺《ひつぎ》の車はだんだん遠ざかり、号慕しても追いつけない。（中略）聞くところ、「菩薩戒をたもつには梵網経を本《もと》とす。功徳巍々《くどくぎぎ》としてよく逝く者を助ける」と。よって梵網経を六十二部書写して六十二国（全国の国々）で講説させよう。明年四月十五日から始めて一周忌の五月二日に終えさせる。（中略）菩薩戒経の妙福無上の威力をもって冥途の鸞輿《らんよ》（天子の輿《こし》）を助け、毘盧舎那仏の蓮華蔵の浄土に向かわしめたい。

梵網経を読誦し、その功徳によって聖武太上天皇の冥途の乗りものを助け、仏の国に送りたいという。このころには天皇の葬送で僧が随行することが通例になっていた。

## 6　孝謙・称徳天皇と道鏡

**光明皇后と藤原氏**　東大寺は諸国国分寺の中心であるにもかかわらず、都の中には造られなかった。外京《げきょう》のさらに外側、藤原氏の氏神である春日明神《かすがみょうじん》（権現《ごんげん》）の神域に、やはり藤原氏の氏寺の興福

### 平城京の寺と神社

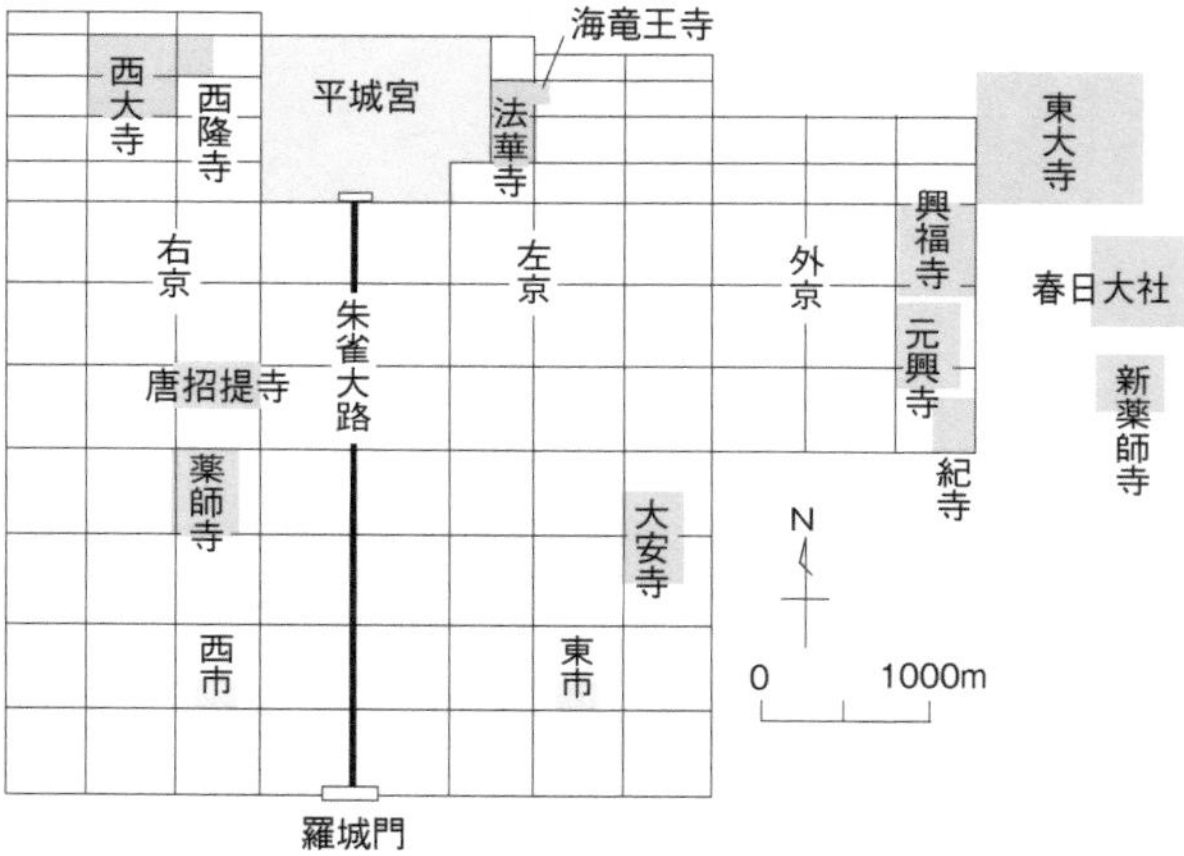


古代の都城は南に正門の羅城門を造り、その真北に皇居を置くが、平城京では左京の東に外京《げきょう》という突出部があり、左右対称であるべき都の形を大きく崩している。そこは興福寺がある藤原氏のエリアで、諸国国分寺の中心である東大寺も、その勢力下に造られた。

寺と隣接して建立された。これに藤原氏の意志が働いていたことは否めない。孝謙天皇のころは恵美押勝《えみのおしかつ》こと藤原南家の仲麻呂《なかまろ》が権勢を誇った。天平宝字二年（七五八）に孝謙天皇は淳仁《じゅんにん》天皇に譲位。仲麻呂との仲をとりもっていた光明《こうみょう》皇太后が同四年に崩じて以後、両者の溝が深まった。同五年、仲麻呂は自らの根拠地である近江《おうみ》の保良《ほら》宮《みや》（大津市）に太上天皇・天皇を遷《うつ》した。その翌年、孝謙太上天皇は内道場《ないどうじょう》の僧道鏡《どうきょう》とともに平城京に戻って淳仁天皇を非難し、以後、国家の大事は自ら決するという詔《みことのり》を下した。

**尼僧天皇の誕生**　このとき孝謙太上天皇は得度して尼僧の身になっており、尼寺の法華寺に住して権力を掌握した。これに抗して天平宝字八年（七六四）、仲麻呂が淳仁天皇をいただいて兵を挙げるが、敗死。淳仁天皇は廃され、孝謙太上天皇が重祚《ちょうそ》して称徳《しょうとく》天皇となる。

史上唯一、僧の身のまま即位した称徳天皇は大嘗祭《だいじょうさい》にも僧服で臨んだ。大嘗祭は毎年十一月に天皇が新穀を神祇《じんぎ》に供える新嘗祭《にいなめさい》のうち、天皇が即位したときにおこなわれ、大嘗祭の挙行をもって正式の即位とされる。称徳天皇の大嘗祭は天平神護《じんご》元年（七六五）十一月におこなわれた。

**続日本紀**（天平神護元年十一月二十三日「称徳天皇の大嘗祭の詔」）出典7

「今《いまの》勅りたまはく、今日《きょう》は大新嘗《おおきにいあえ》のなほらひの豊明《とよのあかり》聞《きこ》し行《め》す日《ひ》に在《あ》り。然《しか》るに此《こ》の遍《たび》の常《つね》より別《こと》に在《あ》る故《ゆえ》は、朕《われ》は仏《ほとけ》の御弟子《みでし》として菩薩《ぼさち》の戒《いみこと》を受《う》け賜《たま》はりて在《あ》り。此《これ》に依《よ》りて上《かみ》つ方《かた》は三宝《さんぽう》に供奉《つかえまつ》り、次《つぎ》には天社《あまつやしろ》・国社《くにつやしろ》の神等《かみたち》をもゐやびまつり、（中略）天下《あめのした》を治《おさ》め賜《たま》ふ。（中略）と宣《の》りたまふ。
復勅《またの》りたまはく、神等《かみたち》をば三宝《さんぽう》より離《さ》けて触《ふ》れぬ物《もの》そとなも人《ひと》の念《おも》ひて在《あ》る。然《しか》れども経《きょう》を見《み》まつれば仏《ほとけ》の御法《みのり》を護《まも》りまつり尊《とうと》びまつるは諸《もろもろ》の神《かみ》たちにいましけり。故《かれ》、是《ここ》を以《もち》て、出家《いえで》せし人《ひと》も白衣《しろきぬ》も相《あい》雑《まじ》はりて供奉《つかえまつ》るに豈障《あにさわ》る事《こと》は在《あ》らじと念《おも》ひてなも、本忌《もとい》みしが如《ごと》くは忌《い》まずして、此《こ》の大嘗《おおにえ》は聞《きこ》し行《め》すと宣《の》りたまふ御命《おおみこと》を、諸《もろもろ》聞《き》きたまへと宣《の》る」とのたまふ。

［訳］「今、勅せられた。今日は大嘗祭の直会《なおらい》の豊明節（祭事の饗食）である。しかし、このたび、いつもと異なっているのは、私が仏の御弟子として菩薩戒《ぼさつかい》をお受けしていることである。このため、まず第一に三宝（仏）にお仕えし、次に天つ神・国つ神の社の神々を敬い申して、（中略）天下を治める。（中略）と宣じられた。

また、勅せられた。神々は三宝から遠ざけて触れさせぬものと人々は思っている。しかし、経典を見ると、仏法をお護《まも》りし尊び申し上げているのは神々である。それゆえ、出家した人も白衣（僧衣を着ていない俗人）も混ざって大嘗祭に供奉するのに何の障りがあろうか。もとは僧尼の参加を忌んだように忌まないようにして、このたびの大嘗祭を執り行わせると宣じられた御命《おおみこと》を、みな承れと宣じられた」という。

経典には四天王などインドの神々が護法尊として仏法を守護するという記述が頻出する。称徳天皇は仏教の護法尊を日本の神祇にもあてはめた。あくる天平神護二年七月には伊勢大神宮寺に丈六（一丈六尺）の仏像を造らせた。ついに伊勢神宮にも宮寺《みやでら》が造られたのである。そして事態はとどめようもなく進み、ついに僧の道鏡（?～七七二年）が皇位をうかがうまでになる。

**道鏡の登場**　道鏡は河内《かわち》（大阪府）の弓削《ゆげ》氏に生まれ、葛木山《かつらぎさん》で如意輪観音の法を修して験力《げんりき》を得たという。内道場の禅師《ぜんじ》の一人として天平宝字六年（七六二）、近江保良宮《おうみほらのみや》で宿曜《すくよう》の法をもって孝謙太上天皇の病を治したとして信頼をえ、同八年九月、仲麻呂の敗死の二日後に大臣禅師《だいじんぜんじ》に任じられた。孝謙太上天皇は重祚して称徳天皇となると、ますます道鏡を重んじた。天平神護元年（七六五）には太政大臣禅師に任じる。同年、平城京の内裏の西方に西大寺《さいだいじ》の建立を開始した。父帝の聖武天皇が建立した東大寺《ひがしのおおてら》に並ぶ西の大寺を意図したものであるが、もはや国家仏教最盛期の熱意は去って、東大寺大仏建立のときのような広汎《こうはん》な民衆運動はおこらなかった。

そのなかで称徳天皇と道鏡は国分寺を修造したり、諸大寺に陀羅尼《だらに》（呪文）を納めた百万の木造小塔（百万塔陀羅尼）の施入を発願するなど、過度に仏教重視政策をとって天平神護二年には道鏡を法王に任じる。そして神護景雲三年（七六九）、宇佐八幡の神託事件がおこった。『続日本紀』は次のように伝える。

**続日本紀**（神護景雲三年九月二十五日「宇佐八幡の神託」）出典7

初《はじ》め大宰主神習宜阿曾麻呂《だいさいのかむつかさすげのあそまろ》、旨《うまき》を希《ねが》ひて道鏡《どうきょう》に媚《こ》び事《つか》ふ。因《より》て八幡神《やはたのかみ》の教《みおしえ》と矯《いつわ》りて言《い》はく、「道鏡《どうきょう》をして皇位《こうい》に即《つ》かしめば、天下太平《あめのしたおおきにたいらか》ならむ」といふ。道鏡《どうきょう》これを聞《き》きて、深《ふか》く喜《よろこ》びて自負《じふ》す。天皇《すめらみこと》、清麿《きよまろ》を牀下《しょうか》に召《め》して、勅《みことのり》して曰《のたま》はく、「昨夜《きそ》の夢《いめ》に、八幡神《やはたのかみ》の使来《つかいきた》りて云《い》はく、「大神《おおかみ》、事《こと》を奏《う》けたまはらしめむとして、尼法均《あまほうきん》を請《こ》ふ」といふ。汝清麿相代《いましきよまろあいかわ》りて往《ゆ》きて、彼《か》の神《かみ》の命《おおせ》を聴《き》くべし」とのたまふ。発《た》つに臨《のぞ》みて、道鏡《どうきょう》、清麻呂《きよまろ》に語《かた》りて曰《い》はく、「大神《おおかみ》、使《つかい》を請《こ》ふ所以《ゆえ》は、蓋《けだ》し我《わ》が即位《そくい》の事《こと》を告《つ》げむが為《ため》ならむ。因《より》て重《おも》く募《つの》るに官爵《かんしゃく》を以《もち》てせむ」といふ。清麻呂行《きよまろゆ》きて神宮《じんぐう》に詣《まい》づるに、大神託宣《おおかみたくせん》して曰《のたま》はく、「我《わ》が国家《くに》開闢《ひら》けてより以来《このかた》、君臣定《くんしんさだま》りぬ。臣《しん》を以《もち》て君《くん》とすることは、未《いま》だ有《あ》らず。天《あめ》の日嗣《ひつぎ》は必《かなら》ず皇緒《こうしょ》を立《た》てよ。无道《むどう》の人《ひと》は早《すみやか》に掃《はら》ひ除《のぞ》くべし」とのたまふ。清麻呂来帰《きよまろかえりきた》りて、奏《そう》すること神《かみ》の教《みおしえ》の如《ごと》し。是《ここ》に道鏡大《どうきょうおお》きに怒《いか》りて、清麿《きよまろ》が本官《ほんかん》を解《と》きて、出《いだ》して因幡員外介《いなばのいんげのすけ》とす。未《いま》だ任所《にんしょ》に之《ゆ》かぬに、尋《つ》ぎて詔《みことのり》有《あ》りて、除名《じょみょう》して大隅《おおすみ》に配《なが》す。その姉法均《あねほうきん》は還俗《げんぞく》せしめて備後《きびのみちのしり》に配《なが》す。

［訳］発端は大宰府の主神《かんづかさ》（祭祀をおこなう官吏）中臣習宜阿曾麻呂《なかとみのすげのあそまろ》が私利を願って道鏡に媚《こ》び仕え、八幡神のお告げだと偽《いつわ》って「道鏡を皇位につければ天下太平であろう」といったことである。道鏡はこれを聞いて深く喜び、自負もした。称徳天皇は清麻呂《きよまろ》[1]を玉座のもとに召して告げた。「昨夜の夢に八幡神の使いが来て〈大神は天皇に奏上したいことがあるので法均尼《ほうきんに》の派遣を請う〉という。そなた清麻呂が代わって八幡宮にいき、神のお告げを拝聴せよ」と。その出発に際し、道鏡は清麻呂にいった。「大神が使いを請うのは、おそらく我が即位のことを告げようとしてであろう。そうであれば、そなたの官職・位階も重くしてやろう」と。清麻呂が八幡神宮に詣《もう》でると、大神は託宣した。「我が国は開闢《かいびゃく》以来、君臣が定まり、臣を君とした例はない。天《あめ》の日嗣《ひつぎ》（皇位の継承者）には必ず皇統を立てよ。無道の人は速やかに排除せよ」と。清麻呂は帰京して神のお告げのままに奏上した。そのため道鏡は大いに怒って清麻呂の官職（近衛将監《このえしょうげん》）を解き、因幡《いなば》（鳥取県）の員外介《いんがいのすけ》という下級職に左遷した。その任地に着かぬうちに

また詔があり、位階や勲位を剝奪《はくだつ》したうえ大隅《おおすみ》（鹿児島県）に流した。姉の法均尼は還俗《げんぞく》させて備後《びんご》（広島県）に流した。

1 **清麻呂**＝和気《わけの》清麻呂（七三三〜七九九年）。幕末からの尊皇運動のなかで顕彰され、嘉永《かえい》四年（一八五一）に正一位護王《ごおう》大明神の神号をたまわり、明治十九年（一八八六）に護王神社（京都市上京区）にまつられた。

翌年の神護景雲四年四月、称徳天皇は病臥《びょうが》し、八月に崩じた。それによって道鏡は捕らわれ、都から追放された。死を免じられたのは僧を殺すことへの恐れがあり、僧尼令《そうにりょう》に僧の処罰はもっとも重くても還俗と定められていることによる。還俗させたうえ科刑することはありえたが、道鏡は僧籍を奪われず、造下野国《ぞうしもつけのくに》薬師寺別当つまり天下の三戒壇のひとつを有する官寺の長に任じられたのだから、かなりの厚遇である。道鏡の験力を恐れ、慰撫したのだろう。ただし『続日本紀』宝亀《ほうき》三年（七七二）四月の条に、下野国から「道鏡死す」と報告があったという。「死」は庶民の死去をあらわす語なので、死んで庶民の身分に落とされたのである。

## 7 光仁・桓武朝の変革

**光仁老帝の即位**　称徳天皇の崩御にともない、白壁王《しらかべおう》が神護景雲四年（宝亀元／七七〇）十月に即位した。光仁《こうにん》天皇であるが、すでに六十二歳だった。還暦をすぎての異例の即位である。『続日本紀』の即位前紀によれば、聖武天皇の皇女の孝謙天皇のときから皇位をつぐ人がなく、あれこれ疑われて罰せられ廃せられた人が多かった。白壁王は深く横禍《おうか》の時（災いがふりかかること）を思って酒におぼれて真意を隠し、たびたび危害をのがれたという。皇位継承の争いに巻きこまれないように、酒乱のまねまでして生きのびたということである。

光仁天皇は施基《しき》皇子の子、天智天皇の孫である。壬申の乱（六七二年）以来、皇統は天武天皇の子孫に継承されてきたのだが、九十八年ぶりに天智系の天皇が復活した。といっても、皇后は聖武天皇のむすめの井上《いのえ》内親王なので、光仁天皇は聖武天皇の女婿にあたる。皇太子には井上内親王の子の他戸《おさべ》親王が立てられた。高齢で即位した光仁天皇の後は聖武天皇の孫の他戸親王が皇位をつぐはずだったが、宝亀三年（七七二）三月、井上内親王が巫蠱《ふこ》（人を呪殺するまじない）の罪により皇后を廃された。五月には他戸親王の皇太子を廃して庶人とし、翌年一月、山部《やまべ》親王（のちの桓武《かんむ》天皇）が皇太子に立てられた。山部親王は百済系渡来氏族からむかえた夫人＝高野新笠《たかののにいがさ》の子で、皇族や藤原氏の生まれではない。そして天武―聖武系皇統の排除が、さらに徹底しておこなわれる。

宝亀六年（七七五）四月二十七日、「井上内親王、他戸王、並《ならび》に卒《そっ》しぬ」（『続日本紀』）という。母子は巫蠱の疑いで幽閉されていたが、同時に死んだ。服毒自殺か暗殺であったと考えられている。

こうした争いのなかで即位した光仁老帝であったが、在位は十一年におよんだ。その間に、聖武―孝謙（称徳）天皇の代に肥大化した官寺の縮小と仏教改革がおこなわれた。即位後まもなく、まずおこなったのは山林修行の再開である。

**続日本紀**（宝亀元年十月二十八日「山林修行の解禁」）出典7

丙辰《ひのえたつのひ》、僧綱《そうごう》言《もう》さく、「去《い》ぬる天平宝字八年《てんぴょうほうじはちねん》の勅《みことのり》を奉《う》けたまはりて、逆党《げきとう》の徒《ともがら》、山林寺院《さんりんじいん》に於《おき》て私《ひそか》に一《いち》僧已上《そういじょう》を聚《あつ》めて、読経悔過《どくきょうけか》する者《ひと》には、僧綱固《そうごうかた》く禁制《きんせい》を加《くわ》ふ。是《これ》に由《よ》りて、山林樹下《さんりんじゅか》、長《なが》く禅迹《ぜんしゃく》を絶《た》ち、伽藍院中《がらんいんちゅう》、永《なが》く梵響《ぼんきょう》を息《とど》むれども、俗士《ぞくし》の巣許《そうきょ》、猶《なお》嘉遁《かとん》を尚《とうと》ぶ。況《いわ》むや復《また》、出家《しゅっけ》の釈衆《しゃくしゅ》、寧《いか》ぞ閑居《かんこ》する者无《ひとな》からむや。伏《ふ》して乞《こ》はくは、長往《ちょうおう》の徒《ともがら》はその修行《しゅぎょう》することを聴《ゆる》さむことを」とまうす。詔《みことのり》してこれを許《ゆる》したまふ。

［訳］二十八日、僧綱が奏上した。「去る天平宝字八年（七六四）の勅[1]に逆党の徒《やから》が山林寺院でひそかに一人以上の僧をあつめて読経・悔過《けか》する者があれば僧綱が固く禁じよとあります。それによって山林樹下で長く禅行は絶え、伽藍から梵鐘《ぼんしょう》の音も聞こえなくなりました。俗人の巣父《そうふ》・許由《きょゆう》（中国の伝説の人物）でさえ隠遁《いんとん》を尊びますのに、まして釈尊の弟子である出家の者たちが山林閑居しなくてよいものでしょうか。伏して願わくは、長く山林に修行することを許されますように」と。天皇は詔《みことのり》して、これを許された。

1 **天平宝字八年の勅**＝藤原仲麻呂の乱の年の詔である。『続日本紀』に当該の記述はないが、仲麻呂の一党が山林の行者に交じって逃れることを危惧したものと考えられる。

以後、光仁天皇は次のような改革をおこなった。▼宝亀二年一月、称徳天皇の代に大々的にもよおされるようになった諸国の吉祥悔過《けか》（七日間の新年の法会）をやめる（ただし翌年再開し恒例とする）。▼宝亀三年三月、道鏡は僧尼に与える度牒《どちょう》に所管の治部省の印を用いるのを廃して自分の印を使うようにしていたが、それを前年に元の治部省に戻したのをはじめ、宮廷から道鏡一派を一掃。広達・光信ら十人をえらんで十禅師と名づけ、終身制とする。これが宮中の仏事にあたる内供奉《ないぐぶ》十禅師《じゅうぜんじ》のはじまりで、のちに最澄が任じられる。八月、伊勢大神宮寺を飯高《いいたか》郡に遷す（伊勢神宮の神域から僧を排除）。▼宝亀五年四月、詔して「諸国に疫病がはやり、医療も効き目がないので、摩訶般若波羅蜜経《まかはんにゃはらみつきょう》を読誦せよ」「庶人がこれを念じるときは疾疫癘鬼《しつえきれいき》は家の内に入らず。天下の諸国、男女老少を問わず、起《き》坐《ざ》行歩《ぎょうほ》にことごとく摩訶般若波羅蜜を念誦せよ。文武百官、出仕する道でも公務の間にも常に必ず念誦せよ」と命じる。これは国家の官僧による大法会ではなく僧俗を問わず日常での念誦を勧めるものである。▼宝亀十年八月、国分僧寺・尼寺の名簿をしらべて都にたむろしている僧尼を国にもどす。これらの改革は本格的には桓武天皇にひきつがれた。

**桓武天皇の改革**　天応元年（七八一）、七十三歳の光仁天皇は病になり、四月に子の山部親王（桓武《かんむ》天皇）に譲位。十二月二十三日、光仁太上天皇薨去《こうきょ》。桓武天皇は通常は一年の諒闇《りょうあん》（服喪）を三年にすると宣じた。あくる天応二年（延暦元《えんりゃく》）の正月は「百官素服《すぶく》を釈《ぬ》かず」、白地の喪服のままだった。徹底した服喪が数か月におよんだとき、右大臣らが神事のとどこおりを憂えて神道分離（神仏分離）を奏上した。

**続日本紀**（延暦元年七月二十九日「神道分離の奏上」）出典7

庚戌《かのえいぬのひ》、右大臣《うだいじん》已下《いか》、参議《さんぎ》已上《いじょう》、共《とも》に奏《そう》して偁《もう》さく、「頃者《このころ》、災異《さいい》荐《しきり》に臻《いた》りて、妖徴《ようちょう》並《ならび》に見《あらわ》れたり。仍《より》て亀筮《きぜい》に命《おお》せてその由《よし》を占《うらな》ひ求《もと》めしむ。神祇官《じんぎかん》・陰陽寮《おんようりょう》並《ならび》に言《もう》さく、「国家《くに》の恒祀《つねのまつり》は例《ためし》に依《よ》りて幣《みてぐら》を奠《たてまつ》ると雖《いえど》も、天下《てんか》の縞素《こうそ》、吉凶混雑《きちきょうこんざつ》す。茲《これ》に因《よ》りて、伊勢大神《いせのおおかみ》と諸《もろもろ》の神社《かんやしろ》と、悉《ことごと》く皆祟《みなたた》らむとす」（中略）神《しん》道《とう》の誣《し》ひ難《がた》き、抑《そもそも》由有《よしあ》り。伏《ふ》して乞《こ》はくは、曾閔《そうびん》が小孝《しょうこう》を忍《しの》びて社稷《しゃしょく》を重任《じゅうにん》とし、仍《より》て凶服《くぶく》を除《のぞ》きて人《じん》祇《ぎ》に充《あ》てむことを」ともうす。

［訳］二十九日、右大臣以下参議以上がともに奏していう。「このごろは災異しきりで妖《あや》しい徴《きざし》もみられます。亀筮《きぜい》（占い）によりますと、神祇《じんぎ》官・陰陽寮が共に申しますには、「国家恒例の祀《まつ》りは先例のとおりに幣帛《みてぐら》（供物）を奉じておりますが、喪服のままで吉凶が混じっています。そのため、伊勢大神も諸

神社もことごとく祟りをなしています」。（中略）神道[1]をけがすことはできません。伏して願わくは、曾《そう》・閔《びん》[2]が自分の親への小孝を忍んで社稷《しゃしょく》[3]を重任としたように凶服《きょうふく》をやめて神祇にあたられますように」と奏した。

1 **神道**＝仏教や中国の祭祀《さいし》に対し、日本古来の神祇の祭祀全体をいうが、まだ特定の教義や神社の組織をもつ宗教にはなっていない。神道の語もまれである。 2 **曾・閔**＝孝行で知られる孔子の二人の弟子。 3 **社稷**＝中国の創世神話で、社は土地の神、稷は五穀の神をいう。国家の神霊のこと。

父帝の崩御にあたって通常は一年間の諒闇を三年としたのは、渡来系氏族の出の高野新笠《たかののにいがさ》を母とする桓武天皇が、その弱い立場を補強して忠誠を求めるものだっただろう。その服喪中に不破《ふわ》内親王（聖武天皇の皇女）とその子＝氷上川継《ひかみのかわつぐ》を謀反の罪により流し、競争相手を排除した桓武天皇は諒闇を中止し、八月一日に百官が喪服をぬいだ。寺院の造営をやめるという「冗官《じょうかん》整理の詔」も、この間のことだった。

**続日本紀**（延暦元年四月十一日「冗官整理の詔」）出典7

是《こ》の日《ひ》、詔《みことのり》して曰《のたま》はく、「朕《われ》、区宇《くに》に君《きみ》として臨《のぞ》み、生民《せいみん》を撫《ふ》育《いく》するに、公私彫弊《こうしちょうへい》して情実《こころまこと》に憂《うれ》ふ。方《まさ》にこの興作《こうさく》を屏《しりぞ》けて茲《こ》の稼穡《かしょく》を務《つと》め、政《まつりごと》倹約《けんやく》に遵《したが》ひて財倉廩《たからそうりん》に盈《み》たむことを欲《ねが》ふ。今者《いま》、宮室《きゅうしつ》は居《す》むに堪《た》へ、服翫《ふくがん》は用《もち》ゐるに足《た》れり。仏廟《ぶつびょう》云《ここ》に畢《お》へ、銭価《せんか》既《すで》に賤《やす》し。且《しまら》く造宮《ぞうくう》・勅旨《ちょくし》の二《に》省《しょう》、法花《ほうけ》・鋳銭《じゅぜん》の両司《りょうし》を罷《や》めて、府庫《ふこ》の宝《たから》を充《み》て、簡易《かんい》の化《おもぶけ》を崇《とうと》ぶべし。

［訳］この日、桓武天皇は詔して告げた。「私は天下に君として臨み、たみぐさを育《はぐく》んできたが、官民

ともに疲弊し、心はまことに悲しい。宮殿などの造営はやめて農業に務め、政《まつりごと》は倹約を旨として財物が倉に満ちることを願う。今や殿舎は暮らすのに十分だし調度類の不足もない。もう寺院の造営も終わった。貨幣は増えて、その価値は下がっている。そこで造宮省[1]・勅旨省[2]と造法華寺司[3]・鋳銭司[4]を廃止し、国庫の宝を増やし、簡易の政治を尊ぶようにしたい。

1 **造宮省**＝宮殿の造営や補修にあたる役所。　2 **勅旨省**＝詔の伝達や宮殿の調度類を司《つかさど》る役所。　3 **造法華寺司**＝法華寺の造営や補修にあたる官。　4 **鋳銭司**＝貨幣鋳造の役所。

倹約のために造法華寺司を廃止するという。しかし、倹約の方針と二年後の延暦三年の長岡京遷都とのあいだには大きな齟齬《そご》がある。造法華寺司の廃止も単に経費節減のためではなく、官費をもって大寺を運営する時代が過ぎたとみなければならない。造寺そのものは延暦二年に私寺の建立や田地の寄進を禁止する詔が出されるほどさかんだった。また同年、巫覡《ふげき》（まじない）の徒が都でみだりに淫《いん》祀《し》を崇めるのを禁止するなど、国家の統制を超えて、さまざまな信仰集団が生まれていた。『続日本紀』に「今衆僧《ほうしたち》を見るに、多くは法旨《ほうし》に乖《そむ》く。或《ある》は私《わたくし》に檀越《だんおち》を定めて閭巷《りょこう》に出入《しゅつにゅう》し、或は仏験《ぶつげん》を誣称《ふしょう》して愚民《ぐみん》を詿誤《かいご》す」（延暦四年五月二十五日の勅）というように、僧たちの多くは僧尼令の規律に反して信徒・寄進者を集めたりし、平安時代の霊験《れいげん》の仏法が醸成されつつあった。

天皇は遷都に際して平城京の諸寺が都に移転することを許さず、延暦八年（七八九）には造東大寺司も廃止した。以後、国をあげて大伽藍を造立することは少なくなり、平安京では条坊内に東寺・西寺の二寺だけをおく都城のプランが実施された。

ふりかえれば、飛鳥・奈良時代の鎮護国家は日本仏教の基層を形成するものだった。鎮護国家の具体的な内容は五穀豊穣《ほうじょう》や天下の太平を祈ることで、今日まで、さまざまな除災招福の祈りが仏教寺院の大きな役割でありつづけている。個人レベルでは厄除《やくよ》けや家内安全、学業成就などの祈願に通じることである。

また、奈良時代には遣唐使によって新訳の経典も伝えられ、仏教の経典や論書を研究して読みとくことは大きな課題だった。そのため、三論《さんろん》・成実《じょうじつ》・法相《ほっそう》・倶舎《くしゃ》・華厳《けごん》・律《りつ》の学派に分かれて研鑽《けんさん》された。それが南都六宗である。

とはいえ国家の僧たちが、自分の哲学や思想を深めるために研究に専心せよと命じられていたわけではない。寺の本尊にまつる仏像のすがたも、法会で唱えるべき経文も、経典や論書を読みとかなければ、どうしていいかわからないのである。それに、仏戒のもとで身を清くたもつ僧は「善根を植える福田《ふくでん》」すなわち「天下に仏の恵みを育む田」である。日々に仏前で読経《どきょう》し、威儀を正して法会に列することが、国家の僧尼の何よりも大きな勤めだった。

寺では昼夜六時（一日六回）に勤行をおこない、その合図に鐘を鳴らした。寺が建てば、周囲の人々の生活も鐘楼の鐘の音によってまわりはじめる。平城京や諸国の国府では遠く近く、いくつもの鐘の音が聞こえただろう。そうしたことが人々の心に仏というものを植えつけていったのであり、学問によって仏になじむわけではない。

# 第二章　平安時代

平安時代には新たに天台宗・真言宗が生まれた。また、清水寺・石山寺など、男女身分を問わず多くの人が参拝する信心の寺々が生まれた。

「なほ頼めしめぢが原のさせも草《ぐさ》わが世の中にあらんかぎりは」（清水寺観音託宣歌）

これはそうした信心の歌で、説話や物語で伝えられ、鎌倉初期の勅撰『新古今和歌集』にも収録されている。

写真——清水寺本堂　PIXTA

# 1　比叡山延暦寺の開創

**最澄の比叡入山**　桓武天皇の長岡京遷都によって奈良の旧都が騒然としていたころの延暦四年（七八五）、一人の若い僧が東大寺《とうだいじ》戒壇院《かいだんいん》で受戒した。最澄《さいちょう》（七六七～八二二年）である。

最澄は渡来系氏族の三津首百枝《みつのおびとももえ》の子として近江《おうみ》の比叡山《ひえいざん》の麓（滋賀県大津市坂本）に生まれた（生年には七六六年説もある）。宝亀九年（七七八）十二歳、近江の国師行表《こくしぎょうひょう》を師に出家。同十一年、近江国分寺の僧に欠員が生じたために得度《とくど》。延暦二年、東大寺で受戒して正式に官僧になった。前掲の光仁天皇による山林修行の解禁（『続日本紀』宝亀元年十月）もあって山林浄行《さんりんじょうぎょう》が盛んになり、南都の法相《ほっそう》宗《しゅう》でも室生寺《むろうじ》を山林道場としたころのことである。最澄は近江国分寺には住まず、比叡山に入山した。その決意を述べた『願文《がんもん》』がある。

**比叡入山時の『願文』**　出典9

悠々《ゆうゆう》たる三界《さんがい》は純《もつぱ》ら苦《く》にして安《やす》きことなく、擾々《じょうじょう》たる四生《ししょう》はただ患《うれい》にして楽《たの》しからず。牟尼《むに》の日《ひ》久《ひさ》しく隠《かく》れて、慈尊《じそん》の月《つき》未《いま》だ照《て》らさず。三災《さんさい》の危《あや》うきに近《ちか》づきて、五濁《ごじょく》の深《ふか》きに没《しず》む。しかのみならず、風命《ふうみょう》保《たも》ち難《がた》く、露体《ろたい》消《き》え易《やす》し。（中略）謹《つつし》んで迷狂《めいおう》の心《こころ》に随《したが》ひて三二《さんに》の願《がん》を発《おこ》す。無所得《むしょとく》を以《もっ》て方便《ほうべん》となし、無《む》上第一義《じょうだいいちぎ》のために金剛不壊不退《こんごうふえふたい》の心願《しんがん》を発《おこ》す。

我《わ》れ未《いま》だ六根相似《ろっこんそうじ》の位《くらい》を得《え》ざるより以還《このかた》、出仮《しゅつけ》せじ。〈その一〉

未《いま》だ理《り》を照《てら》す心《こころ》を得《え》ざるより以還《このかた》、才芸《さいげい》あらじ。〈その二〉

未《いま》だ浄戒《じょうかい》を具足《ぐそく》することを得《え》ざるより以還《このかた》、檀主《だんしゅ》の法会《ほうえ》に預《あずか》らじ。〈その三〉
未《いま》だ般若《はんにゃ》の心《こころ》を得《え》ざるより以還《このかた》、世間人事《せけんにんじ》の縁務《えんむ》に著《じゃく》せじ。相似《そうじ》の位《くらい》を除《のぞ》く。〈その四〉
三際《さんさい》の中間《ちゅうげん》にて、所修《しょしゅ》の功徳《くどく》、独《ひと》り己《おの》が身《み》に受《う》けず、普《あまね》く有識《うしき》に廻施《えせ》して、悉《ことごと》く皆《みな》無上菩提《むじょうぼだい》を得《え》せしめん。〈その五〉

伏《ふ》して願《ねが》はくは、解脱《げだつ》の味《あじわ》ひ独《ひと》り飲《の》まず、安楽《あんらく》の果《か》独《ひと》り証《しょう》せず、法界《ほっかい》の衆生《しゅじょう》、同《おな》じく妙覚《みょうがく》に登《のぼ》り、法界《ほっかい》の衆生《しゅじょう》、同《おな》じく如味《にょみ》を服《ふく》せん。もしこの願力《がんりき》に依《よ》つて六根相似《ろっこんそうじ》の位《くらい》に至《いた》り、もし五神通《ごじんずう》を得《え》ん時《とき》は、必《かなら》ず自度《じど》を取《と》らず、正位《しょうい》を証《しょう》せず、一切《いっさい》に著《じゃく》せざらん。願《ねが》はくは、必《かなら》ず今生《こんじょう》の無作無縁《むさむえん》の四弘誓願《しぐせいがん》に引導《いんどう》せられて、周《あまね》く法界《ほっかい》に旋《めぐ》らし、遍《あまね》く六道《ろくどう》に入《い》り、仏国土《ぶっこくど》を浄《きよ》め、衆生《しゅじょう》を成就《じょうじゅ》し、未来際《みらいさい》を尽《つく》すまで恒《つね》に仏事《ぶつじ》を作《な》さんことを。

[訳] 悠久の三界《さんがい》[1]に苦は満ち、乱れ騒ぐ生き物（四生《ししょう》[2]）はただ愁いている。釈迦牟尼仏《しゃかむにぶつ》の日が没して長いのに弥勒《みろく》菩薩（慈尊《じそん》）の月はまだ地を照らさない。[3]世は末に近づいて三災[4]の恐怖が増し、深く五濁《ごじょく》[5]に沈んでいる。命は風のように保ちがたく、体《からだ》は露のように消えやすい。（中略）謹んで、この迷狂の心のままながら五つの願を発《おこ》す。無所得《むしょとく》[6]を方便《ほうべん》（手立て）として無上第一義《むじょうだいいちぎ》[7]のために、壊れず、退くことのない心からの願を発す。
私は六根相似《ろっこんそうじ》の位[8]とならないかぎり、世間にでて人々に働きかけない。〈その一〉
真理を照らす心を得ないうちは才知・技芸のことにかかわらない。〈その二〉
戒律を完全に具《そな》えた浄らかな身とならないかぎり、檀主《だんしゅ》（施主）の法会《ほうえ》に列しない。〈その三〉
仏の智慧の心が得られないうちは世間の俗事にたずさわらない。ただし、六根相似の位は別とする。〈その四〉
三際の中間[9]にて修める功徳《くどく》は独《ひと》り自分の身に受けず、人々にめぐらせて皆な無上のさとりを得させよう。〈その五〉

伏して願うは、解脱《げだつ》の境地、さとりの安楽を独りで楽しまず、世界の生きとし生けるものが同じく妙なるさとりに達し、同じくさとりの境地を味わいたい。この願《がん》の力によって六根相似の位に至って五神通[10]を得たときは、絶対に自分だけがさとりの世界にゆくのではなく、さとりの位につかず、一切の執着を離れよう。願わくは、必ずこの世において、無作無縁《むさむえん》[11]の四弘誓願《しぐせいがん》[12]に導かれて、全世界の六道輪廻の生きとし生けるものに功徳を回向し、仏国土を浄め、人々の救いを成就し、未来永劫に仏事[13]をなさん。

1 **三界**＝生きものが流転していく迷いの世界（欲界《よくかい》・色界《しきかい》・無《む》色界《しきかい》）、また過去・現在・未来の三世をいう。 2 **四生**＝古代インドで生き物を四種に分類したことに由来する語で、あらゆる生き物のこと。母胎から生まれる人間・けものなど（胎生《たいしょう》）、卵から生まれる鳥類・魚類など（卵生《らんしょう》）、湿りけから生じる虫など（湿生《しっしょう》）、それ自身が忽然と生じる神霊・鬼神など（化生《けしょう》）をいう。 3 **弥勒菩薩（慈尊）の月はまだ地を照らさない**＝釈迦牟尼仏の入滅から五十六億七千万年後に弥勒菩薩が地に下って仏になり、竜華樹《りゅうげじゅ》の下で説法をする。そのとき、人々は仏法の力に浴してすべて救われるという。 4 **三災**＝世の終わりにおこるという三つの災害。戦禍・疫病・飢饉、また、火災・水害・風害など。 5 **五濁**＝衰退して濁った世の五つの災厄。時代相の悪化（劫濁《こうじょく》）、人々がよこしまな見方にとらわれる（見濁《けんじょく》）、欲望が盛んになり迷いが深まる（煩悩濁《ぼんのうじょく》）、人々の性格が劣化する（衆生濁《しゅじょうじょく》）、寿命が短くなる（命濁《みょうじょく》）をいう。 6 **無所得**＝とらわれのない空の境地をいうが、ここでは出家専修の比丘の仏道、すなわち小乗仏教をさすのだろう。 7 **無上第一義**＝最高の真実、仏法のこと。とくに諸経の王とされる法華経の教えをいう。 8 **六根相似の位**＝菩薩の修行段階の一つで、六根（眼・耳・鼻・舌・身の五官と意識）が仏と同等に浄らかな境地。 9 **三際の中間**＝過去・現在・未来のなかの今。 10 **五神通**＝人智を超えた五種の力。天眼通・天耳通・他心通・宿命通・神足通をいう。 11 **無作無縁**＝人のはからいによらないこと。 12 **四弘誓願**＝四項目の誓願で、各宗の勤行でとなえられてきた。語句に若干の違いがあるが、もっとも古い例とされる智顗の『摩訶止観』によれば次の四句である。

衆生無辺誓願度《しゅじょうむへんせいがんど》――衆生は無辺なれど度すことを誓い願う。
煩悩無《ぼんのうむ》数誓願断《すうせいがんだん》――煩悩は無数なれど断つことを誓い願う。
法門無量誓願知《ほうもんむりょうせいがんち》――法門は無量なれど知ることを誓い願う。
無上仏道誓願成《むじょうぶつどうせいがんじょう》――無上の仏道を成ずることを誓い願う。

## 13 仏事＝仏のみわざ。仏道の実践。

この文は「悠々たる三界」と「擾々たる四生」、「牟尼の日」と「慈尊の月」をはじめ、対句を基調に構成されている。このような文体を駢《べん》（二頭立ての馬車）や儷《れい》（夫婦）にたとえ、もとの漢文では四字・六字の句が多いことから四六駢儷体という。

『願文』の前半は四六駢儷の美文で世の無常がつづられているが、それは「三二《さんに》の願」を述べるにいたる修辞である。『願文』の後半には五項目の願が力強く記されている。その内容は訳したとおりだが、「六根相似《ろっこんそうじ》の位《くらい》を得る」とか「五神通を得る」というのは仏教で説かれる永劫流転のうちに成《じょう》就《じゅ》したいということだから、かならずしも今生《こんじょう》で現実になるものではない。だから末尾は「四弘誓願」に導かれて未来永劫に「仏事を作《な》さん」という誓いで終わる。その心は後世、「比叡山中堂建立の時」と題する歌「阿耨多羅《あのくたら》三藐三菩提《さんみやくさんぼだい》の仏《ほとけ》たちわがたつ杣《そま》に冥加《みようが》あらせたまへ」（『新古今和歌集』）で知られるようになる。この比叡の峰に加護あれば、眼下の地の果てまで及ぶであろう。そういう願いをこめた歌である。題の「比叡山中堂」とは最澄が比叡入山後まもなく建てた草庵で、現在の延暦寺根本《えんりやくじこんぽん》中堂《ちゆうどう》である。最澄は一乗止観院《いちじようしかんいん》と名づけた。

一乗止観院は、法華一乗と中国天台宗の祖師智顗《ちぎ》（五三八～五九七年）の『摩訶止観《まかしかん》』による命名である。さまざまな教えは最終的には法華経に帰一するというのが一乗。『摩訶止観』は、法華経に説かれる十如是《じゆうによぜ》（事物はさまざまに現象するが究極においては等しい）という教えをもとに、止観（禅《ぜん》定《じよう》と観法《かんぽう》）によって人の心を深くみつめれば、そこに地獄もあれば仏の世界もあるという。

最澄の入山の翌年、桓武天皇は近江に梵天《ぼんてん》と釈迦牟尼仏を本尊として梵釈寺《ぼんしやくじ》を開き、浄行の禅師十人を住させることにした。延暦十三年（七九四）に平安遷都。官大寺に代わって少数の浄行禅師によって国家の安泰を祈願する方向に転じた桓武天皇の目にとまったのが比叡山の最澄だった。

▼延暦十六年、三十一歳。内供奉《ないぐぶ》十禅師（内裏の仏事にあたる僧）に任じられる。近江の正税《しょうぜい》を受けることとなり、一乗止観院の地位と経営の安定を得た。▼同二十一年、三十六歳。高尾山寺《たかおさんじ》（のち神護寺《じんごじ》）の法華会《ほっけえ》に講師して招かれる。その法華会は勅使も列した公式の法会で、最澄は天台法華教学の学匠として認められるようになった。▼同二十三年、三十八歳。遣唐使に従って入唐《にっとう》。天台山（浙江省）に登って智顗直系の天台宗の法を受けた。▼同二十四年、三十九歳。船の出帆を待つ余暇に越《えつ》州竜興寺《しゅうりゅうこうじ》（浙江省）で密教の伝法を受けて帰国。そのとき、朝廷や貴族に歓迎されたのは、古く伝わる法華経による天台宗より、当時最新の仏教で祈禱《きとう》色豊かな密教だった。最澄は高雄山寺で南都の八人の高僧に灌頂《かんじょう》（密教の入門や伝法の儀式）を授けた。最澄自身も密教の重要性に気づき、のちに帰国した年下の空海《くうかい》に弟子の礼をとって密教を学んだ。その後、五十歳のころに空海と訣別し、そのころ最澄は法華経による天下の守護を明確に打ち出す行動をとった。弘仁六年（八一五）、最澄は関東に巡化し、法華経一千部を納める塔を建立した。同九年、全国六か所に法華経を納める宝塔を建立して日本全体を仏の威力のもとに安んずることを発願し、『六所宝塔願文《ろくしょほうとうがんもん》』を著した。

同年、最澄は東大寺で受けた具足戒を捨てると宣言し、後述の大乗戒壇の設立をめぐって南都諸宗と対立した。最澄の主要著作はこの論争時のもので、そこでは法華一乗こそ真実の仏法であると強い口調で語られている。しかし、法華一乗は法華経唯一ということではなく、究極にはそこに到るということであり、比叡山が諸宗を包摂する。円教《えんきょう》（完全な教え）とよばれる天台宗はもとより、平安仏教の大きな特色となる密教と浄土教、さらには修験道《しゅげんどう》や仏家神道《ぶっけしんとう》が比叡山を中心に育まれていく。また、平安京が麓に造営されて都の鬼門《きもん》（東北方）に位置することになったことから王城鎮護《おうじょうちんご》の寺となり、護国の法会が盛んに催されて大寺院に発展する。

# 2 密教の時代の到来

**空海と密教の伝法**　奈良時代に称徳天皇が無垢浄光大陀羅経《むくじょうこうだいだらきょう》により陀羅尼《だらに》を納めた百万の小塔（百万塔陀羅尼）を諸大寺に施入した。また、千手観音大非心陀羅尼経《せんじゅかんのんだいひしんだらにきょう》、十一面観世音陀羅尼経《じゅういちめんかんぜおんだらにきょう》などにより陀羅尼（ダーラニー）とよばれる呪文を誦《じゅ》す祈禱が盛んにおこなわれた。それは雑密《ぞうみつ》とよばれる初期段階の密教で、本格的な密教（純密《じゅんみつ》）は空海（七七四～八三五年）によってもたらされた。

空海は讃岐《さぬき》（香川県）の豪族＝佐伯《さえき》氏に生まれ、延暦十一年（七九二）十八歳のとき、都の大学に入学。当時の大学は中国の古典や律令を教えて中央の官吏を養成する機関であるが、空海は二、三年後に山林修行に転じた。延暦十六年、二十四歳の著『三教指帰《さんごうしいき》』に、儒教・道教の二教はこの世だけのもので、過去・現在・未来の三世にわたる仏教より劣るという。一人の沙門《しゃもん》（僧）に出会って虚空蔵求聞《こくうぞうぐもん》持法《じほう》（虚空蔵菩薩の真言を唱えつづける秘法）を学んだことをきっかけに、「世俗の栄華はうとましく、山林の霞を願う」ようになったという。

その後、四国や紀伊半島で修行したようだが、延暦二十三年に最澄と同じ遣唐使船団で入唐するまでの七年間の消息は不明である。最澄は同じ遣唐使船団で往復する還学生《げんがくしょう》だったが、空海は、いつ来るともしれない次回の遣唐使まで唐にとどまる留学生《るがくしょう》だった。翌年六月、最澄が船団の第一船で帰国。そのころ空海は長安《ちょうあん》・青竜寺《せいりゅうじ》に恵果《けいか》（七四六～八〇五年）を訪ねていた。当時は新仏教の阿闍梨《あじゃり》（密教の師）である。恵果から密教を受けた空海は大同元年（八〇六）、たまたま出航が遅れていた遣唐使の一船に便乗して急ぎ帰国し、大量の経典や法具類を持ち帰った。それを朝廷に報告する『請来目録《しょうらいもくろく》』には目録のほか、恵果との出会いや密教の基本が記されている。

## 請来目録　出典10

入唐学法《にっとうがくほう》の沙門空海《しゃもんくうかい》言《もう》す。（中略）それ今《いま》すなはち一百余部《よぶ》の金剛乗教《こんごうじょうきょう》、両部《りょうぶ》の大曼陀羅海会《だいまんだらかいえ》、請来《しょうらい》して見到《けんとう》せり。波濤《はとう》漢《あや》に沃《そそ》ぎ、風雨《ふうう》船《ふね》を漂《ただよ》はすといふといへども、彼《か》の鯨海《げいかい》を越《こ》えて平《たい》らかに聖境《せいきょう》に達《たっ》す。（中略）空海《くうかい》、闕期《けつご》の罪《つみ》死《し》して余《あまり》ありといへども、竊《ひそか》に喜《よろこ》ぶ、難得《なんとく》の法生《ほうい》きて請来《しょうらい》せることを。（中略）

偶然《ぐうぜん》として青竜寺東塔院《せいりゅうじとうとういん》の和上《わじょう》、法《ほう》の諱《いみな》は恵果阿闍梨《けいかあじゃり》に遭《あ》ひ奉《たてまつ》る。その大徳《だいとく》はすなはち大興善寺《だいこうぜんじ》の大《だい》広智三蔵《こうちさんぞう》の付法《ふほう》の弟子《でし》なり。（中略）空海西明寺《くうかいさいみょうじ》の志明《しめい》・談勝法師等《だんしょうほうしら》五六人《ごろくにん》と同《おな》じく和上《わじょう》に見《まみ》ゆ。和上《わじょう》たちまちに見《み》て笑《わらい》を含《ふく》み、歓喜《かんき》して告《つ》げていはく、「我《われ》、先《さき》より汝《なんじ》が来《きた》ることを知《し》りて、相待《あいま》つこと久《ひさ》し。今日相見《きょうあいみ》ること大《おお》いに好《よ》し、大《おお》いに好《よ》し。報命《ほうみょう》竭《つ》きなんと欲《す》するに付法《ふほう》に人《ひと》なし。必《かなら》ず須《すべから》く速《すみや》かに香花《こうげ》を弁《べん》じて灌頂壇《かんじょうだん》に入《い》るべし」と。すなはち本院《ほんいん》に帰《かえ》り、供具《くぐ》を営弁《えいべん》して、六月上旬《じょうじゅん》に学法灌頂壇《がくほうかんじょうだん》に入《い》る。この日《ひ》大悲胎蔵大曼陀羅《だいひたいぞうだいまんだら》に臨《のぞ》んで法《ほう》によつて花《はな》を抛《なげう》つに、偶然《ぐうぜん》として中台毘盧遮那如来《ちゅうだいびるしゃなにょらい》の身上《しんじょう》に着《つ》く。（中略）七月上旬《じょうじゅん》に更《さら》に金剛界《こんごうかい》の大曼陀羅《だいまんだら》に臨《のぞ》んで、重《かさ》ねて五部灌頂《ごぶかんじょう》を受《う》く。また抛《なげう》つに毘盧遮那《びるしゃな》を得《え》たり。（中略）八月上旬《じょうじゅん》にもまた伝法阿闍梨位《でんぽうあじゃりい》の灌頂《かんじょう》を受《う》く。（中略）

和上《わじょう》告《つ》げていはく、「真言秘蔵《しんごんひぞう》は経疏《きょうしょ》に隠密《おんみつ》にして、図画《ずが》を仮《か》らざれば相伝《そうでん》すること能《あた》はず」と。（中略）像《ぞう》を図《ず》し、経《きょう》を写《うつ》すこと漸《ようや》く次第《しだい》あり。

和上《わじょう》告《つ》げていはく、「（中略）いまこの土《ど》の縁《えん》尽《つ》きぬ。久《ひさ》しく住《じゅう》すること能《あた》はじ。宜《よろ》しくこの両部大曼陀羅《りょうぶだいまんだら》、一百余部《よぶ》の金剛乗《こんごうじょう》の法《ほう》、及《およ》び三蔵転付《さんぞうてんふ》の物《もの》、並《なら》びに供養《くよう》の具等《ぐとう》、請《こ》ふ、本郷《ほんごう》に帰《かえ》りて海内《かいだい》に流伝《るでん》すべし。（中略）もつて国家《こっか》に奉《たてまつ》り、天下《てんか》に流布《るふ》して、蒼生《そうせい》の福《ふく》を増《ま》せ。然《しか》ればすなはち四海《しかい》泰《やす》く万人《まんにん》楽《たの》しまん。これすなはち仏恩《ぶつおん》を報《ほう》じ師徳《しとく》を報《ほう》ず。国《くに》の為《ため》に忠《ちゅう》なり。家《いえ》に於《おい》ては孝《こう》なり（中略）」と。

**[訳]　入唐学法の沙門空海[1]が申しあげます。（中略）今ここに一百余部の金剛乗教、[2]金剛会・胎蔵法の**

両部の大曼陀羅海会[3]を請来し、まのあたりに見るにいたりました。波濤、漢土に押し寄せ、風雨船を漂わすといえども、その大海を越え、無事に天皇陛下の国に戻りました。（中略）空海の闕期《けつご》[4]の罪は死んでも償えないといえども、ひそかに喜びますのは、得がたい仏法を生きて請来できたことでございます。（中略／空海だけ長安にとどまって師を求めた）たまたま青龍寺の東塔院の和上、法名は恵果阿闍梨[5]にお会いできました。この徳高い僧は大興善寺の大広智三蔵[6]の付法[7]の弟子です。（中略）空海は西明寺の志明・談勝法師ら五、六人と和上に会いました。和上はお会いするや笑みを浮かべ、歓喜されて言われました。「私は前から、そなたが来ることを知り、長く待っていた。今日会えたのはたいへんうれしい。たいへんうれしい。寿命が尽きるときになって付法する人がなかった。さあ、すぐに香花を調えて灌頂壇[8]に入りなさい」と。西明寺に帰り、仏具を調えて六月上旬に学法灌頂壇[9]に入りました。この日、大悲胎蔵大曼陀羅[10]に臨んで作法のとおりに花を投げる[11]と、偶然に中台八葉院の大日如来の図の上に落ちました。（中略）七月上旬、さらに金剛界の大曼陀羅[12]に臨んで、重ねて五部灌頂[13]を受けました。また投華すると大日如来に落ちました。（中略）八月上旬には伝法阿闍梨位の灌頂[14]を受けました。（中略）

和上は言われました。「真言密教は経や論書には隠されているので、図画によらなければ伝えられない」と。（中略）それで像を描き、経を写すことを進めました。[15]

和上は言われました。「（中略）私のこの世での縁は尽き、寿命は残されていない。この両部大曼陀羅と一百余部の金剛乗の法、それに大広智三蔵から受けついだ物、供養の法具などを本国に持ち帰って四海の内[16]に広めてほしい。（中略）それらを国家に奉り、天下に流布して、人民の福を増しなさい。そうすれば、四海の世界は安泰で万人が幸福であろう。これが仏恩を報じ師徳を報ずることである。国のために忠、家においては孝である（中略）」と。

1 **沙門空海**＝空海は沙門（僧）として入唐したが、いつ受戒したのかは明らかではない。

2 **金剛乗教**＝ヴァジラヤーナす

なわち密教のこと。 **3** **海会**＝諸仏諸尊が海のように多く集まる集会《しゅうえ》。 **4** **闕期の罪**＝唐に長期にとどまる留学を命じられながら、往路と同じ遣唐使船で帰国したことの罪。 **5** **阿闍梨**＝師範を意味するアーチャーリャの表音。特に伝法灌頂を受けた密教の師をいう。 **6** **大広智三蔵**＝不空（七〇五～七七四年）のこと。北インド出身でセイロン島をへて唐にいたり、密教を伝えた。 **7** **付法**＝法を授けること。密教では師資相承（師から弟子への直接の伝法）を重んじ、その系譜を血脈《けちみゃく》という。 **8** **灌頂壇**＝灌頂はインドで王の即位に際して頭頂に水を灌いで聖別したことに由来する。灌頂壇はその儀礼の場。 **9** **学法灌頂**＝密教の弟子になる儀式。縁を結ぶ特定の一尊の印と明《みょう》（真言）を授かることから受明灌頂ともいう。 **10** **大悲胎蔵大曼陀羅**＝大日経によって図画された曼荼羅。通称では胎蔵界ともいう。 **11** **花を投げる**＝床に広げた曼陀羅を前に目隠しをして花を投げ、落ちたところに描かれている仏や菩薩を自分と縁ある仏、自分の守護尊とする。投華得仏《とうげとくぶつ》という。 **12** **金剛界の大曼陀羅**＝金剛頂経によって図画された曼荼羅。九つの集会から成ることから九会《くえ》曼荼羅ともいう。 **13** **五部灌頂**＝前に胎蔵法の五部灌頂を受けたのに重ねて金剛界の五部を受けたという。胎蔵・金剛界それぞれの中央に坐す五仏の香水《こうずい》を頭頂に注ぐ。 **14** **伝法阿闍梨位の灌頂**＝密教の伝授する資格を得る儀式。これによって空海は大日如来の別称「遍照金剛《へんじょうこんごう》」の灌頂名（密号）を授けられた。 **15** **中略**＝この中略部分には、恵果は空海のために工人十余人に曼陀羅などを造らせ、二十余人に経典を書写させ、密教法具も新たに鋳させたと記されている。 **16** **四海の内**＝四海は須弥山をとりまく四つの大海。海内は全世界の意。

空海の『請来目録』は、先に帰国した最澄が「自分は海外にでても真言の道を欠いているが、留学生の空海阿闍梨は幸いにも長安で完全に密教の伝法を得た」（弘仁三年／藤原冬嗣《ふじわらのふゆつぐ》あて書簡）というほどのもので、弘仁三年（八一二）には最澄自身が空海を師として高尾山寺で灌頂を受けた。

**二種の秘密**　森羅万象の奥に、万物をなりたたせている神秘がある。そこに意識をおよぼして働きかけるのが秘密仏教で、略して密教という。空海は、その秘密に二種あるという。

## 弁顕密二教論（本論第四節「顕密分際」）　出典10

秘密《ひみつ》に且《しばら》く二義《にぎ》あり。一《いち》には衆生秘密《しゅじょうひみつ》、二《に》には如来秘密《にょらいひみつ》なり。衆生《しゅじょう》は無明妄想《むみょうもうぞう》をもって本性《ほんしょう》の真覚《しんかく》を覆蔵《ふくぞう》するが故《ゆえ》に、衆生自秘《しゅじょうじひ》といふ。応化《おうけ》の説法《せっぽう》は機《き》に逗《かな》って薬《くすり》を施《ほどこ》す。言《ごん》は虚《むな》しからざる故《ゆえ》に。所以《ゆえ》に他受用身《たじゅゆうしん》は内証《ないしょう》を秘《ひ》してその境《きょう》を説《と》きたまはず。すなはち等覚《とうがく》も希夷《きい》し、十地《じゅうじ》も離絶《りぜつ》せり。これを如来《にょらい》秘密《ひみつ》と名《な》づく。

［訳］秘密には二つの意味がある。衆生（迷いの世界に生きるもの）の秘密と如来の秘密である。衆生は無明・妄想で本性《ほんしょう》の真覚《しんかく》[1]を覆い隠し、自分で秘してしまうので衆生自秘という。釈迦牟尼仏など応化の仏の教えは衆生の性格に応じて良薬を施すので、その言葉は虚言ではないが、他受用身《たじゅゆうしん》[2]の仏は自身の内に証《さとり》を秘し、その境界は説かない。そこには等覚[3]の菩薩も十地[4]の菩薩も近づけない。これを如来の秘密という。

1 **本性の真覚**＝本来のさとり。本覚《ほんがく》。衆生も如来と等しい仏性をもち、本来のさとりをそなえている。 2 **他受用身**＝他のために教えを説く姿をとった仏。それに対して大日如来は自受用身、自身のさとりに安住している。 3 等覚＝仏と等しい段階にまで修行が進んだ菩薩。 4 十地＝求法者としての菩薩の修行の十段階。

如来の秘密を隠しているのは人の煩悩《ぼんのう》である。しかし、三密加持《さんみつかじ》とよばれる修法《しゅほう》によって、人は仏と一体になることができるという。それが後述の即身成仏《そくしんじょうぶつ》である。

**密教の誕生**　ここで「如来の秘密」というときの如来は、大日如来である。元のサンスクリットでは「マハーヴァイローチャナ（摩訶毘盧遮那《まかびるしゃな》）」といい、万物をくまなく照らす日輪のごとき仏の意で「大日如来」と意訳され、「光明遍照《こうみょうへんじょう》」ともいう。奈良の大仏の毘盧遮那仏と同じ名であるが、華厳経や梵網経では釈迦如来が毘盧遮那仏のことを説くのに対して、インドで七世紀に編まれた『大日経』

金剛杵　代表的な密教法具で、先端が5つに分かれた五鈷《ごこ》、先端が3つの三鈷《さんこ》、ひとつの独鈷《とっこ》など、さまざまな形がある。著者撮影

『金剛頂経』では大日如来が直接に金剛薩埵《こんごうさった》という菩薩に言葉をかける。金剛薩埵の金剛はインド神話の神々の帝王インドラ（帝釈天）がもつ雷撃の武器ヴァジラのことで、密教法具の金剛杵《こんごうしょ》に示される。金剛薩埵はヴァジラと如来の秘密を持す菩薩として持《じ》金剛秘《こんごうひ》密主《みっしゅ》ともよばれる。この『大日経』『金剛頂経』の成立をもって本格的な密教の成立とされる。

その世界は胎蔵《たいぞう》・金剛界《こんごうかい》の両部曼荼羅に図顕され、前掲の『請来目録』にあるように、空海によって日本にもたらされた。曼荼羅は諸仏諸尊（仏や菩薩、神々ら）が参集する楼閣を描いたものである。これについて、金剛頂経の「金剛界大曼荼羅広大儀軌品之一（続）」に、一切義成就菩薩摩訶薩《いっさいぎじょうじゅぼさつまかさつ》（真実を求めて菩薩の道をゆく偉大な修行者ガウタマ・シッダールタ）が菩提（さとり）の道場に坐《ざ》しているところへ一切の如来が近づいて「あなたは金剛界（金剛を本質とする者）である。金剛界（清浄な法身を獲得した者）である」とたたえて灌頂《かんじょう》をほどこしたと説かれている。すなわち、仏教の開祖ガウタマ・シッダールタすなわち釈迦如来は大日如来と同体である。よって、胎蔵・金剛界ともに曼荼羅の中央の五仏に釈迦如来はいない。

大日経では、大日如来は金剛法界宮《こんごうほっかいぐう》という楼閣の師子座《ししざ》に有髪《うはつ》の菩薩の姿で坐し、虚空界に遍満する一切如来の宝冠を戴《いただ》いて三界（全世界）の法王の位につく灌頂を得たという。ゆえに両部曼荼羅の大日如来は有髪の菩薩形をとり、出家と在家の別を超越したところにある。その世界は菩薩道すなわち大乗仏教において「空」の思索と瞑想、さまざまな行法をとおして開かれた。大日経は冒頭の「入真言門住心品」に「この世界は摩訶毘盧遮那《まかびるしゃな》の光が満ちて堅固に維持された法界（森羅万象が法則によってうごいている世界）である。境界に果てなく、世界全体が広大金剛の法界であり、中央に如来の坐《ざ》す宮殿がある。金剛法界宮の楼閣《ろうかく》は基部も中層も見えないほど広大で、如来の神変によって限りない高みにそびえ、その頂きは種々の宝飾に輝いている。この楼閣の師子座《ししざ》に大日世尊は有髪《うはつ》の菩薩の姿で坐して、いつでも世の人々とともにあり、人々の幸福を願って仏道をゆく菩薩らとともにある」（拙訳『全品現代語訳　大日経・金剛頂経』角川ソフィア文庫より）とある。

**顕教と密教**　空海は独自の教相判釈《きょうそうはんじゃく》（教判《きょうはん》）をおこなって、密教を最高のものと位置づけた。

教判とは、諸経典を内容や形式によって分類し、体系づけることである。最澄の法華一乗も天台智顗の五時八教《ごじはっきょう》の教判による。諸経典が説かれた時期を釈尊の生涯の五つの時期にあてはめ、教説の内容や形式から八つに分類した教判である。それによると、釈尊が最終的に説いたのは法華経と涅《ね》槃経《はんぎょう》だとされる。しかし、密教では、その後に大日如来の教えがくる。空海はさとりに向かう人の心の高低を十段階に分け、インドのバラモン教、中国の道教・儒教の上に仏教諸宗をおき、さらに上に密教を位置づけた。その心の階梯《かいてい》を十住心《じゅうじゅうしん》といい、第十の秘密荘厳心《ひみつしょうごんしん》が密教となる。

このことは『秘密曼荼羅十住心論《ひみつまんだらじゅうじゅうしんろん》』十巻に詳述されている。天長七年（八三〇）年、淳和《じゅんな》天皇が各宗それぞれに宗旨を記して提出せよと命じた勅《ちょく》を受けて空海が著したものだが、あまりに大部なために略本を求められ、要旨をまとめたのが『秘蔵宝鑰《ひぞうほうやく》』三巻だ。真言密教は秘匿された真理の宝の蔵の鑰《かぎ》（錠）を開くというのが『秘蔵宝鑰』という書名の意である。

この十住心の分類は下から上に向かう竪《たて》の教判とされるのに対し、横の教判とされるのが『弁顕密《べんけんみつ》二教論《にきょうろん》』である。仏教全体を顕教《けんぎょう》と密教に二分し、その別を論じた書である。その序に「応化《おうけ》の開説《かいせつ》を名づけて顕教といふ、言顕略《ことばけんりやく》にして機《き》に逗《かな》へり。法仏《ほうぶつ》の談話、これを密蔵《みつぞう》といふ、言秘奥《ことばひおう》にして実説なり」という。「応化」とは人々の機《き》（性格・能力）に応じて姿を現した仏で、釈迦牟尼仏がそれにあたる。すなわち釈尊の教説が顕教で、その言葉は人それぞれの性格や能力にあわせて理解できるように説かれている。それに対して密教は法性身《ほつしようしん》の仏（森羅万象をなりたたせているダルマ＝法そのものとしての仏）が説いたものだという。

「法性身《ほつしようしん》は十方虚空《じつぽうこくう》に満《み》ちて無量無辺《むりようむへん》なり」（『弁顕密二教論』本論第三節「引証解釈」）というように、その姿は広大であるが、仮に仏像や画像にもあらわされる。また、三密加持《さんみつかじ》とよばれる修法《しゆほう》によって、人はその仏と一体になることができるという。それが即身成仏《そくしんじようぶつ》である。

**即身成仏**　即身成仏は空海の密教の根幹である。これを説明する必要から空海は『即身成仏義』を著した。冒頭に「即身成仏頌《そくしんじようぶつじゆ》」とよばれる二聯《れん》八句の偈頌（詩）をあげ、第一聯の四句が即身、第二聯の四句が成仏をあらわすものとして一句ずつ説明している。

**即身成仏義**（「即身成仏頌」）　出典10

六大無碍常瑜伽　六大無碍《ろくだいむげ》にして常《つね》に瑜伽《ゆが》なり
四種曼荼各不離　四種曼荼《ししゆまんだ》　各《おのおの》離《はな》れず
三密加持速疾顕　三密加持《さんみつかじ》すれば速疾《そくしつ》に顕《あら》はる
重重帝網名即身　重重《じゆうじゆう》帝網《たいもう》なるを即身《そくしん》と名《な》づく

法然具足薩般若　法然《ほうねん》に薩般若《さはんにゃ》を具足《ぐそく》し
心数心王過刹塵　心数心王《しんじゅしんおう》刹塵《せつじん》に過《す》ぎたり
各具五智無際智　各《おのおの》五智無際智《ごちむさいち》を具《ぐ》す
円鏡力故実覚智　円鏡力《えんきょうりき》の故《ゆえ》に実覚智《じっかくち》なり

［訳］六大の融合にさまたげるものなく常に調和し、四種の曼荼羅《まんだら》がばらばらに離れることはない。三密加持すれば悟りの世界はすみやかに現前し、帝釈天の網に連なる宝珠《ほうじゅ》のように仏と人が連動して響きあうことを即身という。
一切の事象に仏の智慧《ちえ》はおのずからそなわり、心のおもむくところ、その心をもつ人の数は塵《ちり》よりも多い。それぞれが如来の限りない智慧《ちえ》をそなえて、円鏡の力を仏も人も持すゆえに等しく智慧の光に照らされる。

六大は身体を構成する「地《ち》・水《すい》・火《か》・風《ふう》・空《くう》」の五要素（五大）と精神の領域をいう「識《しき》」の六つをいう。四種の曼荼羅は表現形式によって四種に分類した曼荼羅のこと。①大曼荼羅《だいまんだら》＝諸尊の図像で構成したもので、もっとも一般的な曼荼羅。②三昧耶曼荼羅《さんまやまんだら》＝蓮華《れんげ》・剣など、諸尊の持物《じぶつ》を配置した曼荼羅。三昧耶（サマヤ）は仏と人が平等であること、仏の救済の誓いなどを意味する。③法曼荼羅《ほうまんだら》＝諸尊を一字の梵字《ぼんじ》（種子《しゅじ》）で表して曼荼羅に配置したもの。④羯磨曼荼羅《かつままんだら》＝一堂に多くの仏像を配置するなど、立体的に造形された曼荼羅である。羯磨はカルマ（祭儀の作法）の表音で、仏や菩薩の威儀《いぎ》（霊的な姿）・事業（活動・働き）をさす。この四種は空海が区分し、仏の働きがいろいろな形で現れることを示したもの。

三密加持の「三密」は一般仏教でいう三業《さんごう》すなわち身《しん》（身体）・口《く》（言葉）・意《い》（心）のおこないのことだが、万物に大日如来の身口意の働きが秘されているという意味で三密という。また、人の身口意も本質においては如来のそれと同じであるから密教では人の三業も三密という。

三密加持は、具体的には手に印《いん》（さまざまな意味を象徴する手指の形）をむすんで口に真言をとなえ、心に仏を念じることである。そうすれば、人の身口意のおこないは仏の三密と相応し、仏の世界がすみやかに現れてくる。それが空海のいう「加持」である。空海は「加持とは如来の大悲《だいひ》と衆生の信心とをあらわす。仏日《ぶつにち》の影、衆生の心水《しんすい》に現ずるを加《か》といい、行者の心水《しんすい》、よく仏日を感ずるを持《じ》と名づく」という。仏の輝きが人々の心の水に映り、仏と人が照応する。即身成仏もそういう意味で人と仏が一体になることであり、生身の肉体が何か別のものになることではない。

**高野山と東寺**　弘仁七年（八一六）、空海は嵯峨《さが》天皇に高野山の下賜を願い、勅許を得た。その上表文には「山が高いと雲雨が物を潤す。そのため、インドの霊鷲山《りょうじゅせん》に釈尊の奇瑞、補陀落山《ふだらくせん》には観音菩薩の霊験があり、中国の五台山などで多くの僧侶が禅定《ぜんじょう》を修しているのは国の宝、民の梁《はし》である」と山林浄行を意義づけ、若いころに好んで徒渉した高野山に修禅《しゅぜん》の一院を建立したいと述べている。

翌八年、空海は弟子の実慧《じつえ》、泰範《たいはん》らを高野山におくり、紀伊の豪族大伴氏らの協力を求めて金剛峯寺《こんごうぶじ》の建立に着手。同九年には自身も登山した。そのときの敬白文《けいびゃくぶん》が空海の詩文集『性霊集《しょうりょうしゅう》』に収められている。

## 高野建立の初《はじめ》の結界の時の敬白の文（『性霊集』巻第九）　出典11

沙門遍照金剛《しやもんへんじようこんごう》、敬《うやま》つて十方《じつぽう》の諸仏《しよぶつ》、両部《りようぶ》の大曼荼羅《だいまんだら》海会《かいえ》の衆《しゆ》、五類《ごるい》の諸天《しよてん》及《およ》び国中《こくちゆう》の天神地祇《てんしんちき》、并《なら》びに此《こ》の山中《さんちゆう》の地《ち》・水《すい》・火《か》・風《ふう》・空《くう》の諸鬼《しよき》等《とう》に白《もう》さく、夫《そ》れ有形有識《うぎよううしき》は必《かなら》ず仏性《ぶつしよう》を具《ぐ》す。仏性法性法界《ぶつしようほうしようほうかい》に遍《へん》じて不二《ふに》なり。自身《じ》他身《しんたしん》一如《いちによ》と与《とも》んじて平等《びようどう》なり。之《これ》を覚《さと》る者《もの》は常《つね》に五智《ごち》の台《うてな》に遊《あそ》び、之《これ》に迷《まよ》ふ者《もの》は毎《つね》に三界《さんがい》の泥《どろ》に沈《しず》む。是《こ》の故《ゆえ》に大悲《だいひ》大日如来《だいにちによらい》独《ひと》り三昧耶《さんまや》の妙趣《みようしゆ》を鑒《かんが》みて六趣《ろくしゆ》の塗炭《とたん》を悲歎《ひたん》したまふ。（中略）今上《いまかみ》は諸仏《しよぶつ》の恩《おん》を報《ほう》じて密教《みつきよう》を弘揚《ぐよう》し、下《しも》は五類《ごるい》の天威《てんい》を増《ま》して群生《ぐんじよう》を抜済《ばつさい》せんが為《ため》に、一《もつぱ》ら金剛《こんごう》乗秘密教《じようひみつきよう》に依《よ》って両部《りようぶ》の大曼荼羅《だいまんだら》を建立《こんりゆう》せんと欲《ねが》ふ。仰《あお》ぎ願《ねが》はくは諸仏歓喜《しよぶつかんぎ》し、諸天擁護《しよてんようご》し、善神誓願《ぜんしんせいがん》して此《こ》の事《こと》を証誠《しようじよう》したまへ。所有《あらゆ》る東西南北四維上下七里《とうざいなんぼくしいじようげしちり》の中《なか》の一切《いつさい》の悪鬼神《あくきじん》等《とう》は皆我《みなわ》が結界《けつかい》を出《い》で去《さ》れ。所有《あらゆ》る一切《いつさい》の善神鬼《ぜんじんき》等《とう》の利益《りやく》有《あ》らん者《もの》は意《こころ》に随《したが》つて住《じゆう》せよ。又《また》願《ねが》はくは此《こ》の道場《どうじよう》は普《あまね》く五類《ごるい》の諸天《しよてん》及《およ》び地《ち》・水《すい》・火《か》・風《ふう》・空《くう》の五大《ごだい》の諸神《しよじん》并《なら》びに此《こ》の朝開闢已来《ちようかいびやくいらい》の皇帝皇后《こうていこうごう》等《とう》の尊霊《そんりよう》、一切《いつさい》の天神地祇《てんしんちき》を以《もつ》て檀主《だんしゆ》とす。伏《ふ》して乞《こ》ふ、一切《いつさい》の冥霊《みようりよう》、昼夜《ちゆうや》に擁護《ようご》して此《こ》の願《がん》を助《たす》け果《はた》せ。敬《うやま》つて白《もう》す。

［訳］沙門遍照金剛《しやもんへんじようこんごう》（空海）、敬って十方の諸仏、両部の大曼荼羅に参集の諸尊、五類の諸天[1]、国中の天神地祇、高野山中の地・水・火・風・空の五大《ごだい》[2]の神々らに申しあげる。そもそも有形有識《うぎよううしき》[3]のあらゆるものに必ず仏性[4]がある。仏性・法性[5]は全世界に遍《あまね》く一体である。自身（人の身）も他身（仏の身）も一如平等である。これをさとれば常に大日如来の智慧[6]の世界に住し、疑う者は常に迷いの三界の泥に沈む。このため大悲大日如来は独り三昧耶《さんまや》の妙趣《みようしゆ》[7]に照らして六道に迷い苦しむ者を悲しみ歎《なげ》きたまう。（中略）[8]今、上は諸仏の恩を報じて密教を弘《ひろ》め、下は五類の諸天の威光を増して迷いの衆生《しゆじよう》を済度《さいど》するため、もっぱら金剛乗秘密教（密教）によって金胎《こんたい》両部の大曼荼羅を安置したいと願う。仰ぎ願わくば諸仏歓喜し、諸天擁護し、善神は誓願をおこして、このことを成就せしめたまえ。ここから東西南北四方上下七里の中の一切の悪鬼神らは皆、我が結界[9]を出で去れ。一切の善神・神霊ら、仏法に利益をもたらそうとする者は意のままに、ここに住せられよ。また願わくば、この道場は普く五類の諸天および地・水・火・風・

空の五大の諸神ならびに我が日本開闢以来の天皇皇后をはじめとする尊霊、一切の天神地祇を檀主《だんしゅ》（施主）として迎えたい。伏して乞う。一切の冥霊[10]、昼夜に擁護し、この願の成就を助けたまえ。敬って申し上げる。

1 **五類の諸天**＝上界・虚空・地居・遊虚空・地下、すべての神々。天はインドの神のこと。 2 **五大**＝万物をつくる五つの元素。 3 **有形有識**＝非情（心がない木石、山川草木）と有情《うじょう》（人間や動物）。 4 **仏性**＝仏としての性質。仏になれる可能性。 5 **法性**＝衆生の仏性は仏において法性となる。 6 **大日如来の智慧**＝大円鏡智《だいえんきょうち》、平等性智《びょうどうしょうち》、妙観察智《みょうかんざっち》などの五智があるという。 7 **三昧耶の妙趣**＝三昧耶（サマヤ）は仏と人が平等であること、仏の救済の誓いなどを意味する。 8 **中略**＝幸い空海は諸仏の加護によって金剛・胎蔵両部大曼荼羅の法を本朝に伝えることができ、天皇陛下はこの伽藍の地を下されたという。 9 **結界**＝魔を払った道場。区切られた浄域。 10 **冥霊**＝冥加（知らずに授かる加護）を与える神霊。

この敬白は諸仏と神祇に祈る神仏混淆《こんこう》の祭文《さいもん》で、高野山中に結界された伽藍建立の浄域は金胎両部曼荼羅の霊場となり、如来の智慧と慈悲が一体になった金胎不二《こんたいふに》の土地であると告げる。このような山中道場観は日本独自の山岳仏教を育み、今も修験道《しゅげんどう》などに色濃く受けつがれている。

空海が構想した高野山の山上伽藍は、その生涯にわたって建設が続いた。諸堂の完成をみたのは寂後だが、寺名の金剛峯寺は金剛峯《こんごうぶ》楼閣《ろうかく》瑜伽《ゆが》瑜祇経《ゆぎきょう》によって空海自身が名づけたものである。

また、空海は弘仁十四年（八二三）に嵯峨天皇から東寺《とうじ》を賜り、都における真言密教の道場とした。空海は、諸宗の僧が住する官寺の通例を破って一宗専門の道場とし、寺名を「四《し》天王教王護国寺《てんのうきょうおうごこくじ》秘《ひ》密《みつ》伝法院《でんぽういん》（教王護国寺）」と改称したが、本尊薬師如来はそのままで、今日まで変わっていない。

## 修法の広まり

密教は、多彩な法具や真言を唱える声、きめ細かい儀軌《ぎき》（儀式の規則）と体系化された教義をもつ点で奈良仏教の鎮護国家の祈禱《きとう》を超えるものだった。空海の修法は天皇や貴族に支持されただけでなく、民衆をも結集した。それによって成しとげられたのが弘仁十二年（八二一）、讃岐の満濃池《まんのういけ》の修築である。

満濃池の岸辺近くに空海が護摩《ごま》を修したと伝える小島がある。護摩は原語ホーマーの漢字表音で、もとはバラモンの火の祭りである。炎をもって魔を払い、浄化することで息災《そくさい》・増益《ぞうやく》などの利益《りやく》をもたらすという。護摩は現在の寺院や修験道の霊場でも盛んにおこなわれている。

空海は、かつて行基がおこなったように、溜め池の修築に参加することが功徳になると説いただろう。さらに護摩を修して人々の心を奮い立たせたと考えられる。

空海は弘仁十三年（八二二）、東大寺に密教伝授のための灌頂道場（真言院）の建立に成功し、承和元年（八三四）には宮中で後《ご》七日御《しちにちみ》修法《しゅほう》を修した。それは元旦から七日間の神事に続いて八日から七日間、玉体安穏《ぎょくたいあんのん》と万民の幸福を祈る法会で、宮中に真言院が設けられ、明治の神仏分離まで毎年新年の宮中行事になった。

空海は最澄と論争した法相宗の学僧、会津の徳一《とくいつ》にも手紙をだし、密教経典をできるだけ書写して広めてくれるように依頼している（『高野雑筆集』）。

なお、密教は平安時代に全仏教をおおい、天台宗でも密教の加持祈禱が盛んにおこなわれるようになった。真言宗の密教は東寺にちなんで東密《とうみつ》、天台宗の密教は台密《たいみつ》という。

**天台宗の密教**　前述したように日本で最初に密教儀礼の灌頂をおこなったのは最澄だったが、その後、空海に密教を学んだ。法華一乗と密教は教義的に近い点がある。法華経「如来寿量品《にょらいじゅりょうほん》」では世に出現して入滅を示す釈尊は方便の姿で真実には久遠《くおん》（永遠不滅）の釈迦牟尼仏であるといい、「如来神《にょらいじん》力品《りきぼん》」には即是道場《そくぜどうじょう》（法華経が説かれるところがそのまま悟りの場である）と説かれている。だから最澄は『法華《ほっけ》秀句《しゅうく》』で法華経の十勝（十の長所）の第八に即身成仏をあげる。比叡山に密教を導入することに大きな矛盾はなかった。

しかし、比叡山への本格的な密教の導入は、最澄の寂後、円仁《えんにん》（延暦寺第三世座主・慈覚《じかく》大師／七九四〜八六四年）・円珍《えんちん》（同第五世・智証《ちしょう》大師／八一四〜八九一年）が入唐し、胎蔵・金剛の両部に加え、それらを統合する蘇悉地《そしつじ》の法を新たに伝えたことによる。それらを天台密教独自の教学にまとめあげたのは『教時問答』『悉曇蔵《しったんぞう》』などの多数を著した安然《あんねん》（八四一〜九一五年？）だった。法華一乗の霊場である比叡山では円教（天台法華宗）と密教の円密一致が強く主張され、密教の主尊大日如来と法華経の久遠の釈迦牟尼仏は異名同体とされるようにもなった。

## 3　大乗戒壇の設立

**年分度者と山家学生式**　空海が高野の山上伽藍《がらん》建立に着手したころの弘仁九年（八一八）年三月、最澄は東大寺で受けた具足戒《ぐそくかい》は小乗仏教の戒だとして、それを捨てると宣言し、同年五月、「天台法《てんだいほっ》華宗年分学生式《けしゅうねんぶんがくしょうしき》」を朝廷に上呈した。「山家学生式《さんげがくしょうしき》」と総称される奏状の最初である。表題は少しずつ異なるが、条項の数により、最初のものは「六条式」、つづいて「八条式」（同年八月）、「四条式」（翌年三月）とよばれる三首がある。

この年分度者《ねんぶんどしゃ》は「年ごとに得度される僧」の意。この年分度者は藤原京の持統《じとう》天皇十年（六九六）、新年の宮中法会を新僧によっておこなうために毎年暮れに十人を得度させたことに始まる。延暦二十五年（大同元／八〇六）、最澄は年分度者を十二人に改めることを上奏。華厳《けごん》・天台・律《りつ》各二名、三論・法相各三名とすることが勅許された。これをもって日本天台宗の開宗とされるが、最澄はさらに大乗戒壇の創設という大きな改革に進んだ。その突破口として、天台宗の年分度者には具足戒ではなく梵《ぼん》網経《もうきょう》の大乗菩薩戒を授けることで官僧の身分を与えようという。年にわずか二名でも、年分度者は新年の宮中法会のために割り当てられた僧だから象徴的な意味をもつ。

## 天台法華宗年分学生式（六条式）　出典9

　国宝《こくほう》とは何物《なにもの》ぞ。宝《たから》とは道心《どうしん》なり。道心《どうしん》あるの人《ひと》を名《な》づけて国宝《こくほう》となす。故《ゆえ》に古人言《こじんいわ》く、「径寸十枚《けいすんじゅうまい》、これ国宝《こくほう》に非《あら》ず。照千《しょうせん》・一隅《いちぐう》、これ則《すなわ》ち国宝《こくほう》なり」と。（中略）道心《どうしん》あるの仏子《ぶっし》を、西《にし》には菩薩《ぼさつ》と称《しょう》し、東《ひがし》には君子《くんし》と号《ごう》す。悪事《あくじ》を己《おの》れに向《むか》へ、好事《こうじ》を他《た》に与《あた》へ、己《おの》れを忘《わす》れて他《た》を利《り》するは、慈悲《じひ》の極《きわ》みなり。釈教《しゃくきょう》の中《うち》、出家《しゅつけ》に二《に》類《るい》あり。一《いち》には小乗《しょうじょう》の類《るい》、二《に》には大乗《だいじょう》の類《るい》なり。道心《どうしん》あるの仏子《ぶっし》、即《すなわ》ちこれこの類《るい》なり。今《いま》、我《わ》が東州《とうしゅう》、ただ小像《しょうぞう》のみありて、未《いま》だ大類《だいるい》あらず。大道未《だいどういま》だ弘《ひろ》まらず、大人興《だいにんおこ》り難《がた》し。誠《まこと》に願《ねが》はくは、先帝《せんてい》の御願《ごがん》、天台《てんだい》の年分《ねんぶん》、永《なが》く大類《だいるい》となし、菩薩僧《ぼさつそう》となさん。（中略）

○凡《およ》そ法華宗天台《ほっけしゅうてんだい》の年分《ねんぶん》、弘仁九年《こうにんくねん》より、永《なが》く後際《ごさい》を期《ご》して、以《もっ》て大乗《だいじょう》の類《るい》となす。その籍名《しゃくみょう》を除《のぞ》かず、仏子《ぶっし》の号《ごう》を賜加《しか》し、円《えん》の十善戒《じゅうぜんかい》を授《さず》けて、菩薩《ぼさつ》の沙弥《しゃみ》となす。その度縁《どえん》には官印《かんいん》を請《こ》はん。

○凡《およ》そ大乗《だいじょう》の類《るい》は、即《すなわ》ち得度《とくど》の年《とし》、仏子《ぶっし》戒《かい》を授《さず》けて、菩薩僧《ぼさつそう》となし、その戒牒《かいちょう》には官印《かんいん》を請《こ》はん。大戒《だいかい》を受《う》け已《おわ》らば、叡山《えいざん》に住《じゅう》せしめ、一十二年《いちじゅうにねん》、山門《さんもん》を出《い》でず、両業《りょうごう》を修学《しゅがく》せしめん。

○凡《およ》そ止《し》観業《かんごう》の者《もの》は、年々毎日《ねんねんまいにち》、法花《ほっけ》・金光《こんこう》・仁王《にんのう》・守護《しゅご》の諸大乗等《しょだいじょうとう》の護国《ごこく》の衆経《しゅきょう》を長転長講《ちょうてんちょうこう》せしめん。

○凡《およ》そ遮那《しゃな》業《ごう》の者《もの》は、歳歳毎日《さいさいまいにち》、遮那《しゃな》・孔雀《くじゃく》・不空《ふくう》・仏頂《ぶっちょう》の諸真言等《しょしんごんとう》の護国《ごこく》の真言《しんごん》を長念《ちょうねん》せしめん。

［訳］国宝[1]とは何か。宝とは道心[2]である。道心ある人が国宝である。ゆえに古人（斉の威王）が申された。「径寸《けいすん》十枚[3]、これ国宝に非《あら》ず。照千《しょうせん》・一隅[4]、これ則《すなわ》ち国宝なり」と。（中略）道心ある仏弟子を西（インド）では菩薩といい、東（中国）では君子とよぶ。悪い事は自分に受け、好《よ》い事を他に与え、己《おのれ》を忘れ

て他を利するは慈悲の極みである。仏教には出家に二類ある。一には小乗の類、二には大乗の類である。道心[2]ある仏子《ぶっし》は大乗の類である。今、我が日本には、ただ小乗の形だけあり、いまだ大乗の類がいない。大乗の仏道はいまだ弘《ひろ》まらず、大乗の修行者は増えにくい。誠に願うのは、先の桓武《かんむ》天皇の御願によって勅許せられた天台宗の年分度者を永く大乗の類とし、菩薩《ぼさつ》僧としたい。（中略）

○法華宗天台の年分度者は弘仁《こうにん》九年から永久に大乗仏教徒とする。そのため本籍から除かず[5]、仏子の号を加え、円教《えんぎょう》の十善戒[6]を授けて、菩薩の沙弥《しゃみ》[7]とする。その度縁（証明書）に官印（太政《だいじょう》官印）の押捺《おうなつ》を求める。

○大乗仏教徒たるものは、得度の年に仏子戒[8]を授けて菩薩僧となし、戒牒《かいちょう》（受戒の証明書）に官印の押捺を求める。この大乗戒を受けたあとは比叡山《ひえいざん》に住せしめ、十二年間、山から出ずに止観業《しかんごう》[9]と遮那業《しゃなごう》[10]を修学せしめる。

○止観業の者には毎年毎日、法華経・金光明経・仁王《にんのう》般若経・守護国界主経などの護国の大乗経典を長く転読（読誦）させ、長く講読させよう。

○遮那業の者には、毎年毎日、大毘盧遮那経《だいびるしゃなきょう》（大日経）・孔雀王経《くじゃくおうきょう》・不空羂索経《ふくうけんじゃくきょう》・仏頂尊勝陀羅尼経《ぶっちょうそんしょうだらにきょう》などの護国の真言を長く念じ唱えさせよう。

1 **国宝**＝国に安泰をもたらす宝。ここでは三宝のうち僧宝のこと。 2 **道心**＝仏道を求める心。さとりを求める菩提心。 3 **径寸十枚**＝直径一寸もある珠十個。 4 **照千・一隅**＝千里を照らす者と一隅を守る者。照宇一隅（一隅を照らす）とも読む。 5 **本籍から除かず**＝僧は本籍から除いて僧籍に移すのが僧尼令《そうにりょう》の定めだが、天台宗では俗名をそのままにして僧籍をつくらないという。 6 **円教の十善戒**＝天台宗では不殺生《ふせっしょう》・不偸盗《ふちゅうとう》（盗まない）・不邪淫《ふじゃいん》・不妄語《ふもうご》・不綺語《ふきご》（ごまかしを言わない）・不悪口《ふあっこう》・不両舌《ふりょうぜつ》（二枚舌をつかわない）・不貪欲《ふとんよく》・不瞋恚《ふしんに》（怒らない）・不邪見《ふじゃけん》を十善戒とし、梵網経《ぼんもうきょう》の十重四十八軽戒とはすこし異なる。 7 **沙弥**＝具足戒を受けて沙門になる前の僧をいうが、最澄は得度の年に沙門にする手続きをとることを主張し、実際には同時に沙門の身分を与えることを求めた。 8 **仏子戒**＝梵網経の十重《じゅうじゅう》 四十八軽戒《しじゅうはちきょうかい》を仏子戒という。 9 **止観業**＝止観は天台智顗《ちぎ》の『摩訶《まか》止観』により精神を集中して心を観る修行法だが、この「六条式」から護国経典の読誦《どくじゅ》を止観業の主内容としたことがわかる。「八条式」には四種三昧《ししゅざんまい》（法華・念仏など四種の行法）を修習すると定める。**10 遮那業**＝遮那は毘盧遮那の略で大日如来のこと。したがって遮那は密教の行を意味する。「八条式」には「三部の念誦」を修習すると定め、三種の密教修法を課している。

最澄は、僧でも俗人と同じ梵網戒でよいと受戒の条件をゆるめると同時に年分度者に十二年の籠山《ろうざん》を厳しく課した。さらに「八条式」では、そもそも年分度者たる者の能力を保証するため、得度以前に六年の修学を義務づけ、しかも諸宗に門戸を開き、官費の支給は不要だという。

## 勧奨天台宗年分学生式（八条式）　出典9

凡《およ》そ天台宗《てんだいしゅう》の得業《とくごう》の学生《がくしょう》の数《かず》一十二人《いちじゅうににん》と定《さだ》むるは、六年《ろくねん》を期《ご》となす。（中略）
凡《およ》そ得業《とくごう》の学生等《がくしょうとう》の衣食《えじき》は、各《おのおの》私物《しもつ》を須《もち》ひよ。もし心才如法《しんさいにょほう》に、骨法成就《こつぼうじょうじゅ》すれども、ただ衣食具《えじきそな》はらずんば、この院《いん》の状《じょう》を施《せ》し、檀《だん》を九方《くほう》に行《ぎょう》じて、その人《ひと》に充《あ》て行《おこな》へ。（中略）
凡《およ》そ比叡山《ひえいざん》一乗止観院《いちじょうしかんいん》、天台宗学生等《てんだいしゅうがくしょうとう》の年分《ねんぶん》、并《ならび》に自《みずか》ら進《すす》む者《もの》は、本寺《ほんじ》の名帳《みょうちょう》を除《のぞ》かず。便《すなわ》ち近江《おうみ》の食《じき》ある諸寺《しょじ》に入《い》れて、供料《くりょう》を送《おく》らしむ。（中略）草菴《そうあん》を房《ぼう》となし、竹葉《ちくよう》を座《ざ》となし、生《しょう》を軽《かろ》んじ法《ほう》を重《おも》んじ、法《ほう》をして久住《くじゅう》せしめ、国家《こっか》を守護《しゅご》せん。

［訳］天台宗の修業の学生《がくしょう》の数を十二人とするのは、六年を修業期間とするためである。（中略）修業の学生は、まだ僧としての官給を得る資格がないので、衣や食料はそれぞれ自弁せよ。もし心と才能が仏法にかなって勝《すぐ》れており、修業も進んでいるのに衣食を自弁できない者には一乗止観院の書状を与え、檀《だん》（布施者）を諸方に募って、その人の衣食をまかなうようにせよ。（中略）

**比叡山《ひえいざん》一乗止観院で天台宗の年分度者をめざす学生ならびに他宗から転入した者は、もとの寺の僧籍を抜かない。また、近江《おうみ》の食封《じきふ》[2]のある寺の籍に入れて供料《くりよう》[3]を送らせる。（中略）草庵《そうあん》を房《ぼう》とし、竹葉を座とし、生を軽んじ法を重んじ、法を永久に留《とど》めて国家を守護しよう。**

1 **中略**＝一年に二人ずつ得度し、二人ずつ補充する。六年の最後に試験をして、合格しなければ得度を申し出ないという。 2 **食封**＝税や労役を供給させる民。 3 **供料**＝籍をおく寺から与えられる僧の生活資糧。『延喜式』によれば国分寺のばあい、一日あたり僧には米二升等、沙弥には米一升五合等、寺の雑用や勉学にあたる童子には米一升等が与えられた。

「八条式」では僧の生活についての工面が目立つ。空海の遺文集『高野雑筆集』にも布施を求める書状が散見され、国家仏教の財政が引き締められるなかで布施の比重が高まったことを示している。では、比叡山《ひえいざん》での授戒は、どのようにおこなうのか。それが「四条式」に記されている。

### 天台法華宗年分度者回小向大式《えしようこうだいしき》（四条式）出典9

凡《およ》そ仏戒《ぶつかい》に二《に》あり。

一《いち》には大乗《だいじよう》の大僧戒《だいそうかい》、十重《じゆうじゆう》四十八軽戒《しじゆうはつきようかい》を制《せい》して、以《もつ》て大僧戒《だいそうかい》となす。

二《に》には小乗《しようじよう》の大僧戒《だいそうかい》、二百五十《にひやくごじゆう》等の戒《かい》を制《せい》して、以《もつ》て大僧戒《だいそうかい》となす。

凡《およ》そ仏《ぶつ》の受戒《じゆかい》に二《に》あり。

一《いち》には大乗戒《だいじようかい》。

普賢経《ふげんきよう》に依《よ》つて三師証等《さんししようとう》を請《しよう》ず。／釈迦牟尼仏《しやかむにぶつ》を請《しよう》じて、菩薩戒《ぼさつかい》の和上《わじよう》となす。／文殊師利菩薩《もんじゆしりぼさつ》を請《しよう》じて、菩薩戒《ぼさつかい》の羯磨阿闍梨《かつまあじやり》となす。／弥勒菩薩《みろくぼさつ》を請《しよう》じて、菩薩戒《ぼさつかい》の教授阿闍梨《きようじゆあじやり》となす。／十方一切《じつぽういつさい》の諸《しよ》仏《ぶつ》を請《しよう》じて、菩薩戒《ぼさつかい》の証師《しようし》となす。／十方一切《じつぽういつさい》の諸菩薩《しよぼさつ》を請《しよう》じて、同学等侶《どうがくとうりよ》となす。／現前《げんぜん》の一《ひとり》の伝戒《でんかい》の師《し》を請《しよう》じて、以《もつ》て現前《げんぜん》の師《し》となす。もし伝戒《でんかい》の師《し》なくんば、千里《せんり》の内《うち》に請《しよう》ず。もし千里《せんり》の内《うち》に能《よ》く戒《かい》を授《さず》くる者《もの》なくんば、至心《ししん》に懺悔《さんげ》して、必《かなら》ず好相《こうそう》を得《え》、仏像《ぶつぞう》の前《みまえ》において、自誓受戒《じせいじゆかい》せよ。（中略）
二《に》には小乗戒《しようじようかい》。
小乗律《しようじようりつ》に依《よ》つて、師《し》に現前《げんぜん》の十師《じつし》を請《しよう》じて白四羯磨《びやくしかつま》す。清浄持律《しようじようじりつ》の大徳十人《だいとくじゆうにん》を請《しよう》じて、三師七証《さんししちしよう》となす。もし一人《いちにん》を闕《か》かば、戒《かい》を得《とく》せず。

［訳］そもそも仏の定められた戒に二つある。

一には大乗の大僧（正式の僧）の戒で、梵網経《ぼんもうきよう》の十重四十八軽戒が大僧戒と定められている。

二には小乗の大僧戒で、『四分律』に二百五十等の戒が定められている。

そもそも仏の定めた戒を受ける方法に二つある。

一つは大乗戒（菩薩《ぼさつ》戒）の受戒である。

普賢経[1]によって三師証等《さんししようとう》（授戒の師と証人）を招請する。すなわち釈迦牟尼仏《しやかむにぶつ》を請《しよう》じて菩薩戒の和上《わじよう》、文殊師利菩薩を請じて菩薩戒の羯磨阿闍梨《かつまあじやり》[2]、弥勒《みろく》菩薩を請じて菩薩戒の教授阿闍梨、十方一切の諸仏を請じて菩薩戒の証師、十方一切の諸菩薩を請じて法友とするが、実際には一人の伝戒の師を招請して現実の師とする。もし伝戒の師がいなければ千里の内に求める。もし千里の内にも戒を授ける師がいないときは、心から懺悔《さんげ》し、必ず好相《こうそう》（仏の姿）を念じ、仏像の前において自誓受戒《じせいじゆかい》[3]せよ。（中略）

二には小乗戒（具足戒《ぐそくかい》）の受戒である。

『四分律』の小乗律によって師に現実の十師を招請し、白四羯磨《びやくしかつま》[4]の式次第に従って戒を授ける。すなわち、持律堅固の清僧十人を請じて三師七証とする。もし一人でも欠ければ、戒を受けることはできない。

1 **普賢経**＝詳しくは観普賢菩薩行法《ぎようぼう》経といい、観普賢経とも略す。菩薩戒と懺悔《さんげ》が説かれ、法華三部経では結経（結びの経典）とされる。　2 **羯磨阿闍梨**＝羯磨（承認）の決議をとる師僧。　3 **自誓受戒**＝自ら仏前での誓いを立てて受戒すること。

**4 白四羯磨**＝論議の作法である一白三羯磨、すなわち一度の提議に対し三回の議論をして可否を決める形式。

この「四条式」の上呈は弘仁十年（八一九）三月十五日、添え状に「毎年春三月、先帝国忌の日、比叡山において、清浄の出家の与《ため》に菩薩《ぼさつ》の沙弥《しゃみ》となし、菩薩の大戒を授けてまた菩薩僧となし、即便《すなわ》ち住山修学せしむること一十二年にして、国家の衛《まもり》となし、群生《ぐんじょう》（衆生）を福利せん」という。最澄にとって最大の庇護《ひご》者であった桓武《かんむ》天皇は十三年前の延暦二十五年（八〇六）三月十七日に崩じていた。その忌日に授戒会を営みたいのだという。

この最澄の主張に南都側は激しく反対した。とくに会津にいた法相宗の学僧、徳一《とくいつ》に対して最澄は激しい論争をおこない、『守護国界章《しゅごこっかいしょう》』『顕戒論《けんかいろん》』『法華秀句《ほっけしゅうく》』などを著した。それを三一権実論争《さんいちごんじつ》というのは、今生《こんじょう》の人には仏道を修するうえでの資質の差が厳然としてあるので三乗（声聞・縁覚・菩薩）の区分が重要だという立場と、すべての人は本質において等しく仏の道に入ることができるという法華一乗の立場の論争だからである。最澄の晩年はこの論争に費やされ、比叡山に戒壇設立の勅許が下りたのは弘仁十三年（八二二）六月十一日、同月四日の最澄の入寂後のことだった。

## 4 菩薩の思想

**無戒の仏教へ**　菩薩《ぼさつ》の原語ボーディサットヴァは「さとりを求める者」を意味する。もとは修行者一般をさしたが、インドの大乗仏教徒が菩薩を自称し、さらに観音、普賢《ふげん》・地蔵など、仏の救いを体現する諸菩薩が大乗経典に多く説かれている。日本では奈良時代の行基など、民衆にまじって仏法を説いた僧が菩薩ともよばれた。法華一乗の立場でも、出家と在家に本質的な違いはない。大乗戒は円《えん》頓戒《どんかい》（すみやかに成就に至る完全な戒）ともよばれる。大乗戒壇の創設は同時に十二年籠山《ろうざん》に象徴される厳しい修行を伴うものだったが、出家と在家の距離を縮め、日々の生業も仏道であるといった日本独自の生活仏教が生まれてくる。最澄の『顕戒論』から、それを示す偈《げ》をあげる。

**顕戒論**（巻上「雲を開きて月を顕はす篇第一」より不軽菩薩の伽陀／冒頭）出典9

西国流伝戒　文殊上座多　西国流伝《さいごくるでん》の戒《かい》は　文殊上座多《もんじゆじようざおお》し
六綱求寂滅　寧奚愛娑婆　六綱寂滅《ろくごうじやくめつ》を求《もと》めて　寧奚《いずくん》ぞ娑婆《しやば》を愛《あい》す
敬奉不軽記　当来作仏陀　敬《うやま》って奉《ほう》ずるは不軽《ふきよう》の記《き》　当来《とうらい》に仏陀《ぶつだ》に作《な》るべしと
莫障円妙道　為済彼珠鵝　円妙《えんみよう》の道《どう》に障《さ》ふること莫《な》く　彼《か》の珠鵝《しゆが》を済《すく》ふを為《な》せ

［訳］インドから伝わる仏道の心得には、文殊菩薩を上座とするものが多い。

我が国の六綱《ろくごう》（僧尼を統率する高僧）も悟りの平安を求めているが、それで世間の人々を愛せようか。

私が敬うのは不軽菩薩が人々に「未来世には仏になれる」と予言したことだ。

円妙の仏道に反することなく、あの哀れな鵞鳥《がちよう》を救うことを心がけよ。


法華経「常不軽菩薩品《じようふきようぼさつほん》」にいう。遠い過去の世に人々は法の像《かたち》にとらわれ、増上慢《ぞうじようまん》の比丘（地位に安住した僧）たちが大きな勢力をもっていた。そのとき、常被軽慢《じようひきようまん》（常に軽蔑《けいべつ》された男）とよばれる修行者がいた。だれに対しても礼拝するだけで、他の修行はしなかったので、常に見下されていたのである。彼は人々から杖《つえ》で打たれ、石を投げつけられながら、だれに対しても「あなたは未来に仏になれる」と告げるのをやめなかった。

昔、珠作り職人の家を一人の比丘が乞食《こつじき》におとずれた。珠作り師が奥に食べ物を取りにいったすきに、ガチョウが珠を飲みこんでしまう。そのことを比丘は珠作り師に言わず、自分が棒で打たれてガチョウを救ったという故事にならうべきだ。

仏法の形式のみが重んじられる世に不軽菩薩《ふきょう》が現れ、出家・在家を問わずだれもが仏になれるとして礼拝したように、万人に仏性《ぶっしょう》がある。この点は即身成仏を説く空海も同じで、次の漢詩によく示されている。生家の跡取りが死亡したなどの理由で還俗《げんぞく》した弟子に贈った七言律詩である。

### 還俗の人を見て作す（『性霊集』巻第十）出典11

昔日剃頭今長髪　　昔日頭《せきじつこうべ》を剃《そ》り今《いま》は髪《かみ》を長《なが》くす
出家二種心惟重　　出家《しゅつけ》の二種《にしゅ》　心《こころ》は惟重《これかさ》なれり
紅花緑実一株物　　紅花緑実《こうかりょくじつ》は一株《いっしゅ》の物《もの》
君見春秋顔色同　　君見《きみみ》よ春秋《しゅんじゅう》の顔色同《がんしょくおな》じなりや
世理無常人如此　　世理《せいり》の無常《むじょう》は人《ひと》も此《かく》の如《ごと》く
心縁不動大道通　　心縁動《しんえんどう》ぜざれば大道《だいどう》に通《とう》す
長江万里以相答　　長江万里《ちょうこうばんり》を以《もっ》て相答《あいとう》し
雖爾処身如虚空　　爾《しか》りと雖《いえど》も身《み》を虚空《こくう》の如《ごと》く処《お》かん

［訳］昔、剃髪《ていはつ》し、今は世俗に戻って髪をのばしているが、仏道に出家・在家の区別はあっても心は重なりあっている。
紅《あか》い花も緑の実も同じ株につくのだから、あなたも見られよ、春秋の顔色が同じかどうかを。

世の理《ことわり》が無常であるのは人もまた同じだが、物事のゆかりを察する心が不動であれば大道に通じる。大河は万里を流れても水はつながっているように、還俗《げんぞく》したといえども身は虚空のごとくあられよ。

**妻子をもつ官僧**　平安初期の仏教説話集『日本霊異記《にほんりょういき》』にも在俗の男女の話が多い。序に「薬師寺の沙門景戒録《しゃもんきょうかいしる》す」とあるように著者は南都の官僧の身分をもつが、自分の家をもち、妻子とともに馬を飼って暮らしていた。『日本霊異記』に自分自身のことを書いたくだりがある。

## 日本霊異記（下巻・第三十八話）出典12

僧景戒《そうきょうかい》、慚愧《ざんき》の心《こころ》を発《おこ》し、憂愁《うれ》へ嗟《ナゲ》キテ言《い》はく、「嗚呼《ああ》恥《はずか》しきかな、忝《ヤサ》シきかな。世《よ》に生《うま》れて命《いのち》を活《い》き、身《み》を存《なが》ふることに便無《べんな》し。等流果《とうるか》に引《ひ》かるるが故《ゆえ》に、愛網《あいもう》の業《ごう》を結《むす》び、煩悩《ぼんのう》に纏《まつ》はれて、生死《しょうじ》を継《つ》ぎ、八方《はっぽう》に馳《は》せて、以《も》て生《い》ける身《み》を炬《こが》す。俗家《ぞくけ》に居《い》て、妻子《さいし》を蓄《たくわ》へ、養《やしな》ふに物無《ものな》く、菜食《さいじき》も無《な》く塩《しお》も無《な》し。（中略）我《われ》、先《さき》の世《よ》に布施《ふせ》の行《ぎょう》を修《しゅ》せずありき。鄙《とひと》なるかな我《わ》が心《こころ》。微《いや》しきかな我《わ》が行《ぎょう》」といふ。

［訳］わたくし僧の景戒《きょうかい》は慚愧《ざんき》の心をおこし、憂い嘆いて言った。「ああ、恥ずかしく面目ないことだ。世に生まれて生活しながら、暮らしていく手立てがない。因果の流れに引かれ、愛欲の網の業《ごう》にかかり、煩悩にとらわれて生死の世界に生き続け、あちこちと駆け回って身を苦しめている。俗家に住んで、妻子を養うにも物がなく、食料も塩もない。（中略）このように貧窮しているのは、前世で布施の行をしなかったからだ。卑しい我が心、貧しい我が修行よ」という。

こうして懺悔《さんげ》した夜、一人の僧が景戒の夢に現れ、ありがたい経文を授けてくれた。その僧には子どもがたくさんおり、乞食《こつじき》をして養っている。この僧は観音菩薩の化身で、たくさんの子どもとは世の人々のことで、乞食して養うのは人々に仏と縁を結ばせるためだという。

その後、延暦十六年（七九七）に狐が家に入りこんで仏堂の壁を汚したりし、息子が死んだ。同十九年には同じようなことで馬が二頭、相継いで死んだ。もっと修行し、因果応報を恐れなければならないというのだが、官僧の身で妻子をもつことは戒律違反であるのに、そこに罪意識はない。それを公表してはばからないのだから、妻子をもつことで景戒が世間から指弾されることもなかったのだろう。また、『霊異記』の霊験譚《れいげんたん》の多くは私度僧や在家者の話で女性が主役のことも多い。僧尼令《そうにりょう》に民間布教を禁じられた官僧といえども在家の信徒に訴えねばならない事情が生じていたのである。

## 5 霊験と信心の寺

**『日本霊異記』の霊験譚**　『日本霊異記』は日本最初の仏教説話集で、詳しくは『日本国現報善悪霊異記《げんぽうぜんなく》』という。仏教公伝以来、日本で現れた善悪の報いの霊異を記した書物という意味で、上・中・下の三巻に計百十六話を収録。都が奈良から去った長岡京時代に起筆され、弘仁十四年（八二三）ごろに完成した。奈良・薬師寺の景戒《きょうかい》にとって理想の世は国家仏教が最盛期だった聖武《しょうむ》天皇のころだった。その理想の世のあとの光仁《こうにん》朝で官寺縮小を推進した藤原永手《ふじわらのながて》（七一四〜七七一年）は堕地獄の罪人として語られている。しかし、ありがたくも仏事の効能によって地獄から救われたという。

**日本霊異記**（下巻・第三十六話）出典12

正一位藤原朝臣永手《しょういちいふじわらのあそんながて》は、諾楽《なら》の宮《みや》に宇《あめのしたおさ》御めたまひし白壁《しらかべ》の天皇《すめらみこと》の御時《おんとき》の太政大臣《だいじょうだいじん》なりき。（中略）時《とき》に子《こ》家依《いえより》、久《ひさ》しき病《やまい》を得《え》しが故《ゆえ》に、禅師《ぜんじ》・優婆塞《うばそく》を請《う》け召《め》して、呪護《じゅご》せしむるに、猶《なお》し愈差《ヤス》マズ。時《とき》に看病《かんびょう》の衆《しゅ》の中《なか》に、一《ひとり》の禅師《ぜんじ》有《あ》りき。（中略）手《て》の於《うえ》に爝《オキビ》を置《お》き、香《こう》を焼《た》きて、行道《ぎょうどう》し、陀羅尼《だらに》を読《よ》みて、忽《たちま》ちに走《はし》り転《まろ》ぶ。時《とき》に病者託《びょうしゃク》ヒテ言《い》はく、「我《われ》は永手《ながて》なり。我《われ》、法花寺《ほっけじ》の幢《はたほこ》を仆《たお》さしめ、後《のち》に西大寺《さいだいじ》の八《はっ》角《かく》の塔《とう》を四角《しかく》に成《な》し、七層《ななコシ》を五層《いつコシ》に減《げん》じき。此《こ》の罪《つみ》に由《よ》りて、我《われ》を閻羅王《えんらおう》の闕《みかど》に召《め》し、火《ひ》の柱《はしら》を抱《うだ》かしめて、挫釘《ヘシくぎ》を以《も》て我《わ》が手《て》の於《うえ》に打《う》ち立《た》てて、問《と》ひ打《う》ち拍《う》つ。今閻羅王《いまえんらおう》の宮《みや》の内《うち》に煙《ケブリ》満《み》つ。（中略）即《すなわ》ち閻《えん》羅王《らおう》、我《われ》を免《ゆる》し擯《お》ひ返《かえ》し貺《たま》ふ。然《しか》れども我《わ》が体《からだ》滅《ほろ》びて、寄宿《やど》る所無《ところな》きが故《ゆえ》に、道中《みちなか》に漂《ただよ》ふ」といへり。

［訳］臣下最高位の藤原永手《ふじわらのながて》は平城宮で天下を治められた光仁《こうにん》天皇のときの太政《だいじょう》大臣だった。（中略／永手の死後）[1]、子の家依《いえより》が長患いをしたので禅師《ぜんじ》・優婆塞《うばそく》（官度・私度の祈禱《きとう》僧）を招いて呪護《じゅご》[2]させたが、なかなか快復しなかった。その僧のなかに一人の禅師がいた。（中略）[3]手に熾火《おきび》（火がついた炭）をおき、それで香をたいて行道《ぎょうどう》[4]し、陀羅尼《だらに》（呪文）を唱えるうちに昏倒《こんとう》した。すると、病者に霊がついて言った。「我は永手である。我は法華寺の幢《はた》を倒させ、西大寺《さいだいじ》の八角の塔を四角にし、七層から五層に減らした。この罪により閻魔王《えんまおう》に召されて火の柱を抱かせられ、折れ曲がった釘を手に打たれ、糾問されて打ち打たれた。そのとき、閻魔の王宮に煙がたちこめた。（中略）[5]それで閻魔王は我を赦免し、地獄から追い返した。しかし、我が体は滅びて宿るところがないので六道の宙《ちゅう》にただよっている」という。（これによって家依の病も癒《い》えた）

**1** **永手の死後**＝延暦元年頃、子の家依が夢に永手が三十数人の兵士に引かれていくのを見た。それで永手に災難払いを勧めたが、そうしなかった。その後、永手は死んだ。 **2** **呪護**＝呪《しゅ》（真言・陀羅尼）を唱え護身を祈願すること。 **3** **中略**＝この禅師は「仏法は他の命を助けるために修行するものだ。今、我が命を病者に施す」と誓願を発《おこ》した。 **4** **行道**＝仏像のまわりを祈りながら歩くこと。 **5** **中略**＝閻魔王が「この煙はなんだ」と問うと、閻魔庁の官吏が答えるには「永手の子の看病の禅師が手の上で香を焚《た》いているのです」ということであった。

説話とは世に語り伝えられた話である。そのなかで神仏の不思議な話を霊験譚《れいげんたん》という。それは昔の人にとっても「霊異（この世ならざること）」であり「奇《く》しき表《しるし》（不思議なこと）」だった。その霊験の内容は世につれて変化してきた。『日本霊異記』の悪の報いは地獄でも単純なものであるうえ、地獄行きそのものが少ない。たいていは悪死するだけだったり、家畜に生まれたりすることである。たとえば犬養宿禰真老《いぬかいのすくねまおゆ》という者は乞食《こつじき》の僧を棒で打って追い返した。その後、鯉の煮たのを食べたら口から黒い血をはいて死んでしまった。僧を打った報いの悪死である（下巻第十五話）。

善の報いも極楽浄土への往生のような観念はうすい。善の報いは災難をまぬかれたり富を得たりすることである。たとえば海使表女《あまのつかいみのめ》には子が九人もあって貧しかったので穴穂寺《あなほでら》の千手観音に祈った。そうするうちに、妹が来て皮櫃《かわびつ》（箱）を預けていった。中に銭百貫が入っていたのに、妹はおぼえがないという。ともかく穴穂寺にお詣《まい》りにいくと、観音像の足に馬糞がついている。じつは皮櫃にも馬糞がついていたので観音菩薩が銭をくださったものとわかった（中巻第四十二話）。

**説話と寺社縁起の誕生**　世の人々に語り伝えられた物語は、とても信じられないような話でも、「そのように言われている」ことが重要で、そういうことがあるかもしれないボーダーライン上に成立して今も再生産をつづけている。

平安時代には、『日本霊異記』を最初として平安中期には慶滋保胤《よししげのやすたね》があらわした『日本往生極楽記《にほんおうじょうごくらくき》』、比叡山の鎮源《ちんげん》があらわした『大日本国法華経験記《だいにほんこくほけきょうげんき》』などに記された。中国から伝わった話をふくめて平安時代に語られた説話を集成したのが平安末期に編まれた『今昔物語集《こんじゃくものがたりしゅう》』で、およそ一千話を収める。そうした説話のなかで、特定の寺院の話も盛んに語りだされた。なかでも、寺社の開創にまつわる話を寺社縁起という。一例として京都東山の清水寺《きよみずでら》の縁起をあげる。

その縁起によれば清水寺は「千手観音霊験の地、行叡居士《ぎょうえいこじ》の孤庵《こあん》の跡」である。ある夜、大和の賢《けん》心《しん》という僧が、川の上流に霊地があるという不思議な夢を見た。その夢のとおりに川をさかのぼって東山にわけいっていくと、水の清らかな地に庵《いおり》があり、もう数百年も生きているという仙人がいた、それが行叡居士である。居士は在家信徒をいうが、このばあいは隠遁者《いんとんしゃ》の意である。

行叡居士は賢心を長く待っていたといい、「自分は東国の修行に行くから、代わって庵に住め」と告げて忽然《こつぜん》と消えた。そして宝亀《ほうき》十一年（七八〇）、坂上田村麻呂《さかのうえのたむらまろ》が病気の妻に鹿を食べさせるため東山に狩猟に行き、沢の水を飲むと、不思議に元気がでる霊水であった。また、山中の庵で賢心と出会い、行叡居士の話を聞いた。都の館《やかた》に帰って病床の妻、命婦高子《みょうぶたかいこ》に霊水と居士のことを話したことから、清水寺伽藍《がらん》建立のはこびとなる。

**清水寺縁起**（第七段）出典13

命婦《みょうぶ》の曰《いわ》く、「聞《き》く所《ところ》の事《こと》、みな権化《ごんげ》の所談《しょだん》なり。然《しか》るに我《われ》、除病《じょびょう》のために殺生《せっしょう》の事甚《ことはなは》だ恐怖《きょうふ》あり。其《そ》の報《むく》い、何《なに》をもてか謝《しゃ》せんや。願《ねが》はくは、我《わ》が宅《たく》を以《もっ》て彼《か》の聖跡《せいせき》に寄《き》せ、女身《にょしん》が罪愆《ざいけん》を懺悔《さんげ》せん」。然《しか》れば則《すなわ》ち、将監《しょうげん》、賢心《けんしん》と心《こころ》ざしを一つにして、仏閣造立《ぶっかくぞうりゅう》の営《いとな》みを競《きそ》はれけるに、山深《やまふか》くして嶮阻《けんそ》、樹林《じゅりん》の陰《かげ》、寸尺《すんしゃく》も平地《へいち》なし。人力及《じんりきおよ》び難《がた》く、愁歎《しゅうたん》せしむる処《ところ》に、夜中《やちゅう》に物《もの》の声山中《こえさんちゅう》に満《み》てり。岸《きし》を毀《こぼ》ち、谷《たに》を埋《う》めるかと覚《おぼ》ゆ。明《あ》くる朝《あさ》これを見《み》れば、地平《ちたい》らかなること掌《たなごころ》のごとくにして、仏場《ぶっしょう》を境《さか》へるがごとし。

［訳］妻の命婦《みょうぶ》は「聞けばみな、み仏が現れなさったお話です。それなのに私は除病のために殺生をし、

恐ろしいことです。どうすれば、これに報い、み仏に謝すことができましょうか。願わくは私の屋敷[1]をその聖跡に寄進しとうございます。女身の罪[2]を懺悔《さんげ》できますように」。それで田村麻呂と賢心は心を一つにして仏閣造立を急いだが、山は深くて険しく、樹林におおわれて寸尺の平地もなかった。人力ではどうしようもないと歎《なげ》いていると、夜中に物音がし、崖を壊し、谷を埋める音のように聞こえた。明朝、見れば、掌のように平らな土地ができており、寺の境内を仕切ったようになっていた。（それは鹿たちがしたことであった）

1 **私の屋敷**＝平安時代には女性も財産を相続するなど、男性と同様に財産権をもっていた。 2 **女身の罪**＝飛鳥・奈良時代には僧と尼僧が対等にあつかわれていたが、しだいに女性は血のけがれがあるなどといわれるようになった。しかし、寺参りをする信徒は、むしろ女性が中心だった。

現存最古の『清水寺縁起』は平安中期の成立である（引用は江戸時代の絵巻の詞書《ことばがき》）。平安時代には寺社縁起や特定の仏菩《ぶつぼ》薩《さつ》の霊威にまつわるさまざまな霊験譚が多く語りだされた。国費で寺院が運営された時代が去り、人々の信心に訴えて寄進を募らねばならなかったからだ。しかし、天皇の威光は大きな力をもち、鎮護国家の寺は定額寺《じょうがくじ》から御願寺《ごがんじ》（勅願寺《ちょくがんじ》）に移っていった。

定額寺とは年に一定額を与えられるかわりに鎮護国家の仏事をおこなう私寺で、準官寺としての寺格を誇った。これには濫立《らんりつ》する私寺の統制という面もあり、資財帳《しざいちょう》（財産目録）の提出など、国家の検閲をうける義務があったが、平安初期には有力氏族がこぞって私寺に定額寺の寺格を願いでた。その後、平安中期には律令制の解体とともに定額寺の制も崩れ、その寺格を願う寺はなくなった。それにかわって御願寺の寺格が請われるようになった。

「御願」とは「天皇の勅願《ちょくがん》」という意味で、勅願寺・勅願所ともいう。その寺格をえても国家から経費を支給されなかったが、天皇の勅願や皇后の御願ということで貴族や民衆の寄進をうけやすいという利点があった。このため、たとえば『石山寺縁起絵巻』は「歴代天皇の勅願寺として天長地久《てんちょうちきゅう》を祈る。我が朝《ちょう》に観音霊場多しといえども当寺に過ぎたるはなし」と誇らしく語っている。

## 権門寺社の誕生

勅願寺の権威は奈良の国家仏教によって育《はぐく》まれたもので、その後も引き継がれた。たとえば平安中期の清少納言《せいしょうなごん》は「修法《ずほう》は奈良方《ならがた》。仏の御しんどもなど、よみたてまつりたる、なまめかしう、たふとし」（『枕草子』二二二段／異本により二二六段）という。仏の護身の真言などを誦《じゅ》すようすは優雅で貴い。修法は奈良方に限るという「奈良方」は南都つまり興福寺のことである。

いっぽう延暦寺《えんりゃくじ》では、横川《よかわ》の良源《りょうげん》（第十八世天台座主・元三大師《がんさんだいし》／九一二～九八五年）が右大臣藤原《ふじわら》師輔《のもろすけ》（九〇八～九六〇年）の護持僧《ごじそう》として世俗の権門との関係を強めた。護持僧とは内裏の仏間につめて玉体安穏を祈った夜居《よい》の僧をいうが、しだいに貴族らの家門繁栄を祈願する仏事を営むようになったものである。師輔は複雑で激しい権力争いのなかで冷泉《れいぜい》・円融《えんゆう》両天皇の外戚《がいせき》となり、孫の道長《みちなが》が藤原氏の最盛期を築く基をつくった。この強運は良源の験力《げんりき》のおかげだといわれた。師輔は良源に莫大《ばくだい》な寄進をし、比叡山の諸堂が整えられた。僧徒は二千七百人に達したという。また子の一人を出家させて良源の弟子にした。尋禅《じんぜん》である。尋禅は寛和元年（九八五）に良源の後の天台座主になり、父から相続した荘園を施入《せにゅう》。延暦寺の財政はいっそう豊かになった。

尋禅は最初の権門座主とされるが、そのころから他の大寺でも有力貴族の子弟を迎えて寄進を受けることが慣例化した。それは貴族の側の現実的な必要にも合致していた。家門を絶やさないことが重要だった貴族は一般に子だくさんで、子の全部が官職を継げるわけではない。跡継ぎ以外の子は寺に入れておき、必要が生じたときには還俗《げんぞく》させる便法がとられたのである。前述の菩薩の思想によって仏法と世俗は教義的にも融合したうえ、権勢を維持するためにも諸大寺と世俗の権門は強く結びついた。王仏冥合《おうぶつみょうごう》すなわち王法（世俗の法）と仏法は一体といわれる。その頂点に立ったのが南都北嶺《なんとほくれい》と並び称される興福寺と延暦寺である。また、興福寺は春日《かすが》大社、延暦寺は日吉《ひよし》大社と一体で、広大な荘園を領し、その自衛の必要などから僧徒が武装し、僧兵が生まれた。

## 6 験者の仏法

**安産の祈願**　平安時代には安産・息災《そくさい》・増益《ぞうやく》などの攘災招福《じょうさいしょうふく》を祈る修法《しゅほう》が盛んにおこなわれ、験者《げんざ》と呼ばれる祈禱《きとう》僧が多く現れた。平安貴族が最盛期を迎えたころの紫式部《むらさきしきぶ》の日記に、藤原道長の邸《やしき》でいとなまれた安産祈願のようすが記されている。

**紫式部日記**（冒頭）　出典14

秋《あき》のけはひ入《い》りたつままに、土御門殿《つちみかどどの》の有《あり》さま、いはん方《かた》なくをかし。池《いけ》のわたりの木《こ》ずえども、遣水《やりみず》のほとりの草《くさ》むら、おのがじし色《いろ》づきわたりつつ、おほかたの空《そら》も艶《えん》なるにもてはやされて、不断《ふだん》の御《み》読経《どきょう》の声々《こえごえ》あはれまさりけり。（中略）後夜《ごや》の鉦《かね》うちおどろかし、五壇《ごだん》の御修法《みずほう》、時《じ》はじめつ。われもわれもとうちあげたる伴僧《ばんそう》の声々《こえごえ》、遠《とお》く近《ちか》く聞《き》きわたされたる程《ほど》、おどろおどろしくたふとし。観音院《かんのんいん》の僧正《そうじょう》、ひんがしの対《たい》より、廿人《にじゅうにん》の伴僧《ばんそう》をひきゐて、御加持《ごかじ》まゐりたまふ足音《あしおと》、渡殿《わたどの》の橋《はし》のとどろとどろと踏《ふ》みならさるるさへぞ、ことごとのけはひには似《に》ぬ。法住寺《ほうじゅうじ》の座主《ざす》は馬場《うまば》の御殿《おとど》、浄土寺《じょうどじ》の僧都《そうず》は文殿《ふどの》などに、うちつれたる浄衣姿《じょうえすがた》にて、ゆゑゆゑしき唐橋《からはし》どもを渡《わた》りつつ、木《こ》の間《ま》を分けてかへり入《い》るほども、はるかに見《み》やらるる心《ここ》ちしてあはれなり。さいさ阿闍梨《あざり》も、大威徳《だいいとく》をうやまひて、腰《こし》をかがめたり。人々《ひとびと》まゐりつれば、夜《よ》も明《あ》けぬ。

［訳］秋の気配がたつにつれて土御門殿《つちみかどどの》[1]の風情は言いようもなく深まりました。池の辺の木々の梢《こずえ》も遣水《やりみず》のほとりの草むらも、それぞれに色づき、空いっぱいの夕映えの鮮やかさに引き立てられ、不断の御読経[2]の声々は、ひとしお風情を増しています。（中略[3]）後夜[4]の鐘が打ち鳴らされて五壇《ごだん》の御修法《みずほう》[5]の勤行が始まりました。我も我もと競うように誦《じゅ》す伴僧の声が遠く近く聞こえてくるのは、たいそう重々しく、尊く思われます。観音院の僧正[6]が東対《ひがしのたい》から二十人の伴僧を引き連れて御加持にいらっしゃり、渡殿《わたどの》の橋をとどろとどろと踏み鳴らされる足音さえ、ふだんのことと違って厳《おごそ》かです。法住寺[7]の座主は馬場殿[8]を、浄土寺[9]の僧都は文殿[10]を控えの間とされ、揃いの法衣姿で優雅な朱塗りの唐橋《からはし》を渡り、木々の間に見え隠れして帰り入られるようすも遥《はる》かに見送るような気持ちがして、心にせまってまいります。さいさ阿闍《あじゃ》梨《り》[11]も大威徳明王[12]に礼拝し、腰をかがめてございました。やがて土御門殿で仕える女房らが出仕してくると、ようやく夜が明けました。

1 **土御門殿**＝藤原道長の邸。 2 **不断の御読経**＝法華経、金光明最勝王経、大般若経などを僧が交代で昼夜を分かたず唱えつづける読経。 3 **中略**＝中宮に夜話をして慰めたりしていた女官たちがこもごもに話をしているうちに。 4 **後夜**＝夜半から明け方までの時刻。 5 **五壇の御修法**＝不動明王を中心に五大明王をまつって修する祈禱《きとう》。 6 **観音院の僧正**＝山城国大雲寺観音院の僧、勝算。僧正は僧官の最上位で、勝算は権僧正《ごんのそうじょう》だった。 7 **法住寺**＝藤原為光が建立した寺院。座主とあるのは大僧都だった慶円（のちに天台座主）のことか。 8 **馬場殿**＝馬場のそばの建物。 9 **浄土寺**＝今の銀閣の地にあった寺院。 10 **文殿**＝文書を置く建物。 11 **さいさ阿闍梨**＝「さいさ」は僧の名の誤記。 12 **大威徳明王**＝五大明王の一つで西方に位置する。

寛弘五年（一〇〇八）七月、一条天皇の中宮（皇后）であった道長の女《むすめ》彰子《しょうし》が出産のために戻り、九月に皇子を産んだ。彰子に仕える女官だった紫式部の日記は寛弘五年秋から同七年正月までの記録。道長は土御門《つちみかど》の邸に高位の僧正・僧都らを招いて昼夜を分かたず祈禱を続けた。九月十日、中宮彰子《しょうし》の身の回りは白一色にして座所が浄《きよ》められ、中宮は白木《しらき》の御帳《みちょう》（寝台）に移る。祈禱はいっそう盛大となり、読経の響きにも増して、けたたましい憑坐《よりまし》の声がしきりに聞こえるようになる。

**紫式部日記**（寛弘五年九月十日）出典14

日《ひ》ひと日《ひ》、いと心《こころ》もとなげに、起《お》き臥《ふ》し暮《く》らさせたまひつ。御《おん》もののけどもかりうつし、かぎりなくさわぎののしる。月《つき》ごろ、そこらさぶらひつる殿《との》のうちの僧《そう》をばさらにもいはず、山々寺々《やまやまてらでら》をたづねて、験者《げんざ》といふかぎりは残《のこ》るなくまゐりつどひ、三世《みよ》の仏《ほとけ》もいかに翔《かけ》り給《たまふ》らんと思《おも》ひやらる。陰陽師《おんようじ》とて世《よ》にあるかぎり召《め》しあつめて八百万《やおよろず》の神《かみ》も耳《みみ》ふりたてぬはあらじと見《み》え聞《き》こゆ。御誦経《みずきょう》の使立《つかいた》ちさわぎ暮《く》らし、その夜《よ》も明《あ》けぬ。

［訳］中宮さまはその日一日、とても心もとなげで起きたり伏したりして過ごされました。物《もの》の怪《け》どもは憑坐《よりまし》に駆り移し、激しく調伏《ちょうぶく》しています。この月ほどから邸内にいる僧はもちろん、山々寺々をたずねて験者《げんざ》という験者は残りなく呼び集めているので、過去・現在・未来の三世の諸仏が宙を飛んでお守りくださっておられましょう。陰陽師も世にあるかぎり召し集めているので、八百万《やおよろず》の神々も耳を立て、その祈りを聞かれない神はあるまいと思われます。寺々に読経を求めに出立する使者たちの騒ぎが続くうちに、その夜も明けました。

憑坐とは、病気や難産をもたらす物《もの》の怪《け》を移らせる人で、その人に物の怪が移るように調伏《ちょうぶく》の祈禱をおこなった。『紫式部日記』には、右の引用箇所のあとに、物の怪調伏のようすが、およそ次のように書かれている。

中宮の座所の西の間に物の怪を移された憑坐たちがおり、それぞれ、屏風《びょうぶ》と几帳《きちょう》の中に閉じこめられている。その一人ごとに験者がつき、呪文を唱えて調伏する。

十一日、中宮彰子は御髪《みぐし》下ろし（髪を少し切る受戒の儀式）をして潔斎《けつさい》し、その間もなく、無事に皇子を出産した。そのとき、物の怪どもは無事の出産を妬《ねた》んで恐ろしく喚《わめ》きちらし、憑坐たちは調伏の僧に引き倒される騒ぎだったと紫式部は書いている。

## 仏事の広まり

道長は一条天皇の中宮彰子につづいて三条《さんじよう》天皇に二人の女《むすめ》、妍子《けんし》と盛子《せいし》を入内《じゆだい》させ、さらに後一条《ごいちじよう》天皇に威子《いし》を入内させた。三代の天皇の外戚《がいせき》として藤原摂関家は権力の絶頂に達する。それとともに平安貴族の生活は、たびたびの寺社参詣《さんけい》、宮中や私邸での年中行事、その他の仏事神事で埋めつくされた。宮中で春・秋の仁王会《にんのうえ》、おりおりの季御読経《きのみどきよう》（大般若転読会《だいはんにやてんどくえ》）、法華八講《ほつけはつこう》などが盛大におこなわれ、その席次や装束は貴族社会の序列を再生産する装置にもなった。

その華美な法会を清少納言は随筆『枕草子』「きらきらしきもの」の段に「孔雀経《くじやくきよう》の御読経《みどきよう》、御修法《みずほう》。五大尊《ごだいそん》、尊勝王《そんしようおう》の御修法。季の御読経。熾盛光《しじようこう》の御読経」などと列記している。春秋の大般若会《だいはんにやえ》である季の御読経のほか、孔雀明王、五大明王などを本尊とする密教の修法である。尊勝陀羅尼《だらに》を唱えれば帝釈天《たいしやくてん》の力により罪障消滅・息災延命の功徳があるといい、熾盛光仏頂如来を本尊とする熾盛光法は天下の災厄を除くという。ただし、祈禱にかならずしも効能が期待されたわけではない。『枕草子』には醒《さ》めた目で験者をみる記述もある。

## 枕草子（二二一「すさまじきもの」）出典15

験者《げんざ》の物怪調《もののけちょう》ずとて、いみじうしたり顔《がお》に独鈷《とこ》や数珠《ずず》など持《も》たせ、せみの声《こえ》しぼり出《い》だして誦《よ》みゐたれど、いささかさりげもなく、護法《ごほう》もつかねば、集《あつま》り居《い》、念《ねん》じたるに、男《おとこ》も女《おんな》もあやしと思《おも》ふに、時《じ》のかはるまで誦《よ》み極《ごう》じて、「さらにつかず。立《た》ちね」とて、数珠《ずず》取《と》り返《かえ》して、「あな、いと験《げん》なしや」と、うち言《い》ひて、額《ひたい》より上《かみ》さまにさくり上《あ》げ、欠伸《あくび》おのれうちして、寄《よ》り臥《ふ》しぬる。いみじうねぶたしと思《おも》ふに、いとしもおぼえぬ人《ひと》の、押《お》し起《おこ》して、せめてもの言《い》ふこそ、いみじうすさまじけれ。

［訳］験者《げんざ》が物《もの》の怪《け》を調伏《ちょうぶく》するといって、たいそう得意げに独鈷《どっこ》[1]や数珠などを憑坐《よりまし》[2]に持たせ、蝉みたいに声をしぼりだして誦《じゅ》していたけれど、物の怪は少しも去りそうになく、護法童子《ごほうどうじ》[3]も憑坐に憑《つ》かないので、集まって念じている男も女もおかしいと思いながら時《じ》[4]が変わるまで誦し続けたら験者が「まったく憑かない。もう立ちな」と憑坐から数珠を取り戻し、「ああ、効き目がないなあ」と舌打ちして額を手でなであげ、あくびを自分からして何かに寄りかかって寝てしまうことって、眠いときにあまり親しくない人に無理に起こされて話しかけられることも、とっても不愉快よね。

1 **独鈷**＝手ににぎる密教法具の金剛杵《こんごうしょ》の一種。 2 **憑坐**＝憑き物をのりうつらせる人。 3 **護法童子**＝験力ある僧に使役される鬼神。 4 **時**＝一刻（およそ二時間）または一日六時の勤行の時。

**死霊への恐れと御霊会の始まり**　物の怪は生霊《いきりょう》・死霊などの怪異である。その除霊にあたったのが験者《げんざ》（修験者）だったわけだが、とくに恐れられるようになったのは個々の人間の死霊だった。飛鳥・奈良時代には皇位継承をめぐる争いなどで皇族が殺されたり、自死に追いこまれたりすることがしばしばあったけれど、その霊が恐れられることはなかったのだが、平安時代には死霊への恐れが高まり、精神の世界がさまがわりした。とりわけ恨みをのんで死んだ皇族などの「御霊《ごりょう》」は強力で、祟《たた》りは天下に及んで飢饉《ききん》や疫病の流行をもたらすものと恐れられた。それを鎮める御霊会の最初の記録は六国史（古代の六つの正史）の第六『日本三代実録《にほんさんだいじつろく》』の貞観五年（八六三）五月の条にある。

**日本三代実録**（巻七　清和天皇　貞観五年五月二十日）　出典16

廿日《はつか》壬午《じんご》、神泉苑《しんせんえん》に御霊会《ごりょうえ》を修《ず》しき。勅《みことのり》して左近衛中将《さこんえのちゅうじょう》 従四《しょうし》位下《いのげ》藤原朝臣基経《ふじわらのあそんもとつね》、右近衛権中将《うこんえのごんのちゅうじょう》 従四《しょうし》位下《いのげ》兼行内蔵頭《けんぎょうくらのかみ》藤原朝臣常行等《ふじわらのあそんつねゆきら》を遣《や》りて、会《え》の事《こと》を監《み》しめ給《たま》ひ、王公卿士《おうこうけいし》赴《おもむ》き集《つど》ひて共《とも》に観《み》き。霊座《りょうざ》六《むつ》の前《まえ》に几筵《きえん》を設《もう》け施《ほどこ》し、花果《かか》を盛《も》り陳《なら》べて、恭敬薫修《くぎょうくんじゅ》しき。（中略）所謂《いわゆる》御霊《ごりょう》とは、崇道天皇《すどうてんのう》、伊予親王《いよのみこ》、藤原夫人《ふじわらのふじん》、及《およ》び観察使《かんさつし》、橘逸勢《たちばなのはやなり》、文室宮田麻呂《ふむやのみやたまろ》等是《らこれ》なり。並《なら》びに事《こと》に坐《つらな》りて誅《つみ》せられ、冤魂《えんこん》厲《おに》と成《な》る。近代以来《きんだいいらい》、疫病《えやみ》繁《しき》りに発《おこ》りて、死亡《しぼう》するもの甚《はなは》だ衆《おお》し。天下《てんか》以為《おもえ》らく、此《こ》の災《わざわい》は御霊《ごりょう》の生《な》す所《ところ》なりと。（中略）今茲《ことし》春《はる》の初《はじ》め、咳逆《しわぶき》、疫《えやみ》と成《な》りて、百姓《ひゃくせい》多《おお》く斃《たお》れ、朝廷《ちょうてい》為《ため》に祈《いの》り、是《ここ》に至《いた》りて乃《すなわ》ち此《こ》の会《え》を修《ず》す。以《も》て宿禱《しゅくとう》に賽《さい》せしなり。

[訳] 五月二十日、神泉苑[1]で御霊会が修せられた。天皇は勅して藤原基経《ふじわらのもとつね》、藤原常行《ふじわらのつねゆき》らの官人を派遣して法会を監督させ、皇族・公卿《くぎょう》をはじめ貴族らがおもむいて法会を観た。六つの霊座の前にそれぞれ台と敷物を設けて花果を盛りつけ、礼拝して厳《おごそ》かに法要を修した。（中略）[2]その御霊とは、崇道天皇《すどうてんのう》[3]、伊予親王《いよのみこ》[4]、藤原夫人《ふじわらのふじん》[5]および観察使《かんさつし》[6]、橘逸勢《たちばなのはやなり》[7]、文室宮田麻呂《ふんやのみやたまろ》らである。みな、謀叛《むほん》などの事件に連座して誅殺《ちゅうさつ》され、ぬれぎぬを着せられた魂は癘鬼《れいき》（たたりをなす死霊）になった。近頃、疫病がしきりにはやり、死亡するものが非常に多い。世の人々は、おそらく、この災禍は御霊がひきおこしているのだと思った。

**（中略）[8] 今年は春の初めから咳病《しわぶきやみ》が流行して、多くの人民が死んだ。そのため、朝廷は病魔退散の祈禱《きとう》をし、ここに至って、この御霊会を修し、もって前々からの祈禱に報いることとした。**

1 **神泉苑**＝池に寝殿造の殿舎を配した苑で、桓武天皇以来、しばしば天皇の遊宴がおこなわれた。また、空海が祈雨の修法《しゅほう》をおこなったのをはじめ（八二四年）、雨乞いや御霊会がもよおされる霊場になった。 2 **中略**＝金光明経、般若経を講じ、雅楽を奏し、稚児の舞などを演じ、苑の四門を開いて人々の出入りを許した。 3 **崇道天皇**＝早良《はやら》親王。桓武天皇の弟で皇太子に立てられたが、延暦四年（七八五）、長岡京造宮にあたっていた藤原種継《ふじわらのたねつぐ》が暗殺されると、その罪を着せられ、廃太子のうえ淡路に流されることになった。その途上、親王は自ら食を断って絶命。その怨霊《おんりょう》を鎮めるため、桓武天皇は親王に崇道天皇の号を贈った。 4 **伊予親王**＝桓武天皇の皇子だが、大同二年（八〇七）、謀反の首謀者だという讒言《ざんげん》をうけ、母とともに幽閉された。それに抗議して、母子ともに毒を飲んで自殺。 5 **藤原夫人**＝伊予親王とともに自殺した母、藤原吉子《きっし》。 6 **観察使**＝令外官の一つ。ここでは橘逸勢か、弘仁元年（八一〇）の薬子の変で死んだ藤原仲成《なかなり》のこと。 7 **橘逸勢**＝三筆の一人として知られる文人貴族だが、承和《じょうわ》の変（八四二年）に連座し、伊豆配流の途中、殺された。 8 **中略**＝御霊会は京畿《けいき》から諸国に広まって、読経、舞楽、相撲などの仏事神事が盛んにおこなわれるようになった。

神泉苑の御霊会は恨みをのんで死んだ人物六人の個人霊をそれぞれ壇を設けて鎮める祭りだった。こうした個人霊の観念は皇族や高位の官人から次第に広がって死霊鎮葬の祈禱念仏が盛んになった。また、御霊は病魔退散や五穀豊穣《ほうじょう》などの除災招福の神としてまつられるようにもなる。菅原道真《すがわらのみちざね》（八四五～九〇三年／天神）、平将門《たいらのまさかど》（?～九四〇年／明神）など、激しい怨《うら》みをもつ悪霊は、まつって慰撫《いぶ》されれば大きな恵みをもたらす威力もあると思われたからだ。

今日、全国的に類似の祭礼がみられる祇園《ぎおん》祭の起源も御霊会である。貞観十一年（八六九）、神泉苑に諸国の鉾《ほこ》六十六本を立てて御霊会が催されたとき、八坂神社《やさかじんじゃ》から神輿《みこし》を送ったことが始まりだと同社の伝にいう（『二十二社註式』によれば九七〇年の祇園御霊会が最初で、そのころから盛んになった）。

疫病の蔓延《まんえん》を素戔嗚尊《すさのおのみこと》の祟《たた》りとし、その御霊を鎮めた祭りである。

八坂神社は、もとは比叡山延暦寺《ひえいざんえんりゃくじ》に属し、素戔嗚尊を主祭神とするが、明治の神仏分離以前には薬師如来をまつる仏堂もあり、祇園社または祇園感神院《ぎおんかんじんいん》とよばれた。素戔嗚尊をインドの祇園精舎《ぎおんしょうじゃ》の守護神＝牛頭天王《ごずてんのう》と同体（本地は薬師如来）とする本地垂迹説《ほんじすいじゃく》による社寺である。

### 【コラム】平安京を開いた桓武天皇の葬儀

桓武天皇（七三七～八〇六年）は延暦二十五年三月十七日、在位のまま七十歳で崩じた。次の平《へい》城《ぜい》、嵯峨《さが》・淳和《じゅんな》の三代はみな桓武天皇の皇子である。その後の皇位も桓武天皇の子孫に受け継がれ、今日まで続く皇統の祖になった。

この桓武天皇の葬儀のもようが『日本後記《にほんこうき》』（六国史の第三）に細かく記されている。崩御の翌日、御装束司《みしょうぞくし》（葬儀の衣装や調度品をととのえる官）、山作司《さんさくし》（陵をつくる官）、作路司《さくろし》など臨時の諸司が任じられた。作路司は御所から陵への道をととのえる役職で、このときは畿内を中心に五千人が動員された。

その陵の地は同月十九日、筮竹《ぜいちく》の占いによって宇太野《うだの》（京都市右京区宇多野あたり）が選ばれたのだが、不吉なことが起こった。桓武天皇の初七日の法要が諸寺で営まれた同月二十三日、平安京周辺の山々で火災が発生し、京内は昼間でも薄暗くなるほど煙や灰につつまれたのである。

この火災は桓武天皇陵の予定地が賀茂《かも》神社に近いので神が祟《たた》っているためだと考えられた。そのため、陵の地は山城国紀伊郡（伏見）に変更された。柏原山陵という。

なぜ、その地が桓武天皇陵に選ばれたのか、その理由は『日本後記』に記されていない。ただし、先に決められた宇太野は、そもそも亀卜《きぼく》（亀の甲羅を焼き、ひびわれを見て占う法）では不可と出ていたのだという。おそらく、あらためて亀卜をして神意をうかがい、伏見が選ばれたのだろう。

ところで、賀茂神社（現在の上賀茂・下鴨両社）は山城国を本拠地にしていた賀茂氏の氏神である。平城京周辺には春日《かすが》大社があるくらいなのに対し、平安京とその近辺には、賀茂神社のほか、祇園《ぎおん》神社（八坂神社）、松尾《まつお》大社などの神社が多い。平安時代には、さまざまな神社での神事・祭礼がさかんになり、貴族も民衆も参詣するようになった。神仏習合して多くの神社で仏もまつられたが、神社は穢《けが》れを避け、葬儀と追善供養《ついぜんくよう》は寺院の僧侶《そうりょ》にまかせて神職はかかわらないようになった。

## 7 平安貴族の無常

**鳥辺野の煙**　平安貴族社会の頂点に立ったのは天皇・皇族以下、三位以上の高官である公卿《くぎょう》など殿《てん》上人《じょうびと》とよばれる貴族たちだった。殿上人とは天皇の日常の御殿である清涼殿《せいりょうでん》への昇殿を許された人々である。かれらの生活は、かなり不自由なものだった。国を治めるまつりごとは、もともと神事だから、穢《けが》れや不吉をきらう。殿上人の権威と権力も、それらを祓《はら》い清めたところに成り立つので、穢れとなるものや方位・日時の不吉を慎重に避けねばならなかった。
その穢れのうち死穢《しえ》（死の穢れ）はもっとも忌《い》まわしいものとされ、都では墓地さえ遠ざけられた。遺体は東山の麓《ふもと》一帯の鳥辺野《とりべの》（鳥辺山《とりべやま》）、西の小倉山《おぐらやま》の麓一帯の化野《あだしの》などに運びだされた。紫式部の『源氏物語』には、若く美しい葵上《あおいのうえ》が男子を出産後に亡くなり、火葬にされたようすが「こなたかなたの御送りの人ども、寺々の念仏の僧など、そこら広き野に所もなし」（巻九「葵上」）と記され、葬儀は盛大に営まれても墓地には特に建物もなく、茫漠《ぼうばく》とした野原だったようすが語られている。光源氏は

「のぼりぬる煙はそれとわかねども　なべて雲居《くもい》のあはれなるかな」、火葬の煙が空に昇って雲と区別がつかないのがあわれだと歌うのだった。

皇族や貴族の葬儀のもようは『栄花物語《えいがものがたり》』にたびたび記されている。同書は勅撰の正史ではないが、六国史の最後の『日本三代実録』につづく歴史書で、宇多《うだ》天皇（在位八八七～八九七年）から堀河《ほりかわ》天皇（在位一〇八六～一一〇七年）までの約二百年が編年体で記されている。全四十巻のうち三十巻までが正編で、藤原道長の没後数年たった長元《ちょうげん》年間（一〇二八～一〇三七年）の成立とみられる。その巻第七は、長保《ちょうほう》二年（一〇〇〇）に一条天皇の皇后定子《ていし》が産後に崩じて鳥辺野で土葬され、翌年には一条帝の母后、東三条院詮子《ひがしさんじょういんせんし》（道長の姉）が病没して鳥辺野で荼毘《だび》に付されたことから巻名を「とりべ野」という。次は詮子の葬儀のもようである。

**栄花物語**（巻第七「とりべ野」）出典17

かくて三日《みっか》ばかりありて、鳥辺野《とりべの》にぞ御葬送《ごそうそう》あるべき。雪《ゆき》のいみじきに、殿《との》よりはじめたてまつりて、よろづの殿上人《てんじょうびと》、いづれかは残《のこ》り仕《つこ》うまつらぬはあらん、おはしますほどの儀式有様《ぎしきありさま》いふもおろかなり。（中略）暁《あかつき》には、殿御《とのお》骨《こつ》懸《か》けさせたまひて、木幡《こはた》へ渡《わた》らせたまひて、日《ひ》さし出《い》でて還《かえ》らせたまへり。さてほどもなく御衣《おんぞ》の色変《いろかわ》りぬ。内《うち》にもあはれにて過《す》ぐさせたまふ。天下《てんか》諒闇《りょうあん》になりぬ。

［訳］（詮子は長保三年閏《うるう》十二月二十二日に崩じた）三日ほどのち、鳥辺野で女院の葬送がおこなわれる。雪がひどく降っているけれど、道長様をはじめ、あまたの殿上人のどなたであれ居残って仕え申さない人があろうか。ご参列になる儀式の厳かさはいうまでもない。（中略／夜もすがら荼毘《だび》の世話をし）暁には、道長様が御骨を首にお懸けになって、宇治の木幡《こはた》へおもむかれ、日が出てからご帰還された。そうして

ほどなく衣装は喪の色に変わった。内裏の帝《みかど》も哀悼の心で過ごされる。帝をはじめ天下は諒闇《りようあん》(一年間の服喪)に入った。

おりから暮れで、年末年始の仏事はもっぱら追善供養の色をおび、二月には四十九日の法事が花山《はなやま》の慈徳寺《じとくじ》(詮子の御願寺《ごがんじ》だった寺)でおこなわれた。盛大な葬儀と法要が営まれたようだが、藤原氏代々の墓所である宇治の木幡《こはた》には遺骨を納めただけで何もしていない。そこには石の卒塔婆《そとば》が立っているくらいで、古墳時代には王や豪族の権威と権力の象徴だった壮大な墳墓は見る影もない。墓所は無常《むじよう》所《しよ》とか三昧《さんまい》とよばれ、人の近寄らない場所になった。

火葬場の鳥辺野はまだしも、化野はもっぱら風葬の地となり、遺体は野に置いて腐るにまかされた。「鳥辺野の煙」に対して「化野の露」といわれるゆえんである。

## 道長の出家

寛仁《かんにん》二年(一〇一八)、藤原道長は五十三歳のとき、「この世をば我が世とぞ思ふ」と歌った。それほどの権力をにぎった道長でも病気をきっかけに同三年三月に出家し、僧名を行観《ぎようかん》と名のった(のち行覚《ぎようかく》と改名)。『栄花物語』巻第十五「うたがひ」に、その出家の経緯が記されている。

道長は摂政の地位は子の頼通《よりみち》に譲ったが、太政大臣《だいじよう》のまま過ごしていた。そうこうするうちに病になり、非常に苦しむようになった。物《もの》の怪《け》が数知らずわめくなかには「もっともな言い分だ」と聞こえるものもあり、身に覚えのない非難もあった。陰陽師《おんみようじ》の安倍晴明《あべのせいめい》らを招いて祈禱《きとう》させたりしたが、道長はただ仏を頼んで、年来の本意に従って出家を願うようになった。その後も皇族・公卿《くぎよう》らが修法を繰り広げたが、道長は早く出家の本意を遂げたいというのみなので、ついに、しかたがないということになった。その出家のようすを『栄花物語』は次のように語る。

## 栄花物語（巻第十五「うたがひ」）出典17

かくて、今《いま》はとて院源僧都《いんげんそうず》召《め》して、御髪《みぐし》おろさせたまうつ。（中略）僧都《そうず》の、御髪《みぐし》おろしたまふとて、「年《とし》ごろの間《あいだ》、世《よ》の固《かた》め、一切衆生《いっさいしゅじょう》の父《ちち》としてよろづの人《ひと》をはぐくみ、正法《しょうぼう》をもて国《くに》を治《おさ》め、非道《ひどう》の政《まつりごと》なくて過《す》ぐさせたまふに、かぎりなき位《くらい》を去《さ》り、めでたき御家《おんいえ》を捨《す》てて、出家入道《しゅつけにゅうどう》させたまふを、三世《さんぜ》諸仏《しょぶつ》たち喜《よろこ》び、現世《げんぜ》は御寿命《ごじゅみょう》延《の》び、後生《ごしょう》は極楽《ごくらく》の上品上生《じょうぼんじょうしょう》に上《のぼ》らせたまふべきなり。三帰《さんき》五《ご》戒《かい》を受《う》くる人《ひと》すら、三十六天《さんじゅうろくてん》の神祇《じんぎ》、十億恒河沙《じゅうおくごうがしゃ》の鬼神《きじん》護《まも》るものなり。いはんや、まことの出家《しゅつけ》をや」など、あはれに尊《とうと》くかなしきことかぎりなし。宮々《みやみや》、殿《との》ばら惜《お》しみ悲《かな》しびきこえたまふ、ことわりにいみじう悲《かな》し。内《うち》、東宮《とうぐう》より御使隙《おんつかいひま》なし。

［訳］こうして「今はこれまで」と院源僧都[1]を招き、髪をおろされた。（中略）僧都は髪をおろすとき、「年来、世の固め、一切衆生《いっさいしゅじょう》の父[2]として万民をはぐくみ、正しい仏法をもって国を治め、非道な政《まつりごと》もなく過ごしてこられたのに、この上ない地位を去り、立派な邸《やしき》を捨てて出家入道[3]されるのを過去・現在・未来の三世の諸仏が喜び、現世では寿命が延び、来世には極楽の上品上生《じょうぼんじょうしょう》[4]に上られることでしょう。三帰五戒[5]を受ける在家の人でも三十六天[6]の善神、十億恒河《ごうが》沙《しゃ》[7]の鬼神が守護するものです。まして、本当に出家される人を」などと語り、しみじみ尊く哀しいことはかぎりない。中宮彰子《ちゅうぐうしょうし》らの宮々、関白頼通《よりみち》らの殿ばらが惜しみ悲しみ申しあげるのも、たいへん悲しいことである。内裏の帝、東宮の親王からの使者も絶え間がなかった。

**1** **院源僧都**＝比叡山延暦寺《ひえいざんえんりゃくじ》の僧。法性寺《ほっしょうじ》座主。 **2** **一切衆生の父**＝法華経などで仏は一切衆生（あらゆる生き物）の父として語られる。その仏と同様に道長は世の人々をはぐくんだと誉《ほ》めあげる。 **3** **入道**＝仏門に入ること。特に皇族や公卿《くぎょう》が出家することをいったが、落飾してもそのまま在俗の生活を送ることが多く、そのような人（在家沙弥《ざいけしゃみ》）の呼称ともなった。 **4**

**上品上生**＝極楽には人の能力や性格に応じて九つの階層（九品《くほん》）があるという。もっとも上位が上品上生、もっとも下位が下《げ》品下生《ぼんげしょう》である。この九種を阿弥陀《あみだ》仏像で表したのが九品仏で、それぞれ異なる手印を結ぶ。両手を広げた下品下生印は来迎印《らいごういん》ともいい、鎌倉時代にはどんなに劣った人でも救う姿として重視されるようになる。 5 **三帰五戒**＝三帰は仏法僧の三宝に帰依すること。五戒は初心また在家の人の守るべき基本的な五種の戒で、不殺生《ふせつしょう》戒、不偸盗《ふちゆうとう》戒、不邪淫《ふじゃいん》戒、不妄語《ふもうご》戒、不飲酒《ふおんじゆ》戒をいう。 6 **三十六天**＝五戒を受けた者を護るという三十六善神。 7 **恒河沙**＝ガンジス（恒河）の砂の数。非常に多数。

## 道長の多様な信仰と死

道長は比叡山《ひえいざん》の院源《いんげん》を戒師として出家したのだが、比叡山で修行することになったわけではない。出家受戒のかいあって病が快癒した道長は、翌年、奈良に行き、東大寺で具《ぐ》足戒《そくかい》も受けた。また、法華八講や十講（法華経八巻、三部経十巻を一巻ずつ読誦《どくじゅ》する法会）を熱心におこなういっぽう、自邸の土御門第《つちみかどてい》の東に阿弥陀《あみだ》堂（無量寿院）を造営した。これが壮大な法成寺《ほうじようじ》の基である。

法成寺は平安貴族による壮麗な阿弥陀堂建立の例として知られるが、金堂には密教の主尊大日如来をまつり、九品仏《くほんぶつ》を安置した阿弥陀堂の東には九体の薬師如来を安置する薬師堂を配置した。そのほか、法華堂や五大堂などの諸堂を造り、道長の雑多な信仰を反映していた。その造営には道長にとりいろうとする多くの貴族の寄進があったので、多彩な信仰は平安貴族に共通するものでもあった。

道長は阿弥陀仏の極楽浄土への往生を願ったのみならず、はるかな未来の弥勒仏《みろくぶつ》の世に生まれることも望んだ。その弥勒世のことは弥勒下生経《みろくげしょうきょう》などに次のように説かれている。

釈迦《しゃか》が世を去った現在、弥勒菩薩《ぼさつ》が兜率天《とそつてん》（次に仏になるものの天上界）に在り、五十六億七千万年後、地に下って竜華樹《りゅうげじゅ》の下で成道して弥勒仏になる。その樹は高さも広さも四十里、枝には竜が百宝を吐くように百宝の花が咲いている。弥勒仏は竜華樹の下で三度の説法をおこない、その法会に列する者すべてに悟りが開かれる。この竜華三会《りゆうげさんえ》に列することを祈っておこなわれたのが経典を地下に埋める仏事だった。埋経《まいきよう》の功徳によって樹下の弥勒仏にまみえるという。

寛弘四年（一〇〇七）、道長は弥勒菩薩の兜率浄土だといわれた金峰山《きんぶせん》（大峯山《おおみねさん》・山上ヶ岳）に登山し、自身が書写した経巻を埋蔵した。その後、埋経は盛行し、広く経塚《きようづか》がつくられるようになる。道長の埋経はその初期の例で、発掘された経筒の銘により、弥勒経、法華経、阿弥陀経などを自ら書写して納めたことが知られる。埋経は弥勒信仰によるとはいえ、のちにはもっぱら法華経が埋蔵されるし、浄土信仰や八幡信仰も混然としていた。

権勢にあかせてさまざまな仏事を営んだ道長だが、晩年はしだいに阿弥陀仏の極楽浄土への信仰に心を寄せるようになった。そして、万寿《まんじゆ》四年（一〇二七）十二月、六十二歳で没する。その年夏に背中に癰《よう》（できもの）ができ、秋には乳房ほどの大きさに腫《は》れあがって苦悶《くもん》しつづけた道長は法成寺の阿弥陀堂に臥《ふ》し、顔を西方に向けて他界したという。遺体は鳥辺野で荼毘《だび》に付され、遺骨は宇治木幡の三昧堂の墓地に葬られた。木幡の三昧堂は、前述の東三条院詮子の葬儀ののち、藤原氏の墓所に仏堂のひとつもないことを歎《なげ》いた道長が一寺を建立したもので、寺名を浄妙寺《じようみようじ》という。といっても、普賢《ふげん》菩薩をまつる法華堂と若干の建物がある程度で、法成寺の大伽藍《がらん》とは比較にならない小さな寺だった。その寺も鎌倉時代初期に焼失した。今は宇治市立木幡小学校の校門脇にある石碑によって、そこに浄妙寺があったと知られるのみである。

## 8　厭離穢土・欣求浄土

**隠者の憧憬**　康保《こうほう》元年（九六四）三月、慶滋保胤《よししげのやすたね》（?〜一〇〇二年）を中心に源 為憲《みなもとのためのり》（?〜一〇一一年）

ら文人二十人、比叡山《ひえいざん》の僧二十人が集まって勧学会《かんがくえ》という法会《ほうえ》を催した。以後、都の近辺の寺で毎年三月・九月の十五日におこなわれた。朝に法華経を読誦《どくじゅ》し、夕べに阿弥陀《あみだ》仏を念じて名号を称《とな》える法会だったが、文人たちの遊びともみられた。保胤自身が随筆『池亭記《ちていき》』に、勧学会をよく知らない人は「恐らく風月詩酒の楽遊と為さん」と書いている。

かれらは中下級の貴族で、藤原摂関家の縁故者が上位をしめる宮廷で栄達の見込みはなく、私的な教養の世界に生きることに価値を見出《みいだ》した。保胤は『池亭記』で「職は柱下《ちゅうか》（文書作成の任にあたる内記《ないき》の別称）に在りといへども、心は山中に住むが如とし」、身は官職にあっても心は隠遁《いんとん》の境地にあるという。『池亭記』は鎌倉時代の『方丈記』のもとになったといわれる随筆である。

源為憲は出家した若い内親王（冷泉《れいぜい》天皇の皇女尊子《そんし》）のための仏教入門書『三宝絵《さんぼうえ》』をあらわしたことで知られる（詞書《ことばがき》だけ現存）。その冒頭に、人は浮き草のようなものだと無常を説く。

**三宝絵**（序） 出典18

古《いにしえ》ノ人《ひと》ノ云《いえ》ル事有《ことあり》、／身観《みをかんずれ》バ岸額《きしのひたい》ニ根離《ねをはなれた》ル草《くさ》、命論《いのちをろんずれ》バ江辺《えのほとりに》不繋《つながざる》船《ふね》。／ト。又《また》、／世中《よのなか》ヲ何《なにに》譬《たとえ》ム朝《あさ》マダキコギ行船《ゆくふね》ノ跡《あと》ノ白浪《しらなみ》。／ト云《いえ》リ。唐《もろこし》ニモ此朝《このちょう》ニモ物《もの》ノ心《こころ》ヲ知人《しるひと》ハカクゾ云《いえ》ル。況《いわんや》解《サトリ》深《フカク》慈《いつくし》ビ広《ひろ》ク伊坐《イマ》ス仏《ほとけのミ》御教《ノリ》ニ、／世《ヨ》ハ皆堅《ミナかた》ク不全《またからざ》ル事《こと》、水《みず》ノ沫《アハ》、庭水《ニワタヅミ》、外景《カゲロフ》ノ如《ごと》シ。汝等《なんじら》悉《ことごと》ク正《まさ》ニ疾《トク》厭《いと》ヒ離《はな》ル、心《こころ》ヲ可《なす》成《べし》。／ト宣《のたま》ヘリ。

[訳] 古《いにしえ》の人が言われることがあります。身を観ずれば岸辺の根を離れた草、命を論ずれば川岸に繋《つな》がれていない船のようなもの、と。また、世の中を何に譬《たと》えむ朝まだき漕《こ》ぎゆく船の跡の白浪、と歌われています。中国でも日本でも物の心を知る人は、このように言われるのです。まして、さとりの心深く、

慈悲広大な仏の教えに、世は皆、堅固ならざること、水の沫《あわ》、雨後の水たまり、かげろうの如し。汝《なんじ》ら悉《ことごと》く正に疾《はや》く世を厭《いと》い離れる心をおこすべし、と説かれています。

出家したとはいえ内親王という高い身分の女性にも、まず人の世を厭《いと》うべきことから仏教が語られている。無常は本来、万物が常に変化していることを意味し、悲観的な人生観をいうものではないのだが、無常という言葉は情感に強くうったえた。また、それは一つの美意識の表現で、貴族たちの生活が現実に悲惨だったわけではない。源為憲は国司を歴任し、極官位は従五位下《じゆごいのげ》。慶滋保胤は大内記《だいないき》・従五位下で、ともに下位ではあっても貴族の一員だった。随筆『池亭記』の書名の由来となった保胤の自邸も、同書に、ようやく五十歳になるころに手に入れた小宅だというものの、広々と風雅な邸《やしき》だった。

**池亭記**　出典19

予六条以北《よろくじようよりきた》に初《はじ》めて荒地《こうち》を卜《ぼく》し、四《よ》つの垣《かき》を築《つ》きて一《ひと》つの門《もん》を開《ひら》く。上《かみ》は蕭相国《しようしようこく》の窮僻《きゆうへき》の地《ち》を択《えら》び、下《しも》は仲長統《ちゆうちようとう》の清曠《せいこう》の居《きよ》を慕《した》ふ。地方都盧十有余畝《ちほうすべてじゆうゆうよぼう》。隆《たか》きに就《つ》きては小山《しようさん》を為《つく》り、窪《くぼ》に遇《あ》ひては小池《しようち》を穿《ほ》る。池《いけ》の西《にし》に小堂《しようどう》を置《お》きて弥陀《みだ》を安《あん》ず。池《いけ》の東《ひがし》に小閣《しようかく》を開《ひら》きて書籍《しよせき》を納《おさ》む。池《いけ》の北《きた》に低屋《ていおく》を起《た》てて妻子《さいし》を着《つ》けり。

[訳] 私は都の六条以北に初めて土地を選んで周囲に垣をめぐらし、一つの門をつくった。遠くは漢の宰相蕭何《しようか》[1]が僻地《へきち》を選び、近くは仲長統《ちゆうちようとう》[2]の清く広やかな住まいを慕う。敷地は四方すべて十余畝《せ》[3]。土地が高いところは小山にし、窪地《くぼち》には小池を掘った。その池の西に小堂を建てて阿弥陀仏を安置[4]する。池の

**東に小閣を建てて書籍を置く。池の北に低屋を建てて妻子を住まわせた。**

1 **蕭何**＝漢の高祖劉邦《りゅうほう》を補佐し、特に法律や文物の整備に尽くした功臣。相国は宰相の意。　2 **仲長統**＝後漢時代の官人。

3 **畝**＝中国の一畝《ぼう》は二百四十歩《ぶ》。一歩は六尺にあたる。　4 **阿弥陀仏を安置**＝池の西に阿弥陀堂を建てるのは極楽浄土が西方にあるためで、いわゆる浄土庭園の典型である。

この邸を保胤は虱《しらみ》が衣の縫い目を楽しむような細《ささ》やかな住まいだというのだが、「地《ち》方《ほう》都盧《すべて》十有余《ゆうよ》畝《ぼう》」の広い屋敷には浄土庭園が造られていた。中国の古典をベースにした美文調の随筆なので、書かれていることが、そのまま事実ではない。しかし保胤は、「朝《ちょう》に在りては身暫《しばら》く王事（政治）に随ひ、家に在りては心永く仏那《ぶつな》（仏陀《ブッダ》）に」帰依し、「西堂（阿弥陀堂）に参り、弥陀を念じ、法華を読む」ことを願うのだった。寛和《かんな》二年（九八六）にほんとうに出家し、比叡山に登った（僧名は心覚《しんかく》、のち寂心《じゃくしん》）。この出家をきっかけに、勧学会はひとまず終わる。

**往生要集と念仏**　慶滋保胤が出家した寛和二年には、比叡山首楞厳院《しゅりょうごんいん》（横川中堂《よかわちゅうどう》）の僧らが二十五三昧会《ざんまいえ》という念仏集団をつくった。その前年に横川の僧源信《げんしん》（九四二～一〇一七年）があらわした『往生要集《おうじょうようしゅう》』の念仏を実行にうつしたもので、源信も保胤も、それに加わった。『往生要集』は極楽往生を説く経典・論書の要文を集めた書物で、その趣旨を序にいう。

**往生要集**（序）　出典20

それ往生極楽《おうじょうごくらく》の教行《きょうぎょう》は、濁世末代《じょくせまつだい》の目足《もくそく》なり。道俗貴賤《どうぞくきせん》、誰《たれ》か帰《き》せざる者《もの》あらん。ただし顕密《けんみつ》の教法《きょうぼう》は、その文《もん》、一《いつ》にあらず。事理《じり》の業因《ごういん》、その行《ぎょう》これ多《おお》し。利智《りち》精進《しょうじん》の人《ひと》は、いまだ難《かた》しと為《な》さざらんも、予《よ》が如《ごと》き頑魯《がんろ》の者《もの》、あに敢《あえ》てせんや。

この故《ゆえ》に、念仏《ねんぶつ》の一門《いちもん》に依《よ》りて、いささか経論《きょうろん》の要文《ようもん》を集《あつ》む。これを披《ひら》いてこれを修《おさ》むるに、覚《さと》り易《やす》く行《おこな》ひ易《やす》からん。惣《す》べて十門《じゅうもん》あり。分《わか》ちて三巻《さんかん》となす。一《いち》には厭離穢土《おんりえど》、二《に》には欣求浄土《ごんぐじょうど》、三《さん》には極楽《ごくらく》の証拠《しょうこ》、四《し》には正修念仏《しょうじゅねんぶつ》、五《ご》には助念《じょねん》の方法《ほうほう》、六《ろく》には別時《べつじ》念仏《ねんぶつ》、七《しち》には念仏《ねんぶつ》の利益《りやく》、八《はち》には念仏《ねんぶつ》の証拠《しょうこ》、九《きゅう》には往生《おうじょう》の諸業《しょごう》、十《じゅう》には問答料簡《もんどうりょうけん》なり。これを座右《ざゆう》に置《お》いて、廃忘《はいもう》に備《そな》へん。

［訳］往生極楽の教えとその行は、濁った末の世の今、目や足にもあたる頼りである。出家も在家も、また貴賤《きせん》をとわず、帰依《きえ》しない者があろうか。ただ、顕教・密教（全仏教）の教えは、その文が一つではない。往生のもとになる修行法や理論も多い。智に勝《すぐ》れて精進できる人には難しくないだろうが、私のような愚か者には、とても実践できない。

このため、念仏の仏門にしぼって、いささか経典や論書から往生の要文を集めた。それを読んで修してみると、わかりやすく行じやすい。全部で十章を三巻に分けて記す。一章は厭離穢土《おんりえど》[1]、二章は往生を願う欣求浄土《ごんぐじょうど》[2]、三章は極楽の証拠[3]、四章は正修念仏《しょうじゅねんぶつ》[4]、五章は助念《じょねん》の方法《ほうほう》[5]、六章は別時念仏《べつじねんぶつ》[6]、七章は念仏《ねんぶつ》の利益《りやく》[7]、八章は念仏《ねんぶつ》の証拠《しょうこ》[8]、九章は往生《おうじょう》の諸業《しょごう》[9]、十章は問答料簡《もんどうりょうけん》[10]である。この書物を座右に置き、忘れたときに備えよう。

1 **厭離穢土**＝人の世や地獄など、輪廻《りんね》転生の苦しい世界（三界）を厭《いと》い、解脱《げだつ》の思いを強めること。

2 **欣求浄土**＝極楽浄土への往生を願うこと。とくに十の楽があることを説く。①聖衆来迎《しょうじゅらいこう》の楽…臨終のときに仏と菩薩《ぼさつ》らが迎えにくる。②蓮華《れんげ》初《しょ》開《かい》の楽…極楽に生まれると、花が初めて開くのをみるような喜びがある。以下、極楽に生まれると、同様に③身相神通《しんそうじんずう》の楽…神々しい姿になる。④五妙境界《ごみょうきょうがい》の楽…聞くこと見ること、五官に感じることのすべてがすばらしい。⑤快楽無退《かいらくむたい》の楽…楽しみが尽きることはない。以下、この世においても⑥引接結縁《いんじょうけちえん》の楽…人々を引きよせて阿弥陀《あみだ》仏と結縁させる。⑦聖衆倶会《しょうじゅくえ》の楽…清らかな仏や人々と共にいる。⑧見仏聞法《けんぶつもんぼう》の楽…仏にまみえて法を聞く。⑨随心供仏《ずいしんくぶつ》の楽…心のままに仏を供養する。⑩増進仏道《ぞうしんぶつどう》の楽…ますます仏道に励むことができる。3 **極楽の証拠**＝十方の諸仏の浄土ではなく、また、未来の弥勒《みろく》仏の浄土ではなく、阿弥陀仏の西方極楽浄土への往生を願う理由について、その証拠となる文。4 **正修念仏**＝世親（五世紀のインドの僧）の『浄土論』に説かれているように、五念門を修すること。①礼拝《らいはい》門…阿弥陀への礼拝。②讃歎《さんだん》門…阿弥陀の徳を讃える。③作願《さがん》門…一心に往生したいと願う。④観察《かんざつ》門…阿弥陀仏や極楽の荘厳を観じ、心に念じる。⑤廻向《えこう》門…自分の念仏の功徳を他に振り向け、ともに往生したいと願う。5 **助念の方法**＝念仏を助ける方法。花や香、灯明などの供えかた、仏像への対しかた、止悪修善《しあくしゅぜん》の心構えなど。6 **別時念仏**＝特別に日時をもうけて修する念仏。第一に尋常の別行（平生の別時）、第二に臨終の行儀を説く。7 **念仏の利益**＝七つの利益をあげる。①滅罪生善《めつざいしょうぜん》…罪障を滅し、善を生じる。②冥得護持《みょうとくごじ》…神仏の冥加《みょうが》がある。③現身《げんしん》見仏《けんぶつ》…この身のままで仏にまみえる。④到来《とうらい》の勝利…来世に勝れた利益《りやく》を得る。⑤弥陀の別益《べつやく》…阿弥陀仏から格別の利益を得る。⑥引例勧信…例を引いて信仰を勧める。⑦悪趣《あくしゅ》の利益…地獄に堕ちても利益がある。8 **念仏の証拠**＝さまざまな仏道のなかで念仏を勧める理由について、その証拠となる文。念仏は男女貴賤《きせん》を問わない。とりわけ、臨終には念仏にまさるものはない。9 **往生の諸業**＝念仏以外の極楽往生の修行をあげる。10 **問答料簡**＝まとめとして問答によって疑問を解く。

源信は比叡山で若く学識を認められたが、都の貴族社会と結びついて世俗化が進んだ延暦寺《えんりやくじ》の僧の序列をきらい、横川の恵心院《えしんいん》に隠棲《いんせい》して著述にいそしんだ。一時、権少僧都《ごんのしょうそうず》に任じられたことから恵心僧都とよばれ、その後の法系を恵心流という。

『往生要集』は、その十章のうち、第一「厭離穢土《おんりえど》」に地獄の様相が語られている。八大地獄（等《とう》活《かつ》・黒縄《こくじょう》・衆合《しゅごう》・叫喚《きょうかん》・大叫喚・焦熱《しょうねつ》・大焦熱・無間《むけん》）があり、限りなく責め苦をうける。『往生要集』はこの地獄の描写で知られるが、厭離穢土の「穢土」は地獄から天までの六道をさす。そのうち人間界については、人の肉体には醜い内臓がつまり、八万もの虫がおぞましく巣くっているという。どんなに美味なものを食べても一晩で糞尿《ふんにょう》に変じ、「たとひ長寿ありといへども、終《つい》に無常を免れず」と人の身の醜さ、命のはかなさを説く。だから、浄土を欣《ねが》い求めよ（欣求《ごんぐ》浄土）というのが『往生要集』の主旨である。大きな影響を及ぼしたのは、第六「別時念仏」に記された臨終行儀《りんじゅうぎょうぎ》だった。

**往生要集**（大文第六「別時念仏」第二　臨終の行儀）出典20

第二《だいに》に、臨終《りんじゆ》の行儀《ぎようぎ》とは、まづ行事《ぎようじ》を明《あか》し、次《つぎ》に勧念《かんねん》を明《あか》す。

初《はじめ》に行事《ぎようじ》とは、四分律抄《しぶんりつしよう》の瞻病送終《せんびようそうじゆ》の篇《へん》に、中国本伝《ちゆうごくほんでん》を引《ひ》きて云《いわ》く、祇洹《ぎおん》の西北《さいほく》の角《すみ》、日光《にっこう》の没《もつ》する処《ところ》に無常院《むじよういん》を為《つく》れり。もし病者《びようしや》あらば安置《あんち》して中《なか》に在《お》く。およそ貪染《とんぜん》を生《しよう》ずるものは、本房《ほんぼう》の内《うち》の衣《え》鉢《はつ》・衆具《しゆぐ》を見《み》て、多《おお》く恋著《れんじやく》を生《しよう》じ、心《こころ》に厭背《えんぱい》することなきを以《もっ》ての故《ゆえ》に、制《せい》して別処《べつしよ》に至《いた》らしむるなり。堂《どう》を無常《むじよう》と号《なづ》く。来《きた》る者《もの》は極《きわ》めて多《おお》く、還反《かえ》るもの一《いち》、二《に》なり。事《じ》に即《つ》きて求《もと》め、専心《せんしん》に法《ほう》を念《ねん》ず。その堂《どう》の中《なか》に、一《ひとつ》の立像《りゆうぞう》を置《お》けり。金薄《こんぱく》にてこれに塗《ぬ》り、面《おもて》を西方《さいほう》に向《む》けたり。その像《ぞう》の右手《みぎて》は挙《あ》げ、左手《ひだりて》の中《なか》には、一《ひとつ》の五綵《ごさい》の幡《はた》の、脚《あし》は垂《た》れて地《ち》に曳《ひ》けるを繋《つな》ぐ。当《まさ》に病者《びようしや》を安《やす》んぜんとして、像《ぞう》の後《うしろ》に在《お》き、左手《ひだりて》に幡《はた》の脚《あし》を執《と》り、仏《ほとけ》に従《したが》ひて仏《ほとけ》の浄刹《じようせつ》に往《ゆ》く意《おもい》を作《な》さしむべし。瞻病《せんびよう》の者《もの》は、香《こう》を焼《た》き華《はな》を散《ち》らして病者《びようしや》を荘厳《しようごん》す。乃至《ないし》、もし尿屎《にようし》・吐唾《とだ》あらば、あるに随《したが》ひてこれを除《のぞ》く。と。或《あるい》は説《と》かく。「仏像《ぶつぞう》を東《ひがし》に向《む》け、病者《びようしや》を前《まえ》に在《お》く」と。〈私《わたくし》に云《いわ》く、もし別処《べつしよ》なくは、ただ病者《びようしや》をして面《おもて》を西方《さいほう》に向《む》けしめ、香《こう》を焼《た》き花《はな》を散《ち》らし、種々《しゆじゆ》に勧進《かんじん》せよ。或《あるい》は、端厳《たんごん》なる仏像《ぶつぞう》を見《み》せしむべし〉

［訳］第二に臨終の行儀については、まず作法を説明し、次に念仏の勧めを説く。初めに作法は、『四分律抄』[1]の看病と葬送の篇に中国の『四分律』の別伝を引用していう。祇園精舎《ぎおんしようじや》（釈尊時代の僧院のひとつ）の西北の隅、日が沈むほうに無常院があり、病人がでると、その中に寝かせた。人は煩悩に染まっていて、ふだんの住まいにいると、衣類や日用品を見て心に愛着をおこし、むなしい日頃のことを離れたいとは願わないので、別の建物に行かせる。その堂を無常という。この無常院に入る者は多いけれど、病が癒《い》えて帰ってくる者は一人か二人である。それで、具体的なこ

**とで浄土を求め、専心に法を念ずるようにする。堂の中に、金を塗って荘厳《しょうごん》した一つの立像の仏を置く。その顔は西方に向け、右手は挙げ、下げて来迎の印を結ぶ左手に長く垂れた一本の五綵《ごさい》の幡《はた》[2]をつなぐ。そして、病人が安心できるように仏像の後ろに寝かせ、左手に幡の端をにぎらせて、仏について阿弥陀《あみだ》仏の浄土に往く意《こころ》をおこさせるのである。看病の人は、香を焚《た》き、花を散らして病人を清らかに荘厳する。また、病人が便をもらしたり、唾《つば》をはいたりしたときは、そのつど取り除く。**

**また、別の書物には「仏像を東に向け、病人を前に寝かせる」という。〈私見を述べれば、無常院がないときは、ただ病人を西向きに寝かせて、香を焚き、花を散じて、いろいろと力づける。あるいは、美しい仏像を見させるのがよい〉**

1　**四分律抄**＝『四分律』の作法について補足した書物。　2　**五綵の幡**＝五色の幡（細い縦長の旗）。実際の臨終行儀では五色の糸を用いた。

臨終には周囲で念仏の声が途絶えることのないようにし、阿弥陀仏と菩薩《ぼさつ》らが迎えに現れるのをしっかり思い浮かべられるようにせよという。看取《みと》る看病の者たちは臨終の人にどんな光景が見えるかを問い、書き残す。臨終の人が、もし罪の報いのような苦しみを語るなら、ともに念仏して懺悔《さんげ》するというのだが、紫の雲がたなびいて輝かしい来迎のようすが告げられることを期待した。

この「臨終の行儀」を実践すべく組織されたのが二十五三昧会である。二十五という数は輪廻《りんね》の世界を二十五種とする説により、その一つひとつを破る法会ということで、結衆《けつしゅ》の数も二十五人を基本とした。その結衆の意をうけ「定起請《じょうきしょう》（起請を定める）」として源信がまとめた二十五三昧会の起請文には十二か条の誓いが記されている。ここでは条名のみをあげ、内容は訳文でのべる。

## 横川首楞厳院二十五三昧起請（定起請）　出典21

一《ひとつ》、毎月十五日夜《まいつきじゅうごにちよる》を以《もっ》て不断念仏《ふだんねんぶつ》を修《しゅ》すべき事《こと》。

一、毎月十五日《まいつきじゅうごにち》の正中以後《しょうちゅういご》は念仏《ねんぶつ》、以前《いぜん》は法花経《ほけきょう》を講《こう》ずべき事《こと》。

一、十五日夜《じゅうごにちよる》、結衆《けっしゅ》の中《なか》で次第《しだい》に仏聖《ぶっしょう》に燈明《とうみょう》を供《そな》へ奉《たてまつ》るべき事《こと》。

一、光明真言《こうみょうしんごん》を以《もっ》て土砂《どしゃ》を加持《かじ》し亡者《もうじゃ》の骸《なきがら》を置《お》くべき事《こと》。

一、結衆《けっしゅ》は相共《あいとも》に永《なが》く父母兄弟《ぶもきょうだい》の思《おもい》を成《な》すべき事《こと》。

一、結衆《けっしゅ》は発願《ほつがん》の後《のち》、各三業《おのおのさんごう》を護《まも》るべき事《こと》。

一、結衆《けっしゅ》の中《なか》に病《やまい》の有《あ》る時《とき》、用心《ようじん》を致《いた》すべき事《こと》。

一、結衆《けっしゅ》の中《なか》に病人《びょうにん》有《あ》る時《とき》、結番遆《けつばんたがい》に守護《しゅご》し問訊《もんじん》いたすべき事《こと》。

一、房舎一宇《ぼうしゃいちう》を建立《こんりゅう》して往生院《おうじょういん》と号《ごう》し、病者《びょうしゃ》を移《うつ》し置《お》くべき事《こと》。

一、兼《かね》て勝地《しょうち》を占《せん》して安養廟《あんようびょう》と名《なづ》け、率塔婆《そとば》一基《いっき》を建立《こんりゅう》して将《まさ》に一結《いっけつ》の墓所《ぼしょ》と為《な》すべき事《こと》。

一、結衆《けっしゅ》の中《なか》に已者《いしゃ》有《あ》る時《とき》、問葬《もんそう》し念仏《ねんぶつ》すべき事《こと》。　「已者」は「亡者」の誤記か？

一、起請《きしょう》に随《したが》はず懈怠《けだい》を致《いた》す人《ひと》は衆中《しゅじゅう》より擯出《ひんずい》すべき事《こと》。

［訳］第一条、毎月、満月の夜を徹して経文等を誦《じゅ》し、区切りに阿弥陀仏に礼拝し、念仏を百八回称《とな》える。

第二条、念仏をおこなう前に法華経を聴聞すれば猿でも仏を見、雁でも霊鷲山《りょうじゅせん》の仙になるような功徳がある。

第三条、仏は食物などは喜ばないので、仏前には灯明だけ供えればよい。毎月一人ずつ、その当番を決める。

第四条、結衆《けっしゅ》の誰かが死んだら光明真言を唱えて浄化した土に埋める。大日如来の力によって地獄・

餓鬼などの世界に堕《お》ちる者でも極楽に生まれられると説かれているからである。

光明真言「おんあぼきゃべいろしゃのうまかぼだらまにはんどまじんばらはらばりたうん（オーン。不《ふ》空《くう》なる遍照《へんじよう》の尊《そん》〈大日如来〉よ。大いなる真理の印を持《じ》す者よ。宝珠《ほうじゆ》と蓮華《れんげ》の光明を放て。ウーム）」は今日も天台宗や真言宗で唱える根本真言である。

第五条、生死《しようじ》は車や毬《まり》のように輪廻《りんね》するので、誰が父母であり誰が兄弟であるか定めがたい。一樹の陰に宿る者は皆、昔からの因縁によるのだから、結衆はお互いに永く父母兄弟であると思うこと。

第六条、二十五三昧会《ざんまいえ》に加われば、それぞれ三業《さんごう》（身・口・意の三つのおこない）を慎み、悪業を積まないように努める。

第七条、結衆の誰かが病気になったときは、互いに告げてよく話し合い、臨終を迎えるまで清浄でいられるようにする。

第八条、結衆の誰かが病気になったときは、順番にかわるがわる看護する。二日を一番とし、二人で宿直して、一人は常に病人のそばにいるようにする。

第九条、祇園精舎《ぎおんしようじや》の無常院にならって往生院を建て、そこに病人を移して臨終に備える。

第十条、あらかじめ土地を卜《ぼく》し、適した場所を安養廟《びよう》（安養は極楽の別称）とよんで、そこを結衆の墓地とする。

第十一条、結衆に死者がでたときは皆で葬儀をおこなう。親族縁者の少ない我々は、皆が安養廟に集まって念仏を称え、死者が極楽に往けるように導いてやろう。

第十二条、この起請に従わず、怠ける者は結衆から追放する。

このほか慶滋保胤による「起請八箇条」がある。それには初七日から四十九日まで七日ごとの法要、墓所を花台廟《けだいびょう》とよぶこと、春秋の二季の会には特別に花を供えて念仏を修することなどを定め、臨終《りんじゅう》正念《しょうねん》（臨終に極楽往生の念が定まること）や追善供養のたいせつなことを強調している。

二十五三昧会は少数の結衆を核に、結成から二十年くらいたった寛弘《かんこう》年間（一〇〇四～一〇一二年）頃には廟所の花台院で広く僧俗男女を集めて阿弥陀仏と結縁《けちえん》させる迎講《むかえこう》をおこなうようになった。迎講は、仏や菩薩の面をかぶった人々が浄土から迎えにくるさまを表して行道する行事で、今日、奈良の大麻寺などでおこなわれ、「お面かぶり」とか「二十五菩薩練り供養」ともよばれる法会となっている。また、源信は霊鷲山《りょうじゅせん》（法華経が説かれたというインドの山）にちなんで霊山院《りょうぜんいん》を建立し、毎月晦日《みそか》に釈迦講（法華会）をおこなった。源信は日本における浄土教の大成者とされるが、源信はあくまでも法華一乗の比叡山の僧であり、『一乗要決』などをあらわした。

## 二十五三昧会過去帳の人々

「首楞厳院二十五三昧会結縁過去帳《しゅりょうごんいんにじゅうござんまいえけちえんかこちょう》」は家ごとに先祖の名や命日を書いた過去帳（鎌倉時代くらいからつくられるようになった）ではなく、三昧会の結衆《けっしゅ》の名と事績を記したもので、長和《ちょうわ》二年（一〇一三）に書きはじめられた。根本結衆二十五人のほか結縁衆九十九人。計百二十四人のうち生涯や臨終のようすが記されているのは源信をふくめて五人、他は名の列記だけだが、根本結衆二十五人は「大徳《だいとく》」とか「阿闍梨《あじゃり》」とあるので全員が男の僧だ。結縁衆には比丘尼《びくに》（尼僧）もいるし、在家の男女もいる。そのなかに小野貞清《おののさだきよ》ほか「小野氏女《むすめ》」三名、「紀《き》氏女」三名があり、貴族の小野氏や紀氏が二十五三昧会の檀越《だんおつ》（布施者）だったと推察される。俗名が記されていない僧や比丘尼のなかにも小野氏や紀氏の子女がいるだろう。「小野若王丸《わかおうまる》」「小野鶴夜刃丸《つるよはまる》」というのは男の子だ。「小野赤子丸」は生まれてまもない乳児だろうか。そんな子どもまで加わっているのは、この三昧会に結縁することで来世の安らぎが期待されたことを示している。小野氏や紀氏の人々は、幼く死んだ子や亡き親のため、また自分自身の来世を祈って毎月十五日の満月の夜、「二十五三昧会式」にある次の偈《げ》をとなえながら念仏しただろう。

南無《なむ》極楽化主《ごくらくけしゅ》弥陀《みだ》如来《にょらい》　極楽《ごくらく》の教主《きょうしゅ》阿弥陀《あみだ》如来《にょらい》に帰依《きえ》したてまつる
南無《なむ》命終《みょうじゅ》決定《けつじょう》往生《おうじょう》極楽《ごくらく》　南無《なむ》したてまつりて命終《みょうじゅ》に往生《おうじょう》極楽《ごくらく》を決定《けつじょう》せん

**源信の臨終**　源信は寛仁《かんにん》元年（一〇一七）六月、七十六歳で寂した。『首楞厳院二十五三昧会結縁過去帳』に記された臨終のようすは、おおむね次のとおりである。

去る長和年中（一〇一二〜一〇一七）から僧都は病臥したが、正念《しょうねん》乱れることなく、念仏を怠らなかった。寛仁元年正月半ばに病苦は去ったが、長年、西向きの姿勢で右を下にして寝ていたので身体は曲がってしまっていた。しかし、心はさわやかであった。

同年六月二日には飲食物がのどを通らなくなり、五日、一人の僧が「正念させるためにやってきた」という夢を見、「臨終のきざしであろうか」と語ったという。

六月九日早朝、僧都は阿弥陀仏像の手から引いた糸の端をとり、仏を讃える偈を誦《じゅ》した。また、「南無《なむ》西方極楽世界《さいほうごくらくせかい》　微妙浄土《みみょうじょうど》　大慈大悲《だいじだいひ》阿弥陀仏《あみだぶつ》」ととなえて礼拝したのち、平常のとおりに食事をとり、部屋や衣服を浄めて万事怠りなく命終《みょうじゅ》に臨んだ。

翌十日の朝、平常と同じく飲食し、鼻毛を抜き、口を濯《すす》いで身を整えると、仏像の手から引いた糸を持って念仏し、眠るように逝った。悪死の相はまったくなく、顔は笑んでいるように見えた。あまりに静かな入滅だったので、だれも気づかなかったことが悔やまれる。臨終に何が見えるかを聞いて書き留めておくことができなかったからだ。

二十五三昧会の結衆は、自分が先に逝けば死後のようすを知らせると約束していた。源信もそれを知らせようとしたはずなのに、気づかなかったことが悔やまれるということである。しかし、後日、源信が弟子に死後のようすを夢告したと次のように書かれている。

僧都の入滅後、ある弟子が僧都の往生したところを知りたいと願って数か月、祈念をこらした。すると僧都が夢に現れたので、「極楽に往生されたのでしょうか」と尋ねると、「往生したとも、していないともいえる」という答えであった。なぜなら、仏のまわりを聖衆《しょうじゅ》が雲のように取り巻いており、その外側に僧都はいて、仏からいちばん遠いところだからという。

## 9　聖の念仏

**市聖空也**　慶滋保胤《よししげのやすたね》、源 為憲《みなもとのためのり》らが勧学会《かんがくえ》をはじめて八年後の天禄三年（九七二）、一人の念仏聖《ねんぶつひじり》が世を去った。空也《くうや》（九〇三～九七二年）である。保胤は『日本往生極楽記《にほんおうじょうごくらくき》』に空也の略伝を記して讃《たた》えている。同書は日本最初の往生伝で、聖徳太子以下、行基、円仁《えんにん》など四十五人が記されている。

**日本往生極楽記**（第十七話　空也伝）出典22

沙門空也《しゃもんくうや》は、父母《ふぼ》を言《い》はず、亡命《ぼうめい》して世《よ》にあり。或《あるい》は云《い》はく、潢流《こうりゅう》より出《い》でたりといふ。口《くち》に常《つね》に弥《み》陀仏《だぶつ》を唱《とな》ふ。故《かるがゆえ》に世《よ》に阿弥陀聖《あみだひじり》と号《な》づく。或《あるい》は市中《しちゅう》に住《じゅう》して仏事《ぶつじ》を作《な》し、また市聖《いちひじり》と号《な》づく。嶮《さか》しき路《みち》に遇《あ》ひては即《すなわ》ちこれを鏟《けず》り、橋《はし》なきに当《あた》りてはまたこれを造《つく》り、井《い》なきを見《み》るときはこれを掘《ほ》る。号《な》づけて阿弥陀《あみだ》の井《い》と曰《い》ふ。（中略）嗚呼《ああ》上人化縁《しょうにんけえん》已《すで》に尽《つ》きて、極楽《ごくらく》に帰《かえ》り去《さ》りぬ。天慶《てんぎょう》より以往《さきつかた》、道場《どうじょう》聚落《しゅうらく》に念仏三昧《ねんぶつさんまい》を修《しゅ》すること希有《けう》なりき。何《いか》に況《いわん》や小人愚女《しょうにんぐにょ》多《おお》くこれを忌《い》めり。上人来《しょうにんきた》りて後《のち》、自《みずか》ら唱《とな》へ他《た》をして唱《とな》へしめぬ。その後《ご》世《よ》を挙《あ》げて念仏《ねんぶつ》を事《こと》とせり。誠《まこと》にこれ上人《しょうにん》の衆生《しゅじょう》を化度《けど》するの力《ちから》なり。

［訳］沙門空也は出自を言わず、故郷を離れて世にあった。[1]皇族の出だともいわれる。口に常に南無阿弥陀仏と称えていたので、世に阿弥陀聖《あみだひじり》[2]とよばれた。また、都の市中に住んで仏事をおこなったので市《いち》聖《ひじり》[3]とよばれる。険しい道があれば土や岩を削って整え、橋がない川に橋を架け、井戸がないと知れば、井戸を掘った。それを阿弥陀の井という。（中略）[4]ああ、上人は他界し、人々を教化する縁は尽きて極楽に帰り去られた。上人が入京された天慶《てんぎょう》以前[5]は、道場でも家々でも念仏三昧《さんまい》[6]を修することは稀だった。普通の人々の多くは念仏を忌み嫌っていた。[7]しかし、上人の入京以後は自分から唱え、他の人にも勧めて唱えさせている。その後は世を挙げて、もっぱら念仏している。これは誠に、世の人々を教化する上人の力の故である。

1 **故郷を離れて世にあった**＝空也の出自は不明。「亡命」は本籍を離れることをいう。空也は少年時代に私度僧として諸国を巡歴し、二十数歳のときに尾張《おわり》国分寺で剃髪《ていはつ》。空也と名のって沙弥《しゃみ》になった。天暦《てんりやく》二年（九四八）、比叡山で受戒して沙門になり、光勝の僧名をうけるが、生涯、沙弥名の空也を自称した。 2 **聖**＝「火知り」または「日知り」が語源という巫者《ふしゃ》的な僧。官寺・官僧の序列に属さない僧の呼称。 3 **市聖**＝空也はおもに東の市で人々に念仏を勧めた。市の門に「極楽ははるけきほどと聞きしかど、つとめていたる所なりけり」（極楽は遥《はる》か西方と聞いているけれど、念仏を称《とな》えればすぐに往けるところだ）」と書きつけたという。 4 **中略**＝上人は播磨《はりま》の峰合寺《みねあいでら》で数年かけて一切経を読み、湯島《ゆしま》（徳島県の伊島）では腕の上に香を焼いて観音菩薩《ぼさつ》を供養した。そして浄衣を着て香炉をささげ、西方に向かって端坐して遷化《せんげ》したという。 5 **天慶以前**＝空也は天慶元年（九三八）、三十六歳のときに京に入り、市中で活動をはじめた。 6 **念仏三昧**＝ここでは比叡山の常行三昧のように一定期間を定めて修する念仏ではなく、時・所を選ばず、口に念仏を称えることだろう。空也は常に「間、髪を入れず」、口に念仏を称えたという。 7 **念仏を忌み嫌っていた**＝葬送に際して念仏が称えられたことから、念仏は死の穢《けが》れを連想させ、嫌われた。空也は野に打ち捨てられた遺骸を荼毘《だび》に付したが、忌み嫌われるものに触れることで、人々の目に異能をもつ僧として映っただろう。

空也は短い衣を着た旅姿で、手に鹿角の杖《つえ》をもち、胸に鉦《かね》を下げた異形《いぎょう》の僧だった。「南無阿弥陀《なむあみだ》仏《ぶつ》」と念仏を称《とな》えれば、その音の一つひとつが仏になって口から飛び出したと伝えられている。人々は念仏の声と打ち鳴らされる鉦の音に熱狂して踊った。いわゆる踊念仏《おどりねんぶつ》の始まりである。鎌倉時代の鴨長明《かものちょうめい》は仏教者の行状を記した『発心集《ほっしんしゅう》』に、ある高僧に往生の秘訣を尋ねられた空也は「身を捨ててこそ」と答えたという話を記している。空也が「捨聖《すてひじり》」ともいわれるゆえんだが、空也は貧しい下層の民衆のなかにいただけではない。藤原氏をはじめ、富裕な商人や豪族にも財を募り、おそらく南都興福寺や長谷寺、清水寺などの協力も得て、仏像の造立や写経をおこなった。天暦《てんりゃく》四年（九五〇）には大般若経六百巻の書写を発願。紺紙《こんし》金泥《きんでい》、軸の両端につけた水晶が合計千二百個という華麗な装飾経を応和三年（九六三）に完成させた。

源為憲の『空也上人誄《くうやしょうにんるい》（空也誄）』に、その経巻を供養する法会のもようが記されている。誄《るい》は生前の徳をたたえる「しのびごと」のことだから、空也の寂後まもなく書かれたと考えられる。

### 空也上人誄　出典23

十四年来《じゅうよねんこのかた》の、功力《こうりき》甫《はじめ》て就《な》りて、応和《おうわ》三年《さんねん》八月《はちがつ》、恭敬《くぎょう》して供養《くよう》す。広《ひろ》く集会《しゅうえ》し、普《あまね》く随喜《ずいき》せしめんが為《ため》に、王城《おうじょう》の巽《たつみ》、鴨川《かもがわ》の西《にし》に、荒原《こうげん》を卜《ぼく》して、宝殿《ほうでん》を造《つく》る。前《まえ》には白露池《はくろち》の浪《なみ》を写《うつ》し、後《しりえ》には竹林苑《ちくりんえん》の風《ふう》を模《も》す。

是《こ》に於《おい》て士庶雲集《ししょうんしゅう》し、冠蓋星《かんがいほし》のごとく羅《つらな》る。竜頭鷁首《りゅうとうげきしゅ》の舟《ふね》は、経典《きょうてん》を載《の》せて迭《たが》いに近《ちか》づき、翠管朱絃《すいかんしゅげん》の曲《きょく》は、仏乗《ぶつじょう》を讃《たた》えて代《かわ》るがわる奏《かな》でらる。凡《およ》そ天下《てんか》の壮観《そうかん》なり。六百口《ろっぴゃくこう》の耆徳《きとく》を屈《くっ》して、その会衆《えしゅ》となし、少《しばら》くして中食《ちゅうじき》を飯《くらわ》し、労《ねぎらい》て百味《ひゃくみ》を備《そな》う。

［訳］発願から十四年、功《こう》あって大般若経が完成し、応和三年八月、経巻を供養する法会を営んだ。広く人々を集め、あまねく随喜させるために、京の東南、鴨川の西の荒原を選んで仏事のための宝殿を造った。前の川は竹林精舎《ちくりんしょうじゃ》[1]の白露池の波、後ろの林は竹林精舎をわたる風を思わせる。ここに貴賤《きせん》を問わず雲集し、冠蓋《かんがい》[2]は星のごとく連なった。竜頭鷁首《りゅうとうげきしゅ》[3]の舟は経典を乗せて寄り添い、緑の管楽、朱の弦の楽器は仏の教えを讃《たた》えて曲を奏でる。まったく天下の壮観であった。六百人の高徳の僧を招いて法会を営み、その後、ねぎらいの斎《とき》には百味をそろえた。

1 **竹林精舎**＝釈尊時代のマガダ国の王都（王舎城）につくられた僧院。 2 **冠蓋**＝「冠」は位階を示す冠、「蓋」は牛車の覆い。 3 **竜頭鷁首の舟**＝へさきに竜と鷁（鵜《う》に似た想像上の神鳥）をつけた華麗な舟を一対として祭儀に用いた。藤原道長の法成寺《ほうじょうじ》でも藤原頼道の平等院でも阿弥陀堂の前の池で同様の華麗な法会が営まれた。

空也は晩年、東山の鳥辺野のほとりの六波羅《ろくはら》につくった道場を住まいとした。西光寺《さいこうじ》（のちに六波《ろくは》羅蜜寺《らみつじ》）という。そして天禄三年、その地で七十歳の生涯を閉じた。

## 10 遁世と霊場

**はるかな霊場**　平安時代には貴族社会と融合して世俗化した僧の序列から抜けだし、遁世《とんせい》（隠遁）して、念仏や法華の修行に専心しようとする僧が多く現れた。かれらを遁世僧というが、世捨て人になったわけではない。むしろ、容易に立ち入れない聖域と世俗をつないで、多くの信徒をもつようになった。

もとからの私度僧のなかにも多くの民衆をひきつけた僧がいた。聖《ひじり》とか上人《しようにん》とよばれる私度僧や隠遁僧が住むところが霊場となり、参詣《さんけい》者が多くおとずれるようになったところもある。平安末期の歌謡集『梁塵秘抄《りようじんひしよう》』に「聖の住所《すみか》はどこ〳〵ぞ、箕面《みのお》よ勝尾《かちお》よ、播磨《はりま》なる書写《しよしや》の山、出雲《いずも》の鰐淵《わにぶち》や日《ひ》の御《み》岬《さき》、南は熊野《くまの》の那智《なち》とかや」（二九七）、「聖の住所はどこ〳〵ぞ、大峯葛城石《おおみねかつらぎいし》の槌《つち》」（二九八）とうたわれるところが代表的である。それらに共通するのは総じて都から遠方にあることだ。四国の石鎚《いしづち》山、紀伊半島南端の熊野などはかなりの遠方だが、参詣が不可能ではない程度の距離にある。その距離が霊場の神秘をかもすひとつの条件で、平安末期にさかんになる熊野詣《もうで》の道は「辺路《へじ》」であるし、江戸時代に順路ができる四国遍路も、もとは「辺路《へんろ》」の意であった。遠方の霊場の見聞譚《たん》には多少の誇張もゆるされるし、それが期待もされただろう。

代表的な聖の山である書写山は都から約一四〇キロ、兵庫県姫路市の北部、夢前川《ゆめさきがわ》が平野に流れだすあたりにそびえ、山頂部に円教寺《えんきようじ》がある。この山を開いた性空《しようくう》（九一〇～一〇〇七年）は『大日本《だいにほん》国法華経験記《こくほけきようげんき》』（本朝法華験記《ほんちようほつけげんき》）に次のように記されている。

**大日本国法華経験記**（第四十五　播州書写山の性空上人）出典22

書写山《しよしやざん》の性空聖《しようくうひじり》は、平安宮《へいあんぐう》の西京《さいきよう》の人《ひと》なり。俗姓《ぞくしよう》は橘氏《たちばなし》なり。（中略）自行既《じぎようすで》に熟《じゆく》して、化他《けた》のための故《ゆえ》に、深山《しんざん》より出《い》で来《きた》りて人間《じんかん》に住《じゆう》せり。所謂書写等《いわゆるしよしやとう》の処々《しよしよ》の練若《れんにや》なり。僧俗市《そうぞくいち》を作《な》して、貴賤雲《きせんくも》のごとく集《あつま》りぬ。名簿塚《みようぶつか》を高《たか》くし、供養《くよう》海《うみ》を湛《たた》へたり。もしその形《かたち》を見《み》る者《もの》は、真《しん》の仏《ほとけ》に遇《あ》へる想《おもい》を作《な》し、もし一《いち》言《ごん》を聞《き》ける輩《ともがら》は、猶《なお》し仏説《ぶっせつ》を聞《き》くがごとくす。粳米《うるしね》一粒《いちりゅう》を得《え》たる者《もの》あれば、仏舎利《ぶっしゃり》に准《なずら》へて、頂戴奉持《ちょうだいぶじ》し、もし着衣《ちゃくえ》の片端《かたはし》を得《え》たる者《もの》は、仏《ほとけ》の着《き》るところの僧伽利衣《そうぎゃりえ》のごとく、恭敬礼拝《くぎょうらいはい》す。

**［訳］書写山の聖《ひじり》、性空上人《しょうくう》は平安京の西京の生まれで、家系は橘《たちばな》氏である。[1]（中略）[2]自分のための修行はすでに終わり、他の人々を教化するために深山を出て世の人々のなかに住んだ。いわゆる書写山など、所々の練若《れんにゃ》（寺院）である。そこは出家・在家の人々で市《いち》のようににぎわい、貴賤《きせん》男女が雲のように集った。名簿[3]は塚のように高く積もり、供物は海のように多い。上人の一言を聞いた人たちは釈尊の言葉を聞いたかのように思う。上人から米を一粒もらえば仏舎利（釈尊の遺骨）であるかのようにおしいただき、着衣の片端をもらえば仏の大衣《だいえ》であるかのように恭敬し礼拝する。（以下略）[4]**

1 **家系は橘氏である**＝性空は比叡山の良源の弟子とみられるが、経歴はあきらかではない。 2 **中略**＝人跡絶えた深山幽谷に修行していたとき、食物がなければ経巻から米があらわれ、冬には庵《いおり》の天井から綿の服が垂れてくるなど、不思議なことがたびたびあった。 3 **名簿**＝参拝者が自分の名を書いて奉納した札。 4 **以下略**＝さらに次のように記されている。花山法皇は二度行幸し、上人の絵像を描かせたところ、不思議にも山が震動したので、法皇は地に下りて上人を礼拝した。上人は自分の死の時を知り、静かに法華経を誦して入滅した。

この『法華験記』は、源信の弟子で比叡山《ひえいざん》横川《よかわ》の僧鎮源《ちんげん》が長久四年（一〇四三）ごろに持経者《じきょうしゃ》（法華行者）の霊験譚をあつめてあらわした。

書写山には花山法皇（九六八〜一〇〇八年）のほか、藤原実資《ふじわらのさねすけ》・公任《きんとう》・行成《ゆきなり》らの貴族、それに源信も慶滋保胤《よししげのやすたね》も参詣《さんけい》したという。『法華験記』の記述は、それらの人々の実見に加えて、都での評判によるものだろう。平安中期の女流歌人、和泉式部《いずみしきぶ》も性空に寄せて歌をつくっている。

暗《くらき》より暗道《くらきみち》にぞ入《いり》ぬべき遥《はるか》に照《てら》せ山の端《は》の月（『拾遺和歌集』一三四二）

世の中や人の心の暗がりにたいして仏を月の光にたとえるのは平安時代にさかんにつくられるようになった釈教歌《しゃっきょうか》（仏教歌）の常である。この歌は法華経「化城喩品《けじょうゆほん》」に、衆生《しゅじょう》は盲冥《もうみょう》にして「長夜《じょうや》に悪趣《あくしゅ》を増して諸天衆《しょてんしゅ》を減損す。冥《くら》きより冥きに入りて永《なが》く仏の名《みな》を聞かず（世に導きのない長い夜に悪道は拡大して神々さえも堕《お》ちゆき、人々は暗がりを出て暗がりに入るだけであった）」と説かれていることをふまえている。法会での講経《こうきょう》（説経）をとおして経典の内容はよく知られるようになり、仏を月影にたとえるような慣用句が口ずさまれて広まったのだった。

なお、花山《かざん》法皇は性空とともに熊野《くまの》などを巡礼し、それが西国三十三所のもとになったといわれる。法華経「観世音菩薩普門品《かんぜおんぼさつふもんぼん》（観音経）」に説かれている観音菩薩の化身の数にちなんで三十三所を巡礼するもので、西国三十三所の順路は平安時代後期にほぼかたまったとみられる。第一番は熊野那智《なち》の青岸渡寺《せいがんとじ》、書写山は第二十七番である。

**高野山の再興と別所の形成**　延喜十年（九一〇）、東寺長者《とうじちょうじゃ》の観賢《かんげん》が空海の御影供《みえく》（忌日法要）を初めておこなった。さらに同二十一年、観賢は醍醐《だいご》天皇から空海に「弘法大師《こうぼうだいし》」の諡号《しごう》（おくり名）をえた。空海は高野山で瞑想《めいそう》の状態で生きているという入定《にゅうじょう》信仰はそのころに芽生えるのだが、真言宗は都の東寺が中心で、僻遠《へきえん》の高野山は東寺の末寺となった。しかも正暦《しょうりゃく》五年（九九四）の火災で御影堂を除く諸堂が炎上して以来、たびたび大火に見舞われ、一時は住僧が一人もいなくなるほどにさびれてしまった。

その復興は弘法大師入定の霊地との結縁《けちえん》を呼びかける勧進聖《かんじんひじり》らによって徐々に始まったが、大きなできごとは治安《じあん》三年（一〇二三）に藤原道長《ふじわらのみちなが》、永承《えいしょう》三年（一〇四八）に藤原頼通《ふじわらのよりみち》が登山し、荘園を寄進したことだった。以後、天皇・法皇や貴族の参詣があいつぎ、寺領も急速に拡大した。そして僻遠の地である高野山は深山幽谷の聖の住処《すみか》という霊性を高め、山内各所に別所《べっしょ》を形成した。

聖は官僧の社会の外にいたが、比叡山や東大寺、高野山などの権威はいただいた。聖たちの道場や庵《いおり》があつまって集落のようになったところを別所という。高野山の聖たちは別所を拠点に納経・納髪などの結縁を勧めて諸国をめぐり、いわゆる高野聖《こうやひじり》が誕生した。高野聖は平安中期に広まった浄土教の影響を強くうけた念仏聖でもあった。その動きのなかで覚鑁《かくばん》（一〇九五～一一四三年）があらわれ、密教と浄土教を統合する教理をひらいた。主著とされる『五輪九字明秘密釈《ごりんくじみょうひみつしゃく》』にいう。

## 五輪九字明秘密釈（冒頭）出典24

竊《ひそか》に惟《おもんみ》れば、二七《にしち》の曼荼羅《まんだら》は、大日帝王《だいにちていおう》の内証《ないしょう》、弥陀世尊《みだせそん》の肝心《かんじん》、現生大覚《げんしょうだいかく》の普門《ふもん》、順次往生《じゅんじおうじょう》の一道《いちどう》なり。所以《ゆえ》何《いか》んとなれば、纔見纔聞《さんけんさんもん》の類《たぐい》は、見仏聞法《けんぶつもんぽう》をこの生《しょう》に遂《と》げ、一観一念《いちかんいちねん》の流《たぐい》は、離苦得楽《りくとくらく》を即身《そくしん》に果《はた》す。（中略）顕教《けんぎょう》には釈尊《しゃくそん》の外《ほか》に弥陀《みだ》あり、密蔵《みつぞう》には大日即《だいにちすなわ》ち弥陀《みだ》、極楽《ごくらく》の教主《きょうしゅ》なり。当《まさ》に知《し》るべし、十方浄土《じっぽうじょうど》は皆是《みなこ》れ一仏《いちぶつ》の化土《けど》、一切如来《いっさいにょらい》は悉《ことごと》く是《こ》れ大日《だいにち》なり。毘盧《びる》・弥陀《みだ》は同体《どうたい》の異名《いみょう》、極楽《ごくらく》・密厳《みつごん》は名異《みょうい》にして一処《いっしょ》なり。

［訳］ひそかに思えば、金剛界曼荼羅《まんだら》は大日如来の内証（内なる悟り）、阿弥陀《あみだ》仏の極楽世尊の肝心、現世での即身成仏の門、来世には浄土往生の道である。なぜなら、仏法の見聞の少ない人は現世で見仏聞《もん》法《ぼう》[1]を遂げ、一心に仏を観じ念じる人は離苦得楽[2]を即身に果たす。（中略）顕教（一般の仏教）には釈尊とは別に阿弥陀仏があるが、密教では大日如来が阿弥陀如来であり、極楽の教主である。十方の浄土は皆、

一仏の国土、一切の如来は大日如来である。大日と弥陀は同体異名、極楽と密厳浄土（大日如来の浄土）の名は異なるが、同じ所である。

1 **見仏聞法**＝仏にまみえ法を聞き、仏法と結縁《けちえん》すること。　2 **離苦得楽**＝迷いの世界から解脱して平安に達すること。

『五輪九字明秘密釈』は五輪の瞑想《めいそう》とそれに対応する梵字《ぼんじ》の意義などを説いた書物だ。そのなかで「行者がただ真言を誦《じゅ》し、手に印を結ぶだけで智慧がないばあいの功徳はどうか」という問いをたて、「偏修偏念《へんしゅへんねん》、智なくとも信あれば所得の功徳、顕教の無量劫《こう》を経て得る所の功徳を超過せり」と答える。口に真言を唱えるだけのような「一行一法」でも成仏できる。のちの法然《ほうねん》・親鸞《しんらん》の念仏や日蓮《にちれん》の題目に通じるものである。

さらに末尾には「玉《ぎょく》を産する崑崙山《こんろんざん》も崩れれば玉も石も一緒だし、毘盧遮那《びるしゃな》（大日）・阿弥陀《あみだ》のどちらを観ずることも、凡（俗人）も聖（出家者）も同じだ」という。それは世俗と出家の中間にいた高野聖の立場を反映する主張だといえよう。

また、地《ち》・水《すい》・火《か》・風《ふう》・空《くう》（ア・ビ・ラ・ウン・ケン）の五大を地は下半身、空は頭部というように人体にあてはめた瞑想法を説いた。これが供養塔の五輪塔の元とされる。

なお、覚鑁は高野山に新たに大伝法院《だいでんぽういん》を建立して座主《ざす》になったが、のちに根来山《ねごろさん》（根来寺）に退いた。覚鑁の系統（真言宗智山派・豊山派など）を新義真言宗《しんぎしんごんしゅう》と総称する。

**大原別所の良忍**　大原《おおはら》は洛北の山間の地で、平安中期に験者《げんざ》があつまり、比叡山の大原別所が生まれた。その別所に、比叡山東塔の常行三昧堂《じょうぎょうざんまいどう》の僧だった良忍《りょうにん》（一〇七二〜一一三二年）が隠遁したのは二十三歳のときだった。常行三昧は三世座主円仁がはじめたもので、九十日間、阿弥陀堂（常行三昧堂）にこもり、仏像の周囲をめぐりながら念仏を称《とな》えつづける不断念仏の行である。『古今著聞集《ここんちよもんじゆう》』（橘 成季《たちばなのなりすえ》が一二五四年に編んだ説話集）によれば、大原に隠遁した良忍は日夜不断に念仏して睡眠もしなかった。二十四年がたった天治元年（一一二四）夏、良忍の夢のなかで阿弥陀仏が告げたという。

**古今著聞集**（巻第二「大原良忍上人融通念仏を弘むる事」）出典25

汝《なんじ》ノ順次往生《じゆんじおうじよう》ハ、誠《まこと》ニ以《もつ》テ有《あ》リ難《がた》キ事也《ことなり》。所以《ゆえ》ハ何《いかん》トナレバ我《わ》ガ土《ど》ハ一向清浄《いつこうしようじよう》ノ堺《さかい》、大乗善根《だいじようぜんごん》ノ国也《くになり》。少縁《しようえん》ノ人《ひと》ヲ以《もつ》テ生《しよう》ジ難《がた》シ。汝《なんじ》ガ如《ごと》キハ行業《ぎようごう》多生《たしよう》を経《ふ》ルト雖《いえど》モ未《いま》ダ往生《おうじよう》ノ業因《ごういん》ニ足《た》ラザル也《なり》。蓋《けだ》シ速疾往《そくしつおう》生《じよう》ノ法《ほう》ヲ教《おし》フベシ。所謂《いわゆる》円融念仏是也《えんゆうねんぶつこれなり》。一人《いちにん》ノ行《ぎよう》ヲ以《もつ》テ衆人《しゆにん》ノ為《ため》ニス。故《ゆえ》ニ功徳《くどく》広大《こうだい》ナリ。順次往生《じゆんじおうじよう》、已《すで》ニ以《もつ》テ修因《しゆいん》ヲ果《はた》シ易《やす》シ。已《すで》ニ融通感果《ゆうずうかんか》ス。盍《なん》ゾ一人《いちにん》ヲ融通《ゆうずう》シテ衆人《しゆにん》ヲ往生《おうじよう》セシメザル。盍《なん》ゾ往生《おうじよう》セザル。阿弥陀如来《あみだにようらい》ノ示現《じげん》粗《ほぼ》此《か》クノ如《ごと》シ。委細毛挙《いさいもうきよ》スルニ遑《いとま》アラズ。
天治元年甲辰《てんじがんねんきのえたつ》六月九日《ろくがつここのか》　一乗仏子良忍《いちじようぶつしりようにん》かく記《しる》しおかれたり。此後《このnow》

［訳］（阿弥陀《あみだ》如来が告げた）あなたが順次往生《じゆんじおうじよう》[1]することは難しい。私の浄土はまったく清浄なところで、大きな善根[2]の人だけが往ける国である。仏縁の少ない人は往生しがたい。あなたのような修行では何度生まれ変わっても往生できる善因にはたりない。速疾往生《そくしつおうじよう》[3]の法を教えよう。円融念仏《えんゆうねんぶつ》[4]である。一人は衆人のために念仏を行じ、それゆえ功徳は広大。順次往生の修因《しゆいん》[5]を果たしやすく、すでに融通を感得している。どうして一人から融通して衆人を往生させられず、自分も往生できないことがあろうか。阿弥陀如来の示現はほぼこのとおりである。委細は述べるいとまがない。

**天治元年六月九日　　一乗仏子良忍[6]**

**このように良忍上人は記したのち、広く布教して本帳[7]の記入者は三千二百八十二人になった。**

1 **順次往生**＝次の来世で浄土に生まれること。 2 **善根**＝未来の幸福につながる善の蓄積。 3 **速疾往生**＝すばやく往生すること。 4 **円融念仏**＝みんな融合しあう念仏。融通念仏と同じ。 5 **修因**＝悟りの境地に達する果を得る因となる修行。 6 **一乗仏子**＝法華一乗の仏弟子すなわち天台宗の僧。 7 **本帳**＝結縁者の名を書いた帳面。念仏帳ともいう。

この阿弥陀示現（一一一七年ともいう）をもって融通念仏宗の開宗とされるが、一時とだえ、鎌倉末期の元亨《げんこう》元年（一三二一）に法明が再興して大念仏寺（融通念仏宗総本山／大阪市平野区）を開いた。そのころにつくられた『融通念仏縁起』では思想的にも整ってくる。

**融通念仏縁起**（上巻第二段「良忍、夢中に阿弥陀如来から融通念仏の教えを受ける」）出典26

融通念仏《ゆうずうねんぶつ》は一人《いちにん》の行《ぎょう》をもて衆人《しゅにん》の行《ぎょう》とし衆人行《しゅにんぎょう》をもちて一人《いちにん》の行《ぎょう》とするか故《ゆえ》に功徳《くどく》も広大《こうだい》なり往生《おうじょう》も順次《じゅんじ》なるへし一人《いちにん》も往生《おうじょう》をとけは衆人《しゅにん》も往生《おうじょう》をとけむ事《こと》うたかひあるへからすと云ゝ《うんぬん》

［訳］**（阿弥陀《あみだ》如来は告げた）融通念仏は一人が念仏を称《とな》えることをもって衆人（一切の人）の念仏行を一人の念仏行とする。その功徳は広大であり、次の来世には往生できる。一人が往生して仏になれば衆人も往生できるのは疑いなしである、と。**

これが「一人一切人《いちにんいっさいじん》　一切人一人　一行一切行　一切行一行」の偈《げ》として知られる。「一人が往生すれば衆人も往生できる」というのは法然・親鸞によって強調される還相回向《げんそうえこう》（自身が浄土に往生すれば現世に還《かえ》って人々を往生させる）にも通じるもので、その兆《きざ》しが良忍の融通念仏にみられる。また良忍は円仁が唐から伝えた声明《しょうみょう》（音楽法要）を習得した唱導師だった。融通念仏は大念仏また百万遍念仏ともいい、大勢で念仏を称えながら大きな数珠を繰る行事が各地の習俗としても今に伝わる。

# 11 地獄と地蔵菩薩

**『今昔物語集』の地蔵霊験譚**　平安時代末期に、誰とも知れず、かつてない規模の説話集『今昔物語集』が編まれた。天竺《てんじく》篇五巻、震旦《しんたん》（中国）篇五巻、本朝篇二十一巻の計三十一巻千五十九話（三巻欠／表題のみ十九話）がある。その巻第十七に三十二話の地蔵菩薩霊験譚《たん》がある。平安中期に三井寺（園《おん》城寺《じょうじ》）の実睿《じつえい》が著した日本最初の地蔵説話集『地蔵菩薩霊験記』（現存せず）の再録と推定される。半数以上の十八話が「活《よみが》へるを得る語」、つまり死んで生き返ってくる話だ。そのなかから六地蔵信仰の萌芽《ほうが》を示す第二十三話と地獄の使者から逃れる第十七話をあげる。

**今昔物語集**（巻第十七「地蔵の助けに依りて活へる人六地蔵を造る語第二十三」）出典27

今昔《いまはむかし》、周防《すおう》ノ国《くに》ノ一《いち》ノ宮《みや》ニ玉祖《たまのおや》ノ大明神《だいみょうじん》ト申《もう》ス神在《かみまし》マス。其《そ》ノ社《やしろ》ノ宮司《みやづかさ》ニテ玉祖《たまのおや》ノ惟高《これたか》ト云《い》フ者有《ものあり》ケリ。（中略）惟高《これたか》身《み》ニ病《やまい》ヲ受《うけ》テ、日来《ひごろ》悩《なや》ミ煩《わずら》フ。六七日《ろくしちにち》ヲ経《へ》テ俄《にわか》ニ絶入《たえいり》ヌ。惟高《これたか》 忽《たちまチ》ニ冥途《めいど》ニ趣《おもむ》ク。広《ひろ》キ野《の》ニ出《い》デ、道《みち》ニ迷《まど》イテ、東西《とうざい》ヲ失《うしな》ヒテ、涙《なみだ》ヲ流《なが》シテ泣《な》キ悲《かなし》ム間《あいだ》、六人《ろくにん》ノ小《こ》僧出来《ぞういでき》レリ。（中略）「我等《われら》ヲバ六地蔵《ろくじぞう》ト云《い》フ。六道《ろくどう》ノ衆生《しゅじょう》ノ為《た》メニ、六種《ろくしゅ》ノ形《かたち》ヲ現《げん》ゼリ。（中略）汝《なん》ヂ早《はや》ク本国《もとのくに》ニ返《かえり》テ、此《こ》ノ六躯《ろくく》ノ形《かたち》ヲ顕《あら》ハシ造《つくり》テ、心《こころ》ヲ至《いた》シテ可恭敬《くぎょうすべ》シ。我等《われら》ハ此《ここ》ヨリ南方《みなみのかた》ニ有《あ》リ」ト。（中略）其《そ》ノ後《のち》、惟高《これたか》自《みずか》ラ起居《おきい》テ、親《したし》キ族《やから》ニ此《こ》ノ事《こと》ヲ語《かた》ル。

［訳］今は昔、周防《すおう》の国（山口県）の一ノ宮に玉祖《たまのおや》の大明神という神があった。その社《やしろ》の宮司で玉祖の惟高《これたか》という者がいた。（中略）[1]惟高は病になって毎日苦しみ、六、七日たって急死した。惟高はたちまち冥途《めいど》に行った。広い野に出て道に迷い、東も西もわからずに涙を流して泣き悲しんでいると、六人の小僧（子どもの僧）が現れた。（中略）[2]「我らを六地蔵という。六道の衆生のために六種の形を現した。（中略）汝は早く生前の国に帰り、この六体の形を仏像にして心をこめて礼拝恭敬《くぎょう》せよ。我らは南方の加羅陀山《からだせん》にあり」と言う。（中略）その後、惟高は自分で起き、親族にこのことを語った。[3]

1 **中略**＝惟高は神主だったが、子どものころから三宝に帰依し、とくに地蔵菩薩《ぼさつ》を日夜礼拝していた。しかし、長徳四年（九九八）四月に病気になった。 2 **中略**＝六人の小僧の姿は端正で、しずしず歩いてくる。一人は手に香炉を持ち、一人は合掌し、また、宝珠・錫杖《しゃくじょう》・花筥《はなばこ》・念珠を持つ僧がいた。 3 **親族にこのことを語った**＝その後、惟高は口に阿弥陀仏の名号をとなえ、心に地蔵菩薩を念じて長寿を得、極楽に往生したという。

## 今昔物語集（巻第十七「東大寺の蔵満地蔵の助けに依りて活へるを得る語第十七」）出典27

今昔《いまはむかし》、東大寺《とうだいじ》ニ一人《ひとり》ノ僧有《そうあり》ケリ。名《な》ヲバ蔵満《ぞうまん》ト云《い》フ。（中略）毎日《ひごと》ノ晨朝《じんじょう》ニ、地蔵菩薩《じぞうぼさつ》ノ宝号一百八《ほうごういちひやくはち》反唱《へんとな》フ（中略）而《しか》ル間《あいだ》ニ、蔵満年三十《ぞうまんとしさんじゆう》ト云《い》フ年《とし》ノ四月《うづき》ニ、身《み》ニ中風《ちゆうぶ》ノ病付《やまいつき》テ日来《ひごろ》ヲ経《ふ》ルニ、身弱《みよわ》ク魂動《たましいうご》キテ忽《たちまち》ニ死《し》ヌ。其《そ》ノ時《とき》ニ、青《あお》キ衣《ころも》ヲ着《ちやく》セル官人両三人来《かんにんりようさんにんきたり》テ、大《おお》キニ嗔《いかり》ヲ成《な》シテ、蔵満《ぞうまん》ヲ捕《とら》フ。然《しか》レバ、蔵満音《ぞうまんこえ》ヲ挙《あげ》テ大《おお》キニ叫《さけび》テ云《いわ》ク、「我《わ》レハ此《こ》レ浄行《じようぎよう》ニシテ真実《しんじち》ノ行者也《ぎようじやなり》。三業六情《さんごうろくじよう》ニ於《おい》テ犯《おか》ス所無《ところな》シ。昔《むかし》シ、横俊《おうしゆん》ト云《いい》シ者《もの》ハ極悪邪見《ごくあくじやけん》ノ人也《ひとなり》キ。然《しか》レドモ、命終《いのちおわ》ル時《とき》、念仏《ねんぶつ》の力《ちから》ニ依《より》テ、地獄《じごく》ノ猛火《みようか》忽《たちまち》ニ変《へん》ジテ、清《しよう》涼《りよう》ノ風吹《かぜふき》テ、即《すなわ》チ仏《ほとけ》ノ迎接《ごうじよう》ヲ預《あずかり》テ、極楽世界《ごくらくせかい》ニ往生《おうじよう》スル事《こと》ヲ得《え》テキ。我《わ》レ念仏《ねんぶつ》ヲ唱《とな》ヘ、地蔵菩薩《じぞうぼさつ》ノ悲願《ひがん》ヲ憑《たの》ム。豈《あ》ニ此《こ》レ空《むなし》カラムヤ。若《も》シ此《こ》ノ事不叶《ことかなわ》ズハ、三世《さんぜ》ノ諸仏及《しよぶつおよ》ビ地蔵菩薩《じぞうぼさつ》ノ大悲《だいひ》ノ誓願皆失《せいがんみなうせ》ナムトス」

ト。使等《つかいら》此《これ》ヲ聞《きき》テ、蔵満《ぞうまん》ヲ責《せ》メ問《とい》テ云《いわ》ク、「汝《なん》ヂ如此《かくのごと》ク云《い》ヘドモ、指《サ》セル証拠無《しょうこな》シ」ト。（中略）其《そ》ノ時《とき》ニ、一人《ひとり》の小僧《こぞう》忽《たちまち》ニ来《きた》リ給《たま》フ。其《そ》ノ形《かた》チ端厳美麗《たんごんびれい》ニシテ光《ひか》リヲ放《はな》ツ。同《おな》ジク五六人《ごろくにん》ノ小僧《こぞう》在《まし》マス。亦三十余《またさんじゅうよ》人《にん》ノ小僧《こぞう》左右《さう》に烈《れつ》セリ。（中略）此《こ》ノ上首《じょうじゅ》の菩薩《ぼさつ》、蔵満《ぞうまん》ニ教《おしえ》テ宣《のたま》ハク、「汝《なん》ヂ我《わ》レヲバ知《し》レリヤ。我《わ》レハ此《こ》レ汝《なんじ》ガ毎日《ひごと》ノ晨朝《じんじょう》ニ念《ねん》ズル地蔵菩薩《じぞうぼさつ》也《なり》。大悲《だいひ》ノ誓願《せいがん》ニ依《より》テ、汝《なんじ》ヲ守《まも》ル事尚《ことなお》シ眼精《まなこ》ヲ守《まもる》ガ如《ごと》ク也《なり》。汝《なん》ヂ流転生死《るてんしょうじ》ノ業縁《ごうえん》ノ引《ひ》ク所《ところ》ニ依《より》テ、今被召《いまめされ》タル也《なり》。汝《なん》ヂ速《すみやか》ニ閻浮《えんぶ》ニ返《かえり》テ、生死《しょうじ》ノ界《さかい》ヲ棄《す》テ、、往生極楽《おうじょうごくらく》ノ望《のぞみ》ヲ遂《と》ゲヨ。努々更《ゆめゆめさら》ニ此《こ》ノ所《ところ》ニ不可来《きたるべから》ズ」ト宣《のたま》フ、ト思《おも》フ程《ほど》ニ活《よみがえ》レリ。

［訳］今は昔、東大寺に一人の僧がいた。名を蔵満《ぞうまん》という。（中略）[1]毎日の晨朝《しんちょう》（朝八時頃）に地蔵菩薩《ぼさつ》の名号を百八回唱えた（中略）そうするうちに蔵満三十歳の年の四月に中風（卒中）の病になり、数日たって身体が弱り、魂が抜けて、たちまち死んだ。そのとき、青い衣を着た官人二、三人が来て非常に嗔《いか》って蔵満を捕らえた。そんなことになったので蔵満は大声で叫んで言った。「私は浄行にして真実の行者だ。三業《さんごう》六情[2]において犯すところはない。昔、中国の横俊《おうしゅん》という僧は極悪邪見の人だったが、臨終に念仏の力によって地獄の猛火はたちまち消えて涼しい風が吹き、すぐさま阿弥陀仏に迎えられて極楽浄土に往生することができたというではないか。私は念仏を唱え、地蔵菩薩の悲願[3]を信じている。それは空しいことなのか。もし阿弥陀仏や地蔵菩薩の救いがかなわないなら、三世の諸仏と地蔵菩薩の大悲の誓願は皆なくなってしまうではないか」と。あの世の使《つかい》の者らは、これを聞いて、蔵満を責めて問うた。「おまえはそう言うが、その証拠はない」と。（中略／蔵満は重ねて諸仏諸菩薩の誓願は嘘なのかと抗議した）そのとき、一人の小僧が忽然《こつぜん》と現れた。その姿は端厳美麗《たんごんびれい》にして光り輝いていた。同じ姿の五、六人の小僧があり、また三十余人の小僧が左右に列した。（中略／おごそかで悠然とし、皆、合掌して近づいてきた）その長の菩薩が蔵満に教えて告げた。「汝《なんじ》は我を知っているか。我は汝が毎朝念じていた地蔵菩薩である。大悲の誓願によって汝を守るのは傷つきやすい眼球を守るごとくである。汝は流転生死《るてんしょうじ》の業縁《ごうえん》[4]に縛られ

**て引き連れられたのだが、汝は早く閻浮提《えんぶだい》[5]に帰り、迷いの生死の世界を離れて往生極楽の望みを遂げよ。ゆめゆめ、ふたたびここに来てはならない」と。そう告げられたと思うまに蔵満はよみがえった。**

1 **中略**＝あるとき蔵満は京に上る途次で占い師に会い、「あなたの寿命は四十を過ぎない。もし長生きしたいなら菩提心をおこせ」と告げられた。蔵満は東大寺を出て笠置寺《かさぎでら》に入り、一心に念仏し、仏道に励むようになった。 2 **三業六情**＝三業は身口意《しんくい》、すなわち身の行動、口にする言葉、心に思うこと。六情は眼・耳・鼻・舌・身・意の六根の感情また喜・怒・哀・楽・愛・憎の六をいう。 3 **地蔵菩薩の悲願**＝地蔵菩薩本願経に地蔵菩薩は遠い過去の獅子《しし》奮迅具足万行如来《ふんじんぐそくまんぎょうにょらい》の世に大長者の子だったが、如来の姿の神々《こうごう》しいのを見て、自分もそのようになりたいと願い、誓願をたてたという。「我、今より未来《みらい》の時が尽きるまで罪苦六道の衆生《しゅじょう》のために広く方便《ほうべん》を設け、尽《ことごと》く解脱《げだつ》せしめん」と。また、地蔵十輪経に「五濁悪時《ごじょくあくじ》の無仏世界において有情《うじょう》を成熟《じょうじゅく》す」と説かれ、地蔵菩薩は釈尊の滅後、弥勒菩薩が天上から下って仏になるまでの無仏時代の人々を救うという。 4 **流転生死の業縁**＝前世からの行いによる条件。 5 **閻浮提**＝須弥山《しゅみせん》南方の島。ここでは生前の世界のこと。

蔵満は地獄に引き立てられそうになったのだが、「私は三業六情において犯すところはない」と猛然と抗議する。ここには鎌倉時代の浄土教で「我ら凡夫は地獄必定《ひつじょう》」というような罪意識はない。また、同じ平安中期の『往生要集』にも三途《さんず》の川や賽《さい》の河原の地蔵菩薩の話はない。地獄の地蔵菩薩のことは平安末期に日本で編まれた地蔵十王経《じぞうじゅうおうきょう》に記されている。

この経によれば、人は閻魔王《えんまおう》の使いの奪魂鬼《だつこんき》らに魂をしばられて死出の旅路に出立する。冥土《めいど》の関門の先は死山といい、亡者は険しい坂では杖《つえ》を、石だらけの道では鞋《わらじ》がほしいと願う。それで男女ともに葬送のときに三尺の杖を持たせ、そばに鞋一足をおく。その死山をゆくと秦広王《しんこうおう》（十王の初王）がいて、亡者は最初の裁きをうける。まず殺生の罪が問われ、鉄杖でからだを打たれる。これが中陰《ちゅういん》（死後四十九日）の初七日の旅である。二七日《ふたなのか》（十四日目）には三途の川の奈河津《なかつ》（ナラカ＝地獄の渡し）につく。そこをわたれば初江王《しょこうおう》の王府である。その王宮の前に衣領樹《えりょうじゅ》という大樹があり、奪衣婆《だつえば》と懸《けん》衣翁《ねおう》がいる。奪衣婆は亡者の衣をぬがせ、懸衣翁が枝にかけると、枝の下がりかたに罪の軽重があらわれ、牛頭《ごず》・馬頭《めず》の鬼どもが棒や叉《さ》（さすまた）で亡者を追いたてていく。三七日《みなのか》（二十一日目）、宋《そう》帝王《たいおう》の庁には気味悪い猫が群集し、大蛇がぞろぞろ出てくる。四七日《よなのか》（二十八日目）、五官王《ごかんおう》の庁に業《ごう》の秤《はかり》があり、生前の罪が計量される。また、鏡の前に引かれて心の罪を映しだされる。そして五七日《いつなのか》（三十五日目）に至るのが閻魔の王宮である。

**地蔵十王経**（地蔵菩薩発心因縁十王経第五　閻魔王宮）出典28

閻魔王国《えんまおうこく》を無仏世界《むぶつせかい》と名《なづ》く。亦《また》は預弥国《よみこく》と名《なづ》く。亦《また》は閻魔羅国《えんまらこく》と名《なづ》く。大城《だいじょう》の四面《しめん》に周囲《しゅうい》して鉄墻《てつよう》あり。四方《しほう》に鉄門《てつもん》を開《あ》けり。左右《さゆう》に檀荼《だんだ》幢《どう》有《あ》り。上《うえ》に人頭《じんとう》の形《かたち》を安《やす》んず。人能《ひとよ》く人間《にんげん》を見《み》ること掌中《しょうちゅう》の菴羅菓《あんらか》を見《み》るが如《ごと》し。右《みぎ》は黒闇天女幢《こくあんてんにょどう》、左《ひだり》は太山府君幢《たいざんふくんどう》なり。

爾《そ》の時《とき》に世尊《せそん》、衆《しゅ》に告《つ》げて言《いわ》く。諸《もろもろ》の衆生《しゅじょう》、同生神《どうしょうじん》、魔奴闍耶《まぬじやや》といふもの有《あ》り。左《ひだり》の神《かみ》は悪《あく》を記《しる》す。形《かたち》、羅刹《らせつ》の如《ごと》し。常《つね》に随《したが》つて離《はな》れずして悉《ことごと》く小悪《しょうあく》をも記《しる》す。右《みぎ》の神《かみ》は善《ぜん》を記《しる》す。形《かたち》、吉祥《きちじょう》の如《ごと》し。常《つね》に随《したが》つて離《はな》れずして皆微善《みなびぜん》をも録《ろく》す。惣《そう》じて双童《そうどう》と名《なづ》く。亡人《もうにん》の先身《せんじん》の、若《も》しは福《ふく》、若《も》しは罪《ざい》の諸《もろもろ》の業《ごう》を皆書《みなしょ》して尽《ことごと》く閻魔法王《えんまほうおう》に奏与《そうよ》す。（中略）次《つぎ》に二《に》院《いん》有《あ》り。一《いち》を光明王院《こうみょうおういん》と名《なづ》け、二《に》を善名称院《ぜんみょうしょういん》と名《なづ》く。（中略）復《ま》た善名称院《ぜんみょうしょういん》を説《と》くに、此《こ》の処殊勝《ところしゅしょう》にして無仏《むぶつ》の処《ところ》に於《お》いて別《べつ》に浄土《じょうど》を立《た》つ。（中略）即《すなわ》ち是《こ》れ地蔵《じぞう》菩薩《ぼさつ》の入定室《にゅうじょうしつ》の処《ところ》なり。四方《しほう》に座《ざ》有《あ》るは四大菩薩《しだいぼさつ》の所座《しょざ》なり。（中略）爾《そ》の時《とき》に無仏世界《むぶつせかい》の能化導師《のうけどうし》、悲《ひ》願金剛《がんこんごう》地蔵《じぞう》菩薩《ぼさつ》、中央《ちゅうおう》の座《ざ》に坐《ざ》したまふ。毎日晨朝《まいにちじんじょう》に恒沙《ごうしゃ》の定《じょう》に入《い》り、定《じょう》より起《た》ち已《おわ》つて十方国《じっぽうこく》に遍《へん》し、有情《うじょう》の室宅《しったく》、門戸《もんこ》に住立《じゅうりゅう》す。（中略）或《あるい》は地獄《じごく》に入《い》りて皆苦《みなく》を離《はな》れしめ、及《およ》び余《よ》の諸《もろもろ》の悪趣《あくしゅ》に遍《あまね》く入《い》りて生《しょう》を救《すく》ふ。

［訳］閻魔《えんま》王国を無仏世界という。または預弥《よみ》国（黄泉《よみ》国）、または閻魔羅国という。大城の四面は鉄の墻壁《しょうへき》で囲まれ、四方に鉄門がある。左右の棒に幢《はた》を着け、上に人頭が置かれている。よく人間を見抜くことは掌中の菴羅菓《あんらか》（マンゴー）のようである。右は黒闇天女《こくあんてんにょ》（吉祥天《きつしょうてん》の妹）、左は太山府君《たいざんふくん》（生命を司《つかさど》る道教の神）の幢である。

そのとき世尊が人々に告げた。「だれにも同生神《どうしょうじん》、魔奴闍耶《まぬじゃや》というものがついています。左の神は羅刹《らせつ》のような姿で、常に人について離れず、小さな悪もことごとく記します。右の神は吉祥天のような姿で、常に人について離れず、どんな微善もみな記録します。あわせて双童といい、亡人の前世の福と罪のおこないをみな書いて閻魔法王に奏上します。そこに二つの王宮があります。光明王院《こうみょうおういん》と善名称院《ぜんみょうしょういん》です。（中略／光明王院は閻魔王の王宮で、亡者の前世を鏡に映して裁く）善名称院は殊勝にして無仏の処に於いて別に浄土を立つ。（中略／地には砂金が敷かれ、道や樹は七宝《しっぽう》に輝いて兜率天《とそつてん》の王宮のようである）ここは地蔵菩薩《ぼさつ》が定《じょう》（精神の集中）に入っている場所で、四方に四大菩薩（罪障を破る破悪趣菩薩など）の座があります。（中略）そのとき無仏世界の救い主であり悲願金剛の地蔵菩薩が中央の座に坐します。毎朝、定に入って数限りなく念をなし、定より意識を起こすと、十方世界の人々の家の門口《かどぐち》に立ちます。（中略）あるいは地獄に行って苦しむ者たちを救い、また、ほかの苦の世界にある者たちも救います」と。

冥土の旅は、さらにつづく。しかし、罪あればその悪を逼《せ》ばめ、福あればその善を勧めるというふうに救いが説かれ、死後三年たって至るのが第十の五道転輪王《ごどうてんりんおう》の王府である。そこでは十王と冥府の官吏・羅刹《らせつ》たちでさえ釈尊に礼拝し、「なんとかして獄吏の役目を逃れ、無為《むい》の家（悟りの安息）に帰りたい」と訴える。それで世尊は「先に涅槃経《ねはんぎょう》で説いたように、仏性《ぶっしょう》は滅びない。心があれば、つねに仏性がある。かならず大苦を逃れることができる」と説き、一同、歓喜して終わる。

これは追善供養《ついぜんくよう》によって死者が「成仏《じょうぶつ》」していく過程を示すものでもある。地蔵十王経では「第五閻魔王宮」に初日の本尊は定光仏、八日は薬師如来、十五日は阿弥陀如来等と中陰に日を区切って追善供養すべきことが説かれて、年回忌に十三仏をあてはめる信仰の萌芽がみられる。

## 12 末法到来

**末法の年次**　末法とは、仏滅《ぶつめつ》（伝えられた釈迦の入滅）後、正法《しょうぼう》・像法《ぞうぼう》の順に仏法が衰え、ついには末法に至るという三時説による時代区分である。正法は釈迦の在世時のように仏法が正しく世に広まる期間。次の像法の「像」は形の意味で、寺院・法会《ほうえ》など、仏法の形は存続する期間。そして末法には教えだけは伝わっていても人々の性格や能力は衰えて修行はできず、世はすさんで悪がはびこって五濁《ごじょく》（煩悩など五つの衰退が世をおおうこと）の悪世になるという。日本では正法五百年（あるいは千年）・像法千年・末法一万年とする説が広まった。

ただし、正法・像法・末法の期間や様相は経典によって異なる。後述の『末法燈明記《まっぽうとうみょうき》』でよく引用されている大集経《だいじっきょう》（大方等大集経《だいほうどうだいじっきょう》）では仏滅後五五百年《ごごひゃくねん》（五つの五百年）の順に仏法が衰えるという。大集経は「五部の大乗経」のひとつに加えられる重要経典で、第五十六章「法尽滅品《ほうじんめつほん》」に仏法が滅びた世のことが記されている。この経典は大乗仏教の中期に仏教の弾圧があったころに編まれたと考えられており、その世相を反映して仏滅後五五百年の衰退論が語られたのだろう。

日本では最初の説話集『日本霊異記《にほんりょういき》』（平安初期）に、すでに末法だと記されている。

**日本霊異記**（下巻序）　出典12

尺迦《しやか》一代《いちだい》の教文《きようもん》を探《あなぐ》るに、三《み》つの時有《じあ》り。一《ひと》つには正法《しようぼう》の五百年《ごひやくねん》なり。二《ふた》つには像法《ぞうほう》の千年《せんねん》なり。三《み》つには末法《まつぼう》の万年《まんねん》なり。仏《ほとけ》の涅槃《ねはん》したまひしより以来《このかた》、延暦六年《えんりやくろくねん》の歳《とし》の次丁卯《やどりひのとう》に迄《いた》るまで、一千七百二十二年《ねん》を径《へ》たり。正像《しようぞう》の二《ふた》つを過《す》ぎて、祀頃《トシゴロ》より末法《まつぼう》に入《い》れり。

［訳］**釈迦牟尼仏が生涯に説かれた経文を調べてみると、三つの時がある。一つには正法の五百年である。二つには像法の千年である。三つには末法の万年である。釈迦牟尼仏が入滅されてから現在の延暦六年（七八七）まで千七百二十二年たっている。正法・像法の二つの期間を過ぎて近年より末法に入った。**

**末法初年＝永承七年説の虚実**　釈迦が歴史上に実在した人物として確認されたのは近代の考古学によってである。それ以前には正・像・末三時の起点となる釈迦の入滅の年もわからず、経典や論書によって異なるので、さまざまな説が立てられた。末法到来は『日本霊異記』にもみられるように、おりおりに語られてきたのだが、末法の始まりとして通説となっているのは永承《えいしょう》七年（一〇五二）を末法初年とする説である。中国で釈迦の入滅を紀元前九四九年とする伝承を大集経でいう仏滅後五《ご》五百《ごひやく》年《ねん》に当てはめると、西暦一〇五一年に第四の五百年が終わって最後の五百年に入り、末法が始まることになる。この末法到来についてよく引用されるのは、比叡山の僧＝皇円《こうえん》（?～一一六九年）があらわした歴史書『扶桑略記《ふそうりやくき》』の永承七年（一〇五二）の記述である。

**扶桑略記**（第二十九　後冷泉）　出典29

永承《えいしよう》七年《しちねん》壬辰《じんしん》正月《しようがつ》廿六日《にじゆうろくにち》癸酉《きゆう》。千僧《せんそう》を大極殿《だいごくでん》に屈請《くつじよう》して観音経《かんのんぎよう》を転読《てんどく》せしむ。去年《きよねん》の冬《ふゆ》より疾疫流《しつえきりゆう》行《こう》し、年《とし》を改《あらた》めて已後《いご》、弥以《いよいよもって》熾盛《しじょう》なり。仍《よ》って其《そ》の災《さい》を除《のぞ》かんが為《ため》なり。今年《こんねん》より末法《まっぽう》に入《い》る。（三月十八日／略）○同月廿八日癸酉《どうげつにじゅうはちにちきゆう》。左大臣《さだいじん》、宇治別業《うじべつごう》を捨《しゃ》し寺《てら》と為《な》す。仏像《ぶつぞう》を安置《あんち》し法華三昧《ほっけざんまい》を初修《しょしゅ》して平等院《びょうどういん》と号《ごう》す。○四月五日庚辰《しがついつかこうしん》。豊楽院《ぶらくいん》に於《おい》て如説仁王会《にょせつにんのうえ》が修《しゅ》さる。左大臣以下《さだいじんいか》皆《みな》悉《ことごと》く参入《さんにゅう》し惣礼有《そうれいあ》り。○七日《なのか》。僧綱以下《そうごういか》、賀茂社《かもしゃ》に於《おい》て疾疫《しつえき》を禳《はら》ふ為《ため》、大品般若経四部《だいほんはんにゃぎょうしぶ》を供養《くよう》し奉《たてまつ》る。夢想告《むそうこく》に依《よ》りて也《なり》。○五月六日《ごがつむいか》。女院御在所《にょいんおましどころ》の六条第《ろくじょうてい》に行幸《ぎょうこう》。御悩重《おなやみおも》きに依《よ》る也《なり》。即日《そくじつ》。天下《てんか》に大赦《たいしゃ》。○六月十七日庚寅《ろくがつじゅうしちにちこういん》。千口《せんこう》の僧《そう》を大極殿《だいごくでん》に崛《くつ》し、金剛寿命経《こんごうじゅみょうきょう》を転読《てんどく》。蓋《けだ》し疾疫《しつえき》を祈《いの》る也《なり》。（中略）○八月廿五日《はちがつにじゅうごにち》。長谷寺《はせでら》火《か》災《さい》、灰燼《かいじん》と為《な》す。但《ただ》し中尊《ちゅうそん》の首上《くびうえ》の小仏《しょうぶつ》は灰中《かいちゅう》に遺《のこ》れり。○十一月朔《じゅういちがつついたち》。日蝕《にっしょく》。

［訳］永承七年正月二十六日、千僧を大内裏の大極殿に招いて観音経を読誦《どくじゅ》させた。去年の冬から疫病が流行し、年を改めて以後もますます盛んなので、その災いを除くためだ。今年から末法に入る。（三月十八日／略）○三月二十八日、左大臣藤原頼通《よりみち》が宇治の別荘を寺に改め仏像を安置して法華三昧《ざんまい》[1]を初めて修して平等院と名づけた。○四月五日、大内裏の豊楽殿にて如説仁王会《におうえ》[2]が修された。左大臣以下ことごとく参内し、みな仏を礼拝した。○七日、僧綱《そうごう》以下、賀茂神社にて疾疫を祓《はら》うために大品《だいぼん》般若経[3]四部を奉納した。夢のお告があったからだ。○五月六日。帝《みかど》が女院[4]御在所《おましどころ》の六条第《てい》に行幸された。御病気が重いためだ。即日、天下に大赦を宣じた。○六月十七日、千口の僧を大極殿に召して金剛寿命経[5]を転読させた。おそらく疾疫調伏《ちょうぶく》を祈るためである。（中略）○八月二十五日。長谷寺《はせでら》が火災で灰燼《かいじん》に帰した。中尊（十一面観音）の首の小仏道（しわ）の部分は灰の中に燃え残っていた。○十一月一日、日蝕があった。

1 **法華三昧**＝三七日（二十一日）など日数を定めて法華経を読誦する法会。 2 **如説仁王会**＝護国経典の『仁王経』により百人の僧による法会。「如説」は「経典に説かれているとおりに」の意だが、実際には伝統化した法式を守って法会を営むことをいう。 3 **大品般若経**＝摩訶《まか》般若波羅蜜経のうち鳩摩羅什《くまらじゅう》訳『二万五千頌般若経』のこと。 4 **女院**＝後冷泉《ごれいぜい》天皇の母、皇太后藤原嬉子《きし》。六条第は藤原道長の屋敷で、嬉子は道長の女《むすめ》である。 5 **金剛寿命経**＝延命の呪文を説く金剛寿命陀羅尼経。

『扶桑略記』は疫病流行を末法のあらわれとしている。その末法の世に法会はいっそう盛んになった。また、藤原頼通が宇治の別荘を寺に改め、翌年、阿弥陀如来を本尊とする平等院鳳凰堂《ほうおうどう》を建立したが、その壮麗な阿弥陀堂も、この世を儚《はかな》むというより、まだ絶頂期にあった貴族の栄華をあらわすものだった。『扶桑略記』はその落慶のようすを「丈六の弥陀像を安置し百人の高僧を招いて供養した。御斎会《ごさいえ》（宮中の正月の法会）に準じて仏像を荘厳《しょうごん》し、古今無双であった」と記している。

永承七年当時、まだ末法意識はうすい。たとえば、そのころに書かれた菅原孝標女《すがわらのたかすえのむすめ》の『更級《さらしな》日記』に末法という言葉はない。

当時の記録で末法を記しているのは、貴族の藤原資房《ふじわらのすけふさ》（一〇〇七～一〇五七年）の日記『春記《しゅんき》』である。その永承七年四月二十七日の条に「路頭の死骸はなはだ多し。尤《もっと》も恐るべし」（赤木志津子編『訓読春記』近藤出版社、一九八一年）とあり、五月五日には疫癘《えきれい》のため二十一社（伊勢・石清水《いわしみず》・賀茂《かも》などの重要神社）に奉幣使《ほうへいし》を派遣したというが、疫病の流行はしばしばあったことで、この疫病の記事のなかに「末法」の語はない。藤原資房に永承七年を「末法初年」と思わせたのは長谷寺の焼亡だった。

それは季御読経《きのみどきょう》（宮中で春秋に数日にわたっておこなわれた大般若経《だいはんにゃきょう》の法会《ほうえ》）の最終日のことである。興福寺《こうふくじ》の別当《べっとう》（寺務の総括者）で長谷寺別当を兼ねる真範僧正《しんぱんそうじょう》が参内《さんだい》して督殿《こうどの》（法会の責任者）に言った。

「長谷寺が焼亡してしまったと知らせがありました。はなはだ悲しいことです。昔、焼亡したおり（九四四年）には本尊の十一面観音の頭だけ取り出すことができ、新たに造った御身（十一面観音像）に継いで百余年になります。長谷寺は霊験所《れいげんしょ》の第一です。末法の最初の年に、この事が起こりました。恐るべきことです。仏（十一面観音）を火災から取り出すことは全くできませんでした」

赤木『訓読春記』によって意訳すれば、これが『春記』に記された長谷寺焼亡の第一報である。末法到来の恐るべき表れなのだが、それから十日ほどたつと、意外にも長谷寺に参詣者が押し寄せるようになった。「末法の事希有《けう》の事に侍《はべ》る」という。あまりの不思議さに、これは末法のことであるが、希有の奇跡だという。それはこんな話だ。

山科寺《やましなでら》（興福寺）別当の真範僧正が昇殿の書を奏上して言う。

長谷寺のことは涙を抑えがたいことであるが、このたびは本尊十一面観音の十一面のうち左側の忿怒《えんぬ》相《そう》一面、右側の目芽《もくが》相《そう》（白牙上出相）一面、頂上仏面《ちょうじょうぶつめん》一面の合わせて三面が焼け残った。御足は火事のおりに取り出すことができなかったけれど、灰の中に残っていた。その御足は皆、金色《こんじき》で、少しも火で傷んでいなかった。末法のことであるが、希有の奇跡である。焼亡以後、遠近から参詣の人々が雲のように集まっている。

先の天慶七年（九四四）正月の夜に焼亡したときには御頭をひとつだけ取り出すことができた。このたびは諸廊堂塔ことごとく焼亡し、ただ二王堂ひとつだけ残ったのだが、仮屋を造り、御頭三面を安置した。帷帳《いちょう》（とばり）を張っているので外からは見えないのだが、遠近から参詣の人々が雲のように集まっている。

**末法到来**　末法末世の意識が広まったのは、都を戦場にした保元《ほうげん》・平治《へいじ》の乱（一一五六・一一五九年）以後、治承《じしょう》・寿永《じゅえい》の乱（源平合戦／一一八〇～一一八五年）の頃の動乱期だった。地方の武士の風習が都にもちこまれ、死の穢《けが》れを恐れた都で多数が殺害されたり処刑されて首級《くび》が獄門《ごくもん》にさらされたりした。そのころの天台座主《ざす》慈円《じえん》（一一五五～一二二五年）は歴史書『愚管抄《ぐかんしょう》』に保元元年より「日本国の乱逆ということがおこったあとは武者の世になってしまった」と世の変動を伝えている。それとともに世は末法末世であると強く意識されるようになった。

そのころ、最澄の著という『末法燈明記《まっぽうとうみょうき》』が世にあらわれた。漢文三千五百字ほどの短い書物だが、法然《ほうねん》・親鸞《しんらん》・日蓮《にちれん》などが引用して鎌倉新仏教に大きな影響をあたえる。

## 末法燈明記　出典30

それ一如《いちにょ》に範衛《はんえい》して、もって化《け》を流《なが》す者《もの》は法王《ほうおう》なり。四海《しかい》に光宅《こうたく》して、もって風《ふう》を垂《た》るる者《もの》は仁王《にんおう》なり。然《しか》ればすなわち、仁王《にんおう》と法王《ほうおう》とは、互《たが》いに顕《あらわ》れて物《もの》を開《ひら》き、真諦《しんたい》と俗諦《ぞくたい》とは、逓《たが》いに因《よ》りて教《きょう》を弘《ひろ》む。所以《ゆえ》に、玄籍《げんせき》は宇内《うだい》に盈《み》ちて、嘉猷《かゆう》は天下《てんか》に溢《あふ》る。（中略）然《しか》るに法《ほう》に三時《さんじ》あり。人《ひと》に三品《さんぼん》あり。化制《かせい》の旨《むね》、時《とき》に依《よ》りて興替《こうたい》し、毀讃《きさん》の文《もん》、人《ひと》を逐《お》いて取捨《しゅしゃ》す。（中略）末法《まっぽう》のなかにおいて、ただ言《ごん》・教《きょう》のみありてしかも行《ぎょう》・証《しょう》なし。もし、戒法《かいほう》あれば、破戒《はかい》あるべし。すでに戒法《かいほう》なし。なんの戒《かい》を破《は》するに由《よ》りて、しかも破戒《はかい》あらん。破戒《はかい》はなおなし。なにいわんや持戒《じかい》をや。（中略）正《しょう》・像《ぞう》・末法《まっぽう》の所有《しょう》の行事《ぎょうじ》は、広《ひろ》く諸経《しょきょう》に載《さい》す。内外《ないげ》の道俗《どうぞく》、誰《たれ》か披《ひら》きて諷《ふう》ぜざらんや。あに、自身《じしん》の邪活《じゃかつ》を貪求《とんぐ》して、持国《じこく》の正法《しょうぼう》を隠蔽《いんぺい》せんや。ただし、いまの所論《しょろん》は、末法《まっぽう》に、ただ名字《みょうじ》の比丘《びく》のみあり。この名字《みょうじ》を世《よ》の真宝《しんぼう》となして、さらに福田《ふくでん》なし。たとい末法《まっぽう》のなかに持戒《じかい》の者《もの》あらんも、すでにこれ恠異《かいい》なり。市《いち》に虎《とら》あるがごとし。これ誰《たれ》か信《しん》ずべけん。（中略）像季《ぞうき》の後《のち》は、まったくこれ無戒《むかい》なり。仏《ほとけ》は、時運《じうん》を知《し》りて、末俗《まつぞく》を済《すく》わんがために、名字《みょうじ》の僧《そう》を讃《さん》じて、世《よ》の福田《ふくでん》となす。

また、大集《だいじつ》の五十二《ごじゅうに》にいわく。もしは、後《のち》の末世《まつせ》に、わが法中《ほうちゅう》において、鬚髪《しゅはつ》を剃除《ていじょ》し、身《み》に袈裟《けさ》を著《ちゃく》する名字《みょうじ》の比丘《びく》は、もしは、檀越《だんおつ》ありて、信施《しんせ》し供養《くよう》すれば、無量阿僧祇《むりょうあそうぎ》の福《ふく》を得《う》、と。また、賢愚経《けんぐきょう》にいわく。もしは、檀越《だんおつ》ありて、将来《しょうらい》の末世《まつせ》に、法《ほう》の尽《つ》きんと欲《ほっ》するに垂《なんな》んとして、たとい、比丘《びく》の、妻《つま》を蓄《たくわ》え子《こ》を挟《はさ》むも、四人以上《よにんいじょう》の名字《みょうじ》の僧衆《そうしゅ》、まさに敬視《けいし》すること、舎利弗《しゃりほつ》、大目連《だいもくれん》等のごとくすべし、と。

［訳］そもそも真理によって導くのは法王たる教主と、四海に光臨して威風を及ぼす仁徳ある帝王である。仁王と法王はともに世に現れて万物を開き、仏法と世法があいまって教えを弘める。そうして玄妙な経典が国に満ち、恵みが天下にあふれる。（中略）しかし、仏法に三つの時があり、人にも三つの資質の違いがある。教化と戒律は時に応じ、毀《そし》るも讃《たた》えるも人によって言葉を選ぶ。（中略）[1] 末法には教えの言葉だけあって行《ぎょう》も悟りもない。戒律の定めがあれば破戒がある。すでに戒律はない今、どの戒を破って破戒があるのか。もはや破戒はない。まして、持戒《じかい》（よく戒をたもつこと）があろうか。（中略）

正像末《しょうぞうまつ》の世のありさまは広く諸経に説かれている。内外の道俗[2]、知らない者はあるまい。それなのに僧自身が邪《よこしま》な生活を貪《むさぼ》り求めて国を安んずる仏法を隠すことがあろうか。ただし、ここで論じているのは末法には名字の比丘《びく》（有名無実の僧）のみだということである。名字の比丘を世の真宝とするほかに福《ふく》田《でん》[3]はない。末法の世に持戒の者があるというなら、それは怪異で、市中に虎がいるようなものだ。だれが信じようか。（中略）像法の後は全く無戒である。釈尊はこの時運を知り、末法の凡夫を救うために姿形だけの僧を讃えて世の福田とされたのである。

また、大集経[4]の第五十二に言う。「もし後の末世に我が法にしたがって鬚髪《しゅはつ》を剃《そ》り、身に袈裟《けさ》を着る名字の比丘を、檀越《だんおつ》[5]が信じ布施して供養すれば、無量阿僧祇《あそうぎ》（無限）の福を得る」と。

また、賢愚経[6]に言う、「もし檀越が来るべき末の世の仏法が尽きようとするときに、たとえ僧が妻をもち子をもうけ、そのような名字の僧衆でも四人以上が集まったところは、まさに敬い礼すること、舎利弗《しゃりほつ》や大目連などの阿羅漢[7]と同じであるべきだ」と。

1 **中略**＝ここには、正法五百年、像法千年のあとに末法がくるという。 2 **内外の道俗**＝仏教と異教の僧と俗人。 3 **福田**＝布施などの功徳によって幸福が育つ田。 4 **大集経**＝大方等大集経六十巻。 5 **檀越**＝原語ダーナは「布施をする人」の意。檀那とも施主とも訳される。 6 **賢愚経**＝賢者や愚者の逸話をあつめた経典。 7 **舎利弗や大目連などの阿羅漢**＝舎利弗・大目連は釈迦の十大弟子。供養を受けるに値するアルハト（阿羅漢）の境地に達した尊者。

『末法燈明記』の思想の軸になっているのは供養と福田である。僧に布施をするなどの供養によって功徳をつめば現世・来世の幸福がある。布施を受ける僧は、福徳を育てる田だという。そのためには僧が持戒堅固《じかいけんご》でなければならないが、正法には釈迦の直弟子たちのような阿羅漢（供養を受けるに値する尊者）があっても、末法には破戒・無戒の僧しかありえない。であれば、袈裟《けさ》を身につけているだけの僧でも供養すべきだ。たとえ名だけの僧でも福田になる。だから、末法には破戒・無戒の僧こそ真の宝だという。

## 13 末法万年・弥陀一教

**仏の御前の物語『宝物集』**　『末法燈明記』は「末法には、ただ名字《みょうじ》の比丘《びく》（名前だけの無戒の僧）のみがある。この名字の比丘が世の宝だ」と告げる。末法到来の意識は、それまでの善悪観念を逆転させ、日本人の精神の世界を様変わりさせるほどの衝撃をあたえた。そこに新たに浮上してきたのが阿弥陀信仰だった。それをよく示すのが動乱の治承年間（一一七七～一一八一年）に平康頼《たいらのやすより》があらわした『宝物集《ほうぶつしゅう》』である。

平康頼は後白河法皇の近臣で、法皇の平家打倒の計略に加わったために九州の鬼界《きかい》ヶ島に流された。『平家物語』の「卒塔婆《そとば》流し」の段で有名な人物だが、実際には流刑の翌年に帰京をゆるされた。その後、嵯峨《さが》の清涼寺《せいりょうじ》に参籠《さんろう》して人びとと古今内外の伝説を語りあったという説話集『宝物集《ほうぶつしゅう》』をあらわした。それは「仏の御前《おんまえ》の物語」で世の宝物だという。

『宝物集』は鬼界ヶ島に流された自身の体験から語りおこし、地獄や餓鬼・修羅の世界などを語りながら、結末の巻第七は「臨終の作法しるしたる文《ふみ》の侍《はべ》るには、先《まづ》、弥陀《みだ》を西方の壁にかけよ。絵像・木像心にまかすべし。五色の糸を弥陀の御手にかけ奉りて、病者《びょうじゃ》の手にとらせよ」と源信の『往生要集』にある臨終行儀《りんじゅうぎょうぎ》を説き、往生浄土について語るのだが、乱世に生きた平康頼の関心は悪人成仏に強くそそがれ、十悪五逆《じゅうあくごぎゃく》の悪人でも往生できるという。

**宝物集**（巻第七）出典31

善知識《ぜんちしき》にあひて仏《ほとけ》に成《なる》べしと申《もうす》は、たしかの往生《おうじょう》の因《いん》にてぞ侍《はべ》り。たとひ一生涯《いっしょうがい》の間《あいだ》、十悪五逆《じゅうあくごぎゃく》をおかせる人《ひと》なり共《とも》、命終《みょうじゅう》の時《とき》は、阿弥陀仏《あみだぶつ》の名号《みょうごう》を十念成就《じゅうねんじょうじゅ》して極楽《ごくらく》に往生《おうじょう》すといへり。（中略）十念成《じゅうねんじょう》就《じゅ》せずといふとも、若《もし》は一念《いちねん》、若《もし》は苦患《くげん》ひまなくせめて一念《いちねん》におよばずとも、西方《さいほう》におもひをかけて、弥陀《みだ》そなたにおはしますとしりなば、往生《おうじょう》する事《こと》うべしといへり。

海《うみ》にうかぶ船《ふね》は万里《ばんり》をはしり、松《まつ》にはふかづらは千尋《せんじん》にのぼる。麒麟《きりん》の尾《お》につく蠅《はえ》は雲路《うんろ》にとび、輪《りん》王《おう》の御幸《みゆき》にしたがふ農夫《のうふ》は虚空《こくう》をかける。

［訳］善知識《ぜんちしき》[1]にあえば仏に成れるというのは、たしかの往生の因である。たとえ一生涯の間に十悪五逆[2]をおかした人でも、臨終に阿弥陀仏の名号をとなえれば十念成就して極楽に往生すといわれている。（中略）十念成就しなくても、もし一念（一回の念仏）するだけでも、あるいは苦悩・病痛に間断なくせめられて一念さえできなくても、西方極楽に思いを向けて、そこに阿弥陀仏がましますと知れば往生することができるといわれている。

海にうかぶ船は万里をはしり、松に這う葛《かずら》は千尋の高さにのぼる。麒麟の尾につく蠅は雲路にとび、転輪聖王《てんりんじょうおう》[3]の行幸に随行する者は農夫でも虚空をかけるのである。

1 **善知識**＝善き友。仏道の導師。観無量寿経の下品下生《げぼんげしよう》（十六観の最後）の箇所に、このように説かれている。「十悪五逆の不善になじんで一生をすごした人は臨終に苦しみが多く、激しく動揺して、仏を念じることができない。しかし善知識の勧めによって名号をとなえれば、一念をとなえるごとに八十億劫の生死の罪が除かれ、その人を極楽世界に乗せていく金蓮華を見る」と。 2 **十悪五逆**＝五逆は、父を殺してしまったり、母を殺してしまったり、出家の聖者を殺《あや》めてしまったり、また、信仰の人びとを害したり、仏への敬いを喪失して仏像を傷つけたりする五つの大罪。十悪は不殺生（殺すなかれ）・不偸盗《ふちゆうとう》（盗むなかれ）など十善戒を破ること。 3 **転輪聖王**＝ダルマ（法）によって世を治めるというインドの伝説の帝王。

ここに「十念成就」というのは、無量寿経に説かれている阿弥陀仏の四十八願の第十八願に、「乃《ない》至《し》十念、たとえ十回だけでも我が仏名をとなえれば往生することができる」とあることによる。そこから武士が死を覚悟したときなどに十念するようになった。それを「十念往生」といい、のちの『平家物語』や『太平記』など中世の戦記物でよく語られる。『宝物集』は武士の念仏を次のようにいう。

**宝物集**（巻第七）出典31

この念仏《ねんぶつ》は武者《むしや》の腰刀《こしがたな》のごとし。武士《もののふ》、軍《いくさ》の時《とき》にのぞんで、五八《ごはち》の四十《しじゆう》の矢《や》、みな射尽《いつく》して、太刀《たち》長《なぎ》刀《なた》うちおりてのち、腰刀《こしがたな》は身《み》はなれぬ物《もの》なれば、自害《じがい》をもし、高名《こうみよう》をもする也《なり》。法花《ほつけ》・真言《しんごん》の弓箭《ゆみや》、戒《かい》行《ぎよう》・檀験《だんげん》の長刀《なぎなた》、臨終《りんじゆう》の時《とき》は身《み》にそふ事《こと》なし。たゞ念仏《ねんぶつ》の腰刀《こしがたな》をもて、臨終《りんじゆう》の十念《じゆうねん》の高名《こうみよう》をばする也《なり》。

［訳］この念仏は武者の腰刀（腰の短刀）のようなものである。武士は戦《いくさ》にのぞんで、五八《ごはち》、四十の矢をみな射尽くし、太刀・長刀《なぎなた》が折れてしまったのちでも、腰刀は身から離れないものなので、それで自害をもし、高名[1]も得るものである。法華経・真言の弓矢も、持戒・布施の長刀も、臨終の時は身に添うことはない。ただ念仏の腰刀をもって臨終の十念の高名をばするのである。

1 高名＝手柄を立てて名をあげること。また、声高く阿弥陀仏の名号をとなえること。

## 末法万年・弥陀一教

『宝物集』はさらに、「末法万年におきて、弥陀の一教をたのむべし」といい、阿弥陀仏の経典は釈尊の父によって末法万年の衆生のために隠されていたのだと語る。

### 宝物集（巻第七） 出典31

大国《たいこく》に国王《こくおう》あり。国《くに》ゆたかに民《たみ》ちから有《あり》。七宝《しっぽう》にともしからず。一人《ひとり》の皇子《おうじ》有《あり》、儲《もうけ》の君《きみ》として有《あり》。皇子《おうじ》愚《おろか》にして、国《くに》をたもつべき器《うつわ》にあらず。父《ちち》の大王《だいおう》、この事《こと》をさとりかゞみて、数千《すせん》の金《こがね》を泥《でい》の中《なか》に埋《うず》みて、皇子《おうじ》にをしへて云《いわ》く、「汝《なんじ》、世《よ》のすゑに、世中《よのなか》みだれて、宝尽《たからつ》きたらん時《とき》、この金《こがね》をもて身命《しんみょう》をたすくべし」とをしへて程《ほど》なくうせぬ。王子《おうじ》、国をうけとりてをこなふ時《とき》、政《まつりごと》みだれて、国《くに》しづかならず成《なり》ぬ。異国《いこく》の王《おう》、此事《このこと》をきゝて、数万《すまん》のつはものをおこして来《きたり》て、硨磲《しゃこ》・碼碯《めのう》・真珠《しんじゅ》・瑠璃等《るりとう》の宝《たから》を、一塵《いちじん》のこすことなくはこびとりてかへりぬ。その時《とき》、愚《おろか》なる国王《こくおう》、父のをしへし泥《でい》の中《なか》の金《こがね》をとり出《いだし》て身命《しんみょう》をたすくるなり。

釈尊《しゃくそん》の父《ちち》、愚《おろか》なる我等《われら》太子《たいし》ガ為《ため》ニ末法万年《まっぽうまんねん》をかゞみて、陀仏《みだ》一教《いちきょう》の金《こがね》を泥《でい》の中《なか》にうづみ置《お》ける也《なり》。釈尊《しゃくそん》の父《ちち》かくれ給《たま》ひてのち、魔王《まおう》の異国《いこく》のつはもの来《きた》りて、般若《はんにゃ》・花厳《けごん》の硨磲《しゃこ》・碼碯《めのう》の宝《たから》、法花《ほっけ》・涅槃《ねはん》の真珠《しんじゅ》・瑠璃《るり》のたくはへ、一《ひと》つ残《のこ》す事《こと》なくはこびとりて帰《かえ》りなんのち、弥陀一教《みだいちきょう》の金《こがね》、泥《でい》の中《なか》にして朽《く》つる事《こと》なからんがごとし。こゝをもて、

末法万年《まっぽうまんねん》　余経悉滅《よきょうしつめつ》　弥陀一教《みだいちきょう》　利物遍増《りもつへんぞう》

とは申《もうし》たる也《なり》。

されば、善導和尚《ぜんどうかしょう》は、「雑修《ざっしゅ》は、百が中《なか》に一つ二つ往生《おうじょう》する事《こと》を得《え》、専修《せんじゅ》は、百に百ながら往生《おうじょう》

する事《こと》を得《う》」とはをしへ給《たま》へる也《なり》。専修《せんじゅ》とは、弥陀《みだ》の行《ぎょう》を申《もうし》たる也《なり》。「自余《じよ》の修行《しゅぎょう》は、雖名是善《なはこれぜんなりといえども》、比念仏者《ねんぶつのものにくらぶれば》、全非比校也《まったくひこうにあらざるなり》」この文《もん》の心《こころ》は、自余《じよ》のもろ〳〵の行《ぎょう》は、名《な》は善也《ぜんなり》といへども、念仏《ねんぶつ》の物《もの》にくらぶれば、ひとしからずと也《なり》。

〔訳〕大国に王がいた。国は豊かで民に力があり、種々の宝（七宝）が多くあった。その国に一人の王子が世継ぎとしていたのだが、皇子は愚かで国を治める器ではなかった。父の大王は、それをかんがみて数千の金《こがね》を泥に埋めて隠し、王子に「おまえは、世の末に世の中が乱れて宝もなくなったとき、この金で身命を助けよ」と教えてほどなく死んだ。王子が国をうけて王位につくと、政治は乱れ、国は安泰ではなくなった。他国の王がそのことを聞いて数万の兵で攻めこみ、硨磲《しゃこ》・瑪瑙《めのう》・真珠・瑠璃《るり》などの宝をかけらも残すことなく運び去ってしまったのだが、そのとき、愚かな王は父が教えた泥の中の金を取り出して身命を助けたのだった。

それと同様に、釈尊の父は愚かな我ら[1]のために末法一万年の未来を見こして弥陀一教（多くの教えの中で阿弥陀仏の教え）の金《こがね》を泥の中に埋めておかれた。その釈尊の父の滅後、魔王の異国の兵が来襲して、般若経・華厳経の教えの硨磲《しゃこ》、法華経の瑪瑙、涅槃経の真珠・瑠璃の蓄え[2]をひとつ残さず持ち去った。しかし、その後、弥陀一教の金は泥の中で朽ちることなく残されていた。それゆえ、「末法万年　余経悉《よきょうしつ》滅《めつ》　弥陀一教　利物遍増《りもつへんぞう》（末法一万年に他の教えはことごとく滅びても弥陀の一教は利益《りやく》をあまねく増す）」というのである。

そうであるから、善導和尚は[3]「雑修（いろいろな修行）でも百に一つ二つは往生することができるが、専修《せんじゅ》（一つを行じること）は百に百ながら[4]往生する事を得《う》」と教えられた。専修とは弥陀の行をいうのである。「自余《じよ》の修行は名は是《こ》れ善なりと雖《いえど》も、念仏者に比ぶれば全く比校《ひこう》（比較）に非《あら》ざる也[5]」という。

この文の心は、専修念仏以外のいろいろな行は、善といわれるけれども、念仏する人にくらべれば同じではないということである。

**1 愚かな我ら**＝原文に「我等太子」とあるが、「太子」は誤写と考えられる。 **2 般若経・華厳経の教え〜涅槃経の真珠・瑠璃の蓄え**＝諸経典を比較検討した教判のうち、天台の五時八教説に準じて列記し、七宝の宝石になぞらえた表現。 **3 善導和尚**＝中国唐代の浄土教の僧。六一三?〜六八一年。 **4 百に百ながら**＝善導の『往生礼讃』に「十人は十人ながら、百人は百人ながら必ず往生する」とある。法然の『選択本願念仏集』にもこの『往生礼讃』を引く。 **5 自余の修行は〜比校に非ざる也**＝善導の『観無量寿経疏』にある句。法然の主著『選択本願念仏集』にも引用されている。

『宝物集』が書かれたのは専修念仏の門をひらいた法然の浄土宗開宗（一一七五年）の数年後である。『宝物集』に法然の影響は特にみられないが、時機《じき》相応《そうおう》、すなわち時は末法悪世の今、人びとの機根《きこん》（性格や能力）に応じた救いを求める思いは『宝物集』も法然の専修念仏も意識を共有していた。法然の主著『選択本願念仏集《せんちゃくほんがんねんぶつしゅう》』（第六）にも「末法万年の後に余行《よぎょう》（他の修行）ことごとく滅し、特《ひと》り念仏を留む」とある。この末法意識が多くの人の思いでもあるところに法然浄土教が広まっていく。

『宝物集』には泥のなかに弥陀一教を隠しておいた釈尊の父の話など、仏典の一部を引用しながら独自の展開をみせている。『日本書紀』などの古来の伝承が再編成された「中世神話」の時代の幕開けを告げる説話集である。

また、往生は仏に成ることと語られ、死者の霊の安らぎを成仏というようにもなった。

## 14 心の仏を讃える本覚法門

**心の仏への礼拝** 平安末期の院政期には、そもそも人にはもとから仏性《ぶっしょう》があるということから、僧も俗も本来は区別なく、本から覚っているという本覚《ほんがく》という考え方が比叡山を中心に広まった。いわゆる本覚法門《ほんがくぼうもん》である。それは最澄の法華一乗や空海の即身成仏にさかのぼることができるが、平安末期の末法意識の深まりとともに広まった。ここでは源信の著という『本覚讃釈《ほんがくさんしゃく》』を抄出する。唐の阿《あ》闍梨《じゃり》（密教僧）一行《いちぎょう》の名によって訳されたという蓮華三昧経《れんげざんまいきょう》（妙法蓮華経三昧秘密三摩耶経《さんまいひみつさんまやきょう》）の冒頭にある偈頌《げじゅ》「本覚讃」の解釈である。

はじめに「本覚讃」をあげる。上段は真読、下段は訓読である。

帰命本覚心法身《きみょうほんがくしんほっしん》　常住妙法心蓮台《じょうじゅうみょうほうしんれんだい》
本来具足三身徳《ほんらいぐそくさんじんとく》　三十七尊住心城《さんじゅうしちそんじゅうしんじょう》
普門塵数諸三昧《ふもんじんじゅしょざんまい》　遠離因果法然具《おんりいんがほうねんぐ》
無辺徳海本円満《むへんとつかいほんえんまん》　還我頂礼心諸仏《げんがちょうらいしんしょぶつ》

本覚心法身《ほんがくしんほっしん》に帰命《きみょう》し、常《つね》に妙法心蓮台《みょうほうしんれんだい》に住《じゅう》す。
本来《ほんらい》、三身《さんじん》の徳《とく》を具足《ぐそく》し、三十七尊《さんじゅうしちそん》、心城《しんじょう》に住《じゅう》す。
普門塵数《ふもんじんじゅ》の諸三昧《しょざんまい》、因果《いんが》を遠離《おんり》し法然《ほうねん》として具《ぐ》す。
無辺《むへん》の徳海《とつかい》、本円満《ほんえんまん》し、還《かえ》って我《われ》、心《こころ》の諸仏《しょぶつ》を頂礼《ちょうらい》す。

**本覚讃釈**（冒頭）出典32

それ以《おもんみ》れば、本覚《ほんがく》の理《り》、幽邈《ゆうばく》なり。これを琢《みが》かずば、なんぞ元迷《がんめい》の源《みなもと》を悟《さと》らん。心理《しんり》の要水《ようすい》、昏濁《こんじょく》な華《け》となす。〈已上《いじょう》、義釈《ぎしゃく》の文《もん》〉今《いま》、これを指《さ》して心蓮台《しんれんだい》と云《い》ふか。（中略）私《わたくし》に云《いわ》く、妙法即《みょうほうすなわ》ち心《こころ》、心即《こころすなわ》ち蓮台《れんだい》、蓮台即《れんだいすなわ》ち妙法《みょうほう》と云《い》ふか。

［訳］そもそも本覚の理は深く神秘だ。これを磨かず、迷いの根源を知り得ようか。心の理の水は濁っている。これを澄まさず、悟りの花を浮かべられようか。先哲の古典を探って奥深い趣旨を知るべきである。「本覚心法身《ほんがくしんほっしん》に帰命する」については、こういわれている。挙げて意業（心の働き）によって身体

の行いと言葉の二業を兼ねている。本覚心仏身とは、自分の身体が本覚たる不生の理[1]に即しているということで、ある経には「深《じん》法身」などという。私見をいえば、内証（仏の内なる悟り）を開悟するときにこの理を知るのだから、凡夫の知るところではない。それで「深」というのだろう。そのため一行阿闍《あじゃ》梨《り》[2]は大日経を釈していう、「この身の本来のすがたは、妙法蓮華経の最深秘密のところにある」と。深義とは、この意であろうか。

問う、一切の凡夫は無窮の過去から悟らず、悟りを知らない。であれば、本覚の身とは言えないではないか。答える、方便の教えで修行中の中間《ちゅうげん》の始覚《しがく》[3]に対し、根本のところを指して本覚と言うのだろう。たとえば、仮に設定された最初をもって無始を論じるようなものである。（中略）

問う、この本覚心の実体はどこにあるのか。答える、「妙法心《みょうほっしん》は蓮台《れんだい》に常住《じょうじゅう》す」という偈頌《げじゅ》がある。

問う、何を妙法心の蓮台（仏の悟りの座）というのか。答える、ある解釈にいう、人の胸に干栗駄《かりだ》（心臓）の心があり、一つの肉塊となっている。体は八つの部分に分かれて蓮華のようになっている。男は上向き、女は下向きの蓮華である。この八部の蓮華[4]を観じて妙法業の分陀利華《ふんだりけ》[5]とする。〈以上、義釈[6]の文〉今、これを指して心蓮台というのだろう。（中略）私見をいえば、妙法は心、心は蓮台、蓮台は妙法というのだろう。

1 **不生の理**＝万物流転の空《くう》において不生不滅であること。 2 **一行阿闍梨**＝一行は中国唐代の僧（六八三〜七二七年）。阿闍梨は密教僧のことをいう。 3 **中間の始覚**＝中間は究極の仏道に至る方便の教えの段階。始覚は本覚に対し、修行して悟りに至ることをいう。 4 **八部の蓮華**＝諸仏諸尊の宇宙である法界の中央に八葉蓮華（八つの花弁の蓮）があるといい、胎蔵曼荼羅《まんだら》では八葉蓮華の中央に大日如来が坐す。法華曼荼羅では八葉蓮華の中に釈迦如来・多宝如来の二仏が坐す宝塔を描く。 5 **妙法業の分陀利華**＝妙法は玄妙な仏法の意。とくに法華経をさす。その法による業（行い）によって清浄な白蓮（分陀利華）が咲くこと。 6 **義釈**＝ここでは中国唐代に密教を伝えた善無畏《ぜんむい》が説示した『大日経疏《しょ》』をさす。

『本覚讃釈』はさらに「三十七尊住心城」つまり、仏のあらゆる変化身が心の城に住み、善悪の因果を超えて、法然（そのままで）そなわっているという。それが「本覚讃」の「本来、三身《さんじん》の徳《とく》を具《ぐ》足《そく》し、三十七尊《さんじゆうしちそん》、心城《しんじよう》に住《じゆう》す」「普門塵数《ふもんじんじゆ》の諸三昧《しよざんまい》、因果《いんが》を遠離《おんり》し法然《ほうねん》として具《ぐ》す」の意だが、『本覚讃釈』はむしろ、煩悩のある身こそが仏の身だという。

**本覚讃釈**　出典32

ある処《ところ》に云《いわ》く、「一華《いちげ》を捧《ささ》げ、燈香《とうこう》を焼《た》かば、身業《しんごう》を以《もつ》て門《もん》となして、自身本有《じしんほんぬ》の仏部《ぶつぶ》の諸尊《しよそん》を顕現《けんげん》す。一句《いちく》を読《よ》み、一偈《いちげ》を誦《じゆ》すれば、口業《くごう》を以《もつ》て門《もん》となして、自身本有《じしんほんぬ》の蓮華部《れんげぶ》の諸尊《しよそん》を顕現《けんげん》す。一念《いちねん》を運《はこ》んで、一尊《いちそん》を念《ねん》ずれば、意業《いごう》を以《もつ》て門《もん》となして、自身本有《じしんほんぬ》の金剛部《こんごうぶ》の諸尊《しよそん》を顕現《けんげん》す」云云《うんぬん》。（中略）問《と》ふ、無始《むし》より以来《このかた》、仏界《ぶつかい》に背《そむ》いて、久《ひさ》しく煩悩界《ぼんのうかい》に住《じゆう》するが故《ゆえ》に、煩悩《ぼんのう》の身《み》を以《もつ》て自《じ》の自身《じしん》となし、仏界《ぶつかい》の身《み》を以《もつ》て他身《たしん》となすべし。しかるを、なんぞ、しからざるや。答《こた》ふ、衆生《しゆじよう》もし悪業《あくごう》を作《つく》らずんば、まさに、これ仏《ほとけ》なるべし。しかも悪業《あくごう》を造《つく》るが故《ゆえ》に、迷《まよ》ひの衆生《しゆじよう》と成《な》る。故《ゆえ》に、仏《ほとけ》をば自《じ》と云《い》ひ、煩悩《ぼんのう》をば他《た》と云《い》ふ。（中略）故《ゆえ》に、次《つぎ》の頌《じゆ》に云《いわ》く、「己界《こかい》を思《おも》へば、自《おのずか》ら仏界《ぶつかい》・衆生遠《しゆじようとお》からず。一念実相《いちねんじつそう》隔《へだ》てねば、三無差別《さんむさべつ》と知《し》りぬべし」。

［訳］ある書物にいう、「一華を捧げ、燈香を焚《た》けば、身業（身の行い）を門として自身に本来そなわっている曼荼羅《まんだら》の仏部の諸尊（大日如来など）を顕現する。経典の一句を読み、一偈を誦《じゆ》すれば、口業《くごう》を門として自身本有の曼荼羅の蓮華部の諸尊（観音菩薩《ぼさつ》など）を顕現する。一つの念を運んで、一尊を念ずれば、意業《いごう》を門として自身本有の曼荼羅の金剛部の諸尊（仏法護持の諸天など）を顕現する」と。（中略）

問う、「無窮の過去から今まで仏界《ぶつかい》から離れて永く煩悩界《ぼんのうかい》に生きる煩悩の身を自身（こちら側の衆生《しゆじよう》の身）とし、かなたの仏界の身を他身（仏の身）とすべきなのに、なぜ、そうではないのか」と。答える、

「衆生が悪業《あくごう》（罪障をうむ悪）をつくらずにすむなら仏になるだろうが、悪業をつくるゆえに迷いの衆生となっているのだ。だから、仏を〈自〉と言い、煩悩を〈他〉と言う。（中略）そのため、次の偈頌《げじゅ》に言う、「己界《こかい》（この世界）を思えば自《おのずか》ら仏界・衆生遠からず。一念実相《いちねんじつそう》隔てねば、[1]三無差別《さんむさべつ》と知りぬべし[2]」と。

1 **一念実相隔てねば**＝一つの思いにも無数の世界を内包して、真実から離れていない。
2 **三無差別**＝心と仏と衆生の三つが同じであること。

「本覚讃」は結句に「無《む》辺《へん》の徳海《とっかい》、本円満《ほんえんまん》し（この身には無限の徳がそなわっており）、還《かえ》って我《われ》、心《こころ》の諸仏《しょぶつ》を頂礼《ちょうらい》す」とあるが、それは死後の地獄にもおよぶ。『本覚讃釈』の末尾には、たとえ悪を好んで善を修せずとも地蔵菩薩の「心造諸如来《しんぞうしょにょらい》（心は諸如来を造る）」の偈を誦せば地獄から救われるという。

## 15 熊野詣の広まり

### 紀伊半島の霊場めぐり

熊野詣《もうで》は吉野《よしの》の金峰山《きんぷせん》・大峯《おおみね》や伊勢から辺路《へじ》とよばれる道を歩んで「王子」とよばれる神社をめぐりながら紀伊半島南端部の熊野三山に往詣《おうけい》する霊場参りで、平安時代後期に盛んになり、民衆にも広まった。熊野三山は本宮・速玉新宮・那智《なち》の三つの神社をさすが、全体に観音菩薩《ぼさつ》の霊場であり、三山はそれぞれ仏・菩薩を本地（もとの姿）とする権現《ごんげん》とされ、熊野三所権現ともよばれる。本宮の本地は阿弥陀《あみだ》如来、新宮は薬師如来、那智は観音菩薩である。

上皇・法皇の熊野《くまの》御幸《ぎょこう》の最初は延喜七年（九〇七）、宇多《うだ》法皇の御幸である。以後、上皇・法皇の熊野御幸はあいつぎ、後白河法皇（一一二七〜一一九二年）は三十三、四回、後鳥羽上皇（一一八〇〜

一二三九年）は二十八回も熊野御幸をくりかえした。

上皇・法皇や公卿《くぎょう》は輿《こし》に乗り、供奉《ぐぶ》の者らが前後に行列していく。後鳥羽上皇の御幸のようすを随行した藤原定家《ふじわらのていか》が日記『明月記《めいげつき》』および『熊野道之《みちの》間愚記《かんぐき》（後鳥羽院熊野御幸記）』に書き残している。

それによると、建仁元年（一二〇一）十月五日、暁《あかつき》の鐘ののち、中庭に上皇が出御し、公卿以下が列居し、陰陽師《おんみょうじ》の安倍晴光《あべのはるみつ》が御禊《ぎょけい》(日取りの卜占《ぼくせん》)をした。殿上人《てんじょうびと》が松明を取って先行し、洛外の鳥羽（伏見区）で法皇は屋形船に乗り、桂川から淀川に出て窪津《くぼつ》（大阪市の天満橋付近）まで下った。定家は先に自分の船や騎馬で先行して法皇の行幸の準備にいそしむ。まず窪津《くぼつ》の王子に参拝し奉幣。窪津は熊野九十九王子の出発点だった。僧が読経し、神楽《かぐら》を奉納して随員らが乱舞する。そうして十八日に熊野の海岸の熊野新宮にまで行き、帰洛したのは二十六日だった。

その行幸のおりおり、歌会がもよおされた。定家は『明月記』に自身の歌を記している。

「袖のしものかげうち払ふみ山ぢもまたすゑとをきゆふづくよ哉」

旧暦の十月七日、もう初冬である。旅は始まったばかりで、まだ末遠い冬月夜であるというのだろう。「山路の月」と題する歌である。

**熊野観心十界曼荼羅**　上皇・法皇の熊野詣は付近の荘園や人民に「御熊野雑事《ぞうじ》」として食料や薪炭などを割り当てて徴発した国事でもあった。輿や供奉の列を連ねていく仰々《ぎょうぎょう》しい参詣は驚嘆のまなざしで人々に見られ、民衆にも熊野詣を広めただけでなく、その霊験を説く熊野比丘尼《くまのびくに》が諸国に旅し、熊野三社の札（牛王宝印《ごおうほういん》紙など）を売り配るようになった。

熊野比丘尼は歌や話の芸能者で、各地の寺社の祭礼・縁日などに「熊野観心十界曼荼羅《くまのかんじんじっかいまんだら》」の絵解きをした。那智《なち》の滝や大社・青岸渡寺《せいがんとじ》の霊域が描かれた「熊野那智参詣曼荼羅」とセットで十界（地獄・

餓鬼などの六道と修行の三界、そして仏界）の観心を説いた。観心は心を見つめることで、中央の「心」の字から線が伸びていて十界のすべてに結びついている。熊野比丘尼の絵説きが盛んになるのは室町時代からだが、「心が全て」という観念は、平安後期の本覚《ほんがく》法門で広まった。また、この絵は「地獄極楽絵」ともよばれ、下部一帯に地獄の様相が描かれ、中央部には施餓鬼供養のもようが描かれて、先祖供養を説くものでもあった。

**補陀落渡海**　熊野は山岳の観音霊場であるとともに、水葬の川でもあった熊野川の河口にある速玉新宮は、はるか南の海上にあるという観音浄土を望む地であり、補陀落《ふだらく》渡海もおこなわれるようになった。その初期の例が鎌倉幕府の記録『吾妻鏡《あづまかがみ》』天福元年（一二三三）の条に記されている。

**吾妻鏡**（天福元年五月二十七日より「補陀落渡海」）出典33

去《い》ぬ三月七日《さんがつなのか》、熊野那智《くまのなち》の浦《うら》より補陀落山《ふだらくせん》に渡《わた》るの者《もの》あり。智定房《ちじょうぼう》と号《ごう》す。これ下河辺六郎行秀法師《しもかわべのろくろうゆきひでほうし》なり。故右大将家下野国那須野《こうだいしょうけしもつけのくになすの》の御狩《おんかり》の時《とき》、大鹿一頭勢子《おおしかいっとうせこ》の内《うち》に臥《が》す。幕下殊《ばくかしゅ》なる射手《いて》を撰《えら》びて行秀《ゆきひで》を召《め》し出《い》で、射《い》るべきの由仰《よしおお》せらる。よつて厳命《げんめい》に随《したが》ふといへども、その箭中《やあた》らず、鹿勢子《しかせこ》の外《そと》に走《はし》り出《い》づ。小山四郎左衛門尉《こやましろうさえもんのじょう》朝政《ともまさ》射取《いと》りをわんぬ。よつて狩場《かりば》において出家《しゅつけ》を遂《と》げ、逐電《ちくでん》して行方《ゆくえ》を知《し》らず。近年《きんねん》熊野山《くまのさん》にありて、日夜法花経《にちやほけきょう》を読誦《どくじゅ》するの由伝《よしつた》へ聞《き》くのところ、結句《けつく》この企《くわだて》に及《およ》ぶ。（中略）かの乗船《のりぶね》は、屋形《やかた》に入《い》るの後《のち》、外《そと》より釘《くぎ》をもつて皆打《みなう》ち付《つ》け、一扉《いちひ》もなし。日月《にちがつ》の光《ひかり》を観《み》るに能《あた》はず、ただ灯《ともしび》を憑《たの》むべし。三十ケ日《さんじゅうがにち》が程《ほど》の食物《しょくもつ》ならびに油等《あぶらとう》わづかに用意《ようい》すと云々《うんぬん》。

**［訳］去る三月七日、熊野那智《なち》の浦より補陀落山《ふだらくせん》（観音菩薩のすみか）に渡る者があった。智定房《ちじょうぼう》と号**

熊野観心十界曼荼羅　上部のアーチは人生をあらわす。アーチの右下にある鳥居が、この世の入口だ。そこをくぐった赤ん坊はだんだん大きくなってアーチの頂上あたりで妙齢の女性になり、公家ふうの男に言い寄られたりしている。けれども、やがて白髪になって腰も曲がり、左下の鳥居をくぐると、閻魔《えんま》大王が待っている。

絵の下部一帯は地獄や餓鬼の世界だ。しかし、そこに地蔵《じぞう》菩薩がいて助けてくれるし、「心」の字の上には阿弥陀仏と諸菩薩がいて、浄土に迎えてくれる。そして、「心」の字の前には精霊棚《しょうりょうだな》が置かれている。今のお盆の飾りとほぼ同じである。

兵庫県立歴史博物館蔵

し、もとは下河辺六郎行秀《しもかわべのろくろうゆきひで》（武蔵《むさし》国の御家人）という法師である。故右大将家（将軍頼朝《よりとも》）が下野《しもつけ》国那須《なす》野《の》で狩りをされたとき、大鹿が一頭、勢子《せこ》の内にうずくまった。将軍は狩りの陣で腕の勝れた射手《いて》を撰び、行秀を召し出して「射よ」とおおせられた。行秀は厳命に従って矢を射ったが、当たらず、鹿は勢子の外に走り出た。それで小山朝政《ともまさ》が射取ったのだった。そのため、行秀は狩り場で出家し、逐電して行方はわからなくなった。近年、熊野山にあり、日夜法華経を読誦《どくじゅ》していると伝え聞いていたところ、結局、補陀落渡海《ふだらく》の企てに及んだ。（中略）その船は、行秀が屋形に入ると、外より釘を打ち付けて閉じてしまい、扉はまったくない。日月の光を観ることもできず、明かりは燈火だけである。三十日分ほどの食物と油をわずかに積みこんだという。

鎌倉殿の御家人・下河辺《しもかわべ》行秀《ゆきひで》は主命によって生き物を射殺せねばならない武士の身を厭《いと》って出家し、ついに補陀落渡海を遂げたという次第である。日夜、法華経を読誦《どくじゅ》したというのは、法華経の一部が観音経であることに加えて、法華経は読誦や書写の功徳が大きい霊典として広まっていたことによる。また、補陀落渡海の船には「南無阿弥陀仏《なむあみだぶつ》」と大きく書いた帆をかけるのが通例で、さまざまな信仰が混ざり合い、浄土をめざして大海に往生を遂げる信心を生みだしたのだった。

なお、那智の青岸渡寺《せいがんとじ》は花山《かざん》法皇（九六八～一〇〇八年）がはじめたという西国三十三所の観音札所めぐりの第一番である。

## 16 仏をうたう

**勅撰歌集の釈教歌**　仏をうたう和歌、すなわち釈教歌は平安時代以降にさかんにつくられるようになった。しかし、勅撰和歌集に釈教歌という項目がもうけられたのは院政期の『後拾遺和歌集』（第四勅撰集／一〇八六年）が最初で、「雑六《ぞう》」の巻に十九首を収めている。その冒頭は二月十五日の釈迦《しゃか》の入滅に寄せる歌である。

　山階寺《やましなでら》の涅槃会《ねはんえ》にもうでてよみ侍《はべり》ける　光源法師《こうげんほうし》
いにしへの別《わか》れの庭《にわ》にあへりともけふのなみだぞなみだならまし
　後拾遺和歌集（巻第二十「雑六」釈教）出典34

山階寺は奈良の興福寺のこと。そこで営まれた涅槃会に詣でて、「遠い昔の釈尊入滅の庭の別れのときより、今日の涙はいっそう悲しく、涙をとどめることはできない」という。
勅撰歌集で釈教歌の一巻になるのは後白河法皇の院宣によって編まれた『千載《せんざい》和歌集』（第七勅撰集／一一八七年）で計五十四首である。

　維摩経十喩《ゆいまきようじゆうゆ》、此《こ》の身《み》は水《みず》の泡《あわ》の如《ごと》しといへる心《こころ》をよみ侍《はべ》りける　前大納言公任《さきのだいなごんきんとう》
こゝに消《き》えかしこに結《むす》ぶ水《みず》のあはの憂《う》き世《よ》に廻《めぐ》る身《み》にこそありけれ

　法華経《ほけきよう》、薬草喩品《やくそうゆほん》の心《こころ》を読《よみ》はべりける　僧都源信《そうずげんしん》
おほぞらの雨《あめ》はわきてもそゝかねどうるふ草木《くさき》はをのが品《しな》〴〵
　千載和歌集（巻第十九　釈教歌）出典35

釈教歌は宮中や寺々でいとなまれた涅槃会、法華八講などの法会に関するもの、経典の心を詠むものが多い。とりわけ法華経は、右の源信の歌のように全二十八品《ほん》（章）ごとに詠む法華経一品歌が盛行した。邪淫と虚妄《こもう》の『源氏物語』を書いて自分のみならず読む人まで地獄に引きずり込んでいるといわれた紫式部の霊を救うためにおこなわれた源氏供養も法華経一品歌を詠む集いであった。

また、前大納言公任こと藤原公任の歌のように、仏教は無常観をもたらした。だからといって平安貴族がみじめな暮らしをしていたわけではないのだが、無常観は強い美意識になって恋の歌にも四季おりおりの歌にも詠みこまれた。藤原定家が編んだ『百人一首』にも採られて広く知られているのは小野小町《おののこまち》の「花の色はうつりにけりないたづらにわが身世にふるながめせしまに」（『古今和歌集』）であろう。

**梁塵秘抄の仏の歌**　平安末期に「今様」とよばれる流行歌が民間に広まった。後白河法皇は和歌よりも今様を好み、今様の歌集『梁塵秘抄《りようじんひしよう》』を編んだ。もとは全二十巻だったが、現存するのは巻第二のみ。その今様集の巻第二は法文歌（仏教の歌）二百二十首と神歌二百八十八首より成る。

**梁塵秘抄**（巻第二　法文歌）出典36

釈迦《しやか》の正覚《しようがく》なることは、この度初《たびはじ》めと思《おも》ひしに、
　五百塵点劫《ごひやくじんてんごう》よりも彼方《あなた》に仏《ほとけ》と見《み》え給《たま》ふ。（仏歌二十四首の一）

［訳］釈迦はこの世で初めて悟りを開いた仏だと思っていましたが、五百塵点劫という遠い過去から仏であられました（法華経にそう説かれています）。

仏《ほとけ》は常《つね》にいませども、現《うつつ》ならぬぞあはれなる、
　人《ひと》の音《おと》せぬ暁《あかつき》に、ほのかに夢《ゆめ》に見《み》え給《たま》ふ。（同五）

［訳］仏は常にいらしても、目に見えないのが尊いのです。人が寝静まった暁に、ほのかに夢に見えたまいます。

弥陀《みだ》の誓《ちかい》ぞたのもしき、十悪五逆《じゆうあくごぎやく》の人《ひと》なれど、
　一《ひと》たび御名《みな》を称《とな》ふれば、来迎引接《らいごういんじよう》疑《うたが》はず。（同九）

［訳］阿弥陀仏の本願こそ頼りです。十悪五逆の人でも、ひとたび御名を称えれば必ず浄土に迎えてくださるのです。

観音大悲《かんのんだいひ》は舟筏《ふねいかだ》、補陀落海《ふだらくかい》にぞうかべたる、
　善根《ぜんごん》もとむる人《ひと》しあらば、乗《の》せて渡《わた》さむ極楽《ごくらく》へ。（同十六）

［訳］観音菩薩の大悲は舟筏《ふねいかだ》、補陀落《ふだらく》（観音浄土）の海に浮かべて、仏事に励んで善根を求める人があれば、乗せて渡します、極楽へ。

毎日恒沙《まいにちごうしや》の定《じよう》に入《い》り、三途《さんず》の扉《とびら》を押《お》しひらき、
　猛火《もうか》の炎《ほのお》をかき分《わ》けて、地蔵《じぞう》のとこそ訪《と》ふたまへ。（同十九）

［訳］（地蔵十王経に説かれているように）地蔵菩薩は毎日数限りない世界を瞑想《めいそう》して、三途《さんず》の扉を押しひらき、地獄の猛火の炎をかきわけて、人々を訪ねてくださる。

これらの仏歌は当時の民衆に広く信仰された仏や菩薩をあらわしている。経典の難しい言葉も、法会での説法や歌で耳になじみ、字が読めない民衆も歌い踊った。

『梁塵秘抄』には歌集のほかに、法皇自身の今様への思いをつづった『口伝集《くでんしゆう》』がある。それによると、法皇は保元二年（一一五七）に乙前《おとまえ》という七十歳くらいの芸妓を院の御所に招き、明け方まで自分も歌い、乙前も歌った。その夜から法皇は乙前を歌の師として十余年、いろいろな歌を習い、それを『梁塵秘抄』にまとめたという。

その今様をめぐる語らいのなかで乙前は「あそびとねくろ（遊女とねくろ）がいくさにあひて、臨終のきざめに、今は西方極楽のと歌ひて往生し、高砂《たかさご》の四郎君《しろうのきみ》、聖徳太子の歌を歌ひて、そくわい（素懐）をとげにき」と語った。遊女とねくろは神崎《かんざき》（兵庫県尼崎市あたりの港町）の遊女で海賊に襲われて死んだ。そのときうたったのが『梁塵秘抄』巻二の「雑法文歌《ざつほうもんか》」にある「我等は何《なん》して老いぬらん　思へばいとこそあはれなれ　今は西方極楽《さいほうごくらく》の　弥陀の誓《ちかい》を念ずべし」という今様だった。遊女とねくろは「我等はどうして老いてしまったのか。思えば悲しいこと。今はただ阿弥陀仏の誓い（本願）を念じて西方極楽浄土に迎えられたい」とうたって極楽に往生したという。

この遊女のことは前掲の平康頼の『宝物集《ほうぶつしゆう》』にも、仏法は何も知らない遊女だったが、海賊に斬られたとき、西方《さいほう》に向けられてこの歌を繰り返しうたい、だんだん弱って息絶えた。そのとき、西方よりほのかに楽の声きこえ、海上に紫雲《しうん》がたなびいたという。

『梁塵秘抄』の今様の大半はこの「弥陀の誓を念ずべし」や法華経二十八品歌など、神仏への祈りの歌である。『口伝集』には「心をいたして神社仏寺に参りて歌ふに、示現《じげん》（神仏の力の現れ）をかうぶり、望む事叶《かな》はずといふことなし。つかさ（官職）を望み、いのちをのべ、病たち所にやめずといふ事なし」という。今様は祝詞《のりと》や祈禱文《きとうもん》の性格をもつ歌であった。

ちなみに、乙前は八十四歳の春に病になった。法皇は乙前の家に行って仏との結縁《けちえん》のために法華経一巻を読み聞かせた。乙前は喜ぶとともに「像法《ぞうほう》転じては（末法の今は）、薬師の誓《ちか》いぞたのもしき、一《ひと》たびみ名をきく人は、万《よろず》の病なしとぞいふ」と二、三回うたい、手をすって喜んだ。法皇はそれを哀れに思って帰り、その後、乙前が死んだと聞いた。

## 17　平家納経の和光同塵

**家門繁栄を祝う一品経**　平治元年（一一五九）十二月四日、平清盛は熊野詣《もうで》に出立した。その留守の九日、源義朝《よしとも》らが後白河上皇の御所を襲撃し、平治の乱がおこった。清盛は急ぎ帰京し、二十六日の合戦で源氏を敗った。その五年後の長寛二年（一一六四）、平家一門は安芸《あき》の一宮《いちのみや》の厳島《いつくしま》神社に法華経・阿弥陀経・般若心経などを奉納した。これが『平家納経《へいけのうきょう》』で、次はその願文である。

**平家納経願文**　出典37

弟子《ていし》清盛《きよもり》敬《うやま》って白《もう》す。夫《そ》れ以《おもん》みるに蘋蘩《ひんぱん》風《かぜ》芳《かんば》しく、自《おのずか》ら芬陀利華《ふんだりけ》の露《つゆ》に混《こん》じ、潢汚《こうお》水《すい》潔《きよ》くして、遂《つい》に薩婆若海《さばにゃかい》の波《なみ》に帰《き》す。和光同塵《わこうどうじん》、其《そ》れ然《しか》らざらんや。伏《ふ》して惟《おもん》みるに安芸《あき》の国《くに》伊都伎嶋《いつきしま》の大明神《だいみょうじん》は、名《な》常篇《じょうへん》に載《の》せ、礼《れい》恒典《こうてん》に存《そん》す。（中略）凡《およ》そ厥《そ》の霊験威神《れいげんいじん》、言語《ごんご》道断《どうだん》たる者《もの》なり。是《ここ》に於《おい》て、弟子《ていし》本因縁《もといんねん》有《あ》りて、専《もは》ら欽仰《きんごう》を致《いた》す。利生《りしょう》掲焉《けちえん》たり。久《ひさ》しく家門《かもん》の福禄《ふくろく》を保《たも》ち、夢《む》感《かん》誤《あやま》り無《な》く、早《はや》く子弟《してい》の栄華《えいが》を験《あらわ》す。今生《こんじょう》の願望《がんもう》已《すで》に満《み》ち、来世《らいせ》の妙果《みょうが》宜《よろし》く期《ご》すべし。

相伝《あいつた》えて云《い》う。当社《とうしや》は是《こ》れ観世音菩薩《かんぜおんぼさつ》の化現《けげん》なりと。又《また》、往年《おうねん》の比《ころ》、一沙門《いちしやもん》有《あ》り。弟子《ていし》に相語《あいかた》りて曰《いわ》く。菩提心《ぼだいしん》を願《ねが》う者《もの》は、此《こ》の社《やしろ》に祈請《きせい》せば、必《かなら》ず発得《ほつとく》すること有《あ》りと。斯《こ》の言《ごん》を聞《き》きし自《よ》り、偏《ひとえ》に以《も》って信受《しんじゆ》す。帰依《きえ》の本意《ほい》、蓋《けだ》し茲《ここ》に在《あ》り。（中略）是《ここ》を以《も》って弥《いよいよ》報賽《ほうさい》を致《いた》して、浄心《じようしん》を発《おこ》さんと欲《ほつ》す。妙法蓮華経《みようほうれんげきよう》一《いち》部《ぶ》二十八品《にじゆうはちほん》、無量義《むりようぎ》・観普賢《かんふげん》・阿弥陀《あみだ》・般若心《はんにやしん》等《とう》の経《きよう》、各《おのおの》一巻《いちかん》を書写《しよしや》し奉《たてまつ》り、便《すなわ》ち金銅篋《こんどうのはこ》一合《いちごう》に奉納《ほうのう》して、これを宝殿《ほうでん》に安置《あんち》す可《べ》し。弟子《ていし》幷《ならび》に家督《かとく》三品《さんぼん》武衛将軍《ぶえいしようぐん》、及《およ》び他《た》の子息《しそく》等《とう》、（中略）都盧卅二人《すべてさんじゆうににん》、各《おのおの》一品《いちぼん》一巻《いちかん》を分《わか》ち、善《ぜん》を尽《つ》くし、美《び》を尽《つ》くさしむる所《ところ》なり。花敷蓮現《かふれんげん》の文《もん》、吾《わ》が家《いえ》の合力《ごうりき》より出《い》でたり。玉《ぎよく》軸綵牋《じくさいせん》の典《てん》、一族《いちぞく》の同情《どうじよう》より成《な》る。蓋《けだ》し、広《ひろ》く功徳《くどく》を修《しゆ》し、各《おのおの》利益《りやく》を得《え》んが為《ため》なり。（中略）今日《こんにち》の願《がん》、旨趣《ししゆ》斯《か》くの如《ごと》し。乃《すなわ》ち、福業《ふくごう》の覃《えら》ぶ所《ところ》に至《いた》っては、廻施《えせ》限《かぎ》らず。敬《つつし》みて白《もう》す。

長寛二年《ちようかんにねん》九月《くがつ》　日《にち》

弟子《ていし》従二位《じゆにい》行権《ぎようごんの》　中納言《ちゆうなごん》兼皇太后宮権大夫《けんこうたいごうぐうごんのたいふ》

平朝臣清盛《たいらのあそんきよもり》敬《うやま》って白《もう》す。

[訳] 仏弟子清盛[1]は敬って申す。思うに蘋蘩《ひんぱん》[2]の風芳《かんば》しく自然に白蓮の露にうるおい、黄色く濁った水も澄んで薩婆若《さばにや》（如来の智慧）の海の波に静まる。和光同塵《どうじん》もこのようであろう。伏して思うに安芸《あき》の厳《いつく》島《しま》大明神は、その名も恭《うやうや》しさも常に典籍にある。（中略）その霊験威神は言葉にあらわせない。ここに仏弟子清盛に前世の因縁あって、ひたすら仰ぎ尊ぶ。仏の恵みはいちじるしい。久しく家門の福禄を保ち、神託の夢告に誤りなく、早くから一門の子弟の栄華をもたらす。今生の願望がすでに満ちた今、来世の妙果（浄土往生）を願いたい。

伝にいう、当社は観世音菩薩の化現《けげん》なりと。また、かつて一人の僧[3]が仏弟子清盛に語ったことがある。菩提心（悟り）を願う者は、この社に祈請すれば必ず成就があると。この言葉を聞いてから、ひたすら信仰してきた。帰依の本心は、まさにここにある。（中略）そこで、いよいよお礼参りをして浄心をおこそうと願う。法華経二十八品、無量義経・観普賢《かんふげん》経[4]・阿弥陀《あみだ》経・般若心経等を各一巻、書写して一つの金銅の篋《はこ》に奉納し、厳島大明神の宝殿に安置する。仏弟子清盛ならびに家督三品武衛将軍《かとくさんぽんぶえいしょうぐん》[5]と他の子息ら（中略）計三十二人、それぞれ一品一巻を分担して善根を尽くし、美を尽くさせた経巻である。蓮華が一面に咲き出る経文は、わが一門の合力によってつくられた。玉軸綵牋《さいせん》に装飾された経巻は一族が心を同じくして成った。広く功徳を修し、それぞれ利益《りやく》を得るためである。（中略）今日の願の趣旨は以上のとおりである。この福業（善業）の果報によっては布施に限りはない。このこと謹《つつし》みて申し上げる。（以下略）

1 **仏弟子清盛**＝清盛は仁安三年（一一六八）に病気治癒を願って出家し、「入道」と称される在家沙弥《しゃみ》になった。そのため、入道相国、六波羅入道などとよばれる。平家納経のときは出家していないが、願文は仏弟子の立場で書かれている。2 **蘋蘩**＝神仏に供える水草で供物を意味する。3 **かつて一人の僧が**＝『平家物語』巻第三「大塔修理」の段に、平清盛が高野山の大塔を修理したあとに高野山奥の院（弘法大師の廟）に詣でたところ、一人の老僧が現れ、荒れている厳島神社の社殿を修理すれば栄達すると告げたという。4 **無量義経・観普賢経**＝法華三部経の経典。無量義経三品は開経として前、観普賢経一品は結経として後におく。5 **家督三品武衛将軍**＝清盛の長子・重盛。

『平家納経』は平安時代に広まった一品経供養《いっぽんきょうくよう》のひとつである。『平家納経』は法華三部経計三十巻に阿弥陀経・般若心経の二巻を平家一門三十二人が一巻ずつ作り、清盛の願文一巻を加えた三十三巻を奉納したのである。それは一門の栄華を神仏に感謝して来世の極楽往生を願うとともに今後の家門繁栄を祈願するものだった。このような写経と奉納は大般若経六百巻などもおこなわれたが、法華経がもっともさかんだった。

　ところで、平清盛の願文にある「和光同塵《わこうどうじん》」は『老子』にある語で、学徳や才能を隠して世俗にまじわることをいうが、ここでは仏が光を和らげて塵（末法辺土の日本の神々）の姿をとることをいう。平安時代には本地垂迹《ほんじすいじゃく》説によって神仏混淆《こんこう》が広まっていたが、中世にはそれが「和光同塵」という言葉で語られる。平家一門が経典を神社に奉納したのも、その表れである。

## 【コラム】法華経の仏事

法華経には、「この経を受持し読み誦し解説し書写せよ」と繰り返し説かれている。それによって法華八講（法華経八巻を一巻ずつ日を分けて読誦する法会）や十講（法華三部経十巻の読誦）、装飾経や和歌の一品歌の奉納など、きわめて多彩な仏事がおこなわれた。

また、造塔・造仏の功徳が次のように説かれている。

**妙法蓮華経方便品第二（偈）**　／印は偈の改行　出典38

諸仏《しょぶつ》、滅度《めつど》し已《おわ》りて　舎利《しゃり》を供養《くよう》する者《もの》は／万億種《まんおくしゅ》の塔《とう》を起《た》てて　金《きん》・銀《ぎん》及《およ》び頗梨《はり》と／硨磲《しゃこ》と碼碯《めのう》と　玫瑰《まいえ》と瑠璃《るり》と珠《しゅ》とをもって／清浄《しょうじょう》に広《ひろ》く厳飾《ごんじき》し　諸《もろもろ》の塔《とう》を荘校《ようきょう》し／或《あるい》は石廟《しゃくみょう》を起《た》て栴檀《せんだん》及《およ》び沈水《じんすい》／木櫁《もくみつ》并《なら》びに余《よ》の材《ざい》　甎瓦《せんが》・泥土《ないど》等《とう》をもってするものあり。

若《も》し曠野《こうや》の中《なか》において　土《つち》を積《つ》みて仏廟《ぶつみょう》を成《な》し／乃至《ないし》、童子《どうじ》の戯《たわむ》れに　沙《すな》を聚《あつ》めて仏塔《ぶっとう》を為《つく》れる／かくの如《ごと》き諸《もろもろ》の人等《ひとら》は　皆《みな》、已《すで》に仏道《ぶつどう》を成《じょう》じたり。

若《も》し人《ひと》、仏《ほとけ》のための故《ゆえ》に　諸《もろもろ》の形像《ぎょうぞう》を建立《こんりゅう》し／刻彫《こくちょう》して衆相《しゅそう》を成《な》せば　皆已《みなすで》に仏道《ぶつどう》を成《じょう》じたり。

（中略）

若《も》し人《ひと》、塔廟《とうみょう》の　宝像《ほうぞう》及《およ》び画像《えぞう》において

華《け》・香《こう》・幡《ばん》・蓋《がい》をもって　敬心《きょうしん》にして供養《くよう》し／若《も》しくは人《ひと》をして楽《がく》を作《な》さしめ　鼓《つづみ》を撃《う》ち、

角《つのぶえ》・貝《ほらがい》を吹《ふ》き／簫《しょう》・笛《ちゃく》・琴《きん》・箜篌《くご》　琵琶《びわ》・鐃《にょう》・銅鈸《どうばつ》／かくの如《ごと》き衆《もろもろ》の妙音《みょうおん》を　尽《ことごと》く持《も》って、

以《もっ》て供養《くよう》し／或《あるい》は歓喜《かんぎ》の心《こころ》を以《もっ》て　歌唄《かばい》して仏《ほとけ》の徳《とく》を頌《じゅ》し／乃至《ないし》、一《いっ》の小音《しょうおん》をもってせしも
皆《みな》、已《すで》に仏道《ぶつどう》を成《じょう》ぜり。
若《も》し人《ひと》、散乱《さんらん》の心《こころ》にて　乃至《ないし》、一華《いっけ》を以《もっ》ても／画像《えぞう》に供養《くよう》せば　漸《ようや》く無数《むすう》の仏《ほとけ》を見《み》たてまつる。
或《あるい》は人《ひと》ありて礼拝《らいはい》し　或《あるい》はまた但《ただ》、合掌《がっしょう》のみし／乃至《ないし》、一手《いっしゅ》を挙《あ》げ　或《あるい》はまた少《すこ》し頭《こうべ》を低《た》れて
／これを以《もっ》て像《ぞう》に供養《くよう》せば　漸《ようや》く無量《むりょう》の仏《ほとけ》を見《み》たてまつり／自《みずか》ら無上道《むじょうどう》を成《じょう》じて　広《ひろ》く無数《むすう》の
衆《しゅ》を度《ど》し／無余涅槃《むよねはん》に入《い》ること　薪《たきぎ》の尽《つ》きて火《ひ》の滅《めつ》するが如《ごと》し。

[訳] 諸仏が入滅したあと、舎利《しゃり》を供養《くよう》しようとする人は、万億種の塔を建立して、金・銀・水晶・瑪瑙《めのう》・瑠璃《るり》などの七宝をもって、清らかに、厳かに、それらの塔を飾りなさい。あるいは石造の廟《びょう》を建て、栴檀《せんだん》・沈水《じんすい》・木樒《もくみつ》などの材もしくは他の木材で建て、煉瓦《れんが》や土などで建立するのです。

もし荒野にあるときは、土を積んで仏の廟を造りなさい。たとえ子どもが戯《たわむ》れに砂を寄せ集めて仏塔を造ったとしても、そのような人は皆、すでに仏道を成就しているのです。

もし仏のために、いろいろな仏像を建立し、仏のさまざまな瑞相を刻むなら、皆すでに仏道を成《じょう》じています。

（中略）

塔廟《とうみょう》の宝像および画像《えぞう》のみまえに、花・香・幡《ばん》（垂れ旗）・蓋《がい》（仏像の頭上にかかげる飾り傘）をもって、心から敬いの心をささげて供養しなさい。あるいは人をして楽《がく》を演奏させ、鼓《つづみ》を打ち、角笛・法螺《ほら》貝を吹き、簫《しょう》・笛《ちゃく》・琴《きん》・箜篌《くご》・琵琶《びわ》・鐃《にょう》・銅鈸《どうばつ》のようないろいろな美しい楽の音をささげて供養しなさい。

あるいは歓喜《かんぎ》の心で歌をうたって仏の徳を讃《たた》えなさい。たとえ一つの小さな音をもってしても、皆、すでに仏道を成就しているのです。

もし散乱の心であっても、ひとつだけの花でも画像《えぞう》にささげて供養するならば、次第に無数の仏にまみえるのです。あるいは礼拝し、あるいはただ合掌だけし、たとえ片手を挙げるだけ、あるいは少し頭を下げるだけでも、仏の像を供養するならば、次第に無量の仏にまみえるのです。

みずから無上を仏道を成就して広く無数の人々を導き、煩悩が消え去った完全な涅槃《ねはん》に入ることは、薪が尽きて火が消えるのと同じです。

### 【コラム】入道相国＝平清盛の最期

平清盛《たいらのきよもり》（一一一八～一一八一年）は仁安三年（一一六八）五十一歳のときには病になり、病魔払いのために受戒出家して浄海《じょうかい》と名乗った。姿は僧形になっても暮らしは俗人と変わらない在家沙弥で、入道《にゅうどう》という。清盛は仁安《にんあん》二年（一一六七）太政大臣になったことから太政大臣の中国官名により「入《にゅう》道相国《どうしょうこく》」ともよばれる。

その死のようすが『平家物語』巻第六「入道死去」の段に、およそ次のように語られている。

源平合戦のさなかの治承五年（一一八一）二月、入道相国は病になってから水さえのどを通らない。体内の熱いことは火をたいているかのようで、ただ「あたあた」と言うだけである。

入道相国の北の方、二位殿（時子）の夢にみられたことこそおそろしい。その夢では、猛火《みょうか》のおびただしく燃える車が門の内へ入って来た。その車の前後には、牛頭《ごず》・馬頭《めず》の鬼がいる。その車の前には「無」という字を書いた鉄の札が立てられていた。

二位殿が、「あれはいづくよりぞ」と尋ねると、「閻魔庁より、入道殿の御迎《おんむかえ》に参った」と言う。「その札は何と」と問えば、「南閻浮提《なんえんぶだい》（この世界）金銅十六丈の盧遮那仏《るしゃなぶつ》（東大寺の大仏）を焼きほろぼした罪によって無間《むげん》地獄の底に堕《お》とすと閻魔庁で定められた。無間の無だ」と言う。

驚いた時子らは、霊仏霊社（霊験あらたかな寺社）に金銀七宝《こんごんしっぽう》の宝物を奉献し、馬・鞍・鎧・弓矢などの武具にいたるまで奉納して病気治癒を祈ったけれど、効験はなかった。

あくる閏《うるう》二月二日、時子が枕辺で泣く泣く「現世に思い残されていることがあればおっしゃってください」と言うと、清盛は苦しげな息で答えた。

「われ保元・平治の乱よりこのかた、たびたび朝敵を倒し、栄華は子孫に及ぶ。今生《こんじょう》の望みは一事もない。思い残すことはただ一つ。頼朝の首を見ていないことだ。自分が死んでも堂塔を建てて供養する必要はない。それより頼朝の首を我が墓前に架けよ。それぞ孝養である」

清盛はこの罪深い遺言をして、同月四日、悶《もだ》え苦しみながら死んだと『平家物語』は語る。

ところが、鎌倉幕府の記録『吾妻鏡』では「入道平相国薨《にょうどうへいのしょうこくこう》ず」と、天皇や上皇の死をいう「薨」の字をもって『平家物語』とは異なる遺言を伝えている。

三ヶ日より以後に葬《ほおむ》りの儀あるべし。遺骨《ゆいこつ》においては播磨国山田の法花堂（神戸市）に納め、七日ごとに形のごとく仏事を修《しゅ》すべし。毎日これを修すべからず。また京都において追善を成すべからず。子孫はひとへに東国帰往の計を営むべし。（治承五年閏二月四日）

『吾妻鏡』に記された清盛の遺言は、子孫は都を避けて故地の関東に帰還せよということである。平家一門は都で栄達したが、亡びることにもなった。都には近づくな。その遺言を守ったのは、皮肉にも源頼朝であった。

ちなみに、平安時代後期に、天皇・上皇以下、身分の高い人は法華堂で慰霊するのが通例になった。平清盛も後白河法皇も源頼朝も法華堂に埋葬された。平安時代には法華経を持せば極楽に往生できるという法華・念仏一体の信仰が定着していたからだ。

# 第三章　鎌倉時代

鎌倉時代の仏教には三つの新しい潮流があった。

①法然《ほうねん》の専修《せんじゅ》念仏など、末法にふさわしい仏法を求める動き。

②栄西《えいさい》・叡尊《えいぞん》など、興法利生《こうぼうりしょう》（法を興し衆生《しゅじょう》を利益《りやく》す）・令法久住《りょうぼうくじゅう》（法を久住せしめる）を求める動き。

③中国から新たに伝来した禅宗の動き。

写真の建長寺は、鎌倉幕府の執権北条時頼が南宋の臨済僧蘭渓道隆《らんけいどうりゅう》を開山として建立した。宋の皇帝の官寺であった禅宗寺院と同様に堂々とした伽藍が造られ、南都北嶺の畿内の寺々の権威に対抗する構えを見せた。

写真――建長寺三門　PIXTA

# 1　念仏停止・禅停止

**末法のふたつの潮流**　平安末から鎌倉時代にかけて世は末法だと盛んにいわれるなかで二つの潮流があった。ひとつは、末法の人々は阿弥陀仏の本願にすがるほかはないという念仏の流れ、もうひとつは興法利生《こうぼうりしょう》（仏法を興し衆生《しゅじょう》を利益《りやく》す）・令法久住《りょうぼうくじゅう》（法をして久住〈永存〉ならしめよ）を求める動きである。その先駆けとなる法然の専修念仏《せんじゅねんぶつ》は激しく弾圧された。

**建永の法難**　念仏は仏を念じる行法で、釈迦念仏などもあるが、もっぱら阿弥陀仏の念仏をいう。阿弥陀仏や極楽浄土の観相《かんそう》（すがたを想い浮かべること）とともに口に「南無阿弥陀仏」等と称《とな》える称《しょう》名《みょう》＝口称《くしょう》念仏がおこなわれたが、法然は末法には口称念仏によるほかはないとして、もっぱら口に念仏する専修《せんじゅ》念仏を勧めた。その広まりと建永《けんえい》の法難《ほうなん》を天台座主《ざす》だった慈円《じえん》は歴史書『愚管抄《ぐかんしょう》』に次のように記している。それは建永二年（一二〇七）に念仏停止《ちょうじ》が宣じられて法然と弟子の親鸞らが流罪になった事件である。その年の改元から承元《じょうげん》の法難ともいう。

**愚管抄**（巻第六　土御門「法然の専修念仏」）出典39

建永《けんえい》ノ年《とし》、法然房《ほうねんぼう》ト云上人《いうしょうにん》アリキ。マヂカク京中《きょうちゅう》ヲスミカニテ、念仏宗《ねんぶつしゅう》ヲ立《た》テ専宗念仏《せんじゅねんぶつ》ト号《ごう》シテ、「タヾ阿弥陀仏《あみだぶつ》トバカリ申《もうす》ベキ也《なり》。ソレナラヌコト、顕密《けんみつ》ノツトメハナセソ」ト云事《いうこと》ヲ云《いい》ダシ、不可思議《ふかしぎ》ノ愚《ぐ》痴無智《ちむち》ノ尼入道《あまにゅうどう》ニヨロコバレテ、コノ事《こと》ノタヾ繁昌《はんじょう》ニ世《よ》ニハンジヤウシテツヨクヲコリツヽ、ソノ中《なか》ニ安楽房《あんらくぼう》トテ、泰経入道《やすつねにゅうどう》ガモトニアリケル侍《さむらい》、入道《にゅうどう》シテ専修《せんじゅ》ノ行人《ぎょうにん》トテ、又住蓮《またじゅうれん》トツガイテ、六時礼讃《ろくじらいさん》ハ善導和上《ぜんどうわじょう》ノ行也《おこないなり》トテ、コレヲタテ、尼《あま》ドモニ帰依渇仰《きえかつごう》セラル、者出《ものいで》キニケリ。ソレラガアマリサヘ云《いい》ハヤリテ、「コノ行者《ぎょうじゃ》ニ成《なり》ヌレバ、女犯《にょぼん》ヲコノムモ魚鳥《ぎょちょう》ヲ食《くらう》モ、阿弥陀仏《あみだぶつ》ハスコシモトガメ玉《たま》ハズ。一向専修《いっこうせんじゅ》ニイリテ念仏《ねんぶつ》バカリヲ信《しん》ジツレバ、一定最後《いちじょうさいご》ニムカヘ玉《たま》フゾ」ト云《いい》テ、京田舎《きょういなか》サナガラコノヤウニナリケル程《ほど》ニ、院《いん》ノ小御所《こごしょ》ノ女房《にょうぼう》、仁和寺《にんなじ》ノ御《お》ムロノ御母《みおも》マジリニコレヲ信《しん》ジテ、ミソカニ安楽《あんらく》ナド云物《いうもの》ヨビヨセテ、コノヤウトカセテキカントシケレバ、又《また》グシテ行向《いきむかう》ドウレイタチ出《いで》キナンドシテ、夜《よ》ルサヘトヾメナドスル事出《ことい で》キタリケリ。トカク云《いう》バカリナクテ、終《つい》ニ安楽《あんらく》・住蓮頸《じゅうれんくび》キラレニケリ。法然上人《ほうねんしょうにん》ナガシテ京《きょう》ノ中《なか》ニアルマジニテヲハレニケリ。

［訳］建永年間（一二〇六～一二〇七年）に法然房という上人[1]がいた。間近な京中に住んで念仏宗を立てて専修念仏といい、「ただ阿弥陀仏《あみだぶつ》とだけとなえるべきだ。それ以外の顕密[2]の修行はするな」ということを言いだし、わけのわからない愚かで無知な尼や入道[3]に喜ばれて専修念仏が世に繁盛に繁盛をかさねて急速に興隆している。その念仏の行者というもののなかに安楽房《あんらくぼう》という者があった。泰経入道《やすつねにゅうどう》[4]に仕えていた侍で、入道して専修念仏の行人《ぎょうにん》という。また住蓮《じゅうれん》と組んで、六時礼讃《ろくじらいさん》[5]は善導和上《ぜんどうわじょう》[6]の教えによる行だと喧伝《けんでん》し、尼どもに帰依《きえ》・渇仰《かつごう》される者が現れた。尼どもはもっと言いふらして「専修の行者になれば女犯《にょぼん》を好んでも魚や鳥を食べても阿弥陀仏はすこしもおとがめにならない。一向専修の門に入って念仏だけして信じておれば必ず臨終に浄土にお迎えくださるぞ」と言って、京でも田舎でも念仏が広まったところ、後白河法皇の小御所の女房の伊賀局《いがのつぼね》、仁和寺《にんなじ》の御室《おむろ》の法親王《ほっしんのう》の御母である坊門局《ぼうもんのつぼね》まで一緒になって信じ、ひそかに安楽房などという者を呼び寄せて念仏のことを説かせ、聞こうとするようになったので、安楽房は仲間と一緒にやってきて、夜になっても帰らせないようなことになった。ともかく言葉にできないようなことになり、ついに安楽と住蓮は首を斬られた。法然上人は流され、京の中にいて

はならないことになった。

1 **上人**＝隠遁《いんとん》僧や聖《ひじり》の呼称。 2 **顕密**＝顕教と密教の意で仏教の学業と修法《しゅほう》の総称。 3 **入道**＝僧として受戒しても在家の生活をしている者、出家しても公式の僧ではない者などをいう。 4 **泰経入道**＝高階泰経《たかしなのやすつね》。建久八年（一一九七）に入道。 5 **六時礼讃**＝善導の「往生礼讃偈《げ》」により、一日六回、阿弥陀仏を讃《たた》える勤行。また、そのときに唱える偈をさす。 6 **善導和上**＝中国浄土教の高僧（六一三～六八一年）。

世に繁盛に繁盛をかさねて興隆した専修念仏の行者は後白河法皇の小御所（女院）にまで入りこみ、一日六回、必ず人を浄土に迎えるという阿弥陀仏を讃《たた》える偈《げ》を唱えた。それは陶酔的な法会であったらしい。「終《つい》ニ安楽《あんらく》・住蓮《じゅうれん》頸《くび》キラレニケリ」という弟子二名の処刑という事態にいたった。また、「女《にょ》犯《ぼん》を好んでも魚や鳥を食べても阿弥陀仏はすこしもおとがめにならない」といって野放図なふるまいをする者もあったようだ。この法難以前の元久元年（一二〇四）に法然は弟子・信徒の行動を戒める起請文《きしょうもん》（誓約書）を比叡山《ひえいざん》の天台座主あてに提出したが、弾圧を避けることはできなかったのである。その起請文は七か条であることから『七箇条制誡《しちかじょうせいかい》』という。

## 七箇条制誡　出典40

普《あまね》く予《よ》が門人《もんじん》と号《ごう》する念仏《ねんぶつ》の上人等《しょうにんら》に告《つ》ぐ。

一《ひとつ》　いまだ一句《いっく》の文《もん》をも窺《うかが》はずして、真言《しんごん》・止観《しかん》を破《やぶ》り奉《たてまつ》り、余《よ》の仏《ぶつ》・菩薩《ぼさつ》を謗《ほう》ずるを停止《ちょうじ》すべき事《こと》

右《みぎ》、立破《りゅうは》の道《どう》に至《いた》つては、学生《がくしょう》の経《ふ》るところなり。愚人《ぐにん》の境界《きょうがい》にあらず。しかのみならず、正法《しょうぼう》を誹《ひ》謗《ほう》するは、既《すで》に弥陀《みだ》の願《がん》に除《のぞ》く。その報《むくい》、まさに那落《ならく》に堕《だ》すべし。あに痴闇《ちあん》の至《いた》りにあらずや。

（以下、停止の文のみあげる）

一　無智《むち》の身をもつて、有智《うち》の人《ひと》に対《たい》し、別行《べつぎょう》の輩《ともがら》に遇《あ》ひ、好《この》んで諍論《そうろん》を致《いた》すを停止《ちょうじ》すべき事《こと》
一　別解《べつげ》・別行《べつぎょう》の人《ひと》に対《たい》して、愚痴《ぐち》偏執《へんしゅう》の心《こころ》をもつて、まさに本業《ほんごう》を棄《す》て置《お》くべしと称《しょう》し、あながちにこれを嫌嘊《けんがい》するを停止《ちょうじ》すべき事《こと》
一　念仏門《ねんぶつもん》において、戒行《かいぎょう》なしと号《ごう》して、専《もは》ら婬《いん》・酒《しゅ》・食肉《じきにく》を勧《すす》め、たまたま律儀《りつぎ》を守《まも》る者《もの》を雑行人《ぞうぎょうにん》と名《な》づけて、弥陀《みだ》の本願《ほんがん》を憑《たの》む者《もの》、造悪《ぞうあく》を恐《おそ》るることなかれと説《と》くを停止《ちょうじ》すべき事《こと》
一　いまだ是非《ぜひ》を弁《わきま》へざる痴人《ちにん》、聖教《しょうぎょう》を離《はな》れ、師説《しせつ》にあらずして、ほしいままに私義《しぎ》を述《の》べ、みだりに諍論《そうろん》を企《くわだ》て、智者《ちしゃ》に咲《わら》はれ、愚人《ぐにん》を迷乱《めいらん》するを停止《ちょうじ》すべき事《こと》
一　痴鈍《ちどん》の身《み》をもつて、殊《こと》に唱導《しょうどう》を好《この》み、正法《しょうぼう》を知《し》らずして、種々《しゅじゅ》の邪法《じゃほう》を説《と》いて、無智《むち》の道俗《どうぞく》を教化《きょうけ》するを停止《ちょうじ》すべき事《こと》
一　自《みずか》ら仏教《ぶっきょう》にあらざる邪法《じゃほう》を説《と》いて正法《しょうぼう》とし、偽《いつわ》つて師範《しはん》の説《せつ》なりと号《ごう》するを停止《ちょうじ》すべき事《こと》

［訳］みな我が門人と名のる念仏の上人らに告げる。
一　まだ一句の経文も読まないのに真言・止観《しかん》[1]を非難し、阿弥陀《あみだ》仏以外の仏・菩薩《ぼさつ》をけなすことを禁じる。右は、立《りゅう》（主張）と破《は》（反論）の道は学僧のもので、愚人のものではないからである。のみならず、正法《しょうぼう》（仏法）を誹謗《ひぼう》する者は阿弥陀仏の本願でも浄土往生から除かれている。[2]まさに地獄に堕《お》ちる報いを受けよう。愚かの限りではないか。（以下、停止《ちょうじ》の文をあげ理由は要約して補足）
一　無智の身で有智の人に対し、念仏以外の修行者に会って好んで論争することを禁じる（論議は智者のもの、また論争は煩悩を生むからだ）。
一　別の信仰をし別の行をする人に偏見をもって蔑視《べっし》し、ほんとうの浄土往生の法を知らないといって嫌い、あざ笑うことを禁じる（修道はそれぞれであるからだ）。
一　念仏門に戒はないといって、むやみに邪婬《じゃいん》・飲酒《おんじゅ》・食肉を勧め、戒律を守る者を雑行人《ぞうぎょうにん》と呼んだりし、

阿弥陀仏の本願を憑《たの》む者は造悪を恐れるなと説くことを禁じる（戒をないがしろにすれば如来の遺教も失するからだ）。

一　いまだ是非のわからない愚か者が聖教《しょうぎょう》を離れ、師の説にそむいて好き勝手に私見を述べ、みだりに論争を企てて智者に笑われ、愚人《ぐにん》を混乱させることを禁じる（みだりに邪義を述べるのは種々の異教徒と同じだ）。

一　痴鈍《ちどん》のままに唱導《しょうどう》[3]を好み、正法を知らずに種々の邪法《じゃほう》を説いて無智の僧や俗人を教化《きょうけ》することを禁じる（教えを芸能にして世間を狂わすのは、むしろ国賊である）。

一　みずから仏教ではない邪法を説いて正法とし、偽って師の説だということを禁じる（弥陀の経典を汚《けが》し、師匠の悪名を広める不善ははなはだし）。

1 **真言・止観**＝密教と天台の仏法。　2 **正法を誹謗する者は～除かれている**＝四十八願のうち、「十回でも念仏すれば必ず極楽に生まれさせよう」と説かれていることから重視される第十八願に「ただ五逆（母殺しなど）と誹謗正法を除く」とある。
3 **唱導**＝六時礼讃の偈を集団で歌うことなど。

法然はこの『七箇条制誡』に門弟ら百九十名に連署させた。綽空《しゃくくう》（親鸞）の名もある。あくる元久二年、南都から念仏停止をもとめる訴状を朝廷に奏上した。戒律復興をとなえる法相宗の学僧＝貞慶《じょうけい》が起草した『興福寺奏状《こうふくじそうじょう》』である。くわしくは「殊《こと》に天裁《てんさい》を蒙《こうむ》り（特別に天皇の御裁定により）永く沙門源空《しゃもんげんくう》（法然《ほうねん》）勧むるところの専修念仏《せんじゅねんぶつ》の宗義を糺改《きゅうかい》せられんことを請うの状」という。

## 興福寺奏状　出典40

興福寺《こうふくじ》僧綱大法師《そうごうだいほうし》等《ら》、誠惶誠恐謹言《せいこうせいきょうきんげん》

殊《こと》に天裁《てんさい》を蒙《こうむ》り、永《なが》く沙門源空《しやもんげんくう》勧《すす》むるところの専修念仏《せんじゆねんぶつ》の宗義《しゆうぎ》を糺改《きゆうかい》せられんことを請《こ》ふの状《じよう》。

右《みぎ》、謹《つつし》んで案内《あない》を考《かんが》ふるに一《ひとり》の沙門《しやもん》あり、世《よ》に法然《ほうねん》と号《ごう》す。念仏《ねんぶつ》の宗《しゆう》を立《た》てて、専修《せんじゆ》の行《ぎよう》を勧《すす》む。その詞《ことば》、古《こ》師《し》に似《に》たりと雖《いえど》も、その心《こころ》、多《おお》く本説《ほんせつ》に乖《そむ》けり。ほぼその過《とが》を勘《かんが》ふるに、略《りやく》して九箇条《きゆうかじよう》あり。

第一《だいいち》に新宗《しんしゆう》を立《た》つる失《しつ》。夫《そ》れ仏法東漸《ぶつぽうとうぜん》の後《のち》、わが朝《ちよう》に八宗《はつしゆう》あり。（中略）たとひ功《こう》あり徳《とく》ありと雖《いえど》も、すべからく公家《こうか》に奏《そう》して以《もつ》て勅許《ちよつきよ》を待《ま》つべし。私《わたくし》に一宗《いつしゆう》と号《ごう》すること、甚《はなは》だ以《もつ》て不当《ふとう》なり。（以下略）

［訳］興福寺僧綱《そうごう》の大法師等[1]、誠惶誠恐謹言《せいこうせいきようきんげん》
天子の御裁定によって永く沙門源空《しやもんげんくう》[2]が広めた専修《せんじゆ》念仏の宗義を糺《ただ》されますように請う状。
このこと、謹んで事情を考えますに世に法然という一人の沙門（僧）があり、念仏の宗を立てて、専修の行を人々に勧めました。その言葉は古師に似ていましても、その心は多く本来の教えに背いています。その過失を考えますと、およそ九項目あります。
第一に新宗を立てる過ちです。そもそも仏法東漸《とうぜん》以来、日本には八宗[3]があります。（中略）たとえ法然に功あり徳ありといえども、すべからく朝廷に奏して勅許を待つべきです。私的に一宗を名のることは、はなはだしく不当です。（以下略[4]）

1 **僧綱の大法師**＝僧綱は僧尼を監督する僧官。大法師は僧位の最高位。 2 **沙門源空**＝法然は比叡山《ひえいざん》西塔黒谷の叡空《えいくう》に師事し、法然房源空と名のった。 3 **八宗**＝倶舎《くしや》・成実《じようじつ》・律・法相《ほつそう》・三論・華厳の南都六宗に天台・真言を加えた八宗。東大寺の凝然《ぎようねん》が文永五年（一二六八）に著した『八宗綱要』は各宗を概説したあと、最後に禅宗と浄土宗を寓宗（仮の宗）として付記している。 4 **以下略**＝以下、第二は新像を立つる失、第三は釈尊を軽んずる失、第四は万善を妨ぐる失、第五は霊神に背く失、第六は浄土に暗き失、第七は念仏を誤る失、第八は釈衆を損ずる失、第九は国土を乱る失である。

こうした非難に対して専修念仏の立場を明確にするため、法然は『選択本願念仏集《せんちやくほんがんねんぶつしゆう》』を撰述した。

しかし、華厳宗の明恵《みょうえ》（高弁／一一七三〜一二三二年）が『選択本願念仏集』を批判する『摧邪輪《ざいじゃりん》』を著し、『興福寺奏状』にも「念仏を誤る失」とあって南都の学僧を納得させるにはいたらなかった。

## 【コラム】解脱上人貞慶の笠置寺

「興福寺奏状」を書いたのは南都の僧、貞慶《じょうけい》（一一五五〜一二一三年）である。興福寺の学僧だったが、そのときは南都を離れて笠置寺《かさぎでら》（京都府笠置町）に隠遁《いんとん》していた。解脱房《げだつぼう》という房号から解脱上人《げだつしょうにん》とも笠置寺上人ともよばれるが、「上人（聖人）」は僧位をもたない遁世僧や市井の聖《ひじり》の尊称である。その点では比叡山黒谷《くろだに》の別所に隠遁して念仏を修した法然と同じ立場だった。

遁世僧といえども、衣食はどこからか手に入れなければならない。

貞慶に「世を遁《のが》れて後、公請《くじょう》のために記しおきたる文を見て」と詞書《ことばがき》した「これをこそ真《まこと》の道と思《おも》いしになほ世をわたる橋にぞ有《あり》ける」（『続後撰和歌集』）という歌がある。

公請とは維摩会《ゆいまえ》・最勝会《さいしょうえ》などの鎮護国家の法会や講義に召集されることである。そのために作った表白文《ひょうびゃくもん》や講義のための文を見て、「遁世して修行することこそ真の道だと思っているのに、この文はなお、世を渡る橋である。生きていく手立てからは逃れられないものだ」と詠んでいる。

では、その真の道とは何だったのか。貞慶の法話集『愚迷発心集《ぐめいほっしんしゅう》』巻一に「本朝は一小国にして海中に一粟粒《あわつぶ》を浮《うか》べたるが如し（日本は海に粟粒を浮かべたような小国である）」という。これは平安末期に末法意識が深まるとともによく言われるようになったことで、日本は東海の辺土の粟散国《ぞくさんこく》であるという。だから法然は、今の世の人は阿弥陀仏の本願にすがる以外にないとして専修念仏の門を開いたのだが、貞慶は異なる。「仏前仏後《ぶつぜんぶつご》ノ中間ニ生マレテ出離解脱《しゅつりげだつ》ノ因縁《いんねん》ナク、粟散扶桑《ぞくさんふそう》ノ小国ニ住シテ上求《じょうぐ》下化《げけ》ノ修行ニ闕《か》ケル」という。「仏前仏後ノ中間」とは釈迦如来の入滅後、五十六億七千万年の未来という弥勒仏の下生《げしょう》まで。この中間の時に生まれた者は出離解脱（苦悩の生死輪廻《しょうじりんね》から脱すること）の因と縁から離れている。まして、「粟散扶桑ノ小国」である日本の人びとは、上求菩提下化衆生《じょうぐぼだいげけしゅじょう》（上にさとりを求め、下に衆生を教化する）の修行が欠落している。だから、常に仏の戒を誦して身をつつしみ、生死流転《しょうじるてん》の未来に弥勒仏の下生に出会うことを期すべきだという。下生した弥勒仏は龍華樹《りゅうげじゅ》という木の下で三度の集会（龍華三会《りゅうげさんね》）をもよおす。貞慶は笠置寺で龍華会《りゅうげえ》を初めて営み、その功徳によって人々が未来に龍華三会にまみえることができるように祈った。その後、笠置寺は弥勒信仰の霊場となり、巨大な弥勒の磨崖仏がつくられた。

**栄西の令法久住**　法然の専修念仏とともに禅宗も弾圧され、建久五年（一一九四）、比叡山延暦寺が禅停止を朝廷に訴えて栄西《えいさい》・能忍《のうにん》の活動が禁じられた。能忍（?～一一九四／九五）はもとは天台僧だったが、中国から禅の血脈《けちみゃく》（法系）を受けることなく独自に達磨宗《だるましゅう》という禅宗を立てた。それが畿内の民衆に広まったことを危惧《きぐ》した比叡山は禅停止を訴えたのである。

それに対して栄西が禅宗の正統性を主張したのが『興禅護国論《こうぜんごこくろん》』である。その著述は建久九年（一一九八）、法然の『選択本願念仏集』と同年のことだった。末法到来の世に、栄西は今こそ「令法《りょうぼう》久住《くじゅう》（仏法を永続せしめること）」が肝要だとし、禅宗を興すことで国家の安泰を期すべきだという。

『興禅護国論』は以下の十章より成る。

正法を世に久住せしむるの論第一

　法が滅しようとするときこそ世に法を久住させるのが護法である。

国家を鎮護するの論第二

　諸天神は般若、すなわち禅宗を奉じる国を守護する。

世人の疑問に答える論第三
禅宗は釈尊から未来世にあっても衆生済度の眼目であり、天台の止観も禅である。世は仏滅・法滅ではない。
古徳が行じたことを誠証論するの論第四
聖徳太子も伝教大師《でんぎょう》も、古徳はみな禅宗を修した。
宗派の血脈の論第五
禅宗は過去七仏より脈々と受け継がれ、中国では達磨《だるま》大師に始まる。
典拠をもって信を増長するの論第六
禅の勧めは華厳経・法華経・楞伽《りょうが》経・大日経・涅槃経・大般若経・大智度論・中論・摩訶《まか》止観などにある。
教義の大綱を挙げて参学を勧めるの論第七
三つの順序がある。まず、諸教・諸宗を知って禅に帰着することを学ぶ。次に禅こそ仏教であることを知る。そして、禅も一つの名にすぎないことを知って超克し涅槃に至る。
禅苑《ぜんおん》の施設、行儀の式目についての論第八
中国で現に行われている僧院の清規についての説明。
大国に行われていることの説話の論第九
中国の僧やインドの仏弟子の逸話から禅を語る。
回向《えこう》し発願《ほつがん》するの論第十
栄西は今、人々に功徳善根を回向し、如来の禅法によって人々と共に未来の時の尽きるまで大悲方便の行を修することを誓う。

**仏心宗の伝来**　禅宗は中国で仏心宗《ぶっしんしゅう》ともいい、心に仏を見る仏道である。『興禅護国論』の「序」には心は限界のないもので、全ては心に含まれる。それは日本で深められた本覚法門や十界曼荼羅の「心」の重視と軌を一にし、新たに展開していく。

**興禅護国論**（「禅を興し国を護るの論の序」）出典41

大宋国《だいそうこく》天台山《てんだいさん》留学《るがく》、日本国《にほんこく》阿闍梨《あじやり》伝燈大法師《でんとうだいほっし》位　栄西《えいさい》跋《ばつ》す

大《おお》いなる哉心《かなこころ》や、天《てん》の高《たか》きは極《きわ》むべからず。而《しか》るに心《こころ》は天《てん》の上《うえ》に出《い》づ。地《ち》の厚《あつ》きは測《はか》るべからず。而《しか》るに心《こころ》は地《ち》の下《した》に出《い》づ。日月《にちがつ》の光《ひかり》は踰《こ》ゆべからず。而《しか》るに心《こころ》は日月光明《にちがつこうみよう》の表《おもて》に出《い》づ。大千沙界《だいせんしやかい》は窮《きわ》むべからず。而《しか》るに心《こころ》は大千沙界《だいせんしやかい》の外《そと》に出《い》づ。其《そ》れ太虚《たいこ》か、其《そ》れ元気《げんき》か、心《こころ》は則《すなわ》ち太虚《たいこ》を包《つつ》んで元気《げんき》を孕《はら》む者《もの》なり。

天地《てんち》は我《わ》れを待《ま》つて覆載《ふさい》し、日月《にちがつ》は我《わ》れを待《ま》つて運行《うんこう》し、四時《しじ》は我《わ》れを待《ま》つて変化《へんげ》し、万物《ばんぶつ》は我《わ》れを待《ま》つて発生《はつしよう》す。

大《おお》いなる哉心《かなこころ》や、吾《わ》れ已《や》むを得《え》ずして強《し》ひて之《これ》に名《な》づく。是《これ》を最上乗《さいじようじよう》と名《な》づけ、亦第一義《まただいいちぎ》と名《な》づけ、亦般若実相《またはんにやじつそう》と名《な》づけ、亦一真法界《またいつしんほつかい》と名《な》づけ、亦無上菩提《またむじようぼだい》と名《な》づけ、亦楞厳三昧《またりようごんざんまい》と名《な》づけ、亦正法眼蔵《またしようぼうげんぞう》と名《な》づけ、亦涅槃妙心《またねはんみようしん》と名《な》づく。然《しか》れば則《すなわ》ち三輪八蔵《さんりんはちぞう》の文《もん》、四樹五乗《しじゆごじよう》の旨《むね》、打併《たへい》して箇《こ》の裏《うち》に在《あ》り。（中略）而《しか》るに此《これ》を謗《そし》る者有《ものあ》つて、（中略）謂《い》ひて悪取空《あくしゆくう》と為《な》す。亦謂《またい》ひて末世《まつせ》の法《ほう》に非《あら》ずとし、亦謂《またい》ひて我《わ》が国《くに》の要《かなめ》に非《あら》ずとす。或《ある》いは我《われ》の斗筲《としよう》を賤《いやし》んで以《もつ》て未《いま》だ文《もん》を徴《ちよう》せずと為《な》し、或《ある》いは我《わ》れの機根《きこん》を軽《かろ》んじて以《もつ》て廃《はい》を興《おこ》し難《がた》しと為《な》す。

是《こ》れ則《すなわ》ち法《ほう》を持《じ》する者《もの》の法宝《ほうぼう》を滅《めっ》し、我《わ》れに非《あら》ざる者《もの》の我心《がしん》を知《し》らんや。啻《ただ》に禅関《ぜんかん》の宗門《しゅうもん》を塞《ふさ》ぐのみに非《あら》ず、抑亦《そもそもまた》叡嶽《えいがく》の祖道《そどう》を毀《そし》る。慨然《がいぜん》、悄然《しょうぜん》たり、是《ぜ》なるや非《ひ》なるや。（中略）冀《ねが》はくは伝燈《でんとう》の句《く》の消《き》ゆること無《な》く、光《ひか》りは三会《さんえ》の暁《あかつき》を照《てら》し、涌泉《ゆうせん》の義《ぎ》の窮《きわま》らずして、千聖《せんしょう》の世《よ》に流注《りゅうちゅう》せんことを。

［訳］宋の天台山[1]に留学した日本国の阿闍梨《あじゃり》[2]伝燈大法師位[3]の栄西《えいさい》が略述する。

大いなるかな心よ。天はどこまでも高いが、心は天の上に出る。地の深さは測ることができないが、心は地の下に出る。日月の光を超えるものはないが、心は日月光明を超え出る。大千沙界《だいせんしゃかい》[4]に果てはないが、心は大千沙界の外に出る。太虚[5]といい、元気[6]といっても、心は太虚を包み、元気を孕《はら》むものである。（中略）

心をもつ我があって天は覆い、地は載せる。日月は我があって運行し、四季は我があって変化し、万物は我があって発生する。

大いなるかな心よ。それは呼びようはないが、強いて名づけるなら、最上乗《さいじょうじょう》（最高の救い）とよび、第一義（仏法の第一の意義）とよび、般若実相《はんにゃじっそう》（智慧《ちえ》で見た真実）とよび、一真法界《いちしんほっかい》[7]とよび、無上菩提《むじょうぼだい》（至高の悟り）とよび、また楞厳三昧《りょうごんざんまい》[8]とよび、正法眼蔵《しょうぼうげんぞう》および、涅槃妙心《ねはんみょうしん》[9]とよぶ。したがって、三輪八蔵《さんりんはちぞう》の文[10]、四樹五乗（あらゆる教え）の旨はひっくるめて一箇の心の裏《うち》にある。（中略）

しかるに、この禅を非難して（中略）空の理を曲解しているという者がある。また、末法にふさわしい法ではないといって、我が国に必要なものではないともいう。あるいは私の器量をさげすんでまだ仏典を読んでいないといい、あるいは私の機根を軽んじて仏法の廃を興すことはできまいという。

これは法を持する者が法宝を滅ぼすことで、私でない者に我が心を知れようか。禅の門を塞《ふさ》ぐのみでなく叡嶽《えいがく》の祖道[11]を毀《そし》るものだ。慨然、悄然《しょうぜん》たる思いがする。どちらが是か、どちらが非か。（中略）願わくは伝燈の句（釈迦以来の教え）が消えることなく、光は三会《さんえ》[12]の暁を照らし、泉のように尽きず意義が涌《わ》き出し、千仏の世に流れこむように。

1 **天台山**＝中国浙江《せっこう》省の天台宗の祖山。 2 **阿闍梨**＝密教の師僧の称号。 3 **伝燈大法師位**＝官僧の位階の最高位。 4 **大千沙界**＝三千大千世界と同じ。ガンジスの沙《すな》の数ほど無数の世界。 5 **太虚**＝陰陽を生ずる大本の気。 6 **元気**＝万物を生み出す根源の気。 7 **一真法界**＝一即多・多即一の華厳経の仏の世界。 8 **楞厳三昧**＝首楞厳三昧。大根本定《だいこんぽんじょう》ともいい、あらゆる三昧（精神統一）のもとで、悪魔も退けるという。 9 **正法眼蔵および、涅槃妙心**＝禅の伝法の始まりとされる世尊拈《せそんねん》華《げ》の公案にある言葉。禅は正法眼蔵（仏法の眼目）であり、涅槃妙心（悟りは玄妙な心法）であるという。 10 **三輪八蔵の文**＝経典を釈迦の生涯の段階や内容によって区分した教相判釈の一つで、あらゆる教説をいう。 11 **叡嶽の祖道**＝比叡山延暦寺《えんりゃくじ》を開いた最澄の教え。 12 **三会の暁**＝釈迦の滅後五十六億七千万年後に兜率天《とそつてん》から弥勒《みろく》仏が地に下り、竜華樹《りゅうげじゅ》という木の下で三度の説法会をおこない、あらゆる人を救う。それを竜華《りゅうげ》三会という。

栄西は『興禅護国論』の巻末に、自分の没後五十年に禅宗が盛んになるであろうという。そのとおりに禅宗は興隆する。それについては「10 幕府と鎌倉の寺社」で述べる。

### 【コラム】明恵上人の興法利生

明恵《みょうえ》（一一七三～一二三二年）は僧名を高弁《こうべん》という。九歳で寺に入り、神護寺、東大寺、仁和寺などで修学。二十一歳で遁世し、栂尾《とがのお》や紀伊の山々で修行。建永元年（一二〇六）、後鳥羽上皇から栂尾の地を下賜されて高山寺《こうざんじ》を再興。その裏山に坐禅をする草堂（峰の坊）を建て、石や木の上でも坐禅したという。

『明恵上人集』に「昔見シミチ（道）ハシゲリテアト（跡）タエヌ月ノ光ヲフミコソイレ（草が茂って道の跡もなくなった山寺は地に落ちた月の光を踏んで行こう）」という歌がある。月は仏の暗喩《あんゆ》である。道が見えなくなった末法の今でも、仏の月は地上を照らしている。

『玉葉《ぎょくよう》和歌集』には「冬の比《ころ》、後夜《ごや》の鐘の音聞《きこ》えければ、峰の坊へのぼるに、月、雲より出《い》でて道を送る。峰に至りて禅堂《ぜんどう》に入《い》らんとする時、月また雲を追ひて向ひの峰に隠れなんとするよそほひ、人しれず月のわれに伴ふかと見えければ」と詞書《ことばがき》した「雲を出《い》でてわれに伴ふ冬の月　風や身にしむ雪やつめたき」という明恵の歌がある。

夜明け前に西に沈んでいく月は満月なので明るく道を照らしている。しかし、冬の月光は冷たい。その月に伴われて山の草堂に登っていく身は風や雪の冷たさに凍《こご》える。そんな厳しさに堪《た》えて修行するのも興法利生《こうぼうりしょう》のためである。

明恵は鎮護国家の華厳宗《けごんしゅう》の再興者とされるが、奈良時代とはちがって明恵はさまざまな修法《しゅほう》（加持祈禱《きとう》）を行じる密教の僧でもあった。『新勅撰和歌集』に「亡き人の筆跡に光明真言《こうみょうしんごん》を書いて送る」という意味の詞書で「かきつくるあとにひかり（光）のかゞやけば　くらきみち（暗き道）にもやみ（闇）ははるらむ」という歌がある。光明真言は大日如来に祈る咒《しゅ》（呪文）で「おん　あぼきゃべいろしゃのう　まかぼたら　まに　はんどま　じんばら　はらばりたや　うん」を繰り返す。この真言で加《か》持《じ》した土砂《どしゃ》を遺体や墓地に撒《ま》けば、冥土の闇を祓《はら》うという。明恵の歌では光明真言が輝き、冥《くら》き道も晴れる。法の世の人々の利益《りやく》となるように、明恵は真言を唱えた。この潮流から西大寺《さいだいじ》の叡尊《えいぞん》が真言律宗《しんごんりっしゅう》を開き、旧仏教系の大教団になる。

治承・寿永の乱（源平合戦）の戦火で焼け落ちた東大寺大仏の再建も諸国に寄進をつのっておこなわれた。

## 2 東大寺大仏の再建

**南都炎上**　治承四年（一一八〇）、平氏追討を宣じる以仁王《もちひとおう》（後《ご》白河法皇《しらかわほうおう》の皇子）の令旨《りょうじ》が発せられると、諸国の源氏が挙兵。その動きに南都が呼応することを警戒した平清盛は子の重衡《しげひら》に南都攻めを命じ、興福寺や東大寺大仏殿が焼失した。藤原北家の右大臣九条兼実《くじょうかねざね》が日記『玉葉《ぎょくよう》』に「七大寺以下ことごとく灰燼《かいじん》となり、仏法《ぶっぽう》も王法《おうほう》も滅尽《めつじん》してしまった」という驚愕《きょうがく》の事件である。その後、藤原氏は氏寺の興福寺の復興に総力をあげてとりくむことになる。なかでも鎮護国家の要《かなめ》である東大寺の再建は国家の大事で、造寺・造仏長官の藤原行隆《ゆきたか》のもとで進められるのだが、後白河院にも朝廷にもその力はなかった。その事情を『玉葉』は次のようにいう。

**玉葉**（治承五年七月十三日）出典42

行隆院宣《ゆきたかいんぜん》を伝《つた》へて云《い》はく、近日衆災競《きんじつしゅさいきそ》ひ起《おこ》る。所謂《いわゆる》、炎旱《えんかん》、飢饉《ききん》、関東以下《かんとういか》諸国《しょこく》の謀反《むほん》、天変《てんぺん》〈客星《かくせい》を大事《だいじ》となす〉恠異《かいい》〈（中略）〉等《とう》なり。何《いか》なる謀略《ぼうりやく》を廻《めぐら》し、かの夭殃《ようおう》を銷《け》さんや。朕已《ちんすで》に成敗《せいばい》に迷《まよ》ふ。公宜《こうよろ》しく所思《しょし》を奏《そう》すべし。敢《あ》へて時議《じぎ》を憚《はばか》るなかれ。（中略）而《しか》るに去今両年《きょこんりょうねん》、炎旱旬《さいかんじゅん》に渉《わた》る上《うえ》、両寺《りょうじ》の営造《えいぞう》と謂《い》ひ、追討《ついとう》の兵粮《ひょうろう》と謂《い》ひ、民庶《みんしょ》の費《ひ》を計《はか》るに、殆《ほとん》ど巨万《きょまん》に過《す》ぐるか。豊年猶所済《ほうねんなおしょせい》に泥《なず》むべし。況《いわ》んや餓《が》死《し》の百姓《ひゃくしょう》に及《およ》ぶをや。国民《こくみん》を失《うしな》ひ滅《ほろ》ぶれば、賊首《ぞくしゅ》を誅《ちゅう》すと雖《いえど》も、何《なに》の益《えき》あらんや。然《しか》れば則《すなわ》ち先《ま》づ衆庶《しゅしょ》の怨《う》らみを省《はぶ》き、暫《しばら》く人望《じんぼう》に従《したが》ふべきか。この外《ほか》の徳化《とくけ》、時議《じぎ》に応《おう》ずべからず。兼《か》ねて又猶仏神《またなおぶっしん》に祈請《きしょう》せらるべきなり。

［訳］藤原行隆[1]が来て後白河法皇[2]の院宣を私に伝えた。「近日多くの災いが競い起こった。旱《ひでり》、飢饉、関東以下諸国の謀反、天変〈彗星《すいせい》出現〉、怪異〈中略／伊勢神宮以下、社ごとに希代の怪異。院中でも怪異が頻《しき》り。法勝寺《ほっしょうじ》に一茎二花の蓮があった。これら皆不穏〉などである。何の策を廻らしてこの災禍を

鎮めようか。私は処置に迷っている。公（兼実）は考えを奏じよ。情況を論じることを遠慮してはならない」と。（中略／私は奏上した）「去年・今年の二年は日照りが広範囲にわたり、興福寺・東大寺の造営、追討の兵糧など、庶民に課す費用は巨万を過ぎましょう。豊作の年でも課税に悩むべきなのに、餓死の百姓にはいうまでもありません。国民が滅んでから、賊の首領を討ち取ったとて何の益がありましょうか。まず、人々の怨《うら》みを除き、望みに従うべきでしょう。そのほかの徳化、時論に応ずべきではありません。また、神仏に祈らるべきです」と。

1 **藤原行隆**＝左少弁。六月に造東大寺司と大仏再建の造仏司の長官に任じられた。 2 **後白河法皇**＝鳥羽天皇の皇子（一一二七～一一九二年）で久寿二年（一一五五）に即位し保元三年（一一五八）に二条天皇に譲位。嘉応元年（一一六九）に出家。二条・六条・高倉・安徳・後鳥羽天皇の五代、三十年余にわたって上皇・法皇として院政をしく。

**重源の登場**　東大寺再建には巨万の費を要するが、うちつづく怪異と戦乱・飢饉の不安のなかで「仏神に祈請せらるべき」ことも緊急の課題だった。後白河院も九条兼実も困りきったようすが『玉葉』からうかがえるが、これに先立つ六月、後白河院は重源《ちょうげん》（一一二一～一二〇六年）に東大寺造営勧進の宣旨を与えた。それは聖武天皇と行基を理想とし、上は王侯将相より下は民草にいたるまで「一粒半銭といえども寸鉄尺木といえども施与者は世々生々所々、必ず妙力に依り長く景福を保たん」（『東大寺続要録』）と毘盧舎那仏《びるしゃなぶつ》への結縁《けちえん》を呼びかけるものだった。そして八月、重源は院の宣旨を奉じて一輪車六台を造って諸国に勧進の旅に出た。時に重源は六十一歳、造東大寺大勧進職すなわち寄進を募る事業の元締めとしての活動の始まりである。その下に多くの勧進聖が結集し、貴族や鎌倉幕府はもとより庶民の結縁を募って東大寺は二十二年の歳月をかけて再建された。

▼文治元年（一一八五）八月二十八日、大仏落慶法要。まだ鍍金《ときん》もほどこされていなかったが、三月

に平家が壇ノ浦で滅びて権力を回復した後白河院はみずから筆をとって開眼した。
▼建久六年（一一九五）三月十二日、大仏殿が完成し供養の法会をおこなう。
▼建仁三年（一二〇三）十一月三十日、東大寺総供養。南大門、戒壇院などの堂宇と運慶・快慶に率いられた慶派仏師による仏像群が完成。重源は八十三歳、このころ、生涯の事績を書き記して『南無《なむ》阿弥陀仏作善集《あみだぶつさぜんしゅう》』をまとめた。

作善とは善根を積むことで、造寺・造塔などの仏事にかぎらず、窮民救済などを広く意味した。「南無阿弥陀仏」は重源の号である。重源は仁安二年（一一六七）に宋に渡り、翌年、栄西とともに帰国。中国で民衆の念仏集団の蓮社《れんじゃ》の盛んなのを見、帰国直後に善光寺で霊験があったことから「南無阿弥陀仏」と自称し、弟子にも「如阿弥陀仏」等と一字をつけた法名を与えた。のちの時宗の法名や室町時代の阿弥衆（観阿弥・世阿弥など）の阿弥号の始まりとされる。

重源は阿弥陀仏との入我我入《にゅうがにゅう》（仏と一体）の体験を『作善集』に次のようにいう。

## 南無阿弥陀仏作善集（信濃善光寺の霊験）出典43

信濃国善光寺《しなののくにぜんこうじ》に参詣《さんけい》、一度《ひとたび》は十三日《じゅうさんにち》の間《あいだ》百万遍《ひゃくまんべん》を満《み》つ。一度《ひとたび》は七日七夜《しちにちななや》不断念仏《ふだんねんぶつ》を勤修《ごんしゅ》す。初度《しょど》、夢想《むそう》に云《いわ》く、金色《こんじき》の御舎利《おんしゃり》之《これ》を賜《たま》い、即《すなわ》ち呑《の》むべしと仰《おお》さるる。仍《よっ》て呑《の》み畢《おわ》んぬ。次度《じど》は面《めん》して阿弥陀如来《あみだにょらい》を拝見《はいけん》し奉《たてまつ》る。竪丈六四躰《たてじょうろくしたい》を造立《ぞうりゅう》し奉《たてまつ》る。

［訳］信濃国善光寺に参詣《さんけい》。一度は十三日間、百万遍の念仏を満了。一度は七日七夜の不断念仏[1]を勤修。最初のとき、阿弥陀如来の夢告があった。金色の舎利[2]を賜り、飲めといわれたので飲んだ。次のときは目《ま》のあたりに阿弥陀如来を拝見した。それで丈六（一丈六尺）の阿弥陀仏像四体を造立した。

1 **不断念仏**＝間断なく念仏をとなえる行。 2 **舎利**＝原語シャリーラの表音で釈尊の遺骨。最初、八つのストゥーパに分骨され、紀元前三世紀にアショーカ王がさらに分骨して八万四千の塔を築いたという。中国浙江《せっこう》省の阿育王山はその一つと伝承し、そこに重源は参詣した。舎利は水晶などで代替されたが、中世には舎利塔が釈迦の身体そのものの霊物として盛んに礼拝され、大仏の胎内にも納められた。

重源の造仏は、『作善集』全体では丈六阿弥陀像三十体、そのほか阿弥陀堂も多く造った。また重源は醍醐《だいご》寺《じ》で出家した密教僧であった。そのうえに持経者《じきょうしゃ》（法華経の行者）であり吉野の大峯《おおみね》や熊野の山岳に修行した修験的な祈禱《きとう》僧でもあった。

## 南無阿弥陀仏作善集（山岳修行）出典43

生年十九《せいねんじゅうく》に於《おい》て初《はじ》めて大峯《おおみね》に修行《しゅぎょう》、已上五ケ度《いじょうごかど》、三度《さんど》は深山《しんざん》に於《おい》て御紙衣《おんかみごろも》を取《と》り、料紙《りょうし》を調《ととの》へて如法《にょほう》経《きょう》〈法花経《ほけきょう》〉を書写《しょしゃ》し奉《たてまつ》る。二度《にど》は持経者十人《じきょうしゃじゅうにん》を以《もっ》て峯内《ぶない》に於《おい》て千部経《せんぶきょう》〈大日経《だいにちきょう》〉を転読《てんどく》せしむ。熊野《くまの》に於《おい》て之《これ》を始《はじ》め奉《たてまつ》り、御嶽《みたけ》に於《おい》て誦《じ》し作礼《さらい》して去文《さるぶみ》。又千部《またせんぶ》法花経《ほけきょう》を読誦《どくじゅ》し奉《たてまつ》ること、葛木《かつらぎ》二度《にど》。

[訳] 十九歳のときに初めて大峯[1]で修行してから五度になる。三度は深山で紙衣《かみごろも》を着し、料紙を調えて如法経[2]〈法華経〉を書写し奉った。二度は持経者十人に峯内で千部経〈大日経〉を転読させた。これは熊野で始め奉り、金峰山《きんぷせん》[3]で誦《じゅ》し作礼して去文《さるぶみ》[4]。また法華経を千遍、葛城山《かつらぎさん》[5]で二度読誦し奉った。

1 **大峯**＝奈良県南部の大峰山脈主要部の連峰をいう。 2 **如法経**＝作法に従って書写された経典の意で、法華経をさすことが多い。 3 **金峰山**＝大峰山脈北部の大峰山の別称。 4 **去文**＝財産を譲り渡す証書。ここでは結願の意か。 5 **葛城山**＝奈良県・大阪府の境の金剛山地にある山。

このような修行・供養や阿弥陀如来の霊験に加えて重源は「入唐三度上人（中国の霊跡を三度も巡拝した聖《ひじり》）」と崇《あが》められた。それが六十一歳の高齢で東大寺大勧進職に任じられた理由である。その勧進活動には西行《さいぎょう》も加わって陸奥《むつ》に旅した。大仏再建の勧進は弁慶《べんけい》の勧進帳の逸話にみられるような広がりをみせたのだが、とくに用材の手当ては困難をきわめた。また、弟子の不祥事が南都の批判を招いて重源が身を隠す事件もおこった。東大寺の伽藍《がらん》が旧に復したときには重源は八十三歳になり、三年後の建永元年（一二〇六）に没した。

**源頼朝の東大寺参詣**　頼朝が将軍に任じられて三年後の建久六年（一一九五）、東大寺供養会（大仏殿の落慶法要）がおこなわれ、頼朝が天下に威風を示す絶好の機会になった。幕府の記録『吾妻鏡《あづまかがみ》』によれば二月十四日に鎌倉を進発。三月四日、琵琶湖南端の橋に至り、比叡山の衆徒《しゅと》の前を御駕・騎馬のまま通過。「衆徒感嘆し万人称美す」という威風堂々の行列をなして六波羅の館に入った。

十日、東大寺供養のため南都東南院に向かう。供奉人《ぐぶ》の行列は先陣に騎馬の随兵百二十名が三列に並び、おのおの家子郎従が甲冑《かっちゅう》を着けて路傍に列した。この後に将軍と守護らの一団が進み、後方は騎馬の随兵百二十四名が同じく三列、さらに後陣の武将が数百騎の郎従を従えて続いた。

十一日、頼朝は東大寺に馬千頭、米一万石、黄金千両、上絹千疋《ひき》を施入。

十二日、東大寺供養の日は朝に雨が晴れたが午後には雨がしきりに降り、地震もあった。それでも鎌倉武士には「雨師風伯《うしふうはく》の降臨、天衆地類の影向《ようごう》、その瑞揭焉《ずいけちえん》」、天地の神々が祝福していると思われた。寅《とら》の刻（払暁）には和田義盛《よしもり》・梶原景時《かじわらのかげとき》が数万騎の武士をひきいて警固につき、日の出の刻には将軍家（頼朝）が参堂した。ところが、門内に衆徒が群入して警固の随兵と騒ぎになった。もののしい武者たちの出《い》で立ちに反発する僧もあり、「互いに狼藉《ろうぜき》の詞《ことば》を発し、いよいよ蜂起」となったとき、頼朝は結城《ゆうき》朝光《ともみつ》に命じて幕府の立場を説明させた。以下、『吾妻鏡』にいう。

**吾妻鏡**（建久六年三月十二日「東大寺供養」）出典33

源氏《げんじ》たまたま大檀越《だいだんおつ》となり、造営《ぞうえい》の始《はじ》めより供養《くよう》の今《いま》に至《いた》るまで、微功《びこう》を励《はげ》まし合力《ごうりょく》を成《な》す。あまりさへ魔障《ましょう》を断《た》ち、仏事《ぶつじ》を遂《と》げんがために、数百里《すうひゃくり》の行程《こうてい》を凌《しの》ぎて大伽藍《だいがらん》の縁辺《えんぺん》に詣《もう》づ。衆徒《しゅと》あに喜歓《きかん》せざらんや。無慙《むざん》の武士《ぶし》すらなほ結縁《けちえん》を思《おも》ひ、洪基《こうき》の一隅《いちぐう》を嘉《よみ》す。有智《うち》の僧侶《そうりょ》、何《なん》ぞ違乱《いらん》を好《この》みて、わが寺《てら》の再興《さいこう》を妨《さまた》げんや。造意《ぞうい》すこぶる不当《ふとう》なり。（中略）次《つぎ》に行幸《ぎょうこう》。執柄以下《しっぺいいか》の卿相《きょうしょう》雲客《うんかく》多《おお》くもつて供奉《ぐぶ》す。未《ひつじ》の剋《こく》、供養《くよう》の儀《ぎ》あり。導師《どうし》は興福寺《こうふくじ》の別当僧正《べっとうそうじょう》覚憲《かくけん》、呪願師《しゅがんし》は当寺《とうじ》の別当権僧正《べっとうごんのそうじょう》勝賢《しょうけん》、およそ仁和寺《にんなじ》の法親王《ほうしんのう》以下《いか》、諸寺《しょじ》の龍象衆会《りゅうぞうしゅえ》一千口《いっせんこう》に及《およ》ぶと云々《うんぬん》。

［訳］源氏はたまたま外護者になり、再建の初めから微力を尽くして協力してきた。ようやく魔障を断ち、仏事を遂げるために数百里の行程を踏み超えて大伽藍《がらん》の縁辺に詣《もう》でた。南都の僧らはなぜ喜ばないのか。無恥で罪深い武士でさえ結縁《けちえん》を望み、供養の一端を祝って喜んでいるのに智ある僧がどうして争乱を好み、自分の寺の再興を妨げるのか。その考えはまったく不当である（中略／この言葉に数千の衆徒が静まった）。

次に後鳥羽天皇行幸、執柄《しっぺい》[1]以下の公卿《くぎょう》・大臣ら殿上人《てんじょうびと》が多く供奉。未《ひつじ》の刻（午後二時頃）、供養の儀。導師[2]は興福寺の別当僧正覚憲、呪願師《しゅがんし》[3]は東大寺の別当権僧正勝賢。およそ仁和寺《にんなじ》の法親王《ほっしんのう》[4]以下、諸寺から法会に招いた僧一千に及ぶという。

1 **執柄**＝執政者の意。ここでは関白九条兼実のこと。
2 **導師**＝法会の首座の僧。
3 **呪願師**＝祈禱《きとう》文を唱え、敬白する僧。
4 **仁和寺の法親王**＝後白河天皇の皇子・守覚。

東大寺大仏殿の落慶法要は誕生まもない鎌倉政権の威勢を天下に知らしめるものだった。比叡山の慈円はそのようすに驚嘆して『愚管抄』に記している。

**愚管抄**（巻第六　後鳥羽　建久六年三月の条）出典39

供養《くよう》ノ日《ひ》東大寺《とうだいじ》ニマイリテ、武士等《ぶしら》ウチマキテアリケル。大雨《おおあめ》ニテアリケルニ、武士等《ぶしら》ハレハ雨《あめ》ニヌル、トダニ思《おも》ハヌケシキニテ、ヒシトシテ居《い》カタマリタリケルコソ、中〳〵物《もの》ミシレラン人《ひと》ノタメニハヲドロカシキ程《ほど》ノ事《こと》ナリケレ。

［訳］供養の日、頼朝は東大寺に詣《まい》り、武士等は取り巻いていた。大雨だったけれども、武士等は自分は雨に濡れるとも思わないそぶりで、ひしと居ずまいを正して集まっていることこそ、よくよく物を知り分けている人にはたいそう立派なことだと思われよう。

慈円は源氏の鎌倉幕府の成立を歴史の必然、すなわち〈道理〉だと考える。慈円は藤原摂関家の九条兼実の弟であり、先祖代々、天皇と国を支えてきたし、比叡山でも護国の法を修しているという自負がある。そして「文武ノ二道ニテ国主ハ世ヲサムル」（『愚管抄』巻第五）という慈円は、藤原氏と源氏は祖先の神の盟約によって国主を支える「文武ノ二道」を分担した。文治元年（一一八五）に壇ノ浦で安徳天皇とともに三種の神器が海に沈んだとき、宝剣（天叢雲剣《あめのむらくものつるぎ》）がみつからなかったのも道理である。宝剣に代わって源氏が朝家の守りになったのだから、という。

## 愚管抄（巻第五　後鳥羽）出典39

抑《そもそも》コノ宝剣《ほうけん》ウセハテヌル事《こと》コソ、王法《おうぼう》ニハ心《こころ》ウキコトニテ侍《はべ》レ。コレヲモコ、ロウベキ道理《どうり》サダメテアルラント案《あん》ヲメグラスニ、コレハヒトヘニ、今《いま》ハ色《いろ》ニアラハレテ、武士《ぶし》ノキミノ御《おん》マモリトナリタル世《よ》ニナレバ、ソレニカヘテウセタルニヤトヲボユル也《なり》。（中略）大神宮《だいじんぐう》八幡大菩薩《はちまんだいぼさつ》モユルサレヌレバ、今《いま》ハ宝剣《ほうけん》モムヤクニナリヌル也《なり》。

［訳］そもそも、この宝剣がなくなったことこそ王法（朝廷や世間）には心憂《う》きことであろう。ここにも心得るべき道理が必ずあるだろうと思案をめぐらすと、これはひとえに、今ははっきり形に表れて、武士が君の御守りとなった世であるから、武士が宝剣にかわり、宝剣は消えたと思えるのである。（中略）大神宮《だいじんぐう》（伊勢神宮の天照大神《あまてらすおおみかみ》）も八幡大菩薩《はちまんだいぼさつ》も許されているから、今は宝剣も無役になったのである。

## 愚管抄（巻第七）出典39

トヲクハ伊勢《いせ》大神宮《だいじんぐう》ト鹿島《かしま》ノ大明神《だいみょうじん》ト、チカクハ八幡大菩薩《はちまんだいぼさつ》ト春日《かすが》ノ大明神《だいみょうじん》ト、昔今《むかしいま》ヒシト議定《ぎじょう》シテ世《よ》ヲバモタセ給《たま》フナリ。今文武《いまぶんぶ》兼行《けんこう》シテ君《きみ》ノ御《おん》ウシロミアルベシト、コノ末代《まつだい》、トウツリカウウツリシモテマカリテ、カクサダメラレヌル事《こと》ハアラハナルコトゾカシ。

［訳］遠く神代には伊勢大神宮（天照大神《あまてらすおおみかみ》）と鹿島の大明神《だいみょうじん》（天児屋根命《あめのこやねのみこと》）[1]とが、近年では八幡大菩薩《はちまんだいぼさつ》（源氏の氏神）と春日《かすが》の大明神《だいみょうじん》（藤原氏の氏神）[2]とが、昔と今、しっかり議定して世を維持されている。今、藤原氏と源氏が文武兼行して君の御後見であるべしと、この末代、あれこれ移り変わり、このように定められたのは確かなことであろう。

1 **鹿島の大明神（天児屋根命）**＝天児屋根命は藤原氏の氏神。天照大神が天岩戸に隠れたとき、少し開いた岩戸に鏡を差し出した。常陸《ひたち》の鹿島神宮に祀《まつ》られ、藤原氏（中臣氏）が春日《かすが》大社後方の峰に勧請《かんじょう》した。また、『愚管抄』巻第一に八幡大菩薩は過去に応神天皇だったといい、大神宮（天照大神）と八幡大菩薩は皇祖として並び称される。 2 **しっかり議定**＝承久《じょうきゅう》元年（一二一九）に九条頼経が鎌倉入りして四代将軍になったことなどをさす。

『愚管抄』は承久《じょうきゅう》二年（一二二〇）の著述である。その後、後鳥羽上皇が討幕の挙兵をした承久の乱（一二二一年）をのりきった幕府は貞永元年（一二三二）に最初の武家法『御成敗式目《ごせいばいしきもく》』を定めて鎌倉政権が確立した。その第一条は「神社を修理し、祭祀《さいし》を専らにす可《べ》き事」、第二条は「寺塔を修造し、仏事等を勤行す可き事」を定め、勤めをしない僧は寺から追放するという。

第三条は、暴徒をとりしまることなど、守護の役割の定めなのだが、守護の権力は南都の大和にはおよばなかった。嘉禎《かてい》二年（一二三六）十月五日、蜂起した興福寺の衆徒（僧兵）をしずめるために幕府は大和国に守護をおき、興福寺衆徒の荘園を没収して地頭を配するとともに畿内近国の御家人が南都への道をふさいで兵糧《ひょうろう》攻めにしたが、十一月十四日には衆徒が鎮静したという理由で大和国の守護・地頭職を廃した。以後、室町時代も大和は興福寺が守護職として治める国になった。

ところで、この嘉禎二年は西大寺《さいだいじ》の僧＝叡尊《えいぞん》（一二〇一～一二九〇年）らが自誓受戒《じせいじゅかい》をおこなった年である。戒律復興は大きな動きになり、西大寺流の真言律宗がひろまった。

## 3 戒律の復興

**叡尊らの自誓受戒**　嘉禎《かてい》二年（一二三六）八月二十六日に叡尊は興福寺で戒律復興をとなえていた

覚盛《かくじょう》を訪ね、同志三人が好相を得て自誓受戒すると聞く。東大寺戒壇で具足戒《ぐそくかい》を受けていても、破戒・無戒の末法に戒師はいないとして仏前で自ら持戒の誓いを立てるのである。自誓受戒は奈良時代の鑑真による戒壇創設以前におこなわれていた受戒の方法であるが、叡尊らは自誓受戒に好相《そうごう》（仏の瑞相《ずいそう》）を見るという厳しい条件をつけた。仏の姿を目の当たりに見ることが絶対の条件である。叡尊は好相の示現《じげん》を願って東大寺大仏殿にこもった。次は叡尊の自伝『金剛仏子叡尊感身学正記《こんごうぶっしえいぞんかんじんがくしょうき》（感身学正記）』の記事である。

**感身学正記**（嘉禎二年・三十六歳）出典44

仍以其《よってそ》の夕《ゆう》、東大寺《とうだいじ》大仏殿《だいぶつでん》に詣《もう》で、通夜《つうや》祈請《きしょう》す。廿七日夜《にじゅうしちにちよる》、戒禅院《かいぜんいん》に於《おい》て好相《こうそう》有《あ》り〈之《これ》を記《しる》さず〉。廿八日《にじゅうはちにち》巳《み》の時《とき》、大仏殿《だいぶつでん》に於《おい》て現瑞《げんずい》有《あ》り〈記《き》は別《べつ》に有《あ》り〉。同日夜《どうじつよる》、戒禅院《かいぜんいん》〈後年《こうねん》、知足院《ちそくいん》に帰《き》し畢《おわ》んぬ〉に於《おい》て好夢《こうむ》を感《かん》じ、又《また》、好相《こうそう》を得《え》たり。其《そ》の後《ご》、応《まさ》に得戒《とくかい》を受《う》くべき旨《むね》、疑《うたが》ひを止《や》みぬ。同卅日《どうさんじゅうにち》、円《えん》晴《せい》〈尊性房《そんしょうぼう》〉・有厳《ゆうげん》〈長忍房《ちょうにんぼう》〉・覚盛《かくじょう》〈学律房《がくりつぼう》〉と与《とも》に羂索院《けんじゃくいん》に参籠《さんろう》すること七ケ日《しちがにち》〈毎日三時《まいにちさんじ》行水《ぎょうずい》〉、九《く》月一日《がっついたち》、各《おのおの》自誓《じせい》して近事男《ごんじなん》と成《な》り、二日《ふつか》、沙弥《しゃみ》と成《な》る〈予《よ》は子《ね》の時《とき》なり〉。三日《みっか》、円晴《えんせい》・有厳《ゆうげん》、菩薩大《ぼさつだい》苾蒭位《ひっすうい》に登《のぼ》る。四日《よっか》、覚盛《かくじょう》、予《よ》と与《とも》に菩薩大苾蒭位《ぼさつだいひっすうい》に登《のぼ》り畢《おわ》んぬ〈予《よ》は午《ご》の初分《しょぶん》なり〉。四人共《よにんとも》に苾蒭戒《ひっすうかい》を受《う》く。

[訳] それでその夕、東大寺大仏殿に詣《もう》で、夜通し祈請《きしょう》した。二十七日夜、戒禅院[1]にて好相があった〈これは記さず〉。二十八日巳《み》の刻（午前十時頃）、大仏殿にて現瑞《げんずい》があった〈記は別にある〉[2]。同日夜、戒禅院〈後年、知足院の末寺になる〉にて好夢を感じ、また、好相を得た。その後、まさに今こそ戒を受けるべきことに疑いがなくなった。同三十日、円晴〈尊性房〉・有厳《うごん》〈長忍房〉・覚盛《かくじょう》[3]〈学律房〉と東大寺羂索院《けんじゃくいん》

に参籠《さんろう》すること七日〈毎日三回、水垢離《みずごり》をする〉、九月一日、おのおの自誓して近事男《ごんじなん》〈優婆塞《うばそく》／在家信徒〉になり、二日、沙弥《しゃみ》〈見習い僧〉になる〈私は子《ね》の刻だった〉。三日、円晴・有厳、菩薩大苾蒭位《ぼさつだいひっすうい》[4]に登る。四日、覚盛は私とともに菩薩大苾蒭位に登った〈私は午《うま》の刻の初めだった〉。四人ともに苾蒭戒を受けた。

1 **戒禅院**＝東大寺の別所、知足院。 2 **記は別にある**＝西大寺の叡尊像に納められていた『自誓受戒記』に「黄色紙葩葉《はよう》（黄色の紙の花弁）が二枚ふってきたので驚いて見上げると、また三枚散ってきた。合わせて五葉である。そのとき叡尊は、光華は種々異相あると経文に説かれているように、もはや得戒を敢《あ》えて疑うべからずと思った」と書かれている。なお、『感身学正記』の記述は『自誓受戒記』にもとづいて書かれたとみられる。 3 **覚盛**＝戒律復興運動の指導者の一人で唐招提寺を中興。（一一九四〜一二四九年） 4 **菩薩大苾蒭位**＝衆生済度の菩薩僧としての戒である。それは摂善法戒《しょうぜんほうかい》（善をなすべきこと）・摂衆生戒《しょうしゅじょうかい》（衆生を済度《さいど》すべきこと）・摂律儀戒《しょうりつぎかい》（規律をたもち悪をなさないこと）の三聚浄戒《さんじゅじょうかい》をいい、あらゆる戒律に通じる根本精神として受ける。これを通受《つうじゅ》という。それにたいして二百五十項の具足戒や梵網《ぼんもう》経の菩薩戒（十重四十八軽戒《きょうかい》）は個別の具体的な戒で、それは別受という。

苾蒭戒の苾蒭はビクシュの表音で、比丘と同じく僧をいう。叡尊らは戒壇院で形式的に受ける具足戒では僧の資格として十分ではなく、好相を得ての自誓受戒によって僧になると考えたのだった。

『感身学正記』は三章の書物で、第一章は生い立ち、第二章は修行時代、そして自誓受戒のあとは第三の「興法利生章《こうぼうりしょうしょう》」になり、それが大部分をしめる。つまり自身の興法利生（法を興し衆生《しゅじょう》を利益《りやく》する）の生涯を記した自伝である。執筆は八十四歳のときだった。

興法は第一に持戒による僧宝の復興である。そして鎮護国家や来世の安穏を祈る祈禱《きとう》を広くおこない、布施と結縁《けちえん》をつのって病人・窮民救済のための布施屋《ふせや》（悲田院《ひでんいん》）を運営した。そうした民衆教化《きょうけ》も戒を基本とし、多数の民衆に梵網経《ぼんもうきょう》の菩薩戒を授けた。叡尊（興正菩薩）の説教集『興正菩薩御教《こうしょうぼさつごきょう》誡聴聞集《かいちょうもんしゅう》』に戒とは何かを信徒に説いた文がある。それは形式的な戒を脱して心のもちかたを説く。

**興正菩薩御教誡聴聞集**（修行用心事）出典40

我執々心《がしゅうしゅうしん》ヲ直《ただ》スコソ修行者《しゅぎょうしゃ》ト申候《もうしそうら》へ。構《かまえて》々受戒《じゅかい》セムト思《おぼ》シメサン人《ひと》ハ、イソギテ是《これ》ヲ止《や》ムベシ。戒《かい》ヲ受《う》クルハ偏《ひと》ヘニ興法《こうぼう》ノ為《ため》ニスベシ。若《モシ》我為《わがため》ニ受戒《じゅかい》セムト思《おぼ》ハンモノハ、スベテ菩薩戒《ぼさつかい》ニアラズ。何《イカ》ニ後《ウシロ》ニテモ我身《わがみ》ノ上《うえ》ヲ少《すこし》モ悪《わる》ク云《いう》ヲ聞《きき》テハ恨怒《うらみいかり》、等閑《なおざり》ニモ我《われ》ヲヨクスルモノヲバ強《アナガチ》ニ愛《あい》シ喜《よろこ》ブ、是道人《これどうにん》ニアラズ、菩提心《ぼだいしん》ニアラズ。縦《たと》ヒ我《われ》ヲコロシ打《う》ツモノアリトモ、痛《いた》キ計《ばかり》ヲ忍《しのび》テ、悪《ニク》ム心《こころ》アルベカラズ。タトヘバ少《オサナ》キ子《こ》ノ手《て》ヲノベテ母《はは》ヲ打《うつ》ニ、コレヲヨロコブガ如《ごと》シ。菩提心《ぼだいしん》モ亦可レ爾《またしかあるべし》。愚痴無慚《ぐちむざん》ノモノアリテ、打罵《うちノル》トモ、カヘリテコレヲ糸惜《いとおし》クスベシ。

［訳］我執《がしゅう》・執心を正すことこそ修行者というものです。いよいよ受戒しようとお考えの人は、ただちに我執・執心を捨てなさい。戒を受《う》けるのはひとえに興法のためであるべきです。もし自分のために受戒を願うなら、まったく菩薩戒ではありません。後ろで自分を少しでも悪く言うのを聞くと恨み怒り、いいかげんでも嬉《うれ》しいことを言ってくれれば気をよくして喜ぶのは修行者ではなく、菩提心《ぼだいしん》でもありません。たとえ自分を殺し打つ者があっても、痛いのを忍んで憎んではなりません。たとえば幼児が手を伸ばして母を打てば喜ぶでしょう。菩提心もそのようであるべきです。愚かで畏《おそ》れを知らない人が自分を打ち罵《ののし》るとも、その人を哀れに思うべきです。

**西大寺流の広まり**　弘長二年（一二六二）二月四日、叡尊は幕府の重臣＝北条実時《さねとき》の招きをうけて鎌倉へ下向。弟子が記した『関東往還記《かんとうおうかんき》』によれば、道中、叡尊は宿や寺で人々に菩薩戒を授けた。たとえば尾張の長母寺《ちょうぼじ》には同月十日夜から十五日まで滞在。十五日の涅槃講《ねはんこう》（涅槃会）には聴衆雲集して寺地に入りきれず、梵網布薩《ぼんもうふさつ》（梵網経を読誦《どくじゅ》する懺悔会《さんげえ》）をおこない、結縁衆《けちえんしゅう》は三千七十七人におよんだ。

二月二十七日、鎌倉着。以後、北条一門の武将はもとより、建長寺の禅僧らも受戒。五月一日には向浜（浜）・大仏の二か所の悲田院で食を施し、弟子の忍性《にんしょう》（一二一七〜一三〇三年）らによって病者に十善戒（梵網経の十戒）を授けた。八月十五日に西大寺に帰着するまで半年におよぶ鎌倉下向は西大寺流とよばれる律宗の叡尊教団を拡大し、禅宗とともに幕府の仏法になった。鎌倉では忍性がひきつづき鎌倉にとどまって極楽寺《ごくらくじ》に住し、幕府の支持をうける。極楽寺忍性は日蓮の『種種御《しゅじゅお》振舞御《ふるまいご》書《しょ》』に雨乞いの勝負で日蓮に負けて涙を流して悔しがったという僧である。その真偽はともかく、『興正菩薩御教誡聴聞集』にも「持斎祈雨事」の項があり、祈雨は重要な修法であった。

そもそも叡尊は十七歳のときに真言宗醍醐寺《だいごじ》で出家した密教僧だ。それは生涯変わらず、六十四歳の文永元年（一二六四）には九月四日に西大寺で光明真言会《こうみょうしんごんえ》をはじめた。それは七昼夜にわたる法会で、あらゆる罪障を祓《はら》うという光明真言（大日如来の真言）を唱える。その年に亡くなった人の過去帳を読み上げて成仏のしるしとするなど、諸国の末寺から現世・来世の安穏を祈る弟子・信徒を集め、最大の年中行事になった。西大寺流が真言律宗ともいわれるゆえんである。

真言律宗は種々の仏事を幅広くとりいれたもので、それは神道にもおよんだ。文永五年に蒙古の国書が到来すると、四天王寺で異国退散の祈禱《きとう》をおこなったのをはじめ、西大寺・石清水《いわしみず》八幡宮など各地の社寺で攘災《じょうさい》を祈禱。文永十年には伊勢神宮でも祈禱をおこなった。二度目の文永十二年の参詣は、いったん蒙古軍がひきあげた文永の役の後に再度の襲来が恐れられるなかで「日域安穏（日本安泰）正法久住《しょうぼうくじゅう》（仏法永続）」を祈って諸社諸寺で祈禱をくりかえしたころのことで、伊勢参詣は多くの経巻を奉納するなど大がかりなものだった。

そうした動きとともに鎌倉時代には伊勢の内宮《ないくう》・外宮《げくう》は金剛界・胎蔵界の両部曼荼羅《まんだら》にあたるという両部神道がうまれて神仏習合が深化する。また、『日本書紀』などの神話が再解釈されて、いわゆる中世神話が語りだされ、日本列島そのものが大日如来の身体だともいわれるようになった。

## 4　中世神話と仏舎利信仰

**三宝守護の天照大神**　次は尾張国長母寺《ちょうぼじ》の僧、無住《むじゅう》が弘安六年（一二八三）に著した説話集『沙石《しゃせき》集《しゅう》』の第一話である。

**沙石集**（巻第一ノ一　太神宮の御事）出典45

去《さり》し弘長季中《こうちょうねんじゅう》に、太神宮《だいじんぐう》に詣《もう》で侍《はんべ》りしに、ある神官《じんかん》の語《かた》りしは、「当社《とうしゃ》には三宝《さんぼう》の御名《みな》を言《い》はず、御殿《ごてん》近《ちか》くは僧《そう》なれども詣《もう》でざる事《こと》は、昔《むかし》この国《くに》いまだなかりける時《とき》、大海《だいかい》の底《そこ》に大日《だいにち》の印文《いんもん》ありけるによりて、大神宮御鉾《だいじんぐうみほこ》さしくだして探《さぐ》り給《たま》ひける。その鉾《ほこ》の滴《したた》り、露《つゆ》の如《ごと》くなりける時《とき》、第六天《だいろくてん》の魔王遥《まおうはる》かに見《み》て、『この滴《したた》り国《くに》と成《な》りて、仏法流布《ぶっぽうるふ》し、人《ひと》、生死《しょうじ》を出《い》づべき相《そう》あり』とて、失《うしな》はんために下《くだ》りけるを、大神宮《だいじんぐう》、魔王《まおう》にあひて、『我三宝《われさんぼう》の名《な》をも言《い》はじ、身《み》にも近《ちか》づけじ。とくとく帰《かえ》り上《のぼ》り給《たま》へ』とこしらへ仰《おお》せられければ、返《かえ》りにけり。（中略）外《そと》には仏法《ぶっぽう》をうとき事《こと》にし、内《うち》には三宝《さんぼう》を守《まも》り給《たま》ふことにて御座《おわしま》す。（中略）都《すべ》ては大海《だいかい》の底《そこ》に大日《だいにち》の印文《いんもん》より事興《ことおこ》りて、内宮《ないくう》・外宮《げくう》は両部《りょうぶ》の大日《だいにち》とこそ申《もう》し侍《はんべ》れ。天盤戸《あまのいわと》と云《い》ふは都率天《とそってん》なり。たかまの原《はら》とも申《もう》す。神《かみ》の代《よ》の事《こと》、皆《みな》よしあるにこそ。真言《しんごん》の意《こころ》には、都率《とそつ》をば内証《ないしょう》の法界宮《ほっかいぐう》、密厳国《みつごんこく》とこそ申《もう》すなれ。かの内証《ないしょう》の都《みやこ》を出《い》でて、日域《じちいき》に跡《あと》を垂《た》れまします。（中略／と云ひき）

我《わ》が朝《ちょう》には、和光《わこう》の神明《しんめい》、先《ま》づ跡《あと》を垂《た》れて、人《ひと》の荒《あら》き心《こころ》を和《やわら》げて、仏法《ぶっぽう》を信《しん》ずる方便《ほうべん》とし給《たま》へり。本地《ほんじ》の深《ふか》き心《こころ》を仰《あお》ぎ、和光《わこう》の近《ちか》き方便《ほうべん》を信《しん》ぜば、現生《げんしょう》には息災安穏《そくさいあんのん》の望《のぞ》みをとげ、当来《とうらい》には無為常住《むいじょうじゅう》の悟《さと》りを開《ひら》くべし。我《わ》が国《くに》に生《しょう》をうけん人《ひと》、この意《こころ》を弁《わきま》ふべきをや。

［訳］去る弘長年間（一二六一〜一二六四年）に伊勢神宮に詣《もう》でたとき、ある神官が語るには、「伊勢神宮では仏法僧の三宝《さんぼう》に帰依するとは唱えず、社に僧を近づけなかったのは、昔、この国がまだなかったころ、大海の底に大日如来の印文《いんもん》[1]があったので、大神宮（太初の神）が御鉾《みほこ》を下ろして海を探られた。その鉾の滴《しずく》が露のような形になったとき、第六天《だいろくてん》の魔王《まおう》[2]が遥《はる》かに見て、『この滴が国になれば仏法が広まり、人は生死の輪廻《りんね》を解脱《げだつ》する兆しがある』と思い、それをなくすために天から下ってきた。大神宮は魔王にあい、『わたしが三宝のことは口にもせず身辺にも近づけない。早く天に帰り上りたまえ』となだめられたので魔王は帰っていった。（中略）外面は仏法を遠ざけることにして内心は三宝を守られるのです。（中略）すべては大海の底にある大日如来の印文によって事はおこり、内宮[3]・外宮[4]は両部曼荼羅《まんだら》の大日如来だと申します。天盤戸《あまのいわと》は兜率天《とそつてん》[5]とも高天原《たかまがはら》ともいわれます。神代《かみよ》のことは皆、いわれがあるのでしょう。真言密教の教えでは、兜率天は内証《ないしょう》の法界宮《ほっかいぐう》[6]、密厳国《みつごんこく》[7]だといわれます。如来は内証（悟り）の都を出て日本に姿を化現されます（中略）」という。我が国では和光《わこう》の神明《しんめい》[8]がまず姿を現して人々の荒々しい心を和《やわら》げて仏法を信ずる方便《ほうべん》（手立て）とされたのです。本地《ほんじ》の仏の深い心を仰ぎ、和光の方便である身近な神々を信じれば、現世には息災安穏の望みがかない、来世には生死《しょうじ》の流転《るてん》を離れて永遠の悟りを開くべきです。我が国に生まれた人は、この意《こころ》を弁《わきま》えるべきでしょう。

1 **大日如来の印文**＝大日如来をあらわす梵字《ぼんじ》（種字《しゅじ》）、または大日如来の真言の札。　2 **第六天の魔王**＝仏法をさまたげる魔。　3 **内宮**＝皇大神宮。皇祖の天照大神を主祭神とする。　4 **外宮**＝豊受《とようけ》大神宮といい、穀物神の豊受大神をまつる。神官の度《わた》会《らい》氏により両部神道（度会神道）が創唱された。　5 **兜率天**＝次に仏になる菩薩が住む天界。　6 **内証の法界宮**＝内証（仏の心の内にある悟り）の宮殿。 **7 密厳国**＝大日如来の国土。 **8 和光の神明**＝穏やかな光の神々、また天照大神をいう。

日本の底に大日如来の印文があるという。大日如来は森羅万象を成り立たせている光のようなもので、その姿は見えず、あらゆる諸仏の姿をとる。そこから大日岳、薬師岳、釈迦ヶ嶺、地蔵岳などの名でよばれる霊場が数多く生まれ、修験道が中世に発展する。

### 【コラム】西行の伊勢

西行《さいぎょう》（一一一八〜一一九〇年）は武家に生まれ、鳥羽院の北面の武士になったが、二十三歳で出家（法名は円位《えんい》）。以後、各地を旅して歌を詠み、高野山に長くとどまったのち伊勢に出た。

平安時代に神仏習合が進むなかでも伊勢神宮は仏をまつらず、寺も造られなかった（奈良時代末期の称徳天皇は伊勢に寺を造ったが次代の光仁天皇が廃止）。僧は伊勢神宮の境内に立ち入ることもできなかったが、文治二年（一一八六）に大仏再建の大勧進職の重源が東大寺の再興を祈願して六十人の僧をひきつれて神宮で大般若経の転読会《てんどくえ》をいとなんで以降、僧の立ち入りが許される。

前掲の『沙石集』「太神宮の御事」にあるように、中世には伊勢内宮の天照大神《あまてらすおおみかみ》は大日如来の化身だともいわれるようになった。そのことを詠んだ西行の歌がある。

「深く入りて神路《かみじ》の奥を尋ぬれば　また上もなき峰の松風」

この歌は西行が七十歳のころに自選して伊勢内宮に奉納した歌集『御裳濯河歌合《みもすそがわうたあわせ》』にある。御裳濯河は伊勢内宮の五十鈴川《いすずがわ》の異称である。

この歌は勅撰『千載《せんざい》和歌集』にも採られており、その詞書《ことばがき》に「伊勢国二見浦《ふたみがうら》の山寺に住んでいたとき、神路山で大日如来の垂跡を思って詠んだ」とある。神路山は内宮の背後の山である。その山に深く分け入ると、この上なく高い峰（インドの霊鷲山《りょうじゅせん》）の松風に乗って大日如来が下ってくるのが感じられるという。

そうしてみると、広く知られている西行の伊勢の歌「なにごとの　おはしますかは　知らねども　かたじけなさに　涙こぼるる（どなたがおられるのかわからないけれど、ありがたさに涙がこぼれる）」の「なにごとの」も、目には見えない大日如来をさしているのだろう。

神仏習合の深化による神話の再編は神道根本の祝詞《のりと》である大祓《おおはらえ》にもおよんだ。大祓は伊弉諾尊《いざなぎのみこと》から中臣《なかとみ》氏（藤原氏と同系）の祖先の天児屋根命《あめのこやねのみこと》が授かったという詞《ことば》で中臣祓《なかとみのはらえ》ともいう。「高天原《たかまのはら》に神留《かむづま》り坐《ま》す。皇親神漏《すめむつかむろ》岐《き》、神漏美《かむろみ》の命以《みこともち》て八百万神《やおよろずのかむたち》等を神集《かむつど》へ賜《たま》ひ」と天地開闢《かいびゃく》を告げて弥栄《いやさか》をことほぐが、両部神道の『中臣祓訓解《なかとみのはらえくんげ》』は、高天原は「色界の初禅、梵衆の天（物質界の最上層部で清らかな神々の天界）」だと仏教の宇宙観から解釈し、そもそも大祓は罪障懺悔《さんげ》の真言だという。

## 中臣祓訓解　出典46

夫《そ》レ和光垂迹《わこうすいじゃく》の起《おこ》リ、（中略）中臣祓《なかとみのはらえ》ハ、（中略）是《こ》れ則《すなわ》ち己心清浄《こしんしょうじょう》の儀益《ぎやく》、大自在天《だいじざいてん》ノ梵言《ぼんごん》、三世諸《さんぜしょ》仏《ぶつ》ノ方便《ほうべん》、一切衆生《いっさいしゅじょう》ノ福田《ふくでん》、心源広大《しんげんこうだい》ノ智恵《ちえ》、本来清浄《ほんらいしょうじょう》ノ大教《だいきょう》、尢怖畏陀羅尼《むふいだらに》、罪障懺悔《ざいしょうさんげ》の神咒《しんじゅ》ナリ。

[訳]そもそも和光垂迹《すいじゃく》の起源を考えると、（中略）中臣祓《なかとみのはらえ》は（中略）すなわち自己の心の清浄なることの益、大自在天[1]の霊詞、三世諸仏の方便、一切衆生の福田《ふくでん》[2]、心の源の広大の智恵、本来清浄の大いなる教えであり、無怖畏《むふい》の陀羅尼《だらに》[3]、罪障懺悔《さんげ》の神咒《しんじゅ》[4]である。

1 **大自在天**＝密教で祀《まつ》られるヒンドゥー教の最高神。破壊と万物創造の神シヴァの別名。 2 **福田**＝功徳・福徳を育《はぐく》む田。
3 **無怖畏の陀羅尼**＝恐怖・不安を除く呪文。陀羅尼は梵語のまま唱える呪句。短めのものは真言とよばれる。 4 **神咒**＝神威がこもる呪文。

**仏舎利伝説**　神話の再生は寺社や霊場、薬師如来・観音菩薩《ぼさつ》・地蔵菩薩・不動明王などの仏菩薩、持経者（法華経の行者）や念仏者の霊験など、さまざまに語りだされたが、鎌倉時代の大きな特色としては釈迦《しやか》如来の身体とされる仏舎利出現の話が多いことである。とくに戒律の祖として釈迦如来を崇《あが》めた真言律宗では叡尊《えいぞん》の『感身学正記《かんじんがくしようき》』にも多く仏舎利の話がある。
仏舎利は荼毘《だび》にふされた釈迦の遺骨だが、分骨して各地にもたらされたという。じっさいには水晶や砂粒で、それを水晶や金属製の小型の塔、宝珠形の舎利容器などに納め、持仏《じぶつ》として身につけたり、祭壇に祀《まつ》ったりした。中国からもたらされたと伝える仏舎利のほか、にわかに出現したという感得《かんとく》舎利が多い。次はその例である。

**沙石集**（巻第二ノ一　仏舎利を感得したる人の事）出典45

河内国《かわちのくに》に生蓮房《しようれんぼう》と云《い》ふ入道《にゆうどう》ありけり。年来《としごろ》真《まこと》の舎利《しやり》感得《かんとく》の志《こころざし》深《ふか》くして、不空三蔵《ふくうさんぞう》の「一身頂礼《いつしんちようらい》、万《まん》徳円満《とくえんまん》」の舎利《しやり》礼《らい》の文《もん》を唱《とな》へて、毎日五百反《まいにちごひやくへん》、五体投地《ごたいとうち》に礼拝《らいはい》して祈念《きねん》しけり。
十四五《じゆうしご》年《ねん》の後《のち》、太子《たいし》の御廟《ごびよう》に詣《もう》でて、殊《こと》に精誠《せいぜい》を致《いた》して祈請《きせい》しけり。夜半許《やはんばか》りに夢《ゆめ》に御廟窟《ごびようくつ》より老僧《ろうそう》一人《ひとり》出《い》でて、「汝《なんじ》が所望《しよもう》する仏舎利《ぶつしやり》は、その傍《かたわ》らに臥《ふ》したる者《もの》に乞《こ》へ」と仰《おお》せらるると見《み》て、打《う》ち驚《おどろ》きて傍《かたわ》らを見《み》れば、歩《ある》き巫女《みこ》の髪肩《かみかた》にかかりたるが、色白《いろしろ》くたけ高《たか》きが、よわひ二十二三《にじゆうにさん》許《ばか》りなるが臥《ふ》したりける外《ほか》、人《ひと》も無《な》し。（中略／巫女は）脇《わき》に懸《か》けたりける守《まも》りの袋《ふくろ》より、水精《すいしよう》の塔《とう》の六七寸許《ろくしちすんばか》りなるを取《と》り出《いだ》せり。常灯《じょうとう》の光《ひかり》も及《およ》ばぬ後戸《うしろど》、かかやきて明《あき》らかなり。先《ま》づ身《み》の毛《け》よ立《だ》ちて貴《たつと》く覚《おぼ》えけり。御舎利《おんしゃり》十粒《じゅうりゅう》許《ばか》り出《いだ》して、「この中《なか》に一粒《いちりゅう》選《え》りて取《と》り給《たま》へ」と云《い》へば、「我《わ》に有縁《うえん》の御舎利《おんしゃり》御坐《おわしま》さば、その相《そう》を示《しめ》し給《たま》へ」とて、合掌《がっしょう》して祈念《きねん》しければ、御舎利《おんしゃり》一粒《いちりゅう》、虫《むし》の這《は》ふやうに這《は》ひ寄《よ》り給《たま》ひけり。「これこそ」とて渡《わた》し奉《たてまつ》る。また感涙《かんるい》抑《おさ》へ難《がた》かりけり。（中略）人《ひと》に問《と》ひければ、「この七八日《しちはちにち》見《み》えつれども、いづくより来《きた》り、いかなる者《もの》とも知《し》らず」とぞ答《こた》へける。反化《へんげ》の人《ひと》にこそ。（中略）ある上人《しょうにん》、慥《たし》かにかの御舎《おんしゃ》利《り》拝《おが》みて、事《こと》の子細《しさい》よくよく聞《き》きたるよし、語《かた》りき。無下《むげ》に近《ちか》き事《こと》なり。

［訳］河内《かわち》国に生蓮房《しょうれんぼう》という入道《にゅうどう》（在家《ざいけ》沙弥《しゃみ》）がいた。年来まことに舎利感得の志が深く、不空三蔵《ふくうさんぞう》[1]の「一身頂礼《いっしんちょうらい》、万徳円満《まんとくえんまん》」の舎利礼文《らいもん》を唱えて毎日五百遍、五体投地[2]して礼拝し祈念していた。

十四、五年後、聖徳太子の御廟《ごびょう》[3]に詣《もう》で、とりわけ心をこめて祈った。夜半ごろ、夢に御廟窟《くつ》から一人の老僧が出てきて、「そなたが所望する仏舎利は、そこに寝ている者にもらえ」と言われたので、びっくりして傍《かたわ》らを見れば、歩き巫女《みこ》[4]の髪が肩にかかり、色白く背が高く、二十二、三歳なのが臥《ふ》しているほかに誰もいない。（中略／巫女をおこし浄土堂へ行く。巫女は）脇に掛けていた守り袋から水晶の塔の六、七寸のものを取りだした。すると、常灯《じょうとう》[5]の光もとどかない後戸《うしろど》が輝いて明るくなった。はっと身の毛もよだつ尊さを覚えた。巫女は水晶の塔から御舎利を十粒ほど出して、「この中から一粒選んでお取りなさい」と言うので、「私に縁のある御舎利がございますなら、そのしるしをお示しください」と合掌して祈念した。すると、一粒の御舎利が虫が這《は》うように這い寄ってこられた。巫女は「これこそ」といって、その舎利を入道に渡した。入道は感激の涙をおさえることができなかった。（中略／翌朝、巫女は消えていた）そのあたりの人に問えば、「この七、八日は見かけたけれども、どこから来た者とも、どんな者とも知らない」という答えだった。神仏が化身した人に違いない。（中略）ある上人が、たしかにその御舎利を拝んで、事の子細をよくよく聞いたと語った。ごく最近のことだ。

**1** **不空三蔵**＝インドから唐に来た密教の翻訳僧。原名アモーガヴァジラ（七〇五〜七七四年）。**2** **五体投地**＝坐った姿勢で額が床につくまで深く礼拝し、前方に手の平を上にしてのばし、その手に空中の仏をいただく礼法。現在も天台宗・真言宗・禅宗などで最高の礼拝とされる。チベットの巡礼者の五体投地とは作法が異なる。**3** **聖徳太子の御廟**＝大阪府太子町の叡福寺《えいふくじ》にある墓所。**4** **歩き巫女**＝旅をしながら神仏のお告げをしたり、舞いや物語をかたる芸能を演じた巫女。**5** **常灯**＝神仏の前に常にともしておく灯明。

右の文にある「舎利礼文《しゃりらいもん》」は舎利を礼拝して仏道成就を祈る偈文で、今も葬儀などでとなえる。

「一身頂礼《いっしんちょうらい》、万徳円満《まんとくえんまん》　釈迦如来《しゃかにょらい》　真身舎利《しんじんしゃり》　本地法身《ほんじほっしん》　法界塔婆《ほっかいとうば》　我等礼敬《がとうらいきょう》　為我現身《いがげんしん》　入我我入《にゅうがにゅう》
仏加持故《ぶつかじこ》　我証菩提《がしょうぼだい》　以仏神力《いぶつじんりき》　利益衆生《りやくしゅじょう》　発菩提心《ほつぼだいしん》　修菩薩行《しゅぼさつぎょう》　同入円寂《どうにゅうえんじゃく》　平等大智《びょうどうだいち》　今将頂礼《こんしょうちょうらい》」

である。

『沙石集』の著者・無住は臨済僧だったといわれるが、二十八歳のときに遁世《とんせい》。三十七歳の弘長二年（一二六二）、尾張の長母寺を臨済宗の禅寺に改めて住職になったが、そこは前述の叡尊が関東下向のときにとどまった寺であり、無住は多様な性格をもつ僧だった。『沙石集』の序文には「治生産業《ちしょうさんぎょう》しかしながら実相にそむかず（生業もそのままで仏法の真実にそむかない）」とあり、世俗の生業も仏道だという江戸時代の在家仏教の先駆ともなっている。

平安末期の保元の乱からの乱世は末法意識を深めるとともに仏教の幅を大きく広げた。そのなかで鎌倉新仏教の祖師たちは、それぞれの仏教を見いだしたのだった。

## 5 法然と浄土宗

**浄土宗の開宗**　法然《ほうねん》（一一三三〜一二一二年）は美作《みまさか》国（岡山県北部）の武士の子として生まれ、九歳のとき、館《やかた》を襲撃されて父が死んだことから寺（菩提《ぼだい》寺）にあずけられた。十三歳のとき比叡山《ひえいざん》にのぼり、十八歳で黒谷《くろだに》別所に遁世《とんせい》し、法然房源空《ほうねんぼうげんくう》と名のる。承安《じようあん》五年（一一七五）四十三歳のとき、唐・善導《ぜんどう》の『観無量寿経疏《かんむりようじゆきようしよ》（観経疏《かんぎようしよ》）』の「人は散漫な心のまま、ただ念仏をとなえればよい」という言葉に出会い、専修念仏《せんじゆねんぶつ》の確信に至る。これが浄土宗の開宗とされる。

その後、法然は黒谷を出て、東山大谷（現在の総本山知恩院の地）に住んだ。おりおりに説いた言葉や手紙は『黒谷上人語灯録《くろだにしようにんごとうろく》』『西方指南抄《さいほうしなんしよう》』などに残されている。著名な弟子・信徒に浄土真宗の開祖＝親鸞《しんらん》、源氏の武将＝熊谷直実《くまがいなおざね》（蓮生房《れんせいぼう》）、関白九条兼実《くじようかねざね》らがいる。主著『選択本願念仏集《せんちやくほんがんねんぶつしゆう》』は、建久九年（一一九八）六十六歳のとき、宗義を明らかにして遺《のこ》してほしいという兼実の求めに応じて撰述した。選択本願の念仏とは「阿弥陀《あみだ》仏によって人々を救うために選びとられた本願の念仏」という意味である。

法然は『選択集』冒頭に「南無阿弥陀仏、往生之業《おうじようのごう》、念仏為《ねんぶつい》先《せん》（極楽往生のためのおこないは念仏を第一とする）」と記し、機根の衰えた末法の凡夫には称名念仏だけがふさわしいのだから、浄土往生のためには、ひたすら念仏せよと説いた。

**阿弥陀仏の本願**　法然は阿弥陀仏のことが説かれている経典群から三つの経典を根本として選んだ。無量寿経《むりようじゆきよう》・阿弥陀経・観無量寿経の浄土三部経である。阿弥陀仏の本願の由来は無量寿経に説かれている。

遠い過去の世自在王仏《せじざいおうぶつ》の世に、ひとりの国王が出家して法蔵比丘《ほうぞうびく》という求法者《ぐほうしや》になり、どんな人でも迎え入れる仏の国をつくりたいと願って四十八項目の誓い（四十八願・本願・本誓《ほんぜい》）を立てたという。

よく読誦《どくじゅ》される「四誓偈《しせいげ》」（浄土真宗では「重誓偈《じゅうぜいげ》」また「三誓偈」という）は、この誓いを偈の形で重ねて宣《の》べる部分である。

**無量寿経**（四誓偈〈重誓偈〉）／は偈の行の区切り。出典47

われ超世《ちょうせ》の願《がん》を建《た》つ、かならず無上道《むじょうどう》に至《いた》らん。この願満足《がんまんぞく》せずは、誓《ちか》ひて正覚《しょうがく》を成《な》らじ。／われ無量劫《むりょうこう》において、大施主《だいせしゅ》となりて、あまねくもろもろの貧苦《びんぐ》を済《すく》はずは、誓《ちか》ひて正覚《しょうがく》を成《な》らじ。／われ仏道《ぶつどう》を成《な》るに至《いた》りて、名声十方《みょうしょうじっぽう》に超《こ》えん。究竟《くきょう》して聞《きこ》ゆるところなくは、誓《ちか》ひて正覚《しょうがく》を成《な》らじ。／離欲《りよく》と深正念《じんしょうねん》と、浄慧《じょうえ》とをもつて梵行《ぼんぎょう》を修《しゅ》し、無上道《むじょうどう》を志求《しぐ》して、諸天人《しょてんにん》の師《し》とならん。／神力《じんりき》、大光《だいこう》を演《の》べて、あまねく無際《むさい》の土《ど》を照《て》らし、三垢《さんく》の冥《みょう》を消除《しょうじょ》して、広《ひろ》くもろもろの厄難《やくなん》を済《すく》はん。／かの智慧《ちえ》の眼《まなこ》を開《ひら》きて、この昏盲《こんもう》の闇《あん》を滅《めつ》し、もろもろの悪道《あくどう》を閉塞《へいそく》して、善趣《ぜんしゅ》の門《もん》を通達《つうだつ》せん。／功祚《こうそ》、成満足《じょうまんぞく》して、威曜十方《いようじっぽう》に朗《ほが》らかならん。日月《にちがつ》、重暉《じゅうき》を戢《おさ》めて、天《てん》の光《ひかり》も隠《かく》れて現《げん》ぜじ。／衆《しゅう》のために法蔵《ほうぞう》を開《ひら》きて、広《ひろ》く功徳《くどく》の宝《ほう》を施《せ》せん。つねに大衆《だいしゅ》のなかにして、法《ほう》を説《と》きて獅子吼《ししく》せん。／一切《いっさい》の仏《ぶつ》を供養《くよう》したてまつりて、もろもろの徳本《とくほん》を具足《ぐそく》し、願《がん》と慧《え》ことごとく成満《じょうまん》して、三界《さんがい》の雄《おう》たることを得《え》ん。／仏《ぶつ》の無礙智《むげち》のごとく、通達《つうだつ》して照《て》らさざることなけん。願《ねが》はくはわが功慧《くえ》の力《ちから》、この最勝尊《さいしょうそん》に等《ひと》しからん。／この願《がん》もし剋果《こっか》せば、大千《だいせん》まさに感動《かんどう》すべし。虚空《こくう》の諸天人《しょてんにん》、まさに珍妙《ちんみょう》の華《はな》を雨《あめふ》らすべし。

［訳］わたし（法蔵）は世を超える願《がん》をたてた。必ず無上道《むじょうどう》に至るであろうと。この願が満たされないなら、わたし自身の正覚《しょうがく》（悟り）もないと誓う。

無限の時において、あまねく施す者となることができず、苦しむ人々を救えないなら、わたし自身の正覚もないと誓う。

わたしは仏道を成就し、救いの御名《みな》を十方にとどろかせよう。もし我が名の届かないところがあるなら、わたし自身の正覚もないと誓う。

欲望を離れて深く正しく心を定め、仏の智慧《ちえ》において清浄《しょうじょう》に修行し、無上の悟りの道を求めて神々と人々の師になろう。

威神《いじん》なる光明《こうみょう》を放って、世の果てまで照らし、貪《とん》・瞋《じん》・痴《ち》の煩悩《ぼんのう》の闇を消し除き、多くの災いから人々を広く救い出そう。

さとりの智慧の眼《まなこ》を開き、この世の迷いの闇を滅ぼし、苦の境涯《きょうがい》に堕《お》ちる道を閉ざし、幸いの門に人々を到達せしめよう。

仏陀《ぶつだ》の位にふさわしい者となり、威光を十方に輝かして、日・月さえ光を弱め、神々の光も隠れるほどの光明を放とう。

人々のために真理の蔵を開き、功徳《くどく》の宝を広く施し、常に人々の中にあって雄々《おお》しく法を説いていこう。

一切の諸仏に礼して幸いの本《もと》たる徳に欠けることなく、誓願と智慧を円満に成就して全世界の英雄となろう。

仏の智慧を妨げるものなく、その光の照らさぬものがないように、願わくは我が智慧の力も最勝の尊に等しくあらん。

この願、もし成就せば、全世界は感応し、空中の神々は天界の花々をちりばめ、人々も花をささげるであろう。

## 浄土宗の広まり

阿弥陀仏の四十八願は、その第十八願に「たとい、われ仏をえたらんに、十方の衆生、至心信楽《ししんしんぎょう》して、わがくにに生《しょう》ぜんとおもうて、乃至十念《ないしじゅうねん》せん。もし生ぜずば、正覚をとらじ。ただし五逆《ごぎゃく》と誹謗正法《ひぼうしょうほう》とをばのぞく」とある。たとえ十遍でも念仏する人は必ず浄土往生できるが、五逆（親殺しなど）と誹謗正法（仏法をそしること）は除く。これは、悪人は往生できないのではなく、野放図に悪をなすことを戒める言葉だと解釈される。にもかかわらず、悪徳に走る者はいた。また、多彩な仏事・修行をしていた権門寺社にとって、それらは「雑行《ぞうぎょう》（しなくてもよい行）」だという「専修」の広まりは懸念すべきことだった。そのため、建永二年（一二〇七）の法難では法然自身も四国に流された。しかし、弾圧によって門弟が地方に分散したことから新たな流れが生まれた。鎮西《ちんぜい》（筑《つく》紫《し》）に下って善導寺《ぜんどうじ》（福岡県久留米市）をひらいた弁長《べんちょう》の弟子・良忠《りょうちゅう》が鎌倉に光明寺《こうみょうじ》をひらき、その門弟が京都に再進出。これが鎮西派とよばれる法系で、現在の浄土宗につながる。いっぽう、京にとどまって西山の善峰寺《ぜんぶじ》（京都市西京区）に住した証空《しょうくう》の法系を西山《せいざん》派という。

**愚者の身になり**　法然は建暦元年（一二一一）に京都にもどったが、翌年正月二十五日、八十歳で寂した。その二日前の二十三日、一枚の紙に念仏の心得をしたためたのが『一枚起請文《いちまいきしょうもん》』である。

### 一枚起請文　出典48

もろこし我がてうに、もろ〳〵の智者達《ちしゃたち》のさたし申《もう》さるゝ、観念《かんねん》の念《ねん》ニモ非《あら》ズ。又学文《またがくもん》をして念《ねん》の心《こころ》を悟《さと》リテ申念仏《もうすねんぶつ》ニモ非《あら》ズ。たゞ往生極楽《おうじょうごくらく》のためニハ、南無阿弥陀仏《なむあみだぶつ》と申《もうし》て、疑《うたがい》なく往生《おうじょう》スルゾト思《おもい》とりテ、申外《もうすほか》ニハ別《べつ》ノ子《し》さい候《そうら》ハず。但三心四修《ただしさんじんししゅ》と申事《もうすこと》ノ候《そうろう》ハ、皆決定《みなけつじょう》して南無阿弥陀仏《なむあみだぶつ》にて往生《おうじょう》スルゾト思《おも》フ内《うち》ニ籠《こも》リ候也《そうろうなり》。此外《このほか》ニをくふかき事《こと》を存《ぞん》ぜバ、二尊《にそん》ノあハれみニハヅレ、本願《ほんがん》ニもれ候《そうろう》べし。念仏《ねんぶつ》ヲ信《しん》ゼン人《ひと》ハ、たとひ一代《いちだい》ノ法《ほう》ヲ能々学《よくよくがく》ストモ、一文不知《いちもんふち》ノ愚《ぐ》とんの身《み》ニナシテ、尼入道《あまにゅうどう》ノ無《む》ちノともがら二同《おなじう》しテ、ちしやノふるまいヲせずして、只一《ただいっ》かうに念仏《ねんぶつ》すべし。

為証以両手印《しょうのためりょうしゅいんをもってす》

浄土宗《じょうどしゅう》ノ安心《あんじん》起行《きぎょう》、此一紙《このいっし》ニ至極《しごく》せり。源空《げんくう》ガ所存《しょぞん》、此外《このほか》に全《まった》ク別義《べつぎ》を存《ぞん》ぜズ。滅後《めつご》ノ邪義《じゃぎ》ヲふせがんが為《た》メニ、所存《しょぞん》を記《しる》し畢《おわんぬ》。

［訳］中国や日本の学僧がいろいろに論じてきた観念の念[1]ではない。また、学問をして念の意味をさとって称《とな》える念仏でもない。ただ往生極楽のためには南無阿弥陀仏《なむあみだぶつ》と称え、疑いなく往生するものと思って称えるほかに別の理由はない。それというのも、三心[2]、四修《ししゅ》[3]といわれるような難しい念仏行は、みな、心を定めて、南無阿弥陀仏で浄土に往生すると思うことのうちに含まれている。このほかに奥深いことを考えるなら、釈迦如来と阿弥陀如来の慈悲からはずれ、本願の救いからもれてしまう。念仏を信じる人は、たとえ釈迦一代の教えをよくよく学んだとしても一文も知らない愚鈍の身となり、尼入道（正式の僧ではない者）の無知の人たちと同じになり、学問があるようなふるまいをせず、ただひたすら念仏せよ。両手の手形を捺《お》し[4]、この旨《むね》を証する。

浄土宗の信心と念仏行のありかたは、この一紙に尽きる。わたし(源空)が思うところは、このほかにまったく別の意味はない。わたしの滅後、誤った考えが起こるのをふせぐために、思うところを記した。

**1** **観念の念**＝阿弥陀《あみだ》仏や極楽に思念をこらす念仏。 **2** 三**心**＝至誠心《しじょうしん》（誠の心）・深心《じんしん》（深く信じる心）・回向発願心《えこうほつがんしん》（人々の往生を願う心）。 **3** **四修**＝恭敬修《くぎょうしゅ》（礼拝の行）・無余修《むよしゅ》（他の行をせず念仏すること）・無間修《むけんしゅ》（休みなく行じること）・長時修《じょうじしゅ》（長く行じること）。 **4** **両手の手形を捺し**＝『一枚起請文』は金戒光明寺に現存。紙面の文字に重ねて両手の手形がおされている。

専修念仏は祟《たた》りや物忌みから人々を解放するものでもあった。たとえば、「産後の忌みは幾日か」と問う女性に法然は「仏法に忌みはない」と答えた（『百四十五箇条問答』第百二十五）。このため、「専修の輩《やから》は念仏さえとなえれば何をしてもいいと言って、頭の丸い石の地蔵菩薩をすりこぎにしている」（『沙石集』一ノ十）という神仏を畏《おそ》れぬ者もいたようだが、先の産後の忌みについては「世間には七日、また三十日というから心のままに」と言い、世間の風習を否定していない。

**戒師法然と九条兼実**　法然は円頓戒《えんどんかい》（完全で速やかな戒）とよばれる比叡山の菩薩戒をうけつぐ戒師でもあった。そこから浄土律の流れも生まれる。

法然の信徒だった九条兼実は、正治二年（一二〇〇）九月から十月に繰り返し受戒したことを日記『玉葉《ぎよくよう》』に次のように記している。（高橋貞一著『訓読玉葉』より）

九月二十七日、夜半より女房（妻）が病悩、危急に及ぶ。よって諷誦《ふじゆ》（経文や偈を誦す仏事）を修す。

九月二十八日、女房の病は重かったが、晩にはすこぶるよくなった。

九月二十九日、女房、同前。

九月三十日、女房、ことに大事にいたった。よって法然房を請じ、授戒させた。その験《げん》（しるし）あり。もっとも貴ぶべし。貴ぶべし。

また、邪気を祓って、いささか落居《らつきよ》（落ち着く）。成円《じようえん》がこれを祈った。

十月一日、晩になって女房の熱が下がった。喜びとなす。今日はふたたび受戒した。今日より不動法（不動明王に祈禱する法）を修す。法師良尋《りようじん》が修し、伴僧は六人である。

十月二日、女房の病、はなはだ重悩となる。また受戒した。

十月三日、晩に発熱はたいへんよくなったが、なお醒めず。今日から薬師経の読経を始める。七日間を日限とし、三十九灯をともす。僧六人が不断に読経する。

この効あってか、十月四日には女房の病がおさまった。この間に九条兼実は法然を邸《やしき》に招いて何度も受戒した。受戒の功徳により妻の病魔を祓《はら》う。戒律は罪障消滅の法と一体のものだった。ところで、九条家は藤原摂関家の中心のひとつである。兼実は専修念仏の法然を師としたとはいえ、当時の貴族がおこなったさまざまな仏事・祈禱も併修したのだった。

**『徒然草』の法然**　法然の専修念仏は、実際には多様な内容をもっていた。鎌倉後期の随筆『徒然《つれづれ》草《ぐさ》』の著者・吉田兼好《よしだけんこう》は、その法然浄土教がことにお気に入りだった。

**徒然草**（第三十九段）　出典49

或人《あるひと》、法然上人《ほうねんしようにん》に、「念仏《ねんぶつ》の時《とき》、睡《ねぶり》にをかされて行《ぎよう》を怠《おこた》り侍《はべ》る事《こと》、いかがして、この障《さわ》りをやめ侍《はべ》らん」と申《もう》しければ、「目《め》のさめたらんほど、念仏《ねんぶつ》し給《たま》へ」と答《こた》へられたりける、いと尊《とうと》かりけり。又《また》、「往生《おうじよう》は、一定《いちじよう》と思《おも》へば一定《いちじよう》、不定《ふじよう》と思《おも》へば不定《ふじよう》なり」と言《い》はれけり。これも尊《とうと》し。又《また》、「疑《うたが》ひながらも念仏《ねんぶつ》すれば、往生《おうじよう》す」とも言《い》はれけり。これも又尊《またとうと》し。

［訳］ある人が法然上人に「念仏のとき、眠気におそわれてなまけてしまうことがあります。どのようにして、この邪魔な眠気をなくせましょうか」と問うと、「目がさめているときに念仏しなさい」と答えられたのは、たいへん尊いことであった。また、「往生は確かだと思えば確か、不確かだと思えば不確か」

と言われた。これも尊い。また、「疑いながらも念仏すれば往生する」とも言われた。これもまた尊い。

## 6 親鸞と浄土真宗

**浄土真宗の開宗** 親鸞《しんらん》（一一七三〜一二六二年）は承安《じょうあん》三年、下級貴族の日野有範《ひののありのり》の子として京にうまれ、九歳のとき比叡山《ひえいざん》で出家。二十九歳の建仁《けんにん》元年（一二〇一）、法然《ほうねん》をたずねて門弟になった。その後、法難に連座して越後に流されたときから「非僧非俗《ひそうひぞく》（僧でも俗でもない）」といい、愚禿《ぐとく》親鸞と自称。また、越後で恵信尼《えしんに》と結婚したとみられる。

三十九歳の建暦《けんりゃく》元年（一二一一）、流罪は解かれたが、京に戻らず、関東に下った。以後、常陸稲田《ひたちいなだ》（茨城県笠間市／西念寺《さいねんじ》）を拠点に念仏をひろめ、筑波山周辺に門徒集団がうまれた。代表的な門徒に高田門徒の真仏（真宗高田派の祖）、親鸞の語録『歎異抄《たんにしょう》』を著した唯円《ゆいえん》などがいる。

主著『教行信証《きょうぎょうしんしょう》』を書きはじめたのは元仁《げんにん》元年（一二二四）五十二歳のことといい、それが立教開宗の年とされる。完成したのは六十三歳のころに京に戻ってからである。

晩年の親鸞は自然法爾《じねんほうに》（法のままに）といわれる境地に達し、弘長二年（一二六二）、九十歳で寂。その廟所《びょうしょ》が子孫にうけつがれて本願寺《ほんがんじ》になる。本願寺は一向宗ともよばれ、室町時代の八世蓮如《れんにょ》のときに急激に教勢をのばした。慶長七年（一六〇二）に東西に分立。東本願寺は真宗大谷派、西本願寺は浄土真宗本願寺派の総本山になった。それに関東の門徒系の派をくわえ、主要十派を数える。

**正信偈と和讃** 『教行信証』は真実の教え・行・信心・証（救い）について経典・論書の文を集めて浄土をあきらかにするという書物で、くわしくは『顕《けん》浄土真実教行証文類《もんるい》』という。「総序・教巻」「行巻」「信巻」「証巻」「真仏土巻」「化身土巻」の六巻よりなる。よく読誦《どくじゅ》される「正信念仏偈《しょうしんねんぶつげ》（正信偈）」は親鸞自身がつくった百二十句の偈で「行巻」の末尾にある。その冒頭に阿弥陀如来の十二光（十二種の光の名）をあげ、インド・中国・日本の浄土教の祖師の名をあげて法系を明らかにしている。

## 教行信証　行巻（正信念仏偈）出典47

しかれば、大聖《だいしょう》の真言《しんごん》に帰《き》し、大祖《たいそ》の解釈《げしゃく》に閲《えっ》して、仏恩《ぶっとん》の深遠《じんのん》なるを信知《しんち》して「正信念仏偈《しょうしんねんぶつげ》」を作《つく》りていはく、

無量寿如来《むりょうじゅにょらい》に帰命《きみょう》し、不可思議光《ふかしぎこう》に南無《なも》したてまつる。
法蔵菩薩《ほうぞうぼさつ》の因位《いんに》の時《とき》、世自在王仏《せじざいおうぶつ》の所《みもと》にましまして、
諸仏《しょぶつ》の浄土《じょうど》の因《いん》、国土《こくど》人天《にんでん》の善悪《ぜんあく》を覩見《とけん》して、
無上殊勝《むじょうしゅしょう》の願《がん》を建立《こんりゅう》し、希有《けう》の大弘誓《だいぐぜい》を超発《ちょうほつ》せり。
五劫《ごこう》これを思惟《しゆい》して摂受《しょうじゅ》す。重《かさ》ねて誓《ちか》ふらくは、名声《みょうしょう》十方《じっぽう》に聞《きこ》えんと。
あまねく無量《むりょう》・無辺光《むへんこう》・無礙《むげ》・無対《むたい》・光炎王《こうえんのう》、
清浄《しょうじょう》・歓喜《かんぎ》・智慧光《ちえこう》・不断《ふだん》・難思《なんじ》・無称光《むしょうこう》、
超日月光《ちょうにちがつこう》を放《はな》ちて塵刹《じんせつ》を照《て》らす。一切《いっさい》の群生《ぐんじょう》、光照《こうしょう》を蒙《かぶ》る。
本願《ほんがん》の名号《みょうごう》は正定《しょうじょう》の業《ごう》なり。至心信楽《ししんしんぎょう》の願《がん》を因《いん》とす。
（中略）
本師《ほんし》源空《げんくう》は、仏教《ぶっきょう》にあきらかにして、善悪《ぜんあく》の凡夫人《ぼんぶにん》を憐愍《れんみん》せしむ。
真宗《しんしゅう》の教証《きょうしょう》、片州《へんしゅう》に興《おこ》す。選択本願《せんじゃくほんがん》、悪世《あくせ》に弘《ひろ》む。
生死輪転《しょうじりんでん》の家《いえ》に還来《かえ》ることは、決《けつ》するに疑情《ぎじょう》をもつて所止《しょし》とす。

すみやかに寂静無為《じやくじようむい》の楽《みやこ》に入《い》ることは、かならず信心《しんじん》をもつて能入《のうにゆう》とすといへり。
弘経《ぐきよう》の大士《だいじ》・宗師等《しゆうしとう》、無辺《むへん》の極濁悪《ごくじよくあく》を拯済《じようさい》したまふ。
道俗時衆《どうぞくじしゆ》ともに同心《どうしん》に、ただこの高僧《こうそう》の説《せつ》を信《しん》ずべしと。

[訳]（ここまで行について述べてきた）そこで、釈尊の真実のみことばに従い、浄土の祖師方の書物を拝して、仏恩《ぶっとん》の深遠《じんのん》なることを信知し、「正信念仏偈《げ》」をつくっていう。

阿弥陀《あみだ》仏が法蔵という名で菩薩《ぼさつ》道の修行をしていたとき、世自在王仏のみもとにあって、諸仏の浄土建立の由来や、その国土の人々や神々の善悪を見て、無上にして殊勝《しゅしょう》なる本願を堅固に立て、比類なき大弘誓《だいぐぜい》を発願《ほつがん》したもう。

法蔵菩薩は本願を五劫思惟《ごこうしゆい》[1]して選びとられた。さらに重ねて名号を十方に聞こえしめんと誓われた。あまねく放つ弥陀の光は無量にして果てなし。[2]妨げるものもなく、くらべるものもなく、その光の威力は光炎《こうえん》の王である。その光は清浄《しょうじょう》にして歓喜《かんぎ》に満ち、智慧《ちえ》の輝きである。断えることなき光明は人の思議と言葉を超え、日光・月光にもまして塵《ちり》のごとき無量の世を照らし、一切の群生《ぐんじょう》（生きとし生けるものすべて）が、その光を受ける。

仏の本願において成就《じょうじゅ》せられた南無阿弥陀仏の名号《みょうごう》は浄土往生のみわざである。彼《か》の四十八願の第十八に至心信楽《ししんしんぎょう》の願あるゆえに、それを浄土往生の因とする。（中略）

源空師（法然上人）は仏教[3]をきわめ、善人も悪人も憐《あわ》れんで、真宗（真実の教え）を辺土[4]の日本に興《おこ》し、選択《せんちゃく》本願の念仏[5]を悪世《あくせ》にひろめられた。法然上人は、「生死輪転《しょうじりんてん》の苦しみの家である迷いの世界に繰り返し生まれるのは、疑いの心にとどまっているからである。寂静無為《じゃくじょうむい》の楽《みやこ》（悟りの世界）に速やかに入るには、かならず信心をもって入るほかはない」と説かれた。これら弘経《ぐきょう》の大士《だいじ》・宗師《しゅうし》[6]は無辺極濁《むへんごくじょく》の悪に染まった者を救済される。出家であれ在家であれ、今の時世に生きる人々は共に心を同じく、これら高

**僧の言葉に信をささげよ。**

**1** **五劫思惟**＝法蔵菩薩は五劫という長い時にわたって思念し、四十八願を立てた。そして今から十劫の過去に成就して阿弥陀仏になったと無量寿経に説かれている。そのことを五劫思惟《しゆい》十劫正覚《しょうがく》という。**2** **弥陀の光は無量にして果てなし**＝原文の「無量《むりょう》・無《む》辺光《へんこう》」以下は阿弥陀仏を十二種の光にたとえて讃《たた》えた呼び名で「十二光」と総称する。ちなみに阿弥陀はアミターバ（無量光）、またアミターユス（無量寿）の表音である。**3** **仏教**＝現代語の仏教は明治に宗教の一つとしてキリスト教などに対する語になったが、歴史上の用語では「仏の教え」の意。**4** **辺土**＝天竺《てんじく》（インド）・震旦《しんたん》（中国）に対し、日本は東海の辺境にあり、しかも世は末法であると意識された。**5** **選択本願の念仏**＝阿弥陀仏によって末法の人々の救いとして選びとられた念仏。**6** **弘経の大士・宗師**＝インドの龍樹・天親（世親）、中国の曇鸞《どんらん》・道綽《どうしゃく》・善導、日本の源信・源空（法然）をさし、あわせて七高僧とする。

「正信偈」の読経は音読で、本願寺派（西本願寺）では長く音を引いて声明《しょうみょう》ふうに歌うように読む。親鸞は比叡山《ひえいざん》の常行三昧《じょうぎょうざんまい》堂（阿弥陀堂）の堂僧だったので、天台声明のわざをもっていただろう。「正信偈」のように漢詩形式のものを漢讃というが、それは経典の偈の形式をふむもので、漢語が力強く響く。親鸞は、理論的に構成された『教行信証』のなかに感性に訴えかける自作の漢讃を挿入したのだった。さらに晩年は和讃を多くつくり、五百首をこえる。和讃は七五調の大和歌だが、親鸞の和讃は漢語が核になっていて力強い。次の六首は勤行でよくうたわれるもので、中国の曇鸞《どんらん》（四七六～五四二年）がつくった「讃阿弥陀仏偈」に寄せた歌である。

**浄土和讃**（讃阿弥陀仏偈和讃）　出典47

弥陀成仏《みだじょうぶつ》のこのかたは　いまに十劫《じっこう》をへたまへり
法身《ほっしん》の光輪《こうりん》きはもなく　世《せ》の盲冥《もうみょう》をてらすなり

[訳] 阿弥陀仏が仏になられたのは十劫という遠い過去である。真実の仏の光は限りなく世の暗がりを照らす。

智慧《ちえ》の光明《こうみょう》はかりなし　有量《うりょう》の諸相《しょそう》ことごとく
光暁《こうきょう》かぶらぬものはなし　真実明《しんじつみょう》に帰命《きみょう》せよ

[訳] 智慧の光明は無量であり、有量の諸相（よろずの衆生）はみな、その光暁に照らされないものはない。真実の明（智慧の明るみ）に帰命（帰依）せよ。

解脱《げだつ》の光輪《こうりん》きはもなし　光触《こうそく》かぶるものはみな
有無《うむ》をはなるとのべたまふ　平等覚《びょうどうかく》に帰命《きみょう》せよ

[訳] 解脱の光輪は果てしなく、身に光を浴びる者はみな、有無（ある、ないと偏って見る迷い）を離れると説かれている。平等覚（すべてを等しく見る悟り）に帰命せよ。

光雲無碍如虚空《こううんむげにょこくう》　一切《いっさい》の有碍《うげ》にさはりなし
光沢《こうたく》かぶらぬものぞなき　難思議《なんじぎ》を帰命《きみょう》せよ

[訳] 光雲無碍如虚空（光明は大空の雲のように自在である）。どんな妨げもない。光沢をかぶらぬものはない。不可思議な光明である仏に帰命せよ。

清浄光明《しょうじょうこうみょう》ならびなし　遇斯光《ぐしこう》のゆゑなれば
一切《いっさい》の業繋《ごうけ》ものぞこりぬ　畢竟依《ひっきょうえ》を帰命《きみょう》せよ

［訳］その清浄光明にならぶものはない。この光明に遇うゆえに、一切の業繋（業の束縛）も除かれる。窮極の依りどころである仏に帰命せよ。

仏光照曜最第一《ぶっこうしょうようさいだいいち》　光炎王仏《こうえんのうぶつ》となづけたり
三塗《さんず》の黒闇《こくあん》ひらくなり　大応供《だいおうぐ》を帰命《きみょう》せよ

［訳］阿弥陀仏の光は照曜最第一で、光炎王仏とよばれ、三途の黒闇をも開く。敬いを受ける大聖者である仏に帰命せよ。

**自然法爾**　親鸞は晩年、自然法爾の心境を語った。書簡・法語集『末灯鈔《まっとうしょう》』の「自然法爾の事」のほか、和讃の詞書《ことばがき》にも記されている。

**正像末和讃**（親鸞八十八歳御筆）出典47

「自然《じねん》」といふは、「自《じ》」はおのづからといふ、行者《ぎょうじゃ》のはからひにあらず。しからしむといふことばなり。

「然《ねん》」といふは、しからしむといふことば、行者《ぎょうじゃ》のはからひにあらず、如来《にょらい》のちかひにてあるがゆゑに。

「法爾《ほうに》」といふは、如来《にょらい》の御《おん》ちかひなるがゆゑに、しからしむるを法爾《ほうに》といふ。この法爾《ほうに》は、御《おん》ちかひなりけるゆゑに、すべて行者《ぎょうじゃ》のはからひなきをもちて、このゆゑに他力《たりき》には義《ぎ》なきを義《ぎ》とすとしるべきなり。

「自然《じねん》」といふは、もとよりしからしむるといふことばなり。

弥陀仏《みだぶつ》の御《おん》ちかひの、もとより行者《ぎょうじゃ》のはからひにあらずして、南無阿弥陀仏《なもあみだぶつ》とたのませたまひて、むかへんとはからはせたまひたるによりて、行者《ぎょうじゃ》のよからんともあしからんともおもはぬを、自然《じねん》とは申《もう》すぞとききて候《そうろ》ふ。

〔訳〕「自然《じねん》」というのは、「自」はおのずからということで、行者が自分ではからうことではなく、「しからしむ」という言葉です。「然」というのは「しからしむ」という言葉で、行者（念仏する人）がはからうことではありません。如来の誓い（本願）にあるのですから。「法爾《ほうに》」というのは、如来の御誓いであるゆえに、「しからしむる」を法爾といいます。この法爾は、御誓いですから、すべて行者ははからわないことです。このゆえに他力[1]の仏門では義（理屈で考えるようなこと）はないことを義とするべきです。「自然」というのは、もとより「しからしむる」という言葉です。

阿弥陀仏の御誓いの、もとより行者のはからいではなくて、南無阿弥陀仏とお頼みすれば、浄土に迎えようとはからわれているのですから、行者は自分の考えで良いとも悪いとも思わないことを、自然というのだと聞いております。

1 **他力**＝仏の力、阿弥陀仏の本願の働きをいう。仏教を他力と自力に二分する考え方は中国浄土教において生まれた。他力は他力易行門《いぎょうもん》（仏の力の働きにより誰でもできる易しい仏門）、自力は自力聖道門《しょうどうもん》（修行者が自分の力でゆく聖者の仏門）といい、末法の凡夫《ぼんぷ》には他力易行門のほうが勝れているとする。

**悪人正機**　親鸞の没後、関東の弟子の唯円が『歎異抄《たんにしょう》』を著した。口伝の信心が異なることを歎《なげ》き、記憶している親鸞の言葉を記したという。そこに「悪人正機《あくにんしょうき》」とよばれることが書かれている。

### 歎異抄（三）　出典47

善人《ぜんにん》なほもつて往生《おうじょう》をとぐ。いはんや悪人《あくにん》をや。しかるを世《よ》のひとつねにいはく、「悪人《あくにん》なほ往生《おうじょう》す。いかにいはんや善人《ぜんにん》をや」。この条《じょう》、一旦《いったん》そのいはれあるに似《に》たれども、本願他力《ほんがんたりき》の意趣《いしゅ》にそむけり。そのゆゑは、自力作善《じりきさぜん》のひとは、ひとへに他力《たりき》をたのむこころかけたるあひだ、弥陀《みだ》の本願《ほんがん》にあらず。しかれども、自力《じりき》のこころをひるがへして、他力《たりき》をたのみたてまつれば、真実報土《しんじつほうど》の往生《おうじょう》をとぐるなり。煩悩具足《ぼんのうぐそく》のわれらは、いづれの行《ぎょう》にても生死《しょうじ》をはなるることあるべからざるを、あはれみたまひて願《がん》をおこしたまふ本意《ほんい》、悪人成仏《あくにんじょうぶつ》のためなれば、他力《たりき》をたのみたてまつる悪人《あくにん》、もつとも往生《おうじょう》の正因《しょういん》なり。よつて善人《ぜんにん》だにこそ往生《おうじょう》すれ、まして悪人《あくにん》はと、仰《おお》せ候《そうら》ひき。

［訳］善人でも往生する。いわんや悪人をや。それなのに世の人は常に言います。「悪人でも往生する。まして、善人ならいうまでもない」と。このこと、一応は理屈にあっているようですが、本願他力の趣旨[1]にそむいています。なぜなら、自力作善《じりきさぜん》の人[2]は、ひとえに他力《たりき》をたのむ信心に欠けるので、阿弥陀仏の本願にそぐいません。しかしながら、自力の心を去って他力でつとめれば、真実報土《しんじつほうど》（修行の果報である悟りの世界）に往生できるでしょう。煩悩具足《ぼんのうぐそく》[3]のわれらは、どのような修行をしても迷いの生死《しょうじ》の世界を離れることはできないので、仏は憐《あわ》れみを垂れて本願をおこされたのです。その本意は悪人成仏のためですから、他力におすがりする悪人（善をなせない人）がいちばん往生の正因《しょういん》なのです。よって「善人さえ往生するので、まして悪人は」と親鸞聖人は仰せられたのです。

1 **本願他力の趣旨**＝阿弥陀《あみだ》仏の本願の力によって往生できるという教え。　2 **自力作善の人**＝自分の力で善業を積むことができる人。　3 **煩悩具足**＝欲望や迷いにとらわれてしまっていること。

この『歎異抄』には「弥陀の五劫思惟《ごこうしゆい》の願をよくよく案ずれば、ひとへに親鸞一人がためなりけり」（後序）という言葉がある。仏と一対一で向きあう個人の自覚的な信仰として、とくに明治以降、『歎異抄』は高く評価されることになる。

# 7 一遍と時宗

**二河白道**　一遍《いっぺん》（一二三九〜一二八九年）は伊予（愛媛県）の豪族河野《こうの》通広《みちひろ》の子に生まれた。母と死別したことをきっかけに十歳で出家し、十四歳のとき九州にいた浄土宗西山《せいざん》流の聖達《しょうたつ》（法然の孫弟子）の門に入ったが、二十五歳のときに父が死んだために還俗《げんぞく》して家督をつぎ、妻をめとる。三十三歳、信濃《しなの》・善光寺に参詣して二河白道《にがびゃくどう》の絵を写して持ち帰った。

二河白道は唐の善導《ぜんどう》の『観経疏《かんぎょうしょ》』にある例話だ。西に向かう行者の背後に賊や猛獣がせまっているが、行く手に火の河、水の河があり、間に一本の細い白い道がある。こちらの岸辺＝此岸《しがん》（現世）で「早く渡りなさい」と励ますのは釈迦如来。向こうの岸＝彼岸《ひがん》（極楽）で行者を迎えようとしているのは阿弥陀如来。そういう絵である。

一遍は伊予の窪寺《くぼでら》にこもって二河白道図を本尊として専修《せんじゅ》念仏を行じ、人はただ一回の念仏でも救われるとの信を得た。一遍はその確信を「十一不二頌《じゅういちふにのじゅ》」に表した。

**十一不二頌**（『一遍上人語録』）出典48

十劫正覚衆生界《じっこうしょうがくしゅじょうかい》　十劫《じっこう》に正覚《しょうがく》す衆生界《しゅじょうかい》
一念《いちねん》往生《おうじょう》弥陀《みだ》国《こく》　一念《いちねん》に往生《おうじょう》す弥陀《みだ》の国《くに》
十一不二証無生《じゅういちふにしょうむしょう》　十《じゅう》と一《いち》とは不二《ふに》にして無生《むしょう》を証《しょう》し
国界平等坐大会《こっかいびょうどうざだいえ》　国《くに》と界《かい》とは平等《びょうどう》にして大会《だいえ》に坐《ざ》す

［訳］法蔵菩薩《ぼさつ》は十劫の過去に衆生を救えないなら自分も正覚（さとり）を得ることはないと誓ったうえ、衆生のために仏になられた。

だから、一回の念仏でも極楽浄土に往生できる。

十劫の過去に法蔵菩薩が阿弥陀仏になったのと衆生の一念は生死のかなたにおいて同時のことである。

仏の国土の極楽浄土も衆生の世界も一つである。どこでも人は仏の法会に坐している。


文永十一年（一二七四）三十六歳の夏、一遍は熊野本宮に参籠《さんろう》し、権現の夢告をうけた。一遍の生涯を描いた『一遍聖絵』に「信不信、浄不浄にかかわりなく往生は決定《けつじょう》しているのだから賦算《ふさん》せよ」というお告げだった。

賦算とは算《ふだ》を賦《くば》ることで、それによって仏と結縁《けちえん》することである。その後、熊野速玉《はやたま》新宮で「六十万人頌《ろくじゅうまんにんじゅ》」を感得。それまでの法名の智真を一遍と改めた。

### 六十万人頌（『一遍上人語録』）出典48

六字《ろくじ》名号《みょうごう》一遍《いっぺん》法《ほう》
十界《じっかい》依正《えしょう》一遍《いっぺん》体《たい》
万行《まんぎょう》離念《りねん》一遍《いっぺん》証《しょう》
人中《にんちゅう》上々《じょうじょう》　妙好華《みょうこうげ》

六字《ろくじ》の名号《みょうごう》は一遍《いっぺん》の法《ほう》なり
十界《じっかい》の依正《えしょう》は一遍《いっぺん》の体《たい》なり
万行離念《まんぎょうりねん》して一遍《いっぺん》を証《しょう》す
人中上々《にんちゅうじょうじょう》の妙好華《みょうこうげ》なり

［訳］六字の名号（南無阿弥陀仏）は浄土に往生する唯一絶対の法である。

地獄界も人間界も仏界も、十界（あらゆる世界）は一体平等である。

**さまざまな修行にとらわれた想念を離れたところに一遍の念仏の証（悟り）の境地がある。濁った人の世の中でも一遍の念仏者は、この上なく清らかな蓮華のようである。**

以後、一遍は生涯、「南無阿弥陀仏、決定往生六十万人」と木版刷りした札を配る遊行の旅に生きた。「念仏為本《ねんぶついほん》（まず念仏せよ）」と説いた法然の専修念仏の系譜のなかで、親鸞は「信心為本《しんじんいほん》（信心が本）」として絶対他力といわれる念仏専一の傾向を強めたのにたいして、一遍は信心よりも結縁を肝心とした。

一遍の遊行は次の「道具秘釈《どうぐひしゃく》」に示すように持ち物を阿弥陀仏の十二光の徳になぞらえ、阿弥陀仏と同行の旅だった。

**道具秘釈**（『一遍上人語録』）出典48

南無阿弥陀仏《なむあみだぶつ》。一遍《いっぺん》の弟子《でし》、まさに十二道具《じゅうにどうぐ》を用《もち》ゐるの意《こころ》を信《しん》ずべし。

一《ひとつ》　引入《ひきいれ》

南無阿弥陀仏《なむあみだぶつ》。無量《むりょう》の生命《しょうみょう》、名号法器《みょうごうほうき》たるを信《しん》ずる心《こころ》、これ即《すなわ》ち無量光仏《むりょうこうぶつ》の徳《とく》なり。

一　箸筒《はしづつ》

南無阿弥陀仏《なむあみだぶつ》。無辺《むへん》の功徳《くどく》、衆生《しゅじょう》の心《こころ》に入《い》るを信《しん》ずる心《こころ》、これ即《すなわ》ち無辺光仏《むへんこうぶつ》の徳《とく》なり。

一　阿弥衣《あみぎぬ》

南無阿弥陀仏《なむあみだぶつ》。善悪《ぜんなく》同《おな》じく摂《せつ》する、弥陀《みだ》の本願《ほんがん》を信《しん》ずる心《こころ》、これ即《すなわ》ち無礙光仏《むげこうぶつ》の徳《とく》なり。

（以下略）

［訳］南無阿弥陀仏。一遍の弟子は、まさに遊行に用いる十二道具の意《こころ》を信じよ。

一つ、引入（飯椀）。

南無阿弥陀仏。引入は無量の生命、名号の法器であると信じる心は無量光仏の徳である。

一つ、箸筒。

南無阿弥陀仏。箸筒は無辺の功徳を人々の心に入れるものと信じる心は無辺光仏の徳である。

一つ、阿弥衣（麻の網衣）。

南無阿弥陀仏。善悪同じく救う阿弥陀仏の本願を信じる心は無碍光仏の徳である。


以下、袈裟は無対光仏《むたいこうぶつ》、帷《かたびら》（夏衣）は炎王光仏《えんのうこうぶつ》、手巾《しゆきん》（手ぬぐい）は清浄光仏《しようじようこうぶつ》、帯は歓喜光仏《かんぎこうぶつ》、紙衣《かみこ》は智慧光仏《ちえこうぶつ》、念珠は不断光仏《ふだんこうぶつ》、衣は難思光仏《なんじこうぶつ》、足駄は無称光仏《むしようこうぶつ》、頭巾《ずきん》は超日月光仏《ちようにちがつこうぶつ》と信じる心がこもるものだという。

**善悪を行ぜず**　弘安九年（一二八六）四十八歳のとき、一遍は大和の当麻寺《たいまでら》で「誓願偈文《せいがんげもん》」を書いた。「善悪を説かず、善悪を行ぜず」と、一遍の念仏がよく示されている文である。

**誓願偈文**（『一遍上人語録』）出典48

我《わ》が弟子《でし》等《とう》、願《ねが》はくは今身《こんしん》より、未来際《みらいさい》を尽《つく》すまで、身命《しんみよう》を惜《お》しまず、本願《ほんがん》に帰入《きにゆう》し、畢命《ひつみよう》を期《ご》として、一向《いつこう》に称名《しようみよう》し、善悪《ぜんなく》を説《と》かず、善悪《ぜんなく》を行《ぎよう》ぜず。かくの如《ごと》きの行人《ぎようにん》は、本願《ほんがん》によるが故《ゆえ》に、阿弥陀仏《あみだぶつ》、観音《かんのん》・勢至《せいし》、五五《ごご》の菩薩《ぼさつ》、無数《むしゆ》の聖衆《しようじゆ》、六方《ろつぽう》の恒沙《ごうじや》、証誠《しようじよう》の諸仏《しよぶつ》、昼夜六時《ちゆうやろくじ》に相続《そうぞく》して間《へだて》なく、影《かげ》の形《かたち》に随《したが》ふが如《ごと》く、暫《しばら》くも離《はな》るる時《とき》なく、慈悲護念《じひごねん》したまへ。心《こころ》をして乱《みだ》れざらしめ、横病《おうびょう》を受《う》けず、横死《おうし》に遇《あ》はず、身《み》に苦痛《くつう》なく、心錯乱《こころしゃくらん》せず、身心安楽《しんじんあんらく》にして、禅定《ぜんじょう》に入《い》るが如《ごと》く、命《いのち》絶《た》えなば須臾《しゅゆ》に、聖衆来迎《しょうじゅらいごう》したまへ。仏《ほとけ》の願力《がんりき》に乗《じょう》じて、極楽《ごくらく》に往生《おうじょう》せむ。

［訳］我が弟子らは、願わくは今生より未来の世の時の尽きるまで身命《しんみょう》を惜しまず、本願に帰依して、命のある限り、一向に称名《しょうみょう》し、善悪を説かず、善悪を行じない。[1]このような念仏の人は、本願によるゆえに、阿弥陀《あみだ》仏、観音・勢至《せいし》[2]、五五《ごご》の菩薩《ぼさつ》[3]、無数の聖衆《しょうじゅ》、東西南北など六方の河沙《がしゃ》[4]の誠の悟りの諸仏が昼も夜も六回にわたって継続して間断なく、影が形に寄り添うように、しばらくも離れる時なく、慈悲護念《じひごねん》したまえ。心が乱れることなく、思いがけない病にならず、不慮の死にあわず、身に苦痛なく、心が錯乱せず、身心安楽にして、禅定《ぜんじょう》（悟りの静まり）に入るようになり、命が絶えるときはすぐさま、聖衆来迎《らいごう》したまえ。仏の願力に乗って、極楽に往生せん。

1 **善悪を行じない**＝敢《あ》えて仏事の作善にこだわらない。 2 **観音・勢至**＝阿弥陀仏を助ける二菩薩。仏像では阿弥陀三尊の脇侍《きょうじ》。 3 **五五の菩薩**＝来迎のとき、阿弥陀仏とともに現れるという二十五菩薩。 4 **河沙**＝恒河沙《ごうがしゃ》。ガンジスの砂の数ほど多数。

**踊念仏**　一遍の旅は東北から四国・九州までほぼ全国におよび、空也にならって踊念仏《おどりねんぶつ》をはじめた。それを『一遍聖絵《ひじりえ》』の詞書《ことばがき》に次のようにいう。

**一遍聖絵**（弘安二年　江州守山）出典50

江州守山《ごうしゅうもりやま》のほとり、琰魔堂《えんまどう》といふ所《ところ》におはしける時《とき》、延暦寺東塔桜本《えんりやくじとうとうさくらもと》の兵部竪者重豪《ひょうぶじゅしゃしげとし》と申人《もうすひと》、聖《ひじり》の躰《てい》み

むとて参《まいり》たりけるが、をどりて念仏申《ねんぶつもう》さるゝ事《こと》けしからずと申《もうし》ければ、聖《ひじり》、
はねばはねよをどらばをどれはるこまののりのみちをばしる人《ひと》ぞしる
重豪《しげとし》
心《こころ》こまのりしづめたるものならばさのみはかくやをどりはぬべき
聖又返事《ひじりまたへんじ》
ともはねよかくてもをどれこゝろこまみだのみのりときくぞうれしき

［訳］一遍聖人が江州守山（滋賀県守山市）の琵琶湖のほとり、閻魔堂[1]という所におられたとき、延暦寺東塔桜本の兵部竪者重豪《ひょうぶじゆしやしげとし》[2]という者が聖人の姿を見ようときて、「踊って念仏をとなえるのはけしからん」と言ったのに対し、聖人は、歌で答えられた。

「はねばはねよをどらばをどれはるこまののりのみちをばしる人ぞしる」
（跳ねば跳ねよ、踊らば踊れ春駒ののり〈乗り／法〉の道をば知る人ぞ知る）

重豪は歌で返した。

「心こまのりしづめたるものならばさのみはかくやをどりはぬべき」
（心の駒を乗り静めたのならば、そのように踊り跳ねないのではないか）

聖人はまた歌を返された。

「ともはねよかくてもをどれこゝろこまみだのみのりときくぞうれしき」
（とも跳ねよ、かくても踊れ心ごま、それが弥陀の御法《みのり》と聞けば嬉しい）

1 **閻魔堂**＝守山市の十王寺。　2 **兵部竪者重豪**＝比叡山の僧兵や在地の武士を束ねる者だろう。

また、ある僧が「心はともかく、表面はどのようにもできるだろう」と問うたのに対し、一遍は「こゝ

よりこゝろをえんと意得《こころえ》て心にまよふこゝろ成《なり》けり」と答えたという。

**本一物なき**　五十一歳の正応二年（一二八九）、一遍は兵庫和田岬の観音堂（神戸市兵庫区）で没した。一遍は「本《もと》一物なき」の偈頌《げじゅ》を詠み、所持していた書物はすべて焼却した。そのため、著書は残っていないが、その後、『一遍上人語録』『播州法語集』などの法話集や『一遍聖絵』などの絵伝が編まれた。

**本無一物頌**（一遍上人語録）出典48

如来万徳・衆生妄念
本無一物　今得何事

如来《にょらい》は万徳《まんとく》にまします、衆生《しゅじょう》は妄念《もうねん》なり、
本《もと》より一物《いちもつ》もなし、今何事《いまなにごと》をか得《え》む。

ちなみに時宗（時衆）の「時」は、平生をも臨命の「時」と心得て念仏をとなえる意とされる。当初は「一向衆」とも「遊行衆」ともよばれた。教団として組織されるのは弟子の他阿真教《たあしんぎょう》の代で、以後も教団の門主は代々「遊行上人《ゆぎょうしょうにん》」とよばれる。総本山清浄光寺《しょうじょうこうじ》（遊行寺／神奈川県藤沢市）は四世遊行上人の呑海《どんかい》（一二六五～一三二七年）がひらいた寺院である。

## 8　日蓮と日蓮宗

**立教開宗と受難**　日蓮《にちれん》（一二二二～一二八二年）は承久《じょうきゅう》四年、安房《あわ》の小湊《こみなと》（千葉県鴨川市）の漁民の子に生まれた。十二歳のとき、虚空蔵菩薩《こくうぞうぼさつ》の山岳霊場である安房の清澄寺《せいちょうじ》に入り、十六歳のとき得度。

十七歳のころ鎌倉に遊学。二十一歳の仁治三年（一二四二）、比叡山にのぼり、京・奈良の諸寺、高野山、四天王寺などもおとずれて修学。密教や浄土教が隆盛するなかで鎮護国家の大法《だいほう》である法華経がないがしろにされているとみて、その再興をめざす。

建長五年（一二五三）三十二歳、清澄寺に戻り、四月二十八日、「南無妙法蓮華経《なむみょうほうれんげきょう》」の題目を高唱して法華経に帰《き》すべきことを説いた。その日が立教開宗の日とされる。日蓮は晩年、その日のことを次のように回想している（弘安二年、身延《みのぶ》で執筆）。開宗後におこった法難が記されていることから『聖人御難事《しょうにんごなんじ》』とよばれる門下一同への手紙である。

**聖人御難事**　出典51

去《いぬる》建長五年《けんちょうごねん》〈太才癸丑《たいさいきちゆう》〉四月廿八日《しがつにじゆうはちにち》に、安房国長狭郡之内東条《あわのくにながさのこおりのうちとうじょう》の郷《ごう》、今《いま》は郡也《こおりなり》。天照太神《あまてらすおおみかみ》の御《み》くりや、右大将家《うだいしょうけ》の立始給《たてはじめたまいし》日本第二《にっぽんだいに》のみくりや、今《いま》は日本第一《にっぽんだいいち》なり。此郡《このこおり》の内《うち》、清澄寺《せいちょうじ》と申寺諸仏房《もうすてらのしょぶつぼう》の持仏堂《じぶつどう》の南面《なんめん》にして、午時《うまのとき》に此法門申《このほうもんもうし》はじめて今《いま》に二十七年《にじゆうしちねん》、弘安二年《こうあんにねん》〈太才己卯《たいさいきぼう》〉なり。仏《ほとけ》は四十余年《しじゆうよねん》、天台大師《てんだいだいし》は三十余年《さんじゆうよねん》、伝教大師《でんぎょうだいし》は二十余年《にじゆうよねん》に出世《しゆつせ》の本懐《ほんがい》を遂給《とげたまう》。其中《そのなか》の大難申計《だいなんもうすばかり》なし。先々《さきざき》に申《もうす》がごとし。余《よ》は二十七年《にじゆうしちねん》なり。其間《そのかん》の大難《だいなん》は各々《おのおの》かつしろしめせり。法花経云《ほけきょうにいわく》、〈「而《しか》も此《こ》の経《きょう》は如来《にょらい》の現在《げんざい》すら猶《な》お怨嫉多《おんしつおお》し、況《いわ》んや滅度《めつど》の後《のち》をや」〉云云《うんぬん》。釈迦如来《しゃかにょらい》の大難《だいなん》はかずをしらず。其中馬《そのなかにうま》の麦《むぎ》をもつて九十日《きゆうじゆうにち》、小指《こゆび》の出仏身血《すいぶつしんけつ》、（中略）此等《これら》は「如来現在《にょらいげんざい》」の小難《しょうなん》なり。「況滅度後《きょうめつどご》」の大難《だいなん》は竜樹《りゆうじゆ》・天親《てんじん》・天台《てんだい》・伝教《でんぎょう》いまだ値給《あいたま》はず。法花経《ほけきょう》の行者《ぎょうじゃ》ならずといわば、いかでか行者《ぎょうじゃ》にてをはせざるべき。又行者《またぎょうじゃ》といはんとすれば、仏《ほとけ》のごとく身《み》より血《ち》をあやされず。何況《いかにいわん》や仏《ほとけ》に過《すぎ》たる大難《だいなん》なし。経文《きょうもん》むなしきがごとし。仏説《ぶっせつ》すでに大虚妄《だいこもう》となりぬ。而《しかるに》日蓮二十七年《にちれんにじゆうしちねん》が間《あいだ》、弘長元年《こうちょうがんねん》〈辛酉《しんゆう》〉五月十二日《ごがつじゆうににち》には伊豆国《いずのくに》へ流罪《るざい》。文《ぶん》永元年《えいがんねん》〈甲子《かっし》〉十一月十一日《じゅういちがつじゅういちにち》頭《こうべ》にきずをかほり左《ひだり》の手《て》を打《うち》をらる。同文永八年《どうぶんえいはちねん》〈辛未《しんび》〉九月十二日《くがつじゅうににち》佐渡《さど》の国《くに》へ配流《はいる》、又頭《またくび》の座《ざ》に望《のぞむ》。其外《そのほか》に弟子《でし》を殺《ころさ》れ、切《きら》れ、追出《おいだされ》、くわれう等《など》かずをしらず。仏《ほとけ》の大難《だいなん》には及《およぶ》か勝《すぐれ》たるか其《それ》は知《しら》ず。竜樹《りゅうじゅ》・天親《てんじん》・天台《てんだい》・伝教《でんぎょう》は余《よ》に肩《かた》を並《ならべ》がたし。日蓮末法《にちれんまっぽう》に出《いで》ずば仏《ほとけ》は大妄語人《だいもうごのひと》、多宝《たほう》・十方《じっぽう》の諸仏《しょぶつ》は大虚妄《だいこもう》の証明《しょうみょう》なり。仏滅後《ぶつめつご》二千二百二十余年《にせんにひゃくにじゅうよねん》が間《あいだ》、一閻浮提《いちえんぶだい》の内《うち》に仏《ほとけ》の御言《みことば》を助《たすけ》たる人但日蓮一人《ひとただにちれんいちにん》なり。

［訳］去る建長五年〈歳は癸丑《みずのとうし》〉四月二十八日に安房国長狭郡《あわのくにながさのこおり》の東条《とうじょう》の郷《ごう》、今は郡《こおり》である、天照大神《あまてらすおおみかみ》の御厨《みくりや》[1]、右大将家《うだいしょうけ》（源頼朝）が初めて伊勢神宮に寄進された東条郷は日本第二の御厨だったが、今は日本第一[2]である。この郡の清澄寺という寺の諸仏房の持仏堂の南側で、午《うま》の時（昼）にこの法門を説きはじめて今に二十七年、弘安二年〈歳は己卯《つちのとう》〉である。釈迦《しゃか》如来は最初の説法から四十余年後、天台大師智顗《ちぎ》は出家後三十余年、伝教《でんぎょう》大師最澄は出家後二十余年たって法華経を説くという本来の目的を遂げられた。そのなかでの大難は言うほどではない。これまで言ってきたとおりである。私は二十七年、その間の大難はそれぞれすでに示した。法華経に「而《しか》も此《こ》の経は如来の現在《げんざい》すら猶《な》お怨嫉《おんしつ》多し、況《いわ》んや滅度《めつど》の後《のち》をや」[3]と説かれている。釈迦如来の大難は数知れない。そのなかに馬の麦で九十日[4]、小指の出仏身血《すいぶつしんけつ》[5]。しかし、これらは「如来現在」の小難である。「況滅度後《きょうめつどご》」の大難は竜樹[6]・天親[7]・天台・伝教もまだあわれていない。これらの先師が法華経の行者ではないのかといえば、どうして行者ではないことがあろうか。また、行者といえるなら、釈尊のように身より血を流されなかったし、釈尊以上の大難はなかった。それでは経文はむなしい。釈尊が説かれたことが大虚妄《だいこもう》になってしまう。しかし、日蓮は二十七年間、弘長元年五月十二日には伊豆国へ流罪。文永元年十一月十一日には頭に傷を受け左の手を打たれた。同八年九月十二日には佐渡へ配流、また斬首《ざんしゅ》の刑場に引かれた。そのほか弟子を殺され、斬《き》られ、追放され、罰金を科せられるなど数知れない。釈尊の大難に匹敵するかそれ以上かはわからないが、竜樹・天親・天台・

**伝教は私と並ぶものではない。日蓮が末法に出なければ釈尊は大妄語の人、多宝《たほう》・十方《じっぽう》の諸仏は大虚妄の証明《しょうみょう》8になる。仏滅後二千二百二十余年間、9一閻浮提《いちえんぶだい》10に仏の御言《みことば》を助けた人は日蓮一人である。**

1 **天照大神の御厨**＝天照大神を祀《まつ》る伊勢神宮の神領。日蓮は天照大神を日本国を守護する釈迦如来の垂迹《すいじゃく》とした。2 **今は日本第一**＝東条郷は伊勢に次ぐ第二の天照大神の土地だったが、寄進した頼朝が将軍になったことによって東条郷は天照大神の第一の土地になったと日蓮はいう。3 **而も此の経は～況んや滅度の後をや**＝釈迦の在世時でも持経者は迫害される。まして滅後の苦難は大きいという意味。法華経「法師品」の経文である。4 **そのなかに馬の麦で九十日**＝釈迦は九つの受難があったと伝えられている。そのひとつが一夏《いちげ》馬麦《めみゃく》の難。ある王が一夏九十日の安居《あんご》に釈迦と五百人の比丘を招きながら、食物の供養を忘れてしまった。それで釈迦と弟子たちは馬の飼料を食べてしのいだという。5 **小指の出仏身血**＝提婆推山《だいばすいざん》の難。悪人の提婆達多《だいばだった》が釈迦の殺害をくわだてて山から大石を落としたが、小指を傷つけただけだったという。このほか、中略部分には善星比丘《ぜんしょうびく》らが異教徒と謀って釈尊の教団の弾圧を計略したこと、コーサラ国の王が釈迦の一族を殺したこと、阿闍世王《あじゃせおう》が多数の比丘を象で踏み殺させたことが記されている。6 **竜樹**＝インドの仏教思索者ナーガールジュナ（一五〇頃～二五〇頃）。7 **天親**＝世親。五世紀のインドの僧ヴァスバンドゥ。8 **多宝・十方の諸仏は大虚妄の証明**＝多宝如来は過去の世で入滅のとき、分骨することなく全身を塔に納めよと遺言。未来の世に法華経が説かれているところにその塔を出現させ、法華経の真実であることを証明する者になると誓った。法華経「見宝塔品」に、多宝如来の塔が空中に現れ、参集の十方の諸仏の前で塔の扉が開かれたと説かれている。9 **仏滅後二千二百二十余年間**＝釈尊の入滅年には諸説あり、当時は『周書異記』によって紀元前九四九年説が流布していた。それに正法・像法《しょうぼうぞうぼう》各千年説を重ねると、世が末法に入って二百二十余年という意味になる。10 **一閻浮提**＝古代インドの宇宙観で須弥山《しゅみせん》南方の海上にある大陸。この娑婆《しゃば》世界全体のこと。

日蓮の生涯には命にかかわるほどの受難が四度あり、四大法難とよばれている。

▼松葉谷《まつばがやつ》法難＝文応元年（一二六〇）三十九歳。日蓮は清澄寺で法華経への帰依を説きはじめたが受け容《い》れられなかった。日蓮は鎌倉に出て松葉谷の草庵（鎌倉市大町）を結び、辻説法といわれる伝道をはじめた。文応元年、『立正安国論』を著し、前執権北条時頼に上奏して法華経に帰依すべきこと

を説いたが、同年八月二十七日夜、念仏の群衆が草庵を襲撃。日蓮は下総《しもうさ》の檀越《だんおつ》＝富木常忍《ときじょうにん》（千葉氏の家臣）のもとに逃れた。

▼伊豆法難＝弘長元年（一二六一）四十歳。日蓮は鎌倉の松葉谷草庵に戻ったが、五月十二日、幕府によって捕らわれ、伊豆の伊東に流された。

▼小松原法難＝文永元年（一二六四）四十三歳。伊豆流罪を解かれた日蓮は安房に戻った。しかし、念仏信者の東条景信の兵に東条松原大路で襲撃され、弟子が討ち死にし、日蓮も傷を負った。

▼龍口《りゅうこう》法難＝文永八年（一二七一）・五十歳。文永五年一月、高麗使《こうらいし》が蒙古の国書を大宰府に届けた。その対応は幕府にゆだねられ、二月、返書を出さないことにして高麗使を帰国させた。以後、蒙古襲来の危機が迫る。日蓮は『立正安国論』をふたたび幕府に上奏した。しかし、受け容れられなかっただけでなく、文永八年九月十二日、日蓮は捕らわれ、龍口《たつのくち》の刑場で斬首されることになった。『種種《しゅじゅ》御振舞御書《おふるまいごしょ》』には、そのとき、「江の島のかたより月のごとくひかりたる物」が現れ、武士らは仰天して処刑は取り止めになったという。その後、日蓮は佐渡に流された。

**立正安国**　『立正安国論』は旅客と主人の問答形式の書物である。「旅客来《きた》りて嘆きて曰《いわ》く、近年より近日《きんじつ》に至るまで、天変・地妖《じよう》・飢饉・疫癘《えきれい》・遍《あまね》く天下に満ち広く地上に迸《はびこ》る」という言葉からはじまり、旅客の「我一仏《われいちぶつ》（法華経に説かれている久遠の釈迦如来）を信じて諸仏を抛《なげう》ち」「唯我《ただわれ》信ずるのみに非《あら》ず、又他の誤りを誡《いまし》めんのみ」という言葉でおわる。立正安国、すなわち法華経を奉じて国を安ずることがなければ、他国侵逼《たこくしんぴつ》（外国の侵略）・自界叛逆《じかいほんぎゃく》（内乱）の難が起こると警告する内容である。

文永五年のふたたびの上奏は執権北条時宗に提出した。その副状《そえじょう》にいう。

## 安国論副状　出典51

未《いま》だ見参《げんざん》に入《い》らずと雖《いえど》も事《こと》に触《ふ》れ書《しょ》を奉《たてまつ》るは常《つね》の習《なら》いに候《そうろう》か。抑《そもそも》、正嘉元年《しょうかがんねん》〈太歳丁巳《たいさいていし》〉八月二十三《はちがつにじゅうさん》日戌亥《にちいぬい》の尅《こく》の大地震《おおじしん》、日蓮諸経《にちれんしょきょう》を引《ひ》きて之《これ》を勘《かんが》うるに、念仏宗《ねんぶつしゅう》と禅宗等《ぜんしゅうとう》と御帰依《ごきえ》有《あ》るの故《ゆえ》に、日本国中《にほんこくじゅう》の守護《しゅご》の諸大善神《しょだいぜんじん》、恚《いかり》に依《よ》りて起《おこ》す所《ところ》の災《わざわい》なり。若《も》し御対治《ごたいじ》無《な》くんば他国《たこく》の為《ため》に此《こ》の国《くに》を破《やぶ》らるべき悪《あく》瑞《ずい》の由《よし》、勘文一通之《かんもんいっつうこれ》を撰《せん》し立正安国論《りっしょうあんこくろん》と号《ごう》し、正元二年《しょうげんにねん》〈太歳庚申《たいさいこうしん》〉七月十六日《しちがつじゅうろくにち》、宿屋入道《やどやにゅうどう》に付《ふ》して故《こ》最明寺入道殿《さいみょうじにゅうどうどの》に之《これ》を進覧《しんらん》せしむ。

［訳］まだお会いしたことはなくても折に触れて書を差し上げるのは世の常の習いでしょう。そもそも正嘉《しょうか》元年八月二十三日夜の大地震は、わたくし日蓮が諸経を読んで考えるに、念仏宗や禅宗に御帰依されているゆえに、日本国中の守護の諸大善神が怒って起こした災害なのです。もし念仏宗や禅宗を退けられなければ、他国がこの国を侵略する悪瑞《あくずい》になるとのことは、上申の文一通、これを撰《せん》して『立正安国論』と名づけ、正元《しょうげん》二年七月十六日、宿屋入道《やどやにゅうどう》を通して故最明寺入道殿《こさいみょうじにゅうどうどの》（前執権北条時頼）に進呈しました。

当時、鎌倉では浄土宗の良忠《りょうちゅう》が鎌倉材木座の光明寺を拠点に関東に専修《せんじゅ》念仏をひろめていたほか、念仏は宗派を問わずおこなわれていた。また、禅宗と真言律宗が幕府の仏法として隆盛していた。そのために護国の諸天善神が国を去り、災いがおこるのだという。のちに「念仏無《む》間《けん》・禅天魔・真言亡国・律国賊」の四句（四箇格言《しかかくげん》）にまとめられる他宗排除の主張である。

幕府は鶴岡八幡宮《つるがおかはちまんぐう》などで法華経の法会を盛んに営んでいたので、法華経を奉じること自体に異存はなかっただろう。しかも、蒙古《もうこ》襲来が予想されるなかで幕府は異国降伏《ごうぶく》の祈《き》禱《とう》を諸国の寺社に命じた。

法華経だけに帰一することはできるはずがなく、日蓮は世を乱すものとして弾圧された。しかし、この受難は法華経に予告されたことだった。第十章の「法師品」にいう。

## 妙法蓮華経法師品第十　出典38

その時《とき》、仏《ほとけ》は復《また》、薬王菩薩摩訶薩《やくおうぼさつまかさつ》に告《つ》げたもう。わが説《と》く所《ところ》の経典《きょうてん》は、無量千万億《むりょうせんまんおく》にして、已《すで》に説《と》けると、今説《いまと》くと、当《のち》に説《と》くとあり。しかも、その中《なか》において、この法華経《ほけきょう》は、最《もっと》もこれ信《しん》じ難《がた》く、解《さと》り難《がた》きなり。薬王《やくおう》よ、この経《きょう》は、これ諸仏《しょぶつ》の秘要《ひよう》の蔵《ぞう》なれば、分布《ぶんぷ》して妄《みだ》りに人《ひと》に授与《じゅよ》すべからず。諸《もろもろ》の仏《ぶっ》・世《せ》尊《そん》の守護《しゅご》したもう所《ところ》なれば、昔《むかし》より已来《このかた》、未《いま》だ曾《かっ》て顕《あらわ》に説《と》かざりしなり。しかもこの経《きょう》は如来《にょらい》の現在《げんざい》すら、猶《なお》、怨嫉《おんしつ》多《おお》し、況《いわ》んや滅度《めつど》の後《のち》をや。

［訳］そのとき釈迦牟尼《むに》世尊はまた薬王菩薩摩訶薩《やくおうぼさつまかさつ》[1]に告げた。「私が説く経典は無量千万億の多さです。過去に説いたものも、いま説いているものも、これから説く経典もあります。そのなかで法華経は信じること、理解することがもっともむずかしい経典です。医薬の王たる菩薩よ。この経は諸仏の重要な秘密が納められた蔵ですから、みだりに人に与えてはなりません。仏の威力によって堅固に守られてきたものですから、これまで顕《あら》わに示されなかったのです。私が世に在る現在でも、この経は人々から排斥されています。まして、私の滅後には多くの迫害を受けるでしょう」と。

1 **薬王菩薩摩訶薩**＝医薬の王という名の菩薩。摩訶薩の原語マハーサットヴァは威大な者の意で「大士」と訳される。

しかし、苦難の持経者こそ仏に護《まも》られる。「法師品」には続けて次のように説かれている。

薬王《やくおう》よ、当《まさ》に知《し》るべし、如来《にょらい》の滅後《めつご》に、それ能《よ》く書持《しょじ》し、読誦《どくじゅ》し、供養《くよう》し、他人《たにん》のために説《と》く者《もの》は、如来《にょらい》は則《すなわ》ち、ために衣《ころも》をもってこれを覆《おお》いたまい、又《また》、他方《たほう》の現在《げんざい》の諸仏《しょぶつ》に護念《ごねん》せらるることを為《え》ん。この人《ひと》には、大信力《だいしんりき》と及《およ》び志願力《しがんりき》と諸《もろもろ》の善根力《ぜんごんりき》とあり。当《まさ》に知《し》るべし、この人《ひと》は如来《にょらい》と共《とも》に宿《やど》るなり。

［訳］医薬の王たる菩薩《ぼさつ》よ。このように知りなさい。私の滅後に、この経を書写して持し、読誦《どくじゅ》し、供養し、他の人のために説く者を、如来はその衣でおおいます。また、諸方の現在の仏たちも、その人を念じて守護します。この人には、大いなる信の力と、志し願う力と、多くの善根をつむ力があります。まさに知らねばなりません。この人は如来と同じ家に住むことを。

### 娑婆即寂光

日蓮にとって法難は救いの実現を意味した。龍口法難の九日後に信徒にあてた手紙『四条金吾殿御消息《しじょうきんごどのごしょうそく》』は、真蹟《しんせき》は現存しないが、そのことをよく表す文である。

### 四条金吾殿御消息

出典52

今度《このたび》法華経《ほけきょう》の行者《ぎょうじゃ》として流罪《るざい》死罪《しざい》に及《およ》ぶ。流罪《るざい》は伊東《いとう》、死罪《しざい》はたつのくち。相州《そうしゅう》ノたつのくちこそ日《にち》蓮《れん》が命《いのち》を捨《すて》たる処《ところ》なれ。仏土《ぶつど》におとるべしや。其故《そのゆえ》はすでに法華経《ほけきょう》の故《ゆえ》なるがゆへなり。（中略）日蓮《にちれん》が難《なん》にあう所《ところ》ごとに仏土《ぶつど》なるべき歟《か》。娑婆世界《しゃばせかい》の中《うち》には日本国《にほんこく》、日本国《にほんこく》の中《うち》には相模《さがみ》ノ国《くに》、相模《さがみ》ノ国《くに》の中《うち》には片瀬《かたせ》、片瀬《かたせ》の中《うち》には龍口《たつのくち》に、日蓮《にちれん》が命《いのち》をとどめをく事《こと》は法華経《ほけきょう》の御故《おんゆえ》なれば寂光土《じゃっこうど》ともいうべき歟《か》。神力品《じんりきほん》ニ云《いわ》ク　若於林中《にゃくおりんちゅう》　若於園中《にゃくおえんちゅう》　若山谷曠野《にゃくさんやこうや》　是中乃至而般涅槃《ぜちゅうないしにはつねはん》とは是《これ》歟《か》。

［訳］このたび法華経の行者として流罪死罪になった。流罪は伊東、死罪は龍ノ口。相州の龍口《たつのくち》こそ日蓮が命を捨てた所である。仏土《ぶつど》（仏の国）に劣るまい。そのゆえは、すでに法華経に説かれている。（中略）

日蓮が難にあう所ごとに仏土になろう。この娑婆《しやば》世界《せかい》の中には日本国、日本国の中には相模《さがみ》の国《くに》、相模の国の中には鎌倉の片瀬《かたせ》、片瀬の中には龍口に、日蓮の命をとどめおかれたのは法華経のおかげなれば、そこは寂光土《じやつこうど》（浄土）ともいうべきか。法華経の如来神力品《によらいじんりきほん》にいう「（この経巻があるところは）若《も》しくは林の中に於《おい》ても、若《も》しくは園の中に於ても、若《も》しくは山・谷・曠野《こうや》にても、是《こ》の中にて般涅槃《はつねはん》すればなり」[1]とは、このことか。

1 **般涅槃すればなり**＝神力品には釈迦如来の滅後に、この経を「一心に受持し読・誦し、解説し、書写し、如説修行（説かれているように修行）し、この経巻があるところでは園中でも林中でも樹下でも、坊でも白衣の舎（民家）でも殿堂でも、山谷・曠野でも塔をたてて供養すべし。なぜなら、即是道場（ここが悟りの場）であり、仏はここで無上の悟りを得、ここで法輪を転じ、ここで般涅槃した（涅槃に入られた）のだから」と説かれている。

寂光土とは悟りの静けさの世界をいう。天台教学で娑婆《しやば》即寂光といい、この世が仏の浄土だといわれてきた。日蓮は「娑婆世界の中には日本国、日本国の中には相模の国」と受難の地に実現したという。日蓮は流罪地の佐渡で文永九年二月に『開目抄《かいもくしよう》』を著し、その意味を問いなおした。

## 開目抄　出典51

誰《たれ》をか法華経《ほけきよう》の行者《ぎようじや》とせん。寺塔《じとう》を焼《やき》て流罪《るざい》せらるゝ、僧侶《そうりよ》はかずをしらず。公家武家《くげぶけ》に諛《へつらい》てにくまるゝ、高僧《こうそう》これ多《おおし》。此等《これら》を法華経《ほけきよう》の行者《ぎようじや》といふべきか。仏語《ぶつご》むなしからざれば三類《さんるい》の怨敵《おんてき》すでに国中《こくちゆう》に充満《じゆうまん》せり。金言《きんげん》のやぶるべきかのゆへに法華経《ほけきよう》の行者《ぎようじや》なし。いかんがせん〳〵。抑《そもそも》たれやの人《ひと》か衆俗《しゆぞく》に悪口罵詈《あつくめり》せらるゝ。誰僧《たれのそう》か刀杖《とうじよう》を加《くわ》へらるゝ。誰《たれ》の僧《そう》をか法華経《ほけきよう》のゆへに公家武家《くげぶけ》に奏《そう》する、誰《たれ》の僧《そう》か「数数見擯出《さくさくけんひんずい》」と度々《たびたび》ながさるゝ。日蓮《にちれん》より外《ほか》に日本《につぽん》国《こく》に取出《とりいだ》さんとするに人《ひと》なし。日蓮《にちれん》は法華経《ほけきょう》の行者《ぎょうじゃ》にあらず、天《てん》これをすて給《たまう》ゆへに。誰《たれ》をか当世《とうせ》の法華《ほけ》経《きょう》の行者《ぎょうじゃ》として仏語《ぶつご》を実語《じつご》とせん。（中略）

善《ぜん》に付《つ》け悪《あく》につけ、法華経《ほけきょう》をすつる、地獄《じごく》の業《ごう》なるべし。本願《ほんがん》を立《たつ》。日本国《にっぽんこく》の位《くらい》をゆづらむ、法華経《ほけきょう》をすて、観経等《かんぎょうとう》について後生《ごしょう》をごせよ。父母《ふぼ》の頸《くび》を刎《はねん》、念仏申《ねんぶつもう》さずわ。なんどの種々《しゅじゅ》の大難出来《だいなんしゅったい》すとも、智者《ちしゃ》に我義《わがぎ》やぶられずば用《もちい》じとなり。其外《そのほか》の大難《だいなん》、風《かぜ》の前《まえ》の塵《ちり》なるべし。我日本《われにっぽん》の柱《はしら》とならむ、我日本《われにっぽん》の眼目《がんもく》とならむ、我日本《われにっぽん》の大船《たいせん》とならむ等《とう》とちかいし願《がん》、やぶるべからず。

［訳］誰を法華経の行者とするのか。寺塔を焼いて流罪にされた僧侶は数を知らず、公家・武家にへつらって憎まれた高僧も多い。これらを法華経の行者というべきか。

仏の言葉が嘘でなければ、三類の怨敵《おんてき》[1]がすでに国中に充満している。仏の金言が破れたゆえに法華経の行者がいないのか。いかがせん、いかがせん。そもそも、だれが世の人々に罵《ののし》られただろう。どの僧が刀杖《とうじょう》で打たれただろう。どの僧が法華経に説かれているとおりに公家・武家に具申しただろう。どの僧が「数数見擯出《さくさくけんひんずい》[2]」とたびたび流されただろう。日蓮のほかに日本国であげる人はない。日蓮が法華経の行者でなければ天は捨てたまうであろう。だれが今の世の法華経の行者として仏の言葉を真実の語とするか。（中略）

善知識でも悪知識[3]でも、法華経を捨てるのは地獄の業《ごう》であろう。私はかつて本願を立てた。「日本国の位を譲ろう」と言われても、「法華経を捨てて阿弥陀仏の浄土を説く観無量寿経などによって後生《ごしょう》を期せよ、父母の頸《くび》を刎《は》ねるぞ、念仏を唱えなければ」と脅されようとも、何度の種々の大難にあおうとも、智者に我が義《ぎ》を破られずば用はないと。そのほかの大難は、風の前の塵《ちり》のようなものである。「我、日本の柱とならん」「我、日本の眼目とならん」「我、日本の大船とならん」[4]などと誓った願《がん》を破ってはならない。

**1** **三類の怨敵**＝三類の強敵《ごうてき》ともいう。法華経「勧持品十三」に説かれている俗衆増上慢《ぞくしゅうぞうじょうまん》（人びとがうぬぼれにとらわれる）・道門増上慢《どうもんぞうじょうまん》（自我にこだわり、うぬぼれること）・僭聖増上慢《せんしょうぞうじょうまん》（自分は聖者だとうぬぼれること）。**2** **数数見擯出**＝「勧持品十三」の偈にある語句で、たびたび僧院から追放されること。**3** **善知識・悪知識**＝善知識は仏道の先導者で単に「知識」ともいう。悪知識は悪いことを縁として導く友をいう。**4** この三項目を日蓮の三大誓願という。

**三大秘法**　さらに日蓮は文永十年四月に「法開顕《ほうかいけん》の書」つまり真実の仏法を明らかにした書物とされる『観心本尊抄《かんじんほんぞんしょう》』を著した。「釈尊の因行果徳《いんぎょうかとく》の二法は妙法蓮花経の五字に具足《ぐそく》す。我等此《こ》の五字を受持すれば自《じ》然《ねん》に彼《か》の因果《いんが》の功徳を譲り与えたまう」という。因行果徳の因行とは釈迦が仏になる因としておこなった修行、果徳は仏の徳である。そのふたつが妙法蓮華経の五字にそなわっている。「我等此の五字を受持すれば」とは具体的には「南無妙法蓮華経」と題目を唱えることである。

この『観心本尊抄』は詳しくは『如来滅後五五百歳始観心本尊抄』といい、日蓮自身が文の始めにこの題を書いている。その意味には諸説あるが、およそ「如来滅後五々百歳に始まる心の本尊を観ずる抄（注釈書）」ということである。「如来滅後五五百歳」は大集経《だいじっきょう》（大方等大集経《だいほうどうだいじっきょう》）に仏滅後五《ご》五百年《ごひゃくねん》（五つの五百年）の順に仏法が衰えるという最後の五百年で、末法の悪世である。法然が時処機相応の仏法すなわち末法の時に辺土の日本の人々の機根にふさわしい教えとして専修念仏の門を開いたのにたいし、日蓮は「南無妙法蓮華経」の題目を本尊とした。後年の『報恩抄《ほうおんしょう》』に次のようにいう。

# 報恩抄　出典51

報恩抄は五十五歳の建治二年（一二七六）、身延で安房の清澄寺時代の師、道善房の訃《ふ》報《ほう》に接してあらわした書である。

世《よ》末《すえ》になれば人《ひと》の智《ち》はあさく仏教《ぶっきょう》はふかくなる事《こと》なり。例《れい》せば軽病《けいびょう》は凡薬《ぼんやく》、重病《じゅうびょう》には仙薬《せんやく》、弱人《よわきひと》には強《つよ》きかたうど有《あり》て扶《たすく》るこれなり。

問云《とうていわく》、天台《てんだい》・伝教《でんぎょう》の弘通《ぐずう》し給《たまわ》ざる正法《しょうぼう》ありや。（中略）答云《こたえていわく》、一《ひとつに》は日本乃至《にっぽんないし》一閻浮提《いちえんぶだい》一同《いちどう》に本門《ほんもん》の教主《きょうしゅ》釈尊《しゃくそん》を本尊《ほんぞん》とすべし。所謂宝塔《いわゆるほうとう》の内《うち》の釈迦《しゃか》・多宝《たほう》、外《そと》の諸仏《しょぶつ》、並《ならび》に上行等《じょうぎょうとう》の四菩薩《しぼさつ》脇士《きょうじ》となるべし。二《ふたつ》には本門《ほんもん》の戒壇《かいだん》。三《みつ》には日本乃至《にっぽんないし》漢土《かんど》・月氏《げっし》・一閻浮提《いちえんぶだい》に人《ひと》ごとに有智無智《うちむち》をきらはず一同《いちどう》に他事《たじ》をすてて南無妙法蓮華経《なむみょうほうれんげきょう》と唱《となう》べし。

［訳］（さまざまな先師が世に出たのは）世が末になれば人の智は浅く仏の教えは深くなる。たとえば軽い病には凡薬、重い病には仙薬、弱い人には強い味方が助けるのと同じである。

問うて言う。「天台大師智顗《ちぎ》・伝教《でんぎょう》大師最澄が説かれていない真の仏法があるか」。（中略）答えて言う。「一つには日本も一閻浮提《いちえんぶだい》[1]も一同に本門の教主釈尊を本尊とすべきである。本尊には宝塔の内の釈迦如来・多宝如来[2]、宝塔の外の諸仏を拝し、上行らの四菩薩[3]を脇士《きょうじ》[4]とすべきである。二には本門の戒壇。三には日本でも中国でも西域でも一閻浮提の人ごとに智のあるなしを問わず一同に他の仏法を捨てて南無妙法蓮華経と唱えるべきである（後略）」。

1 **一閻浮提**＝須弥山《しゅみせん》南方の大陸で、この世界のこと。 2 **多宝如来**＝過去の世の仏で、法華経が説かれるところに出現してその真実であることを証言すると誓って入滅。その遺骨の全身が一つの塔に納められたという。法華経「見宝塔品」に多宝如来の塔が空中に出現し、この世で法華経を説く釈迦如来を讃《たた》える。そして釈迦を塔中に招き、並び坐したと説かれている。それが天台宗・日蓮宗・真言宗などで多く建立された多宝塔の典拠である。 3 **上行らの四菩薩**＝地下の虚空に無数の菩薩がいた。上行・無辺行・浄行・安立行の四菩薩を先頭に地から涌《わ》きだし、この世での宣教を釈迦如来から託される（「従地涌出品」）。日蓮は自身が末法の世に現れた地涌の菩薩であると自覚した。後世、日蓮が大菩薩とされるゆえんである。 4 **脇士**＝仏像で主尊のわきに置かれる菩薩や天。日蓮宗には大曼荼羅《まんだら》のほかに「二尊四士」という本尊の形があり、中央に釈迦如来・多宝如来、その左右に四菩薩を置く。

ここに三大秘法とよばれる日蓮の法華信仰の核心が示されている。それは仏の働きが三つの形に現れることで「本門の本尊」「本門の戒壇」「本門の題目」をいう。

本門の本尊は『報恩抄』に「日本乃至《ないし》一閻浮提《いちえんぶだい》一同に本門の教主釈尊を本尊とすべし」とあることで、具体的には「南無妙法蓮華経」の題目を中心に釈迦如来・多宝如来などの尊号を書き入れた大曼《まん》荼羅《だら》をいう。日蓮は『観心本尊抄』の著述後に大曼荼羅をつくり、弟子や信徒に与えた。

本門の戒壇は、大曼荼羅本尊のあるところが即是《そくぜ》道場、すなわち法華経に約された救いが実現する場であること。本門の題目は「南無妙法蓮華経」と唱えることである。如来のすべてがこめられた「妙法蓮華経」の五字に人の帰依をあらわす「南無」をつけた七字が感応する。このことを「妙法五字七字」という。

**久遠本仏**　法華経は二十八品（章）からなる経典で、前半十四品は迹門《しゃくもん》、後半十四品は本門《ほんもん》と区分される。迹門とは方便の法門である。さまざまな仏道（声聞《しょうもん》・縁覚《えんがく》・菩薩《ぼさつ》の三乗）の修行者でも、究極には一つの至高の仏道（一乗）に至るということが繰り返し説かれている。そして、究極の仏道が示されるのが真実の法門、すなわち本門である。その本門のなかでも本門とされるのは「如来の寿命の長さ」についての章、すなわち「如来寿量品第十六」である。釈迦如来は真実には、この世で悟りを開いて初めて仏になったのではなく、無限の過去に成仏した久遠実成《くおんじつじょう》の仏であるという。

## 妙法蓮華経如来寿量品第十六　出典38

諸《もろもろ》の衆生《しゅじょう》には、種種《しゅじゅ》の性《しょう》、種種《しゅじゅ》の欲《よく》、種種《しゅじゅ》の行《ぎょう》、種種《しゅじゅ》の憶想《おもい》・分別《ふんべつ》あるをもっての故《ゆえ》に、諸《もろもろ》の善根《ぜんごん》を生《しょう》ぜしめんと欲《ほっ》して、若干《そこばく》の因縁《いんねん》・譬喩《ひゆ》・言辞《ごんじ》をもって、種種《しゅじゅ》に法《ほう》を説《と》きて、作《な》すべき所《ところ》の仏事《ぶつじ》を未《いま》だ曾《かつ》て暫《しば》らくも廃《はい》せざるなり。かくの如《ごと》く、われは、成仏《じょうぶつ》してより已来《このかた》、甚大久遠《じんだいくおん》なり。

［訳］人々は、いろいろな性格で、いろいろな意欲をもち、いろいろにおこない、いろいろに思い、判断するので、私（釈迦如来）はそれぞれに善根を生じさせようと、それぞれに事の因と縁、例話、言葉を選んで法を説き、仏としてなすべきことをいまだ少しも休止したことはありません。そのように、私が成仏したのは久遠《くおん》の過去のことなのです。

この「寿量品」の末尾に冒頭の語から「自我偈《げ》」とよばれる偈があり、法華経の要《かなめ》とされる。

**妙法蓮華経如来寿量品第十六**（自我偈）出典53

我《われ》仏《ほとけ》を得《え》てより来《このかた》　経《へ》たる所《ところ》の諸《もろもろ》の劫数《こつしゅ》無量百千万《むりょうひゃくせんまん》　億載阿僧祇《おくさいあそうぎ》なり（中略）我《われ》諸《もろもろ》の衆生《しゅじょう》を見《み》れば　苦《く》海《かい》に没在《もつざい》せり　故《かるがゆえ》に為《ため》に身《み》を現《げん》ぜずして　其《そ》れをして渇仰《かつごう》を生《しょう》ぜしむ　其《そ》の心恋慕《こころれんぼ》するに因《よ》つて　乃《すなわ》ち出《い》でて為《ため》に法《ほう》を説《と》く　神通力《じんづうりき》是《かく》の如《ごと》し　阿僧祇劫《あそうぎこう》に於《おい》て　常《つね》に霊鷲山《りょうじゅせん》　及《およ》び余《よ》の諸《もろもろ》の住処《じゅうしょ》にあり　衆《しゅ》生劫尽《じょうこうつ》きて　大火《だいか》に焼《や》かるると見《み》る時《とき》も　我《わ》が此《こ》の土《ど》は安穏《あんのん》にして　天人《てんにん》常《つね》に充満《じゅうまん》せり　園林《おんりん》諸《もろもろ》の堂《どう》閣《かく》　種種《しゅじゅ》の宝《たから》をもつて荘厳《しょうごん》し　宝樹花果《ほうじゅけか》多《おお》くして　衆生《しゅじょう》の遊楽《ゆらく》する所《ところ》なり　諸天天鼓《しょてんてんく》を撃《う》つて　常《つね》に諸《もろもろ》の伎楽《ぎがく》を作《な》し　曼陀羅華《まんだらけ》を雨《ふ》らして仏及《ほとけおよ》び大衆《だいしゅ》に散《さん》ず　我《わ》が浄土《じょうど》は毀《やぶ》れざるに而《しか》も衆《しゅ》は焼《や》け尽《つ》きて　憂《う》怖《ふ》諸《もろもろ》の苦悩《くのう》　是《かく》の如《ごと》き悉《ことごと》く充満《じゅうまん》せりと見《み》る　是《こ》の諸《もろもろ》の罪《つみ》の衆生《しゅじょう》は　悪業《あくごう》の因縁《いんねん》を以《もっ》て　阿僧祇劫《あそうぎこう》を過《す》ぐれども　三宝《さんぼう》の名《な》を聞《き》かず　諸《もろもろ》の有《あら》ゆる功徳《くどく》を修《しゅ》し　柔和質直《にゅうわしちじき》なる者《もの》は　則《すなわ》ち皆我《みなわ》が身《み》　此《ここ》にあつて法《ほう》を説《と》くと見《み》る（中略）我《われ》常《つね》に衆生《しゅじょう》の　道《どう》を行《ぎょう》じ道《どう》を行《ぎょう》ぜざるを知《し》つて　度《ど》すべき所《ところ》に随《したが》つて　為《ため》に種種《しゅじゅ》

の法《ほう》を説《と》く　毎《つね》に自《みずか》ら是《こ》の念《ねん》を作《な》す　何《なに》を以《もっ》てか衆生《しゅじょう》をして　無上道《むじょうどう》に入《い》り　速《すみや》かに仏身《ぶっしん》を成就《じょうじゅ》することを得《え》せしめんと

［訳］私が仏になったのは無量百千万億載《さい》阿《あ》僧祇《そうぎ》劫《こう》のかなたのことです。（中略）私が見るに、人々は苦しみの海に沈んだままでいます。そのため、真実の身は現さずに仏を求める心を生じさせ、その心が恋慕《れんぼ》することによって、現れて法を説くのです。如来の深遠な智慧《ちえ》の力は、このようにあります。私は久遠《くおん》の時を常に霊鷲山《りょうじゅせん》[1]に在り、他のどこにでも在ります。世が衰えて生きるものが皆、大火に焼かれていると見えるときでも、私の国土（娑婆《しゃば》世界）は安穏で、神々と善き人々が常に満ちています。園林と多くの堂閣、種々の宝で厳《おごそ》かに飾られ、宝玉の樹々には花と果実がみのり、生けるものが遊楽《ゆらく》する所です。神々は天の鼓《つづみ》を打って常に伎楽を演じ、天界の花々を降らして仏と人々に散じます。私の浄土が毀《こわ》れることはありません。それなのに人々は炎に焼きつくされているかのように見て、憂いと怖れと、苦悩が充満しているかのように思っています。これら罪ある衆生は悪業《あくごう》の因縁ゆえに、阿《あ》僧祇《そうぎ》劫《こう》を過ぎても三宝の名《みな》を聞くことがありません。しかし、もろもろの功徳を修し、心やわらかく素直である者は皆、私の身体を見るし、ここに在って法を説くのを見ます。（中略）私は常に、仏道をよく行じる人と、仏道を行じられない人を知り分けて、救うべきところにしたがって種々の法を説きます。そして、私はいつも念じています。「どのようにして人々を無上道に入らしめ、速やかに仏身《ぶっしん》を成就《じょうじゅ》させようか」と。

1 **霊鷲山**＝インドのラージギルにある山。釈尊時代のマガダ国の都（王舎城）の郊外にある。原名グリドラクータの表音で耆《ぎ》闍崛山《じゃくつせん》、「鷲《わし》の峰」という意から霊鷲山という。日蓮は法華経が説かれた霊場として霊山浄土《りょうぜんじょうど》といい、久遠の釈迦如来のもとに至ることを霊山往詣《りょうぜんおうけい》という。

## 法華経守護の諸尊

如来の永遠が説かれた「寿量品」のあと、第十七品以降は流通分《るずうぶん》とよばれる結末になる。そこには礼拝行の尊さが説かれた「常不軽菩薩品第二十」、観音菩薩の救いが説かれた「観世音菩薩普門品第二十五（観音経）」などがある。「陀羅尼《だらに》品第二十六」には毘沙門天《びしゃもんてん》・持国天・鬼子《きし》母神《もじん》・羅刹女《らせつにょ》などが次々に釈迦如来の前に進み出て陀羅尼（呪《しゅ》）を唱え、それをもって法華経の行者を守護すると誓う。そして最後の「普賢《ふげん》菩薩勧発品」では普賢菩薩が次のように誓うのである。

## 妙法蓮華経普賢菩薩勧発品第二十八　出典38

その時《とき》、普賢菩薩《ふげんぼさつ》は仏《ほとけ》に白《もう》して言《い》わく「世尊《せそん》よ、後《のち》の五百歳《ごひゃくさい》の濁悪《じょくあく》の世《よ》の中《なか》において、それこの経典《きょうてん》を受持《じゅじ》する者《もの》あらば、われは当《まさ》に守護《しゅご》してその衰患《わずらい》を除《のぞ》き、安穏《あんのん》なることを得《え》せしめて、伺《うかが》い求《もと》むるにその便《たより》を得《え》る者なからしむべし。若《も》しくは魔《ま》、若《も》しくは魔《ま》の子《こ》、若《も》しくは魔《ま》の女《おんな》、若《も》しくは魔《ま》の民《たみ》、若《も》しくは魔《ま》に著《つ》かれたる者《もの》、若《も》しくは夜叉《やしゃ》、若《も》しくは羅刹《らせつ》、若《も》しくは鳩槃茶《くはんだ》、若《も》しくは毘舎闍《びしゃじゃ》、若《も》しくは吉蔗《きつしゃ》、若《も》しくは富単那《ふたんな》、若《も》しくは韋陀羅《いだら》等《とう》の諸《もろもろ》の人《ひと》を悩《なや》ます者《もの》は皆便《みなたより》を得《え》ざらん。この人、若《も》しくは行《あゆ》み若《も》しくは立《た》ちて、この経《きょう》を読誦《どくじゅ》せば、われはその時《とき》、六牙《ろくげ》の白象王《びゃくぞうおう》に乗《の》り、大菩薩衆《だいぼさつしゅ》と倶《とも》にその所《ところ》に詣《いた》りて、自《みずか》ら身《み》を現《あら》わし、供養《くよう》し守護《しゅご》して、その心《こころ》を安《やす》んじ慰《なぐさ》めん。亦《また》、法華経《ほけきょう》を供養《くよう》せんがための故《ゆえ》なり。

[訳] その時、普賢菩薩《ふげんぼさつ》は釈迦牟尼《しゃかむに》世尊に奏しました。

世尊の滅後、後の五百年の濁悪《じょくあく》の世において、この経典を受持する者は、私が守護して憂いと患いを除き、安穏であらしめて、悪しきものが近づくことのないようにいたします。悪魔であれ、悪魔の子であれ、魔女であれ、魔の民であれ、魔にとりつかれた者どもであれ、この経典を受持する者につけいることのないようにいたします。あるいは夜叉《やしゃ》[1]、あるいは羅刹《らせつ》[2]、あるいは鳩槃茶《くはんだ》[3]・毘舎闍《びしゃじゃ》[4]・吉蔗《きつしゃ》[5]・富単那《ふたんな》[6]・

韋陀羅《いだら》[7]など、人を悩ます鬼どもを近寄らせません。

その人が歩みながら、あるいは立ちどまって、この経を読誦《どくじゅ》するとき、わたくしは象の王たる六牙《ろくげ》の白象に乗って大菩薩衆とともに姿を現して守護し、その心を安んじます。それもまた、法華経を供養するためでございます。

1 **夜叉**＝鬼神ヤクシャ。 2 **羅刹**＝地獄の鬼ラークシャサ。 3 **鳩槃荼**＝幽鬼クンバーンダ。 4 **毘舎闍**＝食人鬼ヒムシャーチャ。 5 **吉蔗**＝妖術鬼《ようじゅつき》キトゥヤ。 6 **富単那**＝病魔プータナ。 7 **韋陀羅**＝死体を繰る鬼ヴェターダ。

日蓮の文字曼荼羅には四天王や日本の天照大神《あまてらすおおみかみ》の名もある。のちの日蓮宗寺院が毘沙門天や帝釈天、鬼子母神などを祀《まつ》って京や江戸の民衆の信仰を集めるのも、ここに原点がある。

**日蓮の晩年とその後**　文永十一年（一二七四）五十三歳の二月、日蓮は佐渡の流罪を赦されて鎌倉に戻った。幕府に三度目の諫言《かんげん》をおこなうが、やはり容れられず、身延・波木井《はきい》郷の南部《なんぶ》実長《さねなが》の招きによって身延に入山した。現在の日蓮宗総本山＝身延山《みのぶさん》久遠寺《くおんじ》の地である。

その十月に文永の役（第一回蒙古襲来）がおこり、他国侵逼《しんぴつ》の予告が現実になった。禅律をはじめ諸国の寺社で異敵降伏の祈禱が盛んにおこなわれるが、日蓮はかかわらなかった。

弘安五年（一二八二）六十一歳、病のため常陸《ひたち》の湯治に向かう。その途上、武蔵《むさし》の池上宗仲《むねなか》の館《やかた》で日蓮は寂した。現在の池上本門寺の地（東京都大田区）である。遺骸《いがい》は荼毘《だび》に付され、墓所は遺言によって身延につくられた。

その後、日蓮から後事を託された六人の本弟子（六老僧）の系統から諸門流が生まれる。身延門流・池上門流・中山門流などである。室町時代には諸門流が京都に進出し、町衆に広まった。

そのなかで六老僧の一人の日興《にちこう》は大石寺《たいせきじ》を建立して富士門流（日蓮正宗）を早くから分立。他の門流の多くが明治に合流して現在の日蓮宗になる。なお、日蓮宗という名は明治以降のもので、今も法華宗本門流・法華宗陣門流など、法華宗という派がある。

## 9　道元と曹洞宗

**坐禅弁道のすすめ**　道元《どうげん》（永平道元《えいへいどうげん》／一二〇〇～一二五三年）は内大臣久我通親《こがみちちか》の子として京に生まれた。母は摂政・関白藤原基房《もとふさ》の女《むすめ》という。三歳で父、八歳で母と死別。建暦《けんりやく》二年（一二一二）、十三歳で比叡山横川《ひえいざんよかわ》に入り、翌年、座主《ざす》公円《こうえん》によって剃髪《ていはつ》した。しかし道元は疑問をもつ。伝記『建撕《けんぜい》記《き》』に「顕密二教共に談ず、本来本法性天然自性身《ほんらいほんぽつしょうてんねんじしょうしん》と。もし此《か》くの如くならば、三世の諸仏、なにに依りてかさらに発心して菩提《ぼだい》を求むるや（どの教えでも本来天然に仏性《ぶつしょう》がそなわるという。なぜ諸仏はわざわざ悟りを求めたのか）」という。人は本《もと》から覚っているなら、なぜ修行するのかという疑問をもった。建保《けんぽう》五年（一二一七）十八歳、道元は比叡山を下り、建仁寺《けんにんじ》の明全《みようぜん》（栄西の高弟）の弟子になって禅を学ぶ。貞応《じようおう》二年（一二二三）二十四歳、明全とともに入宋《につそう》。天童山景徳禅寺《てんどうざんけいとくぜんじ》ほか諸山をたずね、嘉禄《かろく》元年（一二二五）、天童山の如浄《によじよう》（一一六二～一二二七年）のもとで身心脱落《しんじんだつらく》という境地をえた。『弁道《べんどう》話《わ》』に「一生参学の大事こゝにおはりぬ」という開悟《かいご》の体験である。

嘉禄三年（一二二七）二十八歳、帰国した道元は建仁寺に寄宿し、坐禅の心得と作法を『普勧坐禅《ふかんざぜん》義《ぎ》』に著した。もとの漢文では七百余字の簡潔な文である。

# 普勧坐禅義　出典54

原《たず》ぬるにそれ道本円通《どうもとえんづう》す、争《いか》でか修証《しゅしょう》を仮《か》らん。宗乗自在《しゅうじょうじざい》、何《なん》ぞ功夫《くふう》を費《つい》やさん。（中略）それ参禅《さんぜん》は、静室宜《じょうしつよろ》し、飲飡節《おんさんせつ》あるべし。乃《すなわ》ち諸縁《しょえん》を放捨《ほうしゃ》し、万事《ばんじ》を休息《きゅうそく》すべし。善悪《ぜんなく》を思《おも》わず、是非《ぜひ》を管《かん》することなかれ。心意識《しんいしき》の運転《うんてん》を停《や》め、念想観《ねんそうかん》の測量《しきりょう》を止《や》むべし。（中略）坐物《ざもつ》を厚《あつ》く敷《し》き、上《うえ》に蒲団《ふとん》を用《もち》うべし。或《ある》いは結跏趺坐《けっかふざ》し、或《ある》いは半跏趺坐《はんかふざ》す。（中略）いわゆる坐禅《ざぜん》は習禅《しゅうぜん》にはあらず、ただこれ安楽《あんらく》の法門《ほうもん》なり、菩提《ぼだい》を究尽《ぐうじん》するの修証《しゅしょう》なり。

**［訳］そもそも仏法・仏道はもとから全てにゆきわたって修証《しゅしょう》（修行と、その証《あかし》として悟り）に区別はない。教えは自在なもので、格別に修行する必要もない。（中略）坐禅は静かな部屋がよく、飲食に節度があるべきだ。いろいろな関わりを捨てて万事とらわれず、是非・善悪を思わず、心・意識の動きや想念を止めよ。（中略／坐所には）厚く敷物を敷き、その上に坐蒲《ざぶ》を置いて、結跏趺坐《けっかふざ》か半跏趺坐《はんかふざ》せよ[1]。（中略）いわゆる坐禅は、禅を習うことではない。ただ解脱《げだつ》・安楽の法門であり、菩提《ぼだい》（悟り）を究める修証《しゅしょう》である。**

1 **結跏趺坐か半跏趺坐**＝結跏趺坐は両足を組み、半跏趺坐は片足だけ組む坐り方。『普勧坐禅義《ふかんざぜんぎ》』には以下、その方法が次のように記されている。
　まず右の足を左の腿《もも》の上にのせ、左の足を右の腿の上にのせる。半跏趺坐は左の足を右の腿にのせるだけでよい。衣・帯はゆったりしたものがよいが、きちんとしていなければならない。次に右の手を左の足の上にのせ、左の掌を右の掌の上にのせ、両手の親指の先がつくようにする。そして、きっちりと坐り、左や右に傾いたり、前かがみになったり、後ろにそりかえってはいけない。耳と肩、鼻と臍《ほぞ》が並ぶことが大切だ。舌は上顎《あご》につけ、唇と歯をつけ、目は常に開いておく。そして鼻で静かに息をする。そうして身体が調ったところで、欠気一息（腹の底からゆっくりと息を二、三度吐き出す）し、左右に体を揺らしてから兀兀《ごつごつ》として（山のように動かず）坐定《ざじょう》する。

寛喜《かんぎ》三年（一二三一）三十二歳の春、建仁寺を出て深草（京都市伏見区）の安養院《あんよういん》にうつる。そこで道元は『弁道話《べんどうわ》』を撰述した。これが九十五巻本『正法眼蔵《しょうぼうげんぞう》』（本山版）の第一巻になる。

弁道とは修道のことで、『弁道話』には禅宗の趣旨と伝法の由来がくわしく記されている。道元の立教開宗の書とされる。

**弁道話**　出典55

諸仏如来《しょぶつにょらい》、ともに妙法《みょうほう》を単伝《たんでん》して、阿耨菩提《あのくぼだい》を証《しょう》するに、最上無為《さいじょうむい》の妙術《みょうじゅつ》あり。これたゞ、ほとけ仏《ほとけ》にさづけてよこしまなることなきは、すなはち自受用三昧《じじゅようざんまい》、その標準《ひょうじゅん》なり。

この三昧《さんまい》に遊化《ゆけ》するに、端坐《たんざ》参禅《さんぜん》を正門《しょうもん》とせり。（中略）

予《よ》、発心求法《ほっしんぐほう》よりこのかた、わが朝《ちょう》の遍方《へんぼう》に知識《ちしき》をとぶらひき。ちなみに建仁《けんにん》の全公《ぜんこう》をみる。あひしたがふ霜華《そうか》すみやかに九廻《きゅうかい》をへたり。いさゝか臨済《りんざい》の家風《かふう》をきく。（中略）予《よ》、かさねて大宋国《だいそうこく》におもむき、知識《ちしき》を両浙《りょうせち》にとぶらひ、家風《かふう》を五門《ごもん》にきく。つひに太白峰《たいはくほう》の浄禅師《じょうぜんじ》に参《さん》じて、一生参学《いっしょうさんがく》の大事《だいじ》こゝにおはりぬ。それよりのち、大宋紹定《だいそうじょうてい》のはじめ、本郷《ほんきょう》にかへりしすなはち、弘法救生《ぐほうくしょう》をおもひとせり。（中略）

大師釈尊《だいししゃくそん》、霊山会上《りょうぜんえじょう》にして法《ほう》を迦葉《かしょう》につけ、祖々正伝《そそしょうでん》して菩提達磨尊者《ぼだいだるまそんじゃ》にいたる。尊者《そんじゃ》、みづから神《しん》丹国《だんこく》におもむき、法《ほう》を慧可大師《えかだいし》につけき。これ東地《とうち》の仏法伝来《ぶっぽうでんらい》のはじめなり。（中略）宗門《しゅうもん》の正伝《しょうでん》にいはく、この単伝正直《たんでんしょうじき》の仏法《ぶっぽう》は、最上《さいじょう》のなかに最上《さいじょう》なり。参見知識《さんけんちしき》のはじめより、さらに焼香《しょうこう》・礼拝《らいはい》・念仏《ねんぶつ》・修懺《しゅさん》・看経《かんきん》をもちゐず、たゞし打坐《たざ》して身心脱落《しんじんだつらく》することをえよ。

もし人《ひと》、一時《いちじ》なりといふとも、三業《さんごう》に仏印《ぶっちん》を標《あらわ》し、三昧《さんまい》に端坐《たんざ》するとき、遍法界《へんほうかい》みな仏印《ぶっちん》となり、尽《じん》虚空《こくう》こと〴〵くさとりとなる。（中略）このとき、十方法界《じっぽうほうかい》の土地草木《どじそうもく》、牆壁瓦礫《しょうへきがりゃく》みな仏事《ぶつじ》をなすをもて、

そのおこすところの風水《ふうすい》の利益《りやく》にあづかるともがら、みな甚妙不可思議《じんみようふかしぎ》の仏化《ぶつけ》に冥資《みようし》せられて、ちかきさとりをあらはす。（中略）

こゝをもて、わづかに一人一時《いちにんいちじ》の坐禅《ざぜん》なりといへども、諸法《しよほう》とあひ冥《みよう》し、諸時《しよじ》とまどかに通《つう》ずるがゆゑに、無尽法界《むじんほうかい》のなかに、去来現《こらいげん》に、常恒《じようごう》の仏化道事《ぶつけどうじ》をなすなり。彼々《ひひ》ともに一等《いつとう》の同修《どうしゆ》なり、同証《どうしよう》なり。たゞ坐上《ざじよう》の修《しゆ》のみにあらず、空《くう》をうちてひゞきをなすこと、撞《とう》の前後《ぜんご》に妙声綿々《みようしようめんめん》たるものなり。（中略）しるべし、たとひ十方無量恒河沙数《じつぽうむりようごうがしやしゆ》の諸仏《しよぶつ》、ともにちからをはげまして、仏智慧《ぶつちえ》をもて、一人坐禅《いちにんざぜん》の功《く》徳《どく》をはかりしりきはめんとすといふとも、あへてほとりをうることあらじ。

［訳］真如《しんによ》より来《きた》る諸仏はともに妙法《みようほう》を単伝[1]して至高の菩提《ぼだい》（悟り）を証するに、最上無為の神秘な法がある。仏と仏がそれを授け伝えて誤りがないのは、すなわち自受用三昧《じじゆようざんまい》[2]がその判断の基準だからである。この三昧《さんまい》の境地に入るには、きちんと坐禅することを正門《しようもん》とする。（中略）

私は出家してから今まで我が国の善知識《ぜんちしき》（仏道の指導者）をあまねく訪ねた。そのうちに建仁寺《けんにんじ》の明全《みようぜん》師に出会った。師に従って九年の星霜を過ぎ、いささか臨済宗を学んだ。（中略）私はさらに大宋国《だいそう》におもむき、善知識を両浙《りようせち》[3]にたずね、禅の教えを五門（禅宗の諸派、五家七宗）に聞いた。ついに天童山《てんどうざん》の如浄《によじよう》禅師の門下に参じ、一生参学の大事、ここに終わった。その後、宋の紹定《じようてい》元年（一二二八）に日本に帰り、すなわち弘法救生《ぐほうくしよう》（法を弘めて衆生済度《しゆじようさいど》）を願う。（中略）

偉大な師、釈尊は霊鷲山《りようじゆせん》の集会《しゆうえ》にて法を迦葉《かしよう》に授け、祖々正伝《そそしようでん》して菩提達磨尊者《ぼだいだるまそんじや》にいたる。[4] 達磨大師はみずから中国におもむき、法を慧可大師《えかだいし》に授けた。これが東地の仏法伝来のはじめである。（中略）宗門の正伝にいう、このまっすぐに伝えられた仏法は最上のなかの最上であると。初めて善知識（師）に参じたときから、焼香・礼拝・念仏・修懺《しゆさん》（懺悔《さんげ》の修法《しゆほう》）・看経《かんきん》（読経《どきよう》）を用いず、ただひたすら坐禅して身心脱落《しんじんだつらく》することを得よ。

もし人が一時でも、三業《さんごう》（身・口・意）に仏の印を標《しめ》し、心を集中して端坐するとき、法界（世界）は遍《あまね》く仏の印となり、尽虚空《じんこくう》（全宇宙）ことごとく悟りの世界となる。（中略）このとき、十方法界の土地も草木も、牆壁瓦礫《しょうへきがりやく》も、みな仏事《ぶつじ》（仏のみわざ）をなすので、その起こす風水《ふうすい》の利益《りやく》にあずかる者たちは、みな甚妙不可思議の仏の働きかけに知らず資《たす》けられて、すぐに悟りを現すのである。

このためにこそ、わずかに一人一時（すなわち一個半個）の坐禅であっても諸法と冥合《みょうごう》し、諸時とまどかに通ずるゆえに、無窮の法界《ほうかい》のなかで過去・未来・現在のいつでも常に仏法の働きをなすのである。それらはみな一つの等しい修《しゅ》であり、証《しょう》である。ただ坐禅の床の上の修だけでなく、空《くう》を打って響きが起こるのは撞木《しゅもく》が鐘を打つ前後に梵音《ぼんのん》が綿々と響くごとくである。（中略）知るべし、たとえ十方無量の恒河《ごうが》（ガンジス）の砂の数ほどの諸仏が共に力を励まし、仏の智慧《ちえ》をもって、一人の坐禅の功徳《くどく》を推量し知り尽くそうとしても、とうてい果てを知りうることはない、と。

1 **単伝**＝まっすぐに伝えること。具体的には師から弟子へ直接に禅の極意を伝えることで、禅宗では師資相承《ししそうじょう》という伝法の系譜を血脈《けちみゃく》といい、重視される。 2 **自受用三昧**＝真実をみずから受け容《い》れ、その境地において静かで安らかであること。 3 **両浙**＝浙江の両岸。宋の皇帝によって官寺に定められた五山十刹《じっせつ》の禅寺があった地域。 4 **祖々正伝して菩提達磨尊者にいたる**＝このことは後述の世尊拈華《せそんねんげ》、庭前栢樹《ていぜんはくじゅ》の公案にある。

「菩提達磨《ぼだいだるま》尊者《そんじゃ》が中国に来たのが仏法伝来のはじめである」というのは六世紀ごろのことだった。禅宗は秘密仏教の密教と同様に師から弟子への血脈《けちみゃく》を尊重するが、その後、五家七宗と総称される系統に分かれた。そのなかで臨済義玄《りんざいぎげん》（？～八六六／八六七年）を祖とするのが臨済宗、洞山良价《とうざんりょうかい》（八〇七～八六九年）とその弟子の曹山本寂《そうざんほんじゃく》にはじまるというのが曹洞宗である。道元の師＝如浄は曹洞宗の血脈をひき、道元もそれを受けて日本に伝えたのだった。

『弁道話』にはこのあと、十八の問答が記されている。いわゆる公案《こうあん》の禅問答ではなく、禅と他の教え・行法に関するQ＆Aである。

### 弁道話（第三問答）出典55

とうていはく、（中略）読経《どきよう》・念仏《ねんぶつ》はおのづからさとりの因縁《いんねん》となりぬべし。たゞむなしく坐《ざ》してなすところなからむ、なにによりてかさとりをうるたよりとならむ。

しめしていはく、なんぢいま諸仏《しよぶつ》の三昧《さんまい》、無上《むじよう》の大法《だいほう》を、むなしく坐《ざ》してなすところなしとおもはむ、これを大乗《だいじよう》を謗《ほう》ずる人《ひと》とす。まどひのいとふかき、大海《だいかい》のなかにゐながら水《みず》なしといはむがごとし。（中略）おほよそ諸仏《しよぶつ》の境界《きようがい》は不可思議《ふかしぎ》なり。心識《しんしき》のおよぶべきにあらず。（中略）読経《どきよう》・念仏等《ねんぶつとう》のつとめにうるところの功徳《くどく》を、なんぢしるやいなや。たゞしたをうごかし、こゑをあぐるを仏事功徳《ぶつじくどく》とおもへる、いとはかなし。仏法《ぶつぽう》に擬《ぎ》するにうたゝとほく、いよ〳〵はるかなり。又《また》、経書《きようしよ》をひらくことは、ほとけ頓《とん》漸修行《ぜんしゆぎよう》の儀則《ぎそく》をゝしへおけるを、あきらめしり、教《きよう》のごとく修行《しゆぎよう》すれば、かならず証《しよう》をとらしめむとなり。（中略）文《もん》をみながら修《しゆ》するみちにくらき、それ医方《いほう》をみる人《ひと》の合薬《こうやく》をわすれん、なにの益《やく》かあらん。口声《くしよう》をひまなくせる、春《はる》の田《た》のかへるの、昼夜《ちゆうや》になくがごとし、つひに又益《またやく》なし。いはむやふかく名利《みようり》にまどはさるゝやから、これらのことをすてがたし。

［訳］問うて言う。（中略）読経《どきよう》・念仏はおのずから悟りの因縁となるものであろう。ただむなしく坐して何もしないのでは、何によって悟りを得るよすがとなるのか。

示して言う。あなたはいま諸仏の三昧《さんまい》、無上の大法《だいほう》を、むなしく坐してなすところなしと思っている。それこそ大乗の仏法を誹謗《ひぼう》する大罪の人である。迷いの非常に深いことは大海の中にいながら水がないと言うようなものだ。（中略）およそ諸仏の境界は不可思議である。人の認識が及ぶところではない。（中略）読経・念仏を勧めて得る功徳《くどく》を、あなたが知りうるのかどうか。ただ舌を動かし、声をあげることを仏事功徳と思うのは、まことにはかないことだ。そのように考えるのは仏法から遠く、いよいよ遥《はる》かに離れている。また、経典を読むことは仏が頓漸《とんぜん》（すばやく悟りに至る仏道と遠い未来に悟りに至る仏道）の修行の指針を教えおかれたことを知り、教えのとおりに修行すれば、かならず証（悟り）を得させてもらうということなのだ。（中略）経文を読みながら修行の道に暗いのは、まるで医書を見ているのに調薬の方法を忘れているようなもので、何の益もない。口に絶えず読経・念仏の声をあげるのは春の田の蛙が昼も夜も鳴いているようなもので、ついに益はない。いわんや深く名や利に惑わされている者たちは、これらのことを捨てがたいのである。

## 弁道話（第四問答）出典55

とうていはく、いまわが朝《ちよう》につたはれるところの法華宗《ほつけしゆう》・華厳教《けごんきよう》、ともに大乗《だいじよう》の究竟《くきよう》なり。いはむや真言宗《しんごんしゆう》のごときは、毘盧遮那如来《びるしやなによらい》したしく金剛薩埵《こんごうさつた》につたへて師資《しし》みだりならず。その談《だん》ずるむね、即《そく》心是仏《しんぜぶつ》、是心作仏《ぜしんさぶつ》というて、多劫《たごう》の修行《しゆぎよう》をふることなく、一座《いちざ》に五仏《ごぶつ》の正覚《しようがく》をとなふ、仏法《ぶつぽう》の極妙《ごくみよう》といふべし。しかあるに、いまいふところの修行《しゆぎよう》、なにのすぐれたることあれば、かれらをさしおきて、ひとへにこれをすゝむるや。

しめしていはく、しるべし、仏家《ぶつけ》には教《きよう》の殊劣《しゆれつ》を対論《たいろん》することなく法《ほう》の浅深《せんじん》をえらばず、たゞし修行《しゆぎよう》の真偽《しんぎ》をしるべし。（中略）即心即仏《そくしんそくぶつ》のことば、なほこれ水中《すいちゆう》の月《つき》なり、即坐成仏《そくざじようぶつ》のむね、さらに又《また》かゞみのうちのかげなり。ことばのたくみにかゝはるべからず。

［訳］問うて言う。いま我が国に伝わる法華宗《ほつけしゆう》（比叡山《ひえいざん》）・華厳宗《けごんしゆう》（東大寺）はともに究極の大乗仏教である。いわんや真言宗においては毘盧舎那如来《びるしやなによらい》（大日如来）が直接に金剛薩埵《こんごうさつた》に伝えて師資《しし》（師から弟子への血《けち》脈《みやく》）は乱れない。その説く旨《むね》は即心是仏《そくしんぜぶつ》、是心作仏《ぜしんさぶつ》（人の心がそのまま仏）といい、遠い未来にわたる多《た》劫《ごう》の修行をへることなく、曼荼羅《まんだら》の中心に坐す五仏の正覚《しようがく》をたちどころに得るという。仏法の極妙《ごくみよう》というべきである。しかるに、いま言われた禅の修行は、どんな勝《すぐ》れたところがあって、それらをさしおいて、ひとえに勧めるのか。

示して言う。知るべし、仏門では教えの勝劣を比べて論じることなく、法の浅深を恣意《しい》して選ばず、ただ修行の真偽を知るべきである。（中略）即心即仏《そくしんそくぶつ》の言葉は水中の月であり、即坐成仏《そくざじようぶつ》の教えはまた鏡の中の影である。言葉のたくみにかかわってはならない。

## 弁道話（第十三・第十四問答）出典55

とうていはく、この行《ぎよう》は、在俗《ざいぞく》の男女《なんによ》もつとむべしや、ひとり出家人《しゆつけにん》のみ修《しゆ》するか。

しめしていはく、祖師《そし》のいはく、仏法《ぶつぽう》を会《え》すること、男女貴賤《なんによきせん》をえらぶべからずときこゆ。

とうていはく、出家人《しゆつけにん》は、諸縁《しよえん》すみやかにはなれて、坐禅弁道《ざぜんべんどう》にさはりなし。在俗《ざいぞく》の繁務《はんむ》は、いかにしてか一向《いつこう》に修行《しゆぎよう》して、無為《むい》の仏道《ぶつどう》にかなはむ。

しめしていはく、おほよそ、仏祖《ぶつそ》あはれみのあまり、広大《こうだい》の慈門《じもん》をひらきおけり。これ一切衆生《いつさいしゆじよう》を証《しよう》入《にゆう》せしめんがためなり、人天《にんでん》たれかいらざらんものや。（中略）たゞこれこゝろざしのありなしによるべし、身《み》の在家出家《ざいけしゆつけ》にはかゝはらじ。又《また》ふかくことの殊劣《しゆれつ》をわきまふる人《ひと》、おのづから信《しん》ずることあり。いはむや世務《せむ》は仏法《ぶつぽう》をさふとおもへるものは、たゞ世中《せちゆう》に仏法《ぶつぽう》なしとのみしりて、仏中《ぶつちゆう》に世法《せほう》なき事《こと》をいまだしらざるなり。

［訳］問うて言う。この行は在俗の男女も実践すべきか。ただ出家者のみ修《しゅ》するのか。

示して言う。祖師（達磨《だるま》大師）の説かれるには、仏法の体得は男女貴賤《きせん》を選ばずということであった。

問うて言う。出家者は諸縁をすでに離れているので坐禅弁道に邪魔なものはない。しかし在俗の人は忙しい仕事がある。いかにして一向に修行して、無為の仏道を歩めようか。

示して言う。そもそも仏祖は哀れみのあまり広大な慈悲の門を開きおかれた。これは一切衆生を悟りの世界に入らせるためである。人間も天人も入らない者があろうか。（中略）ただ、これも志のありなしによるもので、身が在家か出家かは関係がない。また、深く事の優劣をわきまえている人は、おのずから信じるということがある。いわんや俗世の仕事は仏法を妨げると思う者は、ただ俗世間に仏法はないと思っているだけで、仏法は世俗の法ではないことをいまだ知らないのである。

**弁道話**（第十五問答）　出典55

とうていはく、この行《ぎょう》は、いま末代悪世《まつだいあくせ》にも、修行《しゅぎょう》せば証《しょう》をうべしや。

しめしていはく、教家《きょうけ》に名相《みょうそう》をことゝせるに、なほ大乗実教《だいじょうじっきょう》には、正像末法《しょうぞうまっぽう》をわくことなし。修《しゅ》すればみな得道《とくどう》すといふ。いはむやこの単伝《たんでん》の正法《しょうぼう》には、入法出身《にっぽうしゅっしん》、おなじく自家《じけ》の財珍《ざいちん》を受用《じゅよう》するなり。証《しょう》の得否《とくひ》は、修《しゅ》せむもの、おのづからしらむこと、用水《ようすい》の人《ひと》の冷煖《れいだん》をみづからわきまふるがごとし。

［訳］問うて言う。この行は、いまの末代悪世にも修行すれば証（悟り）を得るのか。

示して言う。教学の宗によって法の名目や様相は異なるけれど、なお大乗真実の教えでは正法《しょうぼう》・像法《ぞうぼう》・末法《まっぽう》を分けない。どんな時代でも修すればみな得道するという。いわんや、この単伝の正法である禅においては、入門者も仏道を達した者も同じく自家の財珍（自己本来の宝である仏性）を受用する。証の得《とく》否《ひ》は、修する者がおのずから知ることで、水を用いる人が水の冷暖を自然にわきまえるのと同じである。

道元の禅は法界に満ちる如来の不可思議な働きを前提としている。その点は前述の栄西も同じなのだが、道元は「端坐参禅《たんざさんぜん》を正門《しょうもん》とせり」と只管打坐《しかんたざ》（ただひたすら坐ること）を主張した。

**禅の公案**　禅宗は「大師釈尊《だいししゃくそん》、霊山会上《りょうぜんえじょう》にして法を迦葉《かしょう》につけ、祖《そ》々正伝《そしょうでん》して菩提達磨尊者にいたる」という仏法である。この禅の系譜の始まりは「拈華微笑《ねんげみしょう》」また「世尊拈華」とよばれる公案で伝えられ、中国南宋代の公案集『無門関《むもんかん》』（無門慧開《えかい》著／一二二八年）に収められている。

**無門関**（第六則・世尊拈華）出典56

世尊《せそん》、昔《むかし》、霊山会上《りょうぜんえじょう》に在《あ》って、花《はな》を拈《ねん》じて衆《しゅ》に示《しめ》す。是《こ》の時《とき》、衆皆《しゅみ》な黙然《もくねん》たり。惟《た》だ迦葉尊者《かしょうそんじゃ》のみ破《は》顔微笑《がんみしょう》す。世尊云《せそんいわ》く、「吾《わ》れに正法眼蔵《しょうぼうげんぞう》、涅槃妙心《ねはんみょうしん》、実相無相《じっそうむそう》、微妙《みみょう》の法門有《ほうもんあ》り。不立文字《ふりゅうもんじ》、教外別伝《きょうげべつでん》、摩訶迦葉《まかかしょう》に付嘱《ふぞく》す。」

無門曰《むもんいわ》く、「黄面《おうめん》の瞿曇《くどん》、傍若無人《ぼうじゃくぶじん》、良《りょう》を圧《お》して賤《せん》と為《な》し、羊頭《ようとう》を懸《か》けて狗肉《くにく》を売《う》る。将《まさ》に謂《おも》えり、多《た》少《しょう》の奇特《きとく》と。只《た》だ当時大衆都《そのときだいしゅすべ》て笑《わら》うが如《ごと》きんば、正法眼蔵作麼生《しょうぼうげんぞうそもさん》か伝《つた》えん。設《も》し迦葉《かしょう》をして笑《わら》わざらしめば、正法眼蔵《しょうぼうげんぞう》又《ま》た作麼生《そもさん》か伝《つた》えん。若《も》し正法眼蔵《しょうぼうげんぞう》に伝授有《でんじゅあ》りと道《い》わば、黄面《おうめん》の老子《ろうし》、閭閻《りょえん》を誑謼《おうか》す。若《も》し伝授無《でんじゅな》しと道《い》わば、甚麼《なん》と為《し》てか独《ひと》り迦葉《かしょう》を許《ゆる》す。」

頌《じゅ》に曰《いわ》く、

花《はな》を拈起《ねんき》し来《き》たって、尾巴《びは》已《すで》に露《あら》わる。

迦葉《かしよう》破顔《はがん》、人天《にんでん》措《お》くこと罔《な》し。

［訳］釈迦牟尼世尊《しやかむにせそん》が霊鷲山《りようじゆせん》[1]の集会《しゆうえ》で弟子らに花をつまんで見せた。そのとき、みな黙りこんだが、迦葉尊者《かしようそんじや》[2]は顔を崩して笑った。世尊は告げた。「わたしに正法眼蔵《しようぼうげんぞう》　涅槃妙心《ねはんみようしん》　実相無相《じつそうむそう》　微妙《みみよう》の法門[3]がある。不立文字《ふりゆうもんじ》・教外別伝《きようげべつでん》の法である。これを摩訶迦葉《まかかしよう》に授ける」と。

これについて無門はいう。「黄面《おうめん》の瞿曇《ぐどん》[4]は傍若無人《ぼうじやくぶじん》で、良民を買って奴隷にし、羊頭を店にかけて狗肉《くにく》（犬の肉）を売る。釈迦はまことに勝《すぐ》れた尊者だと思っていたのだが。ただ、そのときみんなが笑ったら、正法眼蔵の法をいったい誰に伝えられただろう。また、もし迦葉が笑わなければ、正法眼蔵の法をどうして伝えられただろう。もし正法眼蔵の伝授ということがあるというなら、黄面の老師（釈迦）は村々の人々をだましたことになる。もし伝授はないというなら、どうして独《ひと》り迦葉を許したのか」。そこで歌う。

花をつまみおこしたとき、尻尾《しつぽ》はすでに露《あら》われた。
迦葉は破顔し、人も天人も打つ手なし。

1 **霊鷲山**＝釈尊時代のマガダ国の都（王舎城）の郊外にある山で山上に僧院があった。 2 **迦葉尊者**＝釈尊の弟子たちの長老。摩訶迦葉ともいう。 3 **正法眼蔵～微妙の法門**＝正法眼蔵はあらゆるものを眼に映し、蔵すること。涅槃妙心は深く静まる悟りの心。実相無相は因と縁によって生起する万物の真実の姿は無であること。微妙の法門は不可思議な仏法の門。 4 **黄面の瞿曇**＝黄色い顔のゴータマ（釈尊）。黄金の面をつけた釈迦の意か。

「不立文字《ふりゆうもんじ》・教外別伝《きようげべつでん》」は、「直指人心《じきしにんしん》・見性成仏《けんしようじようぶつ》」とつづく四句の前半である。禅の神髄は、言葉によらず（不立文字）、経典の教えとは別に伝えられた（教外別伝）。人の心をじかに指し（直指人心）、仏性を見つめて仏に成る（見性成仏）という。

この禅の奥義は、花をつまんだ釈迦と微笑した迦葉のあいだに以心伝心《いしんでんしん》で伝えられた。そして師資《しし》相承《そうじょう》、すなわち師から資（弟子）へ面授して直接に伝えられ、釈迦から二十八代目の菩提達磨（六世紀ごろ）がインドから中国に来て伝えた。これが中国禅宗の始まりとされる。そのことの意味、すなわち祖師西来意《そしせいらいい》（達磨が西から来たわけ）を問うのが「庭前栢樹《ていぜんはくじゅ》」の公案である。

**無門関**（第三十七則・庭前栢樹）出典56

趙州《じょうしゅう》、因《ちな》みに僧問《そうと》う、「如何《いか》なるか是《こ》れ祖師西来《そしせいらい》の意《い》」。州云《しゅういわ》く、「庭前《ていぜん》の柏樹子《はくじゅし》。」

無門曰《むもんいわ》く、「若《も》し趙州《じょうしゅう》の答処《たっしょ》に向《む》かって見得《けんとく》して親切《しんせつ》ならば、前《まえ》に釈迦《しゃか》無《な》く後《しりえ》に弥勒《みろく》無《な》し」。

頌《じゅ》に曰《いわ》く、

言《ごん》、事《じ》を展《の》ぶること無《な》く、
語《ご》、機《き》に投《とう》ぜず。
言《ごん》を承《う》くる者《もの》は喪《そう》し、
句《く》に滞《とどこお》る者《もの》は迷《まよ》う。

［訳］趙州和尚《じょうしゅうおしょう》[1]は、ある僧が「達磨《だるま》大師が西から来られたのは、なぜか」と問うので、「庭先の柏樹《はくじゅ》[2]」と答えた。

これについて無門はいう。「もし趙州の答えたところをはっきり見切ったのなら、過去の釈迦牟尼《しゃかむに》仏も未来の弥勒《みろく》仏もない」。

そこで歌う。

言葉は事《こと》を表せず、話しても人の機微は触れあわない。
言葉だけ聞く者は自己を失い、語句にとらわれて迷う。

1 **趙州和尚**＝趙州従諗《じゅうしん》（七七八〜八九七年）。唐代末期の禅僧。 2 **庭先の柏樹**＝柏樹（栢樹）はコノデガシワ類で、僧院の庭に普通にある常緑樹。すなわち、仏法はもとから、そこにあるという意。

道元の『正法眼蔵《しょうぼうげんぞう》』「祖師西来意《そしせいらいい》」の巻では、次の公案をあげている。

ある人が千尺の崖《がけ》にはえた樹の上にいた。口に枝をくわえてぶらさがっている。下のほうから問われた。「如何《いか》なるか是《こ》れ祖師西来意」と。そのとき、口を開いて答えれば崖から落ちてしまう。答えなければ問いに応じられない。さて、どうするか。

公案という言葉は中国の「公府の案牘《あんどく》」つまり役所の公文書のことで万人が遵守すべき法令をいった。釈尊から伝わる仏法の規矩《きく》（標準・法則）が示されていることから古則《こそく》ともいうのだが、公案の内容は悟りを得たとされる古聖の逸話で、おもに唐代の禅僧たちのエピソードである。人の言動に禅の奥義が示されている。人治主義の傾向が強い中国ならではの仏教だといえよう。

禅でいう大悟《だいご》・開悟《かいご》などの「悟《ご》」も独特である。本来、悟りは煩悩を滅してニルヴァーナ（涅槃《ねはん》）という静けさに至ることをいった。しかし、禅宗の「悟」は悟りすましたものではない。むしろ直情的で、泣いたり笑ったりする五百羅漢《らかん》の表情ゆたかな世界をうみだした。公案で語られる禅僧たちも直情的で、そこに師と弟子の機微の交流がある。そして師が弟子の悟境《ごきょう》を認めれば、それを証明する印定認可《いんじょうにんか》の文書すなわち印可《いんか》を与えて法を嗣《つ》がせるのである。

その悟境を深める手立てとして公案を課題として修行するのを看話禅《かんなぜん》といい、臨済宗の修行で重視される。それに対して曹洞宗は黙照禅《もくしょうぜん》といい、黙って自心をみつめる禅とされるが、曹洞宗でも公案は用いられる。道元はしばしば公案について法話をし、言行録『永平広録《えいへいこうろく》』に頌古《じゅこ》（公案の心を詠む偈頌《げじゅ》）が多くのせられている。

しかし、もっぱら坐禅すべきことが基本である。弟子の懐奘《えじょう》（孤雲《こうん》懐奘／一一九八〜一二八〇年）が道元から聞いた話をまとめた『正法眼蔵随聞記《しょうぼうげんぞうずいもんき》』にいう。

**正法眼蔵随聞記**（五ノ二十二）出典49

奘《じょう》問うて云《い》はく、「打坐《たざ》と看語《かんご》と、並《なら》べてこれを学《がく》するに、語録《ごろく》・公案等《こうあんとう》を見《み》るには、百千《ひゃくせん》に一《ひと》つも、いささか心得《こころう》ることもあり。坐禅《ざぜん》には、それほどの験《しるし》もなし。然《しか》れども、なほ、坐禅《ざぜん》を好《この》むべきか」。

答《こた》へて云《い》はく、公案《こうあん》・話頭《わとう》を見《み》て、いささか知覚《ちかく》あるやうなりとも、それは、仏祖《ぶっそ》の道《どう》に遠《とお》ざかる因縁《いんねん》なり。無所得《むしょとく》・無所悟《むしょご》にて、端坐《たんざ》して時《とき》を移《うつ》さば、即《すなわ》ち、祖道《そどう》なるべし。（中略）話頭《わとう》に依《よ》つて開悟《かいご》したる人《ひと》あれども、それも坐《ざ》の功《こう》に依つてなり。正《まさ》しき功《こう》は、坐《ざ》にあるべし。

［訳］わたくし懐奘が問うた。「打坐《たざ》と看語を並行して修学すると、語録・公案などを読めば百、千に一つくらいは、いくらか会得《えとく》することもあります。坐禅には、それほどの効果がありません。それでも、なお坐禅を優先すべきでしょうか」と。

師は答えて言われた。「公案や話頭《わとう》（公案の一節）を読めば少しは知り覚《さと》ることがあるようでも、それは仏祖《ぶっそ》釈尊の道から遠ざかる原因やきっかけになる。何かを得ようとか、悟《ご》をめざそうとかせずに端坐《たんざ》して過ごすなら、それこそが仏祖の道であろう。（中略）公案によって開悟した人はあっても、それも坐の功《こう》による。まさに功は坐にこそある」と。

道元にとって公案は古聖の言行だけではない。現成《げんじょう》する万物に仏法が現れ、自己は仏法に明らめられている。『正法眼蔵』「現成公案」の巻にいう。

**正法眼蔵「現成公案」**　出典55

諸法《しょほう》の仏法《ぶっぽう》なる時節《じせつ》、すなはち迷悟《めいご》あり、修行《しゅぎょう》あり、生《しょう》あり、死《し》あり、諸仏《しょぶつ》あり、衆生《しゅじょう》あり。（中略）自己《じこ》をはこびて万法《ばんぽう》を修証《しゅしょう》するを迷《まよい》とす、万法《ばんぽう》すゝみて自己《じこ》を修証《しゅしょう》するはさとりなり。（中略）仏道《ぶつどう》をならふといふは、自己《じこ》をならふ也《なり》。自己《じこ》をならふといふは、自己《じこ》をわするゝなり。自己《じこ》をわするゝといふは、万法《ばんぽう》に証《しょう》せらるゝなり。万法《ばんぽう》に証《しょう》せらるゝといふは、自己《じこ》の身心《しんじん》および他己《たこ》の身心《しんじん》をして脱落《とつらく》せしむるなり。（中略）仏家《ぶつけ》の風《ふう》は、大地《だいち》の黄金《おうごん》なるを現成《げんじょう》せしめ、長河《ちょうが》の蘇酪《そらく》を参熟《さんじゅく》せり。

［訳］万物が仏法であるとき、そこに迷いも悟りも、修行も、生も死も、諸仏も衆生もある。（中略）自己というものから万物の法を修学し証しようとすることが迷いである。万物の法から自己を修証《しゅしょう》するのがさとりである。（中略）仏道を習うということは自己を習うことである。自己を習うということは、自己を忘れることである。自己を忘れるということは、万法に証せられることである。万法に証せられるということは、自己および他の自己（他者）の身心を脱落せしむることである。（中略）仏教の風（ならわし）は大地が黄金であることを現成《げんじょう》せしめ、大河の水を蘇酪《そらく》（乳酪）として熟成させた。

『正法眼蔵』には九十五巻本、七十五巻本などがある。七十五巻本では「現成公案」が第一巻で、『弁道話』とともに道元の禅の基本が示されている。その禅は建仁寺の臨済禅とは異なっていた。そのため建仁寺を出て深草に移った道元は禅の専門道場として興聖寺《こうしょうじ》（現在は宇治）を開堂。くわしくは観《かん》音導利《のんどうり》院興聖宝林禅寺《いんこうしょうほうりんぜんじ》という。天福《てんぷく》元年（一二三三）三十四歳のことだった。

**興聖寺開堂**　次は嘉禎《かてい》元年（一二三五）十二月、興聖寺建立のための寄進を募った勧進文である。

## 宇治観音導利院僧堂建立勧進の疏　出典57

稽首和南《けいしゆわなん》し敬《うやま》って、十方《じつぽう》の一切《いつさい》の諸仏《しよぶつ》・菩薩《ぼさつ》、賢聖《けんじよう》・僧衆《そうしゆ》、天上《てんじよう》・人間《にんげん》、龍府八部《りゆうふはちぶ》、善男子《ぜんなんし》・善女人《ぜんによにん》等《とう》に白《もう》す。壱銭《いつせん》の浄信《じようしん》をもって、一所《いつしよ》の道場《どうじよう》を建立《こんりゆう》せんと欲《ほつ》する事《こと》。（中略）寺院《じいん》はこれ諸仏《しよぶつ》の道場《どうじよう》なり。神丹《しんたん》の仏寺《ぶつじ》は、天竺《てんじく》の僧院《そういん》を移《うつ》せり、日本《につぽん》の精舎《しようじや》もまた、まさに彼《かしこ》を学《まな》ぶべし。契徳篤《けいとくあつ》く、国《くに》に伝《つた》わり、人《ひと》に施《ほどこ》すに処《ところ》あり。

道元《どうげん》、入宋《につそう》し帰朝《きちよう》してより以来《このかた》、一寺《いちじ》草創《そうそう》の願志《がんし》、年久《としひさ》しく月深《つきふか》しといへども、衣盂《いう》の柱《ささ》うべきなし。而《しか》るに今《いま》、勝地一所《しようちいつしよ》を獲《え》たり、深草《ふかくさ》の辺《ほとり》、極楽寺《ごくらくじ》の内《うち》にありて、初《はじ》め観音導利院《かんのんどうりいん》と号《ごう》す。草《くさ》を薙《か》りし上《うえ》に、未《いま》だ叢林《そうりん》ならざるも、この所《ところ》に甲刹《かつせつ》を搆《かま》えんと欲《ほつ》す。寺院《じいん》の最要《さいよう》は仏殿《ぶつでん》・法堂《はつとう》・僧堂《そうどう》なり。仏殿《ぶつでん》は本《もと》よりあり、法堂《はつとう》は未《いま》だし。僧堂最《そうどうもつと》も切要《せつよう》なり、今《いま》ここに建《た》てんとす。その躰《てい》たるは、七間《しちけん》の僧宇《そうう》を立《た》て、堂内《どうない》は隔《はだ》てなく、長牀《ちようしよう》を儲《もう》け、僧衆集《そうしゆあつ》まり住《じゆう》し、昼夜《ちゆうや》に行道《ぎようどう》し、暫《しば》らくも懈《おこた》らず。中正《ちゆうしよう》に聖像《しようぞう》を安《お》きて、僧衆《そうしゆ》は囲遶《いによう》して住《じゆう》す。三宝《さんぼう》を一堂《いちどう》に帰崇《きすう》するの儀軌《ぎき》、行《ぎよう》じ来《きた》ること久《ひさ》し。功徳《くどく》は多《おお》く、仏事《ぶつじ》も広《ひろ》かるべし。ここに一力《いちりき》もて功《こう》を終《お》うるを覓《もと》むべしといえども、偏《あま》ねく良縁《りようえん》を結《むす》ばんがために、広《ひろ》く十方《じつぽう》に化《け》せんとす。竺土《じくど》・漢土《かんど》のこれ勝躅《しようちよく》なり。正法《しようほう》・像法《ぞうほう》のこれ僧儀《そうぎ》なり。檀主《だんしゆ》の名字《みようじ》を聖像《しようぞう》の腹心《ふくしん》に納《おさ》め、よく万字《まんじ》の種智《しゆち》となし、自他《じた》の文彩《ぶんさい》となさん。此《こ》れに先《さき》だちて、箇中《ここ》に道《みち》を得《え》し人《ひと》あらば、渠《かれ》をこの衆《しゆ》の導師《どうし》となさん、あに善知識《ぜんちしき》にあらざらんや。独《ただ》に人中《にんちゆう》に進《すす》むのみにあらず、天上《てんじよう》・龍宮《りゆうぐう》にも化《け》すべく、仙界《せんがい》・冥府《めいふ》も聴《き》くべし。ただこれ釈尊《しやくそん》の転《てん》ぜしところの法輪《ほうりん》なればなり。法界《ほつかい》の内外《ないげ》に及《およ》ぼすことあらん。

［訳］稽首《けいしゅ》礼拝し敬って十方の一切の諸仏・菩薩、賢聖・僧衆、天上・人間、龍府八部[1]、善男子善女人等に申しあげる。一銭の浄信をもって、一所の道場を建立せんと欲する事を。（中略）寺院は諸仏の道場（悟りの場）であり、中国の仏寺は天竺《てんじく》の僧院を移したものである。日本の精舎《しょうじゃ》（僧院）もまた、まさにそれを学ぶべきである。契徳篤《あつ》く国に伝わり、人に施すには、それに適した場が必要なのである。

道元、入宋《にっそう》して帰朝して以来、一寺草創の願志はあっても、長く年月をへて衣鉢《いはつ》を置くところがない。しかしここに、勝地一所を得た。深草のほとり、極楽寺の内にあり、当初、観音導利院という。草を刈ってもまだ叢林《そうりん》（禅の道場）になっていないが、この場所に伽藍《がらん》を構えたい。寺院で最も重要なのは仏殿[2]・法堂[3]・僧堂[4]である。仏殿は日本でも昔からあるが、法堂はまだない。僧堂は最も大切なもので、今ここに建てんとす。その形は七間の僧坊を建て、堂内は隔てなく、長牀《ちょうしょう》[5]を造る。そこに僧衆が集まり住し、昼夜に修行し、すこしも怠けてはならない。中央に聖像[6]を安置し、僧衆はその周囲に暮らす。仏・法・僧の三宝《さんぼう》を一堂にあつめて礼拝する儀軌を行じること久しく、功徳《くどく》は多い。仏の働きも広がるであろう。ここに自分独りの力をもって功を終えることを求むべしといえども、遍《あまね》く良縁を結ばんがために、広く十方に教化《きょうけ》を及ぼさんとす。天竺でも漢土でも、それが古聖の勝跡である。それが正法《しょうぼう》・像法《ぞうぼう》[7]の僧の在り方である。檀主《だんしゅ》（寄進者）の名を書いて聖像の胎内《たいない》に納めて、万字の種智[8]となし、自他の文彩となさん。これに先だち、ここに仏道を得た人があらば、その人を首領として、この衆の導師とする。その人が善《ぜん》知識《ちしき》[9]でないことがあろうか。人間界のみでなく、天上界も海底の龍宮にも化《け》を及ぼすべく、仙界・冥府《めいふ》の者たちも聴くべし。これはひとえに釈尊の転じた法輪である。法界の内外に及ぶであろう。

1 **龍府八部**＝天龍八部衆。法華経に仏法守護の諸天善神として説かれている。 2 **仏殿**＝仏像を安置して礼拝する堂。 3 **法堂**＝住職が説法する堂で、禅宗の七堂伽藍の中心。 4 **僧堂**＝修行僧が坐禅修道する建物。別に僧が起居する衆寮《しゅりょう》を造ることもある。 5 **長牀**＝坐禅をする床（禅床）。壁ぎわに長くしつらえ、修行僧は決まった場所を与えられる。曹洞宗では面壁、つまり壁に向かって坐す。 6 **聖像**＝聖僧文殊《もんじゅ》とよばれる僧形の文殊菩薩《ぼさつ》像を置く。 7 **正法・像法**＝正法は仏の在世の時、像法は形だけは仏の威光が存続する期間。 **8 種智**＝如来の智慧《ちえ》を宿す種子《しゅうじ》としての文字。種字。 **9 善知識**＝仏道の導き手。

この興聖寺建立の勧進については『正法眼蔵随聞記』にあるが、この勧進文は室町時代の伝記『建《けん》撕記《ぜいき》』に伝える。

寄進者の名を仏像の胎内に納めるのは、伽藍《がらん》の建立や修理にあたって瓦《かわら》を奉納するように広くおこなわれてきた。それを道元も募ったのだが、それによって建立する興聖寺の諸堂は住職が説法する法堂と修行僧が暮らす僧坊を中心とする点でそれまでの伽藍とは異なっていた。禅の奥義は人から人へ直接に伝えられたということを形に示す伽藍配置である。

嘉禎二年（一二三六）三十七歳、興聖寺が開堂した。その道元の門下に弾圧された達磨宗の僧たちが集団でくわわり、曹洞宗の僧団が形成された。懐奘も、もとは達磨宗の僧だった。そうしたことにくわえて、『弁道話』にみられるような道元の主張は比叡山の反発をまねき、寛元元年（一二四三）ごろ、興聖寺は比叡山の衆徒によって破却され、さらに越前に移ることになった。檀越《だんおつ》（外護者《げごしゃ》）の波多野《はたの》義重《よししげ》（鎌倉将軍の御家人）が越前に所領をもち、そこへ招いたのだという。

その後、興聖寺はさびれたが、慶安二年（一六四九）に淀《よど》城主の永井尚政《なおまさ》によって現在地の宇治に再興された。ちなみに布施・寄進を受けることについての道元の説示が『随聞記』にある。

**正法眼蔵随聞記**（五ノ六）出典49

示《しめ》して云《い》はく、出家人《しゅつけにん》は、必《かなら》ず、人《ひと》の施《ほどこ》しを受《う》けて、喜《よろこ》ぶことなかれ。また、受《う》けざることなかれ。

古《いにしえ》、僧正《そうじょう》の云《い》はく、「人《ひと》の供養《くよう》を得《え》て喜《よろこ》ぶは、仏制《ぶっせい》に違《たが》ふ。喜《よろこ》ばざるは、檀越《だんおつ》の心《こころ》に違《たが》ふ」。

この故実《こじつ》・用心《ようじん》は、我《われ》に供養《くよう》するに非《あら》ず、三宝《さんぼう》を供養《くよう》するなり。故《ゆえ》に、かの返事《へんじ》に云《い》ふべし、「この供《く》養《よう》、三宝《さんぼう》定《さだ》めて納受《のうじゅ》あるべし」と言《い》ふべきなり。

［訳］師は説示された。出家者は必ずしも人の施《ほどこ》しを受けて喜ぶべきではない。また、受けないことがあってはならない。

昔、僧正（栄西《えいさい》）が言われた。「人の供養（布施）を得て喜ぶのは仏の戒めに反する。喜ばないのは檀《だん》越《おつ》の心に反する」と。

この故実《こじつ》によって心がけるべきは、自分に供養するのではなく、三宝《さんぼう》を供養すると考えることだ。そのため、布施をした人には「この供養は仏がきっと納受《のうじゅ》されるでしょう」と言うべきである。

ところで、出家者と俗人を明確に分けるのは、その衣服である。僧は法衣《ほうえ》、とりわけ袈裟《けさ》を着けることで比丘の霊性をもち得る。道元が興聖寺で袈裟について説いた法話が『正法眼蔵』にある。

**正法眼蔵「袈裟功徳」**（搭袈裟法《たつけさほう》）出典55

偏袒右肩《へんだんうけん》、これ常途《じょうず》の法《ほう》なり。（中略）おおよそしるべし、袈裟《けさ》はこれ諸仏《しょぶつ》の恭敬帰依《くぎょうきえ》しましますところなり。仏身《ぶっしん》なり、仏心《ぶっしん》なり。解脱服《げだつぶく》と称《しょう》じ、福田衣《ふくでんえ》と称《しょう》じ、無相衣《むそうえ》と称《しょう》じ、無上衣《むじょうえ》と称《しょう》じ、忍辱衣《にんにくえ》と称《しょう》じ、如来衣《にょらいえ》と称《しょう》じ、大慈大悲衣《だいじだいひえ》と称《しょう》じ、勝幡衣《しょうばんえ》と称《しょう》じ、阿耨多羅三藐三菩提衣《あのくたらさんみゃくさんぼだいえ》と称《しょう》ず。まさにかくのごとく受持頂戴《じゅじちょうだい》すべし。

［訳］偏袒右肩《へんだんうけん》[1]が通常の作法である。（中略）知るべし、袈裟は諸仏が恭敬帰依《くぎょうきえ》することを。袈裟は仏《ぶっ》身《しん》であり、仏心《ぶっしん》である。解脱服《げだつぶく》といい、功徳《くどく》をはぐくむ福田衣《ふくでんえ》といい、とらわれを離れる無相衣《むそうえ》といい、

他にない無上衣《むじょうえ》といい、忍辱衣《にんにくえ》（忍耐の衣《ころも》）といい、仏がまとう如来衣《にょらいえ》といい、大慈大悲衣《だいじだいひえ》[2]といい、魔に打ち勝つ勝幡衣《しょうばんえ》といい、阿耨多羅三藐三菩提衣《あのくたらさんみゃくさんぼだいえ》[3]という。まさにこのように受持《じゅじ》し頂くべし。

1 **偏袒右肩**＝古代インドの礼法で衣の右肩をぬぐこと。行脚のときなどは通肩《つうけん》といい、両肩をおおう。 2 **忍辱衣・如来衣・大慈大悲衣**＝法華経「法師品」に「如来の室に入り、如来の衣を著《き》、しかも如来の座に坐して、衆に処して畏《おそ》るる所なく、広く分別して説くべし。大慈悲を室となし、柔和忍辱《にゅうわにんにく》を衣とし、諸法の空《くう》を座となし、これに処して、ために法を説け」とある。 3 **阿耨多羅三藐三菩提衣**＝無上の悟りの衣。

この「搭袈裟法《たっけさほう》」は、袈裟の着かたと心得を指示。続いて「浣袈裟法《かんけさほう》」に袈裟の洗濯の方法と心得が説かれている。

**永平寺の開創と僧院の清規**　寛元元年（一二四三）四十四歳の七月、道元は越前志比庄（福井県永平寺町）に移った。翌年、新たに法堂を建立し、大仏寺《だいぶつじ》と名づける。寛元四年、大仏寺を永平寺《えいへいじ》と改称。都から離れた越前の山中で道元は独自に定めた清規《しんぎ》にそって常住坐臥《ざが》に禅を修する道場とした。

清規とは禅院の規則を定めたもので、中国唐代の百丈懐海《ひゃくじょうえかい》（七四九〜八一四年）が定めた『百丈清規』に始まる。道元は興聖寺時代の『典座《てんぞ》教訓』をはじめ六篇の清規の書を撰述した。それらが『永平清規』としてまとめられている。

①典座教訓……禅院の典座（炊事担当者）の心得を示す。
②弁道法………坐禅を中心にした一日の修道のありかたを示す。
③赴粥飯法《ふしゅくはんぽう》……食事の作法を説く。今も食前に唱える「五観の偈」が記されている。
④衆寮箴規《しゅりょうしんぎ》……衆寮（修行僧たちの寮舎）での読経や修学についての戒め。

⑤対大己《たいたいこ》五夏《ごげ》闍梨《じゃり》法《ほう》（対大己法）……先輩僧に対する態度を示す。
⑥知事清規……知事（禅院を運営する役職）についての心得。

**典座教訓**　出典58

仏家《ぶっけ》に本《もと》より六知事《ろくちじ》有《あ》り。共《とも》に仏子《ぶっし》たり。同《おな》じく仏事《ぶつじ》を作《な》す。中《なか》に就《つ》いて典座《てんぞ》の一職《いっしき》は、是《こ》れ衆僧《しゅぞう》の弁食《べんじき》を掌《つかさ》どる。禅苑清規《ぜんえんしんぎ》に云《いわ》く、衆僧《しゅぞう》を供養《くよう》す故《ゆえ》に典座《てんぞ》有《あ》りと。古《いにしえ》より道心《どうしん》の師僧《しそう》、発心《ほっしん》の高士《こうし》充《み》て来《きた》るの職《しき》なり。蓋《けだ》し一色《いっしき》の弁道《べんどう》に猶《よ》る歟《か》。若《も》し道心無《どうしんな》き者《もの》は、徒《いたずら》に辛苦《しんく》を労《ろう》して畢竟益無《ひっきょうえきな》し。

［訳］僧院にはもとより六つの役職がある。共に仏の弟子で、同じく仏事をなす。なかでも典座の職は僧たちの食を担当する。『禅苑清規《ぜんえんしんぎ》』[1]に「衆僧を供養す故に典座有り」とあり、昔から道心ある師僧、仏道の志の高い修行僧があてられてきた職である。ひとすじに仕事にあたることが仏道である。もし道心がないと、いたずらに苦労するだけで益はない。

1 禅苑清規＝中国で編まれた現存最古の清規集。十巻のうち序の刊行は宋の崇寧《すうねい》二年（一一〇三）。

**赴粥飯法**（五観の偈）　出典58

一《ひとつ》には功《こう》の多少《たしょう》を計《はか》り彼《か》の来処《らいしょ》を量《はか》る。
二《ふたつ》には己《おのれ》が徳行《とくぎょう》の全欠《ぜんけつ》を忖《はか》つて供《く》に応《おう》ず。
三《みっ》には心《しん》を防《ふせ》ぎ過《とが》を離《はな》るることは貪等《とんとう》を宗《しゅう》とす。
四《よっ》には正《まさ》に良薬《りょうやく》を事《こと》とするは形枯《ぎょうこ》を療《りょう》ぜんが為《ため》なり。
五《いつつ》には成道《じょうどう》の為《ため》の故《ゆえ》に今此《いまこ》の食《じき》を受《う》く。

［訳］一には食物のためになされた勤《いそ》しみの幾多をしのび、いかにして今ここにあるかを思って食《じき》を受ける。

二には自分は善い行いをしたか否か、欠けるところはなかったかを省みて食を受ける。

三には心が悪になじむのを防ぎ罪過《ざいか》を離れるためには貪《とん》（むさぼり）など三毒除滅《さんどくじょめつ》を宗《むね》として食を受ける。

四には食物こそ良薬とするは心身の衰弱を療するためなれば、節度をもって食を受ける。

五には、ひたすら仏道成就《ぶつどうじょうじゅ》のために、今この食を受ける。


「赴粥飯法」には食堂《じきどう》に入るときに誦す偈文、礼拝の作法などが細かく書かれているが、ここには食前の言葉のみあげた。

**僧院の詩**　道元の言行録『永平広録（道元和尚広録）』全十巻は寂後まもなく弟子たちが上堂《じょうどう》（定例の法話）・小参《しょうさん》（おりおりの法話）、偈頌《げじゅ》などを集めたもので、興聖寺や永平寺の日々をしのぶことができる。一例をあげる。

**火炉を開く**（『永平広録』第五）＊題と訓読は筆者。出典59

今日永平開火炉　今日永平《こんにちえいへい》　火炉《かろ》を開《ひら》き
拈来古鏡而為図　古鏡《こきょう》を拈来《ねんらい》して図《ず》と為《な》す
尋常説法人皆聴　尋常《じんじょう》の説法《せっぽう》は人《ひと》みな聴《き》くも

誰識袈裟将鉢盂　誰《たれ》か識《し》る袈裟《けさ》と鉢盂《はちう》と

[訳] 今日、私（永平）は僧堂の火炉（いろり）を開く。
これは古鏡をとりあげて仏道の参究とするためである。
ふだんの説法は皆が聞くが、
日用の衣服や食器のことは知る人とてあるまい。

建長元年（一二四九）十月一日、開炉の日の上堂の偈《げ》である。旧暦十月、寒さがますころ、僧堂のいろりに火を入れる（閉炉は二月一日）。それを道元は重要な行事として定例の法話をおこなった。古鏡は世界を等しく照らす月にたとえるが、ここでは暖炉の火を真理の明らむ古鏡とする。それは冬の寒さに備える実用のものだが、日用の衣服や食器も、みな古鏡であるという。

『永平広録』の第十巻は偈頌百三十七首を収める。そこには「閑居偶作《かんきょぐうさく》六首」「山居《さんきょ》十五首」「禅人に与ふ八首」などの詩群があり、道元の詩の代表的なものとなっている。そこから一首をあげる。

**禅人に与ふ**〈八首の一〉（同）＊題と訓読は筆者。　出典59

仏祖元来在眼前　仏祖《ぶっそ》は元来《がんらい》　眼前《がんぜん》に在《あ》るも
前灘波動銷秋煙　前《まのあたり》の灘波《はやせ》動《うご》き秋煙《しゅうえん》を銷《とざ》す
夜寒易乱雁行列　夜寒《よるさむ》うして乱《みだ》れ易《やす》し雁行《がんこう》の列《れつ》
月暗難尋古渡船　月暗《つきくろ》うして尋《たず》ね難《がた》し古渡《こと》の船《ふね》

[訳] 釈迦如来や祖師たちはもともと眼前に在る。

ただ人は、生死の荒波をまのあたりにして秋の霧に閉ざされ、迷っているのだ。
夜が寒いと、雁の列は乱れやすく、
月が暗いと、古くからある渡し船も探すのが難しいのである（禅は古仏の道をたどらせるものである。その道は眼前にあっても、人は生死に迷う）。

これらの偈頌のほか、道元の作と伝える和歌があり、江戸時代に歌集『傘松道詠《さんしょうどうえい》』六十首が編まれた。そのなかの一首「春は花夏ほととぎす秋は月　冬雪さえて冷《すず》しかりけり」は広く知られている。この歌は現成公案の道元の禅をよく伝え、「本来の面目を詠む」と題されている。

**道元の晩年とその後**　建長四年（一二五二）五十三歳、道元は秋から病になる。そのなかで「八大《はちだい》人覚《にんがく》」を説示した。

**正法眼蔵「八大人覚」**　出典55

諸仏《しょぶつ》は是《こ》れ大人也《だいにんなり》。大人《だいにん》の覚知《かくち》する所《ところ》、所以《ゆえ》に八大人覚《はちだいにんがく》と称《しょう》ず。此《こ》の法《ほう》を覚知《かくち》するを、涅槃《ねはん》の因《いん》と為《す》。我《わ》が本師《ほんし》釈迦牟尼仏《しゃかむにぶつ》、入般涅槃《にゅうはつねはん》したまひし夜《よる》の、最後《さいご》の所説也《しょせつなり》。

一つには少欲《しょうよく》。彼《か》の未得《みとく》の五欲《ごよく》の法《ほう》の中《なか》に於《おい》て、広《ひろ》く追求《ついぐ》せざるを、名《な》づけて少欲《しょうよく》と為《な》す。

仏言《ほとけのたま》はく、汝等比丘《なんだちびく》、当《まさ》に知《し》るべし。多欲《たよく》の人《ひと》は、多《おお》く利《り》を求《もと》むるが故《ゆえ》に苦悩《くのう》も亦《ま》た多《おお》し。少欲《しょうよく》の人《ひと》は、求《もと》むること無《な》く欲無《よくな》ければ則《すなわ》ち此《こ》の患《わずら》ひ無《な》し。

［訳］諸仏は大人《だいにん》（徳高い人）である。大人の覚知するところゆえに八大人覚《はちだいにんがく》という。この法を覚知す

ることを涅槃《ねはん》(悟り)の因とする。これは我が本師釈迦牟尼《しゃかむに》仏が入滅された夜、最後に説かれたことである。

一つには少欲である。まだ得ていない五欲《ごよく》(五感に満足を得たいという欲望)というものを広く追い求めないことを少欲とする。

仏は告げられた。汝《なんじ》ら比丘《びく》(修行僧)は知らねばならない。多欲の人は多く利を求めるために苦悩もまた多い。少欲の人は、求めることがなく、欲もないので、この患《わずら》いがないと。

以下、「八大人覚」には次の項目が立てられている。

二つには知足。すでに得たもののなかで受け取るに限度をもってすることを知足とする。三つには楽寂静《ぎょうじゃくじょう》(悟りを願うこと)。心の乱れや騒がしさを離れて静かなところに独りいることを楽寂静という。四つには懃精進《ごんしょうじん》。いろいろな善をおこなうに勤め修すること無限であること、それゆえ精進という。精《しょう》にして雑《ざつ》ならず、進んで退《ひ》かず。五つには不忘念《ふもうねん》、また守正念《しゅしょうねん》ということ。法を守って失せざるを正念という。また不忘念という。六つには修禅定《しゅぜんじょう》。法に安住して乱れないことを禅定という。七つには修智恵《しゅちえ》。法を聞き思念し修証《しゅしょう》するを智恵とする。八つには不戯論《ふけろん》(空疎な論議をしないこと)。修行の結果を証して分別を離れるを不戯論という。真実の姿をきわめつくすことが、すなわち不戯論である。

この「八大人覚」の巻の後書きに弟子の懐奘が次のように記している。

**正法眼蔵「八大人覚」**(奥書)　出典55

右《みぎ》の本《ほん》は、先師《せんじ》最後《さいご》の御病中《ごびょうちゅう》の御草《おんそう》なり。仰《おお》せには以前《いぜん》所撰《しょせん》の仮名《かな》正法眼蔵等《しょうぼうげんぞうとう》、皆《み》な書《か》き改《あらた》め、幷《なら》びに新草《しんそう》具《とも》に都盧《すべて》壱佰巻《いっぴゃくかん》、之《これ》を撰《せん》ずべしと云々《うんぬん》。
既《すで》に始草《しそう》の御此《おんこ》の巻《かん》は、第十二《だいじゅうに》に当《あた》れり。此《こ》の後《のち》、御病《おんやまい》漸々《ぜんぜん》に重増《じゅうぞう》したまふ。仍《よ》つて御草案等《おんそうあんとう》の事《こと》も即《すなわ》ち止《や》みぬ。所以《ゆえ》に此《こ》の御草等《おんそうとう》は、先師最後《せんじさいご》の教勅《きょうちょく》なり。我等《われら》不幸《ふこう》にして一百巻《いっぴゃくかん》の御草《おんそう》を拝見《はいけん》せず、尤《もっと》も恨《うら》むる所《ところ》なり。若《も》し先師《せんじ》を恋慕《れんぼ》し奉《たてまつ》らん人《ひと》は、必《かなら》ず此《こ》の十二巻《じゅうにかん》を書《しょ》して之《これ》を護持《ごじ》すべし。此《こ》れ釈尊最《しゃくそんさい》後《ご》の教勅《きょうちょく》にして、且《か》つ先師最後《せんじさいご》の遺教也《ゆいきょうなり》。

［訳］この「八大人覚」の巻は、先師最後の御病中の御草稿である。先師の仰せには、以前に撰した仮名書きの正法眼蔵などをみな書き改め、それに新草の巻をすべて加えて一百巻を撰すべし[1]とのことであった。

すでに書き始められたこの巻は新草の第十二にあたる。この後、御病気はだんだん重くなった。そのため御草案などのことはできなくなった。ゆえに、この「八大人覚」の草稿などは、先師最後の教勅《きょうちょく》である。我ら不幸にして一百巻の御草を拝見できないのは、もっとも残念なことである。もし先師を慕うなら、その人は必ずこの十二巻を書写して護持すべし。これは釈尊の最後の教勅であり、かつ先師最後の遺教である。

1 一百巻を撰すべし＝道元は全百巻の『正法眼蔵』を編むことを企図し、「現成公案」を第一巻とする七十五巻（旧草）をまとめ、新たに新草十二巻を加えて八十七巻目に「八大人覚」を撰した。それに『弁道話』など八巻を加えて九十五巻本の『正法眼蔵』が江戸時代に本山版として刊行された。

建長五年（一二五三）七月、道元は永平寺住職の座を懐奘に譲って後事を託す。八月五日、波多野《はたの》義重《よししげ》の懇請により療養のために上洛。同月二十八日、在家の弟子覚念《かくねん》の家で寂。五十四歳である。

曹洞宗がひろまったのは鎌倉時代末期に加賀の大乗寺に住した瑩山紹瑾《けいざんじょうきん》（一二六八～一三二五年）

が広く民衆に禅を説いてからである。瑩山が能登に開いた総持寺《そうじじ》は明治に横浜市に移転し、永平寺とならんで曹洞宗の大本山になっている。

**道元の黄金国**　道元の禅は西洋の実存哲学に照らして解釈されることも多い。しかし、道元は僧であるから、「神は死んだ」という実存哲学とは対極にある。次は天福《てんぷく》元年（一二三三）に開堂した興聖寺での最初の上堂《じょうどう》（説法）で示した偈（漢詩）で、言行録『永平公録』の冒頭におかれている。

**永平公録**（巻第一「上堂に云く」）　出典59

依草家風附木心　　依草《えそう》の家風《かふう》、附木《ふぼく》の心《しん》
道場最好可叢林　　道場《どうじょう》に最《もっと》も好《こう》たるは叢林《そうりん》なるべし
禅床一撃鼓三下　　禅床《ぜんしょう》一撃《いちげき》　鼓三下《くさんげ》
伝説如来微妙音　　如来微妙《にょらいみみょう》の音《おん》を伝説《でんせつ》す
正当恁麼《しょうとういんも》の時《じ》　興聖門下《こうしょうもんか》　且《しばら》く道《い》へ如何《いかん》
良久《ややひさしく》して云《いわ》く
湘《しょう》の南《みなみ》　潭《たん》の北《きた》に黄金国《おうごんこく》あり
限《かぎ》りなく平《たいら》かにして人陸沈《ひとりくちん》せらる。

［訳］草に宿る禅家の風、木を心とする僧の道場に最もふさわしいのは叢林（禅林）であろう。いま、禅床（坐禅の床）の一撃、三度の鼓にも、如来微妙の音（玄妙な教えの声）が伝わり、聞こえている。まさに今、そのときである。興聖門下の僧らよ、それをどのように言うのか。

師は、しばらくして言った。
中国嶺南《れいなん》の河川、湘江《しょうこう》の南・潭水《たんすい》の北に黄金国がある。
そこはどこまでも平らで、人は皆、仏法に浸される。

黄金国とは、金・銀・瑠璃《るり》などの七宝で造られ、地面に凹凸はないという仏の国のことであろう。曹洞宗大本山永平寺（福井県永平寺町）山門の扁額《へんがく》にも「吉祥山」という山号の意味を語る道元の言葉が掲げられている。

「諸仏如来大功徳　諸吉祥中最無上　諸仏倶来入此処　是故此地最吉祥　宝治二年十一月一日」

読み下して意訳すれば「諸仏如来《しょぶつにょらい》の大功徳《だいくどく》は諸《もろもろ》の吉祥《きちじょう》中最無上《ちゅうさいむじょう》なり。諸仏倶《とも》に来《きた》りて此処《ここ》に入《い》る。是《こ》の故《ゆえ》に此《こ》の地は最も吉祥なり」となる。

永平寺には諸仏の功徳が満ちている。ゆえに、もっとも吉祥であるという。道元は僧であるから、常に仏とともにあるのだった。

## 10 幕府と鎌倉の寺社

**頼朝の挙兵と鶴岡八幡宮**　治承四年（一一八〇）八月に源頼朝《よりとも》が伊豆で平氏打倒の兵をあげ、御家《ごけ》人《にん》を統率する侍所《さむらいどころ》をおいた。鎌倉幕府のはじまりとされる出来事である。その前の四月二十七日、挙兵を求める高倉宮《たかくらのみや》（以仁王《もちひとおう》）の令旨《りょうじ》が届いた。幕府の日録『吾妻鏡《あづまかがみ》』にその令旨が載せられている。

**吾妻鏡**（治承四年四月二十七日「以仁王の令旨」）出典33

下《くだ》す、東海《とうかい》・東山《とうざん》・北陸三道諸国《ほくろくさんどうしょこく》の源氏《げんじ》、ならびに群兵等《ぐんへいら》の所《ところ》、まさに早《はや》く清盛法師《きよもりほうし》ならびに従類叛逆《じゅうるいほんぎゃく》の輩《ともがら》を追討《ついとう》すべき事《こと》。

右《みぎ》、前伊豆守正五位下《さきのいずのかみしょうごいのげ》源 朝臣仲綱《みなもとのあそんなかつな》宣《せん》す。最勝王《さいしょうおう》の勅《ちょく》を奉《うけたまわ》るに偁《いわ》く、清盛法師《きよもりほうし》ならびに宗盛等《むねもりら》、威勢《いせい》をもつて凶徒《きょうと》を起《おこ》し、国家《こっか》を亡《ほろ》ぼし、百官万民《ひゃっかんばんみん》を悩乱《のうらん》し、五畿七道《ごきしちどう》を虜掠《りょりゃく》す（中略）王位《おうい》を推《お》し取《と》るの輩《ともがら》を追討《ついとう》し、上宮太子《じょうぐうたいし》の古跡《こせき》を訪《とぶら》ひて、仏法破滅《ぶっぽうはめつ》の類《たぐい》を打《う》ち亡《ほろ》ぼさんとす。ただに人力《じんりき》の構《かま》へを憑《たの》むのみにあらず、ひとへに天道《てんとう》の扶《たす》けを仰《あお》ぐところなり。これによつて、もし帝王《ていおう》・三宝《さんぽう》・神明《しんめい》の冥感《みょうかん》あらば、なんぞたちまちに四岳合力《しがくごうりょく》の志《こころざし》なからんや、しかればすなはち源家《げんけ》の人《ひと》、藤氏《とうし》の人《ひと》、兼《か》ねては三道諸国《さんどうしょこく》の間《あいだ》、勇士《ゆうし》に耐《た》へたるものは、同《おな》じく与力《よりき》して追討《ついとう》せしめよ。もし同心《どうしん》せざるにおいては、清盛法師《きよもりほうし》の従類《とるい》に准《なぞら》へ、死流追禁《しるついきん》の罪過《ざいか》に行《おこな》ふべし。もし勝功《しょうこう》ある者《もの》においては、まづ諸国《しょこく》の使節《しせつ》に預《あずか》らしめ、御《ご》即位《そくい》の後《のち》、必《かなら》ず乞《こ》ふに従《したが》ひて勧賞《けんじょう》を賜《たま》ふべきなり。諸国《しょこく》よろしく承知《しょうち》し、宣《せん》によつてこれを行《おこな》ふべし。


［訳］東海・東山・北陸の三道諸国の源氏と兵をもつ者らに下す。まさに早く清盛《きよもり》法師[1]と叛逆《はんぎゃく》の輩《やから》を追討すべき事。

　これは前伊豆守《さきのいずのかみ》の源仲綱《みなもとのなかつな》が宣した。「最勝王《さいしょうおう》（以仁王《もちひとおう》[2]）の勅《ちょく》を承った。それに宣じられるには、清盛法師と子の宗盛《むねもり》らは威勢をもって凶徒を率《ひき》いて国家を亡ぼし、百官万民を悩乱し、五畿七道で略奪を働いた。（中略／天皇・上皇に逆らい、仏法を破壊する、古代から例のない者である）王位を簒奪《さんだつ》する輩を追討し、上宮聖徳太子の古跡を訪ねて仏法を破壊する者どもを打ち亡《ほろ》ぼさんとする。これはただ人力の構えをたのむのではない。ひとえに天道の助けを仰ぐものである。これによって、もし帝王・三宝《さんぽう》・神明の冥応《みょうおう》あらば、どうしてすぐに四岳（諸国の武士）に合力の志がないことがあろうか。ならば源氏も藤原氏も、また三道諸国の勇士という者は同じく与力《よりき》して追討させよ。もし同心しない者は清盛法師の従類に準じて死罪・流罪・追討・禁固の処罰をおこなう。戦功があった者は、まず諸国の使節に伝えおき、最勝王の御即位の後、必ず届け出に応じて恩賞をとらせるものである。諸国の者ら、よろしく承知し、この宣旨に従って行動せよ」

1 **清盛法師**＝法師というのは平清盛が仁安三年（一一六八年）に受戒し、形は出家していたことによる。いわゆる入道、在家沙弥である。 2 **以仁王**＝後白河天皇の第二皇子（一一五一～一一八〇年）。三条高倉に住んだことから高倉宮という。護国経典の金光明最勝王経（金光明経）を信奉し、最勝王と称した。この令旨は平氏追討後に皇位につくことを宣言しているが、挙兵の計画がもれたので五月二十五日に京を脱出して奈良に向かった。その翌日、宇治川の合戦で死んだ。

この令旨には、清盛《きよもり》らは仏敵であり、追討には聖徳太子や神仏の冥助《みょうじょ》があるはずだということが長々と記されている。このような聖戦の宣告は古代・中世には非常に重要なことだった。

七月五日、頼朝は法華経を八百回繰る転読会《てんどくえ》を走湯山《そうとうさん》（伊豆山）権現の僧覚淵《かくえん》におこなわせた。

**吾妻鏡**（治承四年七月五日「法華経転読の表白文」）出典33

君《きみ》はかたじけなくも八幡大菩薩《はちまんだいぼさつ》の氏人《うじびと》、法華《ほっけ》八軸《はちじく》の持者《じしゃ》なり、八幡太郎《はちまんたろう》の遺跡《ゆいせき》を稟《う》け、旧《もと》の如《ごと》く、東《とう》八ヶ国《はちかこく》の勇士《ゆうし》を相従《あいしたが》へ、八逆《はちぎゃく》の凶徒《きょうと》、八条《はちじょう》の入道相国《にゅうどうしょうこく》の一族《いちぞく》を対治《たいじ》せしめたまふの条、掌《たなごころ》の裏《うち》にあり。これしかしながら、この経八百部《きょうはっぴゃくぶ》の読誦《どくじゅ》の加被《かび》によるべしと云々《うんぬん》。

［訳］頼朝公はかたじけなくも八幡大菩薩《はちまんだいぼさつ》の氏人《うじびと》であり、法華経八巻の護持者である。八幡太郎が築かれた源氏勢を受け継いで旧《もと》のように関東八か国の武士を従え、八逆（律令に定める八つの大罪）の凶徒、八条の入道相国《にゅうどうしょうこく》（平清盛）の一族を退治されることは掌《てのひら》の内にある。これは法華経八百部の読誦《どくじゅ》の加護による、など。

1　**八幡太郎**＝頼朝の曾祖父《そうそふ》、源義家《よしいえ》（一〇三九～一一〇六年）。河内源氏の嫡子で、石清水《いわしみず》八幡宮で元服したことから八幡太郎と号した。奥州でおこった前九年・後三年の役で戦功をたて、関東に源氏の勢力を広げた。

十月六日、頼朝は伊豆から鎌倉に移った。また、源義家《よしいえ》の父の頼義《よりよし》が由比郷若宮《ゆいごおりわかみや》に京都の石清水《いわしみず》八幡宮を勧請《かんじょう》した宮を鎌倉を望む小林郷北山《こばやしごおりきたやま》に遷《うつ》した。これが鶴岡《つるがおか》若宮、すなわち鶴岡八幡宮である。『吾妻鏡』同月十二日の条に「祖宗《そしゅう》を崇《あが》めんが為、小林郷の北山を點《せん》じて宮廟《ぐうびょう》を構へ、鶴岡宮を此処《ここ》に遷し奉らる。専光房《せんこうぼう》（良暹《りょうせん》）を以《もっ》て暫《しばら》く別当職《べっとうしょく》と為し、景義《かげよし》（重臣の大庭《おおば》景義）をして宮寺の事を執行《しぎょう》せしむ」という。北山は鶴岡八幡宮の現在地（鎌倉市雪ノ下）である。

氏神の八幡宮の地を由比と北山のどちらにするかは頼朝が神前で籤《くじ》を引いて決めた。だから偶然だったかもしれないが、その位置は大きな意味をもつ。そこは都の朱雀大路《すざくおおじ》にあたる若宮大路の北端。都では内裏の位置にあたる。新しい武家の都になる鎌倉では、皇居の位置に将軍の館《やかた》（幕府）ではなく氏神の八幡宮を置いたのだった。

別当の専光房は伊豆山《いずさん》（静岡県熱海市）の伊豆権現（走り湯権現）の僧である。以後も鶴岡八幡宮は密教僧が実権をにぎり、流鏑馬《やぶさめ》・神楽《かぐら》などの神事に加えて経典の読誦《どくじゅ》や放生会《ほうじょうえ》などの仏事が盛んに営まれ、宮寺《みやでら》（神宮寺）や塔が建立された。ただし、社殿・堂宇が壮大に整うのは建久二年（一一九一）の火災でいったん焼失してからで、北山に遷したころは仮の社がある程度だった。平家討伐もおぼつかず、頼朝の命運も定かではない。それだけに八幡宮での祭りは当初から盛大におこなわれた。最初の新年の参拝を『吾妻鏡』は次のように伝えている。

**吾妻鏡**（治承五年正月一日「鶴岡若宮参詣」）出典33

一日《ついたち》、戊申《つちのえさる》、卯《う》の尅《こく》、前武衛《さきのぶえい》、鶴岳若宮《つるがおかわかみや》に参《まい》りたまふ。日次《ひなみ》の沙汰《さた》に及《およ》ばず、朔旦《さくたん》をもつて当宮奉幣《とうぐうほうべい》の日《ひ》と定《さだ》めらると云々《うんぬん》。三浦介義澄《みうらのすけよしずみ》・畠山次郎重忠《はたけやまじろうしげただ》・大庭平太景義《おおばへいたかげよし》等郎従《ろうじゆう》を率《そつ》し、去《い》ぬる半更《はんこう》より以後《いご》、辻々《つじつじ》を警固《けいご》す。御出《ぎよしゆつ》の儀《ぎ》は御騎馬《ごきば》なり。礼殿《らいでん》に著御《ちやくぎよ》。専光房良暹《せんこうぼうりようせん》、あらかじめこの所《ところ》に候《さぶらい》ず。まづ神馬《じんめ》一疋《いつひき》を宝前《ほうぜん》に引《ひ》き立《た》つ。宇佐美三郎祐茂《うさみさぶろうすけしげ》・新田四郎忠常《につたしろうただつね》等これを引《ひ》く。次《つぎ》に法華経供養御聴聞《ほけきようくようごちようもん》。事終《ことおわ》りて還御《かんぎよ》の後《のち》、千葉介常胤《ちばのすけつねたね》垸飯《おうばん》を献《けん》ず。三尺《さんしやく》の鯉魚《りぎよ》を相具《あいぐ》す。また上林《じようりん》・下若《かじやく》その員《かず》を知《し》らずと云々《うんぬん》。

［訳］一日、戊申《つちのえさる》、卯《う》の刻に前武衛《さきのぶえい》[1]頼朝公が鶴岡若宮《つるがおかわかみや》に参拝された。日の吉凶にかかわらず元日《がんじつ》を若宮の奉幣の日と定められたという。三浦介義澄《みうらのすけよしずみ》、畠山次郎重忠《はたけやまじろうしげただ》、大庭平太景義《おおばへいたかげよし》らが郎従を率いて昨夜半から辻々《つじつじ》を警固した。頼朝公は騎馬で出御《しゆつぎよ》され、礼殿《らいでん》に到着されたときには別当の専光房良暹《りようせん》が控えていた。まず神馬《しんめ》一頭を神前に引き連れた。宇佐美三郎祐茂《うさみさぶろうひろしげ》、新田四郎忠常《につたしろうただつね》らがこれを引いた。次に法華経を読《どく》誦《じゆ》して供養し、頼朝公が聴聞された。参拝が終わって頼朝公が戻られた後、千葉介常胤《ちばのすけつねたね》が椀飯《おうばん》を献じた（三尺の鯉を用意し、また、くだもの・酒はその数を知らずという）。

1 武衛＝兵衛府《ひようえふ》の中国官名。

**鎌倉の寺社**　治承五年（一一八二）四月、頼朝は由比ヶ浜東方の江の島に足利義兼《よしかね》・北条時政らを引き連れて参拝した。江の島に弁才天を安置したのは頼朝に決起をうながしたことで知られる文覚《もんがく》だという。

**吾妻鏡**（養和二年四月五日「江の島弁天の勧請」）出典33

五日《いつか》　乙巳《きのとみ》　武衛《ぶえい》、腰越《こしごえ》の辺《あたり》、江島《えのしま》に出《い》でしめたまふ。（中略）これ高雄《たかお》の文覚上人《もんがくしようにん》、武衛《ぶえい》の御願《ごがん》を祈《いの》ら

❶鶴岡八幡宮　❷法華堂　❸永福寺　❹鎌倉大仏（高徳院）　❺極楽寺　❻光明寺
❼寿福寺　❽建長寺　❾円覚寺
1若宮大路　2大倉幕府（頼朝邸）　3亀谷郷　4松葉谷
国土地理院25000分の１地形図「鎌倉」縮小68％を加工

んがために、大弁才天《だいべんざいてん》をこの島《しま》に勧請《かんじょう》したてまつり、供養《くよう》の法《ほう》を始《はじ》め行《おこな》ふの間《あいだ》、故《ことさら》にもつて監臨《かんりん》せしめたまふ。密議《みつぎ》なり。この事《こと》、鎮守府将軍《ちんじゅふしょうぐん》藤原秀衡《ふじわらのひでひら》を調伏《じょうぶく》せんがためなりと云々《うんぬん》。

**［訳］五日、武衛《ぶえい》（頼朝）は腰越の辺り（鎌倉の西端）から江の島に出かけられた。（中略／足利義兼《よしかね》・北条時政《ときまさ》らが供をした）これは高雄の文覚《もんがく》上人[1]が武衛の御願の成就を祈るために大弁才天をこの島に勧《かん》請《じょう》して供養の法を初めて修するので臨席されたのである。密議であった。このことは鎮守府将軍藤原秀《ひで》衡《ひら》[2]を調伏《ちょうぶく》するためだったという。**

1 **高尾の文覚上人**＝京都の高尾山神護寺の僧。生没年不詳。伊豆の頼朝に決起をうながした。また、頼朝没後の正治《しょうじ》二年（一二〇〇）に神護寺から鎌倉に出した長文の意見状が『吾妻鏡』同年十二月の条にある。 2 **藤原秀衡**＝奥州藤原氏の長（？～一一八七年）。嘉応《かおう》二年（一一七〇）奥州の軍政府長官である鎮守府将軍に任じられる。養和元年（一一八一）には関東の源氏を抑えるために平氏政権によって陸奥守《むつのかみ》に任じられた。なお、『吾妻鏡』文治五年（一一八九）の奥州合戦の記録中に平泉の毛越寺《もうつうじ》・中尊寺の伽藍《がらん》や仏像について詳しく記されている。

建久三年（一一九二）三月、後白河法皇が薨去《こうきょ》。七月、頼朝が将軍に任じられた。『吾妻鏡』建久四年三月十三日の条には、法皇一周忌にあたって鎌倉と近辺の寺社八か所で千僧供養を営んだとある。それぞれ十人の高僧が百人の僧を従えて特設の道場で読経するという法会だった。

この八か所が初期に幕府の公事《くじ》をおこなった寺社で、鎌倉の内は若宮（鶴岡八幡宮）・勝長寿院《しょうちょうじゅいん》（南《みなみ》御堂《のみどう》／鎌倉市雪ノ下／現在は廃寺）・永福寺《ようふくじ》（鎌倉市二階堂／廃寺）である。勝長寿院は頼朝の父義朝《よしとも》の遺骨を納めた寺、永福寺は頼朝が平泉の二階建ての大堂を見て数万の怨霊《おんりょう》を鎮めるために文治五年（一一八九）に建立開始。他は伊豆山・筥根《はこね》山《やま》（箱根神社／神奈川県箱根町）・高麗寺《こまでら》（神奈川県大磯町／廃寺）・大山寺《だいせんじ》（神奈川県伊勢原市）・観音寺《かんのんじ》（神奈川県平塚市）である。

建久十年（正治元／一一九九）一月十三日、頼朝が五十三歳で死去。『吾妻鏡』は奇妙にも頼朝の死の前後の記録を欠いているが、慈円の『愚管抄』には「十五六日より聞へたちにき」とあり、頼朝の死は数日後には京に知れわたった。歌人・藤原定家《ふじわらのていか》の日記『明月記《めいげつき》』にも、その記事がある。

**明月記**（正治元年一月十八日「源頼朝の死」）出典60

早旦閭巷《そうたんりょこう》の説《せつ》に云《いわ》く、前《さき》の右大将所労獲麟《うだいしょうしょろうかくりん》に依《よ》り、去《さ》る十一日出家《じゅういちにちしゅつけ》の由《よし》、飛脚《ひきゃく》を以《もつ》て夜前院《やぜんいん》に申《もう》さる。仍《よ》って公澄《きんすみ》を以《もつ》て御使《おんつかい》と為《な》し、夜中下向《やちゅうげこう》すべきの由仰《よしおお》せらる。また公朝法師宣陽門院《こうちょうほうしせんようもんいん》の御使《おんつかい》として相共《あいとも》に馳《は》せ下《くだ》る云々《うんぬん》。朝家《ちょうか》の大事《だいじ》、何事《なにごと》か之《これ》に過《す》ぐるや。怖畏逼迫《ふいひつぱく》の世《よ》か。また或《あ》る説《せつ》に云《いわ》く、已《すで》に早世《そうせい》す云々《うんぬん》。

［訳］朝早く世間の噂《うわさ》にいうには、前《さき》の右大将（源頼朝）が病で臨終を迎え、去る十一日に出家したとのこと、飛脚で昨夜、後鳥羽院に知らせがあった。それで大江公澄《おおえのきんすみ》を御使者として、夜中、鎌倉に下向せよと命じられた。また、公朝法師が宣陽門院（後白河天皇の皇女）の御使者として共に馳《は》せ下った。皇室・朝廷の大事、これ以上に何があるか。怖畏《ふい》がせまる世になったか。また、「すでに死去した」という者もあった。

『明月記』同月二十日の条には「前《さき》の将軍、去る十一日出家、十三日入滅」とあり、頼朝危篤の噂が事実だったとわかった。頼朝は死の前に受戒して出家し、後世《ごぜ》を祈ったのだった。家督は嫡子の頼《より》家《いえ》がついだが、天下は騒然となった。あくる正治二年の一周忌の法会は動揺を抑える意味もあって盛大に営まれた。その導師をつとめた栄西は、以後、その名を広く知られるようになる。

**吾妻鏡**（正治二年一月十三日「頼朝の一周忌法要」）出典33

故幕下周闋《こばつかしゆうけつ》の御忌景《ごきけい》を迎《むか》へ、かの法花堂《ほつけどう》において仏事《ぶつじ》を修《しゆ》せらる。北条殿以下《ほうじようどのいか》の諸大名群参《しよだいみようぐんさん》して市《いち》をなす。仏《ほとけ》は絵像《えぞう》の釈迦《しやか》三尊《さんぞん》一鋪《いちほ》、阿字《あじ》一鋪《いちほ》、御台所《みだいどころ》の御除髪《おんじよはつ》をもつて、これを縫《ぬ》ひたてまつらる。経《きよう》は金字《こんじ》法《ほ》華経《けきよう》六部《ろくぶ》、摺写《しつしや》の五部《ごぶ》の大乗経《だいじようきよう》。導師《どうし》は葉上房律師栄西《ようじようぼうりつしようさい》。（中略）駿河《するが》・伊豆《いず》・相模《さがみ》・武蔵等《むさしとう》の国中《くにじゆう》の仏《ぶつ》寺《じ》に、おのおの追善《ついぜん》を修《しゆ》す。

**［訳］故将軍頼朝公の一周忌を迎え、かの法華堂において仏事を修せられた。北条殿以下、諸大名が群集して市をなした。法要の本尊には絵像の釈迦《しやか》三尊《さんぞん》一幅と阿字《あじ》一幅、これは御台所《みだいどころ》の政子様が剃髪《ていはつ》された髪で、これを縫われた。経には金字の法華経六部と木版刷りの大乗経五部を奉じ、導師は葉上房律師栄西《えいさい》が勤めた。（中略／導師・請僧への布施多量）駿河《するが》・伊豆《いず》・相模《さがみ》・武蔵《むさし》などの国中の仏寺でそれぞれ追善供養を修した。**

同年閏《うるう》二月、頼朝の妻・政子が栄西を住持に迎えて亀谷堂《かめがやつどう》（頼朝が治承四年に母の月忌を営んだ仏堂／鎌倉市扇ヶ谷）を寿福寺《じゆふくじ》に改めた。最初の禅宗寺院である。建仁《けんにん》二年（一二〇二）には二代将軍頼家が栄西を開山として京都に建仁寺《けんにんじ》を建立し、臨済宗の地歩が固められた。

栄西は密教僧でもあったから、建仁寺では禅とともに天台・真言が兼修された。建保《けんぽう》二年（一二一四）に三代将軍実朝《さねとも》に献じた『喫茶養生記《きつさようじようき》』も密教の治病観によって茶や桑を服用する効能を説いた書物だ。冒頭に「茶は養生の仙薬なり。延命の妙術なり。山野之《これ》を生ずれば其《そ》の地神霊《しんれい》なり。人倫《じんりん》之を採らば其の人長命なり」という。

その後、後鳥羽《ごとば》上皇が討幕の兵を挙げた承久《じようきゆう》の乱（一二二一年）を乗り切った幕府は執権北条氏を中心に鎌倉政権を確立した。最初の武家の法令である「御成敗式目《ごせいばいしきもく》」も貞永《じようえい》元年（一二三二）に制定された。その五十一か条の第一条に「神社を修理し、祭祀《さいし》を専らにすべき事」、第二条に「寺塔を修造し、仏事等を勤行《ごんぎよう》すべき事」を定める。

鎌倉の禅宗寺院は栄西の寿福寺が最初で、後の室町時代に鎌倉五山の第三に置かれる。鎌倉五山第一の建長寺の建立は『吾妻鏡』建長五年（一二五三）の条に記されている。

**吾妻鏡**（建長五年十一月二十五日「建長寺建立」）出典33

建長寺《けんちようじ》の供養《くよう》なり。丈六《じようろく》の地蔵菩薩《じぞうぼさつ》をもつて中尊《ちゆうそん》となし、また同像千体《どうぞうせんたい》を安置《あんち》す。相州殊《そうしゆうこと》に精誠《せいぜい》を凝《こら》さしめたまふ。去《い》ぬる建長三年十一月八日事始《けんちようさんねんじゆういちがつようかことはじめ》あり。すでに造畢《ぞうひつ》するの間《あいだ》、今日梵席《こんにちぼんせき》を展《の》ぶ。（中略）導師《どうし》は宋朝《そうちよう》の僧道隆禅師《そうどうりゆうぜんじ》。（中略）この作善《さぜん》の旨趣《しいしゆ》は、上《かみ》は皇帝《こうてい》の万歳《ばんぜい》、将軍家《しようぐんけ》および重臣《じゆうしん》の千秋《せんしゆう》、天下《てんか》の太《たい》平《へい》を祈《いの》り、下《しも》は三代《さんだい》の上将《じようしよう》、二位家《にいけ》ならびに御一門《ごいちもん》の過去《かこ》、数輩《すはい》の没後《ぼつご》を訪《とぶら》ひたまふと云々《うんぬん》。

［訳］建長寺供養（落慶法要）である。丈六の地蔵菩薩を本尊とする。また地蔵像千体を安置する。相《そう》州《しゆう》（北条時頼《ときより》）は特に外護《げご》の誠を尽くされた。去る建長三年十一月八日に建立が始まり、すでに完成したので、今日、法会を催した。（中略／願文は相州が清書した）、導師は宋の僧、道隆禅師《どうりゆうぜんじ》[1]である。（中略）この作善《さぜん》の趣旨は、上は天皇の万歳、将軍家と重臣の千秋、天下太平を祈り、下は三代の上将（執権北条氏）・二位家（政子）ならびに御一門の過去、多くの人々の没後をとむらわれたのである。

1　**道隆禅師**＝蘭渓《らんけい》道隆（一二一三〜一二七八年）。寛元四年（一二四六）に北条時頼の招きで来朝した臨済宗の禅僧。寂後、大覚禅師に勅謚《ちよくし》されるが、南禅寺の虎関師錬《こかんしれん》が著した『元亨釈書《げんこうしやくしよ》』（一三二二年）に日本の禅師号の最初とされる。

禅宗もまた鎮護国家の仏法だった。日本に伝来した中国・南宋の禅宗五山は皇帝の官寺である。建長寺には中国臨済宗の寺院を模した七堂伽藍《しちどうがらん》が整えられ、日本最初の禅宗の大伽藍になった。ここに、平安時代にはくずれていた官大寺の南北軸の伽藍が整然と復活した。それは南都北嶺《なんとほくれい》の権門寺社をいただく都の仏法に対抗して、武士の都の権威を目に見える形で示した。

鎌倉五山第二の円覚寺《えんがくじ》は弘安五年（一二八二）、執権北条時宗《ときむね》が宋の無学祖元《むがくそげん》を招いて建立した。元寇《げんこう》（文永・弘安の役）で死んだ兵士の霊を敵味方の区別なく慰めたいという時宗の「怨親平等《おんしんびょうどう》（敵も味方も同じ）」の願いによって建立されたと伝えるが、無学祖元の生涯を記した「仏光禅師塔銘」にも当時の歴史書『元亨釈書《げんこうしゃくしょ》』の無学祖元の条にも怨親平等にあたる語はない。

なお、鎌倉五山第四の浄智寺は弘安六年（一二八三）北条宗政の三回忌に建立。第五の浄妙寺は文治四年（一一八八）に足利義兼が建立した極楽寺に蘭渓道隆《らんけいどうりゅう》の弟子が住して改宗・改名した。

**鎌倉大仏の建立**　鎌倉西部の山際に像高一一メートル余の巨大な阿弥陀《あみだ》坐像、いわゆる鎌倉大仏がある。ふしぎなことに、奈良の大仏と並び称せられるほど巨大な仏像であるにもかかわらず、建立の経緯がほとんどわかっていない。『吾妻鏡』には嘉禎《かてい》四年（一二三八）三月二十三日に浄光《じょうこう》という僧が大仏堂建立のために勧進を始めたこと、仁治《にんじ》二年（一二四一）三月二十七日に大仏殿上棟、建長四年（一二五二）八月十七日、彼岸の第七日にあたって金銅八丈の如来像を鋳《い》はじめたという簡単な記述しかない。しかし、そのころ（仁治三年か）京から鎌倉に旅した人物が記した『東関紀行《とうかんきこう》』（筆者不明）に次のように書かれている。大仏が当初、木像だったころのようすである。

## 東関紀行　出典61

其中《そのなか》にも由井《ゆい》の浦《うら》といふ所《ところ》に、阿弥陀仏《あみだぶつ》の大仏《おおほとけ》をつくり奉《たてまつ》るよしかたる人《ひと》あり。やがていざなひてまいりたれば、たふとく有難《ありがた》し。事《こと》のおこり尋《たず》ぬるに、もとは遠江国《とおとうみのくに》の人《ひと》、定光上人《じようこうしようにん》といふものあり。過《すぎ》にし延応《えんおう》の比《ころ》より、関東《かんとう》の高《たか》き卑《いや》しきを勧《すす》めて、仏像《ぶつぞう》をつくり堂舎《どうしや》をたてたり。その功《こう》すでに三《さん》が二《に》におよぶ。烏瑟《うしつ》高《たか》く顕《あらわ》れて半天《はんてん》の雲《くも》に入《い》り、白毫《びやくごう》あらたにみがきて満月《まんげつ》の光《ひかり》をかゝやかす。仏《ほとけ》は則《すなわち》両三年《りようさんねん》の功《こう》すみやかになり、堂《どう》は又十二楼《またじゆうにろう》のかまへたちまちに高《たか》し。彼東大寺《かのとうだいじ》の本尊《ほんぞん》は、聖武天皇《しようむてんのう》の製作《せいさく》、金銅十丈余《こんどうじゆうじようよ》の盧舎那仏也《るしやなぶつなり》。天竺震旦《てんじくしんたん》にもたぐひなき仏像《ぶつぞう》とこそ聞《きこ》ゆれ。此阿弥陀《このあみだ》は、八丈《はちじよう》のたけなれば、彼大仏《かのおおほとけ》のなかばよりすゝめり。金銅木像《こんどうもくぞう》のかはりめこそあれども、末代《まつだい》にとりては、是《これ》も不思議《ふしぎ》といひつべし。仏法東漸《ぶつぽうとうぜん》の砌《みぎり》にあたりて、権現力《ごんげんりき》をくはふるかと有難《ありがた》くおぼゆ。

［訳］そのなかでも由比《ゆい》[1]ヶ浜《はま》というところに阿弥陀《あみだ》仏の大仏をお造りしていると語る人があった。しばらくして誘いあって参ると、尊く有難《ありがた》い仏像であった。その起源を尋ねると、もとは遠江国《とおとうみのくに》の浄光《じようこう》上人という者がいて、去る延応（一二三九～一二四〇年）の頃から関東で貴賤《きせん》をとわず勧進《かんじん》して仏像を造り堂舎を建てた。その仕事はすでに三分の二がおわり、烏瑟《うしつ》[2]は高く顕《あらわ》れて半天の雲に入り、白毫《びやくごう》あらたにみがきて満月《まんげつ》の光《ひかり》を輝かしている。仏像は二、三年かかるはずの仕事が早く進み、堂の構えは中国・崑崙《こんろん》仙宮の十二楼より高い。あの東大寺の本尊は聖武《しようむ》天皇が造り、金銅十丈余の毘盧舎那《びるしやな》仏である。天竺《てんじく》・中国にも類のない仏像と聞こえている。この鎌倉の阿弥陀像は高さ八丈なので、あの東大寺大仏の半分より大きい。東大寺は金銅、鎌倉は木像という違いはあるけれど、今は末の世であることを考えれば、ありえないことだと言うべきであろう。仏法東漸のみぎりに、仏が浄光上人に化現《けげん》されて力を加えられたのであろうと有り難く思われた。

**1 そのなかでも**＝『東関紀行』は鎌倉の鶴岡若宮（鶴岡八幡宮）・二階堂（永福寺）・大御《おおみ》堂《どう》（勝長寿院）などの壮麗なことを述べている。「そのなかでも」と大仏の記事に入る。 **2 烏瑟**＝仏の三十二の吉相のうち頭頂の肉髻《にくけい》のこと。次の白毫は眉間《みけん》の白い巻き毛。この文では「烏瑟高く顕れて半天の雲に入り」と「白毫あらたにみがきて満月の光をかゝやかす」は四《し》六騈儷《ろくべんれい》体の漢文に多くみられる対句である。

『東関紀行』の筆者が「末代には不思議」というほど驚いた鎌倉大仏は、現在は露座だが当初は大仏殿があった。これほどの事業をなしとげた浄光は遠江《とおとうみ》に生まれたというほかは不明の僧である。作《さ》善《ぜん》の功徳《くどく》を願う民衆の寄進によって大仏が建立されたのだろう。そこに西大寺流の悲田院（布施屋）がつくられたから真言律宗の関与もあったと考えられる。現在は浄土宗高徳院である。

鎌倉時代には定朝《じょうちょう》の流れをくむ京仏師、運慶《うんけい》・快慶《かいけい》など慶派の南都仏師らによって仏像の名品が数多くつくられた。造寺・造仏の功徳を願う仏像造立は民衆にひろまり、板金に仏像を線描しただけの簡素な懸仏《かけぼとけ》や石の供養塔の板碑《いたび》などが民家や路傍にもひろくまつられるようになった。

また、無常を語る随筆『方丈記《ほうじょうき》』と『徒然草《つれづれぐさ》』、それに『平家物語《へいけものがたり》』が生まれた。

## 11 無常の文学

**方丈記と隠者の住まい**　次は『方丈記』の冒頭である。『徒然草』『平家物語』の冒頭とともに広く知られている文である。

**方丈記**（冒頭）出典62

〔一〕ゆく河《かわ》の流《なが》れは絶《た》えずして、しかも、もとの水《みず》にあらず。よどみに浮《うか》ぶうたかたは、かつ消《き》え、かつ結《むす》びて、久《ひさ》しくとどまりたる例《ためし》なし。世《よ》の中《なか》にある、人《ひと》と栖《すみか》と、またかくのごとし。
〔二〕知《し》らず、生《うま》れ死《し》ぬる人《ひと》、何方《いずかた》より来《きた》りて、何方《いずかた》へか去《さ》る。また、知《し》らず、仮《かり》の宿《やど》り、誰《た》が為《ため》にか心《こころ》を悩《なや》まし、何《なに》によりてか目《め》を喜《よろこ》ばしむる。その主《あるじ》と栖《すみか》と、無常《むじょう》を争《あらそ》ふさま、いはば朝顔《あさがお》の露《つゆ》に異《こと》ならず。或《あるい》は露《つゆ》落《お》ちて、花《はな》残《のこ》れり。残《のこ》るといへども、朝日《あさひ》に枯《か》れぬ。或《あるい》は花《はな》しぼみて、露《つゆ》なほ消《き》えず。消《き》えずといへども、夕《ゆうべ》を待《ま》つ事《こと》なし。

〔訳〕〔一〕川は流れつづけていても、水は同じではない。よどみに浮かぶ泡は消えたり現れたりし、長くとどまっていることはない。世の中の人や家も同じように移ろうものである。
〔二〕わからないのは、生まれ死ぬ人が、どこから来て、どこへ去るのかである。また、わからないのは、住まいは仮の宿にすぎないのに誰のために心を悩まし、何のために目を楽しませようとするのかである。主《あるじ》も栖《すみか》も、いつまでもあるものではない。無常を争うさまは朝顔の露と変わらない。ときには露が落ちても花は残ることがあっても、残った花は朝日に枯れてしまう。ときには花はしぼんで露はまだ消えないこともあるが、それでも夕べまでもつことはない。

筆者の鴨長明《かものちょうめい》（一一五五～一二一六年）は下鴨神社の社司の鴨氏に生まれた。和歌や琵琶《びわ》をたしなんで優雅な人生を送るはずだったが、親族内の財産争いにやぶれて出家し、五十歳のころ洛外の大原に隠棲《いんせい》。五十四歳のころ、日野の法界寺《ほっかいじ》あたりに一丈四方（方丈）の庵《いおり》をつくって移り住んだ。その庵で還暦を前に思うところを書いたというのが『方丈記』で、一巻だけの短い書物である。

この庵は、西に仏に供える水や花を置く閼伽《あか》棚をつくり、北側の壁には阿弥陀如来《あみだにょらい》の絵像を安置し、そばに普賢菩薩《ふげんぼさつ》の絵像を掛け、その前に法華経を置いたという仏堂だが、以前の家の百分の一の小さな住まいなので費用がかからない（『方丈記』二八）という。『方丈記』には京の大火や地震などの記述をふくめて家に関する記述が多く、長明の住まいへの執着はなかなか強い。それを断ち切るように、閑居の心というものを語る。

## 方丈記（閑居の気味）出典62

〔三四〕それ、三界《さんがい》はただ心一《こころひと》つなり。心《こころ》、もし安《やす》からずは、象馬《ぞうめ》・七珍《しちちん》もよしなく、宮殿《くうでん》・楼閣《ろうかく》も望《のぞ》みなし。今《いま》、さびしきすまひ、一間《ひとま》の庵《いおり》、みづからこれを愛《あい》す。おのづから都《みやこ》に出《い》でて、身《み》の乞匃《こつがい》となれる事《こと》を恥《は》づといへども、帰《かえ》りてここに居《い》る時《とき》は、他《た》の俗塵《ぞくじん》に馳《は》する事《こと》をあはれむ。もし、人《ひと》このいへる事《こと》を疑《うたが》はば、魚《いお》と鳥《とり》との有様《ありさま》を見《み》よ。魚《いお》は、水《みず》に飽《あ》かず。魚《いお》にあらざれば、その心《こころ》を知《し》らず。鳥《とり》は、林《はやし》を願《ねが》ふ。鳥《とり》にあらざれば、その心《こころ》を知《し》らず。閑居《かんきょ》の気味《きび》も、また同《おな》じ。住《す》まずして、誰《たれ》かさとらん。

〔訳〕〔三四〕三界《さんがい》（この世のこと）は、ただ心一つである。もし心さえ安らかなら、象馬《ぞうめ》・七珍《しちちん》[1]も宮殿・楼閣も望まない。今のわびしい住まい、一間《ひとま》だけの庵《いおり》が私には好ましい。おりおり都に出ると、身が乞《こつ》食《じき》のようになったことが恥ずかしいけれど、帰ってここにいるときは、他の人が俗塵《ぞくじん》にとらわれてあくせくしているのを哀れに思う。もし私の言うことを疑う人は、魚と鳥のありさまを見よ。魚は水に飽きることはない。魚でなければ、その心を知らず。鳥は林を願う。鳥でなければ、その心を知らず。閑居を味わう気持ちも同じである。住んでみなければ誰もわかるものではない。

1 **象馬・七珍**＝貴重な財産の家畜や種々の宝玉。経典に頻出する七宝などをいう。

そうはいっても満足は得られない。長明は『方丈記』の末尾を曖昧《あいまい》な気分で結んでいる。

## 方丈記（末尾）出典62

〔三五〕そも〳〵、一期《いちご》の月影《つきかげ》傾《かたぶ》きて、余算《よさん》の山の端《は》に近《ちか》し。たちまちに三途《さんず》の闇《やみ》に向《むか》はんとす。何《なに》の業《わざ》をかこたんとする。仏《ほとけ》の教《おし》へ給《たま》ふおもむきは、事《こと》に触《ふ》れて、執心《しゅうしん》なかれとなり。今《いま》、草庵《そうあん》を愛《あい》するも、とがとす。（中略）

〔三六〕静《しず》かなる暁《あかつき》、このことわりを思《おも》ひつづけて、みづから心《こころ》に問《と》ひて曰《いわ》く、世《よ》をのがれて、山林《さんりん》にまじはるは、心《こころ》を修《おさ》めて、道《みち》を行《おこな》はんとなり。しかるを、汝《なんじ》、姿《すがた》は聖人《しょうにん》にて、心《こころ》は濁《にご》りに染《し》めり。栖《すみか》はすなはち、浄名居士《じょうみょうこじ》の跡《あと》をけがせりといへども、保《たも》つところは、僅《わず》かに周利槃特《しゅりはんどく》が行《おこな》ひにだに及《およ》ばず。もしこれ、貧賤《ひんせん》の報《ほう》のみづから悩《なや》ますか。はたまた、妄心《もうしん》のいたりて、狂《きょう》せるか。その時《とき》、心《こころ》さらに答《こた》ふる事《こと》なし。ただ、かたはらに舌根《ぜっこん》をやとひて、不請《ふしょう》の阿弥陀仏《あみだぶつ》、両三遍《りょうさんべん》申《もう》して、やみぬ。

〔三七〕時に建暦《けんりゃく》の二年《ふたとせ》、弥生《やよい》のつごもりごろ、桑門《そうもん》の蓮胤《れんいん》、外山《とやま》の庵《いおり》にして、これを記《しる》す。

〔訳〕〔三五〕そもそも月が傾くように私の生涯の残りも山の端《は》に近い。たちまち三途《さんず》の闇に向かおうとする時である。いまさら何の行いを悔いるのか。仏が教え給う趣旨は、何事にも執心をもってはならないということである。今の草庵《そうあん》を愛するのも科《とが》である。（中略）

〔三六〕静かな暁、この理《ことわり》を思いつづけて、みずから心に問うて言う。「世を遁《のが》れて山林に入ったのは心を修め、仏道を行じるためであった。

それなのに、おまえの姿は聖人《しょうにん》のようでも心は濁りに染まっている。住まいは浄名居士《じょうみょうこじ》[1]の方丈をまねているが、やっていることは周利槃特《しゅりはんどく》（釈迦《しゃか》の弟子の一人）の修行にも及ばない。もしかこれは貧しい賤《いや》しさの報いが自分を悩ましているのか、はたまた妄心がきわまって自分を狂わせているのか」と。その時、

**心はもう答えてくれなかった。**

**ただここに舌を動かして、不請《ふしょう》の念仏を二、三遍を申して止めてしまった。**

**〔三七〕時に建暦《けんりゃく》二年（一二一二）三月の終わりごろ、桑門蓮胤《そうもんれんいん》[2]、日野外山《とやま》の庵《いおり》にてこれを記す。**

1 **浄名居士**＝維摩《ゆいま》経に説かれる維摩詰《ゆいまきつ》のこと。維摩詰は在家の富豪で、その館は広大なものと説かれているが、遁世僧の理想として語られるように、一丈四面の小さな部屋で暮らしたという。 2 **桑門蓮胤**＝桑門は僧侶《そうりょ》のこと。蓮胤は長明の法名。

末尾に「不請《ふしょう》の阿弥陀仏」というのは無量寿経にある「不請の法」のことだろう。阿弥陀仏はたとえ極楽往生を請《こ》い願わない者でも迎えるという。

鴨長明は、その不請の阿弥陀仏さえ二、三回となえてやめてしまった。このように気が乗らないのは、「妄心《もうしん》のいたりて、狂《きょう》せるか」と自身の心に問うても「心さらに答ふる事なし」。誰も、何も答えてくれない。

## 徒然草のよもやま話

『徒然草《つれづれぐさ》』は二巻、序段をふくめて全二百四十四段の随筆集で、鎌倉後期に吉田兼好《よしだけんこう》（卜部兼好《うらべのかねよし》／生没年不詳）が著した。まず冒頭と無常観をあらわす第七段をあげる。

### 徒然草（序段）出典49

つれづれなるままに、日《ひ》くらし硯《すずり》にむかひて、心《こころ》にうつりゆくよしなし事《ごと》を、そこはかとなく書《か》きつくれば、あやしうこそものぐるほしけれ。

**［訳］やるべき事もなく、ものさみしいままに、一日中、硯《すずり》に向かって心に移りゆくとりとめもないこ**

とを何ということもなく書きつけていると、怪しいほどにものぐるおしい。

## 徒然草（第七段）出典49

あだし野《の》の露《つゆ》消ゆる時《とき》なく、鳥部《とりべ》山《やま》の煙《けぶり》立《た》ち去《さ》らでのみ住《す》み果《は》つる習《なら》ひならば、いかにもののあはれもなからん。世《よ》は定《さだ》めなきこそいみじけれ。
命《いのち》あるものを見《み》るに、人《ひと》ばかり久《ひさ》しきはなし。かげろふの夕《ゆう》べを待《ま》ち、夏《なつ》の蟬《せみ》の春秋《はるあき》を知《し》らぬもあるぞかし。つく〴〵と一年《ひととせ》を暮《くら》すほどだにも、こよなうのどけしや。飽《あ》かず、惜《お》しと思《おも》はば、千年《ちとせ》を過《す》ぐすとも、一夜《ひとよ》の夢《ゆめ》の心地《ここち》こそせめ。住《す》み果《は》てぬ世《よ》にみにくき姿《すがた》を待《ま》ち得《え》て、何《なに》かはせん。命長《いのちなが》ければ辱多《はじおお》し。長《なが》くとも、四十《よそじ》に足《た》らぬほどにて死《し》なんこそ、めやすかるべけれ。

[訳] 化野《あだしの》の露がいつまでも消えず、鳥部山の煙[1]が立ちのぼって空に去っていかないとしたら、どうだろう。そのように、いつ果てるともなく世に生きつづけることなら、もののあわれもない。世は定めなきこそ味わいぶかい。
命あるものを見ると、人間ほど長生きはない。かげろうは夕べには死に、夏の蟬は春・秋を知らないということがある。つくづく一年を暮らすだけでも、このうえなくのどかではないか。いつまでも命が惜しいと思えば、千年を過ごしても一夜の夢の心地がするだろう。住み果てることなく世にあり、ついに醜い姿になって何をするのか。命が長ければ恥も多い。長くとも四十前に死ぬなら見苦しくないだろう。

**1 化野の露～鳥部山の煙**＝化野（仇野・化野）は京都の愛宕山の麓、鳥部山（鳥辺山）は京都の東山一帯をいい、ともに墓地。化野は風葬が多く遺体が腐るにまかされた。鳥部山は火葬が多かった。

筆者の兼好は京都の吉田神社の神職をつとめる卜部《うらべ》氏に生まれ、卜部《うらべ》兼好《かねよし》といったが、出家して兼《けん》好《こう》を僧名とした。一般に吉田《よしだ》兼好《けんこう》とも兼好法師ともよばれている。鎌倉時代後期の京の歌壇で活躍した代表的な歌人の一人であるが、生涯は詳《つまび》らかではない。知られているのは三十歳頃に出家し、比叡山の麓や山上の横川《よかわ》などに隠棲したこと、関東下向もあることくらいである。

横川で詠んだ歌には「霊山院《りようぜんいん》にて、生身供《しようしんく》の式を書き侍《はべ》し奥に書きつく」と詞書《ことばがき》した「うかぶべきたよりとをなれ水茎《みずぐき》のあととふ人もなき世なりとも」（『兼好法師集』）などがある。霊山院は平安中期に源信《げんしん》が建てた釈迦堂である。源信は『往生要集』で極楽往生のための念仏を説き、その念仏結社（二十五三昧会《ざんまいえ》）とともに毎日十五日に念仏したが、毎月晦日《みそか》には釈迦講をいとなんだ。また、『霊山院釈迦堂毎日作法』および『霊山院式』を定めて、生身《しようしん》の釈迦だという釈迦如来像の前で勤行した。それが生身供である。その勤行は日ごとの当番制だったので、兼好も当番になったのだろう。兼好は『霊山院式』を書写して「憂《う》き世の苦海から浮かびあがる頼りともなれ。この筆の跡を見る人がいなくなった世になろうとも」と詠んだのだった。

そのように修行したこともある兼好だが、『徒然草』には、堀川殿《ほりかわでん》で舎人《とねり》が寝ていたときに足を狐にかまれたことを「狐は人にくひつくもの也」（第二百十八段）とおもしろげに書くなど、何にでも興味をもつ。無常観は亡びの哀感をもつが、それは一つの美意識による。実のところ、歌や随筆をたしなむ文人の暮らしが哀れなわけがない。『徒然草』には無常・無定の語がほとんどないし、文の多くは呑気《のんき》なよもやま話や物覚えのメモのようなものである。そのなかから仏教に関する一話をあげる。

## 徒然草（第百二十五段）出典49

人《ひと》におくれて、四十九日《しじゅうくにち》の仏事《ぶつじ》に、ある聖《ひじり》を請《しょう》じ侍《はべ》りしに、説法《せっぽう》いみじくして、皆人《みなひと》、涙《なみだ》をながしけり。導師《どうし》帰《かえ》りて後《のち》、聴聞《ちょうもん》の人《ひと》ども、「いつよりも、殊《こと》に今日《きょう》は尊《とうと》く覚《おぼ》え侍《はべ》りつる」と感《かん》じあへりし返事《かえりごと》に、ある者《もの》の言《い》はく、「何《なに》とも候《そうら》へ、あれほど唐《から》の狗《いぬ》に似候《にそうら》ひなんうへは」と言《い》ひたりしに、あはれもさめてをかしかりけり。さる導師《どうし》のほめやうやはあるべき。

[訳] 人に先立たれて四十九日の仏事に、ある上人《しょうにん》を法要の導師にお招きしたところ、説法がよかったので、みんな涙を流した。導師が帰った後、聴聞の人たちは「いつよりも特に今日は尊く思われた」と感じあって話していたのに、ある者が「何はともあれ、あれほど唐《から》の犬（舶来の犬か高麗犬《こまいぬ》）に似ておられるとは」と言ったので興もさめ、おかしかった。そんな導師の讃《ほ》めようがあろうか。

『徒然草』のよもやま話の最後の段は次のように結ばれている。

**徒然草**（第二百四十三段）出典49

八《やつ》になりし年《とし》、父《ちち》に問《と》ひて言《い》はく、「仏《ほとけ》は如何《いか》なるものにか候《そうろ》ふらん」といふ。父《ちち》が言《い》はく、「仏《ほとけ》には人《ひと》のなりたるなり」と。又問《またと》ふ、「人《ひと》は何《なに》として仏《ほとけ》には成《な》り候《そうろ》ふやらん」と。父又《ちちまた》、「仏《ほとけ》の教《おし》へによりてなるなり」と答《こた》ふ。又問《またと》ふ、「教《おし》へ候《そうら》ひける仏《ほとけ》をば、なにが教《おし》へ候《そうら》ひける」と。又答《またこた》ふ、「それも又《また》、さきの仏《ほとけ》の教《おし》へによりて成《な》り給《たま》ふなり」と。又問《またと》ふ、「その教《おし》へ始《はじ》め候《そうら》ひける第一《だいいち》の仏《ほとけ》は、如何《いか》なる仏《ほとけ》にか候《そうら》ひける」といふ時《とき》、父《ちち》、「空《そら》よりやふりけん、土《つち》よりやわきけん」といひて、笑《わら》ふ。「問《と》ひつめられて、え答《こた》へずなり侍《はべ》りつ」と諸人《しょにん》に語《かた》りて興《きょう》じき。

[訳] 八つになった年、父に問うて言った。「仏とはどういうものですか」と。父が言うには「仏は人がなっ

たのだ」と。また問う、「人がどのように仏になったのですか」と。父はまた、「仏の教えによってなったんだ」と答えた。また問う、「教えられた仏を誰が教えたのですか」と。また答えた、「その仏もまた、先の仏の教えによって仏になられたのだ」と。また問う、「最初に教えられた仏は、どんな仏なのですか」と言ったら、父は「空から降ったか、土から湧いたかねえ」と言って笑った。

父は「問いつめられて答えられなくなってしまった」と人に語っておもしろがった。

**鎮魂の平家物語**　『徒然草』第二百二十六段に『平家物語』のことが記されている。比叡山《ひえいざん》の慈《じ》鎮《ちん》和尚《かしょう》（慈円《じえん》／一一五五～一二二五年）は芸事ができる者を召し抱えていた。そのなかに信濃司《しなののつかさ》だった行《ゆき》長入道《ながにゅうどう》という者がいた。行長は『平家物語』をつくり、生仏《しょうぶつ》という盲目の人に教えた。生仏は東国生まれだったので、武士や弓馬のことは生仏が武士に聞いたことを書いた。今の琵琶法師は生仏の生まれつきの声をまねているのだという。これによると、『平家物語』は鎌倉時代の早い時期に原形がつくられた。その語りは東国の地方語で、都の文人や貴族には粗野な口語だったことになる。

文字の読めない民衆にも親しまれた語り文芸の『平家物語』は亡《ほろ》びた者への同情のみでなく、怨《おん》霊《りょう》を恐れる気分とむすびついて魂鎮《たましず》めの語りにもなった。五来重『日本人の死生観』（角川選書）によれば、近年まで京都では「お経流し」の日に語られた。壇《だん》ノ浦《うら》に平家が亡んだ日に賀茂川に経木《きょうぎ》（経文をしたためた小板）を流して供養したという。

『平家物語』は次のように世の無常から語りおこされる。

**平家物語**（巻第一「祇園精舎」）出典63

祇園精舎《ぎおんしようじや》の鐘《かね》の声《こえ》、諸行無常《しよぎようむじよう》の響《ひび》きあり。娑羅双樹《しやらそうじゆ》の花《はな》の色《いろ》、盛者必衰《じようしやひつすい》の理《ことわり》をあらはす。おごれる人も久《ひさ》しからず、唯春《ただはる》の夜《よ》の夢《ゆめ》のごとし。たけき者《もの》も遂《つい》にはほろびぬ、偏《ひとえ》に風《かぜ》の前《まえ》の塵《ちり》に同《おな》じ。（中略）まぢかくは六波羅《ろくはら》の入道《にゆうどう》前《さきの》太政《だいじよう》大臣《だいじん》平朝臣《たいらのあつそん》清盛公《きよもりこう》と申《もう》し人《ひと》の有様《ありさま》、伝《つた》へ承《うけたまわ》るこそ、心《こころ》も詞《ことば》も及《およ》ばれね。

［訳］祇園精舎《ぎおんしようじや》[1]の鐘の音には諸行無常の響きあり、娑羅双樹《さらそうじゆ》[2]の花の色は盛者必衰《じようしやひつすい》の理《ことわり》をあらわす。奢《おご》りたかぶる人も長くはつづかない。ただ春の夜の夢のようである。猛々《たけだけ》しい者も滅びてしまうのは、まったく風の前の塵《ちり》と同じ。（中略／遠く秦《しん》の趙高《ちようこう》、平将門など）近くは六波羅の入道[3]、前《さきの》太政《だいじよう》大臣《だいじん》平朝臣《たいらのあそん》清盛《きよもり》公[4]といった人のありさまを伝え聞くと、心に思うも言葉で語るもできないほどである。

1 **祇園精舎**＝釈迦時代のコーサラ国にあった僧園。 2 **娑羅双樹**＝釈迦が樹下で入滅したというサーラ樹。釈迦入滅の地はクシナガラであるが、いつしか祇園精舎とされた。源信は『往生要集』「大文第六　別時念仏」の「臨終の行儀」に「祇洹《ぎおん》（祇園精舎）の西北の角、日光の没《もつ》する処《ところ》に無常院を為《つく》れり。もし病者あらば安置して中に在《お》く」と記し、祇園精舎は臨終の場所としてイメージされている。 3 **六波羅の入道**＝六波羅（京都市東山区）は平氏が館《たち》を構えたところ。清盛は受戒していたので、入道とよばれた。 4 **前太政大臣平朝臣清盛公**＝清盛は仁安《にんあん》二年（一一六七）太政大臣になった。その中国官名により「入道《にゆうどう》相国《しようこく》」ともよばれる。

『平家物語』には熊谷直実《くまがいなおざね》が息子と同じ年頃の平敦盛《たいらのあつもり》の首をうつ「敦盛最期《あつもりのさいご》」の段（巻第九）など、悲しい場面がいくつもある。ここでは「重衡被斬《しげひらのきられ》」の段をあげる。

**平家物語**（巻第十一「重衡被斬《しげひらのきられ》」）出典63

本三位中将《ほんざんみのちゆうじよう》重衡卿者《しげひらのきようは》、狩野介宗茂《かののすけむねもち》に預《あず》けられて、去年《こぞ》より伊豆国《いずのくに》におはしけるを、南都《なんと》の大衆《だいしゆ》頻《しき》りに申《もう》しければ、「さらばわたせ」とて、源三位入道頼政《げんざんみにゆうどうよりまさ》の孫《まご》、伊豆蔵人大夫頼兼《いずのくらんどのだいふよりかね》に仰《おお》せて、遂《つい》に奈良《なら》へぞつかはしける。（中略）木津河《こつがわ》のはたにてきらんとするに、数千人《すせんにん》の大衆《だいしゆ》見《み》る人《ひと》、いくらといふかずを知《し》らず。三位中将《ざんみちゆうじよう》のとしごろ召《め》しつかはれける侍《さぶらい》に、木工右馬允知時《むくうまのじようともとき》といふ者《もの》あり。八条女院《はつじようのにようゐん》に候《そうら》ひけるが、最後《さいご》を見奉《みたてまつ》らんとて、鞭《むち》をうッてぞ馳《は》せたりける。（中略）やがて知時《ともとき》が狩衣《かりぎぬ》の袖《そで》のくりをといて、仏《ほとけ》の御手《みて》にかけ、中将《ちゆうじよう》にひかへさせ奉《たてまつ》る。これをひかへ奉《たてまつ》り、仏《ほとけ》にむかひ奉《たてまつ》ッて申《もう》されけるは、「（中略）重衡《しげひら》が逆罪《ぎやくざい》をおかす事《こと》、まッたく愚意《ぐい》の発起《ほつき》にあらず、只世《ただよ》に随《したが》ふ理《ことわり》を存《ぞん》ずる計《ばかり》なり。命《いのち》をたもつ者《もの》、誰《たれ》か王命《おうめい》を蔑如《べつじよ》する。生《しよう》をうくる者《もの》、誰《たれ》か父《ちち》の命《めい》をそむかん。かれといひ、これといひ、辞《じ》するにところなし。理非仏陀《りひぶつだ》の照覧《しようらん》にあり。抑《そもそも》罪報《ざいほう》たちどころにむくひ、運命只今《うんめいただいま》をかぎりとす。後悔千万《こうかいせんばん》、かなしんでもあまりあり。ただし三宝《さんぼう》の境界《きようがい》は慈悲《じひ》を心《こころ》として、済度《さいど》の良縁《りようえん》まち〳〵なり。『唯円教意《ゆいえんぎようい》、逆即《ぎやくそく》是順《ぜじゆん》』、此文《このもん》胆《きも》に銘《めい》ず。一念弥陀仏《いちねんみだぶつ》、即滅無量罪《そくめつむりようざい》、願《ねが》はくは逆縁《ぎやくえん》をもッて順縁《じゆんえん》とし、只今《ただいま》の最後《さいご》の念仏《ねんぶつ》によッて、九品託生《くほんたくしよう》をとぐべし」とて、高声《こうしよう》に十念《じゆうねん》となへつつ、頸《くび》をのべてぞきらせられける。日来《ひごろ》の悪行《あくぎよう》はさる事《こと》なれども、今《いま》の有様《ありさま》を見奉《みたてまつ》るに、数千人《すせんにん》の大衆《だいしゆ》も守護《しゆご》の武士《ぶし》も、みな涙《なみだ》をぞながしける。

［訳］本三位《ほんざんみ》の中将《ちゆうじよう》重衡卿《しげひらきよう》は狩野介宗茂《かのすけむねもち》[1]に預けられ去年（元暦《げんりやく》元年／一一八四）より伊豆《いず》におられたが、南都の大衆《だいしゆ》（僧たち）がしきりに言うので、「ならば身柄をわたせ」と、源三位入道頼政《げんざんみにゆうどうよりまさ》[2]の孫《まご》、伊豆蔵人《いずのくらんど》大夫頼兼《のたいふよりかね》に申しつけて、ついに奈良へ送った。（中略）木津川[3]の端で斬首《ざんしゆ》するとき、数千人の大衆など見る人は数えきれないほどだった。

三位の中将が年来召し使っていた侍に木工右馬允知時《むくうまのじようともとき》という者がいた。そのときは八条女院《はちじようのによいん》（鳥羽《とば》天皇の皇女）に仕えていたが、中将の最期を見たてまつろうと馬に鞭《むち》打って駆けつけた。（中略）[4]すぐに知時の狩衣《かりぎぬ》の袖《そで》のくくり紐《ひも》をといて阿弥陀《あみだ》仏の御手《みて》にかけ、一方の端を中将の手にお持たせした。中将は紐をお取りになり、仏に向かって言われるには、「（中略）重衡が逆罪を犯したことは、まったく自分の考えから起こったことではなく、ただ世に従うという道理を思っただけである。命ある者は誰が天皇・上皇の命《めい》を軽んじられようか。生をうけた者は誰が父の命にそむけようか。どれもこれも断ることはできない。善悪は仏陀《ぶつだ》がはっきり御覧になっている。ともかく罪の報いはたちどころに現れ、我が運命は只今《ただいま》をもって最後になった。後悔千万、悲しんでもあまりある。ただし三宝《さんぼう》（仏法）の境界は慈悲を心とし、済度《さいど》（救い）の良い縁となることはさまざまである。『唯円教意《ゆいえんぎようい》、逆即是順《ぎやくそくぜじゆん》』[5]、この言葉を胆に銘じる。一念弥陀仏《いちねんみだぶつ》、即滅無量罪《そくめつむりようざい》（一回の念仏が無量の罪を滅する）、願わくは逆縁をもって順縁とし、只今の最後の念仏によって九品託生《くほんたくしよう》[6]をとぐべし」と声高く十念《じゆうねん》[7]をとなえながら頸《くび》をさしのべて斬らせた。日ごろの悪行はさることながら、このようすを見たてまつった数千人の大衆も警護の武士も、みな涙を流したのだった。

1 **狩野介宗茂**＝平将門を追討した藤原為憲《ためのり》の子孫。 2 **源三位入道頼政**＝源頼政（一一〇四～一一八〇年）。以仁王《もちひとおう》の令旨《りようじ》を奉じて挙兵し、宇治で戦死した武将。 3 **木津川**＝南都への水運に使われた淀《よど》川の支流。 4 **中略**＝中将（重衡）が「仏を拝んでから斬られたいと思うが、どうすればいいか。このままではあまりに罪深く思われる」と言うので、知時は近くにあった阿弥陀《あみだ》像を持ってきた。 5 **唯円教意、逆即是順**＝天台円融の教えでは逆縁（悪いことがきっかけで仏法と縁が結ばれること）がすなわち順縁であること。 6 **九品託生**＝人の性格や善悪によって種々に極楽に往生するという。 7 **十念**＝阿弥陀仏の四十八願のうち第十八願にある語で、たとえ十回の念仏でも極楽に往生できるという。

こうして平家の公達《きんだち》らは次々に死んでいった。最後の灌頂巻は建礼門院《けんれいもんいん》の話である。清盛の次女＝徳子は壇ノ浦で幼い我が子の安徳天皇とともに入水《じゆすい》したけれど海から引きあげられた。その後、出家して建礼門院とよばれ、大原の寂光院《じやつこういん》に隠棲して平家一門の冥福《めいふく》を祈りながら余生をおくり、建保《けんぽう》元年（一二一三）、五十九歳の生涯をとじた。そして『平家物語』は「みな極楽に往生の素懐《そかい》をとげけるぞと聞こえし」という言葉でおわる。いろいろなことはあっても、「みな往生したいという日ごろの願いをとげたといわれている」という鎮魂の結びである。この『平家物語』には「一念弥陀仏、即滅無量罪」とか「念仏衆生摂取不捨《ねんぶつしゆじようせつしゆふしや》」などの仏教の語句がふんだんにあって民衆に広まった。

# 第四章
# 室町・安土桃山時代

室町時代には足利将軍の庇護のもとに五山の禅文化が発達した。写真の鹿苑寺金閣は、三代将軍義満が応永四年（一三九七）に建築を始めた屋敷（北山第《きたやまてい》）に始まる臨済宗の仏閣だが、能や書画などの新しい文化の中心にもなった。

また、仏教は民衆に広まり、一向一揆・法華一揆が起こった。

戦国時代を経て安土桃山時代には、権門寺社の支配力が弱まり、江戸時代の本末制度・寺檀制度へとつながっていく。

写真――鹿苑寺金閣　PIXTA

# 1　夢窓疎石と五山の制

**後醍醐天皇の崩御**　元弘三年（一三三三）、鎌倉幕府が滅亡。後醍醐《ごだいご》天皇（一二八八〜一三三九年）が建武《けんむ》の新政を始めたが、戦功の処理の不手際や公家《くげ》優先の親政に武士の不満がつのり、建武三年（一三三六）十一月、足利尊氏《あしかがたかうじ》（一三〇五〜一三五八年）が「建武式目」十七か条を定めて室町幕府を発足させた。「建武式目」には「遠くは延喜《えんぎ》・天暦《てんりゃく》両聖の徳化（平安中期の醍醐・村上天皇のころの善政）をたずね、近くは義時・泰時父子（鎌倉初期の執権）の行状を以《もっ》て近代の師となす」と公武両立をうたったが、同年十二月、後醍醐天皇は吉野にうつって南朝を立てた。その後の混乱と後醍醐天皇の崩御を北畠親房《きたばたけちかふさ》（一二九三〜一三五四年）が『神皇正統記《じんのうしょうとうき》』に記している。

**神皇正統記**（後醍醐）出典64

サテモ旧都《きゅうと》ニハ、戊寅《つちのえとら》ノ年《とし》ノ冬改元《ふゆかいげん》シテ暦応《りゃくおう》トゾ云《いい》ケル。芳野《よしの》ノ宮《みや》ニハモトノ延元《えんげん》ノ号《ごう》ナレバ、国々《くにぐに》モオモイ〳〵ノ号《ごう》ナリ。（中略）サテモ八月《はつき》ノ十日《とおか》アマリ六日《むいか》ニヤ、秋霧《あきぎり》ニヲカサレサセ給《たまい》テカクレマシ〳〵ヌトゾキコエシ。（中略）カネテ時《とき》ヲモサトラシメ給《たまい》ケルニヤ、マヘノ夜《よ》ヨリ親王《しんのう》ヲバ左大臣《さだいじん》ノ亭《てい》へウツシ奉《たてまつ》ラレテ、三種《さんしゅ》ノ神器《じんぎ》ヲ伝申《つたえもう》サル。

［訳］それはそうと旧都（京都）では戊寅《つちのえとら》の年の冬に改元して暦応《りゃくおう》という。吉野の朝廷ではもとの延元《えんげん》の年号なので、国々も思い思いの年号をつかっている。（中略）そうするうちに八月十六日、後醍醐天皇は風邪の気に冒されてお隠れになったという。（中略）かねてその時を察せられて前の夜から皇子の義良《のりなが》

親王（後村上天皇／一三二八〜一三六八年）を関白左大臣藤原経忠《つねただ》の邸《やしき》に住まわせられ、三種の神器[2]をお伝えになった。

1 **暦応**＝実際は秋に改元。一三三八年八月十一日に足利尊氏は征夷《せいい》大将軍に任じられた。同月、尊氏らは豊仁《とよひと》親王を擁して光《こう》明《みょう》天皇を立て、暦応と改元。以後、南朝方、北朝方それぞれに異なる年号をつかった。2 **三種の神器**＝八咫鏡《やたのかがみ》・草薙剣《くさなぎのつるぎ》・八尺瓊勾玉《やさかにのまがたま》の三種。後醍醐天皇は神器とともに吉野に遷宮した。剣は平家滅亡のときに壇ノ浦に沈んだが、熱田神宮から新たにもたらされた。『太平記』巻二十五には、天照大神が竜宮に勅を下して西海から伊勢神宮の沖に持ってこさせたのだという。

北畠親房は後醍醐天皇の重臣として建武の新政を進めた。その後、出家して宗玄《そうげん》（のち覚空《かくくう》）と名のって隠棲《いんせい》していたが、南北朝の争乱が始まると南朝方の武将として東国で足利軍と対戦。後醍醐天皇崩御の年に『神皇正統記』を常陸《ひたち》で書いた。南朝の正統性を太初の神話と歴代天皇の歴史に求めた書物である。その記述は日本の天孫降臨の神話にインドや中国の創世神話を加え、天照大神《あまてらすおおみかみ》と大日如来の同一視もみられるなど、中世神話の神仏習合色が強い。

ところで、親房は後醍醐天皇の死を右のように比較的冷静に受け止めているが、北朝方では、その怨霊《おんりょう》を非常に恐れた。『太平記』は次のように伝えている。

**太平記**（巻第二十一「後醍醐天皇崩御の事」）出典65

暦応二年八月九日《りゃくおうにねんはちがつここのか》より、芳野《よしの》の先帝不与《せんていふよ》の御事渡《おんことわた》り玉《たま》ひしが、次第《しだい》に重《おも》くなり玉《たま》ひて、医王善逝《いおうぜんせい》の誓《せい》約《やく》も祈《いの》るその験《しるし》なく、耆婆《ぎば》・扁鵲《へんじゃく》が霊薬《れいやく》も施《ほどこ》すにその験御座《しるしまします》さず。（中略）主上世《しゅじょうよ》に苦《くる》しげなる御息《おんいき》を吻《いきつ》かせ玉《たま》ひて仰《おお》せられけるは、「妻子珍宝及王位《さいしちんぽうぎゅうおうい》、臨命終時不随者《りんみょうじゅうじふずいしゃ》、これ如来《にょらい》の金言《きんげん》なれば、平生朕《へいぜいちん》が心《こころ》に甘《あま》なう事《こと》なり。（中略）唯生々世々《ただしょうじょうせぜ》の妄執《もうしゅう》にもなりぬべきは、朝敵尊氏《ちょうてきたかうじ》が一類《いちるい》を亡《ほろ》ぼして、四海《しかい》を泰平《たいへい》ならしめんと思《おも》ふこの一事《いちじ》ばかりなり。（中略）玉骨《ぎょくこつ》はたとひ南山《なんざん》の苔《こけ》に埋《うず》むるとも霊魄《れいはく》は常《つね》に北闕《ほっけつ》の天《てん》に臨《のぞ》まんと思《おも》ふなり（中略）」と。

［訳］暦応《りゃくおう》二年八月九日から吉野の先帝が病になられたが、次第に重くなられ、薬師如来の本願を祈っても効験なく、耆婆《ぎば》[1]・扁鵲《へんじゃく》[2]の霊薬も効能はなかった。（中略）主上が世にも苦しげな息づかいで仰せられるには「妻子珍宝及王位《さいしちんぽうぎゅうおうい》、臨命終時不随者《りんみょうじゅうじふずいしゃ》[3]は釈迦如来の金口《こんく》から出た言葉であるから、平生《へいぜい》、朕《ちん》は心に善しと思うことである。（中略）ただ、死後転生の世にも永遠の妄執にもなろうことは朝敵尊氏の一門を亡ぼして四海（天下）を泰平ならしめたいと思う、このことだけである。（中略／皇位は義良《のりなが》親王＝後村上天皇に譲る）遺骨はたとえ吉野の山の苔《こけ》に埋まるとも霊魂は常に北の皇居の天を見ていよう[4]と思うのである（中略）」と。

1 **耆婆**＝古代インドの名医ジーヴァカ。 2 **扁鵲**＝中国の伝説の名医。 3 **妻子珍宝及王位、臨命終時不随者**＝妻子も珍宝も王位も臨終のときにはついてこない。大集経《だいじっきょう》にある偈文《げもん》。源信の『往生要集』に引用され、広く知られるようになった。
4 **遺骨は～北の皇居の天を見ていよう**＝このように遺言したあと、後醍醐天皇は左手に法華経の第五巻（提婆達多品《だいばだったぼん》第十二～従地涌出品《じゅうじゆじゅっぽん》第十五）を握り、右手に剣を持って八月十六日丑《うし》の刻に崩じたという。

『太平記』は小島法師《こじまほうし》（?～一三七四年）という遁世僧《とんせいそう》がつくったという全四十巻の軍記物で、後醍醐天皇の即位（一三一八年）から足利義満《よしみつ》が三代将軍になるまでを語る。江戸時代には太平記読みとよばれる語り芸能が広まり、講談のもとになった。右のように仏教語が頻出し、仇討《あだう》ちの『曾我《そが》物語』などとともに神仏の観念が民衆に浸透するうえで大きな影響力をもった物語である。

## 天竜寺と安国寺・利生塔の建立

同じく暦応二年（一三三九）十月、臨済僧の夢窓疎石《むそうそせき》（一二七五

〜一三五一年）が左武衛《さぶえ》こと足利直義《ただよし》（尊氏の弟）に御霊《ごりょう》を鎮めることを提言し、後醍醐天皇の離宮だった亀山殿を禅院に改めて天竜寺《てんりゅうじ》が建立された。それを語る『太平記』は、祀《まつ》れば守護神になる怨霊の観念をよく示している。また建立の費用をえるために天竜寺船を元《げん》に送って通商するが、その実利も大きかった。

**太平記**（巻第二十四「天竜寺建立の事」）出典65

さる程《ほど》に、夢窓国師《むそうこくし》、左武衛《さぶえ》に申《もう》されけるは、「近年天下《きんねんてんか》の様《さま》を見候《みそうろ》ふに、人力《じんりき》を以《もっ》て争《いか》でか天災《てんさい》を除《のぞ》き候《そうろ》ふべし。何様《いかさま》これは、吉野先帝《よしのせんてい》御崩御《ごほうぎょ》の時《とき》、様々《さまざま》の悪相《あくそう》を現《げん》じ御座候《ござそうら》ひけると、その神霊《しんれい》御憤《おんいきどお》り深《ふか》くして、国土《こくど》に災《わざわ》ひを下《くだ》し、禍《わざわい》をなされ候《そうろ》ふと存《ぞん》じ候《そうろ》ふ。（中略）菅原《すがわら》の霊廟《れいびょう》に爵《しゃく》を贈《おく》り奉《たてまつ》り、宇治悪左《うじのあくさ》府《ふ》に官位《かんい》を贈《おく》り、讃岐院《さぬきのいん》・隠岐院《おきのいん》に尊号《そんごう》を諡《おくりな》し奉《たてまつ》り、仙宮《せんきゅう》を帝都《ていと》に遷《うつ》し進《まい》らせられしかば、怨霊皆静《おんりょうみなしず》まって、却《かえ》つて鎮護《ちんご》の神《かみ》とならせ給《たま》ひ候《そうら》ひしものを」と申《もう》されしかば、将軍《しょうぐん》も左兵衛督《さひょうえのかみ》も、「この儀《ぎ》尤《もっと》も」とぞ甘《かん》心《しん》せられける。（中略）このため宋朝《そうちょう》へ宝《たから》を渡《わた》されしかば、売買《ばいばい》その利《り》を得《え》て百倍《ひゃくばい》せり。また遠国《おんごく》の材木《ざいもく》をとれば、勝載《しょうたい》の舟《ふね》さらに煩《わずら》ひもなく、自《おの》づから順風《じゅんぷう》を得《え》たれば、誠《まこと》に天竜八部《てんりゅうはちぶ》もこれを随喜《ずいき》し、諸天《しょてん》善神《ぜんじん》も納受《のうじゅ》し玉《たま》ふかとぞ見《み》えし。

[訳]そのうちに夢窓国師が左武衛《さぶえ》（足利直義）に申されるには、「近年の天下の様を見るに、人力をもって、どうして天の災いを除けようか。なにしろこれは吉野先帝御崩御の時、さまざまな悪相を示され、神霊の憤り深くして国土に災いを下し、禍事《まがこと》をなされていると思われる。（中略）菅原道真《すがわらのみちざね》[1]の霊廟《れいびょう》に爵位を贈り、宇治悪左府《うじあくさふ》[2]に官位を贈り、讃岐院《さぬきのいん》・隠岐院《おきのいん》[3]に尊号を贈って御陵を都に移すと、怨霊は皆鎮まって、かえって鎮護の神となられるのに」と申されたので、将軍（足利尊氏《たかうじ》）も左兵衛の長（直義）も、「もっともである」

と感心された。（中略）このため宋朝（元）へ財物を送り、その売買の利益は百倍になった。また遠国の材木をとっても運搬の船はまったく問題なく、おのずから順風を得たのは誠に天竜八部衆（法華経で仏法を讃《たた》え、守護を誓う神々や鬼神・竜神ら）も建立を祝福し、諸天善神が建立の発願をお受けになったものと思われる。

**1 菅原道真**＝道真（八四五〜九〇三年）は都での政争に敗れて太宰府《だざいふ》で失意の生涯を閉じた。その後、道真の怨霊《おんりょう》が恐れられ、正暦《しょうりゃく》四年（九九三）に正一位左大臣および太政《だいじょう》大臣の官位を贈られ、天神として祀《まつ》られた。 **2 宇治悪左府**＝保元の乱で敗死した公卿《くぎょう》、藤原頼長（一一二〇〜一一五六年）のこと。安元三年（一一七七）正一位太政大臣の官位を贈られた。 **3 讃岐院・隠岐院**＝讃岐院は保元の乱ののち讃岐に流された崇徳《すとく》上皇（一一一九〜一一六四年）。隠岐院は承久の乱（一二二一年）後、隠岐に流された後鳥羽《ごとば》上皇（一一八〇〜一二三九年）のこと。

さらに暦応四年、諸国に一寺一塔を建立した。天竜寺での夢窓疎石の陞座《しんぞ》（法話）にいう。

**夢窓疎石「陞座」** 出典66

爰《ここ》に元弘以来《げんこうこのかた》、天下《てんか》大《おお》いに乱《みだ》る。翅《ただ》、戦場《せんじょう》の兵卒《へいそつ》の多《おお》く軀命《くみょう》を殞《おと》すのみにあらず、山野《さんや》の飛走《ひそう》に至《いた》るまで、亦其《またそ》の余殃《よおう》に罹《かか》り、神廟仏堂《しんびょうぶつどう》、朱門白屋《しゅもんはくおく》も、或《あるい》は兵火《へいか》の為《ため》に焚《や》かれ、或《あるい》は賊徒《ぞくと》の為《ため》に壊《え》せらる。（中略）茲《ここに》者、征夷大将軍《せいいたいしょうぐん》源朝臣《みなもとのあそん》、左武衛将軍《さぶえしょうぐん》源朝臣《みなもとのあそん》、真智《しんち》内《うち》に熏《くん》じ、霊機《れいき》外《そと》に発《はっ》す。自《みずか》ら慚愧《ざんき》を懐《いだ》き、愆尤《けんゆう》を謝《しゃ》せんと欲《ほっ》す。具《つぶさ》に丹悃《たんこん》を陳《の》べて、上叡聞《かみえいもん》に達《たっ》し、伸《の》ぶる所《ところ》の懇志《こんし》、深《ふか》く叡襟《えいきん》に協《かな》ふ。乃《すなわ》ち聖旨《せいし》を奉《ほう》じて、扶桑国中《ふそうこくちゅう》に州毎《しゅうごと》に一寺《いちじ》一塔《いっとう》を建立《こんりゅう》して、普《あまね》く元弘以来《げんこうこのかた》の戦死傷亡《せんししょうもう》、一切《いっさい》の魂儀《こんぎ》の為《ため》に覚路《かくろ》を資薦《しせん》す。

［訳］後醍醐《ごだいご》天皇が討幕に立ち上がられた元弘《げんこう》の乱（一三三一年）以来、天下大いに乱れた。ただ戦場の兵卒の多くが命を落としただけではない。山野の鳥や獣まで報いを受け、神社仏閣、貴賤《きせん》の家々も兵

火に焼かれ、あるいは賊徒によって打ち壊された。（中略）ここに、将軍足利尊氏《たかうじ》、左武衛将軍足利直義《ただよし》は真智《しんち》（仏の智慧《ちえ》）を内に薫《くん》じ、霊機（神霊の働き）を外に発して、みずから慚愧《ざんき》の思いをもち、謝罪したいと思われた。つぶさに真心を述べて上《かみ》は天子のお耳に達し、ねんごろに述べる志は深く叡慮《えいりよ》にかなう。そこで聖旨を奉じて日本国中の州ごとに一寺一塔を建立し、普《あまね》く元弘以来の一切の戦死者の魂の覚路《かくろ》（悟りの道＝成仏）を助けよう。

諸国の一寺一塔は興国六年（一三四五）、光厳《こうごん》上皇の院宣によって安国寺《あんこくじ》・利生塔《りしようとう》と名づけられた。戦乱で死んだ者たちの慰霊のためというが、幕府の威光を諸国に知らしめるものでもあった。とはいえ、新たに寺院が建立されたわけではない。安国寺のほとんどは既存の臨済宗寺院を安国寺と改称。利生塔も既存の真言・天台・律宗などの寺院の境内に五重塔か三重塔をたてたものだった。安国寺は禅宗の五山を幕府の官寺として諸国にひろげ、利生塔は地方の寺社勢力を室町幕府の体制にくみいれるねらいをもったものといえよう。

五山は中国の南宋時代に五大寺を中心に寺院を管理した官寺制度である。日本では鎌倉時代に建《けん》長寺《ちようじ》を五山第一としたが、明確な制度として京・鎌倉それぞれに五山が定められたのは暦応年間（一三三八〜一三四二年）に足利尊氏によってで、これも夢窓疎石の影響が大きかった。その後、五山の選定は時期によって異なるが、三代義満《よしみつ》のときの至徳三年（一三八六）に南禅寺を別格として「五山之上」に置き、京・鎌倉の五山がほぼ固定した。

京都五山＝第一・天竜寺、第二・相国寺《しようこくじ》、第三・建仁寺《けんにんじ》、第四・東福寺《とうふくじ》、第五・万寿寺《まんじゆじ》。

鎌倉五山＝第一・建長寺、第二・円覚寺《えんがくじ》、第三・寿福寺《じゆふくじ》、第四・浄智寺《じようちじ》、第五・浄妙寺《じようみようじ》。

五山の住持《じゆうじ》（住僧の長）は十方住持《じつぽうじゆうじ》、つまり派を問わず住持をえらぶ方針で、臨済宗僧侶を管理する僧録《そうろく》が選定し、将軍によって任命された。その住持を出す資格をもつのが五山と十刹《じっせつ》、さらに諸山とよばれる禅院である。その全体を「五山叢林《そうりん》」と総称し、略して単に「五山」とも「叢林」ともいう。五山に属さない禅宗寺院（曹洞宗寺院や地方の禅院）は「林下《りんか》」といった。

五山の住持には任期があり、満二年が一期だった。十方住持とはいえ主流は弟子一万三千人を擁したという夢窓派と東福寺開山の円爾《えんに》弁円《べんねん》（聖一《しょういち》国師／一二〇二〜一二八〇年）の聖一派だったが、住持はしばしば交代した。また、禅僧は若いころから各地の禅院にうつりすむ諸師《しょし》遍歴《へんれき》の風習があった。なかには元《げん》・明《みん》にわたった者も多く、その人脈は博多の商人や中国の宮廷にもおよんだ。

守護大名も安国寺を菩提寺《ぼだいじ》にしたり、僧を顧問として法令や文書の作成にあたらせたほか、五山僧は人脈を生かして大名の密使としても活動した。

**北山文化と東山文化**　鎌倉・室町時代には経済が発展し、五山の禅院も豊かで文化が多方面に発展した。五山版とよばれる多数の木版出版物の刊行、江戸時代の朱子学《しゅしがく》につながる儒学の研究、そのほか建築の書院造や作庭、書画・芸能などにおよんだ。その象徴が北山の金閣寺、東山の銀閣寺である。

金閣寺は正式には鹿苑寺《ろくおんじ》金閣といい、三代将軍義満が造営した屋敷（北山第）に始まる。そこでは連歌の会などが催され、観阿弥《かんあみ》・世阿弥《ぜあみ》父子の能《のう》なども演じられた。能の謡曲の多くは幽霊がシテ（主人公）になる夢幻能《むげんのう》で、この世とあの世を語り、死生観に大きな影響をあたえた。

銀閣寺（慈照寺《じしょうじ》）は八代将軍義政《よしまさ》が文明十五年（一四八三）に隠居して風流生活をおくった山荘の東山殿《ひがしやまどの》がもとである。義政は観音殿《かんのんでん》（銀閣《ぎんかく》）や持仏堂《じぶつどう》の書院造の東求堂《とうぐどう》を建て、侘茶《わびちゃ》（茶の湯）・能楽・立花《りっか》（華道）などの芸能が発達した。

## 【コラム】能の始まり

能《のう》の歴史は奈良時代に伝来した伎楽《ぎがく》の歌舞《かぶ》・曲芸《きょくげい》にさかのぼり、寺社の奉納演芸や町の見せものとして広まった芸能である。なかでも人気があったのが田楽《でんがく》だった。田楽は田植えの祭りに田の神をまつっておどった歌舞《かぶ》がもとで、今の農村にも花田植《はなたう》えの神事が伝わっている。田楽は笛や鼓をうちならしながら舞いおどるもので、京の町で流行した。

しかし、能の直接のみなもとは猿楽《さるがく》である。猿楽は「散楽《さんがく》」という言葉がなまって「申楽《さるがく》」と書かれ、「猿楽《さるがく》」となったもので、平安時代に宮中の神楽（御神楽《みかぐら》）などの余興に演じられた即興の演劇だった。世阿弥《ぜあみ》（一三六三？～一四四三年？）の芸談『申楽談儀《さるがくだんぎ》』によれば、応安七年（一三七四）に観阿弥《かんあみ》・世阿弥父子が京都の今熊野社で猿楽を演じた。それを室町三代将軍義満《よしみつ》が観たのを契機に武家や公家《くげ》の館でもよく演じられるようになった。猿楽は義満が造った鹿苑寺《ろくおんじ》金閣《きんかく》でも演じられ、いわゆる北山文化を彩るものになる。

観阿弥・世阿弥父子は奈良の春日社（春日大社）や興福寺などで演じることを役目とした大和猿楽四座（円満井《えんまんい》・坂戸《さかど》・外山《とび》・結崎《ゆうざき》）のうち、結崎座の猿楽師で観世流の祖になる。もとは寺社に奉納する祝い芸だったことから今も長寿を言祝《ことほ》ぐ「翁《おきな》」などの舞いを伝えている。

世阿弥は多くの謡曲（能の脚本）や能の能楽書『風姿花伝《ふうしかでん》』などを書いて能を大成した。なかでも夢幻能を数多く制作し、死者などの異界のものが語る夢幻能の形をつくった。夢幻能は何か思いを残して浮かばれない霊や物の精などがシテ（主役）で、ワキ（シテの相手）はたいてい旅の僧である。

たとえば『平家物語』の「敦盛《あつもり》最期」の段を元にした世阿弥の『敦盛』は、須磨の一ノ谷の合戦で源氏の熊谷直実《くまがいなおざね》が自分の子と同じ年頃の敦盛を討ち取ったが、鎧の下に横笛を忍ばせていたことを哀れみ、出家して蓮生《れんせい》という名の僧になった。能の『敦盛』では蓮生が敦盛の菩提《ぼだい》を弔おうと一ノ谷を訪れたところ、山の上のほうから笛の音が聞こえ、四人連れの草刈男が笛と野風の音とともにやってくる。もう夕方なので草刈男たちは帰っていったが、一人だけ残って、蓮生に十念（十回の念仏）を授けてほしい。自分は敦盛にゆかりの者だという。

蓮生が「南無阿弥陀仏」と称《とな》え、草刈男も「若我成仏十方世界《にゃくがじょうぶつじっぽうせかい》、念仏衆生摂取不捨《ねんぶつしゅじょうせっしゅふしゃ》（若《も》し我《わ》れ仏に成れば、十方世界の念仏の衆生を摂取して捨てず）」という観無量寿経の経文を唱えて消えていった。その草刈男がシテで敦盛の霊であった。

この能の始まりについて、世阿弥は『風姿花伝』に「推古天皇の御宇《ぎょう》に、聖徳太子、秦河勝《はだのこうかつ》に仰《おおせ》て、且《かつ》は天下安全のため、且は諸人快楽《しょにんけらく》のため、（中略）六十六番（いろいろな演目）の遊宴を成《なし》て、申《さる》楽《がく》と号せし（中略）其後《そのご》、かの河勝の遠孫、この芸を相継ぎて、春日・日吉の神職たり」という。

また、世阿弥の女婿で円満井座《えんまんいざ》（金春座）の棟梁《とうりょう》の金春禅竹《こんぱるぜんちく》の著した能楽論『明宿集《めいしゅくしゅう》』には「その昔、天の岩戸で奏された神楽は猿楽だった。上宮《じょうぐう》太子（聖徳太子）のとき、神の字の旁《つくり》をとって申楽といった。釈迦仏の在世時には祇園精舎《ぎおんしょうじゃ》での供養（法会）で天魔の障《さわ》りを鎮めんと阿難《あなん》・舎利弗《しゃりほつ》（釈迦の高弟）らが神楽を舞った。それも今の猿楽である」（抄訳）という。

なお、明治時代になって猿楽が能といわれるようになった。その能と狂言をあわせて能楽というようになった。狂言は元の伎楽（散楽《さんがく》）のうちコミカルなものが寸劇として発達した。

## 2 五山文学

### 枯山水の詩

枯山水《かれさんすい》の庭は立体の水墨画のように造形され、書院や庫裡《くり》から眺める。石庭そのものは飛鳥《あすか》時代からみられるが、それを禅院の庭に応用した最初は夢窓疎石《むそうそせき》が西芳寺《さいほうじ》（京都市西京区）に造った石庭とされる。疎石にその庭の詩がある。

石庭は動かない水墨画のように見えても、月光が差したり、風がわたったりして変化する。

**仮山水《かれさんずい》の韻《うた》**（仮山水韻）出典66

纖塵不立峰巒峙　纖塵《せんじん》も立《りっ》せずして峰巒《ほうらん》峙《そばだ》ち
涓滴無存澗瀑流　涓滴《けんてき》も存《そん》する無《な》くして澗瀑《かんばく》流《なが》る
一再風前明月夜　一再《いっさい》す風前《ふうぜん》　明月《めいげつ》の夜《よ》
箇中人作箇中遊　箇中《こちゅう》の人《ひと》と箇中《こちゅう》の遊《あそ》びを作《な》さむ

［訳］石を立てた庭には微細な塵《ちり》も立たず高峰がそびえ、
一滴の水もなく渓谷に滝が流れる。
ひとたび風前の友が来たり、ふたたび来たる満月の夜、
この庭にその人を待ち、この庭にその遊びをしよう。

「風前」は杜甫《とほ》の「飲中八仙歌」にある句で親しい友人を意味する。中国の漢詩は現世をうたうものがほとんどで、友や酒が大きなテーマだ。しかし、日本の禅僧の詩には強い来世観がみられる。この詩は実は墓場の歌だ。夢窓は西芳寺（西方寺）を終焉《しゅうえん》の地と定めて寿塔《じゅとう》（生前墓）と庭を造った。それは上下一対の寺の庭で、下段は苔《こけ》の美しいことで有名な池泉回遊式《ちせんかいゆうしき》、上段が石組みの枯山水で、そこは穢土寺《えどじ》といった。厭離穢土《おんりえど》（けがれた世を厭《いと》い離れる）の寺ということだが、そのあたり一帯は

洛外《らくがい》の墓地だった。「繊塵《せんじん》も立せずして峰巒峙《ほうらんそばだ》ち」という静けさは、この世のものではあるまい。幽明境《さかい》を接する石の庭を月が冴《さ》えざえと照らすとき、一度ならず二度も訪れてくるのは、生前に親交を結び、今は亡き人であろうか。「箇中の遊び」は鎮魂の語らいをいうのだろう。

**五山の漢詩**　禅僧は文書の作成に長《た》け、特に外交面で重用された。漢字文明圏の東アジア諸国では漢詩・漢文の素養が外交に欠かせない。室町時代の日本ではそれを禅僧がにない、対馬に臨済宗の寺院がおかれた。

五山の漢詩は鎌倉時代のものも含め、時期によって作風に違いがある。次は虎関師錬《こかんしれん》（一二七八～一三四六年）による初期の例である。

**秋日《しゅうじつ》の野遊《やゆう》**（虎関師錬『済北集』より「秋日野遊」）出典67

浅水柔沙一径斜　　浅水柔沙一径斜《せんすいじゅうさいっけいなな》めなり
機鳴林響有人家　　機鳴《はたな》り林響《はやしひび》きて人家《じんか》有《あ》り
黄雲堆裏白波起　　黄雲《こううん》堆《うずたか》き裏《うち》に白波《はくは》起《お》こり
香稲熟辺喬麦花　　香稲《こうとう》の熟《じゅく》せる辺《あた》りに喬麦《きょうばく》の花《はな》

［訳］好天水浅く、川辺の柔らかな砂地から小径《こみち》をゆけば、機《はた》の音が林の風音にまじっているあたりに人家がある。見はるかせば黄雲が重なるなかに白波が起こるのは、黄金《こがね》の稲のあたりに喬麦《そば》の白い花が咲いているのだ。

虎関師錬の詩は色彩豊かである。表現は実写的だが、ここには稔《みの》りが豊かであるようにと国家の安泰を祈る気持ちがある。ちなみに虎関師錬は歴史書『元亨釈書《げんこうしゃくしょ》』の著者である。

**鞆《とも》の津《つ》にて**（中巌円月『東海一漚集』より「鞆津」）出典67

楸梧風冷海城秋　楸梧《しゅうご》に風《かぜ》冷《ひや》やかなり海城《かいじょう》の秋《あき》
燹火煙消灰未収　燹火《せんか》の煙《けむり》は消《き》ゆれど灰《はい》は未《いま》だ収《おさま》らず
遊妓不知亡国事　遊妓《ゆうぎ》は知《し》らず亡国《ぼうこく》の事《こと》
声声奏曲泛蘭舟　声声《せいせい》に曲《きょく》を奏《そう》して蘭舟《らんしゅう》を泛《う》かぶ

**[訳] 柏《かしわ》や梧《きり》に枯れ葉の時期が近づいて風が冷たい港町の秋、**
**戦火の煙は消えても灰は残って世は乱れたままである。**
**港町の遊女らは鎌倉幕府が亡《ほろ》んだことも知らぬげに、**
**声々に歌い音曲《おんぎょく》を奏して豪華な舟で遊んでいる。**

中巌円月《ちゅうがんえんげつ》（一三〇〇～一三七五年）は鎌倉に生まれ、入元して帰国したときは元弘《げんこう》の変（鎌倉幕府が滅亡した戦い）の真っ最中だった。やむなく九州の寺にとどまるうちに故郷の鎌倉幕府が亡びた。その後、上京する途上、鞆《とも》の浦（広島県福山市）で詠んだ詩である。

そこは瀬戸内の重要な港町で、いったん西下した足利尊氏が反転攻勢に出た場所でもある。この詩は、その後も続く動乱と蘭舟の遊女らの嬌声《きょうせい》が対照的に表現され、架空の度合いが強まっている。五山の詩は次第に審美的・技巧的傾向を強めた。

**扇面の山水を**（義堂周信『空華集』より「扇面山水」）出典67

煙際松林蘭若
水辺楊柳漁家
高僧空鉢過午
釣叟晒罾日斜

煙際《えんさい》の松林《しょうりん》に蘭若《らんにゃ》ありて
水辺《みずべ》の楊柳《ようりゅう》には漁家《りょうか》あり
高僧《こうそう》は空鉢《くうはつ》にて午《ご》を過《す》ぎ
釣叟《ちょうそう》は罾《あみ》を晒《さら》して日《ひ》は斜《なな》めなり

［訳］**霞《かすみ》のかなたの松林には蘭若（寺院）があり、水辺の楊柳《やなぎ》のあたりには漁師の家がある。乞食《こつじき》の高僧は鉢が空《から》のまま午《ひる》を過ぎた。老漁夫はもう四つ手網を乾かし、日は斜《かたむ》いている。**

夢窓疎石の弟子で五山文学の最盛期を築いた詩僧、義堂周信《ぎどうしゅうしん》（一三二五～一三八八年）の作である。蘭若《らんにゃ》は精舎《しょうじゃ》（僧院）とも訳されるアランニャ（阿蘭若）の略だが、人里を離れて修行する静かな寺院をいう。この詩では、それと世俗の漁家が渾然《こんぜん》一体となっている。その村に乞食《こつじき》する僧は、午《ひる》を過ぎれば食をとらないのが戒律の定めだから、この日は食いはぐれてしまった。それでも悠然としているふうなのが「高僧」の意である。一日の仕事を終えた老漁夫は網を乾かし、日はゆっくりと斜《かたむ》いていく。

この詩には何もかも溶けあう大きな円融の世界があらわされているが、題に示されているように小さな扇面の画に寄せた詩である。同様に一幅の水墨画に即して多くの詩がつくられた。枯山水の庭も立体の水墨画であり、書院の円窓や障子ごしに眺めるものだ。茶室の花も一個の茶碗《ちゃわん》も、同じく宇宙を照らす。そういう凝縮された象徴の世界を五山の禅文化はきりひらいた。

**制《せい》に応じて三山《さんざん》を賦《ふ》す**（絶海中津『蕉堅稿』より「応制賦三山」）出典67

熊野峰前徐福祠　熊野《くまの》峰前《ほうぜん》に徐福《じょふく》の祠《し》ありて
満山薬草雨余肥　満山《まんざん》の薬草《やくそう》は雨余《うよ》に肥《こ》えたり
只今海上波濤穏　只今《ただいま》　海上《かいじょう》は波濤《はとう》穏《おだや》かなれば
万里好風須早帰　万里《ばんり》の好風《こうふう》に須《すべか》らく早《はや》く帰《かえ》るべきなり

**［訳］熊野の峰の麓に徐福の祠《ほこら》があり、**
**山に満ちる薬草は雨をうけて肥えております。**
**今こそ海の波濤も穏やかでありますから、**
**徐福も万里の順風に乗って早く帰るべきでしょう。**

義堂周信の同郷同門の後輩、絶海中津《ぜっかいちゅうしん》（一三三六～一四〇五年）が一三七六年に明《みん》の初代皇帝、朱《しゅ》元璋《げんしょう》（洪武帝《こうぶてい》）に謁《えっ》して詠んだ詩である。徐福《じょふく》は秦《しん》の始皇帝《しこうてい》に不老長寿の薬草をさがすことを命じられて日本に来たという道士《どうし》で、紀伊半島に上陸して熊野に永住すると伝える。そのことを洪武帝が下問し、詩をつくるように命じた。題はそれを意味し、「三山」は日本のことである。

さて、絶海は答えるに、今は皇帝のおかげで天下が治まり、波も静かだ。万里に順風が吹きわたる今こそ、日本を好んで住みついてしまった徐福も急ぎ帰国すべきであると言った。貧しい農民の家に生まれた朱元璋が元《げん》を倒し、帝位について国号を明としたのが一三六八年。それから数年後、天下が治まったことを巧みに詩に詠みこんでいる。まことに如才《じょさい》がない。

洪武帝は気をよくし、異例の和韻《わいん》（返事の詩）を与えた。「熊野峰は高くして血食《けつしょく》の祠ありと／松根《しょうこん》の琥珀《こはく》はまた応《まさ》に肥ゆべし／当年《そのかみ》の徐福は僊薬《せんやく》を求めて／直《じき》に如今《いま》に致るも更《さら》に帰らず」という。「血食の祠あり」は社《やしろ》に供物の多いことを意味し、日本国も栄えているとの答礼。その日本が住みよいから、徐福は仙薬を手に入れたのに戻ってこないと嘆いてみせたのである。

和韻は他人の詩に応《こた》えて同じ趣旨の詩をつくることだ。五山の僧たちは詩の集いをしばしば催し、詩の技量をたたかわした。詩の技量は地位にも影響したので気苦労の多いことだったようである。

**旧《むかし》を懐《おも》う**（絶海中津「懐旧」）出典68

蚤歳尋師天一涯　蚤歳《そうさい》　師《し》を天《てん》の一涯《いちがい》に尋《たず》ね
山中江上総為家　山中江上《さんちゅうこうじょう》　総《すべ》て家《いえ》と為《な》す
白頭授簡華堂下　白頭《はくとう》　簡《かん》を授《さず》くる華堂《かどう》の下《した》
蘿月松風入夢賒　蘿月松風《らげつしょうふう》　夢《ゆめ》に入《い》って賒《はる》かなり

[訳]若いときには師を天のかなた（中国）にまで求め、
山中でも川のほとりでも、そこを道場として修行した。
今や白髪となり、簡（五山の住持に任命する文書）を授かって立派な僧堂にいるが、
蘿《つた》にかかる月や松の枝に吹く風は、遠く夢の中で見るだけになった。

こうして次第に形式的な教養主義に陥った文学に対し、一休宗純《いっきゅうそうじゅん》（一三九四～一四八一年）がその欺瞞《ぎまん》に鋭く反発した。一休は生々しく性愛や戦《いくさ》を詠む。次は世が戦国となる応仁《おうにん》の乱（一四六七～一四七七年）の前年の詩である。

**諸国軍兵京洛に充満す**（一休宗純『狂雲集』）＊題は筆者。出典69

乱世普天普地争　乱世《らんせ》には普天普地《ふてんふち》ともに争《あらそ》い
太平普天普地平　太平《たいへい》には普天普地《ふてんふち》ともに平《たいら》か
禍事々々剣刃上　禍事《かじ》なり禍事《かじ》なり剣《けん》の刃上《じんじょう》にして
山林道人道難成　山林《さんりん》の道人《どうにん》は道《みち》成《な》り難《がた》し

［訳］乱世には広大な天と地が、その果てまで相争い、
太平の世には天地はどこまでも平安である。
禍事《まがこと》は禍事を呼び、世の人は剣の刃の上にいるのに、
山門の内の僧どもはなんと仏道から遠いものか。

この詩は前書きに「文正元年（一四六六）八月十三日、諸国軍兵、京洛に充満す。余が門客、平《へい》と平ならざるとを知らず。謂《い》ふべし、是《こ》れ無心の道人と」とある。諸国から兵が京に集まって今にも戦乱が勃発《ぼっぱつ》しそうなときなのに禅林の修行者たちは五山の権威に安住して関心がないという。

雪舟「西湖図」ColBase（https://colbase.nich.go.jp/）

## 3 漢詩と水墨画

水墨画は中国で発達した絵画で、霧がただよう山河の景色を描いたものは山水画といわれる。義堂周信の「扇面の山水」は文字どおり扇に描かれた山水画を見てつくったか、扇面の山水画の讃として書いた詩である。

讃は襖《ふすま》や掛け軸などに描かれた水墨画の余白に書いた漢詩・漢文で、画と讃は一体のものだった。そのため、相国寺《しょうこくじ》の如拙《じょせつ》、周文《しゅうぶん》など、五山には優れた画僧があらわれた。そのなかで新しい画風を開いたのが雪舟《せっしゅう》（等楊《とうよう》／一四二〇～一五〇六年）である。

雪舟は備中（岡山県）に生まれ、相国寺の僧になった後、中国との日明《にちみん》貿易で栄えた周防（山口県）の守護大名大内氏のもとにうつり、各地を旅して風景を描いた。そのなかに讃が書かれていない水墨画があり、雪舟の大きな特色となった。

それまで絵や彫刻は、神に祈ったり、神や仏の世界をあらわしたり、物語の挿絵として描かれるものだった。それは実際の物や景色ではない。

しかし、禅宗では、師の顔をそのまま写実的にえがく頂相《ちんぞう》（肖像画）がつくられた。師が弟子に教えをつがせるときに、讃を添えて自分の頂相を与えた。

怒ったり泣いたりする生身の人間の心にこそ、さとりがあるとする禅宗では、人それぞれの実際の顔を表情豊かにえがいたのである。

雪舟は、それを実際の風景にも応用したうえ、民家や働く人などの日常の景色も描き、讃も添えない。それは風景そのものに描くべき価値を見出した風景画の誕生ともいえる画期的なことだった。代表作には「四季山水図」「天橋立図」「西湖図」などがある。

## 4　一向一揆と法華一揆

**蓮如の登場**　応仁の乱は有力守護大名の細川勝元《ほそかわかつもと》と山名《やまな》宗全《そうぜん》がそれぞれ諸国の大名と兵を京に集めて東西に布陣し、応仁元年（一四六七）から文明九年（一四七七）まで十一年にわたって戦い、両軍とも決定的な勝利をえられないまま終息した。長期の戦乱で京都は何度も焼かれ、治安は乱れた。京の商工人らの町衆《ちょうしゅう》は町組をつくって武装し自衛した。地方では戦国大名が実権をにぎり、農民の惣《そう》（自治組織）も広まった。蓮如《れんにょ》（一四一五～一四九九年）が父の跡をついで本願寺八世になったのは四十三歳、応仁の乱の十年前の康正三年（一四五七）のことだった。その後、本願寺教団は急速に拡大し、加賀・三河など各地で一揆《いっき》を組織した。一揆とは一揆同心、すなわち一致団結を意味する。
そのころ本願寺は比叡山《ひえいざん》の青蓮院《しょうれんいん》に属す小教団だった。蓮如は近江《おうみ》の村々をめぐって十字名号《みょうごう》「帰《き》命尽十方無碍光如来《みょうじんじっぽうむげこうにょらい》」などを大書した掛け軸を本尊として与える方法で活発に布教を開始。それにたいし比叡山は寛正《かんしょう》六年（一四六五）、本願寺を破壊した。蓮如は金森《かねがもり》（滋賀県守山市）の念仏道場に退いたが、そこも攻撃され、門徒らは武力で抵抗した。これが最初の一向一揆とされる。

蓮如は北陸方面に転出し、文明三年（一四七一）越前吉崎《よしざき》（福井県あわら市）に吉崎御坊《よしざきごぼう》を建てた。ここで蓮如は手紙文体の法語「御文《おふみ》（御文章《ごぶんしょう》）」を門徒に与えたほか、親鸞《しんらん》の「正信偈《しょうしんげ》」や「和讃《わさん》」を出版し、勤行の形をととのえた。『歎異抄《たんにしょう》』も蓮如によって再発見された。

吉崎御坊は入り江の小高い山にあり、多屋《たや》（他屋）とよばれる宿坊が建ち並んで寺内町《じないちょう》を形成した。それが諸勢力の警戒心を強めたため、蓮如は門徒の行動をいましめた。

**御文**（二帖三／文明六年正月十一日）出典70

夫《それ》、当流開山聖人《とうりゅうかいさんしょうにん》ノヒロメタマフトコロノ一流《いちりゅう》ノナカニヲヒテ、ミナ勧化《かんげ》ヲイタスニソノ不同《ふどう》コレアルアヒダ、所詮《しょせん》、向後《きょうこう》ハ当山多屋坊主《とうざんたやぼうず》已下《いげ》、ソノホカ一巻《いちかん》ノ聖教《しょうぎょう》ヲヨマンヒトモ、マタ来集《らいじゅう》ノ面々《めんめん》モ、各々《かくかく》ニ当門下《とうもんか》ニソノ名《な》ヲカケントモガラマデモ、コノ三ヶ条《さんかじょう》ノ篇目《へんもく》ヲモテ、コレヲ存知《ぞんじ》セシメテ、自今《じこん》已後《いご》ソノ成敗《せいばい》ヲイタスベキモノナリ。

一《ひとつ》、諸法諸宗《しょほうしょしゅう》トモニ、コレヲ誹謗《ひぼう》スベカラズ。
一、諸神《しょしん》・諸仏菩薩《しょぶつぼさち》ヲカロシムベカラズ。
一、信心《しんじん》ヲトラシメテ、報土往生《ほうどおうじょう》ヲトグベキ事《こと》。
右斯三ヶ条《みぎこのさんかじょう》ノムネヲマモリテ、フカク心底《しんてい》ニタククハヘテ、コレヲモテ本《ほん》トセザランヒト〳〵ニヲヒテハ、コノ当山《とうざん》ヘ出入《しゅつにゅう》ヲ停止《ちょうじ》スベキモノナリ。

［訳］そもそも我が宗の開祖親鸞聖人がひろめられた一流（浄土真宗）のなかで、みなを導く教えも一

様ではないので、つまるところ、今後は当山（吉崎）の多屋《たや》の僧をはじめ、一巻でも聖教《しょうぎょう》（親鸞聖人の文）を読んだ人も、また来集の人々も、それぞれ真宗門徒に名をつらねる人には、この三か条の項目を存知させて、今より以後の信仰のありかたとすべきである。

一、（門徒だからといって）諸法諸宗を誹謗《ひぼう》すべからず。[1]

一、（阿弥陀仏が絶対だからといって）諸神・諸仏・諸菩薩を軽しめるべからず。[2]

一、信心をえさせて報土（信心の報いとしてゆく仏の国／極楽）への往生をとぐべきこと。

右、この三か条の旨を守って深く心の底にたもち、それを根本としない人々は、この当山への出入りを禁止するものである。

1 **諸法諸宗を誹謗すべからず**＝この「御文」の後段でその理由を記す。諸宗はみな釈迦の教えであるが、末代の我らは在家《ざいけ》止《し》住《じゅう》（出家の聖道はかなわない身）だから、他の修行をしないだけだという。 2 **諸神・諸仏・諸菩薩を軽しめるべからず**＝やはり後段に理由を記す。諸仏・諸菩薩は阿弥陀仏の分身だから、阿弥陀仏に帰依すれば諸仏・諸菩薩に帰依することになる。また、天地の神々は仏法の信のない者たちがいたずらに地獄におちるのを悲しみ、これを救うために仮に神として現れたのだから、人々が阿弥陀仏への信を得たことを喜び、念仏の行者を守護される。とりたてて神を拝まなくても、念仏に含まれているという。

文明七年五月七日の「御文」では、さらに「外に王法（世俗の法）をもっぱらにして内には仏法を本とすべし」「守護・地頭を疎略にしてはならない」など十か条を定めた。加賀の一向一揆が守護富《と》樫《かし》氏の内紛に介入したり、関東系門徒と争ったりしたころのことである。同年八月、蓮如は吉崎から畿内にもどり、文明十年に山科本願寺の造営を開始。同十三年に本堂を完成。さらに広大・堅固な守りを固めて寺内町を形成した。延徳元年（一四八九）蓮如は七十五歳で子の実如《じつにょ》に本願寺の住持職をゆずって摂津石山（大阪城の地）の坊舎に引退し、明応八年（一四九九）に寂した。

その後、天文元年（一五三二）、山科本願寺は法華の一揆衆らに焼き払われ、本願寺は石山坊舎にうつった。これが石山本願寺である。そのころ北陸の一向一揆は長享《ちょうきょう》二年（一四八八）に高尾城（金沢市）にたてこもる富樫政親《まさちか》を自害させ、以来、本願寺門主のもとで加賀一国を支配していた。

なお、本願寺は御開山聖人すなわち宗祖親鸞の絵像を奉安する寺である。移転して建物はととのわなくても、その絵像があるところが本願寺とされた。

**法華一揆**　法華宗（日蓮宗）の京都進出は日蓮の弟子の日像《にちぞう》（一二六九〜一三四二年）が後醍醐天皇の勅願をえて開いた妙顕寺《みょうけんじ》に始まる。以後、関東の諸門流が進出して本国寺《ほんこくじ》（本圀寺）・本法寺《ほんぽうじ》・本能寺《ほんのうじ》など洛中二十一箇本山と総称される諸寺が建立された。応仁の乱で焼かれた京の町で、その再建は商工人らの町衆がすすめ、武装して自治・自衛をおこなうようになったが、その商工人の多くが二十一箇本山それぞれの檀徒《だんと》となり、「南無妙法蓮華経」の旗を掲げて法華一揆を組織した。天文元年の山科本願寺の破壊は大名の細川晴元《はるもと》・六角定頼《ろっかくさだより》らと法華宗徒がおこした事件である。

そして京都は法華の巷《ちまた》といわれるほどになるのだが、天文五年、比叡山の衆徒と近江の六角勢の攻撃をうけ、二十一箇本山は焼失した。天文法華の乱（天文法難）とよばれる事件である。

この乱のきっかけは松本久吉という一宗徒が比叡山の華王坊という僧の説法を町で聞いて論争をいどみ、勝ったといって袈裟《けさ》を剝《は》ぎ取ったことだった。当時の宗論は激しいものだった。天正七年（一五七九）織田信長の安土城下でおこった安土宗論についてイエズス会の司祭ルイス・フロイス（一五三二〜一五九七年）が『日本史』に書いている。

**日本史**（第二部二九章「安土山で法華宗と浄土宗の間で行なわれた公の宗論について」）出典71

日本の祭儀はすべて悪事の張本人である悪魔によって考案されたものである。これがために仏僧らは相互に絶えざる口論の中に生きており、掟《おきて》（に対する）熱心さによるのみならず尊大さや見栄からも、同じ宗派に属する者たちですらしばしば相互に論争し合うのである。ふつうこうした争論や反論は、釈《シャ》迦《カ》と称する仏《ホトケ》を礼拝し信奉し、日本でももっとも悪辣《あくらつ》な宗派である法華宗と、阿弥陀《アミダ》と呼ぶ他の仏を崇拝し信仰する浄土宗[1]と称せられる二宗派の間で、（他より）より頻繁に行なわれている。

ある時、坂東《バンドウ》の領国から霊誉《レイヨ》と称する阿弥陀宗の仏僧が安土山[2]を訪れ、個人的な信心から、同所でその宗派の信徒らに若干の説教をしようと欲した。彼らの中に、紹智《ジョウチ》と伝介《デンスケ》[3]なる二名の法華宗の信徒が紛れこんでいた。両名は憤怒に駆られ、説教の最中に幾つかの疑問を説教師に対して投げかけた。（中略／霊誉は無学な信徒ではなく法華宗の僧に対してなら疑問に答えるといった）法華宗の両信徒はこの発言に火をたきつけられ、ただちに都《ミヤコ》と堺に飛脚を走らせ、法華宗の重立った寺院でもっとも学識と権威のある長老たちを招くことにした。これら宗派の上長たちは、かかる事態が生じたことを無上に喜び、すでに勝利は我にあると考え、豪華な衣裳《いしょう》をまとった信徒の大群衆を招集し、信長に贈呈する多くの高価な土産物を携え、ほどなく安土に参集した。

1 **浄土宗**＝この宗論は浄土宗が相手だったが、ここでは浄土教一般、とくに浄土真宗（一向宗）をさすのだろう。 2 **安土山**＝織田信長が城を築いた山（滋賀県近江八幡市）の名だが、ここでは安土城下のこと。 3 **紹智と伝介**＝『信長公記』の安土宗論の条には建部《たけべ》紹智、大脇《おおわき》伝介とある。

以下のなりゆきも詳しく書かれており、信長の家臣が著した伝記『信長公記《しんちょうこうき》』とほぼ一致している。城下の浄厳院《じょうごんいん》という寺で厳重に警護されておこなわれた宗論は浄土宗の勝ちと判定され、伝介と僧の普伝が斬首《ざんしゅ》された。また、法華宗諸本山に多額の罰金が科せられたうえ、「向後他宗に対し、一切法難いたすべからざる事」など三か条の誓紙を信長と浄土宗に出させられた。

しかし、その後も法華宗は町衆に支持され、十六本山が復興したのだが、文禄四年（一五九五）、豊臣秀吉が方広寺大仏殿に諸宗にわりふって僧侶を出させた千僧供養に法華宗諸門流も応じて屈した。これは神仏が俗権に統制される近世へと世の中が動く安土桃山時代におこったことで、一向一揆も石山戦争（石山合戦）をへて信長に屈した。秀吉の千僧供養に応じなかった法華宗不受不施《ふじゅふせ》派は、その後、禁教とされ、江戸時代にはキリシタンとともに宗門改《しゅうもんあらため》の対象にもなる。

なお、室町・戦国時代の寺院は大名の城や砦《とりで》と同じように堀や壁で防衛し、住民を囲いこんで寺内町を形成することもあった。法華一揆では「南無妙法蓮華経」の旗が立つところは戦国大名の分国《ぶんこく》と同様に「釈尊御領《しゃくそんごりょう》」であるという考えかたもあった。なかでも不受不施派の祖とされる日奥《にちおう》（一五六五～一六三〇年）の『宗義制法論《しゅうぎせいほうろん》』には、「この世界はことごとく教主釈尊（法華経に説かれている釈迦如来）の御領《ごりょう》なり」という。

### 【コラム】本阿弥光悦の新しき村

法華宗が広まった京の町衆のなかに、書画・陶芸・作庭などに才を発揮した工芸家の本阿弥光悦《ほんあみこうえつ》（一五五八～一六三七年）がいた。

本阿弥家は法華宗本法寺《ほんぽうじ》の檀家で、光悦の母は信仰がたいへんあつい人だった。光悦の孫がまとめた『本阿弥行状記《ほんあみぎょうじょうき》』に、盗賊の石川五右衛門《いしかわごえもん》がつかまらないように祈ったという話がある。

本阿弥家は工芸品・刀剣の鑑定や研磨を家業としていたが、あるとき、客からあずかっている刀剣などを五右衛門が蔵から盗んでしまったことがあった。光悦の母は「盗賊が捕らわれ、処刑されるようになっては心が痛む」と、高価な着物を本法寺上人に布施し、盗賊がつかまらないように祈ってもらったという。

慶長二十年（一六一五）の大坂夏の陣で豊臣家が滅びたあと、光悦は徳川家康から都の郊外の鷹峯《たかがみね》（京都市北区）に土地を与えられた。家康は「光悦は異風者《いふうもの》で、京には居あきたから田舎に住みたい」と言っているので、「近江・丹波から京への道のあたりに、治安が悪く、辻《つじ》斬り・追いはぎが出るところがある。そんな土地を与えてやれ」ということになった。そこが鷹峯である。

光悦は一族・友人・使用人らを連れて転居し、四か寺を建立した。その一か寺を談所《だんしょ》（学問所）にして京や鎌倉から学僧をまねいたので、いつも数百人の修行僧がいるほどになる。

そこは光悦の理想の里で、多くの文人・工芸家が移り住んだ。光悦は「何にも気がかりなくくらすことのありがたさは、今生一世《こんじょういっせ》（現在の自分の一生）だけにもたらされたことではない。母の語ったことを思いだせば、わが親の善心《ぜんしん》（信心）の果報《かほう》である」と肝《きも》に銘《めい》じていたという。

**石山戦争と本願寺の分立**　元亀元年（一五七〇）、本願寺十一世顕如《けんにょ》（一五四三～一五九二年）は畿内制圧をめざして摂津に出陣した織田信長の陣を攻撃し、各地の門徒に挙兵をうながす檄文《げきぶん》を送った。それに応じて伊勢長島・近江金森・越前などの一向一揆が蜂起。以後十一年にわたる戦いの全体を本願寺の所在地から石山戦争という。なかでも天正二年（一五七四）の長島一揆の戦いは悲惨だった。

**信長公記**（巻七「河内長島一篇に仰せ付けらるゝの事」「樋口夫婦御生害の事」）出典72

七月十三日《しちがつじゅうさんにち》、河内《こうち》長島《ながしま》御成敗《ごせいばい》として、信長《のぶなが》御父子《おんふし》御馬《おうま》を出《い》だされ、其《そ》の日《ひ》、津島《つしま》に御陣取《ごじんど》り。（中略）船中《せんちゆう》に思《おも》ひ〳〵の旗《はた》じるし打《う》ち立《た》て〳〵、綺羅星《きらぼし》、雲霞《うんが》の如《ごと》く四方《しほう》より長島《ながしま》へ推《お》し寄《よ》せ、既《すで》に諸口《しよくち》を取《と》り詰《つ》め、攻《せ》められ、一揆《いつき》癈忘致《はいぼういた》し、妻子《さいし》を引《ひ》きつれ長島《ながしま》へ逃《に》げ入《い》る。（中略）既《すで》に三ケ月《さんかげつ》相拘《あいかか》へ候間《そうろうあいだ》、過半餓死《かはんうえじに》仕《つかまつ》り候《そうろう》。

九月廿九日《くがつにじゆうくにち》、御詫言《おんわびごと》申《もう》し、長島《ながしま》明《あ》け退《ひ》き候《そうろう》。（中略）男女《だんじよ》二万《にまん》ばかり、幾重《いくえ》も尺《サク》を付《つ》け、取《と》り籠《こ》め置《お》かれ候《そうろう》。四方《しほう》より火《ひ》を付《つ》け、焼《や》きころし仰《おお》せ付《つ》けられ、御存分《ごぞんぶん》に属《ぞく》し、／九月廿九日《くがつにじゆうくにち》、岐阜《ぎふ》に御帰陣《ごきじん》なり。

［訳］七月十三日、河内《こうち》長島の一向一揆を征伐するため、信長・信忠《のぶただ》父子が出馬し、その日は津島（愛知県津島市）に陣を敷いた。（中略）[1]信長軍は船中に思い思いの旗印を打ち立て打ち立て、綺羅星《きらぼし》や雲・霞《かすみ》のように四方から長島に押し寄せた。たちまち一揆勢は諸方を崩され、攻撃されて敗れうろたえ、妻子をつれて長島に逃げ込んだ。（中略）[2]もう三か月籠城《ろうじょう》し、一揆勢の過半が餓死した。

九月二十九日、一揆勢は降伏を申し入れて長島を明け渡した。（中略）[3]男女二万人ほど、幾重にも柵《さく》をつくって閉じこめられた。信長公は、その四方から火をつけて焼き殺すように命じられ、御存分に処置されて／九月二十九日、岐阜に帰還された。

1 **中略**＝長島は多くの河川に守られた要害の地で、一揆は幾つも城を築き、領主の政道を無視していた。先年（一五七〇）、信長公の弟の織田信興《のぶおき》の城を攻めて自刃させる事件までおこした。信長公は今度は必ず一揆を滅ぼす決心で大軍で攻めかかり、軍船は川を埋めた。 2 **中略**＝信長軍は数百艘《そう》の軍船で長島を囲み、大鉄炮《てっぽう》を撃ち込んだ。降伏する者も許さず、兵糧《ひょうろう》攻めにした。 3 **中略**＝逃亡した樋口《ひぐち》夫婦は首をはねられた。一揆勢は今度の長島の合戦では長期戦の備えをせず、男女・貴賤《きせん》を問わず、数知れず長島の三か所に逃げ込んでいた。

石山戦争は本願寺と同盟した毛利氏ら西国大名と信長との戦いでもあった。しかし、しだいに信長軍の優勢となり、天正八年（一五八〇）、顕如は降服して和睦をうけいれ、紀伊に退去して石山戦争はおわる。それとともに加賀の一向一揆も崩壊した。

本願寺が再興されたのは天正十九年（一五九一）、天下統一をはたした豊臣秀吉が京都堀川に寺地の寄進をしたことによる。顕如の三男准如《じゅんにょ》が本願寺（のち西本願寺）を継いだ。その後、関ヶ原の合戦で天下をとった徳川家康は、慶長七年（一六〇二）、顕如の長男教如《きょうにょ》に京都烏丸に寺地を与え、もうひとつの本願寺、すなわち東本願寺をつくった。これにより本願寺教団は末寺・門徒も二分され、西本願寺（現在の本願寺派）と東本願寺（大谷派）が並立して現在にいたる。

## 5　戦国の僧

**戦国大名と神仏**　戦国大名とは朝廷や室町将軍の任命をうけずに領国をおさめるようになった武将である。守護大名から戦国大名に転じた甲斐の武田氏、守護大名の家臣から戦国大名として独立した尾張の織田氏、在地領主の国人から大名になった安芸の毛利氏など、その出自はさまざまだ。

戦国大名は出陣にさいして寺社に戦勝を祈願した。また、出陣の日取りなどを決めるために神前で占いをして神意を伺うのも常だった。神仏を味方につけなければ、家臣団の気持ちはまとまらない。

一向一揆と戦い、比叡山を焼き討ちした織田信長でさえ、桶狭間《おけはざま》の戦い（一五六〇年）のさいには熱田神宮《あつたじんぐう》（名古屋市熱田区）に戦勝を祈願した。勝利した信長が奉納した塀が今も残り、「信長塀」とよばれている。安土城内にも臨済宗摠見寺《そうけんじ》を建立して菩提寺とした。

戦国大名の軍勢には従軍僧（陣僧《じんそう》）の姿もあった。従軍僧は鎌倉時代に時宗の僧が十念（十回の念仏）をとなえて弔ったことからひろまり、戦国時代には大名が領内の寺に陣僧をわりあてたので、時宗にかぎらず従軍するようになった。また、出陣がせまると「逆修《ぎゃくしゅ》」と称して生前戒名を受けておくことも多くあった。上杉謙信・武田信玄なども受戒して僧衣をまとっていた。受戒すれば神仏の加護をえられるという古来の観念が戦国の世に強まったうえ、多くの人を殺した罪を払う意味もある。鎧の下に法華経などの経文を書いた経帷子《きょうかたびら》を着込んで出陣することもあった。現代の太平洋戦争の時でも、出征する兵士に千人針の腹巻きを持たせて弾丸《たま》除《よ》けとしたように、生死が迫れば神仏が頼りである。

**分国の寺と僧**　戦国時代の特色は分国がすすんだことである。朝廷や室町将軍の支配が弱まった戦国大名の領国でも公家や寺社の荘園がのこっていたり、南都北嶺や五山の権威につながる寺社が大名の不入権をたてに抵抗して、支配・権利関係は重層的に入り組んでいた。戦国大名は武力によって領内の諸勢力を一元的に支配するようになり、その領国を分国といった。領国の一円支配（一円知行）である。

戦国大名はそのために家臣団をまとめる家法を定めた。いわゆる分国法である。分国法における寺社への姿勢は、ふつう、神仏を敬い、祭礼や寺社の建物の営繕をおろそかにしてはならないという。しかし、一揆への警戒もあって領内の諸寺のうち有力寺院を触頭《ふれがしら》として統制するようになり、分国の寺社はしだいに大名の支配下に入った。

また、大名の菩提寺《ぼだいじ》として多かったのが五山叢林《ござんそうりん》の臨済宗寺院や天台宗の寺院で、前述したように禅僧が政治顧問や外交をになった。子を寺に預けて教育する武将も多かった。

戦国期の著名な僧をあげる。

▼**太原雪斎**《たいげんせっさい》（崇孚《すうふ》／一四九六〜一五五五年）……駿河《するが》・遠江《とおとうみ》（静岡県）の今川《いまがわ》氏の軍事・政治の顧問をつとめた臨済僧。天文十八年（一五四九）、安祥城《あんしょうじょう》を攻めて織田氏の人質だった徳川家康（竹千代《たけちよ》）を

今川氏のもとに奪回し、家康の教育係もつとめた。また今川氏の分国法である『今川仮名目録《かなもくろく》』の追加制定をおこない、宗教統制や商業保護を実施して今川氏の最盛期をきずいた。

▼**快川紹喜《かいせんじょうき》**（一五〇二?～一五八二年）……甲斐《かい》の恵《え》林寺《りんじ》（山梨県甲州市）の住持で、武田信玄の旗印「風林火山」を揮毫《きごう》した臨済僧。信玄没後、甲斐は織田信長の軍に攻められ、天正十年（一五八二）に武田家は滅亡。恵林寺も攻撃され、快川は百人余の僧とともに炎に包まれた三門楼上で焼死。「安禅《あんぜん》必ずしも山水《さんすい》を須《もち》いず、心頭滅却《しんとうめっきゃく》すれば火も自《おのず》から涼し」の句を唱えたという。

▼**安国寺《あんこくじ》恵《え》瓊《けい》**（一五三八?～一六〇〇年）……天正十年（一五八二）の本能寺の変のとき、中国地方の毛利攻めのために備中《びっちゅう》高松城（岡山市）を囲んでいた豊臣秀吉は急ぎ毛利氏と和睦《わぼく》を結んで兵をひき、山崎で明智《あけち》光秀《みつひで》軍を破った。秀吉にとって運命の和睦をむすんだ相手が毛利の使者、臨済僧の恵瓊である。以後、秀吉に信頼され、僧籍のまま伊予《いよ》に六万石の領地をもつ大名になった。

▼**木食応其《もくじきおうご》**（一五三六～一六〇八年）……天正十三年（一五八五）、豊臣秀吉は紀伊根来《ねごろ》・雑賀《さいか》の一揆《いっき》を平定。次に高野山の攻略をめざした。そのとき、秀吉を説得して高野山への攻撃を阻止。高野山は焼き討ちをまぬかれただけでなく、秀吉の援助によって荒廃していた伽藍《がらん》を復興。天正十五年、秀吉の九州征服にあたって島津氏を説得し、戦いを避けることに成功した。

## 6　村の寺と社

**寺社は避難所**　兵庫県揖保郡太子町に斑鳩寺《いかるがでら》という寺がある。太子町は聖徳太子が斑鳩にたてた法隆寺の荘園だったところで、室町時代には鵤庄《いかるがのしょう》といった。この町に「鵤庄引付《いかるがのしょうひきつけ》」という村の記録が残っている。

永正《えいしょう》十八年（一五二一）、この村に「合戦の巷《ちまた》たるべき由《よし》、必定《ひつじょう》」という危機《きき》がせまった。まもなく戦場になるにちがいないという。そのとき村人たちは「大寺《おおでら》」の堀の内に小屋をつくって逃げこんだ。「大寺」とよばれていたのは太子町にある斑鳩寺のことである。戦国時代には城のように堀でかこんで、いざとなると逃げこめるようにしていたのだった。

人だけではない。米や麦、金銭、家畜などの財産も寺に運びいれた。大きな寺は大名など世俗の権力者が立ち入れない守護《しゅご》不入《ふにゅう》の聖域だった。当時の言葉では「無縁所《むえんじょ》」という。

軍勢をひきいる武将にとっては、村人が寺に逃げこむのをゆるしていては、家臣への手当もできず、軍の経営ができない。寺と交渉して、ある程度の金品をとることで攻撃をひかえた。寺では避難民から、その財産に応じて金品を徴収し、それをまかなった。

このような「無縁所」の権利は、奈良の興福寺や東大寺、比叡山延暦寺などの古い由緒をもつ寺々にうけつがれていた。また、京・鎌倉の五山の寺院は足利将軍《あしかがしょうぐん》をはじめ諸国の守護大名や戦国大名が保護した。それで鎌倉では鎌倉幕府の滅亡後も建長寺や円覚寺などの禅宗の大寺院が存続した。

神社でも同じだ。鎌倉は相模の戦国大名《せんごくだいみょう》・北条早雲《ほうじょうそううん》らによって戦場になったが、住民が逃げこんだのは武家の氏神《うじがみ》・鶴岡八幡宮《つるがおかはちまんぐう》だった。

**村の寺と社**　室町時代は民衆の文化・習俗が大きく発展した時代だった。たとえば都市の町衆《ちょうしゅう》や農村の惣《そう》などの自治組織によって辻《つじ》堂・村堂などとよばれる仏堂が共同でつくられた。そこには宗派をとわず旅の僧がとどまって葬祭をも担い、村の共同墓地もつくられ、高野山や熊野の札配りの僧も辻堂にとまりながら札をくばりあるいた。また、村の鎮守の神社でも田植え祭りや秋祭り、盆踊り、それに寺社ごとの縁日の祭礼がさかんになった。そうした祭礼などのおりに半僧半俗の比丘尼《びくに》や説経僧が地獄・極楽絵や寺社参詣曼荼羅《さんけいまんだら》などの語りをおこなった。
中世は和光同塵《わこうどうじん》の神仏習合によって神話が再構築された時代だったが、室町時代には京都吉田神社の卜部兼倶《うらべかねとも》（吉田兼倶／一四三五～一五一一年）が古来の神道は根、儒教は枝葉、仏教は花実として三教を統合する「三教根本枝葉花実説」を説き、また、大祓《おおはらえ》の祝詞《のりと》を民衆にひろめて独自の吉田神道をうみだした。

### 【コラム】惣村の自治

権威のある寺社の役割のひとつは、土地争いなどの訴訟を裁くことだった。鎌倉幕府も室町幕府もっとも重要な役割は訴訟を裁くことだったが、戦国時代になり、地域を誰が治めているのかが明確ではなくなると、農民らは、その土地ごとに有力とみられる武将や寺に訴えをおこしたのである。そのなかで、「惣（みんな）」で自治をおこなう村々が畿内を中心にあらわれた。いわゆる惣村である。「惣」では村の鎮守社などで寄合を開き、田畑や用水の管理などの掟《おきて》を定めた。

しかし、いつ攻め込まれて土地を奪われるかもしれない戦国時代の村の自治は、きわめて厳しいものだった。掟を破った者は村から追放したり、処刑したりした。嘘を見破るために盟神探湯《くかたち》もおこなわれた。神前で熱湯に手を入れさせ、嘘をついていなければ火傷《やけど》しないという。いわゆる神明裁判である。古代のことではなく、争いの調停者を失ったとき、それによるしかないのだった。

もっとも解決がむずかしい問題の一つは、隣村との境争いや水争いだった。それを調停してくれる権力が弱まると、村人どうしで解決するほかない。そこでおこなわれたのが「鉄火《てっか》」とよばれる方法だった。

村境あたりに神棚を設け、その前で火をたいて、鉄球または鉄棒を真っ赤に焼く。それが鉄火だ。争う村から一人ずつ選ばれた者が鉄火を掌《てのひら》に載せ、神棚まで運んで供えることに成功すれば勝ち。途中で落としてしまえば負けで、死罪になる。死罪になっても落としてしまうほど鉄火は熱い。勝ったほうも手が焼けただれて農作業はできなくなった。そこで、「鉄火田」という田を村で耕し、その一家を養った。今も「鉄火田」と称する田が各地にある。

# 7 寺社とキリシタンの統制

**比叡山焼き討ちとキリシタン禁制**　南都北嶺《ほくれい》をはじめとする権門寺社勢力は公家《くげ》や将軍の権威と一体となって世俗社会を支配した。中世には寺社の荘園への俗権の立ち入りを許さないなど、世俗に対して宗教の権威が優位にあったが、これを破って近世への扉を開いた出来事は前述の法華一揆・一向一揆の終息のほか、松永久秀《まつながひさひで》が永禄三年（一五六〇）に大和を平定して支配権を興福寺から奪ったこと（大和には守護大名が置かれず、興福寺が大和一国を支配していた）、織田信長による比叡山《ひえいざん》焼き討ちなどだった。比叡山は近江と京都の境にそびえる。東海道・北陸道方面と京都をむすぶ道は琵琶湖のほとりから山間をぬけるが、そこは比叡山のふもとである。天台宗総本山の延暦寺は、山の上だけでなく、琵琶湖側のふもとの東坂本《ひがしさかもと》と京都側の西坂本《にしさかもと》に多数の関係寺院があり、その全体が延暦寺である。延暦寺は琵琶湖側の西坂本（滋賀県大津市）を本拠地としながら、京都の北部一帯も支配する巨大な権力をもっていた。

この比叡山をそのままにしておくと、信長が上洛しても天下は治まらない。信長が比叡山を攻めたのは元亀二年（一五七一）。その直接の理由は、敵対していた近江の浅井《あざい》長政《ながまさ》と越前の朝倉義景《あさくらよしかげ》の連合軍に比叡山がみかたをしたことだったが、信長は比叡山の山上から西坂本にかけて焼きつくした。そのようすが『信長公記《しんちょうこうき》』に記されている。

## 信長公記（巻四「叡山御退治の事」）出典72

九月十二日《くがつじゅうににち》、叡山《えいざん》を取《と》り詰《つ》め、根本中堂《こんぽんちゅうどう》、三王廿一社《さんのうにじゅういっしゃ》を初《はじ》め奉《たてまつ》り、霊仏《れいぶつ》・霊社《れいしゃ》・僧坊《そうぼう》・経巻《きょうかん》一宇《いちう》も残《のこ》さず、一時《いちじ》に雲霞《うんか》の如《ごと》く焼《や》き払《はら》ひ、灰燼《かいじん》の地《ち》となすこそ哀《あわ》れなれ。山下《やました》の男女老若《なんにょろうにゃく》、右往左往《うおうさおう》に癈忘致《はいぼういた》し、取《と》る物《もの》も取《と》り敢《あ》へず、悉《ことごと》く、かちはだしにて、八王子山《はちおうじやま》へ逃《に》げ上《のぼ》り、社内《しゃない》へ逃《に》げ籠《こも》る。諸卒四方《しょそつしほう》より鬨声《ときのこえ》を上《あ》げて攻《せ》め上《のぼ》る。僧俗《そうぞく》・児童《じどう》・智者《ちしゃ》・上人《しょうにん》、一々《いちいち》に頸《くび》をきり、信長《のぶなが》の御目《おめ》に懸《か》け、（中略）其《そ》の員《かず》をも知《し》らず召《め》し捕《と》へ召《め》し列《つ》らね、御前《ごぜん》へ参《まい》り、悪僧《あくそう》の儀《ぎ》は是非《ぜひ》に及《およ》ばず、是《こ》れは御扶《おたす》けなされ候《そうら》へと、声々《こえごえ》に申《もう》し上《あ》げ候《そうろう》と雖《いえど》も、中々《なかなか》御許容《ごきょよう》なく、一々《いちいち》に頸《くび》を打《う》ち落《お》とされ、目《め》も当《あ》てられぬ有様《ありさま》なり。数千《すせん》の屍算《しかばねさん》を乱《みだ》し、哀《あわ》れなる仕合《しあわ》せなり。年来《ねんらい》の御胸朦《ごきょうもう》を散《さん》じられ訖《おわ》んぬ。

［訳］九月十二日、比叡山《ひえいざん》をとりかこみ、根本中堂、三王二十一社をはじめ、仏の霊堂も神社も僧坊・経巻も一つも残さず、一挙に雲・霞《かすみ》のように焼き払って灰燼《かいじん》の地としたことこそ哀れであった。麓[1]の男女老若は右往左往してうろたえ、取るものも取りあえず、ことごとく、はだしで八王子山[2]へ逃げのぼり、神社に逃げこもった。兵らは四方より鬨《とき》の声をあげて攻めのぼった。僧も俗人も子どもも学僧・行者も、一人ひとり頸《くび》をきり、信長の御目にかけ（中略／高僧も美女・小童も）数知れず召し捕らえ、つらねて御前へ行った。武装の僧兵はしかたないが、「これはお助けください」と声々に申し上げたけれども、まったくご容赦なく、一人ひとり頸を打ち落とされ、目も当てられぬありさまだった。数千の死体が散乱し、

哀れな出来事だった。こうして年来の胸のわだかまり[3]を散じられたのだった。

**1** **麓**＝延暦寺《えんりゃくじ》の里坊や日吉《ひよし》大社がある大津市坂本。**2** **八王子山**＝坂本にある山王神社のひとつ。**3** **年来の胸のわだかまり**＝元亀元年（一五七〇）六月に朝倉義景《よしかげ》・浅井《あざい》長政《ながまさ》連合軍と近江《おうみ》姉川で戦ったとき、信長は比叡山の衆徒に加勢か中立を求め、朝倉・浅井につけば堂宇を焼き払うと告げた。それから一年、僧らは修行を怠り、天道を恐れず、淫乱《いんらん》・肉食している。それぱかりか金銀の賄賂《わいろ》をとって浅井・朝倉に味方した。それでも信長公は攻撃を遠慮していたが、改めないので、残念ながら攻めることになったのだという。

その後、高野山も豊臣秀吉に包囲されたが、前述の木食応其によって救われ、秀吉の保護下にはいった。西国や畿内にひろまっていたキリスト教も禁圧される。天正十五年（一五八七）、秀吉は六月十八日に一向宗とともにキリシタンを戒めるなどの十一か条の「覚」を下し、翌日、伴天連《バテレン》追放令とよばれる五か条の「定《さだめ》」を下した。

### 伴天連追放令（松浦文書「定」）出典73

一《ひとつ》、日本《にっぽん》ハ神国《しんこく》たる処《ところ》、きりしたん国《こく》より邪法《じゃほう》を授《さず》け候儀《そうろうぎ》、太《はなは》だ以《もっ》て然《しか》るべからず候事《そうろうこと》。

一、其《そ》の国郡《こくぐん》の者《もの》を近付《ちかづ》け門徒《もんと》になし、神社仏閣《じんじゃぶっかく》を打破《うちやぶ》るの由《よし》、前代未聞《ぜんだいみもん》に候《そうろう》。国郡在所《こくぐんざいしょ》の知行等《ちぎょうとう》、給《きゅう》人《にん》に下《くだ》され候儀《そうろうぎ》は当座《とうざ》の事《こと》に候《そうろう》。天下《てんか》よりの御法度《ごはっと》を相守《あいまも》り、諸事《しょじ》其《そ》の意《い》を得《う》べき処《ところ》、下々《しもじも》として猥《みだ》りの義《ぎ》、曲事《くせごと》の事《こと》。

一、伴天連《バテレン》、其《そ》の知恵《ちえ》の法《ほう》を以《もっ》て心《こころ》さし次第《しだい》に檀那《だんな》を持《も》ち候《そうろう》と思《おぼ》し召《め》され候《そうら》へは右《みぎ》の如《ごと》く日域《にちいき》の仏法《ぶっぽう》を相破《あいやぶ》る事《こと》、曲事《くせごと》に候条《そうろうじょう》、伴天連儀《バテレンぎ》、日本の地《ち》ニハおかせられ間敷《まじ》く候間《そうろうあいだ》、今日《きょう》より廿日《はつか》の間《あいだ》ニ用意《ようい》仕《つかまつ》り帰国《きこく》すべく候《そうろう》。其中《そのなか》に下々伴天連《しもじもバテレン》に謂《いわ》れざる族《やから》申《もう》し懸《か》けるもの之在《これあ》らハ曲事《くせごと》たるへき事《こと》。

一、黒船《くろふね》の儀《ぎ》ハ商買《しょうばい》の事《こと》に候間《そうろうあいだ》、各別《かくべつ》に候《そうろう》の条《じょう》年月《ねんげつ》を経《へ》て諸事《しょじ》売買《ばいばい》いたすべき事《こと》。
一、自今以後《じこんいご》、仏法《ぶっぽう》のさまたけを成《な》さざる輩《ともがら》ハ、商人《しょうにん》の儀《ぎ》ハ申《もう》すに及《およ》ばず、いづれにてもきりしたん国《こく》より往還《おうかん》くるしからず候条《そうろうじょう》、其《そ》の意《い》を成《な》すべき事《こと》。

［訳］一、日本は神国であるからキリシタン国より邪法を授けるのは、はなはだ然《しか》るべからず。
一、キリシタンの給人《きゅうにん》（家臣）が支配の国郡の者を近付けて信徒にし、神社仏閣を破壊するというのは前代未聞のことである。国郡在所の所領などを給人に下されるのは当座のことである。天下の御法度《ごはっと》を守り、諸事、天下人の関白秀吉の意にそうべきである。下々の者がみだりにふるまうのは曲事《くせごと》（法にそむくこと）である。
一、伴天連《バテレン》（宣教師・神父）がその知恵の法で思いどおりに檀那《だんな》（外護者）をもっていると関白秀吉はお考えであるから、右のように日本の仏法を破る曲事になるので、伴天連を日本の地には置いておけない。それで、今日より二十日の間に準備して帰国すべし。その期間中に下々の者で伴天連にいわれないことを申すなら、曲事であるから処罰する。
一、黒船（南蛮船）は商売のためだから、キリシタンとは別である。これからの年月も諸事売買いたすべし。
一、今後、仏法の妨げをしない者たちは、商人は言うにおよばず、どのキリシタン国からの往還でもさしさわりはない。そのように心得よ。

この通告にフロイスは「大いなる悲嘆と憂慮を禁じ得なかった」が、関白秀吉が「いかに残忍であるかを知っているので、一人として司祭やキリシタン宗門についてただの一言も弁護し得る者はいなかった」（『日本史』第二部九七章）と書いている。もし弁護などしたら「いとも簡単にその者を処刑してしまう」が、「彼は日頃、些細《ささい》なことで日本人をそのように取り扱っている」のだった。神も仏も君主に従うようになっていった中世の終わりにおこったことである。

## 8　物語の神仏

**神国日本の物語**　秀吉の伴天連《バテレン》追放令にもある「日本は神国」という観念は鎌倉時代の蒙古襲来以後に強まった。たとえば『太平記』は時代をさかのぼって蒙古襲来にも大きな関心を寄せている。その「太平記語り」は江戸時代に非常にさかんになり、講談のもとになる。また、寺社の祭礼などで、ささらや三味線を掻《か》き鳴らして歌った説経節《せっきょうぶし》（「山椒大夫《さんしょうだゆう》」「刈萱《かるかや》」など）が江戸時代にはさらに発展して民衆に神仏を語った。御《お》伽草子《とぎぞうし》の多くも神仏の物語であり、江戸時代には盛んに出版される。

**太平記**（巻第四十「蒙古日本を攻むる事　付けたり神戦の事」）出典65

文永《ぶんえい》・弘安両度《こうあんりょうど》の戦《たたか》ひは、太元国《たいげんこく》の老皇帝《ろうこうてい》、支那《しな》四百州《しひゃくしゅう》を討《う》ち取《と》つて勢《いきお》ひ天地《てんち》を凌《しの》ぐ時《とき》なりしかば、小国《しょうこく》の力《ちから》にて敵《てき》しがたかりしかども、輙《たやす》く太元《たいげん》の兵《へい》を亡《ほろ》ぼして、吾《わ》が国無為《こくぶい》に成《な》りし事《こと》は、ただ尊神《そんしん》・霊祇《れいぎ》の冥助《みょうじょ》によりし故《ゆえ》なり。（中略）日本六十余州大小《にっぽんろくじゅうよしゅうだいしょう》の神祇《じんぎ》、霊験《れいげん》の仏閣等《ぶっかくとう》に勅使《ちょくし》を立《た》てられ、奉幣《ほうへい》を捧《ささ》げられずと云《い》ふ事《こと》なし。（中略）されば、その日《ひ》太元国七万余《たいげんこくしちまんよ》艘《そう》の艨艟《もうどう》を艤《ふなよそい》して、文司《もじ》・赤間関《あかまのせき》を経《へ》て、長門《ながと》・周防《すおう》へ押《お》し渡《わた》る。兵船《ひょうせん》すでに度中《となか》を渡《わた》る時《とき》までは、さしも風止《かぜや》み雲収《くもおさ》まりつる天気《てんき》、俄《にわか》に替《かわ》りて恐《おそ》ろし気《げ》なる黒雲一村艮《くろくもひとむらうしとら》の方《かた》より立《た》ち出《い》でて、大虚《おおぞら》に霴《うずま》き覆《おお》ふとぞ見《み》えし。大風烈《おおかぜはげ》しく吹《ふ》いて逆浪《さかなみ》天《てん》に漲《みなぎ》り、雷鳴霹靂《らいめいへきれき》して、電光地《でんこうち》に激烈《げきれつ》す。かかりければ、蒙古《もうこ》七万余《しちまんよ》艘《そう》の兵船《ひょうせん》、あるいは荒磯《あらいそ》の岩《いわ》に当《あた》つて微塵《みじん》に打《う》ち砕《くだ》かれ、あるいは逆巻《さかま》く浪《なみ》に打《う》ち返《かえ》されて、夷賊《いぞく》悉《ことごと》く失《う》せにけり。

［訳］文永・弘安の二度の戦いは大元国の老皇帝（世祖フビライ）が中国四百州を討ち取って勢いは天地をしのぐ時だったので、小国の力では敵しがたかったけれど、たやすく大元の兵を亡ぼして我が国が無事だったのは、ただ尊神・霊祇《れいぎ》の冥助《みょうじょ》による。（中略[1]／その征伐のようすを聞くと）元軍の来寇《らいこう》に備えて日本六十余州の大小の神社、霊験あらたかな寺院などに勅使を送られて幣帛《へいはく》（供物）を捧《ささ》げられないところはなかった。（中略[2]）そうして、その日、大元国七万余艘《そう》の兵船が軍装を整えて門司《もじ》・赤間関《あかまのせき》から長《なが》門《と》・周防《すおう》へ押し寄せる。兵船が半ばまで来たときは、あれほど風は静かで雲もなかった天気なのに、にわかに変化して恐ろし気な一群の黒雲が北東に立ちあらわれ、渦巻いて大空におおいかぶさるように見えた。大風が烈しく吹いて逆波が天に広がり、雷鳴がとどろき、稲妻が地に激しく落ちる。こうなったので、蒙古七万艘の兵船は、あるいは荒磯《あらいそ》の岩に当たって微塵《みじん》に打ち砕かれ、あるいは逆巻く波浪に打ち返されて、異国の賊はことごとく消え失《う》せてしまったのだった。

1 **中略**＝元軍七万余艘《そう》の兵船が来寇《らいこう》し、博多に石堤を築いて備えたことなどを語る。実際には文永の役（一二七四年）は蒙古・高麗《こうらい》軍約三万人、弘安の役（一二八一年）は江南軍を加えて約十万人だった。『太平記』は文永・弘安の役を合わせて語り、はっきり区別されていない。 2 **中略**＝諏訪湖《すわこ》に大蛇の形の雲が昇り、石清水八幡《いわしみずはちまん》の宝前の馬から音が鳴り響き、住吉神社の神像の沓《くつ》が西を向き、熊野の神鳥が西へ飛び去ったりなどの奇瑞《きずい》があったという。

同様の話は南北朝期に都の貴族によって書かれた歴史物語『増鏡《ますかがみ》』にも記されている。

**増鏡**（第十「老のなみ」）出典64

石清水社《いわしみずしゃ》にて、大般若供養《だいはんにゃくよう》のいみじかりける刻限《こくげん》に、晴《は》れたる空《そら》に、黒雲一村《くろくもひとむら》にはかに見《み》えてたなびく。

かの雲《くも》の中《なか》より、白羽《しらは》にてはぎたる鏑矢《かぶらや》の大《だい》なる、西《にし》をさして飛《と》び出《い》でて、鳴《な》る音《おと》おびたゝしかりければ、かしこには、大風《おおかぜ》吹《ふき》くるとつは物《もの》の耳《みみ》には聞《き》こえて、浪荒《なみあら》だち海《うみ》の上《うえ》あさましくなりて、みな沈《しず》みにけるとぞ。なを我国《わがくに》に神《かみ》をはします事《こと》、あらたに侍《はべり》けるにこそ。さて為氏大納言《ためうじだいなごん》、伊勢《いせ》の勅使《ちょくし》のぼるみち、申《もうし》をくりける。

勅《ちょく》として祈《いの》るしるしの神風《かみかぜ》によせくる浪《なみ》はかつくだけつゝ

［訳］石清水《いわしみず》神社で大般若経《だいはんにゃぎょう》を奉読し[1]、その供養がもりあがった時刻に、晴れた空に一群の黒雲がにわかに現れてたなびいた。その雲の中から白羽をつけた大きな鏑矢《かぶらや》（戦いの合図に放つ矢）が西をさして飛び出した。音が大きく鳴り響いたので、かの筑紫《つくし》では、大風が吹き来ると武士たちの耳には聞こえ、波は荒立って海上はすさまじいことになり、異国の軍船はみな沈んだという。なお我が国に神がおられること、思い新たにすることであった。ときに藤原為氏《ためうじ》大納言（一二二二～一二八六年）が伊勢神宮に異国退散を祈る勅使として上る道から送られた歌。

勅として祈るしるしの神風によせくる浪はかつくだけつつ

1 **大般若経を奉読**＝大般若経六百巻を転読する法会（大般若転読会）をもよおした。

御伽草子も神仏の境界から語りだされた。次は源頼光《みなもとのよりみつ》の鬼退治で知られる酒伝童子《しゅてんどうじ》の話である。

## 酒伝童子絵（詞書）　出典74

それ、日本秋津島《にっぽんあきつしま》は、神国《しんこく》なり。天神七代《てんじんななだい》、地神五代《ちじんごだい》なり。人皇《にんおう》の代《よ》となり、聖徳太子《しょうとくたいし》、初《はじ》めて仏法《ぶっぽう》を広《ひろ》めむがために、母《はは》となり、人民《にんみん》を育《はぐく》み、慈悲《じひ》を垂《た》れ給《たま》ひけるより以来《このかた》、聖武天皇《しょうむてんのう》、延喜《えんぎ》の帝《みかど》まで、仏法《ぶっぽう》王法《おうほう》盛《さかん》なりける。（中略）しかるに、都《みやこ》に不思議《ふしぎ》なること出《い》で来《き》、人民《にんみん》を撰《えら》まず、容顔《ようがん》よかりける女房《にょうぼう》、多《おお》く失《う》せける。（中略）晴明《せいめい》と申《もう》して、正《まさ》しき相人《そうにん》侍《はべ》りけり。（中略）伊吹《いぶき》の千町ケ岳《ちまちがたけ》といふ所《ところ》に、岩屋《いわや》あり。すなはち、鬼《おに》のすみかなり。（中略）昔《むかし》、さることの候《そうら》ひけるを伝《つた》へ承《うけたまわ》り候《そうろ》ふ。嵯峨天皇《さがてんのう》の頃《ころ》、人民《にんみん》多《おお》く取《と》り失《うしな》ひ、国土《こくど》の歎《なげ》き申《もう》すはかりなし。その時《とき》、弘法大師《こうぼうだいし》を、勅《ちょく》として呪詛《しゅそ》せしめ給《たま》ふ故《ゆえ》にや、人失《ひとうしな》ふこととどまりき。今《いま》の世《よ》には、呪詛《しゅそ》すべき効験僧《こうげんそう》もなし。ことの心《こころ》を案《あん》ずるに、まづ頼光《らいこう》をもつて責《せ》められべくや。（中略）頼光《らいこう》のたまひけるは、「（中略）凡夫《ぼんぶ》の力《ちから》にて及《およ》びがたし。仏神《ぶっしん》の加護《かご》を頼《たの》み奉《たてまつ》るべし。国《くに》のため、身《み》のためなれば、などか神明《しんめい》も加護《かご》し給《たま》はざらんや」（中略）都合六人《つごうむたり》、おのおの面々《めんめん》に出《い》で立《た》ちて、笈《おい》を一丁《いっちょう》づつ掛《か》けたり。（中略）また、篠筒《ささえ》と名《な》づけ、竹《たけ》の節《ふし》を切《き》り、酒《さけ》を入れて、笈《おい》にぞ付《つ》けたりける。（中略）

川《かわ》につきて上《のぼ》りけるに、年十八九《としじゅうはちく》ばかりなる女房《にょうぼう》、みめかたち人《ひと》にすぐれたるが、川端《かわばた》にもの洗《あら》ひてゐたりけり。（中略）女房《にょうぼう》、泣《な》く泣《な》く申《もう》しけるは、「（中略）人屋《ひとや》といふ所《ところ》に入《い》れおきて、身《み》をしぼり血《ち》を出《いだ》して、酒《さけ》と名付《なづ》けこれを呑《の》み候《そうろ》ふ。（中略）すでに夜深《よふか》く、みな酔《よ》ひ沈《しず》みて、前後《ぜんご》も知《し》らず、世間《せけん》も静《しず》まりければ、おのおの六人《ろくにん》、思《おも》ひ思《おも》ひに出《い》で立《た》ちけり。（中略）みなみな酔《よ》ひ臥《ふ》してゐたりければ、思《おも》ふさまに刺《さ》し殺《ころ》し斬《き》り殺《ころ》しけれども、起《お》きも上《あが》らず、みなみな討《う》たれけり。（中略）酒伝童子《しゅてんどうじ》は、第六天《だいろくてん》の魔王《まおう》なり。明君《めいくん》の威法《いほう》をおとしめ、仏法《ぶっぽう》のために讐敵《しゅうてき》となりて、鬼神《きじん》の寿量《じゅりょう》を感《かん》ぜり。（中略）されば、今《いま》の世《よ》に至《いた》るまで、鬼神《きじん》の定寿《じょうじゅ》といふことなし。仏徳霊験《ぶっとくれいげん》ある時《とき》は、減劫踵《げんこうくびす》を巡《めぐ》らさざるものかな。

［訳］さて日本は神国なり。天地開闢《かいびゃく》から天の神七代、天孫降臨の天照大神《あまてらすおおみかみ》から地の神五代である。人の天皇の代になって聖徳太子が初めて仏法を広めるために母のように人民を育《はぐく》み、慈悲を垂れられてから聖武《しょうむ》天皇から延喜《えんぎ》の帝《みかど》（醍醐《だいご》天皇／在位八九七～九三〇年）まで仏法も世法も盛んだった。（中略）ところが一条上皇の世に、都で不思議なことがおこった。だれかれなく容姿のよい女が多くいなくなったのだ。

（中略）[2]そのとき安倍晴明《あべのせいめい》という勝《すぐ》れた人相見がいた（中略）[3]晴明が占って「伊吹[4]の千町ヶ岳という所に岩屋がある。そこが鬼のすみかである」という。（中略／ある大臣がいうには）「昔、同じようなことがあったと聞いている。嵯峨《さが》天皇のころ、人が多く消え失《う》せて国中が口でいえぬほど歎《なげ》いた。弘法大師に勅して呪詛《じゅそ》させたためか、人が消えることはなくなった。今の世には呪詛して効験のある僧もいない。事態の性格を考えれば、まず頼光《らいこう》に攻めさせるがよかろう」と。（中略）[5]頼光がいうには、「（中略）これは人間の力の及ぶことではない。仏神の加護を頼むべし。国のため、身のためなれば、どうして神祇《じんぎ》が加護されないことがあろう」（中略）[6]計六人、それぞれ装いをととのえて笈《おい》[7]を一つずつ背負った。（中略）また、節で切った竹を篠筒《ささえ》といって酒を入れ、笈に付けた。（中略）[8]

　川にそって上っていくと、年十八、九ほどの娘（さらわれた女の一人）がいた。容姿は人にすぐれているが、川端で洗いものをしていた。（中略）娘が泣く泣く語るには「（中略／さらった女を）人屋《ひとや》という牢屋《ろうや》に入れおき、身をしぼり血を出して、酒と名付けて呑《の》んでいます」という。（中略）[9]すでに夜深く、鬼どもはみな酔いつぶれて前後も知らず、世間も静まったので、頼光ら六人はそれぞれ思い思いに武具をととのえて出かけた。（中略）鬼はみんな酔いつぶれているので、思うさまに刺し殺し斬り殺したけれども、鬼どもは起き上がりもせず、みなみな討たれた。（中略）[10]酒伝童子は[11]第六天の魔王（欲望の天界の最高位に住む王）である。名君の威令をおとしめ、仏法の敵になって鬼神の命を長らえている。（中略）そうであっても、今の世に至るまで鬼神の定まった寿命はない。仏の徳の霊験があるときは減劫《げんこう》（寿命が短くなっていく時代）に一転するものであろう。

1 **中略**＝一条上皇（在位九八六～一〇一一年）の頃までは末の世といっても王法も仏法も盛んで国は豊かだった。 2 **中略**＝帝の寵臣《ちょうしん》の池田中納言国方《いけだのちゅうなごんくにかた》の一人娘もいなくなり、霊験あらたかな寺社に参っても行方は知れなかった。 3 **中略**＝国方は娘の行方を晴明に符《ふ》（札《ふだ》）で占わせた。 4 **伊吹**＝滋賀・岐阜県境の伊吹山。京都市北方の大江山を舞台とする話もある。 5 **中略**＝上皇の勅によって頼光に鬼退治の命が下った。頼光は渡辺綱《わたなべのつな》・碓井定光《うすいのさだみつ》（貞光）・卜部季武《うらべのすえたけ》（末武）・坂田公時《さかたのきんとき》の四天王と藤原保昌《ふじわらのやすまさ》を供と決める。 **6** **中略**＝頼光は氏神の八幡宮に参籠《さんろう》し、綱と公時は住吉神社に参り、季武と定光は熊野に参った。 **7** **笈**＝修験者が背負う箱。頼光らは旅の行者姿をとった。 **8** **中略**＝一行が伊吹について三人の男がいる家に泊まった。竹筒の酒をふるまい、かわりに鬼に呑ませる毒酒をもらう。三人は千町ヶ原まで案内してから忽然《こつぜん》と消えた。この三人は八幡宮・住吉・熊野の神の化身《けしん》だった。 **9** **中略**＝国方の一人娘も生きているが、鬼たちは女の肉を肴《さかな》に毎日宴会をしているので、いつ殺されるとも知れない。そこで頼光らは鬼の館《やかた》に行って何かと言いつくろって宴会に入りこみ、毒酒を鬼たちにふるまった。 **10** **中略**＝さらわれた女たちは助けだされ、鬼の館は幻のように消えて、ただの岩の洞窟《どうくつ》に戻った。一条上皇は弥勒菩薩《みろくぼさつ》、頼光は毘沙門天《びしゃもんてん》の化現《けげん》だという。 **11** **酒伝童子**＝酒呑童子・酒顛童子などとも表記される。「童子」というのは華厳経に説かれている善財《ぜんざい》童子のように原語ではクマーラとよばれる異能の青年。酒伝童子は大人になっても前髪を垂らした童《わらべ》の姿をした異界の男である。『室町物語集』の「伊吹童子」では幼いときから大酒呑みで乱暴者だった父に似ていたから酒呑童子とよばれたという。

酒伝童子は江戸時代には人形浄瑠璃《にんぎょうじょうるり》や歌舞伎でさかんに演じられた。謡曲『大江山』もある。能には幽霊がシテ（主人公）の夢幻能《むげんのう》が多くあり、〈あの世〉と〈この世〉の境界に生まれた物語だ。

## 船弁慶（謡曲百番）出典75

★前ジテ（静御前）◎子方（源義経）●ワキ・ワキヅレ（弁慶・郎党）☆後ジテ（平知盛の霊）＊地謡

●けふ思《おも》ひ立《た》つ旅衣《たびごろも》、けふ思《おも》ひ立《た》つ旅衣《たびごろも》、帰洛《きらく》をいつと定《さだ》めん。●か様《よう》に候者《そうろうもの》は、西塔《さいとう》の傍《かたわら》に住《す》まゐする武蔵坊弁慶《むさしぼうべんけい》にて候《そうろう》、扨《さて》も我君判官殿《わがきみはんがんどの》は、頼朝《よりとも》の御代官《おんだいかん》として平家《へいけ》を滅《ほろ》ぼし（中略）津《つ》の国尼崎大物《くにあまがさきだいもつ》の浦《うら》へと急候《いそぎそうろう》（中略）◎いかに静《しずか》、此《この》たび思《おも》はずも落人《おちゅうど》となり落《お》ち下《くだ》る処《ところ》に、是《これ》まで遥々来《はるばるきた》る心《こころ》ざし返々《かえすがえす》も神妙也《しんみょうなり》、此《この》まま伴《ともな》ひたくは候《そうら》へ共《ども》、遥々《はるばる》の波濤《はとう》を凌《しの》ぎ下《くだ》らん事然《ことしか》るべからず、先此度《まずこのたび》は都《みやこ》に上《のぼ》り、時《じ》節《せつ》を待候《まちそうら》へ（中略）★ただ頼《たの》め、標茅《しめじ》が原《はら》の、さしも草《ぐさ》＊我世《われよ》の中《なか》に、あらん限《かぎ》りは。（中略）●あら不《ふ》思議《しぎ》や海上《かいじょう》を見《み》れば、西国《さいこく》にて滅《ほろ》びし平家《へいけ》の一門《いちもん》、をのをの浮《う》かび出《いで》たるぞや、（中略）＊主上《しゅじょう》を始《はじ》め奉《たてまつ》り、一門《いちもん》の月卿雲霞《げっけいうんか》の如《ごと》く、浪《なみ》に浮《う》かびて見《み》えたるぞや。☆抑《そもそも》これは、桓武天皇九代《かんむてんのうくだい》の後胤《こういん》、平《たいら》の知盛幽霊《とももりゆうれい》なり。（中略）＊其時義経《そのときよしつね》、少《すこし》も騒《さわ》がず、打《う》ち物抜《ものぬ》き持《も》ち、現《うつつ》の人《ひと》に、向《む》かふがごとく、言葉《ことば》を交《か》はし、戦《たたか》ひ給《たま》へば、弁慶押《べんけいお》し隔《へだ》て、打《う》ち物業《ものわざ》にて、かなふまじと、数珠《じゅず》さらさらと、押《お》し揉《も》むで、東方降三世《とうぼうごうざんぜ》、南方軍荼利夜叉《なんぼうぐんだりやしゃ》、西方大威徳《さいほうだいいとく》、北方金剛夜叉明王《ほつぽうこんごうやしゃみょうおう》、中央大聖《ちゅうおうだいしょう》、不動明王《ふどうみょうおう》の索《さつく》にかけて、祈《いの》り祈《いの》られ、悪《あく》霊《りょう》次《し》第《だい》に、遠《とお》ざかれば、弁慶舟子《べんけいふなこ》に、力《ちから》を合《あ》はせ、御舟《おふね》を漕《こ》ぎ退《の》け、汀《みぎわ》に寄《よ》すれば、猶怨霊《なおおんりょう》は、慕《した》い来《きた》るを、追払《おツぱら》ひ祈《いの》り退《の》け、又引塩《またひくしお》に、揺《ゆ》られ流《なが》れ、又引《またひ》く塩《しお》に、揺《ゆ》られ流《なが》れて、跡白波《あとしろなみ》とぞ、なりにける。

[訳]●今日は京を思い立つ旅衣、きょう思い立つ旅衣、帰洛《きらく》をいつと決められようか。このように言うのは比叡山西塔《ひえいざんさいとう》の傍に住む武蔵坊弁慶《むさしぼうべんけい》である。さて我が君、判官殿（義経）は頼朝《よりとも》の御代官として平家を滅ぼされ（中略）[1]摂津の国尼崎大物《あまがさきだいもつ》の浦《うら》へと急がれた（中略／静《しずか》御前が追ってきたが）◎「どうか静よ、こたびは思わず落人《おちゅうど》になって落ち下るところだ。ここまではるばる来た志は返す返すも神妙である。このまま伴いたいが、はるばる波濤《はとう》を凌《しの》いで下ることはできない。まず、このたびは都に上って時節を待ってほしい」（中略／静は泣く泣く、清水寺観音の託宣歌を舞って義経《よしつね》主従の無事を祈った）★ただ頼め、標茅《しめじ》が原のさしも草＊我世の中に、あらん限りは。[2]（中略）[3]●あら不思議や海上を見れば、西国にて滅びし平家の一門、おのおの浮かび出たぞ。（中略）＊安徳天皇をはじめ一門の公卿《くぎょう》・殿上人《てんじょうびと》ら雲霞《うんか》のごとく波に浮かんで見えたぞや。☆そもそも我は桓武《かんむ》天皇九代の後胤《こういん》、平の知盛《とものり》の幽霊である。（中略／義経も海に沈めてやろうぞ）＊そのとき義経は少しも騒がず刀を抜き持ち、この世の人を相手にするように言葉をかわして戦ったが、弁慶が押しのけ、刀ではかなうまいと数珠《じゅず》をさらさらと押し揉《も》み、東方降三世《ごうざんぜ》、南方軍荼利《ぐんだり》、西方大威徳《だいいとく》、北方金剛夜叉《こんごうやしゃ》、中央は大聖《だいしょう》不動の五大明王の索《さく》にかけて祈りに祈り、悪霊が次

第に遠ざかると、弁慶は舟子《ふなこ》に力を合わせて船を漕《こ》いでなぎさに寄せれば、まだ怨霊《おんりょう》が追って来るので、追っ払い、祈り退《の》け、また引き潮に揺られ流れ、また引き潮に揺られ流れて、とうとう怨霊は白波を残すだけになった。

**1 中略**＝兄弟不仲になり、西国に落ちることになった。 **2 ただ頼め～我世の中に、あらん限りは。**＝意訳「それでも頼みなさい、蓬《よもぎ》の原のよもぎ草のような人よ。わたしが世の中にある限りは」 **3 中略**＝船出すると、にわかに六甲から強風が吹きおろして船は陸に戻れなくなった。

## 山椒太夫　出典76

ただいま語《かた》り申《もう》す御物語《おんものがたり》、国《くに》を申《もう》さば、丹後《たんご》の国《くに》、金焼《かなや》き地蔵《じぞう》の御本地《ごほんじ》を、あらあら説《と》きたてひろめ申《もう》すに、（中略）姉《あね》が膚《はだ》に掛《か》けたるは、地蔵菩薩《じぞうぼさつ》でありけるが、自然姉弟《じねんきょうだい》が（み）の上《うえ》に、自然大事《じねんだいじ》があるならば、身替《みがわ》りにも御立《おた》ちある、地蔵菩薩《じぞうぼさつ》でありけるぞ。よきに信《しん》じて掛《か》けさいよ。また弟《おとと》が膚《はだ》に掛けたるは、信太玉造《しだたまつくり》の系図《けいず》のもの、死《し》して冥土《めいど》へ行《い》く折《おり》も、閻魔《えんま》の前《まえ》の土産《みやげ》にもなるとやれ。それ落《お》とさいな厨子王丸《ずしおうまる》（中略）由良《ゆら》の湊《みなと》の山椒太夫《さんしょうだゆう》が、代《しろ》を積《つ》もって、十三貫《じゅうさんがん》に買《か》うたるは、ただ諸事《しょじ》のあわれと聞《き》こえける。（中略）のういかに、太夫殿《だゆうどの》、一期《いちご》申《もう》す、念仏《ねんぶつ》をば、いつの用《よう》に立《た》て給《たま》うぞ。このたびの用《よう》に、御立《おた》てあれ。死出三途《しでさんず》の大河《たいが》をば、この三郎《さぶろう》が、追《お》い越《こ》して、参《まい》らすべきぞ」。一引《ひとひ》き引《ひ》きては、千僧供養《せんぞうくよう》、二引《ふたひ》き引《ひ》きては、万僧供養《まんぞうくよう》、えいさらえいと、引《ひ》くほどに、百《ひゃく》に余《あま》りて六《む》つのとき、首《くび》は前《まえ》にぞ引《ひ》き落《お》とす。（後略）

[訳] これから語る物語、国はといえば丹後《たんご》の国、金焼き地蔵の御《おん》ゆかり、あらあら説きたてひろめ申す。（中略[1]／別れに母が姉弟に叫ぶのは）「姉の膚《はだ》に付けた地蔵菩薩《ぼさつ》は万一姉弟《きょうだい》の身の上に、万一大事があ

るならば、身替わりにもなられる地蔵菩薩でありけるぞ。よく信じて持っていなさい。また弟の膚に付けたのは信太《しだ》・玉造《たまつくり》の系図の巻物[2]、死んで冥土《めいど》に行くときも閻魔《えんま》へ土産にもなるという。それ、落とさずに厨子王丸」（中略）丹後の国を支配する由良《ゆら》の湊《みなと》[3]の山椒太夫《さんしょうだゆう》が代金十三貫《がん》で姉弟を買ったのは、ただ諸事のあわれと知られるようになった。（中略[4]／首を斬る竹鋸《たけのこぎり》を持った三郎が父の太夫にいう）「のう太夫殿、一生となえた念仏を、いつ用に立てられるのか。このたびの用にお立てあれ。死出の旅路の三途《さんず》の大河を、この三郎が追い越して参りますぞ」。竹鋸を、ひと引き引いては千僧供養[5]、ふた引き引いては万僧供養、えいさらえいと引くうちに、百六回引いたとき、太夫の首は前に引き落とされた。（後略[6]／地蔵菩薩は姉の供養のために丹後に堂を建てて安置した）

1 **中略**＝安寿《あんじゅ》と厨子王《ずしおう》姉弟の父は岩城判官正氏《いわきのはんがんまさうじ》という桓武《かんむ》平氏系の武将で奥州に領地をもっていたが、筑紫《つくし》に流されていた。姉弟と母は朝廷に安堵《あんど》を願うために奥州を旅立ったが、越後《えちご》の港町でかどわかされ、姉弟は丹後（京都府北部）に、母は蝦夷《えぞ》が島（佐渡）に売られた。 2 **信太・玉造の系図の巻物**＝信太は茨城県稲敷市付近。玉造は福島県いわき市付近。そのあたりを関東の拠点にした桓武平氏から父の正氏につながる系図の巻物。 3 **由良の湊**＝京都府宮津《みやづ》市由良。 4 **中略**＝山椒太夫の館《やかた》で姉の安寿は潮汲《く》み、弟の厨子王は柴《しば》刈りをさせられる。姉は弟に地蔵菩薩を与えて逃がし、自分は拷問の火に炙《あぶ》られて十六歳で殺された。厨子王は国分寺に逃げ込み、住職と地蔵菩薩に助けられて都に上る。その後、帝が系図を見て厨子王は判官正氏の総領と認められた。厨子王は旧領の奥州五十四郡より丹後の国を望み、その国守になって赴任し、山椒太夫を捕らえる。太夫は肩まで土に埋められ、太夫の子らに竹の鋸で首を斬ることが命じられた。長男の一郎は尻込《しりご》みして許された。二郎も許された。この二人は安寿と厨子王に同情して助けたことがあったからだ（のちに厨子王から丹後の国を二分して治める地位を授かる）。三郎は残酷な性格で姉弟をひどくあつかったので許されない。 5 **千僧供養**＝多数の僧を招いて営む法会。ここでは唱え言葉、また、供養の気持ちで鋸を引くこと。 6 **後略**＝三郎は浜で往来の者に七日七晩首を引かせた。その後、厨子王は蝦夷が島に行って母を探した。母は涙のために盲目になり、「厨子王、恋いしや、ほうやれ。安寿の姫、恋いしや、ほうやれ」と歌って、粟《あわ》の鳥を追う仕事をさせられていた。しかし、地蔵菩薩を母の両眼にあてると、はっしと開いて鈴を張ったようになった。

物語では難しげな仏教語がどんどん登場する。理屈では理解困難でも、語り手の表情や口調によって意味あいが把握され、耳になじんでいっただろう。それが日常語にも浸透し、日本語の形成のうえでも仏教は大きな影響があった。

また、物語で大きなテーマになっているのが、あの世のことである。次に源義経《みなもとのよしつね》と武蔵坊弁慶《むさしぼうべんけい》ら主従の物語『義経記《ぎけいき》』から弁慶の立ち往生の場面をあげる。

兄の源頼朝によって朝廷から追討を受けることになった義経は、奥州藤原氏のもとに逃れたのだが、頼朝は藤原泰衡《ふじわらのやすひら》に義経の捕縛を命じた。そして、文治五年（一一八九）閏《うるう》四月三十日、泰衡の軍勢が義経主従の籠もる衣川館《ころもがわのたて》（岩手県平泉町）を襲う。

**義経記**（巻第八「衣川合戦の事」）出典77

さる程《ほど》に、長崎太郎大夫介《ながさきのたろうたいふのすけ》をはじめとして五百余騎《よき》の者共《ものども》、大手《おおて》よりただ一手《ひとて》にて押《お》し寄《よ》せたり。十《じゅう》郎権頭《ろうごんのかみ》、喜三太《きさんだ》家《いえ》の上《うえ》に登《のぼ》りて、蔀遣戸《しとみやりど》を楯《たて》にして散々《さんざん》に射《い》る。大手《おおて》には武蔵坊《むさしぼう》、片岡八郎《かたおかのはちろう》、鈴木三郎《すずきのさぶろう》兄弟《きょうだい》、鷲尾三郎《わしのおのさぶろう》、増尾十郎《ましおのじゅうろう》、伊勢三郎《いせのさぶろう》、備前平四郎《びぜんのへいしろう》、以上八人《いじょうはったり》なり。（中略）

増尾十郎《ましおのじゅうろう》も討死《うちじに》する。備前平四郎《びぜんのへいしろう》も敵数多《てきあまた》討《う》ち取《と》りて、疵《きず》を蒙《こうぶ》りければ、自害《じがい》してけり。片岡八郎《かたおかのはちろう》と鷲尾三郎《わしのおのさぶろう》と一つに立《た》ち合《あ》ひたるが、鷲尾《わしのお》は敵《てき》五騎《き》討《う》ち取《と》りて死《し》しぬ。片岡《かたおか》が一方《いっぽう》隙《す》きければ、武蔵坊《むさしぼう》と伊勢三郎《いせのさぶろう》と一つになりて戦《たたか》ひけり。伊勢三郎《いせのさぶろう》は敵《てき》六騎《き》討《う》ち取《と》り、三騎《き》に深手《ふかで》負《お》ほせければ、引《ひ》いて行《い》く。思《おも》ふ様《さま》に軍《いくさ》して、大事《だいじ》の手《て》負《お》ひければ、腹《はら》搔《か》き破《やぶ》りて伏《ふ》しにけり。武蔵坊《むさしぼう》は敵《かたき》追《お》ひ払《はら》ひ、御方《おんかた》へ参《まい》り、長刀《なぎなた》を脇《わき》に挟《はさ》み、「弁慶《べんけい》こそ参《まい》りて候《そうら》へ」と申《もう》しければ、判官《はんがん》は、法華経《ほけきよう》の八《や》の巻《まき》にかからせ給《たま》ひけるが、「いかに」とて見《み》やり給《たま》へば、「軍《いくさ》はや限《かぎ》りになりぬ。備前平《びぜんのへい》四郎《しろう》、鷲尾《わしのお》、増尾《ましお》、鈴木兄弟《すずききようだい》、伊勢三郎《いせのさぶろう》、思《おも》ふままに軍《いくさ》して討死《うちじに》仕《つかまつ》り候《そうら》ひぬ。今《いま》は弁慶《べんけい》と片岡《かたおか》ばかりになりて候《そうろう》。君《きみ》を今一度《いまひとたび》見参《みまい》らせん為《ため》に参《まい》りて候《そうろう》。君先立《きみさきだ》たせ給《たま》ひ候《そうら》はば、死出《しで》の山《やま》にて待《ま》たせ給《たま》ひ候《そうろ》ふべし。弁慶先立《べんけいさきだ》ち参《まい》らせて候《そうら》はば、三途《さんず》の川《かわ》にて待《ま》ち参《まい》らせ候《そうろ》ふべし」と申《もう》しければ、判官《はんがん》「いかがすべき。御経《おきょう》読《よ》みはてばや」と仰《おお》せければ、「静《しず》かにあそばしはてさせ給《たま》へ。その程《ほど》は弁慶《べんけい》防矢仕《ふせぎやつかまつ》り候《そうら》はん。たとひ死《し》にて候《そうろ》ふとも、君《きみ》の御経《おきよう》あそばしはてさせ給《たま》ひ候《そうら》はんまでは守護《しゆご》し参《まい》らせ候《そうろ》ふべし」とて、御簾《おんすだれ》を引《ひ》き上《あ》げて、君《きみ》をつくづくと見参《みまい》らせて、御前《おんまえ》を立《た》ちけるが、また立《た》ち帰《かえ》りてかくぞ申《もう》しける。

六道《ろくどう》の道《みち》の衢《ちまた》に君待《きみま》ちて弥陀《みだ》の浄土《じようど》へすぐに参《まい》らん

来世《らいせ》をさへ契《ちぎ》り申《もう》して、立《た》ち出《い》で（中略）十方八方《じつぽうはつぽう》を斬《き》りければ、武蔵坊《むさしぼう》に面《おもて》を合《あ》はする者《もの》ぞなき。鎧《よろい》に矢《や》の立《た》つ事数《ことかず》を知《し》らず。（中略）寄《よ》せ手《て》の者共申《ものどももう》しけるは、「敵《てき》も味方《みかた》も皆討死《みなうちじに》すれども、この法師《ほうし》ばかりいかに狂へども死《し》なぬは不思議《ふしぎ》なり。我々《われわれ》が手《て》にこそかけずとも、鎮守大明神《ちんじゆだいみようじん》、厄神与力《やくじんよりき》して殺《ころ》し給《たま》へ」と祈《いの》りけるこそをかしけれ。

武蔵坊《むさしぼう》は敵打《てきう》ち払《はら》ひて、長刀《なぎなた》を逆《さか》さまに杖《つえ》に突《つ》き敵《てき》の方《かた》を睨《にら》みて、仁王立《におうだ》ちにぞ立《た》ちたりける。偏《ひと》へに力士《りきし》の如《ごと》くなり。（中略）立《た》ちながらすくみける事《こと》は、君《きみ》の御自害《おんじがい》の程《ほど》、敵《てき》を御館《みたて》へ寄《よ》せじとて立死《たちじに》にしたりけるかとあはれなり。

［訳］そうこうするうちに、長崎太郎大夫介《ながさきのたろうたいふのすけ》（秀衡の家の子・家来）をはじめとして五百余騎の者たちが、館の正面から一手にて押し寄せてきた。十郎権頭と喜三太は屋根に登って蔀戸・遣戸を楯にして散々に矢を射る。館の正面には武蔵坊弁慶、片岡八郎、鈴木三郎重家と亀井六郎の兄弟、鷲尾三郎、増尾十郎、伊勢三郎、備前平四郎、以上八人である。（中略）

皆が果敢に戦ううちに増尾十郎が討死《うちじに》した。備前平四郎は多くの敵を討ち取ったが負傷して戦えなくなり、自害した。片岡八郎と鷲尾三郎はひと組になって立ち合い、鷲尾は敵五騎討ち取って死んだ。片岡八郎の片方があいたので武蔵坊と伊勢三郎が組になって戦った。伊勢三郎は敵六騎を討ち取り、三騎に深手を負わせてから引き下がり、思うままに戦って、重傷を負ったので、腹を掻き斬って倒れた。

武蔵坊は敵を追い払って主君の義経のところへ参り、長刀《なぎなた》を脇に挟んで、「弁慶が参りました」と言った。そのとき判官[1]（義経）は、法華経八巻の最後の第八巻を読誦していたが、「戦《いくさ》はどうだ」と弁慶に目を向けられたので、弁慶は「もはやこれまででございます。備前平四郎、鷲尾、増尾、鈴木兄弟、伊勢三郎は思うままに戦って討死いたしました。今は弁慶と片岡ばかりになりました。殿に今一度、お目にかかりたくて参りました。殿が先立ちなされば、死出の旅路の山でお待ちください。弁慶が先立ちますれば、三途の川にてお待ちいたします」と申すと、判官が「どうしようか。御経（法華経）を読み終えたいが[2]」と仰せなので、「ご安心ください。それなら弁慶が矢を射て敵を防ぎます。たとえ死んでも、殿が御経を読誦され終えるまで、お守りいたします」と、判官の前の御簾《みす》を引き上げ、主君をつくづく拝してから御前を立ち去りかけたが、また立ち帰りて、このように申した。

「六道の道の衢《ちまた》に君待ちて弥陀の浄土へすぐに参らん[3]（冥土の六道の辻で殿を待ち、弥陀の浄土へすぐに参りましょう）」

こうして主従は来世の契りをかわして、弁慶は外に立ち出で（中略／片岡八郎も自害して弁慶一人になったが、弁慶は）十方八方の敵を斬ったので、武蔵坊に面を合わせる敵はいなくなった。しかし、弁慶の鎧に立つ矢は数知れない。（中略）寄せ手の敵どもの申すには、「敵も味方も皆討死しているのに、この法師だけがどうしても死なないのは不思議だ。我々が手にかけずとも、鎮守大明神、厄神が我々を助けて殺したまへ」と祈るばかりだった。

武蔵坊は敵を打ち払い、長刀を逆さまに杖のように突き立てて敵の方を睨み、仁王立ちになった。そ

**れはまったく金剛力士《こんごうりきし》のようであった。（中略）そうして立ちながら動かなくなったのは、主君が御経を読み終えて御自害されるまでは敵を御館へ寄せつけまいと立ち死したのであろうと思えば、あわれなことである。**

1 **判官**＝義経が左衛門尉《さえもんのじょう》の官職を得ていたことから「判官」と通称される。判官は「ほうがん」とも読む。義経は源義朝の九男なので「九郎判官」ともよばれる。 2 **御経（法華経）を読み終えたい**＝平安時代以降、法華経は地獄から人を救うなど、死後を助ける経典だと言われてきた。 3 **弥陀の浄土へすぐに参らん**＝やはり平安時代以降、法華信仰は浄土信仰と重なり、日々に法華経を読誦した人が臨終に阿弥陀仏の極楽浄土に迎えられたという説話が多く語られた。

『義経記』は室町時代に生まれた戦記物で、江戸時代には歌舞伎の演目にもなった。さらに、鞍馬山の牛若丸の話、京で刀を奪い取っていた弁慶が牛若丸の家来になる話などが現代の絵本の題材にもなったが、元の『義経記』は次に義経と妻子が自害する「判官御自害の事」の段など、たいへん残酷な話である。それとともに、法華経などの経典や神仏が多く登場する。

# 第五章　江戸時代

寺請《てらうけ》と宗門改《しゅうもんあらため》によって本末制度・檀家《だんか》制度が定着したが、それは「信心」を縛るものではなかった。むしろ、諸国の寺社詣が宗派を問わず盛んになり、『江戸名所図会』などのガイドブックもよく刊行されるようになった。写真の浅草寺は観音菩薩の霊場で、江戸の盛り場の中心になった。今も世界の人々をひきつける歴史と文化の大きなソフトパワーを伝えている。

写真――浅草寺　PIXTA

# 1 本末制度と檀家制度

**諸宗寺院の統制**　豊臣秀吉の刀狩りによる士農分離、全国的な検地による石高《こくだか》制、伴天連《バテレン》追放令によるキリシタン禁制と鎖国化は江戸時代にひきつがれ、社会の基本的な枠ぐみになった。寺院の統制については家康・秀忠《ひでただ》の二代に各宗の大寺あてに法度《はっと》が下された。それは幕藩体制の確立と軌を一にした動きで、大坂の陣（一六一四〜一六一五年）のころに頻繁に寺院法度がだされた。幕府は諸宗の寺に寺領などを寄贈するとともに僧侶には学業と修行に専心することを求め、中世の守護《しゅご》不入《ふにゅう》の治外法権を奪った。また、元和《げんな》元年（一六一五）に「禁中並《きんちゅうならびに》公家《くげ》諸法度《しょはっと》」を定め、幕府に申し出なく紫衣《しえ》（高位の僧のみに着用を許された法衣）の勅許をしないようにした。寛永六年（一六二九）にはこれに抗議した大徳寺《だいとくじ》の沢庵《たくあん》（一五七三〜一六四五年）らが流罪に処せられる。いわゆる紫衣事件である。

これらの統制は臨済僧の金地《こんち》院崇伝《いんすうでん》（一五六九〜一六三三年）が幕府の寺社方を差配したころのことで、各宗の大寺も歓迎した。寺院法度には「末寺は本寺の下知《げち》（命令）に違背してはならない」などのことが定められ、将軍お墨付きで本山の地位が保証されたからだ。寛永八年（一六三一）には新寺建立を禁じ、翌年、諸宗本山に末寺帳《まつじちょう》を提出させた。現存する寛永の諸宗末寺帳は欠損が大きいが、各宗が競って宗派不特定の村堂《そんどう》を末寺に組みこんだりした結果、寺院総数は一万三千八十か寺におよぶ。宗派成立以前の法隆寺、四天王寺などの古寺も天台宗か真言宗に属することになった。

幕府が一宗と認めるのは、天台宗の最澄、真言宗の空海のように、宗祖が特定できることが条件だったが、法隆寺や四天王寺は開基は聖徳太子でも開山（初代住職）が誰かははっきりしないので、宗とは認められない。いっぽう、各宗の本山の多くは宗祖ゆかりの寺院であるが、どの寺を上位に置くかで論争も起こった。そうした問題を調停して本末制度がととのえられた。

　本末制度は、各宗の総本山を頂点に大本山―中本山―本寺―末寺などの序列をもち、江戸の触頭《ふれがしら》に任じられた寺をとおして寺社奉行の命令や幕府への訴状を伝達した。

　寺社奉行は寛永十二年に寺社方を強化したもので、寺は町奉行の立ち入りを許さない反面、さまざまな届け出を義務づけられた。寛文五年（一六六五）には、幕府はそれまでの宗派ごとの法度ではなく、共通の法度を布告した。将軍家綱の「諸宗寺院法度《しょしゅうじいんはっと》」九か条と老中連署の「諸国寺院下知状」五か条である。本末制度すなわち本山―末寺の定めのほか、規定は檀家《だんか》制度（寺檀《じだん》制度）にもおよぶ。

**諸宗寺院法度**（「諸国寺院御掟・覚」）出典78

一《ひとつ》、諸宗法式《しょしゅうほっしき》は相乱《あいみだ》すべからず。若《も》し不行儀《ふぎょうぎ》の輩《ともがら》、之有《これあ》るに於《おい》ては急度《きつと》沙汰《さた》に及《およ》ぶべき事《こと》。
一、一宗法式《いっしゅうほっしき》を存《ぞん》じざるの僧侶《そうりょ》は寺院住持《じいんじゅうじ》に為《な》るべからざる事《こと》。
　附《つけたり》、新儀《しんぎ》を立《た》て奇怪《きかい》の法《ほう》を説《と》くべからざる事《こと》。
一、本末《ほんまつ》の規式《きしき》は之《これ》を乱《みだ》すべからず。縦《たと》へ本寺《ほんじ》の為《ため》と雖《いえど》も末寺《まつじ》に対《たい》し理不尽《りふじん》の沙汰《さた》有《あ》るべからざる事《こと》。
一、檀越《だんおつ》の輩《ともがら》、何寺《なにじ》に為《な》ると雖《いえど》も其《そ》の心《こころ》に任《まか》すべし。僧侶方《そうりょがた》より相争《あいあらそ》ふべからざる事《こと》。
一、徒党《ととう》を結《むす》び、闘諍《とうそう》を企《くわだ》て、不似合《ふにあい》の事業《ことわざ》は仕《つかまつ》るべからざる事《こと》。
一、国法《こくほう》に背《そむ》く輩《ともがら》、到来《とうらい》の節《せつ》、其《そ》の届有《とどけあ》るに於《おい》ては異議《いぎ》なく之《これ》を返《かえ》すべき事《こと》。
一、寺院仏閣修復《じいんぶっかくしゅうふく》の時《とき》、美麗《びれい》に及《およ》ぶべからざる事《こと》。
　附《つけたり》、仏閣《ぶっかく》は懈怠《けだい》なく掃除《そうじ》申《もう》し付《つ》くるべき事《こと》。
一、寺領《じりょう》は一切之《いっさいこれ》を売買《ばいばい》すべからざる事《こと》。幷《ならび》に質物《しちもつ》に入《い》るべからざる事《こと》。

一、由緒《ゆいしょ》なき者《もの》は弟子《でし》の望《のぞみ》有《あ》りと雖《いえど》も猥《みだ》りに出家《しゅつけ》せしむべからず。若《も》し拠《よんどころ》無《な》き子細《しさい》之有《これあ》らば其《そ》の所《ところ》の領《りょ》主《うしゅ》・代官《だいかん》へ相断《あいことわ》り、其《そ》の意《い》に任《まか》すべき事《こと》。
右《みぎ》の条々《じょうじょう》、諸宗《しょしゅう》とも堅《かた》く之《これ》を守《まも》るべし。

［訳］一、諸宗の法式《ほっしき》（仏事のしかた）を乱してはならない。もしきちんと儀式をしない者があれば必ず処分する。

一、所属の宗の法式を知らない僧侶は寺院の住持にしてはならない。

付記、新宗を立てて奇怪な法を説いてはならない。

一、本山と末寺の規則を乱してはならない。たとえ本寺のためでも末寺に対し理不尽な扱いをしてはならない。[1]

一、檀家《だんか》の者がどの寺の檀徒になろうと、その心にまかせよ。僧侶のほうから檀家になるように争ってはならない。

一、徒党を組んで闘争を企て、僧侶・檀徒にふさわしくないことをしてはならない。

一、（寺院は守護不入つまり俗権の立ち入りを許さないものだったが）国法に背く者が寺に来たとき、その届けがあるときは異議をいうことなく、その者を引き渡すこと。

一、寺院仏閣を華美に修復してはならない。

付記、仏閣は怠けることなく掃除を申し付けること。

一、寺領は一切、売買してはならない。借り入れの質物に入れることもならない。

一、理由のない者が弟子になりたいと願ってもみだりに出家させてはならない。やむをえない理由があるときは、その地の領主・代官に申し出て、[2]その心にまかすこと。

右の条々、諸宗とも堅く之を守るべし（違犯すれば処罰する。なお次の下知状を添える）。

**1 末寺に対し理不尽な扱いをしてはならない**＝幕府に認められた本寺は末寺に無法な金品を要求するなど弊害も目立った。それを戒める項目である。 **2 その地の領主・代官に申し出て**＝弟子は寺ごとに住持がとっていたが、領主にその権限がうつされた。また、室町時代から芸事などでおこなわれた切紙《きりかみ》伝授が寺でもおこなわれ、仏事のしかたを簡単に記した切紙をわたして安易に僧侶にしたことで質の低下がいちじるしかった。そこで各宗とも檀林という研修所・学問所を設けた。

**諸国寺院下知状**（「寛文五年「条々」）出典78

一《ひとつ》、僧侶《そうりょ》の衣鉢《いはつ》は其《そ》の分限《ぶんげん》に応《おう》じ之《これ》を着《ちゃく》すべし。幷《ならび》に仏事《ぶつじ》作善《さぜん》の儀式《ぎしき》は檀那《だんな》之《これ》を望《のぞ》むと雖《いえど》も相応《そうおう》に軽《かる》く仕《つかまつ》るべき事《こと》。

一、檀方《だんかた》建立《こんりゅう》の由緒《ゆいしょ》之《これ》有《あ》る寺院《じいん》住持《じゅうじ》の儀《ぎ》は其《そ》の檀那《だんな》の計《はからい》と為《な》すの条《じょう》、本寺《ほんじ》より相談《そうだん》を遂《と》げ、其《そ》の意《い》に任《まか》すべき事《こと》。

一、金銀《きんぎん》を以《もっ》て後住《こうじゅう》の契約《けいやく》を致《いた》すべからざる事《こと》。

一、在家《ざいけ》を借《か》り仏檀《ぶつだん》を構《かま》へ、利用《りよう》を求《もと》むべからざる事《こと》。

一、他人《たにん》は勿論《もちろん》、親類《しんるい》の好《よし》み之《これ》有《あ》りと雖《いえど》も女人《にょにん》寺中《じちゅう》に之《これ》を抱置《かかえお》くべからず。惣《そう》じて夜中《やちゅう》寺院《じいん》坊舎《ぼうしゃ》に婦女《ふじょ》子《し》之《これ》を留置《とめお》くべからず。但《ただ》し有来《ありきたり》妻帯《さいたい》は各別《かくべつ》と為《な》すべき事《こと》。

［訳］一、僧侶《そうりょ》の衣鉢（袈裟《けさ》など）は僧階（僧位）に応じて着すべきである。また、仏事作善《さぜん》（葬儀・法事など）の儀式は檀家《だんか》が望んでも相応に軽くすべきこと。[1]

一、檀徒建立の由緒ある寺院[2]の住持は檀徒の考えで任じる決まりについては本寺と相談し、その心にまかすこと。

一、金銭をうけとって次の住職に[3]する契約をしてはならない。

一、民家を借りて仏壇を[4]しつらえ、その利用を求めてはならない。

一、他人はもちろん、親類でも女人を寺に住まわせてはならない。[5] 総じて夜中に寺院坊舎に婦女子を泊めてはならない。ただし、今まで妻帯しているばあいは別とすること。

1 **檀家が望んでも相応に軽くすべきこと**＝仏事は家の格式をあらわすものともなり、この禁止にもかかわらず次第に盛大なものになっていった。 2 **寺院の住持**＝寺院の建立者は開基、初代住職は開山とよばれる。末寺の住職の任命は本山の権限だったが、大名などを開基とする由緒寺院は例外とした。 3 **住職にする契約**＝檀家制度によって寺院が安定すると、住職になる権利、すなわち僧侶株が売買されるようにもなった。また、僧位の授与などの売官がおこなわれていた。 4 **民家を借りて仏壇をしつらえ**＝新寺建立の禁止への対応として民家を装って仏堂にすることがおこなわれた。 5 **親類でも女人を寺に住まわせてはならない**＝浄土真宗は開祖親鸞のときから僧が妻帯してきたが、他の宗でも珍しいことではなかった。むしろ不犯《ふぼん》（独身）の僧が住持を務める寺は「清僧寺」と特別によんだほどである。また、僧の実子は「真弟子」などといった。

檀家制度は家ごとに特定の寺の檀家になる制度で、寺檀《じだん》制度ともいう。寺の檀家は以前から自然発生的にうまれていたが、寛永十七年（一六四〇）に幕府が吉利支丹《キリシタン》奉行《ぶぎょう》（のち宗門改役《しゅうもんあらためやく》／諸藩は宗門奉行）をおいてから庶民は家ごとに必ず特定の寺院の檀徒になることになった。寺は檀徒がキリシタンでないことを証明する寺請証文《てらうけしょうもん》と宗旨人別帳《しゅうしにんべつちょう》（宗門改帳《しゅうもんあらためちょう》）をつくり、それが戸籍簿にもなった。寺の住職からもらう寺請証文がなければ結婚や奉公ができない。その寺を菩提寺《ぼだいじ》というのは、菩提を弔う寺、すなわち葬儀や法事も所属の寺の僧がおこなったためである。

ところで、江戸時代は諸藩が新田開発をすすめて生産が増加し、人口が急増した。鬼頭宏『日本二千年の人口史』（ＰＨＰ研究所）によれば江戸期初頭に千二百万人ほどだった人口は享保《きょうほう》六年（一七二一）に三千万人余に達する。しかし、当時の技術で開墾できる土地がつきると、長い停滞期に入った。以後、人口は明治までほぼ一定である。この成長のない社会で人々の意識は未来より過去に向かった。武家の身分は関ヶ原の合戦のころの立場などに根拠が求められ、家系図がさかんにつくられて家ごとの「御先祖」が強く意識され、先祖供養が重大になった。この長期安定社会を迎えるころの元禄五年（一六九二）、幕府はそれまでの新寺を追認するとともに今後の新寺建立や廃寺の再興を強く禁じた。そのころ、『宗門檀那請合之掟《しゅうもんだんなうけあいのおきて》』という文書が寺々にひろまった。

## 御條目宗門檀那請合之掟　出典79

一《ひとつ》、切支丹《きりしたん》の法《ほう》は死《し》を顧《かえり》みず、火《ひ》に入《いり》ても焼《や》けず、水《みず》に入《いり》ても溺《おぼ》れず、身《み》より血《ち》を出《いだ》して死《し》をなすを成《じょう》仏《ぶつ》と建《たつ》る故《ゆえ》、天下《てんか》の法度《はっと》厳密也《げんみつなり》。実《じつ》に邪宗《じゃしゅう》なり。之《これ》に依《よ》つて死《し》を軽《かろ》んずる者《もの》は吟味《ぎんみ》を遂《と》ぐ可《べ》き事《こと》。

一、切支丹《きりしたん》に元附《もとづく》ものハ、闥単国《たつたんこく》より毎月金七厘《まいつききんしちりん》与《あた》へ切支丹《きりしたん》になし、神国《しんこく》を妨《さまた》くる事邪法也《ことじゃほうなり》。此《こ》の宗旨《しゅうし》に元附《もとづ》くものは釈迦《しゃか》の法《ほう》を用《もち》いざる故《ゆえ》に檀那寺《だんなじ》へ檀役《だんやく》を妨《さまた》げ、仏法《ぶっぽう》の建立《こんりゅう》を嫌《きら》ふ。依《よ》つて吟味《ぎんみ》を遂《と》ぐ可《べ》き事《こと》。

一、頭檀那《かしらだんな》成《な》り共《とも》、祖師忌《そしき》・仏忌《ぶつき》・盆《ぼん》・彼岸《ひがん》・先祖命日《せんぞめいにち》に、絶《たえ》て参詣仕《さんけいつかまつ》らざる者《もの》ハ、判形《はんぎょう》を引《ひ》き、宗旨《しゅうし》役所《やくしょ》へ断《ことわ》り、急度吟味《きっとぎんみ》を遂《と》ぐ可《べ》き事《こと》。

一、切支丹《きりしたん》・不受不施《ふじゅふせ》のものは先祖《せんぞ》の年忌《ねんき》に僧《そう》の弔《とむら》いを請《こ》はず、当日《とうじつ》ハ宗門寺《しゅうもんでら》へ一《ひ》ト通《とお》りの志《こころざし》を述《の》べ、内証《ないしょう》にて俗人《ぞくじん》打《う》ち寄《よ》り、弔《とむら》い僧《そう》の来《きた》る時《とき》は無興《ぶきょう》にて用《もち》いず。依《よ》つて吟味《ぎんみ》を遂《と》ぐ可《べ》き事《こと》。

一、檀那《だんな》役《やく》を勤《つと》めず、然《しか》る共我意《ともがい》にまかせ宗門請合《しゅうもんうけあい》の住持人《じゅうじにん》を用《もち》いず、宗門寺《しゅうもんでら》の用事《ようじ》、身上相応《しんじょうそうおう》に勤《つと》めず、内心邪法《ないしんじゃほう》を抱《いだ》きたるは不受不施《ふじゅふせ》を建《たつ》ると相心得可《あいこころうべ》き事《こと》。

一、不受不施《ふじゅふせ》の法《ほう》は何《いずれ》にても宗門寺《しゅうもんでら》より申《もう》す事《こと》を受《う》けず、其《そ》の宗門《しゅうもん》の祖師《そし》、本尊《ほんぞん》の寺用《じよう》に施《ほどこ》さず、将《まさ》に亦《また》、他宗《たしゅう》の者《もの》を受《う》けず施《ほどこ》さず、是《これ》は邪宗門《じゃしゅうもん》なり。人間《にんげん》は天《てん》の恩《おん》を受《うけ》て地《ち》に施《ほどこ》し、仏《ほとけ》の恩《おん》を受《うけ》て僧《そう》に施《ほどこ》す。是《こ》れ正法也《しょうぼうなり》。依《よ》つて吟味《ぎんみ》を遂《と》ぐ可《べ》き事《こと》。

一、切支丹《きりしたん》、悲田宗《ひでんしゅう》、不受不施《ふじゅふせ》、三宗共《さんしゅうとも》に一派《いっぱ》なり。（中略）

一、親代々《おやだいだい》の宗門《しゅうもん》に元附《もとづ》き、八宗九宗《はっしゅうくしゅう》の内《うち》、何《いずれ》の宗旨《しゅうし》に紛《まぎ》れ之無《これな》く共《とも》、其《そ》の子如何様《こいかよう》なる勧《すすめ》により、心《しん》底邪宗《そこじゃしゅう》に組合《くみあう》やも知《し》らず。宗門寺《しゅうもんでら》より吟味《ぎんみ》を遂《と》ぐ可《べ》き事《こと》。

一、仏法《ぶっぽう》を勧談《かんだん》し、講経《こうきょう》をなして、檀那役《だんなやく》を以《もっ》て夫々《それぞれ》の寺仏用修理建立《じぶつようしゅうりこんりゅう》を勤《つと》めさすへし。（中略）

一、死後死骸《しごしがい》に頭剃刀《あたまかみそり》を与《あた》へ戒名《かいみょう》を授《さずく》る事《こと》。是《これ》ハ宗門寺《しゅうもんでら》の住持死相《じゅうじしそう》を見届《みとどけ》、邪宗《じゃしゅう》にて之無《これな》き段《だん》、慥《たしか》に受《うけ》合《あい》の上《うえ》にて引導致《いんどういた》す可《べ》き也《なり》。能々吟味《よくよくぎんみ》を遂《と》ぐ可《べ》き事《こと》。

一、天下一統正法《てんかいっとうしょうぼう》ニ紛《まぎ》れ之無《これな》きものには、頭剃刀《あたまかみそり》を加《くわ》へ、宗門受合申《しゅうもんうけあいもう》す可《べ》く候《そうろ》。武士《ぶし》ハ其《そ》の寺《てら》の受状《うけじょう》に証印《しょういん》を加《くわ》へ差上《さしあ》げ、其《そ》の外血判成《ほかけっぱんな》り難《がた》きには証文受合《しょうもんうけあい》を証文《しょうもん》に差出《さしだ》す可《べ》き事《こと》。

一、先祖《せんぞ》の仏事《ぶつじ》、他寺《たじ》へ持参致《じさんいた》し、法事勤《ほうじつと》め申《もう》す事《こと》、堅《かた》く禁制《きんせい》。（中略）

一、先祖《せんぞ》の仏事《ぶつじ》、歩行達者成《ほこうたっしゃな》る者《もの》ニ参詣仕《さんけいつかまつ》らず、不沙汰《ぶさた》に修行申《しゅぎょうもう》すもの、吟味《ぎんみ》を遂《と》ぐ可《べ》き事《こと》。（中略）

一、相果《あいは》て候時《そうろうとき》ハ、一切宗門寺《いっさいしゅうもんでら》の差図《さしず》を蒙《こうむ》り修行《しゅぎょう》の事《こと》。天下《てんか》の敵《かたき》、万民《ばんみん》の怨《うらみ》は、切支丹《きりしたん》、不受不施《ふじゅふせ》、悲《ひ》田宗《でんしゅう》、馬転連《ばてれん》の類《たぐい》を以《もっ》て、相果《あいは》て候節《そうろうせつ》ハ、寺社役者《じしゃやくしゃ》へ相断《あいことわ》り、検者《けんさ》を受《うけ》て宗門寺《しゅうもんでら》の住僧弔《じゅうそうとむら》い申《もう》す可《べ》き事《こと》。（中略）

右一五《みぎじゅうご》ヶ条目《じょうもく》、天下《てんか》の諸寺院《しょじいん》、宗門受合《しゅうもんうけあい》の面々《めんめん》、此《こ》の内一箇条《うちいっかじょう》も相欠《あいか》け候《そうろう》ては、越度仰《おちどおおせつ》付けられ候《そうろう》。能々相守《よくよくあいまも》る可《べ》きもの也《なり》。

慶長十八年《けいちょうじゅうはちねん》　癸丑《みずのとうしご》　五月《がつ》　奉行《ぶぎょう》

[訳] 一、切支丹《キリシタン》の教えでは死を顧みず、火に入っても焼けず、水に入っても溺《おぼ》れず、身より血を出して死ぬことを成仏とする故に天下の法度《はっと》として厳しく禁じられている。実に邪宗である。この法によって死を軽んじる者は取り調べること。

一、切支丹に帰依する者には闥単国《たったんこく》（清国の意か）から毎月金七厘を与えて切支丹にし、神国をけがすこと邪法である。この宗旨に帰依する者は釈迦《しやか》の法を用いぬ故に檀那寺《だんなじ》（菩提寺《ぼだいじ》）の檀役（布施などの檀家の義務）を妨げ、仏寺の建立を嫌う。よって取り調べること。

一、頭《かしら》檀那（檀家総代）でも祖師忌（宗祖の忌日法要）・仏忌（二月十五日の涅槃会《ねはんえ》）・盆・彼岸・先祖の命日にいつも参詣《さんけい》しない者は判形《はんぎょう》（寺請《てらうけ》証文）を取り上げて宗旨役所へ届け、かならず取り調べること。

一、切支丹・不受不施《ふじゅふせ》の者は先祖の年忌に僧の法要を請わず、当日は宗門寺（菩提寺）へ形だけの布施をして内密に俗人が集まって法要をおこない、弔い僧が来ても関わろうとしない。よって取り調べること。

一、檀那役を勤めず、自分が思うままに宗門請合《うけあい》の寺の住職を用いず、宗門寺の役目を身分相応に勤めず、内心に邪法を抱いている者を不受不施という。そのように心得よ。

一、不受不施の教えでは宗門寺の言うことを聞かず、その宗門の祖師や本尊の維持に必要な寺の費用の布施をせず、まさに他宗の者から受けず施さない。これは邪宗門である。[1]人間は天の恩を受けて地に施し、仏の恩を受けて僧に施す。これが正しい法である。よって取り調べること。

一、切支丹、悲田宗《ひでんしゅう》（不受不施の一派）、不受不施の三宗は同じ一派である。（中略）[2]

一、親代々の宗門に帰依して八宗九宗（南都六宗・天台・真言・禅・浄土などの諸宗）の何《いずれ》かの宗旨に間違いなくても、その子はどのような勧めにあって心底は邪宗に加わるかもしれない。宗門寺より取り調べること。

一、仏法を説き講経（読経）し、檀那役にはそれぞれの寺の用・修理・建立に勤めさせよ。（中略）[3]

一、檀徒の死後は死骸《しがい》の頭に剃刀《かみそり》をあて、[4]戒名を授けること。これは宗門寺の住持が死相を見届け、邪宗の信徒ではないことを確かに請け合いのうえ、[5]引導を渡すべきである。よくよく取り調べること。

一、天下に正統な宗旨に間違いない者には頭に剃刀をあてて宗門請合をさせるべきである。武士はその寺の受状に証印を加えて役所に差しだし、そのほか血判ができない者は請人の請合証文を寺請証文として差しだすべきこと。[6]

一、先祖供養の仏事を他寺に依頼して法事を勤めることは堅く禁じる。(中略)[7]

一、先祖供養の仏事のとき、歩行できるのに寺に参詣《さんけい》せず、勤めを怠る者は取り調べること。(中略)

一、死亡したときはすべて宗門寺の指図を受けて葬儀などの勤めを行うこと。(中略/天下の敵《かたき》、万民の怨《うらみ》は切支丹、不受不施、悲田宗、馬転連《バテレン》の類である。死亡したときは寺社役人へ届けて検査を受け、宗門寺の住僧が弔うべきである)

右十五か条、天下の諸寺院、宗門請合の者ら、このうち一か条でも守らないことがあれば、かならず吟味を仰せつけられる。よくよく守るべきものである。

慶長十八年(一六一三)五月　奉行

**1** **人間は**＝『宗門檀那請合之掟』は末尾に「右一五ヶ条目」といいながら十四か条である。寺に伝わる文書によって若干の違いがあり、この条の「人間は」以下を分けて計十五か条とする文書もある。 **2** **中略**＝かれらは牛頭切《ぎゅうとうきり》支广《し》頭《と》祭利《まつり》仏《ぶつ》(ジーザス・キリスト、マリアか?)を本尊とし、鏡を見れば仏の顔と見る。宗旨を転ずれば犬だという。一度、この邪法の鏡を見ると切支丹になり、日本を魔国にする。それでも日本は宗門吟味の神国だから、表向きは菩提寺に帰依し、内心は不受不施を信じているという。 **3** **中略**＝邪宗邪法には内心にも関わらないよう取り調べよと重ねていう。 **4** **剃刀をあて**＝頭髪をすこし切ったり、剃刀でそるしぐさをして剃髪《ていはつ》のしるしとする。 **5** **引導**＝死者を覚道(さとりの道)に導き入れること。葬儀で僧が法語や真言を唱えて死者を送りだす意。 **6** **請人の請合証文を寺請証文として差しだすべきこと**＝寺請は寺から村役人などに届け出るしくみで対象は農民だったが、武士も職人などもそれぞれに寺請をおこなうようになった。 **7** **中略**＝他国で死んだばあいは別である。旅先や奉公先で死亡したときは実家の菩提寺と同じ宗派の僧によって葬儀をする。

この掟は寺が檀家を理不尽に縛っているようにみえるが、檀家に義務づけられているのは菩提寺を維持する布施と、葬式や法事は菩提寺の僧によることで、それさえ守れば信心は自由で、どこの寺や神社に詣でようと禁止されなかった。不受不施、悲田宗は他宗の僧への布施や参拝を信徒に禁じていたのでキリシタンと並んで禁教とされている。

また、檀家だけでなく寺も寺社奉行や檀家の側から監視され、不行跡の住職は追放された。寺の歴代住職の過去帳をみると、追放されて歴代から抹殺された跡がしばしばみられる。

家の格にみあう葬儀・法事と先祖供養の儀式が重大なものになるなかで、この掟は農村や武家社会の秩序を反映するものだった。寺への寄進などの檀那役や戒名は家の格によって差がつけられた。葬儀や法要の規模が家の格を誇るものになった。

なお、徳川将軍家の菩提寺は天台宗の上野寛永寺と浄土宗の芝増上寺で、それぞれに将軍家墓所がつくられ、原則、代ごとに交代で将軍の墓がつくられた。各地の徳川家や松平家などの親藩をはじめ、大名の菩提寺には天台宗・浄土宗のほか、室町時代以来の臨済宗、日蓮宗（法華宗）などが多い。転封《てんぽう》（国替え）が多かった譜代大名は江戸に菩提寺をもつ例がよくみられるが、諸国の大名は領国にそれぞれの菩提寺をもち、各地の名刹《めいさつ》となっている。

**寺院のサンクチュアリ**　寺院には守護《しゅご》不入《ふにゅう》の治外法権があった。寛文五年（一六六五）の「諸宗寺《しょしゅうじ》院法度《いんはっと》」によって大幅に制限されたが、それでも寺院は町奉行の干渉を許さず、寺社奉行の管轄になった。寺院は一種のサンクチュアリ（聖域・避難所）として、死罪でさえ許されることがあった。氏家幹人著『江戸藩邸物語』（中公新書、一九八八年）によれば、死罪人の市中引き回しのおり、僧が袈裟を投げて罪人に掛ければ、その罪人は寺に引き取られ、処刑を免れたという。

しかし、寺社奉行（諸藩では寺社方）の監視はしだいに強まり、何事も届け出て裁可を得るようになっていった。

## 2　近世仏教をめぐる諸論

**不受不施論**　『宗門檀那請合之掟《しゅうもんだんなうけあいのおきて》』でキリシタンと並んで禁制の不受不施《ふじゅふせ》とは、他宗の者から布施を受けず、布施もしないという一種の原理主義である。不受不施派の中心だった京都妙覚寺《みょうかくじ》の日奥《にちおう》（一五六五～一六三〇年）は元和二年（一六一六）に著した『宗義制法論《しゅうぎせいほうろん》』に次のようにいう。

**宗義制法論**（「法度を破る罪科の事」）出典80

それ世間《せけん》と出世《しゅつせ》、その道《みち》、異《こと》なるといへども、倶《とも》に法度《はつと》を以《もつ》て、最《もつと》も枢要《すうよう》となす。（中略）法華《ほつけ》の体《たい》も専《もつぱ》ら法度《はつと》を以《もつ》て詮《せん》となす。また法度《はつと》に背《そむ》くを謗法《ほうぼう》となす。故《ゆえ》に天台智者《てんだいちしや》、釈《しやく》して云《いわ》く、「謗《ほう》とは背《はい》なり」云々《うんぬん》。宗祖《しゆうそ》、録内《ろくない》に判《はん》じて云《いわ》く、「謗法《ほうぼう》とは違背《いはい》の義《ぎ》なり」云々《うんぬん》。所詮《しよせん》、天台《てんだい》と高祖《こうそ》と両聖《りようせい》の義《ぎ》の如《ごと》くんば、法度《はつと》に違背《いはい》するは皆謗法《みなほうぼう》なり。現在《げんざい》の謗供者《ほうくしや》、身《み》の誤《あやま》りを脱《のが》れんがため、制法《せいほう》を背《そむ》くは謗法《ほうぼう》にあらずと言《い》ふ。これ仏祖《ぶつそ》の金言《きんげん》を破《やぶ》り、先師代々《せんしだいだい》の遺誡《ゆいかい》を欺《あざむ》く。あに謗仏謗祖《ほうぶつほうそ》の大悪人《だいあくにん》にあらずや。（中略）なんぞ無間《むけん》に墜《お》ちざらんや。

［訳］在家と出家の道は異なるといえども、ともに法度《はつと》[1]をもっとも枢要とする。（中略）法華経の体《たい》（実体・力）も、もっぱら法度にきわまる。また、法度に背くのを謗法《ほうぼう》[2]とする。そのため天台大師智顗《ちぎ》[3]は諸経を釈して「謗《ほう》とは背《はい》なり」という。宗祖日蓮聖人は録内御書《ろくないごしょ》[4]に判釈していう、「謗法とは違背の義なり」と。

つまり天台大師と日蓮聖人の両聖の如くでなく法度に違背するのは、みな謗法である。現在の謗供者《ほうくしゃ》[5]は身の危険を逃れるために定めの法に背くのは謗法ではないという。これは仏祖釈尊の金言を破り、先師代々の遺誡《いかい》を欺《あざむ》く。どうして謗仏謗祖《ほうぶつほうそ》の大悪人でないのか。（中略）どうして無間《むけん》地獄に墜《お》ちずにいられようか。

1 **法度**＝ここでは幕府の法度のような世法ではなく、宗教的な戒めをいう。 2 **謗法**＝仏法を誹謗《ひぼう》・中傷する大罪。 3 **智顗**＝中国天台宗の祖師（五三八〜五九七年）。 4 **録内御書**＝日蓮の滅後まもなく編まれた四十巻百四十八通の遺文。その後、収集された遺文は「録外」とよばれる。「謗法とは」の文は『唱法華題目抄』にある。 5 **謗供者**＝謗法の他宗徒から供養をうける者。とりわけ受不施説を立てて日奥を論駁《ろんばく》し『破奥記』を著した身延山《みのぶさん》の日乾《にちけん》をさす。『宗義制法論』は『破奥記』への反論である。

不受不施は日蓮宗に古くからある教義だが、文禄《ぶんろく》四年（一五九五）、豊臣秀吉が京都に建立した方《ほう》広寺《こうじ》大仏の千僧供養に出仕するかどうかで表面化した。その経緯が『宗義制法論』に記されている。

**宗義制法論**（「謗供者《ほうくしゃ》、衆会直談《しゅえじきだん》の堅約《けんやく》を違《たが》ふる事」）出典80

大仏千僧供養《だいぶつせんぞうく》執行《ようしぎょう》の始《はじ》め、当宗《とうしゅう》も出仕《しゅつじ》を勤《つと》むべき旨《むね》、徳善院《とくぜんいん》より書状《しょじょう》これあり。その状《じょう》に云《いわ》く、大仏《だいぶつ》、妙法院殿《みょうほういんでん》において、毎月太閤様《まいつきたいこうさま》、御先祖《ごせんぞ》の御弔《おとむら》ひとなして、一宗《いっしゅう》より百人宛《ひゃくにんずつ》かの寺《てら》へ出仕《しゅつじ》候《そうろう》て、勤《つと》めあられ、一飯《いっぱん》を参《まい》るべき旨《むね》、御諚候《ごじょうそうろう》。しかれば今月廿二日《こんげつにじゅうににち》より初《はじ》めて執行《しぎょう》せられ候《そうろう》。その意《い》をなさるべく候《そうろう》。百人《ひゃくにん》これなき寺《てら》は、書付《かきつ》けて申《もう》し越《こ》さるべく候《そうろう》。恐々謹言《きょうきょうきんげん》。（中略）

これ一宗《いっしゅう》の大事《だいじ》たるに依《よ》つて、諸寺《しょじ》において種々談話《しゅじゅだんわ》あり。しかりといへども、衆僧《しゅそう》の僉義《せんぎ》、是非《ぜひ》究《きわ》まり難《がた》し。（中略）予《よ》に対《たい》して語《かた》つて曰《いわ》く、「今度《このたび》の大仏出仕《だいぶつしゅつし》、一宗不祥《いっしゅうふしょう》の義《ぎ》なりといへども、今《いま》、国主《こくしゅ》機嫌《きげん》悪《あ》しき時分《じぶん》、偏《ひと》へに制法《せいほう》の趣《おもむき》を宣《の》べて出仕《しゅつし》を遂《と》げずんば、諸寺《しょじ》破却《はきゃく》に及《およ》ぶ儀《ぎ》も出来《しゅったい》せしめんか。しかる間《あいだ》、ただ一度《ひとたび》、貴命《きめい》に応《おう》じてかの出仕《しゅつし》を遂《と》げ、即《すなわ》ち翌日《よくじつ》より公儀《こうぎ》を経《へ》て宗旨《しゅうし》の制法《せいほう》を立《た》つべきに議《ぎ》定《じょう》せしめ畢《おわ》んぬ」云々《うんぬん》。（中略）予《よ》は一度《ひとたび》も制法《せいほう》を破《やぶ》つて謗施《ぼうせ》を受《う》くる事《こと》、同心《どうしん》し難《がた》き故《ゆえ》に、再三《さいさん》諫暁《かんぎょう》せしむといへども、同心《どうしん》の人《ひと》なき間《あいだ》、速《すみ》やかに座《ざ》を起《た》つて帰《かえ》りぬ。

［訳］大仏千僧供養執行の最初のとき、当宗も出仕を勤むべき旨《むね》、徳善院[1]から書状があった。その書状に言う、

方広寺《ほうこうじ》大仏殿[2]、妙法院殿[3]（方広寺の近くにあった延暦寺《えんりやくじ》の別院）において、毎月、太閤《たいこう》様が御先祖の追善供養をされる。一宗より百人ずつ、その寺へ出仕して勤行《ごんぎょう》をし、斎《とき》（食）を供せられることを御定めになった。それで今月二十二日に最初に執行《しぎょう》せられる。そのように心得られよ。百人を出せない寺（宗）は書面で申し出られよ。恐々謹言。（中略／民部卿法印玄以《みんぶきょうほういんげんい》　九月十日　法華宗中《ほっけしゅうちゅう》）

これは一宗全体の大事であるから宗内諸寺で種々論議した。しかし、衆僧の評議で出仕の是非を決められなかった。（中略／本国寺で各本寺の代表が話しあうことになった。私はすこし遅れて行ったところ）彼らは私にこう語った。「今度の大仏出仕は一宗の凶事であるが、今は太閤秀吉公の機嫌の悪いときだから、かたくなに制法の趣旨を述べて出仕しなければ諸寺破却の事態にもなろう。だから、一度だけは命《めい》に応じて出仕し、翌日より公儀に申し出て制法を守るようにすると決まった」と。（中略／一度制法を破れば永く破ることになるに違いない。それで）私は一度でも制法を破って謗施《ぼうせ》を受けることに同意できないので、再三諫《いさ》めたけれど、賛同してくれる人もないので、すぐに座を立って帰った。

1 **徳善院**＝豊臣五奉行の一人、前田玄以《まえだげんい》のこと。京都奉行・寺社奉行で民部卿《きょう》法印ともいう。 2 **方広寺大仏殿**＝天正《てんしょう》十四年（一五八六）に豊臣秀吉が洛東（京都市東山区）に創建し大仏殿の造営に着手。文禄《ぶんろく》四年（一五九五）の完成後、毎月、父母と先祖のための追善の法会をおこない、諸宗の僧に出仕を命じた。 3 **妙法院殿**＝延暦寺の別院で洛東にあり、方広寺を

管理した寺。

法華宗は受不施派（他宗徒から供養を受けるが布施〈勤行などの法施《ほうせ》〉はしない）が大勢を占め、日奥は慶長五年（一六〇〇）徳川家康によって対馬に流された。その後も日蓮宗内で論争はつづいたが、幕府は介入せず、慶長十七年には日奥の流罪も解かれた。しかし、寛文五年（一六六五）に不受不施は禁じられ、寺請《てらうけ》を放棄して無宿人になる信徒などもあったため禁制が強まった。『宗門檀那請合之掟』にあるように、他宗派の檀家をよそおって内心は不受不施に帰依する「内信」の教義も説かれた。そうして潜伏した不受不施派は明治に再興されて日蓮宗不受不施講門派になる。

ところで、『宗門檀那請合之掟』には慶長十八年の日付があり、「御条目東照宮十五箇条」ともいう。東照宮・神君家康公の定められた掟だというわけだ。しかし、慶長十八年には不受不施は禁じられていない。この文書はおそらく元禄のころの偽書であろう。しかし、ほとんどの寺におかれたもので、先祖供養の仏事のひろがり、転寺・転宗の禁止など、寺と檀家の関係をよく示している。

この文書のころには寺請はもっぱら戸籍の役割をになった。キリシタンの記憶もうすれ、キリシタンについての記述はかなり怪しげである。では、安土桃山・江戸初期のキリスト教はどのようなものだったのだろう。

**キリシタン書と排耶書**　幕府が宗門《しゅうもん》改役《あらためやく》をおく三年前の寛永十四年（一六三七）、九州のキリシタン農民らが島原・天草一揆《あまくさいっき》（島原の乱）をおこした。その原因については諸説あるが、往生極楽を願う一向一揆に似た性格をもっていたことは当時のキリシタン書から推察できる。次はポルトガル語でキリスト教の教義という意味の『どちりいな‐きりしたん』（Doctrina Christão）の序である。

## どちりいなーきりしたん（序）出典81

御主《オンアルジ》ぜずーきりしと御在世《ゴザイセ》の間《アヒダ》、御弟子達《ミデシタチ》に教《おし》へをき玉《タマ》ふ事《こと》の内《うち》に、とり分《ワキ》教《おし》へ玉《たま》ふ事《こと》は、汝等《ナンダチ》に教《おし》へけるごとく、一切《イッサイ》人間《にんげん》に後生《ゴシヤウ》を扶《タス》かる道《みち》の真《マコト》の掟《おきて》を弘《ひろ》めよとの御事《オンこと》也《なり》。是《これ》即《スナハチ》学者達《がくしやたち》の宣《ノタマ》ふごとく、三《ミツ》の事《こと》に極《きわ》まる也《なり》。一《ヒトツ》には、信《しん》じ奉《たてまつ》るべき事《こと》。〇二《フタツ》には、頼《たの》もしく存《ぞん》じ奉《たてまつ》るべき事《こと》。〇三《ミツ》には、身《ミ》持《モチ》を以《モツ》て勤《つと》むべき事《こと》、是《コレ》也《なり》。信《しん》じ奉《たてまつ》るべき事《こと》とは、☩ひいですの善《ぜん》にあたる事也《ことなり》。是《コレ》人間《にんげん》の分別《ふんべつ》に及《およ》ばぬ事也《ことなり》。是等《これら》の事《こと》を弁《わきま》へずんば、後生《ごしよう》の道《みち》に迷《まよ》ふ事多《ことおお》かるべし。（中略）後生《ゴシヤウ》の為《ため》に専《モツパラ》なる事《こと》をきりしたんに教《おし》へん為《ため》に、☩こんぱにあの司《つかさ》より此《コノ》小《ちい》さき経《きよう》にそなへ玉《たま》ふ者也《ものなり》。（中略）されば、此《コノ》☩どちりいなは一切《イッサイ》のきりしたんの為《ため》に、安心決定《あんじんけつじよう》の一道《イチダウ》なれば、誰《タレ》しも是《これ》を知《し》り、弁《わきま》へん事専要也《ことセンエウなり》。然《シカル》にをひては、迷《まよ》ひの闇《やみ》をのがれ、真《マコト》の光《ひか》りにもとづくべし。

[訳] 主イエス・キリスト御在世のとき、御弟子たちに教えおかれたことで、とりわけ教えられたのは、汝《なんじ》らに教えたように、一切の人間に後生《ごしよう》（来世）が救われる道の真の掟《おきて》を弘《ひろ》めよと仰せのことである。これはすなわち学者たちが述べられているように、三つのことに極まる。一つには、信じるべきこと。〇二つには、希望をもつべきこと。〇三つには、暮らしのなかで（神の愛を）勤めるべきことである。信じるべきとは、☩フィーデス[1]の善にあたること。これは人間の分別の及ばぬことである。これらを弁《わきま》えなければ後生の道に迷うことが多いであろう。（中略）[2]後生のために専らなすべきことをキリシタンに教えるため、☩コンパニア（会）の司《つかさ》が、この小さな経に収めたもうた。[3]（中略）[4]されば、この『☩どちりいな』は一切のキリシタンの安心決定《あんじんけつじよう》の一道であるので、誰しもこれを知り、弁えることが必要である。そうして迷いの闇をのがれ、真の光にもとづくべし。

**1** **フィーデス**＝ラテン語で信仰。いわゆる三対神徳（信仰・希望・愛）のひとつ。**2** **中略**＝頼もしく思うべきとはエスペランサ（ポルトガル語で希望）の善にあたること。希望は神から与えられる。このことを知らないと、頼むところがないと思って心を失い、アニマ（霊魂）の障りになる。身持ちをもって勤むべきこととはカリダーデ（同じく愛）の善にあたること。これらの意義について学者たちが多くの「経」を書いているが、その肝要なところを選んで出版し、迷いを照らす鏡とする。**3** **この小さな経に収めたもうた**＝天正十八年（一五九〇）、四人の少年の天正遣欧使節が帰国したとき、一台の印刷機がもたらされ、島原の加津佐《かづさ》におかれた。イエズス会管区会議でセミナリオの教科書などの印刷を決め、翌年『どちりいな‐きりしたん』などが印刷された。**4** **中略**＝名づけて『どちりいな‐きりしたん』という。上下万民にわかりやすくするため、言葉は俗の耳に親しみやすくても儀（教理）は天命の底を極める。

『どちりいな‐きりしたん』は天文十八年（一五四九）のザビエルの来日以来、日本での伝道のなかで徐々につくられた。セミナリオ（神学校）の教科書にも使われたイエズス会正規の教義書である。また、日本人修道士ハビアン（不干斎《ふかんさい》）が慶長十年（一六〇五）に『妙貞問答《みようていもんどう》』を著した。ハビアンは仏教・儒教・神道と比較してキリスト教を勧めたのだが、元和《げんな》六年（一六二〇）、『妙貞問答』の内容をそっくり裏返して『破提宇子《はだいうす》』を著した。排耶論《はいやろん》（キリスト教排斥論）の代表的な書物である。

### 破提宇子　出典81

夫《ソレ》、提宇子《ダイウス》門派《もんぱ》、初入《シヨニウ》ノ人《ひと》ニ対《たい》シテハ七段《しちだん》ノ法門《ほうもん》アリ。其初段《ソノしよだん》ノ所詮《シヨセン》ト云《いう》ハ、天地《てんち》万像《マンザウ》ヲ以《もつ》テ能造《ノウザウ》ノ主《アルジ》を知《シリ》、四季《しき》転変《テンペン》ノ時《とき》ヲ違《タガ》ヘザルヲ以《もつ》テ其治手《ソノオサメテ》ヲ知《シル》。（中略）破《ハ》シテ云《いわく》。是何《コレナニ》ノ珍《めずら》シキ事《こと》ゾ。諸家《シヨケ》イヅレノ所《ところ》ニカ此義《このぎ》ヲ論《ろん》ゼザル。「物有《ものあ》リ天地《てんち》ニ先《サキ》ダチテ、形無《かたちナ》クシテ本寂寥《モトセキリヨウ》。能《ヨ》ク万像《まんぞう》ノ主《アルジ》ト為《ナ》リ、四時《しじ》ニ逐《おい》テ凋《しぼ》マズ」トモ云《いう》。（中略）何《なん》ゾ提宇子《だいうす》ノ宗《シウ》バカリニ天地開闢《てんちかいびやく》ノ主《あるじ》ヲ知《シリ》タリガホニ、クド、、シク此義《コノギ》ヲ説《トク》ヤ。（中略）

二段《にだん》

提宇子《だいうす》云《いわく》、此ゐ《このデウス》ハ現当二世《ゲンタウにせ》ノ主《アルジ》。賞罰《しようばつ》ノ源也《ミナモトなり》。（中略）色身各別《しきしんかくべつ》ノアニマ－ラシヨナルナルガ故《ゆえ》ニ、色身《しきしん》トツレテ滅《メツ》セズ、後生《ゴシヤウ》ニ生残《いきノコツ》テ、現世《げんせ》ノ業《ゴウ》ニ随《シタガウ》テ、永劫《ヤウゴウフ》不退《タイ》ノ苦楽《くらく》ニアヅカル者也《ものなり》。其善所《ソノぜんしよ》ヲバパライゾト云《いい》テ天《てん》ニアリ。悪所《あくしよ》ヲバインヘルノト云《いい》テ地中《ちちゆう》ニ在者也《アルものなり》。

破《ハ》シテ云《いわく》、右三品《みぎさんボン》ノアニマヲ挙《あげ》テ銘銘《メイメイ》ニ名付《ナヅケ》、各各《カクカク》ニ之《これ》ヲ説《トク》。（中略）鳴呼《アヽ》、哀哉《アワレナルカナ》、提宇子《だいうす》ノ真理《しんり》ヲ知《しら》ザル事《こと》。鳴呼《ああ》、悲哉《カナシキカナ》、吾朝《ワガテウ》ノ凡夫《ボンブ》此異端《コノいたん》ニ惑《マドワ》セラル、事《こと》。我真理《ワレしんり》ヲ説《トイ》テ汝《なんじ》に聞《キカ》セン。惣《そう》ジテ万物《バンもツ》ニ事《ジ》理《り》ノ二《ふた》ツアリ。這事《コノじ》アレバ此理《このり》ナクテ叶《かな》ハズ、此理《このり》ヲ賦命《フメイ》ト云《いう》。千差万別《せんシヤマンベツ》ノ物《もの》アリトイヘドモ、理《り》ハ二《ふた》ツモナク三《み》ツモナク、唯一《タマいつ》ノ理也《りなり》。

[訳] そもそもデウス門派には初入《しよにゆう》の人に対して七段の法門がある。その初段のつまるところは、天地万象に能造の主《あるじ》を知り、四季の変化は時を違《たが》えないことをもって天地を治める者を知る。（中略）[1] これを論破して述べる。これは何も珍しくない。諸家（諸宗教）のどれが、そのことを論じないだろう。「物有《ものあ》り天地に先だちて形《かたち》無くして本寂寥《もとせきりよう》たり。能《よ》く万像《まんぞう》の主と為《な》り、四時《しじ》に逐《おい》て凋《しぼ》まず」[2] ともいう。（中略）[3] どうしてゼウスの宗だけが天地開闢《かいびやく》の主を知り、したり顔でくどくどしく、これを説くのか。（中略）[4]

第二段

デウス門派はいう。「このゐ《デウス》[5] は現当二世（現世・来世）の主で賞罰の源である」と。（中略）[6] 人間の心は肉体とは別のアニマ－ラシヨナル（理性魂）であるから、肉体と一緒に滅せず、死後も生き残って現世の業（行為）に従って永遠の苦楽をうける。死後にゆく善所をパライゾ[7] といって天にある。悪所をインヘル[8] ノといって地中にある。

論破して述べる。デウス門派は右のように三種のアニマ（霊魂）をあげて、それぞれ名づけて論じる。（中略）[9] あゝ、哀れなのはデウス門派の真理を知らないことだ。あゝ、悲しいのは我が日本の人々が異端に惑わされていることだ。私が真理を説いて汝《なんじ》に聞かせよう。総じて万物には事《じ》（現象）と理《り》（大理）の二つがある。この事があれば、この理がなければならない。この理を賦命《ふめい》[10]という。千差万別の物があっても理は二つなく三つなく、ただ一つの理である。

1 **中略**＝能造の主がなければ天の日月も地の草木もない。この能造の主をゼウスという。 2 **物有り天地に先だちて〜四時に逐て凋まず**＝『老子』「象元第二十五」による偈か。森羅万象の元には形のない「道」があり、四季に移ろうこともないという。 3 **中略**＝仏法では成劫《じょうこう》・住劫《じゅうこう》・壊劫《えこう》・空劫《くうごう》の四劫《しこう》を説き、神道では国常立尊《くにとこたちのみこと》など三神による天地開闢を説く。 4 **中略**＝キリスト教では仏神は人間だとさげすむが、イエスの父は人間のヨゼフだし母はマリアではないか。神や菩薩《ぼさつ》は本有常住の法身の如来が光を和らげ塵《ちり》に交わるものだと知らないのかなど、神仏の永遠と事物の関係を論じる。 5 ＝ラテン語 Deus によりdとsを合わせた記号。 6 **中略**＝キリスト教では霊魂に三種の別がある。草木の精アニマ－ベゼタチイワ Anima vegetativa（生魂）、禽獣《きんじゅう》の精命アニマ－センシチイワ Anima sensitiva（生魂）、人間の心アニマ－ラショナル Anima racional（理性魂）である。アニマ－ラショナルは色相（物質現象）から出るが、無色無形の実体で、デウスによって身体の主として造られたという。 7 **パライゾ**＝ポルトガル語で「天国」。 8 **インヘルノ**＝ポルトガル語で「地獄」。 9 **中略**＝なかでも人間の霊魂は死後に業に従って苦楽をうけるという。 10 **賦命**＝天に与えられた生まれつきのもの。

ハビアンは教義面から綿密にキリスト教を批判し、次いで儀礼が奇妙だと批判する。「提宇子ノ寺ニモ朝夕《テウセキ》ニ勤行《ゴンギヤウ》アツテ、朝ノツトメヲバミイサト云《いい》テ経ヲ読《ヨム》。（中略）小麦ノ煎餅《せんべい》ガゼズ－キリシトノ肉トナリ、葡萄《ブダウ》ノ酒ガ血ニ変ズルト云コト、人ノ信用ニ足《タラ》ザル」と。さらに宣教師らは金銭や名誉欲にとらわれて生活がひどく乱れているという。

このハビアンと林羅山《はやしらざん》（一五八三〜一六五七年）は親交があり、羅山も『排耶蘇《はいやそ》』を書いている。それは儒教的合理主義によるもので、大地が球体で上下がさかさまになるのなら、その中間はどうなのかといった批判をしている。羅山は徳川家康の顧問だった儒学者で、江戸幕府の儒学（朱子学《しゆしがく》）の基礎をつくったが、もとは建仁寺《けんにんじ》で学んだ。もともと儒学は五山の禅院で研鑽《けんさん》され、神儒仏一体とされたのだが、江戸時代には儒学者・国学者の排仏論すなわち反仏教論がさかんになった。

**排仏論**　『日本仏教34の鍵』（春秋社、二〇〇三）で菅野覚明は排仏論を五つに大別している。「第一に、世俗内倫理主義の立場から、仏教の世外性、超越志向を批判するもの」「第二に、経世済民論の観点から、仏教・寺院や僧侶の非効率性を批判するもの」「第三に、儒教的合理主義や西洋科学の観点から、地獄・極楽、輪廻転生《りんねてんしょう》、須弥《しゅみ》山《せん》説など、仏教の教化と密接に関わる思想言説の矛盾や荒唐無《む》稽《けい》さを暴露するもの」「第四に、経典研究に基づいて、仏説そのものを疑ういわゆる〈大乗非仏説〉論」「第五に、仏教は自然の人情、日本の習俗に反するものとする、国学者による批判」である。このうち〈大乗非仏説〉論とは大乗仏教の経典は釈迦《しゃか》が説いたものではないという論である。その著名なものは富永仲基《とみながなかもと》（一七一五～一七四六年）の『出定後語《しゅつじょうごご》』である。

**出定後語**（巻之上「教起の前後　第一」）出典82

いま、まず教起《きょうき》の前後《ぜんご》を考《かんが》ふるに、けだし外道《げどう》に始《はじ》まる。（中略）外道《げどう》の所説《しょせつ》、非非想《ひひそう》をもつて極《きわみ》となす。釈迦文《しゃかもん》これに上《じょう》せんと欲《ほっ》するも、また生天《しょうてん》をもつて勝《か》ちがたし。ここにおいて、上《かみ》、七仏《しちぶつ》を宗《むね》として、生死《しょうじ》の相《そう》を離《はな》れ、これに加《くわ》ふるに大神変不可思議力《だいじんぺんふかしぎりき》をもつて、示《しめ》すにその絶《た》えてなしがたきをもつてす。乃《すなわ》ち外道服《げどうふく》して竺民帰《じくみんき》す。これ釈迦文《しゃかもん》の道《どう》のなれるなり。

［訳］いま、まず仏教興起の前後の状況を考えると、そもそも外道《げどう》（仏教以外の諸教）が先にあった。（中略[1]／みな天に生まれることを願う）その外道の説は非非想《ひひそう》[2]に極まる。釈迦牟尼《しゃかむに》はそれ以上を願ったが、生《しょ》

天《うてん》の教えでは勝てなかった。そこで、過去七仏説[3]を立てて生死の相を離れ、さらに加えて大神変不可思議の神通力を示したので、それまでできなかったことをもって外道は服し、天竺《てんじく》の民は帰依した。これが釈迦牟尼の仏道の始まりである。

1 **中略**＝古来のバラモン教のほか、釈迦時代にはジャイナ教など六人の師による新宗教（六師外道）があったが、『出定後語《しゆつじようごご》』ではおよそ九十六の外道があったという。 2 **非非想**＝煩悩の想いのない天。最上の天界の有頂天《うちようてん》。 3 **過去七仏**＝過去世に諸仏があって釈迦につながったという考え方により、釈迦を含めて七仏の名をあげる。

以前の諸教に仏教が加わり、さらに諸説が「加上《かじょう》」つまり付け加わって諸経典がうまれたという。

**出定後語**（巻之下「空有　第十八」）出典82

空有《くうう》の説《せつ》、久《ひさ》し。迦文《かもん》の時《とき》、いまだこれあらざるなり。（中略）小乗二十部《しょうじょうにじゅうぶ》は、みな有《う》をもつて宗《むね》となし、大乗文殊《だいじょうもんじゅ》の徒《と》は、般若《はんにゃ》を作《つく》りて、空《くう》をもつて宗《むね》となし、（中略）諸悪莫作《しょあくまくさ》、衆善奉行《しゅぜんぶぎょう》。みづからその意《こころ》を浄《きよ》む。これ諸仏《しょぶつ》の教《おし》へと。これ、真《まこと》の迦文《かもん》の教《おし》へにして、（中略）空《くう》・不空《ふくう》は、みな人《ひと》の命《めい》ずる所《ところ》、大道《だいどう》は泛焉《はんえん》たり。（中略）仏《ぶつ》は内外中間《ないげちゅうげん》の言《げん》を説《と》き、つひに即《すなわ》ち入定《にゅうじょう》す。時《とき》に五百《ごひゃく》の羅漢《らかん》あり。おのおのこの言《げん》を釈《しゃく》す。仏出定《ぶつしゅつじょう》の後《のち》、同《おな》じく世尊《せそん》に問《と》ふ。誰《たれ》か仏意《ぶつい》に当《た》たると。仏言《ぶつい》ふ、（中略）わが意《い》にあらずといへども、おのおの正理《しょうり》に順《したが》ふ。正教《しょうぎょう》となすに堪《た》へたり。福《ふく》ありて罪《ざい》なしと。（中略）出定《しゅつじょう》の義《ぎ》、実《じつ》はここに出《い》づ。

［訳］空《くう》・有《う》の説は昔からあるが、釈迦のときはなかった。（中略[1]／釈迦の滅後）小乗二十部[2]は有を説き、大乗仏教徒は般若《はんにゃ》経典を編んで空を説き（中略／いろいろな説があるが）「諸悪莫作《しょあくまくさ》・衆善奉行《しゅぜんぶぎょう》、みずからその意《こころ》を浄《きよ》む。これが諸仏の教えだ[3]」が真の釈迦の教えである。（中略）空《くう》・不空《ふくう》はみな人が名づけた

もので大道は泛焉《はんえん》（茫漠《ぼうばく》）である。（中略）釈迦は内外中間の言葉[4]を説いて入滅した。世尊在世のとき、弟子に五百人の羅漢[5]がいて、おのおの世尊の言葉を解釈した。世尊の出定《しゅつじょう》の後[6]、それぞれ世尊に問うたのである。誰が仏意に当たるかと。世尊は告げた（中略）[7]「わが意《い》にあらずといえども、おのおの正理《しょうり》に即している。正教《しょうぎょう》としてよい。福あって罪はない」と。（中略）本書の書名に「出定」というのは実はこのことに由来する。

1 **中略**＝空・有の説は真実の理とはいえない。 2 **小乗二十部**＝釈迦の滅後、仏教教団は多くの部派にわかれた。紀元前三世紀のアショーカ王のころには上座部十一、大衆部九の二十部になった。そのなかで説一切有部《せついっさいうぶ》（一切は有と説く）が主流になった。 3 **諸悪莫作《しょあくまくさ》・衆善奉行《しゅぜんぶぎょう》〜これが諸仏の教えだ**＝七仏通戒偈《げ》という四句の偈である。前段の諸悪莫作は「もろもろの悪を作《な》すこと莫《な》く」、衆善奉行は「もろもろの善を行い」と読む。後段は「自浄其意《じじょうごい》（みずからその意《こころ》を浄めよ）・是諸仏教《ぜしょぶつきょう》（是《これ》が諸仏の教えなり）」。 4 **内外中間の言葉**＝仏教・外道など、どちらにも偏らない中道の教え。 5 **羅漢**＝アルハン（阿羅漢）。出家の尊者。 6 **世尊の出定の後**＝釈迦は成道後、さとりの境地を楽しんで定《じょう》（三昧《さんまい》・瞑想《めいそう》）に入った。そのとき、バラモンの最高神ブラフマー（梵天）の要請をうけて定を出て説法を開始したと伝える。これを出定ともいう。 7 **中略**＝釈迦は「どれも仏意に当たらない」と言った。

富永仲基は仏教諸宗は「加上」の経典に依拠するとして批判するが、仏教そのものは否定しない。なぜなら、善が勧められているからだ。「十善はこれ尸羅《しら》（シーラ・戒）、仏出世せざれども、世に常にこれあり」「善のまさになすべく、悪のまさになすべからざる、善をすれば則《すなわ》ち順、悪をすれば則ち逆、これ天地自然の理《ことわり》、もとより儒仏の教へに待たず」（『出定後語』「戒」）と。ただ、仏教は来世の極楽のようなことを説いて「幻に淫《いん》す」ところがいけないという。

このような排仏論は諸宗に受け容《い》れられず、護法論が種々に出された。浄土宗の大我《だいが》（一七〇九〜一七八二年）の『三彝《さんい》訓《くん》』、真宗大谷派の竜温《りゅうおん》（一八〇〇〜一八八五年）の『総斥排仏弁《そうせきはいぶつべん》』などである。

しかし、明治以降の近代仏教で〈大乗非仏説〉論は実証歴史学の観点からふたたびさかんになり、伝統仏教と仏教学の乖離《かいり》が生まれた。

## 3 仏教諸宗の動き

**宗学と祖師信仰の発展**　江戸時代には檀家《だんか》制度が確立し、各宗が檀林《だんりん》（僧侶養成所《そうりょ》）を設けて法式（仏事のしかた）と宗学（各宗の教義）を研鑽《けんさん》した。宗学は宗祖の著述の解釈学で、精密をきわめて今日にひきつがれている。反面、他宗との交流は少なく、用語や文書の書きかたも各宗で独特なものになった。

また、宗祖の忌日などに宗祖伝の語りや絵解きがさかんにおこなわれた。宗祖の絵物語は室町時代に『本願寺親鸞聖人伝絵』『日蓮聖人註画讃《ちゅうがさん》』などがつくられ、江戸時代には『弘法《こうぼう》大師絵伝（空海上人絵伝）』『道元禅師絵伝』『蓮如上人御一代記』などがひろまった。親鸞の出家剃髪《ていはつ》のときの歌「明日《あす》ありと思ふ心の仇桜《あだざくら》　夜半《よわ》に嵐の吹かぬものかは」の場面も『伝絵』にある。『日蓮聖人註画讃』には、日蓮が佐渡に流されるときに荒海が「南無妙法蓮華経」の題目で静まったといった話があり、空海の絵伝には土地神が犬に化身《けしん》して高野山に導いたといった話がもりだくさんである。たとえ信じがたい話でも、語られることによって心に浸透し、祖師信仰や弘法大師信仰を育《はぐく》んだ。そして宗祖ゆかりの霊跡寺院、とりわけ「御本山」の霊威は高まり、本山の周囲に参詣《さんけい》者の宿坊や檀家の墓所をもつ塔中《たっちゅう》寺院が多くつくられた。

本山のもとに各地の寺院は檀家制度によって安定し、城下の寺町や集落ごとに寺の大きな屋根がみえる風景がふつうになった。そして各宗とも勝《すぐ》れた学僧・修行者が輩出したが、そのなかで「大疑団《だいぎだん》」とよぶ強烈な批判精神から新たな禅の世界を開き、臨済宗再興の祖とされるのが白隠《はくいん》（一六八五

～一七六八年）である。

白隠がつくった「隻手の音声《せきしゅのおんじょう》」という公案《こうあん》は今も臨済宗の修行僧に与えられる基本的な問いになっている。それは中国禅宗の公案のような逸話ではなく、片手の音を聞けというのだが、この公案については白隠自身が晩年の法語『藪柑子《やぶこうじ》』で説明している。

**藪柑子**　出典83

此五六ケ年以来《このごろくかねんいらい》は、思《おも》ひ付《つ》きたる事侍《ことはべ》りて、隻手《せきしゅ》の声《こえ》を聞届《ききとど》け玉《たま》ひてよと人毎《ひとごと》に指南《しなん》し侍《はべ》るに、従前《じゅうぜん》の指南《しなん》と抜群《ばつぐん》の相違《そうい》ありて、誰《たれ》にも疑団起《ぎだんおこ》り易《やす》く、工夫進《くふうすす》み易《やす》き事《こと》、雲泥《うんでい》の隔有之様《へだたりこれあるよう》に覚《おぼ》え侍《はべ》り。（中略）

蓋《けだ》し隻手《せきしゅ》の声《こえ》とは如何《いか》なる事《こと》ぞとならば、即今両手打合《そっこんりょうてうちあわ》せて打《う》つ時《とき》は丁々《ちょうちょう》として声《こえ》あり。唯隻手《ただせきしゅ》を挙《あぐ》る時《とき》は音《おと》もなく香《かおり》もなし。（中略）是《こ》れ全《まった》く耳《みみ》を以《もっ》てきくべきにあらず、思慮分別《しりょふんべつ》を交《まじ》へず、見聞覚知《けんもんかくち》を離《はな》れて単々《たんたん》に行住坐臥《ぎょうじゅうざが》の上《うえ》に於《おい》て、透間《すきま》もなく参究《さんきゅう》しもて行《い》き侍《はべ》れば、理尽《りつ》き詞究《ことばきわ》まる処《ところ》に於《おい》て忽然《こつぜん》として生死《しょうじ》の業根《ごうこん》を抜翻《ばっぽん》し、無明《むみょう》の窟宅《くったく》を劈破《へきは》し、鳳《おおとり》、金網《かなあみ》を離《はな》れ、鶴《つる》、籠《かご》を抛《うが》つ底《てい》の安堵《あんど》を得《う》。

此時《このとき》に当《あた》りて、何時《いつ》しか心意識情《しんいしきじょう》の根盤《こんばん》を撃砕《げきさい》し、流転常没《るてんじょうもつ》の幻境《げんきょう》を撥転《ほってん》し、三身四智《さんじんしち》の宝聚《ほうじゅ》を運出《うんしゅつ》し、六通三明《ろくつうさんみょう》の神境《じんきょう》を超過《ちょうか》す。

［訳］この五、六年以来は、思い付いたことがあって「隻手《せきしゅ》の声をお聞きなさい」と人ごとに指南してきたが、これまでの指南とは抜群の違いがある。誰でも疑団《ぎだん》（疑念）を起こしやすく、工夫（禅の修行）が進みやすいこと、雲泥の差があるように思われる。（中略）

ところで、隻手の声とはどのようなことかというなら、いま、両手を打ち合わせて打てばパチパチと音がする。ただ片手だけ挙げるときは音もなく香りもない。（中略）これはまったく耳で聞くべきではない。

思慮分別を交えず、通常の感覚を離れて、ひとつずつ行住坐臥《ざが》に絶えず参究していけば、理が尽き言葉が究まるところに至って忽然《こつぜん》と生死の業根《ごうこん》（生死流転のうちに積もった宿業《しゆくごう》）を抜き去り、閉じこめられた無明《むみよう》の洞窟《どうくつ》を裂き破り、鳳《おおとり》が金網を離れ、鶴が籠《かご》を捨てるような安堵《あんど》を得ることができる。

このとき、いつしか頑迷な心意・識情の根盤を撃砕し、生死流転で埋没した妄想界を転回し、三身四智《さんじんしち》[1]の多くの宝を運び出し、六通三明《さんみよう》[2]の神境を超える。[3]

1 **三身四智**＝仏の三身と四種の智慧《ちえ》。 2 **六通三明**＝六種の神通力と三つの智慧の霊力。 3 **神境を超える**＝隻手の音声《おんじよう》が聞こえれば、仏の声も地獄の声も聞こえる。他人の心も自分の心もわかるという。

白隠は普通の日常生活での禅が重要だという。次は法語集『遠羅天釜《おらてがま》』の一節である。

## 遠羅天釜（巻の上）出典83

四威儀《しいぎ》に常《つね》に禅観《ぜんかん》に冥《めい》ずとは、四儀即禅観《しぎそくぜんかん》、禅観即《ぜんかんすなわ》ち四儀《しぎ》なるに冥合《みようごう》したる境界《きようかい》を云《い》へり。（中略）彼《か》の五欲《ごよく》を避《さ》け嫌《きら》て、最初《さいしよ》より修行《しゆぎよう》したらん人《ひと》は、縦《たと》ひ我法《がほう》の二空《にくう》に通《つう》じ、見道如何《けんどういか》ばかり明《あきら》かなりとも、静中《じようちゆう》をはなれて動中《どうちゆう》に向《むか》ふ時《とき》は蜆蝦《けんか》の水《みず》を失《うしな》へるに等《ひと》しく、獼猴《びこう》の林樹《りんじゆ》を離《はな》れたるに似《に》て、半点《はんてん》の気力《きりよく》無《の》うして、左《さ》ながら水中《すいちゆう》の蓮《はす》の火気《かき》に逢《お》ふて、乍《たちま》ち凋枯《ちようこ》するが如《し》けん。

［訳］四威儀（行住坐臥《ざが》のふるまい）に常に禅観（禅の見方・考え方）に冥《めい》ずとは、四儀即《そく》禅観、禅観が行住坐臥と冥合《みようごう》した境地をいう。（中略）最初から五欲[1]を避け嫌って修行した人は、たとえ我空《がくう》・法空《ほうくう》（我も万物も空）の理に通じ、見方がどれほど明らかになっても、禅の静まりを離れて世間の騒がしさにあえば蜆《しじみ》・蝦《えび》が水を失ったに等しく、大猿が森を離れたかのように、わずかの気力もなく、水中の蓮《はす》が火気

にあたって、たちまちしぼみ、枯れてしまうのと似ている。

1 **五欲**＝香・味など五官の情欲また財欲・色欲・食欲・名誉欲・睡眠欲の五つの欲望をいう。

仏法と世法の一致は古くからいわれたが、江戸時代には仏教でも世俗の生活倫理がさかんに説かれた。曹洞宗の鈴木正三《すずきしょうさん》（一五七九～一六五五年）、生まれながらの仏心は生業にも生きているという不生禅《ふしょうぜん》を説いた臨済宗の盤珪《ばんけい》（一六二二～一六九三年）、生活のなかでの十善戒を説いた真言宗の慈雲飲光《じうんおんこう》（一七一八～一八〇四年）などが知られる。

飲光は法隆寺などに保存されていた梵文《ぼんぶん》（サンスクリット）経典を研究して千巻もの『梵学津梁《ぼんがくしんりょう》』を著し、明治以降の原典研究につながる基礎をつくった。また、「正法律《しょうぼうりつ》」をとなえて戒律復興をめざしたが、その仏道は大乗菩薩戒の十善戒を根本とし、それを世俗の道徳に適用して説いた。法語集『十善法語』および『人となる道』がある。仏教では本来、人間界は迷いの六道のひとつであり、解脱《げだつ》して「仏になること」が修行の目標なのだが、飲光は「まず人となること」を仏道の基本とする。「むかしより人間にして人間の分際をうしなう者おおし。大聖仏世尊《だいしょうぶつせそん》この世に出現したまいて、この人をして人たらしむ」（『人登奈留道随行記《ひととなるみちずいこうき》』）、すなわち、釈尊は人が人であるように仏教を開いたのだという。それは日本におけるヒューマニズム（人間中心主義）の熟成であった。

慈雲飲光の『十善法語』『人となる道』の内容は十善戒についての説法である。それが簡潔に述べられている『十善戒相』から引用する。

## 十善戒相　出典84

十善《じゆうぜん》と云《い》フは。聖主《せいしゆ》の天命《てんめい》を受《う》けて。万民《ばんにん》を撫育《ふいく》するの法《ほう》なり。此《こ》ノ法《ほう》ちかくは人《ひと》となる道《みち》にして。遠《とお》くは仏《ほとけ》の万徳《まんとく》を成就《じようじゆ》するなり。

第一不殺生戒《ふせつしようかい》

これは仁徳《にんとく》のこゝろを以《もつ》て。いきとし生《イケ》るものを。いつくしみすくふなり。総《そう》じて聖主《せいしゆ》は万民《ばんにん》を赤子《せきし》の如《ごと》くおぼしめさせ給《たま》ふて。其《そ》ノ恩禽獣《おんきんじゆう》におよぶ事《こと》なり。その身《み》無病長寿《むびようちようじゆ》にして。子孫繁栄《しそんはんえい》なる。此《こ》ノ戒《かい》の徳《とく》なり。

第二不偸盗戒《ふちゆうとうかい》

総《そう》じて天地《てんち》の万物《ばんぶつ》を生《しよう》ずるは。山《やま》には山《やま》の利《り》あり。海《うみ》には海《うみ》の利《り》あり。上下《じようげ》をの〱其《そ》ノ利《り》あることなり。春《はる》の百花《ひやつか》。秋《あき》の紅葉《こうよう》。その理《り》同《おな》じきなり。この故《ゆえ》に百官庶民《ひやつかんしよみん》に至《いた》るまで。各々《おのおの》其《そ》ノ利《り》をうばふことなく。そのところをえせしむべきなり。国家《こつか》の富栄《ふえい》なる。此《こ》ノ戒《かい》の徳《とく》なり。

第三不邪婬戒《ふじやいんかい》

男女《だんじよ》の間《あいだ》。その道正《みちただ》しきなり。この道《みち》だに正《ただ》しければ。礼儀《れいぎ》はをのづからそのなかに備《そなわ》るなり。天象《てんしよう》のあらはるゝ。多《おお》くは此《こ》ノ道《みち》なり。人《ひと》しれぬ身《み》の行《おこない》は。ことに天神地祇《てんじんちぎ》のしるところなり。家《いえ》の治《おさ》まり国《くに》の治《おさ》まる。内外《ないがい》の眷属《けんぞく》みなその人《ひと》を得《え》る。此《こ》ノ戒《かい》の徳《とく》なり。

［訳］十善というのは、聖主（徳高い帝王、また仏）の天命を受けて万人を大切にそだてる法である。この法もやはり人となる道であり、遠くは仏の万徳を成就するものである。

第一不殺生戒

不殺生戒は仁徳の心で生きとし生けるものを慈しみ済《すく》うことである。総じて聖主は万民を赤子のように思われている。その恩は鳥や獣におよぶことである。不殺生戒により身は無病長寿にして子孫が繁栄する。それがこの戒の徳である。

第二不偸盗戒

総じて天地の万物を生じるのは、山には山の利（善い働き）があり、海には海の利があるからである。上下おのおの、その利がある。春の花々も秋の紅葉もその理は同じである。このゆえに、もろもろの官吏から庶民に至るまで、それぞれの利を奪うことなく。そのところを得させるべきである。それによって国家の富栄がある。この戒の徳である。

第三不邪婬戒

男女において、その道を正しくあることである。この道さえ正しければ。礼儀はおのずからそのなかに備わる。日月の天象があらわれるのも、多くはこの道である。人に知れない身の行いは、ことに天神地祇の知るところである。家が治まり、国が治まって内外の知人・親族がみなその人を得る。この戒の徳である。

以下、第四不妄語《ふもうご》戒《かい》（ことばに虚なることなきなり）、第五不綺語《ふきご》戒《かい》（世にかかる口〈軽口〉と云フ事コレナリ）、第六不悪口《ふあっく》戒《かい》（人をのりはづかしめぬなり）、第七不両舌戒《ふりょうぜつかい》（他のなかごとをいはぬなり）、第八不貪欲戒《ふとんよくかい》（一切むさぼり求めぬなり）、第九不瞋恚《ふしんに》戒《かい》（瞋恚〈怒り〉は善根を亡ぼす）、第十不邪見戒《ふじゃけんかい》（今日の貴賤尊卑《きせんそんぴ》。みな過去の業《ごう》としるべし）をあげる。

第十不邪見戒にある「業」の原語カルマは、人それぞれの「行い」をいう。原始仏教の段階から善因善果の因果の理法（善い行いは善い結果を生じ、悪い行いは悪い結果をもたらす）が仏教の根本であったが、現在の貧しさや心身の障がいは、その人の過去世における業の報いだというふうに語られるようになり、差別を助長し、固定する言葉にもなった。昭和の太平洋戦争の戦前までは、そうした差別的な意味の業が日常の会話でもつかわれた。今日から見れば、江戸仏教にはそのような問題があるにしても、飲光の十善戒は普通の人の心を善として肯定するものだった。『十善戒相』は次の言葉で結ばれている。「総じて戒法は人々具足（人々にそなわっている）の徳にして。今新《あらた》に生ずるにあらず。たゞ世人の我にある宝蔵をみづからしらぬ故に。大聖世尊《だいしょうせそん》の説示し給ふなり。自心全ければ。天地とその徳を等ふして。仏の大道にもかなふことなり」

十善戒はもともと人の心にそなわっているのだという。この人間の心の肯定は、平安末期の本覚《ほんがく》論のひろまりや禅宗の到来によって深められた悉有仏性《しつうぶつしょう》の確信をへて、「どんな人にも仏心がある」「仏に見守られている」という性善説を強めた。その典型は、どんなときでも阿弥陀《あみだ》仏と一緒だから有り難いと喜ぶ在俗の念仏者たちで、妙好人《みょうこうにん》とよばれる。彼らの逸話を集めた『妙好人伝』は浄土真宗本願寺派の迎誓《ごうせい》（一七二一〜一七九四年）が最初に編んだ。その冒頭の話をあげる。

## 妙好人伝（初編　巻上「芸州喜兵衛」）出典80

寛永《かんえい》のころ、安芸国山県郡戸谷村《あきのくにやまかたこおりとたにむら》に、喜兵衛《きへい》といふ人《ひと》あり。白楽《はくらく》を渡世《とせい》とする人《ひと》なり。爾《しか》るに深《ふか》く本《ほん》願《がん》を信《しん》じ、行住坐臥《ぎょうじゅうざが》、称名《しょうみょう》たゆることなし。家内《かない》にても他《た》の同行《どうぎょう》にても、親《したし》き人《ひと》なれば、夜《よ》る寝《ね》たるをば時々《ときどき》ゆすり起《おこ》して、其人目《そのひとめ》をさまし返事《へんじ》の声《こえ》のみなれば、「御留守《おるす》〳〵」といひ、又《また》おこして、「南無《なも》阿弥陀仏《わあみだぶち》〳〵」と称名《しょうみょう》すれば、「目出《めで》たし〳〵、御内《おうち》に御座《ござ》る」といふて、身《み》もともに念仏《ねんぶち》せしとなり。

［訳］寛永（一六二四〜一六四四年）のころ、安芸国山県郡戸谷村《あきのくにやまがたこおりとだにむら》（広島県北広島町）に喜兵衛という人がいた。博労《ばくろう》を渡世とする人である。しかし、深く仏の本願を信じ、行住坐臥《ざが》、いつも称名《しょうみょう》念仏していた。自分の家でも他の同心の人の家でも、親しい人なら、夜、寝ているときに時々ゆすりおこし、その人が目をさまして返事の声だけなら「お留守、お留守」といい、またおこして、「南無阿弥陀仏《なむあみだぶつ》、南無阿弥陀仏」

と称名すれば、「めでたし、めでたし、阿弥陀仏が体の御内《おうち》にござる」といい、自分もともに念仏したそうである。（後略）[1]

1 **後略**＝また、妻が炉ばたで足を投げだして苧《お》（麻）を編んでいたとき、妻の足を火箸《ひばし》でつまんだ。妻が怒ると、「足と薪《まき》をまちがえた」といって笑ったので、妻はますます怒った。そのとき喜兵衛は「この炉では御仏飯《おぶっぱん》も炊いている。日頃も慎んでおかないと、平生の癖で、もし足を投げだしたりすると恐れ多い。だから、わざと火箸でつまんだ」といったので、妻は大いに感服した。のちに喜兵衛は剃髪《ていはつ》して法名を教恩《きょうおん》といった。めでたく往生を遂げたという。

迎誓の『妙好人伝』は念仏者の理想像を語るもので、弟子の誓鎧《せいがい》がつけた序にいう。

## 妙好人伝（初編　巻上「序」）出典80

天竺《てんじく》に分陀利華《ふんだりけ》といふは、かの阿耨達池《あのくだつち》なる広大《こうだい》の白蓮華《びゃくれんげ》なり。其色《そのいろ》雪《ゆき》のごとく銀《ぎん》のごとし。（中略）微妙殊勝《みみょうしゅしょう》なれば、妙好華《みょうこうげ》とぞいふめる。（中略）観無量寿経《かんむりょうじゅきょう》には、「若念仏者是人中分陀利華《にゃくねんぶちしゃぜにんちゅうふんだりけ》」と説《とき》たまひしは、いともかしこきことになん。山《やま》の井《い》のむすべば濁世《にごるよ》に生《うま》れて、浅間山《あさまやま》のあさましき身《み》を、おほけなくも此華《このはな》にたとへられたるは、ひとへに真実信心《しんじつしんじん》の徳《とく》にして、超世本願《ちょうせほんがん》のしからしむる所《ところ》なり。

［訳］天竺《てんじく》で分陀利華《ふんだりけ》（プンダリーカ）というのは、あの阿耨達池《あのくだつち》[1]に咲くという広大な白蓮華《びゃくれんげ》である。色は雪のように白く、銀のように輝いている。（中略）微妙《みみょう》殊勝の華であるから妙好華《みょうこうげ》ともいう。（中略）[2]観無量寿経に「若《も》し仏を念ずる者あれば、この人は人中の分陀利華である」[3]と説かれているのは、たいへん畏《おそ》れ多い。山の井の清水でもたまって濁る世に生まれて、浅間山[4]のあさましい身を、身のほどにもなく、この華にたとえられたのは、ひとえに真実信心の徳であり、阿弥陀《あみだ》仏の超世の本願力の働きである。

1 **阿耨達池**＝アナヴァタプタ。竜王がすむ清らかな池で、ヒマラヤ山中にあるという。
2 **中略**＝経典には無上の仏や、諸経の王とされる法華経を白蓮華にたとえる。　**3 観無量寿経に～分陀利華である**＝観無量寿経は無量寿仏（阿弥陀仏）と浄土の姿を説き、その観法を示す経典。蓮《はす》は泥の中に生えて清らかな白い花を開くように、念仏者は人の世に咲く白蓮華だという。
**4 浅間山の**＝「あさましき」にかかる語で意味はない。

妙好人伝は鈴木大拙《だいせつ》（一八七〇～一九六六年）が昭和四十二年（一九六七）に『妙好人浅原才市《あさはらさいいち》集』を編むなど、今もひきつづき人気のある話である。また、仏教の生活倫理化は今日、いっそう顕著で、しばしば「仏教は生きるための教えだ」といわれる。しかし、もともと仏教は現世《げんぜ》安穏《あんのん》・後世善《ごぜぜん》処《しょ》（現世の幸福と来世の平安）を説くものである。江戸時代までは現世の生活と修行は来世の平安にかかわる「後生《ごしょう》の一大事」であり、来世のために功徳を積むことは「生死一大事の因縁」だというのが仏教諸宗に大きく共通する認識だった。曹洞宗の僧で仮名草子作家でもあった鈴木正三《すずきしょうさん》（一五七九～一六五五年）の『万民徳用《ばんみんとくよう》』は評論家の山本七平が『日本資本主義の精神』『勤勉の哲学』（一九七九年）で近現代の産業社会の規範になったと指摘したが、やはり現世より来世を大事とする点は同じである。それは武士や農民など四民の日用（日常の心得）を説いたものだが、その前に七か条の「修行之念願」および十か条の「三宝之徳用」をあげ、その第十に「仏道修行は、有為《うい》の法（もろもろの現実）を断じて、本源自性《ほんげんじしょう》に契《かな》ふ。此心即不生不滅《ししんそくふしょうふめつ》にして、極楽浄土に住する宝なり」という。以下、四民の日用から抜粋する。

## 万民徳用（「3、四民」）出典85

武士日用《ぶしにちよう》
武士《ぶし》問《とうて》云《いわく》。仏法世法《ぶっぽうせほう》、車《くるま》の両輪《りょうりん》のごとしといへり。（中略）仏法《ぶっぽう》も、世法《せほう》も、理《り》を正《ただし》、義《ぎ》を行《おこなっ》て、正《しょう》直《じき》の道《みち》を用《よう》の外《ほか》なし。（中略）仏法《ぶつぽう》の上《うえ》に正直《しようじき》といふは、一切有為《いつさいうい》の法《ほう》は、虚妄幻化《こもうげんけ》の偽《にせ》なりと悟《さとり》て、本《ほん》来本法身《らいほんほつしん》、天然自性《てんねんじしよう》のままに用《よう》を真《まこと》の正直《しようじき》とす。夫凡夫《それぼんぶ》は大病人《だいびようにん》なり、仏《ほとけ》は大医王《だいいおう》なり。凡夫《ぼんぶ》は先病《まずやまい》をしるべし、生死無明《しようじむみよう》の心中《しんちゆう》に、顚倒迷妄《てんどうめいもう》の病《やまい》あり。（中略）丈夫《じようぶ》の心《こころ》は、不動《ふどう》にして、変《へん》ずる事《こと》なし。武《ぶ》士《し》たる人《ひと》、是《これ》を修《しゆ》して、何《なん》ぞ丈夫《じようぶ》の心《こころ》に至《いた》らざらんや。煩悩心《ぼんのうしん》を以《もつて》、武勇樊噲《ぶゆうはんかい》を欺人《あざむくひと》も、臨終《りんじゆう》終《つい》に至《いたり》て、無常《むじよう》の殺鬼《さつき》、責来《せめきた》らん時《とき》、日来《ひごろ》の威勢尽果《いせいつきは》て、勇猛《ゆうみよう》の心《こころ》も失《うしない》て、力《ちから》を出《いだ》す事《こと》あたはず。（中略）

農人日用《のうにんにちよう》

農人問云《のうにんとうていわく》、後生一大事《ごしよういちだいじ》、疎《そ》ならずといへども、農業時《のうぎようとき》を逐《おつ》て隙《ひま》なし、（中略）何《なん》として仏果《ぶつか》に至《いたる》べきや。

答云《こたえていわく》、農業則仏行《のうぎようそくぶつぎよう》なり。（中略）

職人日用《しよくにんにちよう》（略）

商人日用《あきひとにちよう》（略）

［訳］武士日用

武士が問う。仏法と世法は車の両輪のごとしという。（中略／しかし、仏法はなくてもいいではないか）仏法も世法も、理を正し、義を行う正直の道の心得のほかにはない。（中略）[1]仏法で正直というのは、一切の事物は虚妄の幻だと悟って、本来は仏の身であり、そのままであることを真の正直とする。そもそも凡夫は大病人であり、仏は大医王である。凡夫はまず、その病《やまい》を知るべし。生死流転の無明《むみよう》の心中に顚倒迷妄《てんどうめいもう》の病がある。（中略）[2]丈夫《じようぶ》（立派な男子）の心は動じず、ゆらがない。武士たる者は仏道を修して、なんぞ丈夫の心に至るまいか。煩悩心をもっては武勇、樊噲《はんかい》（三国志の勇者）のような人でも、ついに臨終に至って無常の殺鬼（冥土《めいど》の鬼）が罪を責めると、日ごろの威勢は尽き果て、勇猛の心も失い、力を出すことはできない。（中略）

農民日用

農民が問う、後生一大事ということを大切に思うけれど、農業は時間に追われて暇がない。（中略）どのようにして仏果《ぶつか》（悟りの世界）に行けようか。答える。農業が則《すなわ》ち仏道である。（中略）[3]
職人日用（略）[4]　商人日用（略）[5]

**1** **中略**＝世法には儒教五倫を守り、私心のないことを正直という。 **2** **中略**＝仏法は煩悩の病を除き、心を堅固にする。 **3** **中略**＝どんな職業でも信心堅固であれば菩薩《ぼさつ》の仏道である。暇をみつけて後生を願うのは間違いだ。極楽に往生できるか地獄に堕《お》ちるかは、心による。常に強く念仏し、その一念をもって農業をすれば解脱できる。 **4** **略**＝どんな仕事も皆、仏行である。仏行のほかに、どんな作業もないと知るべし。 **5** **略**＝正直の人は仏陀《ぶつだ》神明の加護によって災難は除かれ、自然に福を増し、人々に好まれて万事順調である。私欲をもっぱらにすると、天道のたたりがあろう。

このようなことは書物のみでなく、寺での説法やさまざまな芸能などを通して仏道は生活全般に浸透した。難解な仏教語でも子どものころから耳になじみ、「一期《いちご》一会《いちえ》」などの成句や「袖《そで》すり合うも他生《たしょう》の縁」などのことわざが多く語りだされて、意識せずとも仏教の考え方が生活や人間関係を律するようになった。

**剣禅一致**　次に臨済宗大徳寺派の禅僧＝沢庵宗彭《たくあんそうほう》（一五七三～一六四六年）が将軍家兵法指南役の柳生宗矩《やぎゅうむねのり》に与えた『不《ふ》動智神妙録《どうちしんみょうろく》』をあげる。剣禅一致を説き、日本の武道の精神に大きな影響を与えた書物である。

**不動智神妙録**「諸仏不動智」出典86

諸仏不《しょぶつふ》動智《どうち》

と申《もう》す事《こと》。不動《ふどう》とは、うごかずといふ文字《もじ》にて候《そうろう》。智《ち》は智慧《ちえ》の智《ち》にて候《そうろう》。不動《ふどう》と申《もう》し候《そうろう》ても、石《いし》か木《き》かのやうに、無性《むしょう》なる義理《ぎり》にてはなく候《そうろう》。向《むか》ふへも、左《ひだり》へも、右《みぎ》へも、十方八方《じっぽうはっぽう》へ、心《こころ》は動《うご》き度《た》きやうに動《うご》きながら、卒度《そつど》も止《とま》らぬ心《こころ》を、不動智《ふどうち》と申《もう》し候《そうろう》。不動明王《ふどうみょうおう》と申《もう》して、右《みぎ》の手《て》に剣《けん》を握《にぎ》り、左《ひだり》の手《て》に縄《なわ》を取《と》りて、歯《は》を喰出《くいだ》し、目《め》を怒《いか》らし、仏法《ぶっぽう》を妨《さまた》けん悪魔《あくま》を、降伏《ごうぶく》せんとて突立《つった》て居《お》られ候《そうろう》姿《すがた》も、あの様《よう》なるが、何国《なんごく》の世界《せかい》にもかくれて居《お》られ候《そうろう》にてはなし。容《すがた》をば、仏法守護《ぶっぽうしゅご》の形《かたち》につくり、体《たい》をば、この不動智《ふどうち》を体《たい》として、衆生《しゅじょう》に見《み》せたるにて候《そうろう》。一向《いっこう》の凡夫《ぼんぷ》は、怖《おそ》れをなして仏法《ぶっぽう》に仇《あだ》をなさじと思《おも》ひ、悟《ご》に近《ちか》き人《ひと》は、不動智《ふどうち》を表《あらわ》したる所《ところ》を悟《さと》りて、一切《いっさい》の迷《めい》を晴《は》らし、即《すなわ》ち不動智《ふどうち》を明《あか》めて、此身《このみ》則《すなわ》ち不動明《ふどうみょう》王程《おうほど》に、此心法《このしんぽう》をよく執行《しぎょう》したる人《ひと》は、悪魔《あくま》もいやまさぬぞと、知《し》らせん為《た》めの不動明王《ふどうみょうおう》にて候《そうろう》。然《しか》れば不動明王《ふどうみょうおう》と申《もう》すも、人《ひと》の一心《いっしん》の動《うご》かぬ所《ところ》を申《もう》し候《そうろう》。又身《またみ》を動転《どうてん》せぬことにて候《そうろう》。動転《どうてん》せぬとは、物毎《ものごと》に留《とどま》らぬ事《こと》にて候《そうろう》。物一目《ものひとめ》見《み》て、其心《そのこころ》を止《と》めぬを不動《ふどう》と申《もう》し候《そうろう》。なぜなれば、物《もの》に心《こころ》が止《とま》り候《そうら》へば、いろ〳〵の分別《ふんべつ》か胸《むね》に候《そうろう》間《あいだ》、胸《むね》のうちにいろ〳〵に動《うご》き候《そうろう》。止れ《とまれ》は止《とま》る心《こころ》は動《うご》きても動《うご》かぬにて候《そうろう》。譬《たと》へば十人《じゅうにん》して一太刀《ひとたち》づゝ我《われ》へ太刀《たち》を入《い》るゝも、一太刀《ひとたち》を受流《うけなが》して、跡《あと》に心《こころ》を止《と》めず、跡《あと》を捨《す》て跡《あと》を拾《ひろ》ひ候《そうら》はゞ、十人《じゅうにん》ながらへ働《はたらき》を欠《か》かさぬにて候《そうろう》。十人《じゅうにん》十度心《じゅうどこころ》は働《はたら》けども、一人《いちにん》にも心《こころ》を止《と》めずば、次第《しだい》に取合《とりあ》ひて働《はたらき》は欠《か》け申間敷候《もうすまじくそうろう》。若《も》し又一人《またひとり》の前《まえ》に心《こころ》が止《とま》り候《そうら》はゞ、一人《ひとり》の打太刀《うちたち》をば受流《うけなが》すべけれども、二人《ふたり》めの時《とき》は、手前《てまえ》の働《はたらき》抜《ぬ》け可申候《もうすべくそうろう》。千手観音《せんじゅかんのん》とて手《て》が千御《せんご》入《い》り候《そうら》はゞ、弓《ゆみ》を取《と》る手《て》に心《こころ》が止《とま》らば、九百九十九の手《て》は皆用《みなよう》に立《た》ち申《もう》す間敷《まじく》。一所《いっしょ》に心《こころ》を止《と》めぬにより、手《て》が皆用《みなよう》に立《た》つなり。観音《かんのん》とて身一《みひと》つに千《せん》の手《て》が何《なに》しに可有候《あるべくそうろう》。不動智《ふどうち》が開《ひら》け候《そうら》へば、身《み》に手《て》が千有《せんあ》りても、皆用《みなよう》に立《た》つと云《い》ふ事《こと》を、人《ひと》に示《しめ》さんが為《た》めに、作《つく》りたる容《すがた》にて候《そうろう》。

[訳] 諸仏の不動智と申す事。

不動とは、動かないという言葉です。智は智慧の智です。不動と申しましても、性格のない石か木かのように動かないということではありません。向こうへも左へも右へも十方八方に心は動きたいように動きながら少しも止まらぬ心を不動智と申します。

不動明王は、右の手に剣を握り、左の手に縄を取って歯をむき出し、目を怒らして、仏法を妨げようとする悪魔を降伏しようと突っ立っておられます。その姿があのようなのは、どの国の世界にも見られるものです。姿を仏法守護の形につくり、体現するにこの不動智を体して、衆生（人々）に見せたものです。全くの凡夫（普通の人）は怖れて仏法に仇をなさじと思い、悟に近い人は不動智を表わしていることを悟って、一切の迷を晴らします。すなわち不動智を明らかにして、この身がそのまま不動明王であるというほどに、この心法をよく体現した人が、もはや悪魔はいないと知らせるための不動明王です。しかれば不動明王と申しますのも、人の一心の動かぬ所をいうのです。

また、身を動転させぬことです。動転しないとは、物ごとに心が留まらぬことです。物を一目見て、その心を止めないことを不動といいます。なぜなら、物に心が止まれば、いろいろな分別《ふんべつ》が胸にあるうちは、胸のうちでいろいろに動きます。心を止めれば、止まった心は動いても動かないのです。たとえば十人で一太刀ずつ我に斬り込んできても、まず一太刀を受け流して、その跡（動き）に心を止めず、跡を捨て跡を拾えば、十人ともに対応する働きを失いません。十人で十度、心は働けども、一人にも心を止めなければ、次々に取り合っても働きは欠けません。もし、また一人に対して心が止まってしまえば、その一人から打ち込まれた太刀は受け流すことができても、二人めに対しては自分の働きが抜けてしまいます。

千手観音でも、手が千本あっても、弓を取る手に心が止まれば、九百九十九の手は皆、役に立ちません。一つ所に心を止めぬことにより、千本の手が皆、役に立つのです。観音菩薩だからとて、身一つに千の手があるのはなぜなのか。不動智が開けば、身に手が千本あっても、皆、役に立つということを、人に示すために作った姿なのです。

1 分別＝判断する作用だが、凡夫の分別は妄想にゆがめられている。それを脱して無分別智を得なければならないとされる。

## 【コラム】心中の道行

元禄《げんろく》（一六八八～一七〇四年）のころ、大坂で近松門左衛門《ちかまつもんざえもん》（一六五三～一七二四年）がつくった脚本を竹本義太夫《たけもとぎだゆう》の一座が演じて人気を得た。義太夫節とよばれる語りと人形で演じられたほか、歌舞伎でも演じられた。

近松門左衛門の代表作とされる『曾根崎心中《そねざきしんじゅう》』は露天神社《つゆのてんじんじゃ》（大阪市北区）で元禄十六年（一七〇三）に実際にあった心中事件をもとにしたお初《はつ》と徳兵衛《とくべえ》の悲恋の物語である。

「げにや安楽世界より、今この娑婆《しゃば》に示現《じげん》してわれらがための観世音《かんぜおん》（極楽浄土からこの世に、われらを救うためにあらわれた観音菩薩）」と語りおこされ、西国三十三所の巡礼から戻ったお初が偶然、徳兵衛と再会するところから始まる。

この世では一緒になれない事情があって心中をする二人。その道行《みちゆき》は「この世のなごり。夜《よ》もなごり。死にに行く身をたとふれば、あだしが原の道の霜、一足づゝに消えていく。夢の夢こそあはれなれ」と語られる。「あだしが原の道」は墓場に向かう道のこと。その道におりた霜のように、この世のなごりは一足ずつ消えていく。

曾根崎の露天神社の森に着いた二人は「南無阿弥陀、南無阿弥陀」ととなえながら、剃刀《かみそり》と刀で喉をきって死んだ。その後、曾根崎の風の音のように二人の心中が世に伝わり、「貴賤群衆《きせんくんじゅ》の回向《えこう》の種、未来成仏《みらいじょうぶつ》疑ひなき恋の手本となりにけり」と語りおわる。

多くの人があわれと思ってお初と徳兵衛のために供養したので、二人はあの世で幸せになったにちがいない。だから、恋の手本になったというのだが、阿弥陀仏の四十八願の第三十五に「変成男《へんじようなん》子《し》の願（女は男に変えて極楽浄土に迎える）」という項目があるので、極楽浄土に女はいないことになっている。この第三十五願はジェンダー面で何かと問題になるところだが、民衆はそんなことにかまっていない。手に手をとって死んだ二人は「未来成仏疑ひなき恋の手本となりにけり」である。

心中ものは人気があるので近松は多く書いている。なかには、「同じ蓮の台《うてな》で」とはいきそうにない筋立てもある。『心中重井筒《しんじゆうかさねいづつ》』は、やはり徳兵衛という名の紺屋の入婿《いりむこ》と重井筒屋《かさねいづつや》の遊女ふさの話。もはや二人で死ぬほかないとなったのだが、徳兵衛は浄土宗、ふさは法華宗（日蓮宗）、一緒に死んでも行き先が違うかもしれない。そこで徳兵衛が「宗旨を変へて一所に行《ゆ》かん。今題目《だいもく》をたむけてたも」となった。おふさは「勿体《もったい》ないことなれど、今まで毎日千遍づゝ、五年唱へた題目の、功徳で許したまへ」。二人は「南無妙法蓮華経」と合掌し、「今身《こんしん》より仏身《ぶつしん》に至るまで添はせ給へ」と道行し、先におふさを徳兵衛が刀で刺した。そこへ心中を聞きつけた追っ手がかかる。ひとまず逃げた徳兵衛は、野中の涸《か》れ井戸に落ちて死んでしまった。

### 【コラム】道歌・道話の時代

日本仏教では平安時代から煩悩即菩提《ぼんのうそくぼだい》（煩悩がさとり）、山川草木悉皆成仏《さんせんそうもくしつかいじようぶつ》（山も川も草木もみな仏）、一切衆生悉有仏性《いつさいしゆじようしつうぶつしよう》（だれにでも仏性がある）等とさかんに言われてきたが、そうした考え方が江戸時代に熟成され、「どんな人にも仏心《ほとけごころ》がある」「根っからの悪人はいない」「本心は悪くない」といった性善説にもとづくヒューマニズム（人間中心主義）が育まれた。今でも「人間らしい」「人間らしく生きる」といった言葉に「人間」であることを良しとするヒューマニズムが生きている。

それと同時に、沢庵が「心だにまことの道に入《いる》ならば」と詠んでいるように、日本の仏教では「心」が非常に重視され「是《ぜ》心《しん》是《ぜ》仏《ぶつ》（心が仏）」ともいう。また、仏法即世法《ぶっぽうそくせほう》（仏法と世間の法は同じ）といい、世俗の倫理・道徳にも仏教の言葉が浸透した。

修身斉家《しゅうしんせいか》（身を修《おさ》め家を斉《ととの》えること）が重んじられた江戸時代には、「心」を説く仏教と忠孝を説く儒教が混淆《こんこう》して庶民道徳の心学《しんがく》が生まれた。京都の商人だった石田梅岩《いしだばいがん》（一六八五～一七四四年）の石門心学《せきもんしんがく》は、世間を生きる心のもちかたを学ぶものである。梅岩の弟子の手島堵庵《てじまとあん》が子ども向きに書いた『児女ねむりさまし』より「いろはうた」の最初の三首をあげる。

「いぢがわるふは生《うま》れはつかぬ直《すぐ》が元来《もとより》うまれつき（意地悪は生まれつきではない。元来、素直が生まれつき）」

「ろく（陸）なこゝろを思案《しあん》でまげる　まげねば《ニャ》まがらぬわがこゝろ（まっすぐな心を思案で曲げる。曲げなければ曲がらない自分の心なのに）」

「はぢをしれかしはぢをばしらにや恥のかきあきするものじや（恥を知れ。恥を知らねば恥をかきすぎる）」

　このように道を説く教訓和歌を「道歌」という。江戸時代には昔の名僧や文人の作だという道歌集がよく出版された。たとえば江戸後期の『道歌百人一首　麓枝折《ふもとのしおり》』は聖徳太子の「櫓《ろ》も櫂《かい》も我れとは取らで法《のり》の道　ただ船主《ふなぬし》に任せてぞ行く」を第一首として、伝教大師の「末の世は祈り求むるそのことの　験《しるし》なきこそ験なりけり」（第七首）、弘法大師の「悪《あ》ししとも善《よ》しともいかに言い果てん折々かわる人の心を」（第八首）、親鸞聖人の「人間に住みし程《ほど》こそ浄土なれ　悟りてみれば方角もなし」（第三十九首）、千利休《せんのりきゅう》の「寒熱《かんねつ》の地獄に通う茶柄杓《ちゃびしゃく》も　心なければ苦しみもなし」（第七十四首）などが「百人一首」に選ばれている。実作ではなく、その人に仮託して伝えられた歌である。

江戸時代にとりわけ人気を得たのが室町時代の臨済僧＝一休《いっきゅう》である。『一休咄《ばなし》』『一休諸国物語』『一休骸骨《がいこつ》』など、いろいろな逸話集が編まれて道話《どうわ》（教訓話）として好まれた。そこに道歌も多く記されている。『一休咄』巻一から例をあげれば、仏法の心得を問われて、一休は「仏法はなべ（鍋）のさかやき（月代）石のひげ　絵にかく竹のともずれのこゑ（すれあう音）」と答えた。ありもしないものを、いたずらに求めてはならないということである。また、「世法とは」と問われて「世の中は食うてはこして（便器に大便をして）ねて起きて　さてその後は死ぬるばかりよ」と答えた。ことさらに「世法とは何か」などとこだわることがいけない。

道歌や心学道話は明治以降も好まれた。二宮尊徳《にのみやそんとく》の道歌や訓話がさかんに出版されたのも明治以降である。

道歌・道話は、明治から昭和の太平洋戦争時まで、親孝行や親切、努力、愛国などを説いて国民の道徳といえるものを育んだ。その柱だった忠君愛国が戦後は忌避されたので道歌・道話も衰えたかのように見えるが、戦後の仏教はもっぱら人生論を説くようになり、道話のような説法や人生論的な仏教書の刊行がさかんである。

## 4 講と諸国寺社詣

**檀那場めぐり**　江戸時代の町や村には定期的に外からめぐってくる人々がいた。高野山の聖《ひじり》、盲目の芸能者、万歳師、富山の薬売り、金比羅宮《こんぴらぐう》や各地の修験霊場の御師《おし》などだ。それらは放浪の人々のようにみえるが、やはり幕府の統制下にあり、一定の組織をもっていた。

なかでも大きな組織は伊勢神宮の御師《おんし》を核とする伊勢講だった。圭室《たまむろ》文雄編『図説日本仏教の歴史江戸時代』（佼成出版社、一九九六年）によれば、安永三年（一七七四）に外宮《げくう》の御師だけで四百三十一人、そのうち百三十四人は一万軒以上の檀家《だんか》をもっていた。最大の御師は三日市帯刀《みっかいちたてわき》という名で檀家数は三十五万余におよぶ。その檀家がある「檀那場《だんなば》（霞場《かすみば》）」に伊勢から配下の御師を派遣して毎年の初《はつ》穂料《ほりょう》（奉納金）を集め、お札《ふだ》などを配った。また、参拝者に宿を提供し、案内もした。三日市帯刀の檀那場は東北地方がおもで、陸奥《むつ》に二十四万余、出羽《でわ》に六万七千余の檀家があった。初穂料や代参の宿代などの収入は尾張《おわり》徳川家六十二万石と同等だったという。

高野山にも伊勢講と同様の全国組織があった。毎年、使僧が檀那場をめぐり、宗旨を問わず「南無《なむ》大師遍照金剛《だいしへんじょうこんごう》」の札と光明真言《こうみょうしんごん》で加持した土砂の紙包などを配った。

**諸国寺社詣**　圭室文雄編の前掲書に、鎌倉の伊勢講の代参の記録『懐宝道中記』が紹介されている。嘉永《かえい》二年（一八四九）、数人の代参者が講中のにぎにぎしい見送りを出立《しゅったつ》したのは正月六日。それから六十三日をかけ、帰路には信濃《しなの》・関東を大回りして途中の寺社に数多く参拝した。

江戸時代には寺社参詣曼荼羅《じしゃさんけいまんだら》とよばれる絵図が多くつくられ、霊験もまた多く語りだされた。代参の旅で立ち寄った寺社は当時、「霊験あらたか」と評判だったところだ。

〔東海道から伊勢へ〕箱根権現・三島大明神・久能山東照宮・秋葉《あきば》大権現・鳳来寺《ほうらいじ》・豊川《とよかわ》稲荷・池《ち》鯉鮒《りゅう》大明神・笠寺《かさでら》観音・熱田《あつた》神宮・津島牛頭《ごず》天王・伊勢皇大《こうたい》神宮（内宮《ないくう》）・伊勢豊受《とようけ》大神宮（外宮《げくう》）・朝熊山虚空蔵菩薩《あさまやまこくうぞうぼさつ》。

〔大和・高野山・大坂方面〕長谷寺《はせでら》・内山永久寺《うちやまえいきゅうじ》・柿本寺《しほんじ》・元興寺《がんごうじ》・興福寺・東大寺大仏・八幡宮・春日《かすが》大明神・薬師寺・法華寺・西大寺《さいだいじ》・法隆寺・竜田《たつた》明神・三輪明神・橘寺《たちばなでら》・達磨寺《だるまじ》・当麻寺《たいまでら》・岡《おか》

寺《でら》・多武峯《とうのみね》・吉野山蔵王権現・吉水《よしみず》院・高野山女人《にょにん》堂・高室《たかむろ》院・奥之院・灯明堂・住吉明神・妙国寺・一心寺・天満宮・東西本願寺別院・四天王寺・高津大明神。

〔四国〕金比羅宮・善通寺。

〔備前から山陽道〕瑜伽山《ゆがさん》・吉備津《きびつ》神社・生田《いくた》神社・西宮戎《えびす》神社。

〔京・近江方面〕石清水《いわしみず》八幡宮・宇治平等院・恵信寺《えしんじ》・藤森明神・伏見稲荷・萬福寺《まんぷくじ》・東福寺・三十三間堂・泉涌寺《せんにゆうじ》・祇園牛頭《ぎおんごず》天王（八坂神社）・東本願寺・西本願寺・東寺・六波羅蜜寺《ろくはらみつじ》・知恩院・南禅寺・黒谷光明寺・知恩寺・吉田神社・賀茂大社・大徳寺・天竜寺・北野天神・金閣寺・大通寺・立本寺《りゆうほんじ》・鞍馬寺《くらまでら》・比叡山延暦寺・三井寺《みいでら》・石山寺《いしやまでら》・多賀明神《たがみようじん》・竹生島《ちくぶしま》など。

〔中山道《なかせんどう》方面・関東〕善光寺・妙義山・榛名山《はるなさん》・日光東照宮・上野寛永寺・川崎大師など。

諸国寺社詣《もうで》は多額の費用を要し、代参の旅は講中から餞別《せんべつ》の銭をもらっておこなわれた。みやげには参詣した寺社のお札のほか、それにまつわる霊験の話も欠かせなかったにちがいない。寺社の側でも縁起（寺社の始まりを伝える話）や霊験を宣伝した。

**江戸時代の観光ガイド**　江戸時代には木版の出版が盛んになり、読み物の黄表紙《きびようし》、浮世草子《うきよぞうし》、各宗の宗祖伝、勤行経典などが旺盛《おうせい》に刊行された。また、諸国寺社詣が盛んになるとともに、絵入りの『都名所図会』『大和名所図会』『江戸名所図会』、四国遍路の八十八箇所巡礼記などが刊行された。ここでは寛文二年（一六六二）に刊行された案内書『江戸名所記《えどめいしよき》』から浅草寺《せんそうじ》の縁起をあげる。

## 江戸名所記（巻二「四　浅草観音」）出典87

むかし武蔵国豊島郡宮戸川《むさしのくにとよしまごおりみやとがわ》は、漁夫《すなどり》のあつまるところ、これ今《いま》の浅草河《あさくさがわ》なり、しかるに、此川《このかわ》のほとりに、兄弟三人《きょうだいさんにん》のすなどりあり、兄《あに》を檜熊《ひのくま》と名《な》づけ、次《つぎ》を浜成《はまなり》、弟《おとうと》を竹成《たけなり》と名《な》づく、推古天皇《すいこてんのう》の御宇三十六年《ぎょうさんじゅうろくねん》つちのゑ子《ね》三月十八日《さんがつじゅうはちにち》の事《こと》なるに、三人《さんにん》の兄弟網《きょうだいあみ》をもち、舟《ふね》に棹《さお》さして、宮戸川《みやとがわ》の沖《おき》にこぎいだして、網《あみ》を海中《かいちゅう》におろしけるに、魚《うお》さらになし、たちまちに観音《かんのん》の形像《ぎょうぞう》あみにかゝりて、あがらせ給《たま》ふ、兄弟《きょうだい》三人大《さんにんおおい》におどろき、手《て》をあはせて礼拝《らいはい》す、（中略）きのふけがれたる網《あみ》に霊像《れいぞう》をかけ奉《たてまつ》る、その罪《つみ》ふかし、大慈大悲《だいじだいひ》をもつて宥《なだめ》ゆるし賜《たま》へ、（中略）ねがはくは魚《うお》をとらせて給《たま》はれと念願《ねんがん》して、七浦《しちうら》に漕《こぎ》めぐり、網《あみ》をおろして引《ひき》あげるに、魚《うお》はなはだ多《おお》くとり得《え》たり、（中略）これはかならず観音《かんのん》の御《おん》たすけなりとて、つひに小宮《こみや》をあらため、あらたに観音堂《かんのんどう》をたてゝ安置《あんち》し奉《たてまつ》る、（中略）子孫又三《しそんまたみつ》の社《やしろ》をたてゝ、兄弟三人《きょうだいさんにん》を神《かみ》といはひけり、これ今《いま》の三所《さんしょ》の御法神《ごほうじん》なり、はじめ小宮《こみや》にをきたてまつりし時《とき》に、観音夜《かんのんよ》なく〳〵ひかりをはなち賜《たま》ひしを、十人《じゅうにん》の草《くさ》かりおがみつけて、大《おおい》にたつとみ、もろ友《とも》にちからをあはせて、観音《かんのん》堂《どう》をつくり奉《たてまつ》りし、今《いま》の十社権現《じゅっしゃごんげん》これなり（中略）

浅草《あさくさ》や川瀬《かわせ》のよとにひくあみも、ひろきちかひにたゝへてそみる

［訳］ 昔、武蔵国《むさしのくに》豊島郡宮戸川は漁夫のあつまるところだった。今の浅草川（隅田川）である。さて、この川のほとりに兄弟三人の漁師がいた。長兄は檜熊《ひのくま》という名で、次兄は浜成《はまなり》、弟は竹成《たけなり》といった。推古天皇の御代《みよ》の三十六年（六二八）戊子《つちのえね》三月十八日のこと、三人の兄弟は網をもち、舟に棹《さお》さして宮戸川の沖に漕《こ》ぎだし、網を海中におろしたが、魚は全然あがらず、すぐに観音の仏像が網にかかってあがってこられた。兄弟三人非常におどろき、手を合わせて礼拝した。（中略）「昨日、けがれた漁網に霊像をおかけしました。罪ぶかいことです。大慈大悲をもってお赦《ゆる》しください。（中略／私どもは漁をしなければ生きていけません）願わくば魚をとらせてください」と念願して、七浦を漕ぎめぐり、網をおろして引きあげると、魚はたいへん多くとれた。（中略／魚を売って万金を得た）これは観音の御助けにちがいないと、

ついに小宮を改め、新たに観音堂を建てて安置した。（中略／兄弟三人の死後）子孫がまた三つの社を建てて兄弟三人を神として祀《まつ》った。これが今の三所の御法神（三社明神）である。また、はじめに小宮に安置したときに観音像が夜な夜《よ》な光を放ったので、十人の草刈りが拝んで大いに尊び、もろともに力を合わせて観音堂をおつくりした。今の十社権現である。（中略／大化元年、勝海上人《しょうかい》がお告げによって観音像を秘仏にして以来、見た人はいない。地震や兵火によってたびたび堂塔が破壊されたが、そのつど再興した）

**浅草や川瀬の淀《よど》にひく網も広き誓いに讃《たた》えてぞみる**

1 **中略**＝その後、七浦をめぐって網を入れると、みな観音像がかかった。驚いて家に帰り、親しい者らに観音像を見せると、「これはただごとではないから、宮をつくって祀《まつ》れ」という。翌日、兄弟三人は観音像に向かっていった。

江戸では稲荷社や七福神、地蔵菩薩・観音菩薩・不動明王の寺社、鬼子母神《きしもじん》・帝釈天《たいしゃくてん》などをまつる日蓮宗寺院などの「流行神」が次々に生まれ、浅草の浅草寺などの古刹《こさつ》もにぎわった。また、善光寺などの遠方の古刹が本尊を江戸に運んで参拝者を集める出開帳《でがいちょう》がしばしば催された。そうした寺々のなかには初詣や毎月の縁日でにぎわうところが多く、さまざまな市も立って今も江戸の文化を伝えている。

## 【コラム】ある僧と老母の身延詣

京都深草《ふかくさ》の法華宗（日蓮宗）の僧で歌人・詩人でもあった元政《げんせい》（一六二三〜一六六八年）は、万治二年（一六五九）に日蓮の墓所がある身延山久遠寺《みのぶさんくおんじ》への参詣の旅に出た。その旅の紀行文『身延のみちの記』（『近世歌文集　上』「新日本古典文学大系67」岩波書店所収）がある。

元政は近江《おうみ》彦根藩の武士だったが、二十五歳で京都の法華宗（日蓮宗）妙顕寺《みょうけんじ》で出家剃髪《ていはつ》し、三十三歳のときに深草《ふかくさ》に妙心庵《みょうしんあん》（現在の京都市伏見区・瑞光寺《ずいこうじ》）を開いて隠棲《いんせい》した。その四年後、元政は七十九歳の母の願いにより、前年に死んだ父の遺骨を納めるために、母と二人で身延詣に出た。

身延は甲斐（山梨県）の山中だが、駿河湾に注ぐ富士川の上流にある。元政と母は東海道を東下して興津宿《おきつしゅく》（静岡市清水区）から身延道に入る。京からは遠い道のりだ。

出立は八月十三日早朝。父の墓に暇乞《いとまご》いをし、その日は石部宿《いしべしゅく》（滋賀県湖南市）まで行った。聖教《しょうぎょう》（日蓮の遺文や経典）を背負い、三衣《さんね》の袋（ずだ袋）をかけ、鉢を持つと、思いのほか難儀である。十四日には足が痛むので荷馬に乗った。母は駕籠《かご》か輿《こし》に乗せ、自分は馬か徒歩で行く。この日は鈴鹿《すずか》の関に泊まる。もう秋だ。

「秋風《かきかぜ》の音さへかはる鈴鹿《すずか》山《やま》ふる里今やとをくなるらん」

十五日、亀山《かめやま》、桑名《くわな》、名古屋。十六日、名古屋で休み。十七日、鳴海潟《なるみがた》、八橋《やつはし》。十八日、岡崎《おかざき》、白須賀《しらすか》。十九日、浜名湖の荒井《あらい》の渡し、天竜川の渡り、見付《みつけ》。二十日、掛川《かけがわ》、金谷《かなや》。二十一日、母、腹痛。大井川の渡し、岡部《おかべ》、宇津《うつ》、府中《ふちゅう》。二十二日、江尻《えじり》、興津《おきつ》。二十三日、宍原《ししばら》から甲斐国に入り、万沢《まんざわ》に宿る。二十四日、一日中、雨に降りこめられる。二十五日、身延の宿坊の清水坊《しみずぼう》に到着。

二十六日、雨の晴れ間に祖師堂《そしどう》、御骨堂《ごこつどう》などを参拝。二十七日、山上の奥院《おくのいん》参拝。急坂に母の輿が難儀。大きな木の根元に父の遺骨と自分が剃髪したときの髪を埋めた。

「いたづらに身をばやぶらで法《のり》のため我《わが》くろかみを捨《すて》しうれしさ」

二十八日、身延を出る。その後、箱根を越えて江戸に向かい、鎌倉の妙本寺《みょうほんじ》、池上本門寺《いけがみほんもんじ》、谷中《やなか》本法寺《ほんぽうじ》、大乗寺《だいじょうじ》などの法華宗の寺々を巡拝。ふたたび池上本門寺に詣でて帰路につき、十月五日、不破関《ふわのせき》（岐阜県関ケ原町）に帰着した。

出立から二か月近くたち、すっかり秋が深まって、関のあたりの貧しい家の廂《ひさし》につもった木の葉にも寂しく時雨《しぐれ》が降っている。

「むら時雨《しぐれ》それだにもらぬ板びさし不破の関やは落葉《おちば》のみして」

こうして身延詣と江戸の法華宗寺院巡拝の旅は無事に終わったのだが、出立にあたって知人らと水杯《みずさかづき》をかわすなど、決死の思いの旅であった。とりわけ七十九歳の母は、帰ってこられるとも思われない。身延往詣の旅に死すなら、それはそれでよしとしたのだろう。

「せめて世をのがれしかひの身延山《みのぶやま》すむらん月をたづねてやみん」

これは往路の近江から知人におくった歌。「せっかく出家して世を逃れたのだから、その甲斐があるように、甲斐の身延山を訪ねて澄む月を見たい」という。月は仏や浄土の暗喩である。

## 5 お寺と民俗

**さまざまな講**　宗門改《しゅうもんあらため》の厳しい江戸時代でも寺社詣は宗派とはあまり関係がない。人々が家ごとに特定の宗に属すのが定めだったのは「家の御先祖」をまつる菩提寺《ぼだいじ》だけのことだった。現実にはさまざまな信仰が複合し、一人がいろいろな講に属した。寺の檀家が同時に鎮守社の氏子《うじこ》であることはもちろん、人々は霊験あらたかと評判の寺社に参拝した。

今日も寺参りが盛んだが、寺に行ってもそこが何宗かは知らないし、宗旨に関心はないのが普通なのと同じである。また、親族が亡くなって葬儀をする段になってから「うちは何宗だったっけ」ということになるのも、江戸時代の檀家制度のなごりである。

江戸時代には都市でも農村でも、さまざまな講が広まった。疫病除《よ》けの庚申講、念仏講の二十三夜などの月待講、そのほか、地蔵講、観音講、大師講、題目講、太子講、特定の霊場ごとに組織された出羽三山講、御岳講、大山講など、その数は非常に多く、その講中によって建てられた供養塔が今も古い街並みや街道筋などに多く見られる。

その講には念仏踊りや大念珠繰り（百万遍念仏）など、村や町の民俗行事になり、現在は伝統の無形文化財になっているものも多い。

各宗の地域の寺院は、いわゆる「お寺さん」になり、そこでも月ごとの説法会など、さまざまな行事があった。

**寺と葬儀**　葬儀の導師は菩提寺の住職が勤めることが江戸時代以来の檀家制度の定めであったが、葬儀は村全体の行事で、仕切り役のほか、野辺の送りで飾りを持つ者、焼き場の勤め（土葬のばあいは墓掘り）、料理や酒の準備など、子どもも含めて遺族・親族と近隣の人々がさまざまな役割を分担し、初七日まで七日くらいにわたる。

墓は農村では山裾《すそ》の一族墓であった。畑や屋敷の一部に墓地を設ける地方もあった。都市では寺院の境内墓が多くなったが、現在のような墓塔は江戸中期くらいから広まった。土葬地帯では当然、一人一人の個人墓だったが、太平洋戦争の戦後に火葬が普及するにつれて夫婦墓になり、「○○家の墓」という形に変化していった。

葬祭の形は現在は全国的に画一化されつつあるが、かつては地域の伝統による違いが大きく、多様であった。

**地獄と極楽の話**　寺々ではよく地獄と極楽の絵解きをした。それに用いた掛け軸の地獄絵を伝える寺も多い。正月やお盆の閻魔大王の縁日（十六日）などに取り出して絵解きをした図画である。地獄の様相は平安時代中期の源信《げんしん》があらわした『往生要集』に説かれ、平安末期の『地蔵十王経』などによって三途《さんず》の川の奪衣婆《だつえば》や地獄の地蔵菩薩のことが語られてきたが、現在の地獄のイメージは直接には江戸時代の絵解きによって形成された。あわせて、山地の火口原などの荒々しい風景の中に「地獄」と称するところが各地に生まれ、今も地蔵菩薩がまつられ、賽《さい》の河原の石積みがおこなわれている。

明治の歌人、斎藤茂吉《さいとうもきち》（一八八二〜一九五三年）も、故郷上山《かみのやま》（山形県上山市）生家の隣の宝泉寺《ほうせんじ》で子どものころに見た地獄極楽図の場面を詠んだ連作を、第一歌集『赤光《しやつこう》』に収めている。その題も「地獄極楽図」（明治三十九年作）という十一首である。

「浄玻璃《じようはり》にあらはれにけり脇差《わきざし》を差して女をいぢめるところ」

これが連作の第一首。浄玻璃は生前の行いを映す鏡で閻魔大王の裁きの場に置かれている。脇差を差した男は、その脇差で女を苛《いじ》めているところを映し出されてしまった。

「人の世に嘘《うそ》をつきけるもろもろの亡者《もうじや》の舌を抜き居《い》るところ」

これは言うまでもなく、生前に嘘をついた者が獄卒の鬼に舌を抜かれている場面である。

「飯《いい》の中《なか》ゆとろとろと上《のぼ》る炎《ほのお》見てほそき炎口《えんく》のおどろくところ」

食べようとしても飯が燃え上がって食べられない。これは救抜焔口餓鬼陀羅尼経《くばつえんくがきだらにきよう》にある餓鬼のことで、厳密には地獄の景色ではないのだが、地獄と融合している。「三界万霊」に供養する施餓鬼会（浮かばれていない万霊に食物を施す法会）もお盆と同じ時期におこなわれることが多い。

「赤き池にひとりぼつちの真裸《まはだか》のをんな亡者の泣きゐるところ」

赤き池は、いわゆる血の池地獄である。そこは裸の女亡者が泣いているところだ。この血の池地獄については別項「6　男と女の地獄」で述べる。

ところで、『赤光』という書名は、阿弥陀経に極楽の宝池では赤い色の蓮華は赤い光、白い色の蓮華は白い光を放っていると説かれている部分の経文「赤色赤光《しゃくしきしゃっこう》白色白光《びゃくしきびゃっこう》」等によると、初版の跋《ばつ》に記されている。子どものころ、遊び仲間の鄙法師《ひなほうし》（隣の寺の子）がいつでも経文を暗誦《あんじゅ》し、梅の実を拾うときも水浴びするときも「しやくしき、しやくくわう、びやくしき、びやくくわう」と誦していたという。その声が地獄極楽図の場面とともに心に残り、第一歌集を『赤光』と名付けたのだった。

## 6　男と女の地獄

**男の地獄**　地獄絵でよく見られる場面に、刀葉林《とうようりん》がある。美女が樹上で「早くいらっしゃい」と招いているので男が登っていく。その樹は鋭い刀の葉をびっしりつけている。それでも男は欲情にかられて、体をずたずたに傷つけながら登る。ところが、やっと頂上に着くと、女は地上に降りていて、「あなたのために降りてきたのに、どうして樹の上にいるの？　早く降りて」という。男がまた刀の刃で切られながら降りると、いつのまにか女は樹の上にいる。それを永遠に繰り返す男の地獄である。

二匹の蛇にぐるぐるに巻かれて縛りあげられている男もいる。これは生前に浮気をした男が堕ちた両婦《りょうぶ》地獄である。

**女の地獄**　女の地獄には今では差別で問題になるものがあるが史料として掲載する。

まず、不産女《うまずめ》（石女）地獄。家を継ぐ子を産めないことは罪だと考えられた。やむにやまれぬ事情で子を殺した者が堕ちる子殺し地獄も、もっぱら女が堕ちるとされ、地獄絵にはそれでも母を慕って追い求める子が描かれていたりして哀れである。

そして、女の地獄の代表が、斎藤茂吉が「赤き池にひとりぼつちの真裸《まはだか》のをんな亡者の泣きゐるところ」と詠んだ血の池地獄である。

女性のお産や月経の血が「穢《けが》れ」とされ、女性は死後に血の池（血盆池《けつぼんち》）地獄に堕ちるといわれた。中世から江戸時代にかけて広まった観念である。この血の池地獄の女性を済《すく》うという経典が血盆経で、千葉県我孫子市の手賀沼のほとりの正泉寺《しょうせんじ》に、その縁起（由来）を伝える。

正泉寺は鎌倉時代に執権北条時頼の娘の桐姫（法性尼）が開いたという古刹《こさつ》である。『血盆経縁起』によれば、室町時代に法性尼の霊のお告げがあって、手賀沼から血盆経が出現したという。

血盆経は詳しくは「仏説大蔵正教《ぶっせつだいぞうしょうぎょう》 血盆経《けつぼんきょう》」といい、「如是我聞《にょぜがもん》。一時仏在鹿野園中《いちじぶつざいろくやおんちゅう》、与大比丘衆《よだいびくしゅ》一千二百五十人倶《にんく》（我は是《か》の如《ご》く聞きき。ある時、釈迦仏は鹿野園《ろくやおん》に大比丘衆一千二百五十人と倶《とも》に在った）」と多くの経典と同じようにはじまるが、ごく短い経典で、およそ次のような内容である。

［血盆経の大意］目蓮尊者《もくれんそんじゃ》（釈迦の高弟）が、昔、羽州《うしゅう》の追陽県《ついようけん》（不明）に行ったときに血盆池地獄を見た。広さは八万四千由旬《ゆじゅん》もあり、血の池に鉄梁、鉄柱、鉄枷《てつかせ》、鉄索など百三十の刑具があって、多くの女が苦しんでいる。獄卒の鬼は一日三度、汚血をむりやり罪人たちに飲ませる。飲まないと鉄棒で打つ。釈迦の弟子の目連が獄主に、「女人だけがこの苦痛を受けるのか」と尋ねると、獄主は「女人は毎月月経の血を漏らし、出産の時にも出血して地神を穢している。また、穢れた衣服を川で洗うので、流れが穢れる。その水で茶を煎じて諸聖に供えたら、諸聖も不浄になる」と答えた。目連が獄主に「自分を生んでくれた恩に報いるため、母を血盆池地獄から救うにはどうしたらよいのか」と問うと、獄主は「母のために

血盆法会をなせ。衆僧を招いて血盆経を転読《てんどく》してもらい、終日懺悔《さんげ》すれば、般若舟《はんにゃぶね》（仏の智慧の舟）が現れ、母を奈河江《なかえ》（三途の川）の岸まで乗せていく。そのとき、血盆池に五色の蓮の花が咲き、罪人は歓喜し、心に慚愧《ざんき》の念が生じると、仏の地に転生《てんしょう》できるのだ」と答えた。
釈迦如来は女人たちに血盆経を説いて、「この経を書写し、教えを忘れなければ、三世の母親でも天に生まれ、諸々《もろもろ》の快楽《けらく》を受け、長命富貴となる」と告げられたのである。

この経には「なむさんまんだ。もとなん、おんばさらきゃり。（中略）おんきゃららや。そわか」という陀羅尼（呪文）が付いている。そして、この陀羅尼は法性寺住持が夢想によって龍宮界より得た秘呪《ひじゅ》である。「女人は必ず信受《しんじゅ》し書写し受持し読誦して此《この》地獄を免《まぬか》るべし。たとひ男子といへども誰か母なからん。共に信受して生《いき》たる母姉妹《ははあねいもうと》のために書写し読誦し、死したる人のためには、其墓《そのはか》に埋《うずめ》て此《この》地獄を救ふべし」という（国立国会図書館デジタルコレクション『血盆経』による）。

今日から見れば、血盆経は江戸時代の厳しい女性差別を反映しているが、女性だけの女人講は広がり、おしゃべりをして気のおけない娯楽の場にもなった。

なお、血の池地獄のそばに如意輪観音と経典を読む女の絵を描いた地獄図もある。血の池地獄の女人は如意輪観音が救うといわれるからだ。女が読んでいるのは血盆経である。

## 7 幕末の動き

**山陵の復活**　葬儀は平安時代には仏式でおこなわれるのが普通になり、江戸時代には寺請制度により菩提寺によって葬儀がおこなわれた。天皇の葬儀も仏式で、江戸時代には「御寺《みてら》」とよばれる京都東山の真言宗泉涌寺《せんにゆうじ》でおこなわれた。泉涌寺境内に埋葬された天皇の陵は、まとめて月輪陵《つきのわりよう》（一八四〇年崩御の光格天皇からの区画は後月輪陵）という。その名は、開山の俊芿《しゆんじよう》の大師号を月輪《がちりん》大師といい、背後の山を月輪山《つきのわさん》ということによる。そこに鎌倉時代の四条《しじよう》天皇をはじめ後水尾《ごみずのお》天皇・後光明《ごこうみよう》天皇から仁孝《にんこう》天皇（一八四六年崩御）までの二十五陵と五灰塚、九墓がある。灰塚は天皇の荼毘《だび》跡の塚、九墓は親王らの墓である。

天皇の葬儀は死穢《しえ》を避けて宮中ではおこなわない。遺体を宮中から運びだし、別の場所で営んだのである。これは現在も変わらず、昭和六十四年（一九八九）に崩御した昭和天皇の葬儀は新宿御苑でおこなわれ、遺体は武蔵陵墓地《むさしりようぼち》（多摩御陵《たまごりよう》）に埋葬された。昭和天皇陵は古墳に似た円墳であるが、それは幕末の孝明《こうめい》天皇のときに復活した形である。それ以前の天皇は火葬だったり土葬だったりしたが、江戸時代にはもっぱら土葬になり、泉涌寺の墓所に石塔を建てて遺体を納めた。大名の廟所《びようしよ》のように大きな墓塔が立ち並んでいるのを今も見ることができる。

このような天皇の葬儀に対して、幕末の慶応《けいおう》二年（一八六六）に孝明《こうめい》天皇が崩じたとき、国学者《こくがくしや》たちが猛烈に反対し、古代の陵に戻すべきだと主張した。

国学とは、仏教や儒教が伝来する以前の古《いにしえ》の大和の復興をめざして江戸時代中期に契沖《けいちゆう》、荷田春満《かだのあずままろ》、賀茂真淵《かものまぶち》、本居宣長《もとおりのりなが》らによって興った日本学で、『大日本史』を編んだ水戸の朱子学（水戸学）とともに幕末の尊王攘夷《そんのうじようい》運動や明治の神仏分離に大きな影響を与える。

江戸時代には天皇・将軍をはじめ、神社の神主さえ仏式の葬儀をしたが、国学者は神葬（神葬祭）を求める運動をおこし、幕府は京都の吉田神社に神葬祭を許可した。それでも天皇の葬儀は泉涌寺で仏式でおこなわれていたのだが、国学者や水戸学者は反対し、天皇陵を泉涌寺から分離することを求めた。幕府の命令で山陵復活を進めた山陵奉行の戸田忠至《とだただゆき》は、従来の荼毘式《だびしき》を廃止して古式に復し、山陵を築くことを建言した。その上申書が『孝明天皇紀』にある。（　）内に語注を付しながら掲載する。

**孝明天皇紀**（慶應二年十二月二十九日「山陵奉行上申書」）　出典88

今般《こんぱん》、御陵御制造《ごりょうごせいぞう》の儀《ぎ》、取調進達《とりしらべしんたつ》仕《つかまつ》り候様《そうろうよう》、広橋大納言殿《ひろはしだいなごんどの》（広橋胤保《ひろはしたねやす》）ヨリ仰出《おおせいだ》さる。中古《ちゅうこ》、仏法渡《ぶっぽうと》来已後《らいいご》、制造《せいぞう》の形様《けいよう》モ変革《へんかく》仕《つかまつ》り、遂《つい》ニ上古純朴《じょうこじゅんぼく》の風《ふう》、刻薄残忍《こくはくざんにん》ニ相化《あいか》シ、持統天皇《じとうてんのう》に始《はじ》め奉《たてまつ》りて御茶毘《おんだび》の事《こと》、世々《よよ》御常例《ごじょうれい》ト相成《あいな》り、恐《おそ》れ乍《なが》ら万乗《ばんじょう》（天子）の玉体《ぎょくたい》ヲ一旦灰燼《いったんかいじん》ニ委《まか》せ奉《たてまつ》り、九輪石《くりんせき》の御塔《おんとう》、御表《おんおもて》ト仕《つかまつ》り候儀《そうろうぎ》、数百年来の御定制《ごじょうせい》ト相成《あいな》り、遷延《せんえん》（ずるずる延びて）今日《こんにち》に至《いた》り候段《そうろうだん》、恐懼悲嘆《きょうくひたん》の至《いた》り、有志《ゆうし》の輩《はい》同《どう》、一揆《いっき》ニ（同志とともに）御座《ござ》候《そうろう》ところ、後光明天皇御新喪御時《ごこうめいてんのうおんしんそうおんとき》ヨリ御火葬廃《おんかそうはい》され候《そうら》へども、その後《ご》、御代々様葬《ごだいだいさまそう》、御龕前堂《おんがんぜんどう》へ入御《にゅうぎょ》、御式《おんしき》なされ、済夫《さいふ》ヨリ山頭堂《さんとうどう》（茶毘）ニテ御茶毘《おんだび》の御作法《ごさほう》これ有《あ》り。此《こ》の所《ところ》ヨリ御廟所《ごびょうしょ》マテハ寺門僧徒《じもんそうと》ども御密行《おんみつぎょう》と称《しょう》し奉《たてまつ》り、御表面《ごひょうめん》ハ御火葬《おんかそう》、御内実《ごないじつ》ハ御埋葬《ごまいそう》ト申《もう》し候儀《そうろうぎ》ニ存《ぞん》じ奉《たてまつ》り候《そうろう》。（中略）勿体《もったい》なくも一天万乗《いってんばんじょう》の大君《たいくん》トシテ表裏不合《ひょうりふごう》の御礼節《ごれいせつ》これ有《あ》る儀《ぎ》ニテ四海臨御《しかいりんぎょ》（世界に君臨する）の御体裁《ごていさい》ニ於《お》テ恐《おそ》れ乍《なが》ら御瑕瑾《ごかきん》（きず）ニモ渡《わた》さるべき歟《か》ト痛哭《つうこく》奉《たてまつ》り候《そうろう》。（中略）断然《だんぜん》内外一致《ないがいいっち》の御埋葬《ごまいそう》の御礼儀《おんれいぎ》ニ復《ふく》され、右御茶毘無実《みぎおんだびむじつ》の御規式一切御廃止《ごきしきいっさいごはいし》ニ相成《あいな》り候様《そうろうよう》仕《つかまつり》度《た》く存《ぞん》じ候《そうろう》。将亦《まさにまた》、名分国体《みょうぶんこくたい》ハ天下《てんか》人心《じんしん》の向背《こうはい》ニ関係仕《かんけいつかまつり》候儀《そうろうぎ》、右早々御英断《みぎそうそうおんえいだん》これ有《あ》り、臣子忠孝《しんしちゅうこう》の標準《ひょうじゅん》、御教誡《ごきょうかい》御座《ござ》なく候《そうろう》テハ御陵《ごりょう》の儀《ぎ》、取調出来《とりしらべでき》かね候《そうろう》ニ付《つ》き、微衷《びちゅう》申《もう》し上《あ》げ候《そうろう》。此《こ》の段《だん》、伺《うかが》い奉《たてまつ》り候《そうろう》。已上《いじょう》。

この文書の内容を要約すると、以下のとおりである。

仏法伝来以後、上古純朴の習わしが失われ、この数百年は玉体を灰にして石の九輪塔をたてるようになったのは恐懼悲《きょうくひ》嘆《たん》の至りである。後光明天皇から火葬は廃されたけれども、その後も山頭堂（茶

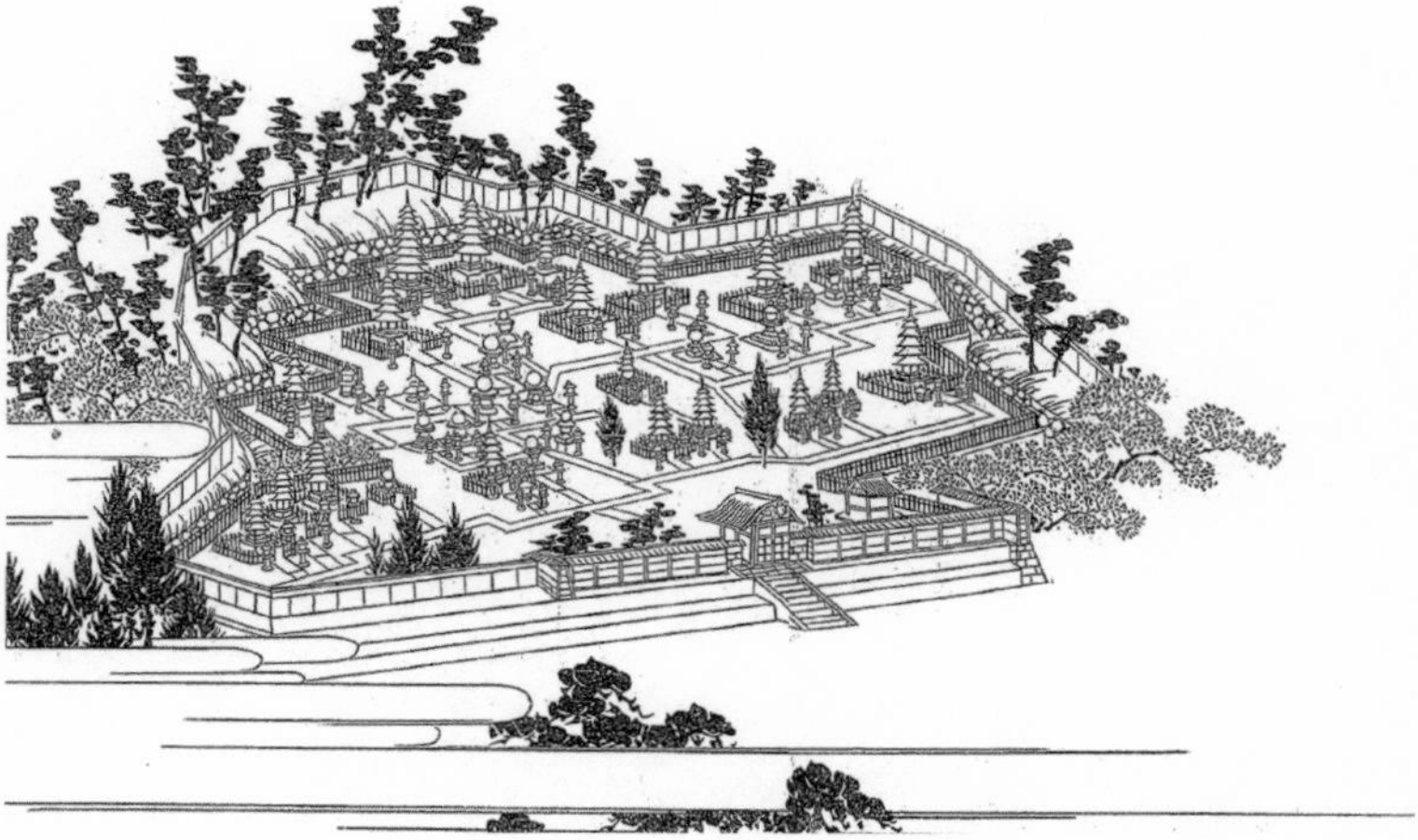

江戸時代の歴代天皇の陵　泉涌寺境内につくられた。今は宮内庁の管轄で月輪陵・後月輪陵とよばれる。（『古事類苑』国立国会図書館デジタルコレクション）

毘所の葬場殿）で荼毘の作法がおこなわれている。山頭堂から廟所までは僧たちが密行と称して、表面は火葬、内実は埋葬と申している。このような表裏不合の葬礼では四《し》海臨御《かいりんぎょ》（世界に君臨する）皇室の傷にもなると痛哭する。名分《みょうぶん》国体は天下人心の向背にかかわることなので、元来の埋葬に戻してほしい。

このように訴えた戸田忠至ら山陵復古の「有志の輩同」は、孝明天皇の陵を泉涌寺山内から分離することもめざし、吉田山（京都市左京区）または天智《てんち》天皇の山科《やましな》陵（京都市山科区）付近を選ぶべきだと主張した。それは桓武天皇につながるところを陵所に選ぶべきだという意見だ。

しかし、それには泉涌寺をはじめ諸寺から猛反発があり、宮中にも働きかけて反対運動をおこなった。しかも、宮中の御《お》黒戸《くろど》（御所の仏間）でも歴代天皇の供養が仏式でおこなわれるなど、仏事は引き続き重視されていた。まして、葬儀は皇室の菩提寺である泉涌寺に委ねるほかに手段はない。

また、孝明天皇の后《きさき》だった英照《えいしょう》皇太后が、歴代の天皇陵から離れたところにひとり先帝だけを埋葬するのはしのびず、泉涌寺を離れるとじゅうぶんに供養ができないので従来どおり泉涌寺山内に陵をつくることを望んだ。

その結果、それまでの月輪陵・後月輪陵とは少し離して背後の山中に孝明天皇陵がつくられることになった。後月輪東山陵《のちのつきのわひがしりょう》というが、その形は古代の古墳のような円墳である。

ただし、長い伝統の葬儀を完全に仏式から分離するのは容易ではなかった。各宗の寺々は天皇の不予（病）が伝えられると、一斉に玉体加持《ぎょくたいかじ》の祈禱《きとう》をおこなったし、葬儀にさいして供養の勤行をつとめた。また、大正天皇が葉山御用邸で崩じて遺体を霊柩《れいきゅう》に納める御舟入《おふねいり》（納棺）がおこなわれたとき、「南無妙法蓮華経」の題目または「南無阿弥陀仏」の念仏名号をいそいそと紙に書く職員の姿があった。それを棺《ひつぎ》に収めたのである。

侍医頭の入沢達吉《いりさわたつきち》が大正天皇の崩御の翌日も御用邸に行き、その日の日記に「皇后宮（貞明皇太后）の御自身の御所願にて「南無妙法蓮華経」の文字を一枚の紙に四十八個認《したた》めたるもの（或は木印にて捺《お》したるもの）多数を造る。予も一枚を書きたり」と記している。

## 【コラム】神武天皇陵の探索と復興

慶応三年（一八六七）に発せられた「王政復古の大号令」に「諸事《しょじ》神武《じんむ》創業之始《そうぎょうのはじめ》ニ原《もと》ツキ」とあるように明治の維新政府は大和を平定して初めて朝廷を立てた初代神武天皇に国家の原点を求めた。

ところが、歴代天皇の原点である神武天皇陵がどこにあるのかわからない。『古事記』に「御陵《みはか》は、畝傍山《うねびやま》の北の方《かた》の白檮尾《かしのお》の上に在り」、『日本書紀』には「畝傍山東北陵《うねびやまのうしとらのみささぎ》に葬《ほふ》りまつる」とあるので、畝傍山（奈良県橿原市）のあたりにあると考えられたが、その陵と伝えるところが複数ある。うち三か所が有力だった。一つ目は「字ツカ山（塚山）」、二つ目は「丸山」、三つ目は「ミサンサイ（ミサンザイ）」とよばれるところである。「ミサンザイ」は「みささぎ」のなまりだといい、江戸時代には、そこに「神武田《じんむでん》」という名の石塚があった。

尊王の儒学者、蒲生君平《がもうくんぺい》（一七六八～一八一三年）が寛政《かんせい》八年（一七九六）から十余年にわたって山陵を探索して『山陵志』をあらわし、神武陵については「未だ何処《どこ》なるかを詳《つまびらか》にせず」と所在はわからないとしている。

文久二年（一八六二）閏《うるう》八月、宇都宮藩の藩主が山陵修補の建白を幕府に出した。関東北部の要衝である宇都宮藩の歴代藩主は譜代大名がつとめ、水戸徳川家とも近い関係にあった。また、蒲生君平の出身地でもある。

その宇都宮藩が山陵修補の建白を出したのは、公武合体のあかしとして皇女和宮《かずのみや》が降嫁した年である。しかし騒乱はおさまらず、閏八月には会津藩主の松平容保《まつだいらかたもり》が京都守護職に任じられた。そのような状況のなかで幕府は山陵修補の実施を決め、宇都宮藩家老の戸田《とだ》忠至《ただゆき》（一八〇九～一八八三年）を山陵奉行に任じた。そのころ、尊皇という点では幕府も討幕派も同じで、幕府は尊皇の証《あかし》として巨費を投じて山陵の修復にのりだしたのである。

戸田忠至と宇都宮藩士らの一行は九月に家臣団とともに江戸を発《た》ち、京都で準備をととのえたのち、絵師、大工の棟梁《とうりょう》などを加えて十一月から大和の天皇陵から巡検を開始し、三年をかけて歴代天皇陵の修陵が行われた。

この文久の修陵の結果は、慶応三年（一八六七）、おりから新造の孝明天皇陵図をふくめて『文久山陵図』という図録にまとめ、幕府と朝廷に献上した。陵を玉垣でかこって正面に鳥居と拝所をもうけ、神社と同様に玉砂利をしきつめた現在の天皇陵の形は、この文久の修陵によってつくられた。

もうひとつ、今も受け継がれていることがある。宮内庁が管理するどの天皇・皇后陵にも、文久の修陵以来みな「みだりに域内に立ち入らぬこと」「鳥魚等を取らぬこと」「竹木等を切らぬこと」という三か条が掲げられていることである。以前は、立ち入って鳥や竹をとったりされていたので、修陵にあたって垣根をひきまわし、そうしたことを禁じたのである。

ところが、文久の修陵にあたっても神武天皇陵は三か所の塚のうちどれなのか、意見がわかれて決められなかった。孝明天皇の勅裁《ちょくさい》を仰いで神武田のあるミサンザイに治定し、文久三年五月に修陵を開始、一万五千両余を費やして同年十二月に落成、翌年の元治元年（一八六四）五月八日に勅使が派遣されて国家の安泰と攘夷貫徹の祈願がなされた。

修築前の神武天皇陵は土まんじゅうのような塚がふたつあるだけだったが、修陵にあたって兆域（陵墓の区域）をきっちりと四角形に区画し、周囲に濠《ほり》をめぐらせた。内部にあった祠《ほこら》のたぐいは排除し、石塚の神武田は神聖なものとしてそのまま残された。そこは「万世一系の皇統をいただく国体」の原点として明治以降も修陵が続き、明治二十三年（一八九〇）に神武天皇・皇后を祭神とする橿原《かしはら》神宮《じんぐう》が創建された。

# 第六章　近現代

明治以降はヨーロッパ哲学や経典の歴史的研究から近代仏教学が発達した。写真の築地本願寺（東京都中央区）は大正十二年（一九二三）の関東大震災後に建て替えられた浄土真宗本願寺派（西本願寺）の寺院で、古代インドの寺院を模して造られた。仏教の原点となる原始仏教の研究が盛んにおこなわれた近代の仏教を象徴する建物である。

写真――築地本願寺　PIXTA

# 1 神仏分離

**神仏分離令と廃仏毀釈**　江戸時代には、ほぼ六十年おきに「お蔭参《かげまい》り」とよばれる伊勢詣が爆発的に発生した。舞い踊りながら街道を集団で行進し、規模は数百万人に達する。それは一種の社会的パニックで、手ぶらで参加しても供出される食料を食べ、「よいじゃないか、ええじゃないか」と行進した。

その最後が慶応三年（一八六七）八月から翌年四月にかけての「ええじゃないか」である。この騒動の最中、十月に大政奉還《たいせいほうかん》があって維新政府が成立。翌年三月から政府は一連の神仏分離令（神仏判然令）を布告。慶応三年一月十七日に維新政府が中央官制として設置した神祇事務局から布告された最初のもの以下、一連の布達のいくつかをあげる。なお、慶応四年は九月に元号が年初にさかのぼって明治とされた。

**神仏分離に関する布告**（一　慶応四年三月十七日／神祇事務局より諸社へ達す）出典89

今般王政復古《こんぱんおうせいふっこ》、旧弊御一洗為《きゅうへいごいっせんな》され在《あ》り候《そうろう》ニ付《つき》、諸国大小《しょこくだいしょう》ノ神社《じんじゃ》ニ於《おい》テ、僧形《そうぎょう》ニテ別当或《べっとうあるい》ハ社僧抔《しゃそうなど》ト相《あい》唱《とな》へ候輩《そうろうやから》ハ復飾《ふくしょく》仰《おお》せ出《いだ》され候《そうろう》、若《も》シ復飾《ふくしょく》の儀余儀《ぎよぎ》無《な》く差支之有《さしつかえこれあ》る分《ぶん》ハ申《もう》し出《いだ》さるべく候《そうろう》、仍《よっ》テ此《こ》の段相《だんあい》心得《こころう》べく候事《そうろうこと》（後略）

［訳］このたび（慶応三年十二月九日）王政復古の大号令を発せられ、旧弊を御一新されたので、諸国大小の神社にて僧形《そうぎょう》で別当あるいは社僧などと称している者たちは復飾（還俗《げんぞく》）を命じられた。もし復飾

が余儀なく差し支えのある者は申し出よ。以上、このことをよく心得ること（後略）[1]

**1 後略**＝別当・社僧は還俗のうえ僧位・僧官を返上せよ。官位は追って沙汰《さた》する。

**神仏分離に関する布告**（二　慶応四年三月二十八日／神祇事務局達す）出典89

一《ひとつ》、中古以来《ちゆうこいらい》、某権現《ぼうごんげん》或《あるい》ハ牛頭天王《ごずてんのう》の類《たぐい》、其外仏語《そのほかぶつご》ヲ以《もつ》て神号《しんごう》ニ相称《あいとな》へ候神社《そうろうじんじやすく》少なからず候《そうろう》、何《いず》レモ其《その》神社《じんじや》の由緒《ゆいしよ》委細《いさい》ニ書付《かきつけ》、早早申《そうそうもう》し出《いだ》すべく候事《そうろうこと》（中略）

一、仏像《ぶつぞう》ヲ以《もつ》て神体《しんたい》ト致《いた》し候神社《そうろうじんじや》ハ、以来《いらい》相改《あいあらため》申《もう》すべく候事《そうろうこと》

付《つけたり》、本地《ほんち》抔《など》ト唱《とな》へ、仏像《ぶつぞう》ヲ社前《しやぜん》ニ掛《かけ》、或《あるい》ハ鰐口《わにぐち》、梵鐘《ぼんしよう》、仏具《ぶつぐ》等《とう》の類《たぐい》差置《さしお》き候分《そうろうぶん》ハ、早々取除《そうそうとりのぞ》キ申《もう》すべき事《こと》（後略）

［訳］一、平安時代から権現あるいは牛頭《ごず》天王の類《たぐい》、そのほか仏教語を神号にしている神社が少なくない。どの神社も由緒を詳しく書き付け、早々に申し出よ（中略／ただし勅祭の神社、御宸翰《ごしんかん》などがある神社は別に伺いを提出せよ）

一、仏像を神体としている神社は、今後改めよ。

補足、本地などといって仏像を神前に掛けたり、鰐口《わにぐち》、梵鐘《ぼんしよう》、仏具などの類を置いている場合は、早々に取り除くこと（後略／以上、命じられた）

**神仏分離に関する布告**（六　慶応四年閏四月十九日／神祇事務局より諸国神職へ達す）出典89

一《ひとつ》、神職《しんしよく》の者《もの》、家内《かない》ニ至《いた》る迄《まで》、以後《いご》神葬《しんそう》に相改《あいあらた》め申《もう》すべき事《こと》（後略）

〔訳〕一、神職の者は、家内に至るまで、以後は神葬に改めること（後略／一、還俗《げんぞく》の別当・社僧が神職とともに神事をおこなうときの席次などはこれまでどおりとする）

葬儀は神社の神職とて亡くなれば仏式で弔われるのが普通だったが、明治には政府高官が率先して神葬祭に転じた。そのために現在の都営青山《あおやま》霊園、同谷中《やなか》霊園が造成され、今も「〇〇之都城《つき》（津城）」と刻んだ墓石が多く見られる。それは古代の墓所のよびかたを復活させたものだが、墓石の形そのものは仏式と同じか古墳を模した小円墳である。

## 神仏分離に関する布告（七　明治元年十一月二日／同日御布告）出典89

神仏《しんぶつ》混淆《こんこう》致《いた》さぬ様《よう》、先《さき》に達《たつ》して御布令《ごふれい》之有《これあ》り候得《そうらえ》ども、破仏《はぶつ》の御趣意《ごしゆい》ニハ決《けつ》して之無《これな》き処《ところ》、僧分《そうぶん》ニ於《おい》テ妄《みだり》ニ復飾《ふくしよく》の儀《ぎ》願《ねが》い出候者《いでそうろうもの》、往々之有《おうおうこれあ》りと謂《いわ》ざる事《こと》に候《そうろう》、若《もし》モ他《ほか》ノ技芸《ぎげい》之有《これあ》り国家《こっか》ニ益《えき》スル儀《ぎ》ニテ還俗《げんぞく》致《いた》し度《た》き事《こと》ニ候得《そうらえ》ハ其能《そののう》御取調《おとりしらべ》ノ上《うえ》、御聞届《おききとどけ》モ之有《これあ》るべき候得《そうらえ》ども、仏前《ぶつぜん》ニテ蓄髪致《ちくはついた》シ候儀《そうろうぎ》ハ相成《あいな》らざる候間《そうろうあいだ》、心得違之無《こころえちがいこれな》き様《よう》、御沙汰候事《ごさたそうろうこと》

〔訳〕神仏混淆《こんこう》いたさぬよう、先に達した御布令《ごふれい》があるけれども、これは廃仏毀釈《きしやく》の御趣意では決してない。ところが、僧の身分でみだりに復飾を願い出る者が往々にあるといわざるをえない。もしも他に技術があって国家に益することで還俗《げんぞく》したい旨があれば、その能力を御取り調べの上、御許可もされようが、仏前（寺内）にて蓄髪して還俗をはかることがあってはならない。心得違いがないよう、御沙汰《ごさた》すること。

神仏分離によって社僧（神社の僧）は追い出され、神社にまつられていた仏像が破壊されるなどの廃仏毀釈がおこなわれた。その打撃は、とりわけ神仏一体だった修験道で大きく、壊滅に近い状態になった。神仏習合は今も存続してはいるが、寺と神社が一体だった江戸時代までの寺社の姿は、今では想像するのも困難なほどの大きな文化断絶がうまれた。

**神社の国家統制**　いっぽう神社にも大きな文化断絶が生じた。神社は土地ごとの伝承によって祭式もさまざまだったが、明治政府で太政官《だじょうかん》とならぶ最高官庁になった神祇官《じんぎかん》（のち神祇省・教部省）は国学者が支配した。全国の主要神社を官社として、いわゆる国家神道化をすすめた。それにともない、祭式の共通化が国家規模で行われた。明治五年（一八七二）には太陽暦の採用により神事も新暦によることとして、端午・七夕・重陽など五節供を廃止し、神武天皇即位日（紀元節）と天長節《てんちょうせつ》（天皇誕生日）を祝日とした。春秋の彼岸も神社では歴代天皇の霊を祀《まつ》る春季皇霊祭・秋季皇霊祭となった。

明治八年には「神社祭式」を布告し、官国幣社の例祭の祝詞《のりと》や調度・祭具を統一し、諸社も準ずべきこととした。伊勢神宮も様変わりした。伊勢には天照大神を祀る内宮《ないくう》（皇大神宮）と豊受《とようけ》大神を祀る外宮《げくう》（豊受《とようけ》大神宮）がある。外宮の豊受大神は食べ物や産業の神で、江戸時代の伊勢参りは外宮のほうが中心だった。伊勢の内宮・外宮は密教の金剛界《こんごうかい》・胎蔵界《たいぞうかい》の両部《りょうぶ》曼荼羅《まんだら》に対応するという両部神道も外宮から広まった。しかし、神仏分離によって仏教色は除かれ、明治四年の神社改革にともなって皇祖の天照大神を祀る内宮が上位とされる。神職も世襲を廃して任免制に改められた。

ちなみに伊勢神宮に天皇が親拝したのは明治二年、明治天皇が最初である。

**檀家制度のその後**　明治四年（一八七一）、政府は宗旨人別帳《しゅうしにんべつちょう》を廃止し、同六年にはキリスト教の布教も解禁した。そのころには廃仏毀釈も終息し、江戸時代に確立した檀家制度そのものは強固に存続した。むしろ、武家にならった明治の民法によって長子相続を軸とする家制度が強まって家の先祖をまつる菩提寺《ぼだいじ》との関係はつづき、都市部の寺町や農村の集落ごとに寺がある風景が維持された。

しかし、一九六〇年代からの高度経済成長期の大きな社会変動により、檀家制度を支えてきた親族と地域社会が弱体化し、とりわけ過疎化した地域の寺々の存続は難しくなっている。また、亡き父母など身近な人の供養にも散骨や樹木葬など新しい形が生まれているが、「やっぱりお坊さんにお経をあげてもらいたい」という要望は今も強い。東京や大阪の大都市圏には、その気持ちに応えて檀家を急増させている寺もある。また、先祖供養の功徳を説いて信徒を集めている宗教団体もある。

いっぽう、明治以来の近代仏教学において、葬儀や戒名、読経が本来のものではない「葬式仏教」だとして否定されたり、その意味が十分に説明されなかったりして、それを担ってきた寺々の危機を深めている。

## 2 近代仏教の動き

**経典の歴史的研究**　明治の文明開化、すなわち西洋化の波は仏教界にも大きく影響した。ひとつはヨーロッパで進んでいたサンスクリット経典・パーリ経典による経典の歴史研究への取り組みである。日本では仏教伝来の当初から漢訳経典が用いられてきたが、漢訳される前には古代インドのバラモンの祭文や神話叙事詩が記された霊的な言語のサンスクリット（梵語《ぼんご》）で仏教経典も書かれた。さらに、それ以前の経典は俗語のパーリ語で書かれたが、仏教が発展するにつれてサンスクリットで書き改められるか、紀元一世紀頃から編まれた大乗経典は最初からサンスクリットで書かれた。

いっぽう、初期の仏教が伝播《でんぱ》したスリランカでは、外来のパーリ語が聖語として維持され、パーリ経典が保たれていた。これを原始仏典という。また、パーリ経典による仏教の最初のものとして根本経典ともいった。

漢字を聖なる文字とした中国では、翻訳を終えると元のサンスクリット経典は残さなかったが、日本では遣唐使船で持ち帰ったサンスクリット経典が法隆寺などに伝わっている。それによって江戸時代に慈雲飲光《じうんおんこう》（一七一八～一八〇四年）がサンスクリットの文字や文法などをまとめて『梵学津梁《ぼんがくしんりょう》』を著した。また、梵字《ぼんじ》（サンスクリット文字）が仏菩薩の種字《しゅうじ》（シンボル）や真言として広く普及していた。しかし、その梵字は元のサンスクリット文字とは大きく形が変化していた。それに対して、ヨーロッパで進んだサンスクリット経典・パーリ経典の研究を日本にも取り入れようとする運動が起こった。その初期の代表的な仏教学者が南条《なんじょう》（南條）文雄《ぶんゆう》（一八四九～一九二七年）である。

南条は真宗大谷派の僧で、明治九年（一八七六）、法主の大谷光瑩《おおたにこうえい》によってイギリスに派遣され、オックスフォード大学のマックス・ミュラーに学んだ。

マックス・ミュラー（一八二三～一九〇〇年）はドイツに生まれ、一八四八年にイギリスに招かれたインド学者である。当時、インド・スリランカはイギリスの植民地だった。その経営の必要からインド文化の理解のために、資金をイギリス東インド会社が出して、サンスクリットに通じたマックス・ミュラーにインド最古の神話群『リグ・ヴェーダ』の翻訳を依頼した。ミュラーはそれにとどまらず、比較言語、比較宗教、仏教学を幅広く研究していた。

南条は帰国後の明治十八年（一八八五）に東京帝国大学講師になり、梵語を教えた。その後、真宗大学（現・大谷大学）の第二代学監についたが、その初代学監は後述の清沢満之《きよざわまんし》だった。

明治には各宗が学校をつくり、現在の龍谷大学（浄土真宗本願寺派）、駒沢大学（曹洞宗）、立正大学

（日蓮宗）などの宗立大学のもとになった。

それらの宗立学校では、それぞれ仏教の近代化のための研鑽《けんさん》を進めたが、特に重要視されたのはヨーロッパの経典研究に学ぶことだった。それがどういう思いだったのか、南条文雄の『感想録』（一九〇六年）の一節をあげる。

**感想録**（第三章「師の感化」第二節「マクスミユラー先生」）出典90

プロフエッサー、マクスミユラー氏は独逸《ドイツ》の生《うまれ》で、後に英人になつた人である。明治三十三年十月二十八日に七十八歳で亡くなられた。此《この》人の集められた書籍は只今《ただいま》東京帝国大学に来て居る、男爵岩崎《いわさき》久弥《ひさや》氏がそつくり買ひ求めて寄附せられたので、将来マクスミユラー文庫[1]といふものを拵《つく》つて其処《そこ》に集めるといふことになつて居る。（中略）仏教の書物の日本に伝はつて居るものは、皆翻訳書である、それで原書で調べたいといふのは、自分達の考へ許《ばか》りでないのである。私が行つて居る間に丁度《ちょうど》其時《そのとき》に日本の公使にて上野といふ人があつた、其人にも話したことがある、吾々《われわれ》英語を覚えてそれで、サンスクリット即《すなわ》ち印度《インド》の古語で以《もっ》て、吾吾の専門のことの書いてある、仏経のことを調べたいといふことを云つた。印度の国は英国の保護を受けて居る国であるから、印度のことを調べるには却《かえっ》て英国にて調べる方が近道であらうと思ふて来たのであります（以下略）。

1 **マクスミユラー文庫**＝およそ二万冊の資料が収蔵されたが、大正十二年（一九二三）の関東大震災で焼失した。

この南条文雄のほか、東洋大学創始者の井上円了《いのうええんりょう》（一八五八〜一九一九年）、東京大学印度哲学科を創設した姉崎正治《あねざきまさはる》（一八七三〜一九四九年）らが西洋哲学を導入して仏教の近代化につとめた。ドイツのヘーゲル哲学の歴史進化論から仏教の再構築をめざし、精神主義を説いた真宗大谷派の清沢満之（一八六三～一九〇三年）が、その哲学の概要を述べた講義録『宗教哲学骸骨《しゅうきょうてつがくがいこつ》』をあげる。

**宗教哲学骸骨**（第一章「宗教と学問」）出典91

宗教心　宗教《しゅうきょう》が吾人《ごじん》の間《あいだ》に存《そん》するは如何《いか》なる理由《りゆう》あるによるかと言《い》ふに古来宗教起原《こらいしゅうきょうきげん》の論区々《ろんくく》にして一定《いってい》せずと雖《いえど》も畢竟《ひっきょう》するに吾人《ごじん》に於《おい》て之《これ》を提起《ていき》すべき性能《せいのう》あるに由《よ》るなり此性能《このせいのう》を名《な》けて宗教心《しゅうきょうしん》といふ（中略）宗教心《しゅうきょうしん》は人心中一種の性能《せいのう》なりと雖《いえど》も固《もと》より発達進化《はったつしんか》のものたるが故《ゆえ》に始《はじめ》にありては極《きわ》めて隠微《いんび》にして漸《ようや》く進《すすん》で顕著《けんちょ》なるに至《いた》れるものなるなり蓋《けだ》し宗教《しゅうきょう》に古今東西種々《ここんとうざいしゅじゅ》の不同《ふどう》あるは宗教心発達《しゅうきょうしんはったつ》の差等《さとう》あるによれるものなりとす。

［訳］宗教心　宗教が私たちにあるのは、どういう理由によるのかといえば、古来、宗教の起源論にはいろいろあって一定ではないけれども、つまるところ、私たちの中に宗教を提起する性能（性格・能力）があるからである。この性能を「宗教心」という。（中略）宗教心は人の心中にある一種の性能であるけれども、もとより発達進化するものであるから、原初にはきわめて隠微（かすかなもの）だったが、だんだん進化してはっきりしたものになった。なお、宗教に古今東西種々の違いがあるのは、宗教心の発達の差などによるものとする。

清沢満之（旧姓徳川）は親鸞の言行録『歎異抄』の再発見者でもある。その「弥陀の五劫思惟《ごこうしゆい》の願をよくよく案ずれば、ひとへに親鸞一人がためなりけり」（後序）という言葉は、仏と一対一で向きあう個人の自覚的な信仰として再評価され、満之の弟子の暁烏敏《あけがらすはや》が『歎異抄講話』などによって広めた。

**仏法から「仏教」へ**　『宗教哲学骸骨』にいう「宗教」は英語の religion にあたる訳語で、仏教・キリスト教などを包括する概念である。仏教も江戸時代までは宗旨、宗門、仏家、仏門、仏法等とよぶのが普通で、仏の教えという意味で仏教ということはあったが、キリスト教などと対置しうる一つの宗教としての「仏教」という言葉はなかった。また、近代の仏教学者には、宗旨・宗門の伝統文化は習俗化して本来の仏教から離れ、さまざまな迷信にとらわれた無知蒙昧《もうまい》なものとして、その蒙《もう》を啓《ひら》くという啓蒙主義が強かった。

**欧米仏教への批判**　欧米での仏教研究への傾倒に対して、明治三十三年（一九〇〇）から明治四十三年までドイツに留学し、東洋大学教授などを務めた浄土宗の渡辺海旭《わたなべかいきょく》（一八七二〜一九三三年）は、大正七年（一九一八）に刊行した講義録『欧米の仏教』でパーリ経典、サンスクリット経典をはじめ、チベット仏教や中国仏教に関する欧米での仏教研究には目を見張るものがあり、大いに学ぶべきものであるが、「欧州の仏教は、大学教室の仏教だ、専門家や研究家の書斎仏教だ、くたけた処で社交家や芸術家のサロン仏教位であらう」（『欧米の仏教』「物説」丙午出版社、一九一八年）と批判している。

仏教の原典研究が「専門家や研究家の書斎仏教」である点は日本でも変わらない。その原始仏典を一挙に民衆のものにしたのは友松圓諦《ともまつえんたい》（一八九五〜一九七三年）の『法句《ほっく》経講義《きょうこうぎ》』だった。法句経はパーリ語の原始仏典である。現在は中村元訳『ブッダの真理のことば　感興のことば』（岩波文庫、一九七八年）が広く読まれている。

友松圓諦は昭和二年（一九二七）から同四年までドイツ、フランスに留学した仏教学者で、慶應義塾大学予科の講師等を勤めた（のち大正大学教授）。昭和九年に日本放送協会（現ＮＨＫ）の依頼で法句経の四百二十三の詩篇から十五篇を選び、一日に一篇、ラジオで放送した。それが『法句経講義』として刊行され、非常によく売れたという。その第一講から引用する。

**法句経講義**（第一講　うらみは熄《や》む）／は改行　出典92

法句経と申しますのは原本ではダルマパダと申しております。ダルマというのは普通いう達磨《だるま》、真理のことです。パダといいますのは英語にもドイツ語にもやはり同じような言葉がありまして、「道《みち》」とか、「道跡《みちあと》」というような意味であります。そこで、ダルマが真理ですから、ダルマパダというのは「真理の足跡」つまり、真理のかずかずを集めたものです。中国人はそれをたくみに翻訳いたしまして「法句経」といたしました。（中略）

この法句経といいますものは古今東西、しばしば多くの国にも訳されており、そうして非常にわかりやすいお経であります。ひと口にお経というとなにか大変むずかしいことのように、よほど哲学とか深い学問とかがなければわからないように、考えておりますが、釈尊《しゃくそん》の教えは決してどの経典《きょうてん》でもむずかしいわけがないのです。とりわけ、この法句経は、どなたがお読みになってもわかります。（後略）

法句経　五
まこと、怨《うら》みごころは／いかなるすべをもつとも／怨みをいだくその日まで／この地上にはやみがたし
ただうらみなさによりてこそ／このうらみは息《や》む／これ易《かわ》りなき真理《まこと》ぞ。

まことに、他人をうらむ心をもってしては、どうしても、そのうらみを解《と》くことはできない。ただ、う

らみなき心によってのみ、うらみを解くことができる。このことは永恒《えいこう》に易《かわ》ることのない真理《しんり》である。

法句経には人生訓としても通じるような言葉が多い。そこにわかりやすさもあるのだが、問題は、この世のことだけではない。法句経にも死後の輪廻《りんね》が説かれており、三宝《さんぽう》に帰依《きえ》すべきことも説かれているのだが、そこのところは近代仏教では理解しにくいことになった。友松は第十四講「三宝に帰命したてまつる」の「帰依ということ」で次のように語っている。

**法句経講義**（第十四講　三宝に帰命したてまつる）出典92

この帰依という心持ちが、仏教において中心的な役割を占めたということは、まことに私どもにとって尊い気持がいたします。帰依は信仰と表裏した心持ちで、「信」あればこそ帰依の情となり、帰依の情はそのまま「信」の役割をいたします。こういった帰依とか、信とかいうものが仏教にはいり、仏教を会得《えとく》いたします第一歩です。（中略）

よく世間で、仏教は実にすばらしい哲学であるとか、仏教の理論というものはほとんど哲学的に組織されているとか、いわれていますことは事実です。けれども、どうも宗教としてはあまり香《かん》ばしいものではないようにとかくいわれています。そのくせ、事実、仏教はインド、中国、日本、そうした仏教の流れ入った国々においては、まったく「学問」としての仏教はあまり問題にされず、むしろ、その土俗《どぞく》信仰と結びつきまして、つねに宗教の形態をとってきたのです。現に日本仏教の各宗のだいたいは宗教としての実際を示しているのです。

そのくせ、仏教を学問的に研究したり、さては経文のうえだけで考えると、仏教は宗教ではなくして、むしろ一つの「人道教《じんどう》」ともいうべき道徳教にすぎないなどという結論に到着する人がありますし、欧米の仏教学者の大部分もそう考えているのです。外国人のそうした考えを持つにいたりましたのは、一つは、彼らが宗教とさえ申せばキリスト教以外の知識の用意がなかったからです。彼らはそれに、事実上の仏教のこうした「帰依」というような考え方を目撃しておらぬからでもありましょう。

友松圓諦は浄土宗の僧だったが、昭和九年に宗派を超えた真理運動を開始し、月刊雑誌『真理』を発行した。それには宮沢賢治の童話を連載し、各号八万部を発行する大きな運動になった。また、東京の秋葉原に神田寺《かんだでら》を創建して仏教再興運動をおこした。

**各宗の改革**　前述の清沢満之は仏教近代化の旗手のひとりだったが、そのピューリタン的な精神主義は伝統仏教との齟齬《そご》をうみ、真宗大谷派から除名されたこともある。いっぽう、日蓮宗の優陀那院《うだないん》日輝《にちき》（一八〇〇～一八五九年）が幕末に「本尊は妙行《みょうぎょう》の正的《しょうてき》、一宗の大事なり」と述べる『本尊略弁《ほんぞんべんりゃく》』をあらわすなど、各宗で宗祖の教えに戻ることを掲げて宗学の刷新がはかられた。そのなかで、明治二十三年（一八九〇）に曹洞宗の公式文書として公刊された『修証義《しゅしょうぎ》（曹洞教会修証義）』は道元の『正法眼蔵』の要文を集めたものという。近代の文書では珍しく、仏前で読む「お経」としてあつかわれている。

**修証義**（第一章「総序」）出典93

生《しょう》を明《あき》らめ死《し》を明《あき》らむるは仏家《ぶつけ》一大事《いちだいじ》の因縁《いんねん》なり、生死《しょうじ》の中《なか》に仏《ほとけ》あれば生死《しょうじ》なし、但生死即《ただしょうじすなわ》ち涅槃《ねはん》と心得《こころえ》て、生死《しょうじ》として厭《いと》うべきもなく、涅槃《ねはん》として欣《ねご》うべきもなし、是時初《このときはじ》めて生死《しょうじ》を離《はな》るる分《ぶん》あり、唯《ただ》一大事因縁《いちだいじいんねん》と究尽《ぐうじん》すべし。

人身《にんしん》得ること難《かた》し、仏法値《ぶっぽうお》うこと希《ま》れなり、今我等宿善《いまわれらしゅくぜん》の助《たす》くるに依《よ》りて、已《すで》に受《う》け難《がた》き人身《にんしん》を受《う》けたるのみに非《あら》ず、遇《あ》い難《がた》き仏法《ぶっぽう》に値《あ》い奉《たてまつ》れり、生死《しょうじ》の中《なか》の善生《ぜんしょう》、最勝《さいしょう》の生《しょう》なるべし、最勝《さいしょう》の善身《ぜんしん》を徒《いたず》らにして露命《ろめい》を無常《むじょう》の風《かぜ》に任《まか》すること勿《なか》れ。

［訳］生が何であるか、死が何であるかを明らかにするのは、仏教徒のもっとも大事なことだ。生死《しょうじ》に仏があれば生死なし。生死すなわち涅槃《ねはん》（さとりの平安）と心得れば、生死を厭《いと》うこともなく、涅槃を求めることもない。ここに、はじめて生死の苦悩を離れる道が見える。このことを一大事因縁《いちだいじいんねん》（この世に生をうけたもっとも大きな理由）として、ひたすらに究めよ。

人間に生まれ、仏法に出会うのはまれだ。今、我らは宿善《しゅくぜん》（過去世の功徳《くどく》）の助けによって、受けがたき人身を受け、仏法に出会えた。はてしない過去からの生死のなかで、今がもっとも勝《すぐ》れた境涯《きょうがい》である。この身をいたずらに露の命のごときものとし、無常の風にまかせてはならない。

## 【コラム】岩倉使節団、「宗教」に戸惑う

日本には、寺と神社、道端の地蔵菩薩や観音菩薩、さまざまな石塔などがおびただしくある。寺参り、神社参りに人気もある。正月の初詣、春秋の彼岸、鎮守社の祭礼など、伝統の宗教行事も多い。その意味で日本は濃密に宗教的な国だといえるのだが、西洋的な「宗教」とは異なる。寺社参りが好きで信心深い人はいるが、「信仰があるか」と問われれば、そうでもない。そこで「日本人は無宗教だ」といわれるのだが、明治四年から六年にかけて欧米諸国との親善と視察のために岩倉具視《いわくらともみ》以下、

木戸《きど》孝允《たかよし》・大久保《おおくぼ》利通《としみち》・伊藤《いとう》博文《ひろぶみ》ら政府首脳が渡航した岩倉使節団が困惑したのも、この宗教問題だった。団員の久米《くめ》邦武《くにたけ》が次のような回想を残している。

> 喫煙室に集れば銘々《めいめい》宗教の話が始まる。……西洋人に逢へば何宗かといふ事を問《とわ》れる。その時どう返答をするか、（中略）サア問れるならば仏教と言はうといふ人が有った。が仏教信者とはどうも口から出ない。どうも仏教は良く知らないから、アトを聴かれると二の句がつげぬ。仏教は困る。全体西洋は宗教などを信ずるけれど、我々はそんなことは是《これ》まで信じない。（中略）成程《なるほど》国では神道などと言ふけれども世界に対して神道といふものはまだ成立《なりたた》ない。且《かつ》何一つの経文も無い。唯《ただ》神道と言《いう》ても世界が宗教と認めないから仕方が無い。こんな議論で神儒仏共にどれと言ふ事も出来ないから、寧《むし》ろ宗教は無いと言はうといつたところが、西洋行者（洋行した人）がそれは甚《はなは》だ悪い、西洋で無宗教な人間はどう映ると思ふか……無宗教はいけない。段々斯《こ》う云ふ話になって皆困った。（『久米邦武歴史著作集』）

仏教は生活や習俗に浸透していたが、明治に宗教のひとつとして認識されるようになった仏教は江戸時代に精緻に発達した。その用語や教義は一般人には難しい。明治政府のリーダーたちさえ「どうも仏教は良く知らない」となった。

いっぽう神道は、神社ごとのいわれを伝える祝詞《のりと》や祭式はあっても「何一つの経文も無い」ものだから、欧米でいう「宗教」とは認められない。しかし、欧米に学んで国民国家をつくるには何か宗教的なものが必要だということは認識され、大日本帝国憲法の制定へと向かっていく。

# 3 国家と仏教

**近代国民国家への道**　明治の日本が学んだ欧米は近代国民国家の時代を迎えたころだった。この国民国家の大きな特色は、フランス革命とナポレオン遠征を契機に欧米諸国にひろまった国民皆兵もしくは志願兵制である。それまでの王の兵士が国民の兵となり、近代ナショナリズムを支える柱になった。ナショナリズムはアジア・アフリカでの植民地獲得競争にもあらわれ、日本もその脅威にさらされた。維新政府は明治二年に版籍奉還《はんせきほうかん》、同四年に廃藩置県《はいはんちけん》をおこない、権威と権力が分散した幕藩体制を廃して中央集権の近代国家の体制をつくった。この近代日本の基軸とされたのが神武天皇を初代とする万世一系の皇統である。

**大日本帝国憲法の制定**　明治二十一年（一八八八）、憲法案を審議するために設置された枢密院《すうみついん》の議長伊藤博文は「憲法案の大綱」を表明した。それが『明治天皇紀』に収録されている。

**明治天皇紀**（明治二十一年六月十八日「憲法案の大綱」）出典94

枢密院《すうみついん》議長《ぎちょう》伯爵《はくしゃく》伊藤博文《いとうひろぶみ》、議《ぎ》に先《さき》だちて皇族《こうぞく》・大臣《だいじん》・顧問官等《こもんかんとう》に告《つ》ぐるに憲法起草《けんぽうきそう》の趣旨《しゅし》を以《もつ》てす、（中略）之《こ》れが要《かなめ》とする所《ところ》は、憲法政治《けんぽうせいじ》の機軸《きじく》を求《もと》むより急《きゅう》なるはなし、夫《そ》れ機軸《きじく》なくして政治《せいじ》を人民《じんみん》の妄議《もうぎ》に任《まか》すときは、政《まつりごと》其《そ》の統紀《とうき》を失《うしな》ひ、国家《こっか》亦随《またしたが》ひて廃亡《はいぼう》す、（中略）抑ゝ《そもそも》欧州《おうしゅう》に於《おい》ては、憲法政治《けんぽうせいじ》の萌芽《ほうが》は遠《とお》く往古《おうこ》にありて歴史上《れきしじょう》の沿革《えんかく》に成《な》り、独《ひと》り人民《じんみん》の此《こ》の制度《せいど》に習熟《しゅうじゅく》せるのみならず、又宗教《またしゅうきょう》の存《そん》するあり

> て国家《こっか》の機軸《きじく》を為《な》し、深《ふか》く人心《じんしん》に滲潤《しんじゅん》して之《こ》れを帰一《きいつ》せり、然《しか》るに我《わ》が国《くに》にありては、仏教及《ぶっきょうおよ》び神道《しんとう》あるも、其《そ》の力微《ちからび》にして人心《じんしん》を帰向《きこう》せしむるの力《ちから》に乏《とぼ》しく、以《もっ》て機軸《きじく》と為《な》すに足《た》らず、独《ひと》り皇室《こうしつ》の存《そん》するありて、仰《あお》いで以《もっ》て機軸《きじく》と為《な》すべきなり、（後略）

宗教の力が弱い日本で国民をまとめるには皇室を基軸とするほかにないと伊藤博文はいう。そして明治二十二年、二月十一日の紀元節（初代神武天皇の即位の日として明治六年に制定）を機に皇居の賢所《かしこどころ》で皇室典範と憲法制定の告文を皇祖皇宗《こうそこうそう》（皇祖の天照大神と歴代天皇）に奏し、その後に憲法発布の式典を皇居正殿で挙げた。このときの「告文」が『明治天皇紀』（明治二十二年二月十一日）にある。

「皇朕《みことわ》レ謹《つつし》ミ畏《かしこ》ミ皇祖皇宗ノ神霊ニ誥《つ》ケ白《もう》サク　皇朕レ天壌《てんじょうむ》無窮《きゅう》ノ宏謨《こうぼ》ニ循《したが》ヒ惟神《いしん》ノ宝祚《ほうそ》ヲ承継シ旧図《きゅうと》ヲ保持シテ敢《あえ》テ失墜スルコト無シ（中略）茲《ここ》ニ皇室典範及《および》憲法ヲ制定ス　惟《おも》フニ此《こ》レ皆　皇祖皇宗ノ後裔《こうえい》ニ貽《のこ》シタマヘル統治ノ洪範《こうはん》ヲ紹述《しょうじゅつ》スルニ外《ほか》ナラス（中略）皇祖皇宗及皇考ノ神祐《しんゆう》ヲ祷《いの》リ併《あわ》セテ朕カ現在及将来ニ臣民ニ率先シ　此ノ憲章ヲ履行《りこう》シテ愆《あやま》ラサラムコトヲ誓フ　庶幾《こいねがわ》クハ神霊此《こ》レヲ鑒《かんがみ》ミタマヘ」（改行略）

大日本帝国憲法は、国民に対してではなく、皇祖皇宗に告げることによって定められた欽定《きんてい》憲法である。第一条「大日本帝国ハ万世一系ノ天皇之ヲ統治ス」、第三条「天皇ハ神聖ニシテ侵スヘカラス」と天皇の統治権を神聖なものとするが、第四条には「天皇ハ国ノ元首ニシテ統治権ヲ総攬《そうらん》シ此ノ憲法ノ条規ニ依《よ》リ之《これ》ヲ行フ」と立憲君主制の規定をもうけている。憲法は国民の権利と義務を定めたものだが、大日本帝国憲法には「国民」という言葉はなく、「臣民」とよばれている。四民すべてが「天皇の臣下」になった。

この憲法制定にあたっては民間からさまざまな私案が建議された。自由民権派には枢密院の憲法案への反対が多く、新聞も批判した。ところが、憲法公布を機に世論は一変し、君民同治主義の日本の憲法として歓迎した。発布の日には「天皇ハ陸海軍ヲ統帥ス」（第十一条）を形であらわすかのように大元帥の洋装軍服を着た天皇が皇后とともに馬車に乗って青山練兵場に行幸して陸海軍の観兵を行ったが、その沿道には憲法発布を祝う民衆が集まり、「宝祚《ほうそ》無窮《むきゅう》（皇統は永遠）」「大日本帝国万歳」などの幟《のぼり》を掲げた。

東京帝国大学のお雇い外国人のドイツ人医師ベルツは、そのようすを日記に書いている。

「二月九日　東京全市は、十一日の憲法発布をひかえてその準備のため、言語に絶した騒ぎを演じている。到るところ、奉祝門、照明《イルミネーション》、行列の計画。だが、こっけいなことには、誰も憲法の内容をご存知ないのだ」（菅沼竜太郎訳『ベルツの日記』岩波文庫、一九七九年）

仏教諸宗も天皇を奉じて国家と国民の安泰を祈願する方向に変化した。その例として島地大等《しまじだいとう》（一八七五～一九二七年）の『漢和対照《かんわたいしょう》　妙法蓮華経《みょうほうれんげきょう》』の「刻経縁起（あとがき）」をあげる。大正三年（一九一四）刊である。

**漢和対照　妙法蓮華経**（刻経縁起）　／は改行。皇室関係の語を行頭に置くためである。出典95

大蔵《だいぞう》の中《うち》、法門浩蕩《ほうもんこうとう》たり、而《しこう》して最《もっと》も／皇国《こうこく》と深厚《じんこう》の因縁《いんねん》あるものを妙法蓮華《みょうほうれんげ》と為《な》す。本朝仏教《ほんちょうぶっきょう》の太《たい》祖《そ》／聖徳太子《しょうとくたいし》親《した》しくこの経《きょう》を講讃《こうさん》し、経心《きょうしん》を体得《たいとく》して国憲《こっけん》を奠《さだ》め、文明《ぶんめい》を扶植《ふしょく》し、内政《ないせい》を革新《かくしん》し、国威《こくい》を拡張《かくちょう》し、以《も》つて民性啓沃《みんせいけいよく》の洪範《こうはん》を垂《た》れ給《たま》ひしより悠々《ゆうゆう》一千四百年《いっせんよんひゃくねん》、（中略）／皇恩《こうおん》　仏恩並《ぶつおんなら》びに感荷《かんか》し、この経《きょう》の精神《せいしん》は全《まった》く日本民性《にっぽんみんせい》の中核《ちゅうかく》を成《な》し、真俗一貫《しんぞくいっかん》凝《かた》つて／皇国《こうこく》の精華《せいか》となる。予《よ》既《すで》に深《ふか》く国恩《こくおん》を蒙《こうむ》る、国恩《こくおん》を念《ねん》ずるが故《ゆえ》に妙法蓮華《みょうほうれんげ》を念《ねん》ず、妙法蓮華《みょうほうれんげ》を念《ねん》ずるが故《ゆえ》に／聖徳太子《しょうとくたいし》を念《ねん》じ奉《たてまつ》る。／聖恩《せいおん》を報《ほう》じ奉《たてまつ》らんが為《ため》にこの経《きょう》の弘《ぐ》伝《でん》を思《おも》ふこと久《ひさ》し矣。

［訳］大蔵経の中には幅広い法門がある。そのなかでもっとも皇国と深く厚い因縁がある経典は妙法蓮華経（法華経）である。本朝仏教の開祖・聖徳太子は親しくこの経を講讃し、経の心を体得して国の憲《のり》を定め、文明を盛んにし、内政を革新し、国威を拡張し、もって民性啓沃《けいよく》の模範を垂れたまわれた。それから悠々一千四百年、（中略／仏教は歴代天皇・諸師によって伝えられた）皇恩と仏恩を深く感じる。この経の精神は全く日本民性の中核をなし、僧も俗人も結束して、皇国の精華となる。私はすでに深く国恩を受けている。国恩を念ずるがゆえに妙法蓮華を念じる。妙法蓮華を念ずるがゆえに聖徳太子を念じたてまつる。聖恩を報じたてまつらんがために、この経を弘《ひろ》めることを長く思ってきた。

島地大等は浄土真宗本願寺派の僧であるが、宗派にこだわらず法華経の意義を説いた。また、島地はシルクロードに大谷探検隊を派遣した門主の大谷光瑞《こうずい》に命じられてインド仏跡の調査をおこなったことがある。表紙にはサンスクリットで「サッダルマスートラ（白蓮《びゃくれん》の経）」の文字とインドの仏教遺跡のレリーフにある法輪礼拝の図をあしらう。天皇をいただく近代仏教の雰囲気をよくあらわす「刻経縁起」である。

こうして仏教各宗が近代化をはかりつつ、天皇制国家への順応、さらには国体奉賛の方向に動いていった。なかでも日蓮系から強い国家主義がうまれてきた。

**日蓮系の国家主義**　仏教に四恩という言葉がある。父母の恩・衆生の恩・国王の恩・三宝の恩の四つだが、『平家物語』では「まづ世に四恩候ふ。天地の恩、国王の恩、父母の恩、衆生の恩、これなり」

（巻第二「教訓状」）という。『平家物語』では「その中に最も重きは朝恩なり。普天《ふてん》の下、王地にあらずと云ふことなし」という。普天（天下あまねく）、天子の恩をこうむっているという観念は民衆にも普及した。日蓮が『立正安国論《りっしょうあんこくろん》』にいう「国」も、そういう文脈でのことだったが、明治以降、近代民族国家の国家主義から解釈されるようになった。また、日蓮は「聖人御難事」（弘安二年の書状）で故郷の安房国東条の郷は「天照大神の御《み》くりや（御厨＝供物をとる所領）、右大将家（源氏将軍家）の立始　給《たてはじめたまいし》日本第二のみくりや、今は日本第一なり」と記すなど、伊勢を崇める明治の国家神道との齟齬《そご》が大きい宗派だったが、皇国崇拝へと転換した。なかでも影響力が大きかったのは、田中智学《たなかちがく》（一八六一～一九三九年）である。智学は日蓮宗の僧だったが、還俗して明治十三年（一八八〇）に横浜で蓮華会《れんげかい》を設立。それは宗門の改革をめざすものだったが、しだいに国家主義を強め、東京に移転して、明治十七年に立正安国会と改称。大正三年（一九一四）に国柱会を結成。日蓮主義を掲げる在家教団であるが、日本国体学を推進して、文芸評論家・思想家の高山樗牛《たかやまちょぎゅう》や東京帝国大学の姉崎正治《あねざきまさはる》らも参加した。智学は大正二年、機関紙『国柱新聞』に掲載した「神武天皇の建国」で「八紘一宇《はっこういちう》（世界は一軒の家）」という言葉を打ち出した。『日本書紀』の神武天皇即位前紀にある「都を開き、八紘（天下の八方）を掩《おお》いて宇《いえ》と為さん」をもとにした造語である。

この「八紘一宇」という新語は、昭和時代に「大東亜の盟主」として強まる日本の植民地主義を後押しした。昭和六年（一九三一）に南満洲鉄道爆破の謀略事件（柳条湖《りゅうじょうこ》事件）を起こして満州国建設をすすめた関東軍参謀の石原莞爾《いしはらかんじ》も、国柱会の熱心な会員だった。

いっぽう、日蓮主義者でも妹尾義郎《せのおぎろう》（一八八九～一九六一年）は小作争議や労働争議を支援し、昭和六年に超宗派の新興仏教青年同盟を結成して初代委員長に選出されたが、「釈迦の鑽仰と仏国土建設」を掲げて反戦活動をおこなって昭和十一年に治安維持法違反で検挙され、のちに投獄された。

## 4 皇道仏教の広まり

**禅と皇道**　日中戦争がはじまった昭和十二年に杉本五郎《すぎもとごろう》陸軍中佐が山西省で戦死した。中隊を率いて敵陣に突撃し、手榴弾《しゅりゅうだん》を浴びて倒れたが、軍刀を杖《つえ》として立ち上がり、皇居の方角を向いて立ったまま絶命したという。三十八歳だった。

杉本五郎はその戦死の前に四人の息子にあてて遺書をしたため、二十通の手紙を妻へ送っていた。翌年、それが二十章の『大義』という書名で刊行されると、戦時下の青年将校や士官学校の生徒などの心を強くとらえ、のちの特攻隊で出陣する将校にも読まれた。

**大義**（第一章「天皇」）出典96

天皇は　天照大御神と同一身にましまし、宇宙最高の唯一神、宇宙統治の最高神。国憲・国法・宗教・道徳・学問・芸術乃至《ないし》凡百の諸道　悉《ことごとく》　皆　天皇に帰一せしむるための方便門なり。即ち　天皇は絶対にましまし、自己は無なりの自覚に到らしむるもの、諸道諸学の最大使命なり。無なるが故に、宇宙悉く　天皇の顕現にして、大にしては上三十三天、下奈落の極底《ごくてい》を貫き、横に尽十方に亘る姿となり、小にしては、森羅万象　天皇の御姿ならざるはなく、垣根に喞《すだ》く虫の音も、そよと吹く春の小風も皆　天皇の顕現ならざるなし。

釈迦を信じ、「キリスト」を仰ぎ、孔子を尊ぶの迂愚を止めよ。宇唯一神、最高の真理具現者　天皇を仰信《ぎょうしん》せよ。万古　天皇を仰げ。

**大義**（第二章「道徳」）出典96

天皇の御為《おんた》めに死すること、是れ即ち道徳完成なり。此《こ》の理《ことわり》を換言すれば、天皇の御前には自己は「無」なりとの自覚なり。「無」なるが故に億兆は一体なり。天皇と同心一体なるが故に、吾々の日々の生活行為は悉《ことごと》く皇作《こうさ》皇業《こうぎょう》となる。是れ日本人の道徳生活なり。

**大義**（第三章「「無」自覚到達の大道」）出典96

元来宗教・教育・武道・文学等凡百のもの悉《ことごと》く「無」に到るの道ならざるきなし。即ち寸毫《すんごう》も余す所なく「我《が》」を捨て去る手段なり。無に到るの部分は此の如く多種多様なるも、共通の根本道は唯一つ「人境不二」の道是れなり。換言すれば、境其物に成り切る境に没入一体化する無雑純一とこと是れなり。時に日に月に此の訓練を重ねたる時、遂に人境共に無き無一物の境、否、無一物も亦《また》なき絶対無の当体に到達すべし。

**大義**（第五章「皇道」）出典96

皇道とは　天皇の歩ませ給ふ大道なり。故に億兆共に歩むべき大道なり。
至正至純は　天皇の実相にして、宇宙最高の大道なり。

明治天皇御製

浅緑澄み渡りたる大空の
　広きを己《おの》が心ともがな

是れ正に天地と同梱、万物と一体、至正至純なる　天皇の御姿なり。

此の至正至純の大心より流露し来るものは
明治天皇御宸翰《ごしんかん》の一節
「天下億兆一人モ其《その》所ヲ得ザルトキハ皆朕《ちん》ガ罪ナレバ今日ノ事朕自ラ身骨ヲ労シ心志ヲ苦メ艱《かん》難ノ先ニ立チ」との大慈悲なり。
至正至純なるが故に大慈悲なり。大慈悲なるが故に至正至純なり。
仏心者《とは》大慈悲是れなり。仏とは執着緊縛《しゅうちゃくきんばく》なきをいふ。執着緊縛なきが故に「浅緑澄み渡りたる大空の広き」と同大にして大慈悲なり。大慈悲なき無執着無緊縛なるはなく、誠に至正至純は、宇宙の大と無限の慈なり。世界指導の根本原理は実に此の　天皇道なり。民亦緊縛なく至正至純ならば　天皇と不二一体、君民一如なり。
此の　天皇道こそ悉く以て依るべき大道に非ずや。人類救済の秘鍵に非ずや。唯一無二の避難所に非ずや。（中略）至正至純は　天皇なり。天皇に殉ずるもののみ至正至純なり。即ち忠なり。即ち孝なり。

強い皇道思想が記されているが、杉本五郎は臨済宗の禅に大きな影響をうけた人である。杉本五郎は十九歳のとき、東京の臨済宗龍雲院《りゅううんいん》の白山《はくさん》道場で平松亮卿《ひらまつりょうけい》に参じて以来、禅の修行を続けた。とりわけ広島に赴任してからは八年間も毎週、広島県三原市の仏通寺に通って山崎益洲《やまざきえきじゅう》について禅を学んだ。『大義』第三章「「無」自覚到達の大道」にいう「絶対無」は著名な倫理学・哲学者でやはり禅を学んだ西田幾多郎（一八七〇～一九四五年）が説いたことでもあった。

そのころ、禅と皇道は結びついて「皇道禅」とよばれたが、仏教の皇道化は禅宗にとどまらず、「皇道仏教」となった。浄土系では「天皇と阿弥陀仏は同一」とされ、阿弥陀仏も浄土も究極には皇国の理念に帰一するとされるようにもなった。

次は日蓮系の皇道仏教会が太平洋戦争下の昭和十八年（一九四三）に刊行した『皇道佛教讀本』（皇道佛教会編・発行）の一節である。

**皇道佛教讀本**（第二章「皇道仏教とは何ぞや」第一節「日本国体と宗教」）出典97

我国《わがくに》が古来《こらい》仏教《ぶつきよう》や儒教《じゆきよう》や支那《しな》経書《けいしよ》を採《と》り、近世又基督教《きんせいまたきりすときよう》や西洋哲学《せいようてつがく》を取《と》り入《い》れましたのは、国体《こくたい》の本《ほん》質《しつ》を培《つちか》ひ、国民《こくみん》を教養《きようよう》する為《ため》の精神文化《せいしんぶんか》としてでありました。即《すなわ》ち「他山《たざん》の石《いし》を以《もつ》て我《わ》が珠《たま》を磨《みが》く」のが目的《もくてき》でありました。

而《しか》し外来《がいらい》の宗教《しゆうきよう》や哲学《てつがく》は、必《かなら》ずしも其《そ》の悉《ことごと》くが日本国体《につぽんこくたい》にとつて、有用《ゆうよう》とは限《かぎ》らないのでありますから、其《そ》の有用《ゆうよう》な部分《ぶぶん》をとつて無用《むよう》な部分《ぶぶん》は捨《す》て、其《そ》の文化《ぶんか》を咀嚼《そしやく》し醇化《じゆんか》することが最《もつと》も肝要《かんよう》なのでありまして、心酔《しんすい》の余《あま》り御国体《ごこくたい》の崇高尊厳《すうこうそんげん》を忘却《ぼうきやく》するが如《ご》き事《こと》があつてはならないのであります。

この点《てん》は筧克彦博士《かけいかつひこはかせ》の「大日本帝国憲法《だいにつぽんていこくけんぽう》の根本義《こんぽんぎ》」第《だい》二十八条《じよう》に依《よ》つて明《あき》らかでありまして、宗教《しゆうきよう》の自由《じゆう》は決《けつ》して無条件《むじようけん》の自由《じゆう》ではないのであります。

少《すこ》し長《なが》くなりますが、「大日本帝国憲法《だいにつぽんていこくけんぽう》の根本義《こんぽんぎ》」の一節《いつせつ》を記《しる》しますと、

『我《わ》が信教自由《しんきようじゆう》の規定《きてい》は（中略）皇祖《こうそ》皇宗《こうそう》の御遺訓《ごいくん》の神《かむ》ながらの道《みち》を信奉《しんぽう》すべきことに於《おい》ては絶対《ぜつたい》なれども諸外教《しよげきよう》のドグマを仰《あお》ぐことには制限《せいげん》がある。「日本臣民《につぽんしんみん》ハ安寧秩序《アンネイチツジヨ》ヲ妨《サマタ》ケス及臣民《およびしんみん》タルノ義務《ぎむ》ニ背《ソム》カサル限《カギリ》ニ於《おい》テ信教《しんきよう》ノ自由《じゆう》ヲ有《ゆう》ス」と規定《きてい》せられてある。否単《いなたん》なる制限《せいげん》ではなく、天皇様《てんのうさま》の道《みち》、即《すなわち》 皇祖《こうそ》大《おお》御《み》神様《かみさま》の弥栄《いやさか》の道《みち》を、臣民《しんみん》として弥々《いよいよ》純《じゆん》にし確実《かくじつ》にする様補《ようほ》翼《よく》申《もう》し上《あ》げ油断《ゆだん》なく斯《こ》の道《みち》に追進《ついしん》するについては、臣民《しんみん》は「如何様《いかよう》なることあげ（型《かた》、形式《けいしき》、ドグマ）により手《て》を引《ひ》き手《て》を引《ひ》かれて心《こころ》のまことを鍛《きた》へても」差支《さしつかえ》ない。（中略）釈迦牟尼《しやかむに》が神《かむ》ながらの日本臣民《につぽんしんみん》として生《うま》れ給《たま》ひし時《とき》如何《いか》に其《そ》の精神《せいしん》を説《と》かるゝかといふことを心《こころ》して致《いた》すべく、イエス・キリストの教《おしえ》を信《しん》ずるも亦可《またか》なるが、イエス・キリスト

が神国《しんこく》日本《にっぽん》の臣民《しんみん》として生《うま》れ給《たま》ひし時《とき》は、何《なん》と為《な》さるゝか何《なん》と説《と》かるゝかとの心《こころ》を以《も》ってすべしとの事《こと》に帰《き》する（以下略）』

と申《もう》されて居《お》りますが、誠《まこと》によく信教《しんきょう》の自由《じゆう》の意味《いみ》を徹底《てってい》して説《と》いて居《お》ります。（中略）日本《にっぽん》に於《お》ける各宗教《かくしゅうきょう》の向《むか》ふべき処《ところ》が、はつきりと、ここに示《しめ》されて居《お》ります。

「皇祖皇宗」は皇祖の天照大神と歴代天皇を意味し、「万世一系の天皇」を国の柱とすることが日本の国体とされた。大日本帝国憲法の第二十八条の条文は右の引用文にもある「日本臣民ハ安寧秩序ヲ妨ケス及臣民タルノ義務ニ背カサル限ニ於テ信教ノ自由ヲ有ス」である。

筧克彦（一八七二〜一九六一年）は、東京帝大、國學院大學で教授をつとめた法学者であるが、右の引用文中でも「もし釈迦やイエスが日本に生まれて臣民（天皇の臣下である国民）になっていたら、どのように教えを説かれるか」と述べるなど、ファンダメンタルな神道思想家であった。その著述は当時の言論界や陸軍皇道派に大きな影響を与えた。

## 5　戦争への宗門の対応

**国民精神総動員運動**　昭和十二年（一九三八）七月、北京郊外の盧溝橋《ろこうきょう》で演習中の日本軍が中国軍を攻撃した。この盧溝橋事件は日中戦争に発展。政府は国民の戦意昂揚をはかって「挙国一致」「尽忠報国」「堅忍持久」をスローガンに掲げて国民精神総動員運動を開始した。同時に文部大臣が仏教・キリスト教などの宗教団体に挙国一致運動の推進を要請した。それをうけて十月に東京仏教護国団が報国大会を開催。日本基督教連盟も「時局に関する宣言」を出して国策への協力を表明した。キリスト教では一部の教団がスパイ容疑もかけられるなかで、全体としては国民精神総動員に呼応した。さらに昭和十三年には、人的・物的資源を政府が統制することを可能にする国家総動員法制定。昭和十四年には宗教団体法が成立し、明治に分立していた各宗が系統ごとに合同した。

さらに昭和十五年三月には衆議院で聖戦貫徹決議案を可決し、全ての政党が解党して十月に大政翼賛会に合同。そうした動きの中で、政府の文部省宗教局は、仏教界にも一宗祖一派を基本として各派合同を要求。それにより、仏教は二十八宗派、教派神道は十三派、キリスト教二教団になった。

そして日中戦争が泥沼化して継続していた昭和十六年十二月、真珠湾攻撃によって太平洋戦争が始まった。その日、「大本営陸海軍部、十二月八日午前六時発表。帝国陸海軍は、本八日未明、西太平洋においてアメリカ、イギリス軍と戦闘状態に入れり」と放送されたラジオの臨時ニュースに国民は「ついにやったか」と熱狂して歓呼の声をあげた。それに応えて各宗寺院、なかでも鎮護国家の法をになってきた天台宗・真言宗、日蓮宗などの寺々が戦勝祈願の祈禱を盛んにおこなうようになった。

太平洋戦争開戦の昭和十六年から終戦の年までの仏教界の主な動きを記す。

昭和十六年、仏教連合会を大日本仏教会と改称。大日本仏教報国会開催。

昭和十七年、大日本仏教会、日本基督教連合会などが興亜宗教同盟創立。政府、寺院に仏具・梵鐘の供出を求める。

昭和十九年、仏教・教派神道・キリスト教の三教が合同して大日本戦時宗教報国会創立。学童の集団疎開開始、文部省が地方寺院に受け入れを求める。

昭和二十年、八月の終戦後、宗教団体法を改め、宗教法人令を布告。各宗派が宗教団体法以前の体制に分立した。

**寺々の戦争協力**　太平洋戦争の戦局が不利に傾いていくと、仏教各宗への統制がいよいよ強まった。それに応じて、宗教団体戦時中央委員会は文部省で厚生省、情報局、大政翼賛会、仏教・神道・キリスト教三教の幹部と協議会を開き、「宗教団体戦時活動実施要目」を決定した。それは多岐にわたる内容だが、一部を抜粋する（『浄土宗報恩明照会　百年の歩み』二〇一三年「資料篇」より）。

「特別布教ノ対象ハ本年度ニ於テハ特ニ工場、鉱山等ニ於ケル青少年工員、徴用工員ニ重点ヲ置キ併セテ農村ニ対シテモ十分ナル布教ニ努ムルコト」（一、教化活動ノ強化ニ就テ「1、特別布教ノ実施ニ関スル事項」イ）

「各宗団ハ其ノ布教力ヲ決戦生活ノ確立ニ結集シ国民ヲシテ感恩感謝ノ生活実践ニ徹セシムルコト」（同「2、家庭ト信仰トノ融合ニ関スル事項」イ）

「各宗団ハ其ノ所属報国会員ヲシテ勤労奉仕ニ実働シ得ル組織ヲ速カニ整備スルコト」（三、報国会ノ整備拡充ニ就テ「2、勤労奉仕ニ関スル事項」イ）

仏教各宗は報国会を結成し、物資奉納をおこなった。たとえば前出の『浄土宗報恩明照会　百年の歩み』は、そのころの宗内の動きを次のように記している。

ちなみに「明照」は法然の大師号＝明照《めいしょう》大師（一九一一年勅許）による。

**愛国機「明照号」を献納**　出典98

昭和18年（1943）12月、浄土宗報国会本部、総本山知恩院、大本山増上寺、同金戒光明寺、同知恩寺、同清浄華院の連名により、愛国機「明照号」の献納運動が提唱された。当時は民間から陸・海軍へ軍用機の献納が盛んに行われており、宗門では前年に尼僧吉水会が愛国機「吉水号」1機を陸軍に献納して

大日本戦時宗教報国大会　仏教・教派神道・キリスト教の各団体が東京の日比谷公園に集合して開催。近衛連隊の砲兵隊が祝砲を鳴らしたという。（写真　著者蔵）

いた。浄土宗報国会本部などの連名による提唱は、宗門を挙げての取り組みであり、寺院、教会所、宗教結社に負担金を課し、陸・海軍へ「明照号」と命名する軍用機の制作費を献納しようというものであった。（中略）徴収完了の目標は、昭和19年（１９４４）３月。この結果、陸軍へ６機分50万円、海軍へは合計11機分88万円を献納、（中略）第二次運動として、浄土宗報国会本部により航空機資材の「アルミニウム」回収運動も提唱された。

寺院の戦争協力としては梵鐘の供出が知られているが、各宗寺院がこぞって、さまざまな物資の奉献をすすめたのだった。それだけではない。寺院の子弟も徴兵検査をうけて応召した。僧も僧衣を脱いで兵士のひとりとして出征したのである。戦国時代には陣僧とよばれる従軍僧がおり、昭和の戦時でも各宗が僧を戦地に派遣したが、近代日本の軍隊の正規の組織に従軍僧はいなかった。

### 【コラム】従軍僧がいない日本軍

戦争で死者が出ると、その弔いをしなければならない。そのため、世界各国の軍隊では聖職者が正規の兵科の一員として従軍するのが普通である。アメリカ軍ではミリタリーチャプレンという。もとはチャペル（礼拝堂）の聖職者のことだが、さまざまな施設で働く聖職者がチャプレンである。ミリタリーチャプレンは聖職者がオフィサー（士官）の地位で従軍し、基地の教会でミサなどをするほか、戦死者の魂を天国に送る儀式をおこなう。戦死者の記録もとった。第二次世界大戦時にはキリスト教のチャプレンだったが、現在は仏教やイスラム教などのチャプレンもいる。
戦いで死者が出る軍隊にチャプレンは欠かせない。日本では浄土真宗などの宗門が布教を目的に僧を戦地に派遣することはあったが、正規の従軍僧はいなかった（今の自衛隊にもいない）。

しかし、寺の息子や僧が出征したので、部隊の中に「お経」を読める兵がいた。一般の日本人には宗派の壁は低く、何宗のお経であれ、とにかくお経を読んでもらいたい。出征にあたって数珠《じゆず》や輪袈裟《わげさ》を持って行くように指示した宗もある。輪袈裟とは襷《たすき》のような簡便な袈裟である。軍服の上に輪袈裟を付ければ、その場で僧になれるのだった。

ところで、戦死者は東京九段の靖国神社にまつられ、「死ねば靖国」と言われたが、実際に戦死者の供養をしたのは、やはり菩提寺《ぼだいじ》の僧だった。軍国のエリート教育を受けた将校クラスはともかく、町や村々から召集された兵たちの帰るべきところは、やはりお寺があって先祖が眠る故郷であった。

# 6 戦後の仏教

**仏教者の戦争責任**　昭和二十年（一九四五）八月十五日、「朕《ちん》ハ帝国政府ヲシテ米英支蘇《べいえいしそ》四国《しこく》ニ対シ其《そ》ノ共同宣言ヲ受諾《じゅだく》スル旨《むね》　通告セシメタリ」という「終戦の詔書」が天皇の肉声でラジオ放送された。いわゆる玉音放送である。
米英支蘇（米英と中国・ソ連）四国の共同宣言とはポツダム宣言のことである。ドイツ降伏後にベルリン郊外のポツダムで行われた連合国首脳会議で日本の占領方針を宣言した。全日本軍の即時無条件降伏、戦争犯罪人の処罰、日本国民の自由な意志による平和的な政府の樹立を求めるなどの十三ヵ条で、それが実現されるまでは日本を占領するという。その受諾によって全部隊の無条件降伏と現地で武装解除に応じることが陸海軍に命じられた。

同年九月二日には、東京湾に来航した米戦艦ミズーリ号上で連合国に対する降伏文書に調印。日本はGHQ（連合国軍最高司令官総司令部）による占領下におかれた。

明くる二十一年の元日、「新日本建設に関する詔書」が発せられた。その詔書にある「朕ト爾等《なんじら》国民トノ間ノ紐帯《ちゅうたい》ハ、終始相互ノ信頼ト敬愛トニ依《よ》リテ結バレ、単ナル神話ト伝説トニ依リテ生ゼルモノニ非《あら》ズ。天皇ヲ以《もっ》テ現御神《あきつみかみ》トシ、且《かつ》日本国民ヲ以テ他ノ民族ニ優越セル民族ニシテ、延《ひい》テ世界ヲ支配スベキ運命ヲ有ストノ架空ナル観念ニ基《もとづ》クモノニモ非ズ」という文が天皇の「人間宣言」とされる。それによって、昭和の戦前・戦中に極度に強調された「神聖天皇」から脱却し、憲法と皇室典範が改正されることになる。同二十一年十一月三日に日本国憲法制定（翌年五月三日施行）、国民主権、信教の自由を保証する民主主義国家になった。

ところで、日本の仏教は伝来の当初から鎮護国家の仏法だったのだから戦時に怨敵降伏《おんてきごうぶく》の祈禱や戦勝祈願をするのは必然だった。しかし、戦争の犠牲は大きく、その戦争に宗をあげて協力した各宗は一斉に平和主義に転じた。その歴史は忘れて「世界の宗教のなかで本来の仏教は唯一、戦争に加担しない平和な教えである」といった主張もみられるようになり、宗派の指導的な僧や仏教学者が自身の政治責任を問うことは少なかった。そのなかで臨済宗の市川白弦《いちかわはくげん》は昭和四十五年（一九七〇）刊の『仏教者の戦争責任』で次のように述べている。

**仏教者の戦争責任**（第一部「仏教徒の戦争責任」）　出典99

戦争の罪責はもともと平和の罪責である。戦争の罪責は戦争の勃発と同時に生起したのではない。それは平和のなかでの平和にたいする罪責である。（中略）

戦争はつねに「東亜永遠の平和」という「大義」をかかげたたたかいであった。「皇祖皇宗の神霊」のもとでの天孫民族の「聖戦」であった。戦争体験はたんなる戦争体験としてとらえられてはならず、それはどこまでも天皇制体験と戦争体験との統合としての「聖戦体験」としてとらえられ、反省されなくてはならない。われわれの戦争責任の反省が、天皇制にたいする批判と、われわれの内なる天皇制的エートスにたいする自己批判を欠くならば、それは不徹底というほかないであろう。（中略）

われわれの戦争責任を戦後責任としてうけとりなおすなかで、われわれはさきにあげた大乗仏教の論理と倫理を、支配者のがわに立って現実をスタティックにとらえるカテゴリーとしてではなく、被支配者のがわに立って現実をわれわれの自己変革の運動のなかでとらえるカテゴリーとして、新しく働かせることになるであろう。

しかし、仏教は戦後の民主主義社会を導く理念としては一般には認められなかった。大日本帝国憲法の制定時に「憲法案の大綱」（438ページ）で論議された「我が国にありては、仏教及び神道あるも、其《そ》の力微《ちからび》にして人心を帰向《きこう》せしむるの力に乏しく、以《もっ》て機軸と為すに足らず、独《ひと》り皇室の存するありて、仰いで以《もっ》て機軸と為すべきなり」とされた皇室が大きく後退したとき、はたして日本に民主主義が育つのかという疑念も生じた。

『讀賣新聞』昭和二十一年十二月二十三日のコラム「月曜時評」にアメリカ人のT・T・ブルンバウが「宗教と民主主義」という寄稿をしている。ブルンバウは戦前の日本に十数年滞在し、戦後再来日して国際基督教大学の設立委員会事務局長をつとめた人物である。

**宗教と民主主義**（『讀賣新聞』昭和二十一年十二月二十三日）

戦後ふたたび日本を訪れて、まず私が最初に感じたことは、日本人がこれまでの古い思想や習慣あるいは古い政体から脱けようとして一生懸命になつているということである。（中略）しかし私は一般の日本人がそれほど民主的であるとは思わない、彼らはすぐ民主主義を口にするが民主主義そのものを知つてはいないのである。（中略）

彼らは民主主義と利己主義と混同しているとしか思われない。けんかをしながら電車に乗る日本人、他人を押し倒しても自分の席を取ろうとする日本人、こういう日本人は自由を唱えながら、他人を無視しているためにけんか争いをするのである。私の考えでは民主主義は自由より更に高いものである。民主主義は人間生活の哲学的表現である。そしてキリスト教信者は、民主主義というものがキリスト教あるいは宗教から来るものだと信じていると思う。（中略）

国家は宗教を利用して国家の強大をはかることは出来ない。日本人のあるものは、日本が戦争に負けたのは、日本人に宗教がないからだといつている。（中略）宗教は国家を強力にすべく用いてはならないのである。ドイツも宗教を国家のために利用しようとした。しかしそれは誤りであつた。

『讀賣新聞』昭和二十三年三月九日のコラム「science」では「天皇とキリスト教」の見出しで、「西欧個人主義思想はキリスト教精神の裏付けをまつて初めてその正しい機能を発揮することができるのである」というリードをつけ、日本はキリスト教国家になるべきだという比屋根《ひやね》安定《あんてい》青山学院教授の論を紹介している。「日本は、世界各国に愛され崇まれ理解されるために、共通の地盤に立たねばならぬ。その地盤として歴史上最も永《なが》く、地盤上最も崇いものは実にキリスト教である。日本は、世界と同じ信仰、希望、愛に生きて行かねば、ますます孤立無援になる外ない」といい、「象徴としての天皇がキリスト教を信ずることは世界各国に愛され崇まれ理解される結果になる」と天皇みずから率先してクリスチャンになるべきだという。

比屋根安定（一八九二〜一九七〇年）はキリスト教神学者なので、このような主張はありうるにしても、それが一般の新聞の「science」というコラムで掲載されたのは、キリスト教は科学的な宗教だという印象をもたれていたからだろう。それに対して、仏教は迷信にとらわれ、釈迦の本来の教えから離れて習俗化し、いわゆる「葬式仏教」になってしまっているという批判が知識人や仏教学者の間で強まり、仏教は哲学であって宗教ではないとか、現代の量子力学にも通じる科学的な思想だといった主張もなされ、初期仏教では釈迦の葬儀さえおこなわなかったという極論さえみられるようになって伝統仏教との間に大きな乖離《かいり》が生じた。

**戦死者の供養**

戦後、全国の自治体によって慰霊塔などの戦没者慰霊施設がつくられた。憲法の政教分離原則により、仏教の宗派や寺院が直接には関わらず、それぞれが終戦の日の法要などを営んでいる。その慰霊の点で特に大きな問題は、厚労省によれば約二百四十万人にのぼる海外戦没者（硫黄島、沖縄を含む）の遺骨がそのままになっていることだった。戦前・戦中に海外に進出した各宗の寺院・僧侶も引き上げ、戦後は海外渡航も困難だった。しかし、たいていの人に帰ってこない家族や知人がいた。兄弟や我が子の遺骨が野ざらしになっている。独文学者の竹山道雄《たけやまみちお》（一九〇三〜一九八四年）は、昭和二十三年に刊行した『ビルマの竪琴』の「あとがき」に、こう書いている。

「私の知っていた若い人で、屍《かばね》を異国にさらし、絶海に沈《しず》めた人たちがたくさんいる。そのうちの、ある人には何の形見もかえってはこなかった。ある人のためには共に死んだ人々の骨の一片がとどけられた。また、ある人のためには家からさし出した写真が箱《はこ》に入れられてもどってきた」

これが動機になって、竹山は昭和二十一年夏から児童向きの小説『ビルマの竪琴』を書き始め、G

HQの検閲をへて、翌年から童話雑誌『赤とんぼ』（実業之日本社）に連載を開始した。それが昭和二十三年に中央公論社から単行本で刊行されると、同年の毎日出版文化賞を受賞するなど大きな反響をよんだ。

『ビルマの竪琴』の主人公、水島上等兵はビルマ（現ミャンマー）に進駐した陸軍部隊の兵だった。隊長が音楽家で皆でよく合唱した。終戦の三日後、それを知らないままにイギリス軍と対峙したとき、部隊が水島の竪琴の演奏とともに「埴生の宿」を歌うと、もとがイギリス民謡なので、その歌声がイギリス軍の部隊からも聞こえてきた。それで戦いを止め、水島上等兵の部隊は投降して捕虜収容所に収容された。しかし、まだ終戦を知らずに戦っている部隊がある。水島上等兵はその部隊を説得するために捕虜収容所を出ていき、それきり戻らなかった。水島は黄色い袈裟を着たビルマの僧になってビルマにとどまったのである。その理由は、水島が隊長にとどけた長い手紙に記されている。「隊長殿　戦友諸君」としたためられた手紙を隊長は帰国の船の甲板で皆に読み聞かせた。

## ビルマの竪琴（第三話　僧の手紙二）　出典100

私がしていることは何かといいますと、それは、この国のいたるところに散らばっている日本人の白骨を始末することです。墓をつくり、そこにそれをおさめ葬《ほうむ》って、なき霊《れい》に休安の場所をあたえることです。幾十万の若い同胞《どうほう》が引きだされて兵隊になって、敗《ま》けて、逃げて、死んで、その死骸《しがい》がまだそのままに遺棄《いき》されています。それはじつに悲惨《ひさん》な目をおおうありさまです。私はそれを見てから、もうこれをそのままにしておくことはできなくなりました。これを何とかしてしまわないうちは、私の足はこの国の土を離《はな》れることはできません。

水島が見たのは、次のような情景である。

**ビルマの竪琴**（第三話　僧の手紙六）　出典100

山峡の赤い岩の陰に、二三十人ほどの人と、五六頭の馬の死骸《しがい》が散乱していました。もうすっかりかさかさになって、白骨がつきでています。そのあいだに、機関銃や、小銃や、皮の袋《ふくろ》などがなげだされています。鉄兜《てつかぶと》がころがっています。すべて平らに崩《くず》れて、なかば地面に埋没《まいぼつ》しかかっていて、死骸の横たわっているところだけに、草がいきおいよくしげっています。私が近よると、その中から一匹《いっぴき》の鳥がいやな鳴き声をたてて、私の顔にぶつかるようにまいたちました。

『ビルマの竪琴』が刊行されると、自分の息子も水島上等兵のように生きているのではないかという読者の手紙が寄せられたという。それ以上に、肉親が同じように遺体を晒しているのではないかと思う人は多かった。そのとき、水島上等兵が僧になって弔ってくれる物語が、せめてもの慰めになったことだろう。

というのは、国による遺骨収集は昭和二十七年にサンフランシスコ講和条約が発効して日本が独立を回復してからのことで、それまでは手つかずだった。現在は収集された遺骨で身元不明のものは国営の千鳥ケ淵戦没者墓苑（昭和三十四年開苑）に納められ、仏教でも各宗がそれぞれに供養の法要を営んでいる。しかし、「葬式仏教」というさげすみは今もあり、死者の供養が仏教の重要な役割であることは、あまり顧みられていない。

**失われた死生観**　戦後、仏教学者や知識人のなかで仏教は宗教ではなく哲学だといった主張が強まるなかで見失われたのが「来世」を含む死生観だった。仏教も「生きるための教えだ」といわれるようになり、僧が人生論を説き、来世のことはあまり語らなくなった。しかし、町や村の寺々では、住職が檀家の葬儀や法事をおこない、故人の霊が安らいで成仏する手助けをし、先祖供養をになってきたのだが、表向きの教義からは「来世」が薄れ、葬儀や先祖供養の意義はあまり説かれなくなった。

**先祖供養のゆくえ**　戦後、創価学会や立正佼成会などの仏教系新宗教が急成長した。故郷を離れて東京や大阪の大都市圏に流入した人々が誘われて入会し、それらの教会や会館に疑似家族を見出した例が多い。

それら新宗教は、伝統宗派が祈禱や先祖供養に後ろ向きになるなかで、積極的にそれをおこなった。そのなかで、先祖の霊が安らいでいるかどうかが現在の幸・不幸に結びつけられ、家庭の仏前での朝夕の読経などによる先祖供養の功徳が強く説かれた。そして現在も、先祖の霊がさまざまな新宗教や占いで説かれ、「先祖が浮かばれていない」などといってカルトに結びつくことも多い。カルト cult は祭礼・儀式を意味する英語だが、ここでは「教祖」を熱狂的に崇拝する狂信的な宗教集団をさす。

## 7　「科学時代」のカルト

**『鉄腕アトム』の時代**　昭和三十五年（一九六〇）頃からの高度経済成長期に家電製品の白黒テレビ・洗濯機・冷蔵庫が「三種の神器」とよばれて普及し、生活を改善して科学技術の未来に明るい希望がもたれた。そのテレビで昭和三十八年から『鉄腕アトム』のアニメの放送が開始され、たちまち人気番組になった。

『鉄腕アトム』の漫画版は昭和二十六年から光文社の雑誌『少年』で連載されていた。広島・長崎の原爆の記憶がまだ生々しい時期だったにもかかわらず、「アトム」は十万馬力の原子力エンジンで動くロボットで、その妹の名も「ウラン」である。平成二十三年（二〇一一）の東日本大震災による福島原発事故を経験した今では考えられないキャラクター設定である。戦後は、それほどに強い科学技術への信仰といえるものがあった。

**オウム真理教の出現**　高度経済成長期には公害と環境破壊が深刻化して科学技術への不信が広がったが、現在も「科学への信仰」は強い。地獄や怨霊、祟《たた》りなどの伝統的な観念に加えて、マイナスイオン、エクトプラズム、サイキック、スピリチュアリティなど、さまざまカタカナ用語で「科学」を装って不安をあおり、脅《おど》しに使っているカルト教団もある。平成七年三月二十日に地下鉄サリン事件を起こしたオウム真理教は、その典型だった。

オウム真理教は同年一月十七日に発災した阪神・淡路大震災の後の三月二日に『日出づる国、災い近し』（株式会社オウム）を発刊し、「はじめに」でこう述べている。

**日出づる国、災い近し**（「はじめに」地震兵器は可能か？）　出典101

一見、荒唐無稽なように見える「地震兵器」説だが、調査してみると、驚くべき事実が次々と浮かび上がってきた。

まず地震兵器の存在は技術的には全く問題なく、すでに実用化されていてもおかしくない。
最初の人工地震実験は、実は九十九年前にすでに行なわれている。一八九六年、ニューヨークで発生した地震は、明らかに一人の科学者の実験によって発生したものだった。
科学者の名前はニコラ・テスラ。あまりなじみのない名前かもしれないが、彼の発明なくして現在のわたしたちの日常生活は成り立たない。例えば、コンセントにソケットを差し込めば流れてくる交流電流はテスラによって実用化されたものである。また、テスラ・コイルも忘れてはならない。蛍光灯、ラジコンなどの原型となるものも発明している。彼の功績を記念して、磁界の強さを表わす単位名に「テスラ」が採用されている。
この稀代の天才科学者テスラは、共振を利用して地震を人工的に発生させた。なんと「地球を二分割する」こともできるという。「地殻を激しく波打たせて文明を破滅に追いやるくらいなら、数週間で可能だ」とも述べているのだ。これが今から百年前の話である。（中略）
ではなぜ神戸が攻撃されなければならなかったのだろうか。（中略）
阪神地域は狭い範囲にあらゆる都市機能を備えている。東京などの大都市に対する地震兵器攻撃のシミュレーションを行なうには、最適の場所であった。
まさしく、神戸は実験台とされるのにふさわしい場所であったといえよう。

大事件に陰謀論を潜ませるのは現在のフェイク情報でもよく見られる手法だが、オウム真理教の麻《あさ》原彰晃《はらしょうこう》のばあいは「私が」という一人称で熱く体験を語り、本や雑誌だけでなく、ビデオやCDなどで喧伝した。
多くの若い人がオウムに入信するきっかけになったといわれるのは、昭和六十年（一九八五）に学研の月刊誌『ムー』に写真が掲載された麻原の浮遊体験である。その浮遊体験について麻原は昭和六十一年刊の『超能力「秘密の開発法」すべてが思いのままになる！』で次のように述べている。

**超能力「秘密の開発法」**（第Ⅰ章1「と、飛んだ！」）出典102

それは、驚異の一瞬だった。私の身体が、宙に浮いたのである――。

昭和六十年二月、寒さが身に凍《し》む夜のことだった。私は、ここ数年ヨーガを中心とした独特の修行をしていた。（中略）

私は、アーサナ（調気体操）、スクハプールバカ調気法、トライア・バンダとナウリ（二つとも霊的覚醒の修行。第Ⅳ章「空中浮揚」の項参照）などを終え、無想三昧に入った。

……いつもと違う。何かが違う。眼を閉じているにもかかわらず、額からまばゆいばかりの閃光が入ってきた。頭頂部が熱くなった。なんて熱さだ！（中略）だめだ、耐えられない！　私はあまりの熱さに瞑想から覚めてしまった。（中略）

しばらくして気を取り直した私は、最後のバストリカー調気法に入った。

しんと静まり返った凍《い》てつくような寒気の中、「シュッ、シュッ、シュッ」という鋭い音が響きわたる。数分後、身体が震えだした。それと同時に、上から身体を引っぱられているような初めての感覚を味わった。私は少しとまどった。（中略）

瞬間的に、尾骶骨から頭頂に向かって〝気〟が吹き上がったかと思うと、蓮華座を組んでいた身体が、上下に激しく跳ね出したではないか。まるでゴムまりのようだ。それだけではなかった。最後に飛び上がったとき、私はなんと空中にとどまっていたのである。（中略）

初めて空中浮揚を経験したこの日以来、精神のコントロールさえできればいつでも浮揚できるようになった。浮揚しようと思う時には、高度な精神集中によって身体のまわりに特殊な〝気〟をめぐらせる。そして、その気が充実した段階で、アナハタ・チァクラ（胸）とアージュニァー・チァクラ（眉間）に気を集中させる。そしてそれを浮揚に必要なエネルギーと換えて放出するのだ。

チァクラとは身体の頭頂や胸などにあるツボのようなもので、「人間の身体にある霊的なセンターである」（第Ⅰ章5「超能力ヨーガの信じられない威力」「ムドラー」と「チァクラ」の意味）。その超能力が得られるのは、「クンダリニーという霊的なエネルギーが覚醒するからである。それまでクンダリニーは尾骶骨のあたりに眠った状態である。覚醒したクンダリニーは、そのエネルギーをもって超能力を司るチャクラを開いていくのだ」（同「『ムドラー』で得る八つの能力」）という。

麻原はインドの後期密教・チベット密教を中心としてヨーガや中国の気功法などを混淆し、その超能力を体験的に説明する。そして、麻原は超能力によって得た霊的エネルギーを他人にも注入することができるという。同書第Ⅱ章「すべてが思いのままになる」の「日本で唯一できるシャクティー・パット」の項で次のように述べている。

「いろいろと私の超能力のことを書いてきたが、私自身が〝これだ〟と思っている超能力は、シャクティー・パットである。（中略）シャクティー・パットとは、私の持っている霊的エネルギーを相手に直接注入することによって、その人の霊的進化を助け、クンダリニーを覚醒させるというものである。（中略）相手のクンダリニーが覚醒していく様子は、霊眼で見ている。まず、相手の眉間に当てた私の親指から白銀色の光がスシュムナー管（クンダリニーの通り道）を通って尾骶骨のムーラダーラ・チァクラまで降りていく。（中略）私のムーラダーラ・チァクラはいっそう熱くなり、エネルギーが上へと昇り始める。同時に相手の赤いクンダリニーも上へ昇り始めて、それが私の親指の所まで到達すると、相手の身体全体が赤く見えるようになる。これで一回目のシャクティー・パットは終了である。たいていこれでクンダリニーの覚醒も終了する。シャクティー・パットを受けた人は以後超能力をどんどん獲得していくことができるのである」

オウム真理教の教祖、麻原彰晃が書いた文を長々と引用したが、多くの人には何のことかわからないのではないだろうか。そもそも霊的エネルギーとかクンダリニーの覚醒といったことは、きわめて感覚的・感情的な言葉なので、意味を考えるとよくわからない。しかし、こうした麻原彰晃の言葉が連なる本やオウムが発行する雑誌を読んだり話を聞いたりしているうちに、それになじんでいく。オウム真理教には東大の大学院まで出た若い科学者が入信して世間を驚かせたが、かれらはこうした言葉になじみ、その世界から脱けられなくなったのだろう。

オウム真理教事件は、こうした洗脳があることを世間に知らせて大きな衝撃を与えた。しかし現在、さまざまなカルト教団がますます増えていると思われる状況である。

そこには知識人や仏教学者の責任もあろう。人々が求める除災招福《じょさいしょうふく》の願いを現世利益信仰だといって退け、先祖や故人の霊の安らぎを祈る葬儀や法事を本来の仏教ではないとさげすんで、哲学的・思想的な上澄みの仏教を求めてきた。それでは現世《げんぜ》安穏《あんのん》・後世《ごぜ》善処《ぜんしょ》（この世の幸福と来世の安らぎ）を祈る心はわからない。しかし伝統仏教には、千年をこす歴史の中でつちかわれた文化力がある。もういちど、その力を取り戻すべきではないだろうか。

さいわい、現在の若い人たちは、かなり寺好きで、「お寺にいくと気持ちが安らぐ」という人も多い。そうして気持ちが安らぐなら、カルトに惑わされることも少なくなるのではないか。

むしろ問題は、今や後期高齢期になった戦後ベビーブームの団塊の世代である。この世代は「宗教は人間を抑圧する麻薬だ」「非合理で時代遅れな仏教なんか、そのうちなくなる」といわれた時代に育った。そして今、近づく死期を前に、どうしていいのかわからない状況にある。

## 【コラム】寺院は消滅するのか

近年まで日本には都市の寺町や農山村の集落ごとに寺があった。江戸時代の寺請制度のなごりであるが、昭和の高度経済成長期以後の大きな人口移動にともなって過疎化した地域でも、寺はあまり減らなかった。先祖をまもってきた寺がなくなることには心理的な抵抗が大きいからだ。檀家が減って寺を維持できなくなると、複数の寺が合併して山号・寺号の一部を合併寺院の名に残したり、住職がいなくなった寺の住職を近隣の寺の住職が兼ねる兼住化によって維持するなどの方法がとられた。しかし、故郷を離れてすでに数十年もたつ人は、故郷の寺との縁もうすれ、墓じまいをして墓地を遷す例が増えている。

鵜飼秀徳著『寺院消滅』（日経BP社、二〇一五年）は「はじめに」に次のようにいう。「現在、全国に約七万七〇〇〇の寺院がある。そのうち住職がいない無住《むじゅう》寺院は約二万カ寺に達している。さらに宗教活動を停止した不活動寺院は二〇〇〇カ寺以上にも上ると推定される。無住寺院とはつまり空き寺のことであり、放置すれば伽藍《がらん》の崩壊や、犯罪を誘引するリスクがある。しかし、多くの宗門は無住寺院や不活動寺院の実態を把握し切れていない。一部、規模の大きな教団ではサンプル調査に乗り出しているものの、仏教界全体ではほぼ手つかずの状態と言える」

限界集落といわれるような過疎地では、神社や公民館などの維持も難しい。そうした地域で寺院を維持できなくなるのは仕方がない。

それよりも大きな危機は、葬儀や法事の意味が認められず、寺の存在意義がうすらいできたことにある。

葬儀は少数でおこなう家族葬が増えた。それも葬儀社が運営する会館でおこなわれることが多く、寺がかかわることは少なくなった。

それでも、「やっぱりお坊さんにお経をあげてもらわなくては」という人がほとんどである。しかしそれも、今のところ、である。僧はよばずに家族と友人だけの「お別れ会」にする例が増えているようだ。「そのほうが故人の思い出を語りあえていい」「形だけの葬儀より心がこもる」というのだが、ほんとうにそうだろうか。そこで語りあう思い出は、この世のことで、その人が死んだ先はどうなっているのか、それを語る言葉がない。せいぜい「天国で安らかに」と言ったりするのだが、かつての日本で語り伝えられた他界観はうすらぎ、どこか空疎である。

それに、人生は楽しいことだけではない。思い出したくないつらいこともあろうし、恨みの残ることもあるだろう。だから昔は、「どんなに悪い人でも極楽浄土に迎えられる」といわれたし、「むこうに行けばもう苦労しなくていい」とか、先に逝った親や兄弟姉妹の名をあげて「むこうで待ってくれているよ」と、死にゆく人のまなざしを来世に向けたものである。「来し方、行く末」の「来世」の文化が減退した今は、この世しかない。もし「お別れ会」で楽しい思い出ばかり語りあうなら、それは偽りでくるんで故人を送ることになる。

葬儀は、生きている人のグリーフ（死別の悲しみ）を慰めるために行われるという機能主義的な考え方もあるが、それだけでは、この世に思いを残して死んだ人は、浮かばれない。犯罪や交通事故で若い人が亡くなると、「まだ長い人生があったのに」「これから楽しいことがいっぱいあったのに」といった遺族の言葉がよく報じられるが、無念にも若く死んだ人の行方を案じる言葉はない。

葬儀の規模が小さくなったのは社会の変化によることで、これも仕方がない。かつて葬儀は親族と、会社などの所属組織を含む地域社会の重大な行事だったが、今は親族が小さくなり、地域社会の人間関係もうすくなった。葬儀の規模が小さくなるのは当然である。

しかし、亡き人の魂が平安であるようにと、故人の救済を願うことに変わりはない。だから、来世も霊魂もないという人でも、親や兄弟姉妹が亡くなれば、その言葉に反して、なんらかの葬儀をおこなう。ところが、その葬送の形が見えなくなりつつある。

仏教の長い歴史からみれば、現在の葬儀や墓地の形は江戸時代からのもので、それほど昔からのことではない。それに対して、戒名や葬送の読経の歴史は長く、奈良時代の聖武天皇の頃にはじまっている。聖武天皇の崩御後には、娘の孝謙天皇が梵網経《ぼんもうきょう》の読経によって、亡き父帝の魂を仏の国に送るという意味の詔を発している。葬儀のお経は、その言葉の意味はわからなくても、読経の声によって故人の霊を送り、「成仏」といわれる安らぎに至ることを願うものである。そうした仏事の意義を取り戻し、キリスト教の葬儀や神葬祭なども参考にして新しい形を見つけなくては、ほんとうに寺院は消滅するかもしれない。

なお、なぜ故人の供養が必要なのかについては池上良正著『死者の救済史　供養と憑依の宗教学』（角川選書、二〇〇三年）および靖国神社についての論考を加えた増補版（ちくま学芸文庫、二〇一九年）に幅広く考察されている。

# 出典一覧

発行年は初版の年次を示す。＊印は元漢文で読み下しは筆者。


1 坂本太郎ほか校注『日本書紀』全五冊　岩波文庫　一九九四—九五
2 花山信勝『法華義疏』全二冊　岩波文庫　一九七五
3『國譯一切經　和漢撰述部　経疏部十六』大東出版社　一九八一改訂
4 石田尚豊編集代表『聖徳太子事典』柏書房　一九九七
5 小島憲之ほか校注・訳『萬葉集』新編日本古典文学全集6—9　小学館　一九九四—九六
6 井上光貞ほか校注『律令』日本思想大系3　岩波書店　一九七六
7 青木和夫ほか校注『続日本紀』新日本古典文学大系12—16　岩波書店　一九八九—九八
8『國譯一切經　印度撰述部　律部十二』大東出版社　一九三〇
9 安藤俊雄ほか校注『最澄』日本思想大系4　岩波書店　一九七四
10 弘法大師空海全集編輯委員会編『弘法大師空海全集』全八巻　筑摩書房　一九八三—八五
11 渡辺照宏ほか校注『三教指帰　性霊集』日本古典文学大系71　岩波書店　一九六五
12 中田祝夫校注・訳『日本霊異記』新編日本古典文学全集10　小学館　一九九五
13 小松茂美編『清水寺縁起　真如堂縁起』続々日本絵巻大成　伝記・縁起篇5　中央公論社　一九九四
14 池田亀鑑ほか校注『紫式部日記』岩波文庫　一九六四
15 石田穣二訳注『新版　枕草子』全二冊　角川ソフィア文庫　一九七九—八〇
16 武田祐吉ほか訳『訓読日本三代実録』臨川書店　一九八六
17 山中裕ほか校注・訳『栄花物語』全三冊　新編日本古典文学全集31—33　小学館　一九九五—九八
18 馬淵和夫ほか校注『三宝絵　注好選』新日本古典文学大系31　岩波書店　一九九七
19 大曾根章介ほか校注『本朝文粋』新日本古典文学大系27　岩波書店　一九九二
20 石田瑞麿訳注『往生要集』全二冊　岩波文庫　一九九二

21 比叡山専修院・叡山学院著『恵心僧都全集　第一巻』一九二七（思文閣・復刻一九七一）
22 井上光貞ほか校注『往生伝　法華験記』日本思想大系7　岩波書店　一九七四
23 石井義長著『阿弥陀聖　空也』講談社　二〇〇三
24 中野達慧編『興教大師全集』全二冊　世相軒　一九三五＊
25 永積安明ほか校注『古今著聞集』日本古典文学大系84　岩波書店　一九六六
26 小松茂美編『融通念仏縁起』続日本絵巻大成11　中央公論社　一九八三
27 馬淵和夫ほか校注・訳『今昔物語集』全四冊　新編日本古典文学全集35—38　小学館　一九九九—二〇〇二
28『國譯一切經　印度撰述部　大集部五』大東出版社　一九三六
29 黒板勝美編『扶桑略記　帝王編年記』新訂増補国史大系12　吉川弘文館　一九三二＊
30 村中祐生纂輯『天台宗教聖典　Ⅲ』山喜房佛書林　二〇〇三
31 小泉弘ほか校注『宝物集　閑居友　比良山古人霊託』新日本古典文学大系40　岩波書店　一九九三
32 多田厚隆ほか校注『天台本覚論』日本思想大系9　岩波書店　一九七三
33 貴志正造訳注『全譯吾妻鏡』全五巻　新人物往来社　一九七六—七七
34 久保田淳ほか校注『後拾遺和歌集』新日本古典文学大系8　岩波書店　一九九四
35 片野達郎ほか校注『千載和歌集』新日本古典文学大系10　岩波書店　一九九三
36 佐佐木信綱校訂『新訂　梁塵秘抄』岩波文庫　一九三三
37 小松茂美『平家納経の世界』中公文庫　一九九五
38 坂本幸男ほか訳注『法華経』全三冊　岩波文庫　一九六二—七六
39 岡見正雄ほか校注『愚管抄』日本古典文学大系86　岩波書店　一九六七
40 鎌田茂雄ほか校注『鎌倉旧仏教』日本思想大系15　岩波書店　一九七一
41 古田紹欽著『栄西　興禅護国論・喫茶養生記』禅入門1　講談社　一九九四
42 高橋貞一著『訓読玉葉』全八巻　高科書店　一九八八—九〇

43 小林剛編『俊乗坊重源史料集成』奈良国立文化財研究所史料4　奈良国立文化財研究所　一九六五＊
44 細川涼一訳注『感身学正記　西大寺叡尊の自伝1』東洋文庫　平凡社　一九九九
45 小島孝之校注・訳『沙石集』新編日本古典文学全集52　小学館　二〇〇一
46 大隅和雄校注『中世神道論』日本思想大系19　岩波書店　一九七七
47 教学伝道研究センター編『浄土真宗聖典』本願寺出版社　一九八八
48 大橋俊雄校注『法然　一遍』日本思想大系10　岩波書店　一九七一
49 神田秀夫ほか校注・訳『方丈記 徒然草 正法眼蔵随聞記 歎異抄』新編日本古典文学全集44 小学館 一九九五
50 小松茂美編『一遍上人絵伝』日本絵巻大成　別巻　中央公論社　一九七八
51 米田淳雄編『平成新修　日蓮聖人遺文集』地人館　一九九五
52 立正大學日蓮教學研究所編纂『昭和定本　日蓮聖人遺文』第一巻　総本山見延久遠寺　一九五二
53 法華経普及会（井上四郎代表）編『訓譯妙法蓮華經幷開結』平楽寺書店　一九五七
54 伊藤秀憲ほか訳註『道元禅師全集14　語録』春秋社　二〇〇七
55 水野弥穂子校注『正法眼蔵』全四冊　岩波文庫　一九九〇—九三
56 鷲阪宗演著『現代語訳　無門関』大蔵出版　一九九五
57 鈴木格禅ほか校註『道元禅師全集7　法語　歌頌等』春秋社　一九九〇
58 大久保道舟訳註『道元禅師清規』岩波文庫　一九四一
59 菊地良一著『道元の漢詩　永平広録私抄』足利工業大学総合研究センター　二〇〇〇
60 藤原定家『明月記　第一』国書刊行会　一九七〇＊
61 福田秀一ほか校注『中世日記紀行集』新日本古典文学大系51　岩波書店　一九九〇
62 簗瀬一雄訳注『方丈記』角川ソフィア文庫　一九六七
63 市古貞次校注・訳『平家物語』全二冊　新編日本古典文学全集45—46　小学館　一九九四
64 岩佐正ほか校注『神皇正統記　増鏡』日本古典文学大系87　岩波書店　一九六五

65 長谷川端校注・訳『太平記』新編日本古典文学全集54—57 小学館 一九九四—九八
66 柳田聖山著『夢窓 語録・陞座・西山夜話・偈頌』禅入門5 講談社 一九九四
67 山岸徳平校注『五山文学集 江戸漢詩集』日本古典文学大系89 岩波書店 一九六六
68 入矢義高校注『五山文学集』新日本古典文学大系48 岩波書店 一九九〇
69 柳田聖山著『一休』禅入門7 講談社 一九九四
70 笠原一男ほか校注『蓮如 一向一揆』日本思想大系17 岩波書店 一九七二
71 フロイス著/松田毅一ほか訳『日本史5 五畿内篇』中央公論社 一九七八
72 桑田忠親校注『新訂 信長公記』新人物往来社 一九九七
73 藤田覚編『史料を読み解く3 近世の政治と外交』山川出版社 二〇〇八＊
74 大島建彦ほか校注・訳『室町物語草子集』新編日本古典文学全集63 小学館 二〇〇二
75 西野春雄校注『謡曲百番』新日本古典文学大系57 岩波書店 一九九八
76 荒木繁ほか編注『説経節』東洋文庫 平凡社 一九七三
77 梶原正昭校注・訳『義経記』新編日本古典文学全集62 小学館 二〇〇〇
78 児玉幸多ほか編『史料による日本の歩み 第3近世編』吉川弘文館 一九五五＊
79 石井良助校訂『徳川禁令考 前集五』創文社 一九五九＊
80 柏原祐泉ほか校注『近世仏教の思想』日本思想大系57 岩波書店 一九七三
81 海老沢有道ほか校注『キリシタン書 排耶書』日本思想大系25 岩波書店 一九七〇
82 水田紀久ほか校注『富永仲基 山片蟠桃』日本思想大系43 岩波書店 一九七三
83 鎌田茂雄著『白隠 夜船閑話・遠羅天釜・藪柑子』禅入門11 講談社 一九九四
84 長谷寶秀編纂『慈雲尊者全集 第十三』思文閣 一九七四
85 鈴木鉄心編『鈴木正三道人全集』山喜房佛書林 一九六二
86 市川白弦著『沢庵 不動智神妙録・大阿記・玲瓏集』禅入門8 講談社 一九九四

87 浅井了意著『江戸名所記』江戸叢書巻の2　江戸叢書刊行会　一九一六
88 宮内庁蔵版『孝明天皇紀　第五』平安神宮　一九六九
89 田丸徳善ほか編『近代日本宗教史資料』日本人の宗教Ⅳ　佼成出版社　一九七三＊
90 南條文雄著『感想録』山中孝之助　一九〇六
91 徳永満之著『宗教哲学骸骨』法藏館　一八九二
92 友松圓諦著『法句経講義』講談社学術文庫　一九八一
93 田中亮三編『曹洞宗日課勤行聖典』曹洞宗宗務庁　一九七三
94 宮内庁『明治天皇紀　第七』吉川弘文館　一九七二
95 島地大等著『漢和對照　妙法蓮華經』明治書院　一九一四
96 杉本五郎著『大義　杉本五郎中佐遺著 改版』平凡社　一九三九　15版
97 皇道佛教會編・発行『皇道佛教讀本』一九四三
98 財団法人浄土宗報恩明照会編・発行『浄土宗報恩明照会　百年の歩み』二〇一三
99 市川白弦著『仏教者の戦争責任』春秋社　一九七〇
100 竹山道雄著『ビルマの竪琴』新潮文庫　一九五九
101 真理の御魂　最聖　麻原彰晃尊師著『日出づる国、災い近し』オウム　一九九五
102 麻原彰晃著『超能力「秘密の開発法」すべてが思いのままになる！』大和出版　一九八六

ま



や



ら・わ

# 索　引

――印は見出しの人物の書物・関連事項等を示す。同一の書物で複数の項があるときは年代順または書物の巻の順にあげた。

数字はその項に関して主な記述があるページを示す。

(　) 内の語は別称等で、その語が出るページもあわせて示した。

**大角 修**（おおかど・おさむ）

1949年、兵庫県生まれ。東北大学文学部宗教学科卒業。宗教研究家、有限会社「地人館」代表。仏教書を中心に幅広く編集・執筆活動を展開。著書に『法華経の事典　信仰・歴史・文学』『善財童子の旅　〔現代語訳〕華厳経「入法界品」』（春秋社）、『天皇家のお葬式』（講談社現代新書）、『全品現代語訳　法華経』『全文現代語訳　浄土三部経』『全品現代語訳　大日経・金剛頂経』『全文現代語訳　維摩経・勝鬘経』（角川ソフィア文庫）、『日本仏教の基本経典』（角川選書）など多数。

角川選書 669

基本《きほん》史《し》料《りよう》でよむ　日本《にほん》仏《ぶつ》教《きよう》全《ぜん》史《し》

令和５年12月20日　初版発行

編　著／大角《おおかど》 修《おさむ》

発行者／山下直久

発　行／株式会社KADOKAWA
〒102-8177　東京都千代田区富士見2-13-3
電話 0570-002-301（ナビダイヤル）

印刷所／株式会社KADOKAWA

製本所／株式会社KADOKAWA

装　丁／片岡忠彦　　帯デザイン／Zapp!



ISBN 978-4-04-703718-2　C0315

◆◇◇

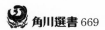

角川選書

## この書物を愛する人たちに

詩人科学者寺田寅彦は、銀座通りに林立する高層建築をたとえて「銀座アルプス」と呼んだ。
戦後日本の経済力は、どの都市にも「銀座アルプス」を造成した。
アルプスのなかに書店を求めて、立ち寄ると、高山植物が美しく花ひらくように、
書物が飾られている。

印刷技術の発達もあって、書物は美しく化粧され、通りすがりの人々の眼をひきつけている。
しかし、流行を追っての刊行物は、どれも類型的で、個性がない。
歴史という時間の厚みのなかで、流動する時代のすがたや、不易な生命をみつめてきた先輩たちの発言がある。
また静かに明日を語ろうとする現代人の科白がある。これらも、
銀座アルプスのお花畑のなかでは、雑草のようにまぎれ、人知れず開花するしかないのだろうか。
マス・セールの呼び声で、多量に売り出される書物群のなかにあって、
選ばれた時代の英知の書は、ささやかな「座」を占めることは不可能なのだろうか。
マス・セールの時勢に逆行する少数な刊行物であっても、この書物は耳を傾ける人々には、
飽くことなく語りつづけてくれるだろう。私はそういう書物をつぎつぎと発刊したい。
真に書物を愛する読者や、書店の人々の手で、こうした書物はどのように成育し、開花することだろうか。
私のひそかな祈りである。「一粒の麦もし死なずば」という言葉のように、
こうした書物を、銀座アルプスのお花畑のなかで、一雑草であらしめたくない。

一九六八年九月一日　角川源義